Supremacia do Interesse
Público e outros Temas
Relevantes do Direito
Administrativo

Maria Sylvia Zanella Di Pietro
Carlos Vinícius Alves Ribeiro
Coordenadores

Supremacia do Interesse Público e outros Temas Relevantes do Direito Administrativo

Autores
Carlos Vinícius Alves Ribeiro
Cristiana Corrêa Conde Faldini
Cristiana Fortini
Daniel Wunder Hachem
Eduardo Hayden Carvalhaes Neto
Eduardo Tognetti
Emerson Gabardo
Fabrício Motta
Irene Patrícia Nohara
José dos Santos Carvalho Filho
Luis Felipe Ferrari Bedendi
Márcia Walquiria Batista dos Santos
Maria Adelaide de Campos França
Maria Sylvia Zanella Di Pietro
Tatiana Robles Seferjan
Thiago Marrara

SÃO PAULO
EDITORA ATLAS S.A. – 2010

© 2010 by Editora Atlas S.A.

1. ed. 2010 (2 impressões)

Capa: Leonardo Hermano
Composição: Formato Serviços de Editoração Ltda.

Dados Internacionais de Catalogação na Publicação (CIP)
(Câmara Brasileira do Livro, SP, Brasil)

Supremacia do interesse público e outros temas relevantes do direito administrativo / Maria Sylvia Zanella Di Pietro, Carlos Vinícius Alves Ribeiro coordenadores. – – São Paulo: Atlas, 2010.

Vários autores.
Bibliografia.
ISBN 978-85-224-6005-2

1. Direito administrativo 2. Direito administrativo – Brasil I. Di Pietro, Maria Sylvia Zanella. II. Ribeiro, Carlos Vinícius Alves.

10-05290   CDU-35

Índice para catálogo sistemático:

1. Direito administrativo   35

TODOS OS DIREITOS RESERVADOS – É proibida a reprodução total ou parcial, de qualquer forma ou por qualquer meio. A violação dos direitos de autor (Lei nº 9.610/98) é crime estabelecido pelo artigo 184 do Código Penal.

Depósito legal na Biblioteca Nacional conforme Lei nº 10.994, de 14 de dezembro de 2004.

Impresso no Brasil/*Printed in Brazil*

Editora Atlas S.A.
Rua Conselheiro Nébias, 1384 (Campos Elísios)
01203-904 São Paulo (SP)
Tel.: (011) 3357-9144
www.EditoraAtlas.com.br

Sumário

Introdução: Existe um Novo Direito Administrativo? (Maria Sylvia Zanella Di Pietro), 1

Parte I – O PRINCÍPIO DA SUPREMACIA DO INTERESSE PÚBLICO, 11

1 **O Suposto Caráter Autoritário da Supremacia do Interesse Público e das Origens do Direito Administrativo: uma Crítica da Crítica** (Emerson Gabardo e Daniel Wunder Hachem), 13
   1 Introdução: uma crítica à pretensa crítica da supremacia do interesse público e da gênese do Direito Administrativo, 13
   2 As origens do Direito Público ilustrado: sobre a vocação antiautoritária das raízes do interesse público, 18
      2.1 Constitucionalismo moderno e ilustração: a *volonté générale* como fundamento do Estado de Direito, 22
      2.2 A legalidade como expressão do interesse público: uma construção teórica iluminista de contraposição ao arbítrio e proteção ao indivíduo, 28
   3 O interesse público e o Direito Administrativo da ilustração como escudos contra a arbitrariedade, 32
      3.1 Supremacia do interesse público: a ausência de identidade entre a noção típica do liberalismo oitocentista e a sua concepção contemporânea, 33
      3.2 A formação do Direito Administrativo como representação antiautoritária do liberalismo em face do absolutismo, 46

4 Conclusão, 60
Referências bibliográficas, 61

2 **Interesse Público: Verdades e Sofismas** (José dos Santos Carvalho Filho), 67
   1 Uma breve palavra inicial, 67
   2 Noção clássica, 69
   3 Noção moderna, 71
   4 Interesse público: as verdades, 72
   5 Interesse público: os sofismas, 76
   6 Conclusões, 82
Referências bibliográficas, 83

3 **O Princípio da Supremacia do Interesse Público: Sobrevivência diante dos Ideais do Neoliberalismo** (Maria Sylvia Zanella Di Pietro), 85
   1 Explicação necessária, 85
   2 Origem do princípio e sua aproximação com a ideia de bem comum, 86
   3 A ideia de bem comum na Idade Média, 87
   4 As teses contratualistas e o triunfo do individualismo, 87
   5 A luta pelo bem comum no Estado Social de Direito, 90
   6 O princípio da supremacia do interesse público no direito administrativo, 92
   7 O princípio da supremacia do interesse público na concepção neoliberal, 94
      7.1 Observação necessária, 94
      7.2 Da indeterminação do conceito de interesse público, 97
      7.3 A supremacia do interesse público em confronto com os direitos fundamentais: a ponderação de interesses, 99
   8 Doutrina incompatível com o ordenamento jurídico, 100
   9 Conclusão, 102
Referências bibliográficas, 102

4 **Interesse Público: um conceito jurídico determinável** (Carlos Vinícius Alves Ribeiro), 103
   1 Anotações vestibulares, 103
   2 A tese, 105
   3 Antítese, 106
      3.1 Conceitos indeterminados, 106
         3.1.1 Posição de Eros Grau, 107
         3.1.2 Posição de Celso Antônio Bandeira de Mello, 107
         3.1.3 Posição de Eduardo García de Enterría e Tomás-Ramón Fernández, 108
         3.1.4 Posição de Sainz Moreno: núcleo e halo, 109

3.2 Conceito jurídico indeterminado: outorga de discrição?, 109
3.3 Interesse público, 112
   3.3.1 Breve evolução histórica, 113
   3.3.2 Em busca da noção de *interesse público*, 114
Referências bibliográficas, 118

5 Reflexões Críticas acerca da Tentativa de Desconstrução do Sentido da Supremacia do Interesse Público no Direito Administrativo (Irene Patrícia Nohara), 120

1 Considerações introdutórias, 120
2 Supremacia do interesse público, autonomia da vontade e consensualidade, 122
3 A publicização do direito privado não é imperativo necessário à privatização do direito público, 128
4 Sentidos e utilidade da supremacia do interesse público no Direito Administrativo, 130
5 Função ideológica do discurso acerca da supremacia do interesse público, 139
6 A quem interessa a desconstrução do sentido da supremacia do interesse público?, 141
7 Possibilidades interpretativas construtivas da supremacia do interesse público ante os desafios do Estado Democrático de Direito, 145
8 Conclusão, 150
Referências bibliográficas, 152

6 Supremacia do Interesse Público *versus* Supremacia dos Direitos Individuais, (Maria Adelaide de Campos França), 155

1 Introdução, 155
2 Inovações introduzidas pela Constituição Federal de 1988, 157
3 Algumas posições doutrinárias, 160
4 Entendimento do Poder Judiciário, 167
5 Considerações finais, 169
Referências bibliográficas, 170

Parte II – DO PRINCÍPIO DA LEGALIDADE E DO CONTROLE JUDICIAL DIANTE DA CONSTITUCIONALIZAÇÃO DO DIREITO ADMINISTRATIVO, 173

7 Da Constitucionalização do Direito Administrativo: Reflexos sobre o Princípio da Legalidade e a Discricionariedade Administrativa (Maria Sylvia Zanella Di Pietro), 175

1 Da evolução do princípio da legalidade, 175
2 Reflexos da constitucionalização do direito administrativo sobre o princípio da legalidade, 179

3   Reflexos da constitucionalização sobre a discricionariedade administrativa e o conceito de mérito, 184

4   Reflexos da constitucionalização sobre o controle judicial dos atos da Administração Pública, 189

5   Conclusão, 194

Referências bibliográficas, 196

8   **O Paradigma da Legalidade e o Direito Administrativo** (Fabrício Motta), 197

Introdução, 197

1   A Revolução Francesa e sua influência no Estado e no Direito Administrativo, 198

2   A submissão da administração ao império da lei – o sentido original do princípio da legalidade, 203

   2.1   A concepção clássica da lei, 205
   2.2   O paradigma clássico da legalidade, 209

3   As mudanças advindas com o Estado Constitucional, 210

   3.1   Separação de poderes. Participação do Executivo na atividade do Legislativo, 211
   3.2   A Constituição no centro do ordenamento jurídico e sua força normativa, 213
   3.3   Normatividade dos princípios, 217
   3.4   A importância dos direitos fundamentais no Estado Constitucional, 218

3.5 O princípio da legalidade da Administração Pública e o sentido da sua vinculação à lei no Estado Constitucional, 221

Conclusão, 225

Referências bibliográficas, 227

9   **As Fontes do Direito Administrativo e o Princípio da Legalidade** (Thiago Marrara), 230

1   Introdução, 230
2   Legalidade administrativa, 231
3   Fontes do direito administrativo, 235
4   Fontes legislativas, 236
5   Fontes administrativas, 241
6   Notas sobre os regulamentos presidenciais, 243
7   O problema do costume administrativo, 248
8   Fontes jurisprudenciais, 252
9   Fontes doutrinárias, 256
10 As fontes e a legalidade administrativa, 257

Referências bibliográficas, 259

10 **A Constitucionalização do Direito Administrativo** (Cristiana Corrêa Conde Faldini), 261
    1   Introdução, 261
    2   A constitucionalização do direito, 261
        2.1   Delineamentos, 261
    2.2 Ordenamento jurídico brasileiro, 265
    3   Constitucionalização do Direito Administrativo brasileiro, 266
        3.1   Características, 266
        3.2   Consequências, 268
    4   Considerações finais, 275
Referências bibliográficas, 277

11 **Ainda Existe o Conceito de Mérito do Ato Administrativo como Limite ao Controle Jurisdicional dos Atos Praticados pela Administração?** (Luis Felipe Ferrari Bedendi), 278
    1   Introdução, 278
    2   Posicionamento histórico das atividades vinculada e discricionária da Administração, 280
        2.1   O Estado de Polícia, 280
        2.2   O Estado Liberal de Direito, 282
        2.3   O Estado Social de Direito, 282
        2.4   O Estado Democrático de Direito, 284
    3   O conceito de *mérito* e seu papel no direito administrativo, 286
        3.1   O conceito clássico, 286
        3.2   A retração do conteúdo do mérito, 291
    4   Conclusões, 301
Referências bibliográficas, 301

12 **O Controle das Políticas Públicas pelo Poder Judiciário** (Tatiana Robles Seferjan), 303
    1   Conceito de políticas públicas, 303
        1.1   Classificação das políticas públicas, 305
    2   Fundamentos do controle judicial, 306
        2.1   Força normativa da Constituição, 306
        2.2   Separação de Poderes, 309
        2.3   Ilegitimidade do Judiciário, 311
    3   Limites do controle judicial, 312
        3.1   Existência de política pública, 312
        3.2   Ausência de política pública, 312
        3.3   Discricionariedade administrativa, 313

3.4 Reserva do possível, 317
3.5 Possibilidade do pedido, 322
4 Ação de descumprimento de preceito fundamental nº 45, 323
5 Conclusão, 324
Referências bibliográficas, 327

13 O Controle Judicial de Políticas Públicas no Estado Democrático de Direito (Cristiana Fortini), 329

1 Paradigmas estatais e controle judicial, 329
   1.1 O Estado Liberal, 329
   1.2 O Estado Social, 332
   1.3 O Estado Democrático de Direito, 334
2 O controle das políticas públicas, 335
3 Considerações, 339

Parte III – OUTROS TEMAS POLÊMICOS DO DIREITO ADMINISTRATIVO ATUAL, 341

14 Atributos do Ato Administrativo (Eduardo Tognetti), 343

1 Introdução, 343
2 Conceito de presunção de legitimidade e de veracidade, 347
3 Fundamento da presunção de veracidade dos atos administrativos, 348
4 A presunção de veracidade prevalece até a "impugnação do ato" ou até "prova em contrário"?, 349
5 Ônus da prova no caso de sanção administrativa, 351
6 Presunção de veracidade e de legitimidade no direito tributário, 353
7 Pode ser rejeitado o ato manifestamente ilegal?, 355
8 Imperatividade dos atos administrativos, 356
9 Autoexecutoriedade, 357
10 Execução administrativa do crédito tributário, 358
11 Precedentes dos tribunais, 358
12 Ainda é possível falar em atributos do ato administrativo?, 360
Referências bibliográficas, 361

15 O Serviço Público no Direito Administrativo Contemporâneo (Eduardo Hayden Carvalhaes Neto), 363

1 Sobre o conceito de serviço público, 363
2 Sentidos constitucionais de "serviço público", 367
3 Mutabilidade espaço-temporal do serviço público, 369

4   Serviços públicos e "serviços de utilidade pública", 371
Referências bibliográficas, 378

16 **Cláusulas Exorbitantes: da Teoria à Prática** (Márcia Walquiria Batista dos Santos), 381
   1   Introdução, 381
   2   Considerações sobre o Estado e seu modelo constitucional, 383
   3   Origem dos contratos administrativos, 385
   4   As peculiaridades do contrato administrativo, 386
   5   As cláusulas exorbitantes como forma de garantir o princípio da igualdade entre os administrados, 388
   6   Princípio da proporcionalidade na solução de conflitos entre o interesse público e o interesse privado, 393
   7   Conclusão, 396
   Referências bibliográficas, 396

17 **Ainda Existem os Chamados Contratos Administrativos?** (Maria Sylvia Zanella Di Pietro), 398
   1   A construção e a desconstrução de institutos do direito administrativo, 398
   2   As controvérsias sobre a existência de contratos administrativos, 401
   3   Soluções diversas no direito estrangeiro, 403
   4   O princípio da igualdade das partes no contrato, 407
   5   Conclusões, 409
   Referências bibliográficas, 410

Introdução: Existe um Novo Direito Administrativo?

Maria Sylvia Zanella Di Pietro[1]

Existe um novo direito administrativo?

Existe um direito administrativo pós-moderno?

Existem novos paradigmas no âmbito do direito administrativo?

O que mudou no direito administrativo?

Essas são as perguntas que tenho feito a mim mesma diante de tantos trabalhos que tenho lido nos últimos anos sobre institutos antigos do direito administrativo. Estes vêm sendo objeto de estudos e críticas, alguns tentando reduzir os poderes e prerrogativas da Administração Pública, outros preconizando e visualizando, mesmo, o fim de alguns institutos. Não há dúvida de que estamos, como sempre, sofrendo influência do direito comunitário europeu e do direito norte-americano.

Desde as origens do direito administrativo, a doutrina brasileira tem buscado inspiração no direito europeu continental, especialmente no direito francês, mas também no direito italiano, alemão, português e espanhol, todos filiados ao sistema de base romanística. Grande parte dos institutos que constituem o cerne do nosso direito administrativo foi inspirada no direito francês: o princípio da legalidade, o conceito de serviço público, o regime jurídico dos contratos administrativos com suas cláusulas exorbitantes, os atos administrativos com seus atributos

---

[1] Mestre, doutora e livre-docente pela Faculdade de Direito da USP. Professora Titular de Direito Administrativo da Faculdade de Direito da USP. Procuradora do Estado de São Paulo (aposentada). Advogada em São Paulo.

de imperatividade e autoexecutoriedade, as teorias todas sobre responsabilidade civil do Estado.[2]

Só que agora os países que fazem parte da União Europeia estão passando por uma série de transformações decorrentes do encontro entre sistemas jurídicos distintos: de um lado, o sistema europeu continental; de outro lado, o sistema da *common law* (ao qual pertence o direito dos países que fazem parte da Grã-Bretanha). Este último, seguido pelos Estados Unidos da América, só tardiamente aceitou a existência do direito administrativo como ramo autônomo do direito. Porém, não adota todos os institutos do direito administrativo francês, como a ideia de serviço público de titularidade do Estado, a sujeição dos contratos da Administração a regime jurídico de direito público; a existência de atos administrativos; a própria ideia de responsabilidade civil do Estado somente foi aceita na década de quarenta, mesmo assim sem a extensão adotada no direito francês, no qual nos inspiramos.

A consequência é que muitos dos institutos tradicionais do direito administrativo do sistema europeu continental vêm passando por transformações, como é o caso, especialmente, dos conceitos de serviço público (que a Corte de Justiça europeia exige seja substituído pelo de *serviço de interesse econômico geral*) e de contrato administrativo, cuja extinção já se prega. O princípio da legalidade também sofre influência do direito comunitário europeu, que prevalece sobre o direito interno.

Com essas alterações, parte da doutrina brasileira (acostumada ao estudo do direito comparado) está se deixando influenciar pela lição de autores estrangeiros, sem levar em conta, muitas vezes, que muitas das alterações que vem sofrendo o direito europeu não encontram guarida no ordenamento jurídico brasileiro. Pelo menos por enquanto.

Por isso, quando lá se fala em crise de determinados institutos, essa crise acaba repercutindo na doutrina brasileira. Fala-se em crise do serviço público; crise do princípio da supremacia do interesse público; crise do princípio da legalidade; crise dos contratos administrativos e de suas cláusulas exorbitantes.

Não há dúvida de que esse encontro entre dois sistemas diversos está favorecendo a aplicação de institutos do direito privado, como ocorre em relação aos contratos, por exemplo. Está favorecendo as formas de gestão privada das atividades administrativas do Estado, dando origem às parcerias público-privadas e incrementando as parcerias com o terceiro setor.

As novas tendências parecem estar provocando alta dose de pessimismo em parte da doutrina do direito administrativo, inclusive a brasileira, em relação a institutos tradicionais do direito administrativo. Parece que se presencia o mo-

---

[2] Sobre a influência do direito estrangeiro no nascimento e na evolução do direito administrativo brasileiro, em suas várias fases, v. DI PIETRO, Maria Sylvia Zanella. 500 anos do direito administrativo brasileiro. *Cadernos de Direito e Cidadania*, São Paulo: Artchip, p. 39-69, 2000.

vimento inverso ao que vivenciaram os civilistas em meados do século passado, por força da influência que o direito público vinha exercendo sobre institutos do direito privado. Alguns juristas chegaram a prever a morte ou a crise do direito civil, considerado inadequado para alcançar a justiça social. Muitas obras foram escritas, entre as quais podem ser citadas as de René Savatier (*Du droit civil au droit public*, de 1945, e *Les métamorphoses économiques et sociales du droit civil d'aujourd'hui*, de 1952), Jean Cruet (*A vida do direito e a inutilidade das leis*, de 1956), George Ribert (*Le déclin du droit*, de 1945), J. Bonnecase (*Où en est le droit civil?*, de 1925), Joseph Charmont (*Les transformations du droit civil*, de 1912), Gaston Morin (*La révolte des faits contre le code*, de 1920, e *La révolte du droit contre le code*, de 1945). No direito brasileiro, Orlando Gomes não escapou às novas tendências, escrevendo *A crise do direito*, em 1955, e *Transformações gerais do direito das obrigações*, em 1967.

Tão grande foi o pessimismo dos civilistas, que o professor Anacleto de Oliveira Faria, certamente impressionado com a alardeada crise do direito civil, escreveu tese de sua carreira universitária, junto à USP, sob o título de *Atualidade do direito civil*, em 1965. E o direito civil continuou a existir, ainda que sofrendo influência do direito público em alguns aspectos.

Agora, são os doutrinadores da área do direito administrativo que caminham em sentido inverso ao dos civilistas, escrevendo inúmeros textos em que se revela a crescente influência do direito privado sobre o direito público. Grande parte defende e incentiva essa privatização do direito administrativo. E é curioso que são praticamente todos professores de direito administrativo.

Diante das novas tendências e de tantas crises, tive uma primeira ideia: credenciar, no curso de pós-graduação da Faculdade de Direito da Universidade de São Paulo, uma disciplina específica, sob minha responsabilidade, para discutir tais temas, especialmente os que dizem respeito aos princípios da legalidade e da supremacia do interesse público, aos atributos da autoexecutoriedade e da presunção de veracidade dos atos administrativos, à tão falada crise na noção de serviço público, aos contratos administrativos e suas cláusulas exorbitantes, aos institutos da discricionariedade e do mérito, ao controle judicial das políticas públicas. As discussões foram bastante proveitosas, ainda que nem sempre muito conclusivas.

A partir dessa primeira ideia, cheguei a outra, instigada e auxiliada por um dos mestrandos inscritos na disciplina (Carlos Vinícius Alves): organizar um livro com trabalhos de alunos de pós-graduação e também de alguns professores de direito administrativo, dispostos a enfrentar esses temas, quer para concordar, quer para discordar das novas colocações.

Afinal, é do debate que nasce a luz.

Além disso, o silêncio pode significar concordância, o que nem sempre corresponde à realidade.

Um primeiro dado, incontestável, é a evolução pela qual vem passando o direito administrativo desde as suas origens. Ninguém poderia conceber que, em mais de dois séculos de existência, não tivessem surgido novos institutos, teorias e princípios, e que institutos, teorias e princípios antigos não sofressem qualquer tipo de alteração. Mas também não há dúvida de que algumas tendências que vêm sendo apontadas pela doutrina merecem maior reflexão, seja porque ainda não constituem realidade no direito brasileiro, seja porque partem de premissas não muito corretas.

Essa evolução é inevitável e, ao longo dos anos, tem dado margem à publicação de alguns trabalhos, alguns mais recentes, outros mais antigos, a demonstrar que as transformações não cessam. O direito administrativo mal tinha nascido e já Leon Duguit escrevia o seu conhecido trabalho sobre *Les transformations du droit public*, de 1913. Podemos citar, ao longo dos anos, os trabalhos de Jean-Louis de Corail, sobre *La crise de la notion juridique de service public en droit administratif français*, de 1954; de Fernando Garrido Falla, sobre *Las transformaciones del regimen administrativo*, de 1962; a obra coletiva organizada por Massimo Severo Giannini, sob o título *Le trasformazioni del diritto amministrativo*, de 1995; de Maria João Estorninho, sobre *Réquiem pelo contrato administrativo*, de 1990; de Odete Medaur, com a tese sobre *Direito administrativo em evolução*, de 1991; de Diogo de Figueiredo Moreira Neto, com *Mutações do direito administrativo*, de 2000; a obra coletiva organizada por Floriano de Azevedo Marques Neto e Alexandre Santos de Aragão, sobre o *Direito administrativo e seus novos paradigmas*, de 2008. Isto para mencionar apenas alguns autores e obras.

Eu mesma já escrevi sobre essa evolução, seja em trabalho sobre *Inovações no Direito administrativo brasileiro*,[3] seja em trabalho sobre os *500 anos de direito administrativo brasileiro*.[4] Além disso, na tese com a qual conquistei o cargo de Professor Titular da Faculdade de Direito da Universidade de São Paulo, publicada sob o título de *Discricionariedade administrativa na Constituição de 1988*, analisei, nas várias fases do Estado de Direito, a evolução pela qual vem passando o conceito de discricionariedade administrativa, para demonstrar que a tendência tem sido a de limitá-la pela aplicação de princípios e valores adotados implícita ou explicitamente no ordenamento jurídico. Também no livro *Parcerias na administração pública*, apontei vários aspectos novos do direito administrativo, como decorrência da chamada Reforma Administrativa, com os seus ideais de privatização e fortalecimento da iniciativa privada; instauração da ideia de competição na prestação de serviços públicos; aplicação do princípio da subsidiariedade especialmente em matéria de atuação do Estado na ordem econômica; ampliação da atividade de fomento e o consequente crescimento do terceiro setor, com novas modalidades de parcerias, seja entre pessoas estatais, seja entre Administração Pública e o setor

---

[3] In *Interesse Público*, Porto Alegre: Notadez, ano 6, nº 30, p. 39-55, mar./abr. 2005.
[4] In *Cadernos de Direito e Cidadania*, São Paulo: Artchip, p. 39-69, mar. 2000.

privado; substituição da intervenção direta no domínio econômico pela intervenção indireta, por meio do incremento da atividade de regulação, posta em prática especialmente pela criação de agências reguladoras.

Outro dado incontestável: o direito administrativo, desde as suas origens, é constituído por uma série de paradoxos. O seu regime jurídico abrange *prerrogativas* que garantem a *autoridade* da Administração, e *restrições*, que protegem a *liberdade* e os direitos individuais do cidadão. O direito administrativo francês, que coloca o princípio da legalidade como um dos esteios do direito administrativo, tem na jurisprudência, e não na lei, a sua principal fonte do direito. Ao mesmo tempo em que se procura reduzir a importância do princípio da supremacia do interesse público, crescem as ações coletivas que têm por objetivo proteger o interesse público, em detrimento de direitos individuais. Enquanto alguns advogam a redução da discricionariedade administrativa quase a zero, outros defendem a flexibilização das cláusulas exorbitantes dos contratos administrativos e a instauração da administração pública gerencial, com o intuito de ampliar a liberdade decisória da Administração Pública. Ao mesmo tempo em que se defende a extinção da categoria dos serviços públicos, surgem novas formas de delegação da execução de serviços públicos aos particulares, como as parcerias público-privadas e as organizações sociais. Enquanto alguns falam em crise no princípio da legalidade, ele sofre uma grande ampliação – para abranger aspectos que antes eram considerados de mérito –, tendo como consequência a redução da discricionariedade administrativa e a ampliação do controle judicial sobre os atos da Administração. Enquanto alguns falam em fuga do direito administrativo, crescem os institutos analisados no âmbito desse ramo do direito público, como a atividade de regulação, as agências reguladoras, as parcerias com entidades do terceiro setor, a terceirização, a improbidade administrativa, a legislação de processo administrativo e, principalmente, os princípios que, de forma crescente, informam o direito administrativo. Enquanto alguns preconizam o fim dos contratos administrativos, novas modalidades de contratos administrativos surgem, nos moldes tradicionais, como as parcerias público-privadas, a concessão de uso especial para fins de moradia e a concessão florestal. Ao mesmo tempo em que ganha força o princípio da segurança jurídica, o controle judicial dos atos da Administração Pública baseado em princípios e valores, como dignidade da pessoa humana, razoabilidade, moralidade, interesse público, proteção à confiança, dentre tantos outros, torna mais difícil e imprecisa a interpretação das normas, gerando maior grau de insegurança para a Administração e para os cidadãos. Enquanto alguns criticam o princípio da autoexecutoriedade dos atos administrativos, cogita-se de atribuir maiores poderes aos órgãos de fiscalização tributária, independentemente de autorização judicial.

Todos esses paradoxos e contradições estão ligados ao paradoxo maior, que é o binômio autoridade/liberdade, interesse público/direito individual: o direito administrativo sempre abrigou e vai continuar abrigando institutos, teorias e princípios que protegem o interesse público e que exigem a outorga de poderes, prerrogativas e privilégios à Administração Pública; ao mesmo tempo, o direito administrativo sempre abrigou e vai continuar abrigando institutos, teorias e princípios que protegem os direitos do cidadão frente ao poder público, especialmente o princípio da legalidade, hoje ampliado pela incorporação de inúmeros outros princípios e valores que integram a legalidade em sentido amplo, como a moralidade administrativa, a segurança jurídica, nos aspectos objetivo (estabilidade das relações jurídicas) e subjetivo (proteção à confiança), a reserva do possível, a razoabilidade, dentre tantos outros.

Veja-se que, no sentido de garantir prerrogativas públicas às autoridades administrativas, o direito administrativo idealizou os atos administrativos com atributos de presunção de legalidade e veracidade, imperatividade e autoexecutoriedade; elaborou a teoria dos contratos administrativos, com suas cláusulas exorbitantes; as funções de polícia administrativa e de intervenção, com tudo o que isso envolve de imposição de restrições ao exercício de direitos individuais, de fiscalização, de repressão, de punição. Isto tudo sem falar nas prerrogativas de que usufruem as entidades públicas quando assumem a posição de *partes* em processos judiciais, tais como a garantia do duplo grau de jurisdição, os prazos maiores para recorrer e contestar, o processo especial de execução, o juízo privativo.

Mas o direito administrativo também formulou toda uma teoria do equilíbrio econômico-financeiro do contrato, de que constituem aplicação as teorias da imprevisão, do fato do príncipe, do fato da Administração, cujo objetivo é o de proteger os direitos do particular que contrata com a Administração Púbica e equilibrar a posição de desigualdade entre as partes nos contratos administrativos; criou o conceito de serviço público de titularidade do Estado, a partir da ideia de que determinadas atividades, por atenderem a necessidades essenciais da coletividade, não serão prestadas com o caráter de universalidade, continuidade, isonomia, independentemente do intuito especulativo, se deixadas à livre iniciativa; elaborou as teorias do desvio de poder e dos motivos determinantes, que ampliaram os requisitos de validade dos atos administrativos, possibilitando ao Judiciário ampliar o controle sobre os atos administrativos, pelo exame dos fins e dos motivos (pressupostos de fato e de direito); criou e desenvolveu a teoria da responsabilidade civil do Estado, até chegar à teoria da responsabilidade objetiva, em benefício do cidadão; incorporou uma série de princípios como os da publicidade, razoabilidade, proporcionalidade, impessoalidade, continuidade, motivação, segurança jurídica, proteção à confiança, ampla defesa, todos eles com o objetivo de proteger os direitos individuais perante as prerrogativas da Administração Pública; incorporou os princípios e valores ao conceito de legalidade (em sentido amplo), possibilitando a ampliação do controle judicial sobre os atos da Administração Pública; trouxe para o âmbito do direito administrativo toda uma teoria dos conceitos jurídicos indeterminados, com vistas também a ampliar a possibilidade de controle judicial dos atos administrativos e reduzir o mérito inerente à ideia de discricionariedade administrativa; incrementou a atividade de fomento e, em consequência, as parcerias com o setor privado, seja na área social, seja na área econômica, para estimular as atividades privadas de interesse público.

Tudo isto se diz para demonstrar que o binômio autoridade/liberdade continua presente no direito administrativo. A tão falada centralidade da pessoa humana tem sido valorizada, com razão, até por força de norma constitucional. Mas não há como acabar com algumas prerrogativas da Administração Pública, simplesmente porque não há como igualar o cidadão com os entes que personificam o poder do Estado. Mesmo nos sistemas jurídicos que não adotam alguns dos institutos próprios do direito administrativo do sistema europeu continental, as prerrogativas públicas estão presentes, como ocorre em relação aos contratos celebrados pela Administração, ainda que o sejam no regime jurídico de direito privado.

Para ilustrar o nosso pensamento com a lição de um dos maiores juristas brasileiros, podemos citar Seabra Fagundes,[5] quando afirmava que "nunca a atividade (do Estado) pode ser perfeitamente assemelhada à do indivíduo, quer na forma por que se exerce, quer na sua finalidade. Ainda mesmo ao revestir o caráter da chamada atividade de gestão". Ele lembra, em abono de seu entendimento, a lição de Mortara, no sentido de que a atividade do indivíduo é sempre *livre* sob o prisma jurídico, condicionando-se apenas ao arbítrio de quem age (*liberdade*), ao passo que a atividade estatal é juridicamente *dependente*, isto é, condicionada ao interesse público (*necessidade*). Donde inferir, Mortara, que, mesmo assemelhando extrinsecamente o seu procedimento ao do particular, a Administração Pública, agindo sempre segundo a *finalidade* inerente a toda a atividade estatal, tem as suas atividades juridicamente distintas das puras relações de indivíduo a indivíduo. Ele exemplifica com o direito de domínio, para mostrar como, em relação ao direito básico da vida patrimonial, se distinguem as situações do Estado e do particular, cada um adquirindo, gerindo e perdendo por modos diversos os bens dele objeto.

A partir dessas considerações iniciais, alguns dos novos e, ao mesmo tempo, velhos temas do direito administrativo serão objeto de reflexão cujo intuito é o de demonstrar que transformações vêm ocorrendo, porém sem abandonar os velhos institutos e princípios que ainda constituem o cerne do direito administrativo.

O tema que mais suscitou debates e instigou os alunos foi o que diz respeito ao *princípio da supremacia do interesse público*, hoje tão criticado por parte da doutrina, sob o pretexto de que o mesmo coloca em risco os direitos individuais. Daí a inserção, na Parte I do livro, de vários trabalhos sobre o assunto.

Combatendo-se a aplicação desse princípio, outros institutos que nele se apoiam também entrariam em crise, segundo a mesma doutrina: o *serviço público*, o *contrato administrativo*, os *atributos dos atos administrativos*, especialmente a *autoexecutoriedade*.

---

[5] *O controle dos atos administrativos pelo Poder Judiciário*. São Paulo: Saraiva, 1984. p. 155-156.

Na realidade, grande parte da doutrina que critica esse princípio está preocupada em defender os interesses econômicos, representados pela liberdade de iniciativa, a liberdade de competição, a liberdade de indústria e comércio.

Esse é o intuito declarado da Corte de Justiça da União Europeia: a existência de serviços púbicos exclusivos do Estado contraria a liberdade de iniciativa e prejudica a liberdade de competição. Não há qualquer preocupação em defender direitos individuais. Esquece-se que os serviços públicos são importantes exatamente pelo fato de que só o Estado tem condições de prestar determinadas atividades essenciais à coletividade (mesmo com prejuízo e, muitas vezes, gratuitamente) e garantir um mínimo de vida digna por parte do cidadão.

O fato é que a alardeada crise do serviço público (que, no direito comunitário europeu, equivale ao desaparecimento dos serviços públicos comerciais e industriais do Estado) não existe e não pode existir no direito brasileiro, enquanto a Constituição agasalhar o instituto, quer pela outorga expressa da titularidade de determinadas atividades aos entes políticos, com ou sem exclusividade, quer pela referência expressa ao instituto em inúmeros dispositivos. O que de mais novo surgiu em relação aos serviços públicos no direito brasileiro foi a introdução da ideia de competição na prestação de atividades que antes eram exercidas em caráter de exclusividade e, paralelamente, a privatização das formas de gestão, seja pelo uso da concessão de serviços públicos (que assume novas formas com a instituição das parcerias público-privadas), seja pela ampliação das modalidades de parceria com as entidades do terceiro setor, como ocorre especificamente nos contratos de gestão com entidades privadas, sem fins lucrativos, qualificadas como organizações sociais.

Isto tudo não permite falar em crise no serviço público, que continua presente, no direito brasileiro, como atividade de que o Estado é titular, cabendo-lhe prestá-la diretamente ou por meio de seus delegados, para atender a necessidades essenciais da coletividade, sob um regime jurídico essencialmente de direito público, informado por princípios como os da continuidade, mutabilidade, isonomia, regularidade, dentre outros.

Também o princípio da legalidade estaria em crise. É preciso entender, no entanto, que a palavra *crise*, que tem aí um sentido pejorativo, pode conduzir os incautos à conclusão de que o princípio está enfraquecido e caminhando para o fim. Na realidade, o princípio vem passando por toda uma evolução, desde os momentos iniciais de sua formação, sempre no sentido da ampliação de seu conteúdo e não da redução. Mais recentemente, essa ampliação se deu em decorrência da chamada constitucionalização do direito administrativo, que provocou a criação de novos limites à discricionariedade administrativa e, em consequência, a ampliação do controle judicial sobre os atos da Administração Pública.

Por isso, vários trabalhos sobre o tema foram inseridos na Parte II deste livro.

Também o alardeado fim do *contrato administrativo* ou, pelo menos, de suas *cláusulas exorbitantes*, sob o pretexto de que ele trata desigualmente as partes, constitui consequência da pretensão de extinguir ou relativizar o princípio da supremacia do interesse público. Invoca-se o princípio da igualdade das partes no contrato.

Com relação a esse aspecto, cabe observar que onde não se adota a figura do contrato administrativo (como nos países filiados ao sistema da *common law*, e mesmo em alguns de base romanística, como a Itália e a Alemanha, dentre outros), as prerrogativas da Administração Pública em relação ao particular existem, ainda que não previstas sob a forma de cláusulas exorbitantes. Ninguém pode conceber a ideia de que o poder público possa abrir mão das prerrogativas de alterar ou rescindir um contrato que se revele prejudicial ao interesse público. Como também não é possível conceber que ao poder público se negue o poder de punir os particulares que descumpram as cláusulas contratuais a que se obrigam voluntariamente.

Em suma, é possível acabar com a figura dos contratos administrativos, mas é impensável acabar com as prerrogativas do poder público.[6]

No direito brasileiro, o fim das cláusulas exorbitantes ainda constitui quimera. O seu fim dependeria de alterações legislativas consideráveis, já que o contrato administrativo está disciplinado, não só por lei de caráter geral, como é a de nº 8.666/93, como por inúmeras leis esparsas que regem modalidades específicas de contratos administrativos.

Respondendo à pergunta que serviu de título à Introdução deste livro, pode-se afirmar que não existe um novo direito administrativo, no sentido de que seus institutos básicos estão sendo substituídos por outros antes inexistentes. Os temas fundamentais do direito administrativo continuam sendo objeto de estudo e tratados em praticamente todos os manuais pertinentes a esse ramo do direito, inclusive no direito europeu continental. O que existe, na feliz expressão de Odete Medauar,[7] é um *direito administrativo em evolução*. O direito administrativo se renova e se enriquece pela ampliação de seu objeto de estudo. Mas o binômio que sempre caracterizou esse ramo do direito – autoridade/liberdade – continua presente. No momento atual de seu desenvolvimento, pende para o lado da liberdade, em decorrência da constitucionalização do direito administrativo e a consequente valorização dos direitos individuais. O direito administrativo humaniza-se. Mas não perde as características inerentes ao exercício da *autoridade* e ao próprio conceito de Estado.

---

[6] É o que se demonstrará em capítulo específico sobre o tema, inserido na Parte III deste livro.
[7] São Paulo: Revista dos Tribunais, 2003.

Parte I

O Princípio da Supremacia do Interesse Público

1

O Suposto Caráter Autoritário da Supremacia do Interesse Público e das Origens do Direito Administrativo: uma Crítica da Crítica

> *"Um autor se contradiz se é impossível conciliá-lo consigo mesmo."*
> Vauvenargues, em *Panegírico*,
> de Guy Debord.

Emerson Gabardo[1] e
Daniel Wunder Hachem[2]

1 Introdução: uma crítica à pretensa crítica da supremacia do interesse público e da gênese do Direito Administrativo

A doutrina juspublicista brasileira tem se deparado com um aumento no número de juristas que encontram na noção de interesse público e nas bases históricas do Direito Administrativo um caráter autoritário e, portanto, "não ilustrado", como é o caso, no Brasil, de Humberto Ávila, Gustavo Binenbojm e Daniel Sarmento.[3]

---

[1] Doutor em Direito do Estado pela Universidade Federal do Paraná. Professor Adjunto de Direito Econômico e Direito Constitucional da PUC/PR. Professor de Direito Administrativo da UniBrasil. Advogado do escritório Guilherme Gonçalves e Advogados Associação.

[2] Mestrando em Direito do Estado na Universidade Federal do Paraná. Professor de Direito Administrativo e Direito Constitucional da UniBrasil. Coordenador do Curso de Especialização em Direito Administrativo do Instituto de Direito Romeu Felipe Bacellar. Secretário Editorial Executivo da *A&C – Revista de Direito Administrativo e Constitucional*. Advogado do escritório Bacellar & Andrade Advogados Associados.

[3] Os principais textos que retratam a opinião dos autores estão na seguinte obra: SARMENTO, Daniel (Org.). *Interesses públicos versus interesses privados:* desconstruindo o princípio de supremacia do interesse público. Rio de Janeiro: Lumen Juris, 2005. Mais recentemente, destacam-se os textos da obra coordenada por Alexandre Santos Aragão e Floriano de A. Marques Neto. Cf.: ARAGÃO, Alexandre Santos de; MARQUES NETO, Floriano de Azevedo (Coord.). *Direito Administrativo e seus novos paradigmas*. Belo Horizonte: Fórum, 2008.

Essa busca não retrata apenas uma vontade de refazer a história, até porque tal empreitada não seria original. O assunto já vem sendo discutido há muito tempo, resultando, desse modo, apenas numa "nova retórica" – em geral, não sendo recuperados os estudos precedentes sobre o assunto.

Sustentam tais autores – ao que tudo indica, aspirando transparecer originalidade – que a noção de interesse público radicada nas bases do Direito Administrativo moderno, bem como a construção desse ramo jurídico sob a égide de ideias como Estado de Direito e separação de poderes, traduziu uma reprodução de práticas autoritárias do regime próprio do Estado Absolutista. No entanto, como se verá a seguir, a utilização de parte do modelo institucional absolutista pelos revolucionários burgueses de fins do século XVIII – momento histórico ao qual se costuma creditar as origens do Direito Público moderno – não retrata nenhuma novidade historiográfica, nem para os historiadores, nem para os administrativistas, sejam franceses, italianos, alemães ou brasileiros.

Outros autores, ainda, desenvolvem sua crítica a partir de uma perspectiva marxista, destacando a natureza "dominante", "simbólica" ou "alienante" do Direito Administrativo, como o faz, destacadamente, Marçal Justen Filho[4] ao propor a existência de um "Direito Administrativo de Espetáculo",[5] utilizando-se das interessantes especulações de Guy Debord[6] (ainda fundadas no clássico, porém

---

[4] O brilhantismo do ilustre jurista paranaense e o reconhecimento pelo precoce destaque de sua obra (um marco na história do Direito Administrativo brasileiro) produzem orgulho a todos aqueles que tiveram a oportunidade de serem seus alunos (e, se aproveitadas suas lições, de se tornarem investigadores mais sérios e exigentes). O que, em certa medida, impulsiona o desejo (presunçoso) de superação do mestre.

[5] JUSTEN FILHO, Marçal. O Direito Administrativo de espetáculo. In: ARAGÃO, Alexandre Santos de; MARQUES NETO, Floriano de Azevedo (Coord.). *Direito administrativo e seus novos paradigmas*. Op. cit., p. 65-86. A crítica deve ser acompanhada da advertência de que a metáfora utilizada, a partir da ideia de espetáculo de Debord, não deixa de ser bastante legítima e, em sua conclusão, bastante apropriada. O problema são os graves equívocos e precariedades da fundamentação apresentada. No mais, é interessante ressaltar que o Professor Marçal também é responsável pela disseminação, no Brasil, do pensamento liberal de Jacques Chevallier, cujo trabalho recentemente traduzido (de extensa pesquisa e restrita originalidade) visou identificar o que o autor intitulou de "O Estado Pós-moderno". Cf.: CHEVALLIER, Jacques. *O Estado pós-moderno*. Tradução de Marçal Justen Filho. Belo Horizonte: Fórum, 2009 [2008]. Apenas a título de registro, cabe ressaltar que, entre os vários tópicos de profunda discordância em relação ao pensamento do autor francês (em que pese a concordância nos pontos que já são senso comum na academia), destaca-se o tópico intitulado "O Estado desmitificado", cujas considerações, reiteração de posições liberais em certa medida banais, encontram prévia refutação em textos ainda atuais de compatriotas como Jacques Le Mouël. Cf.: MOUËL, Jacques Le. *Crítica de la eficacia*: ética, verdad y utopía de un mito contemporáneo. Tradução de Irene Agoff. Barcelona: Paidós, 1992 [1991]. Sobre o assunto, e também enfocando as questões da pós-modernidade e do universo simbólico subjacente, remete-se às proposições elaboradas em obras anteriores: GABARDO, Emerson. *Princípio constitucional da eficiência administrativa*. São Paulo: Dialética, 2002 e GABARDO, Emerson. *Eficiência e legitimidade do Estado*. São Paulo: Manole, 2003.

[6] Sobre o autor referenciado ver: DEBORD, Guy. *A sociedade do espetáculo*: comentários sobre a sociedade do espetáculo. Tradução de Estela dos Santos Abreu. Rio de Janeiro: Contraponto, 1997

ultrapassado, conceito de ideologia como falsa consciência).⁷ Com todo respeito e admiração que se nutre pelo eminente publicista paranaense, não se pode concordar com as afirmações de que a situação de rebeldia da atividade administrativa estatal ao Direito "não se alterou radicalmente mesmo após a consagração do conceito de Estado de Direito" e de que "os postulados do Direito Administrativo, nos temas de maior relevância" mesmo após a consagração do constitucionalismo moderno "conduziam à impossibilidade de controle da atuação do governante".⁸

A alusão a uma pretensa origem autoritária parece ter como escopo reduzir a força legitimatória de princípios como o do interesse público, ou mais especificamente, da "supremacia do interesse público" – sem dúvida uma interessante crítica que, por sua vez, merece ser refutada.⁹ Trata-se, portanto, de uma interpretação da história cujo fim é conferir às proposições do presente um sentido mais facilmente apreensível e consonante com a mentalidade vigente, que é a de maior liberalização e flexibilização da vida. E embora seja uma "tese" muito atraente para o indivíduo pós-moderno, que é um sujeito por definição voltado à autonomia, à liberdade e à consensualidade negocial, trata-se de uma teoria de precária capacidade explicativa.

Algumas análises teóricas e históricas realizadas alhures e por vezes transplantadas para o Brasil não têm verdadeira correspondência local. Exemplo desse fenômeno de "sofismática transposição" é a crescente utilização da doutrina administrativista portuguesa como fundamento para "novas interpretações" caseiras.¹⁰ Alguns brilhantes trabalhos por lá realizados (e não são poucos) têm sido lidos com desprendimento exagerado e até certa falta de crítica.¹¹

[1967]. Para um aprofundamento da opinião crítica apontada acima sobre o conceito marxista de ideologia, ver: GABARDO, Emerson. O aspecto ideológico das formas simbólicas. In: ____. *Eficiência e legitimidade do Estado...* Op. cit., p. 33 e ss. E de forma mais direta: GABARDO, Emerson. *Interesse público e subsidiariedade...* Op. cit., p. 54 e ss.

⁷ A provocação, neste último caso, não é pequena. Todavia, fica para outra oportunidade uma oposição específica aos seus convictos (porém nada convincentes) argumentos, boa parte deles já contestada, ainda que não diretamente, no seguinte texto: GABARDO, Emerson. *Interesse público e subsidiariedade*: o Estado e a sociedade civil para além do bem e do mal. Belo Horizonte: Fórum, 2009.

⁸ JUSTEN FILHO, Marçal. Conceito de interesse público e a "personalização" do Direito Administrativo. *Revista Trimestral de Direito Público*, São Paulo: Malheiros, nº 26, p. 115, 1999.

⁹ Refere-se, particularmente, aos representativos trabalhos de Paulo Otero, Gustavo Binenbojm, Daniel Sarmento e Marçal Justen Filho, entre outros. Cf.: OTERO, Paulo. *Legalidade e administração pública*: o sentido da vinculação administrativa à juridicidade. Coimbra: Almedina, 2003; SARMENTO, Daniel (Org.). *Interesses públicos versus interesses privados*: desconstruindo o princípio de supremacia do interesse público. Rio de Janeiro: Lumen Juris, 2005; ARAGÃO, Alexandre Santos de; MARQUES NETO, Floriano de Azevedo (Coord.). *Direito administrativo e seus novos paradigmas*. Belo Horizonte: Fórum, 2008.

¹⁰ Sobre o assunto ver: GABARDO, Emerson. *Interesse público e subsidiariedade...* Op. cit., p. 253.

¹¹ É o caso de Paulo Otero. Cf.: OTERO, Paulo. *Legalidade e administração pública...* Op. cit.

As possíveis origens autoritárias da aplicação do Direito brasileiro em geral (não só do Direito Administrativo) e, como não poderia deixar de ser, do uso e abuso do interesse público como fundamento retórico de legitimação do poder não estão na França ou na Itália, mas na sua própria história personalista e carente de um real espírito republicano, que aos tropeços e solavancos redundou na efetiva construção de um espaço público (mas nem tanto...). As ideias típicas do Direito Administrativo do final do século XVIII e início do século XIX, mesmo aquelas inerentes ao proclamado "autoritário" contencioso administrativo (que nunca existiu no Brasil), ou ao "autoritário" interesse público governamental (totalmente privatizado pelas práticas sociais brasileiras — muito mais do que pelo Estado), produziram de forma intensa um efeito libertador, e não o contrário. Se não fosse tal herança recebida na esfera das ideias – a de um "Direito Administrativo libertador", fruto da ilustração –, talvez a mutação da mentalidade então característica das novas terras resistisse de forma mais intensa e dramática.

Nestes termos, não convencem as críticas a essa visão da história, que seria falsa, pois a teoria do interesse público teria representado "antes uma forma de reprodução e sobrevivência das práticas administrativas do Antigo Regime que sua superação";[12] ou seja, embora para alguns possa ser aparentemente lógica, é historicamente insustentável a afirmação de que o Direito Administrativo possuiria raízes autoritárias, em razão das quais o princípio da supremacia do interesse público não teria nada de liberal ou emancipador.

Ao propor uma diferente origem do Direito Administrativo, em certa medida viciada, porque autoritária, a pretensa "nova interpretação" nada mais faz do que recusar a importância tanto do aspecto real quanto da face simbólica da legislação revolucionária e do pensamento liberal francês (sempre pendendo para uma valorização exagerada da tradição utilitarista anglo-americana). Além disso, ignora a relação de sentido inerente ao estabelecimento de uma corrente político-cultural que teve forte influência na construção moderna do Direito: a ilustração (mesmo não se esquecendo que essa construção tenha convivido com instituições ainda pré-modernas).[13]

---

[12] Esta é a opinião defendida por Paulo Otero e, em certa medida, Vasco M. P. Dias Pereira da Silva. No Brasil, a tese foi reproduzida por autores como Gustavo Binenbojm. Cf.: OTERO, Paulo. *Legalidade e administração pública...* Op. cit.; SILVA, Vasco Manuel Pascoal Dias Pereira da. *Em busca do ato administrativo perdido*. Coimbra: Almedina, 1995; BINENBOJM, Gustavo. Da supremacia do interesse público ao dever de proporcionalidade: um novo paradigma para o direito administrativo. In: SARMENTO, Daniel (Org.). *Interesses públicos versus interesses privados...* Op. cit., p. 120.

[13] Conforme destaca Sergio Paulo Rouanet: "Numa de suas vertentes, a liberal, a Ilustração limitava-se, para isso, a propor um sistema de garantias contra a ação arbitrária do Estado. Foi a posição de Montesquieu, de Voltaire, de Diderot. Em outra vertente, a democrática, a Ilustração considerava insuficiente proteger o cidadão contra o governo: era necessário que ele contribuísse para a formação do governo ou, mais radicalmente, fosse ele próprio o governo. Era a posição quase solitária de Rousseau. As duas vertentes tinham em comum o valor da liberdade, tanto num sentido negativo (o homem era livre enquanto súdito, das investidas da tirania) quanto num sentido positivo (ele

Querer igualar, como fazem os "novos críticos", o momento pré-revolucionário francês com o momento pós-revolucionário, mediante a indicação simplista de uma origem do Direito Administrativo em práticas autoritárias, é promover um anacronismo. Não se ignora que a realidade política de antes e depois era igualmente arbitrária, porém seria ingênuo imaginar que seria arbitrária da mesma forma. Os modelos de normatização dessas realidades constituem ontologia radicalmente diversa, o que, por si só, resulta na existência de uma realidade distinta. Ou seja, é preciso tomar cuidado para não se incorrer em equívocos metodológicos que tornem duvidosa a análise de conteúdo na investigação científica. Faz-se imperativo, pois, adotar a mesma premissa de que parte Fernando Garrido Falla: "a relatividade histórica do regime administrativo e, consequentemente, a de seu direito, é dizer, do Direito Administrativo".[14]

As situações de heteronomia estão presentes na história do poder, com ou sem espetáculo – o que torna bastante ingênua a perspectiva de que a recusa das representações inibirá as práticas a elas correspondentes.[15] É absurdamente real, e não simbólico, "o uso antiliberal da democracia e o uso antidemocrático do liberalismo".[16] Todavia, isso não justifica uma crítica, recusa ou desconstrução da democracia e do liberalismo, como princípios fundantes de um constitucionalismo social desejável axiológica e normativamente (muito menos uma recusa, crítica ou desconstrução dos fundamentos do Direito Administrativo que, por consequência, lhe dão aplicabilidade).

O reconhecimento formal de um novo Direito Administrativo que se submete à lei e não ao soberano ou ao Direito tradicional-costumeiro do medievo torna-o sem dúvida alguma um instrumento de libertação e não somente de dominação. O reconhecimento da felicidade como um direito individual (primeiro por meio da abstenção do Estado, depois pela intervenção) – como se pode extrair já do Preâmbulo da Declaração dos Direitos do Homem e do Cidadão de 1789[17] – retrata também uma novidade sem precedentes.

---

era livre, enquanto cidadão, para participar da gênese e do exercício do poder político). Por isso a condenação do despotismo foi a contribuição mais forte da Ilustração ao ideal da autonomia política." ROUANET, Sergio Paulo. *Mal-estar na modernidade*. 2. ed. São Paulo: Companhia das Letras, 2003 [1993]. p. 17.

[14] Tradução livre. No original: "*la relatividad histórica del régimen administrativo y, consiguientemente, la de su derecho, es decir, del Derecho administrativo*". FALLA, Fernando Garrido. *Las transformaciones del régimen administrativo*. 2. ed. Madrid: Instituto de Estudios Políticos, 1962. p. 15.

[15] Sobre uma análise semiológico-conceitual das práticas e representações mais rigorosa do ponto de vista historiográfico (ao menos mais rigorosa que a de Guy Debord), ver: CHARTIER, Roger. *A história cultural entre práticas e representações*. Tradução de Manuela Galhardo. Lisboa: Difel, 1990 [1985].

[16] ROUANET, Sergio Paulo. *Mal-estar na modernidade*... Op. cit., p. 39.

[17] Já em seu preâmbulo, a Declaração dos Direitos do Homem e do Cidadão de 1789 enuncia que tais direitos estão sendo reconhecidos para que, dentre outros objetivos, "as reivindicações dos cidadãos, doravante fundadas em princípios simples e incontestáveis, se dirijam sempre à conserva-

Vários historiadores estudaram que as mudanças no plano das ideias não acarretam, ao menos de imediato, alterações no plano das mentalidades (e às vezes, nem no institucional).[18] E o contrário também é verdadeiro: nem sempre uma mutação na orientação mental consegue produzir as respectivas modificações no plano das ideias (embora deva ser reconhecido que a segunda hipótese é muito mais comum). O que não se pode é tornar indistinta a proposta no plano das ideias (e normas jurídicas) da sua efetividade no plano da vida institucional, condicionado que está pela mentalidade que lhe oferece sustentação.

O objetivo do presente ensaio consiste, pois, em refutar as críticas formuladas pelos autores supracitados à noção de supremacia do interesse público e à gênese do Direito Administrativo, como se autoritárias fossem, demonstrando os equívocos interpretativos e metodológicos em que tais posições fatalmente incorrem, a partir de uma leitura efetivamente – e não apenas pretensamente – crítica da história do Direito Público moderno.

Para tanto, serão resgatados, num primeiro momento (item 2), o contexto histórico e as linhas teóricas que figuraram como pano de fundo do surgimento do Direito Administrativo, notadamente a partir do emprego das noções de vontade geral típica do constitucionalismo moderno (item 2.1) e de legalidade como expressão do interesse público (item 2.2). Em seguida (item 3), com base nas teorizações anteriormente traçadas, serão enfrentadas as críticas que objetivam atribuir um caráter autoritário à ideia de supremacia do interesse público (item 3.1) e às origens do Direito Administrativo (item 3.2), numa tentativa de demonstrar os equívocos de tais interpretações.

2 As origens do Direito Público ilustrado: sobre a vocação antiautoritária das raízes do interesse público

A investigação acerca dos embriões da noção de interesse público e da sua possível configuração na modernidade leva necessariamente ao estudo prévio das bases filosóficas e teóricas do constitucionalismo moderno,[19] o qual, por sua vez, só pode ser entendido mediante a apreciação das condições históricas presentes

---

ção da Constituição e à felicidade geral" (Tradução livre. No original: *"afin que les réclamations des citoyens, fondées désormais sur des principes simples et incontestables, tournent toujours au maintien de la Constitution et au bonheur de tous"*).

[18] Sobre o assunto, ver: CARDOSO, Ciro Flamarion; VAINFAS, Ronaldo (Org.). *Domínios da história*: ensaios de teoria e metodologia. Rio de Janeiro: Campus, 1997.

[19] A ideologia do interesse público constitui, segundo Jacques Chevallier, a matriz do discurso de legitimação das formas sociais instituídas na modernidade. Cf.: CHEVALLIER, Jacques. Reflexions sur l'idéologie de l'intérêt général. In: *Variations autour de l'idéologie de l'intérêt général*. v. 1. Paris: PUF, 1978. p. 41.

no contexto do século XVIII,²⁰ cujo maior movimento cultural foi a ilustração.²¹ Esse período ficou marcado por revoluções que derrubaram o poder tradicional do Estado Absolutista para erigir um novo, orientado pela restrição do poder estatal por meio da sua submissão à ordem jurídica. Tais movimentos tiveram como produto as Constituições modernas, que se tornaram instrumentos de afirmação do Estado de Direito, possibilitando a emergência da concepção contemporânea de Direito Público.²²

É possível afirmar que a formação daquilo que atualmente denomina-se Direito Público "é um fenômeno histórico que se verifica sobretudo na Idade Moderna",²³ uma vez que na Idade Média, embora já estivessem presentes assuntos que posteriormente seriam encarados como fundamentais para o Direito Público (e. g., as regras de desapropriação no Direito feudal), este não ostentava ainda uma sistematização que lhe atribuísse autonomia como ramo do saber jurídico: tais temas encontravam-se dispersos em outros campos do Direito,²⁴ como no Direito Civil.

Contudo, mesmo no âmbito do Estado moderno foi marcante a transformação do Direito Público, ocorrida com os movimentos revolucionários de fins do século XVIII, oriundos do profícuo ambiente em que se desenvolveu o iluminismo típico da ilustração. A filosofia do iluminismo de que se está tratando não implica o reconhecimento de resultados históricos concretos do período da ilustração, mas sim da "unidade de sua fonte intelectual". É um movimento de ideias que não está encerrado em um momento histórico único, mas se encontra "ligado por múltiplos vínculos tanto do futuro quanto do passado".²⁵ Nestes termos é que a inspiração transformadora recebida ultrapassa a simples recorrência ao conjunto do que foi pensado pelos autores da ilustração. Na metáfora de Ernst Cassirer, a filosofia do iluminismo equivale a um "tear espiritual", cujos fios são imperceptíveis, mas são

---

²⁰ GRIMM, Dieter. *Constitucionalismo y derechos fundamentales*. Madrid: Trotta, 2006. p. 45.

²¹ Optou-se neste artigo seguir a orientação disseminada por Sergio Paulo Rouanet em especificar a ilustração como o período histórico de radicação das origens da filosofia iluminista; esta última, um movimento que ultrapassa as fronteiras temporais da primeira rumo à própria atemporalidade. Cf.: ROUANET, Sergio Paulo. *Mal-estar na modernidade...* Op. cit., p. 120 e ss. Nestes termos, é perfeitamente possível afirmar que o Direito Administrativo atual é um saber ainda tipicamente iluminista, cujas bases encontram-se na ilustração.

²² Sobre o assunto, vale a pena referir o estudo de Peter Häberle. Cf.: HÄBERLE, Peter. *Libertad, igualdad, fraternidad:* 1789 como historia, actualidad y futuro del Estado constitucional. Tradução de Ignacio Gutiérrez. Madrid: Trotta, 1998.

²³ SEELAENDER, Airton Cerqueira Leite. O contexto do texto: notas introdutórias à história do direito público na idade moderna. *Sequência: Revista do Curso de Pós-graduação em Direito da UFSC*. Florianópolis: Fundação Boiteux, nº 55, p. 254, dez. 2007. O autor refere-se ao Direito Público como "filho legítimo da Idade Moderna". Op. cit., p. 259.

²⁴ SEELAENDER, Airton Cerqueira Leite. O contexto do texto: notas introdutórias à história do direito público na idade moderna. Op. cit., p. 258-260.

²⁵ CASSIRER, Ernst. *A filosofia do iluminismo*. 2. ed. Tradução de Álvaro Cabral. Campinas: Editora Unicamp, 1994 [1932]. p. 7-8.

capazes de criar um tecido social concreto, que não reside numa doxologia, mas na "arte e no movimento contínuo do debate de ideias".[26] Com o individualismo ilustrado, cria-se a titularidade subjetiva de direitos (e não apenas de obrigações, como na ética antiga e medieval). Desse modo, "o individualismo da Ilustração teve portanto o mérito de colocar no centro da ética o direito à felicidade e à autorrealização".[27] Das luzes para a atualidade, essa perspectiva nunca mais foi revogada na mentalidade ocidental.[28]

Se o sistema de Direito Público do Antigo Regime repousava principalmente sobre a ideia de superioridade da posição do Rei e do Direito costumeiro tradicional, da qual derivava o arbítrio no exercício do poder político e o dever de veneração e obediência dos súditos/servos, após a revolução iluminista esse mesmo Direito passou a nortear-se pela ideia de que "o poder político é uma autodisposição da sociedade sobre si mesma, através da vontade geral surgida do pacto social, a qual se expressa por meio da Lei, uma Lei geral e igualitária".[29] Pela primeira vez na história política coloca-se em pauta a questão da felicidade coletiva e da eficiência do governo.[30] Foram razões políticas e sociais, subjacentes aos movimentos revolucionários do século XVIII, que suscitaram a mudança da conformação desse ramo jurídico. Todavia, tal rompimento paradigmático somente ocorreu por conta do substrato cultural deste período histórico, fortemente marcado pelo pensamento racional libertário/iluminista e, tanto na esfera das ideias quanto das mentalidades, pela forte oposição ao "espírito" do Antigo Regime e as formas jurídicas a ele correspondentes.

Na Itália são conhecidos os trabalhos de Sabino Cassese, Massimo Severo Giannini e, principalmente, Bernardo Sordi, sobre a questão. É excelente o estudo realizado pelo primeiro autor sobre as origens do Direito Administrativo (inclusive comparando os modelos francês e inglês). No seu texto é mencionada expressamente a existência da corrente predominante e da já antiga dissidência que afirma ser o nascimento do Direito Administrativo apenas uma decorrência da recepção dos postulados do Antigo Regime.[31] Já Giannini elabora um interessante escorço

---

[26] CASSIRER, Ernst. *A filosofia do iluminismo...* Op. cit., p. 13.

[27] ROUANET, Sergio Paulo. *Mal-estar na modernidade...* Op. cit., p. 16

[28] Sobre a questão moral da felicidade na filosofia da ilustração ver o capítulo "Felicidade e virtude entre razão e sentimento", em extensa obra sobre o assunto. Conferir: CAILLÉ, Alain; LAZZERI, Christian; SENALLAT, Michel (Org.). *História argumentada da filosofia moral e política*: a felicidade e o útil. Tradução de Alessandro Zir. Editora Unissinos, 2004 [2001]. p. 390 e ss.

[29] ENTERRÍA, Eduardo García de. *La lengua de los derechos*: la formación del derecho público europeo tras la revolución francesa. Madrid: Alianza, 1994, p. 125.

[30] Sobre a questão da felicidade como fundamento do poder político ver: GABARDO, Emerson. *Interesse público e subsidiariedade...* Op. cit. Sobre a questão da eficiência ver: GABARDO, Emerson. *Eficiência e legitimidade do Estado...* Op. cit.

[31] CASSESE, Sabino. La costruzione del diritto amministrativo: Francia e Regno Unido. In: _____. (Org.). *Trattato di diritto amministrativo*. 2. ed. t. 1, Milano: Giuffrè, 2003. p. 1-93.

sobre as distintas influências ao Direito Administrativo em sua origem (todas de vocação liberal), concluindo, em texto elaborado na década de 1970, que uma das suas maiores características tendenciais é o fenômeno da constitucionalização. Não sem antes mencionar a questão que intitulou como da "bipolaridade" do Direito Administrativo.[32] Bernardo Sordi, em trabalho escrito com Luca Mannori, publicou talvez a mais importante e detalhada obra contemporânea sobre a história do Direito Administrativo, destacando-se o capítulo intitulado "1789: la invenzione dello spazio amministrativo".[33]

No Brasil, Romeu Felipe Bacellar Filho já analisou a questão de forma bastante apropriada em seu artigo intitulado "Breves reflexões sobre a jurisdição administrativa: uma perspectiva de direito comparado", publicado no primeiro trimestre de 1998. Sem adotar uma postura ingênua e exaltatória das bases do Direito Administrativo, o autor promove uma análise histórica que demonstra claramente a inadequação da ideia de que a adoção do contencioso seria um mero "pretexto" revolucionário para o exercício de sua arbitrariedade sem o incômodo do controle judicial, ou mesmo que seria apenas um instituto transpassado do Antigo Regime. Finalmente, também deve ser mencionada sua recorrência à história não como um meio de legitimar as ideias do presente, mas como uma forma de estudo crítico e propositivo em face da realidade atual.[34]

Nessa medida, a história do Direito Público deve levar em conta "as questões ditas de direito público e o contexto político em que ocorreram",[35] por intermédio da identificação dos interesses em jogo e dos grupos sociais envolvidos. No caso do Direito Público edificado sob o influxo do Estado de Direito, é preciso considerar as mudanças operadas pelas Constituições modernas, cuja novidade, segundo Dieter Grimm, acha-se na sua validez jurídico-positiva (*conceito normativo*), que as diferencia dos conceitos mais antigos de constituição (como no Direito natural), e na ampliação de suas funções em três sentidos distintos: (i) elas não apenas regulam as formas de exercício do poder estatal legítimo, modificando-o, mas elas próprias geram a legitimidade desse poder, produzindo *efeitos constitutivos*;

---

[32] "*En particular, el principio de independencia de la jurisdicción, de reconocimiento de la libertad y de los derechos fundamentales, no podía operar más que en un sentido antiautoritario. Las normas de derecho administrativo tenían pues, si puede emplearse la metáfora, dos polos, uno dirigido a salvaguardar la autoridad, y otro a salvaguardar la libertad. Según las fuerzas que han operado en la Historia, ha oscilado de uno a otro de los polos.*" GIANNINI, Massimo Severo. *Premisas sociológicas y históricas del derecho administrativo*. Instituto Nacional de Administración Pública. Traducción de M. Baena de Alcázar e J. M. García Madaría. Madrid, 1980. p. 55.

[33] MANNORI, Luca; SORDI, Bernardo. *Storia del diritto amministrativo*. 4. ed. Roma: Laterza, 2006 [2001]. p. 201 e ss.

[34] BACELLAR FILHO, Romeu Felipe. Breves reflexões sobre a jurisdição administrativa: uma perspectiva de Direito comparado. *RDA – Revista de Direito Administrativo*. Rio de Janeiro: Renovar, nº 211, p. 71, jan./mar. 1998.

[35] SEELAENDER, Airton Cerqueira Leite. O contexto do texto... Op. cit., p. 278.

(ii) seus efeitos são *completos*, atingindo e obrigando todos os aspectos do poder estatal e não somente alguns; (iii) seus efeitos são *universais*, redundando em benefício a todos aqueles que estiverem submetidos ao poder.[36]

A reunião de tais características próprias do novo conceito de Constituição, que revelam uma pretensão de regulação completa e unitária da organização e do exercício do poder, só foi possível com o colapso da ordem medieval. O cenário de descentralização do poder, desenvolvido como anexo à propriedade da terra, com sua divisão dos direitos de autoridade entre diversos titulares autônomos e de igual hierarquia, que impedia uma diferenciação entre Estado e sociedade, seja na esfera pública ou na privada, não propiciava condições adequadas à adoção de uma Constituição no sentido moderno. Desse modo, "só um poder público distinto e diferenciável da sociedade poderia oferecer o ponto de partida para um trabalho de regulação expressamente dirigido à organização e exercício do poder e à concepção unitária deste".[37]

2.1 Constitucionalismo moderno e ilustração: a volonté générale como fundamento do Estado de Direito

Impende notar a efervescência das condições necessárias à sedimentação do moderno Estado de Direito já presentes no período do Absolutismo. Conforme adverte Pietro Costa, "começa a se formar, entre os séculos XVII e XVIII, uma nova visão do sujeito, dos direitos, da soberania, desenvolve-se um 'discurso da cidadania' que acaba por constituir a condição de surgimento, o terreno de formação da expressão Estado de Direito".[38] Segundo o autor, é o processo de redefinição do "léxico político-jurídico" desenvolvido na Europa entre os séculos XVII e XVIII que possibilita a absorção da solução proposta pela noção de Estado de Direito à problemática da relação entre poder e Direito.[39]

Esse processo de mudança na vida política, que já se podia entrever nos séculos anteriores, acelera-se no final do século XVII com o nascimento do constitucionalismo nos Estados europeus e com a eclosão da Revolução Francesa e da Declaração dos Direitos do Homem e do Cidadão de 1789, passando a afetar ainda mais a relação do Estado com os indivíduos,[40] que começa a ser reorientada. A sociedade burguesa depara com um problema de construção: de um lado, tinha

---

[36] GRIMM, Dieter. *Constitucionalismo y derechos fundamentales*. Op. cit., p. 48.

[37] GRIMM, Dieter. *Constitucionalismo y derechos fundamentales*. Op. cit., p. 51.

[38] COSTA, Pietro. O Estado de Direito: uma introdução histórica. In: _____; ZOLO, Danilo (Org.). *O Estado de Direito*: história, teoria, crítica. São Paulo: Martins Fontes, 2006. p. 102.

[39] COSTA, Pietro. O Estado de Direito... Op. cit., p. 103.

[40] GORDILLO, Agustín. *Tratado de derecho administrativo*: parte general. 7. ed. Belo Horizonte: Del Rey: Fundación de Derecho Administrativo, 2003. t. 1, p. II-2.

de proporcionar ao Estado o monopólio do uso legítimo da violência; de outro, precisava impedi-lo de empregar esse poder contra a autonomia dos indivíduos. E é a Constituição moderna que traduz a solução adequada a esse impasse, pois representava a regulação jurídica do poder estatal.[41] O sentido moderno do constitucionalismo (que tem suas raízes no restrito Direito urbano da Europa ocidental do período concernente aos séculos XI e XII)[42] torna-se um meio de instauração do Estado de Direito, autorizando-se e legitimando-se o poder político do Estado, estabelecendo fronteiras ao seu exercício mediante a imposição de amarras jurídicas. O valor que está por trás desse modelo estatal é a eliminação da arbitrariedade no âmbito da atividade estatal que afeta os cidadãos – que passam a ser o escopo político mais importante.[43]

O retrato que revela a construção da noção moderna de Constituição e do Estado de Direito só pôde ser pintado em virtude de um conjunto de condições propícias, explicadas por Dieter Grimm da seguinte maneira: (i) a existência de um poder estatal unitário; (ii) a positivação do Direito; (iii) o surgimento de um grupo da população interessado na mudança da estrutura de poder e com a força necessária para desencadeá-la; (iv) a separação entre Estado e sociedade, com a ideia de que a prosperidade desta seria possível por meio das decisões livres das vontades individuais; (v) a ruptura revolucionária com o poder estatal tradicional e, por consequência, a necessidade de constituir um novo poder estatal legítimo e compatível com a autonomia da sociedade. Tais condições só se encontraram no Estado moderno com a ascensão da burguesia moderna e as revoluções levadas a efeito por essa classe social.[44]

Dentre tantas outras, uma das circunstâncias históricas concretas que foram cruciais para conduzir a essa nova forma de organizar a vida coletiva é a formação da sociedade capitalista burguesa. Este modelo pode ser observado desde a baixa Idade Média, com o desenvolvimento das cidades, sendo potencializado pelo desenvolvimento comercial e, posteriormente, industrial e financeiro, que exigia cada vez mais um sistema político que respondesse aos anseios de livre desenvol-

---

[41] GRIMM, Dieter. *Constitucionalismo y derechos fundamentales...* Op. cit., p. 59.

[42] De forma precoce, as cidades europeias daquele período eram análogas aos Estados modernos e à estrutura orgânica da própria Igreja ("na medida em que possuíam pleno poder e autoridade legislativa, executiva e judicial, incluindo o poder para a tributação, cunhar moedas, estabelecer pesos e medidas, organizar exércitos, fazer alianças e iniciar uma guerra. Por outro lado, o poder estatal e a autoridade das cidades, assim como a da Igreja, estava sujeita a várias restrições constitucionais.") Para mais detalhes sobre estas "restrições constitucionais", ver: BERMAN, Harold. *Direito e revolução*: a formatação da tradição jurídica ocidental. Tradução de Eduardo Takemi Hataoka. São Leopoldo: UNISINOS, 2006 [1983]. p. 492 e ss.

[43] ZAGREBELSKY, Gustavo. *El derecho dúctil*. Ley, derechos, justicia. Madrid: Trotta, 1999. p. 21.

[44] GRIMM, Dieter. *Constitucionalismo y derechos fundamentales...* Op. cit., p. 61.

vimento do comércio e da concorrência, sem os obstáculos das intervenções do Poder Público e com incrementação da segurança jurídica.[45]

A origem do constitucionalismo moderno como uma ruptura revolucionária promovida pelo liberalismo burguês em prol da instauração de um Estado de Direito, em que pese a conjugação das primordiais influências inglesa e norte-americana, encontra sua expressão máxima na Revolução Francesa de 1789, consoante as lições de autores como Maurizio Fioravanti, Dieter Grimm, Horst Dippel, Pietro Costa, Sabino Cassese, Massimo S. Gianini, Eduardo García de Enterría e Peter Häberle (só para citar alguns).[46] O movimento da ilustração, e a Revolução que lhe seguiu, foi um importantíssimo marco real e simbólico cujas consequências liberais são insofismáveis.

A influência desse movimento reverberou para o mundo contemporâneo de forma muito mais intensa que a Revolução Americana ou a Gloriosa no sentido de disseminar ideias universais de liberdade que requeriam, inclusive, uma inovadora forma de administração pública (cuja implantação havia sido tentada por Turgot), mas fora fracassada pela resistência conservadora – um tiro no pé da própria monarquia.[47] Nesse paradigmático movimento, opera-se a difusão dos ideais burgueses de assegurar a liberdade em suas diversas manifestações, impedindo a ingerência do Estado na esfera jurídica individual dos particulares, como forma de garantir a autonomia privada e a plena liberdade econômica, pela tomada do poder político. É o legítimo fenômeno iluminista, que dura até os dias de hoje, em que pese a localização histórica da ilustração como berço de tal movimento no século XVIII.[48]

A burguesia francesa de então (e não só ela, mas também parte da aristocracia e de outros setores do Terceiro Estado) lançou mão das teorizações iluministas da ilustração, aproveitando as lições de exponenciais pensadores e adaptando-as ao sabor de seus interesses, elaborando princípios filosóficos próprios que sustentavam a sua ideologia. Entretanto, quando assume o controle do poder político, essa mesma burguesia olvida-se da universalidade daqueles princípios, não os aplicando todos na prática ou defendendo-os apenas de maneira formal – o que não reduz a

---

[45] ENTERRÍA, Eduardo García de. *La lengua de los derechos...* Op. cit., p. 131.

[46] FIORAVANTI, Maurizio. *Los derechos fundamentales:* apuntes de historia de las constituciones. 5. ed. Madrid: Trotta, 2007. p. 36; GRIMM, Dieter. *Constitucionalismo y derechos fundamentales...* Op. cit., p. 61; DIPPEL, Horst. *História do constitucionalismo moderno:* novas perspectivas. Tradução de António Manuel Hespanha e Cristina Nogueira da Silva. Lisboa: Fundação Calouste Gulbenkian, 2007. p. 17; COSTA, Pietro. O Estado de Direito... Op. cit., p. 107; CASSESE, Sabino. La costruzione del diritto amministrativo... Op. cit., p. 1-93; GIANNINI, Massimo Severo. *Premisas sociológicas e históricas del derecho administrativo...* Op. cit., p. 45 e ss; ENTERRÍA, Eduardo García de. *La lucha contra las inmunidades del poder en el derecho administrativo.* 3. ed. Madrid: Civitas, 1983 [1974]. p. 15. HÄBERLE, Peter. *Libertad, igualdad, fraternidad...* Op. cit., passim.

[47] GABARDO, Emerson. *Interesse público e subsidiariedade...* Op. cit., p. 256.

[48] ROUANET, Sergio Paulo. *Mal-estar na modernidade.* Op. cit., p. 120 e ss.

importância do pensamento e do movimento como fenômenos de transformação social; todavia, é marca da interpretação que será levada a efeito: a da felicidade individual como consequência da liberdade (notadamente em relação ao Estado).

Conforme aduz Eduardo García de Enterría, todo o ideário político da Revolução Francesa concentra-se no texto da Declaração dos Direitos do Homem e do Cidadão de 1789, o qual expressa, já em seus artigos 1º e 3º, a concepção de que a soberania reside na nação, partindo-se do pressuposto de que, se os homens são livres e iguais, só deles mesmos pode surgir um poder que lhes afete.[49] Significa que apenas a comunidade pode dispor sobre si mesma, criando as normas que lhe disciplinarão, raciocínio incontestavelmente extraído do arcabouço das teorias contratualistas.

O pensamento contratualista típico da ilustração,[50] muito especialmente as reflexões de Jean-Jacques Rousseau, constituiu o suporte teórico da Revolução,[51] adotando como justificativa para a existência do Estado a necessidade de tutelar melhor as liberdades dos indivíduos que preexistiriam a ele – uma compreensão que repercutiria, logicamente, no rompimento com o modelo absolutista de exercício do poder político. Em sua célebre obra intitulada *Do contrato social*, Rousseau formula a fundamentação necessária para dar supedâneo a uma noção de Estado fundada na *soberania popular*, na qual o poder político é titularizado e exercido diretamente pelo povo, como mecanismo assecuratório da liberdade individual.

A arquitetônica de sua teoria pode ser, em apertada síntese, assim definida: (i) a sobrevivência do indivíduo exige a sua associação com outros homens, que somente mediante a união de forças serão capazes de derrubar os obstáculos da natureza; (ii) é necessário "encontrar uma forma de associação que defenda e proteja de toda a força comum a pessoa e os bens de cada associado e em que cada um, ao unir-se a todos, só a si mesmo obedeça e continue tão livre como antes";[52] (iii) a solução está na celebração de um pacto social, composto por cláusulas tacitamente admitidas e reconhecidas, que se resumem basicamente nos seguintes termos: "Cada um de nós põe em comum a pessoa e os bens, sob a suprema direção da vontade geral; e ainda recebemos de cada membro, na qualidade de parte indivisível do todo";[53] (iv) esse ato de associação origina um corpo moral e coletivo, que assume em uma unidade a personalidade política que se forma da união de todas as personalidades individuais, expressando a sua vontade comum.

---

[49] ENTERRÍA, Eduardo García de. *La lengua de los derechos...* Op. cit., p. 103.

[50] Por conta dos objetivos deste estudo, será conferido enfoque mais detido ao contratualismo de Jean-Jacques Rousseau. Uma visão panorâmica acerca das teorizações de outros pensadores do contratualismo moderno pode ser encontrada em: GRUPPI, Luciano. *Tudo começou com Maquiavel*: as concepções de Estado em Marx, Engels, Lênin e Gramsci. 5. ed. Porto Alegre: L&PM, 1986.

[51] FIOVARANTI, Maurizio. *Los derechos fundamentales...* Op. cit., p. 38.

[52] ROUSSEAU, Jean-Jacques. *Contrato social*. Lisboa: Editorial Presença, 1973 [1762], p. 21.

[53] ROUSSEAU, Jean-Jacques. *Contrato social*. Op. cit., p. 22.

A originalidade da reflexão rousseauniana repousa na apresentação da ação política como algo que não distingue classes sociais e resulta por se amalgamar na vontade geral. É o povo, e não mais o monarca, que passa a exercer a soberania: por meio da vontade geral é exercida a soberania popular, já que a sua titularidade remete-se à nação ou ao ente coletivo – "ao corpo", na dicção de Pietro Costa.[54] A soberania popular defendida por Rousseau exprime a lógica de que "sendo o soberano o eu comum, o corpo coletivo, coincidindo os muitos com um único, a relação do sujeito com o soberano é regida pela convicção de que o 'corpo não pode causar dano a seus membros'".[55] Assim, a soberania não pode ser atribuída a nenhum indivíduo ou estamento específico;[56] ela emana do povo entendido como um corpo homogêneo, que deve exercê-la com exclusividade.

A incorporação desse modo de pensar o poder político, com a inserção do conceito de *soberania popular*, configurou "*passos agigantados para a época*", pois significava uma fissura enorme com a ideologia própria do *Ancien Régime*.[57] No Absolutismo, com a soberania exercida exclusivamente pelo monarca, prevalecia a vontade do Rei, que o autorizava excepcionar ou dispensar a qualquer tempo o comando de uma lei, ou mesmo avocar a seu bel-prazer um processo para julgá-lo ao seu talante,[58] sem qualquer garantia de segurança jurídica ou previsibilidade. É sob esse aspecto que Guillaume Merland remarca a ruptura ocorrida em relação ao *Ancien Régime*: se, na Monarquia Absoluta, a lei era vista como "a expressão do bel-prazer do rei", fruto do arbítrio real legitimado pela soberania do direito divino, após a Revolução a soberania é transferida do direito divino à nação, e a lei passa a ser compreendida como produto da razão humana.[59]

A manifestação da *vontade geral* só poderia se instrumentalizar por intermédio da lei, de sorte que a identificação da vontade soberana do povo se daria através do Poder Legislativo – aí estava, talvez, a principal tese de Rousseau.[60] Somente a lei, fonte máxima do direito, com seus caracteres de generalidade e abstração, seria a expressão da *vontade geral*, o que lhe autorizaria proibir e impedir, obrigar e ordenar, é dizer, restringir os direitos e liberdades dos cidadãos.[61] A ideia é ex-

---

[54] COSTA, Pietro. O Estado de Direito... Op. cit., p. 104.

[55] COSTA, Pietro. O Estado de Direito... Op. cit., p. 104-105.

[56] ENTERRÍA, Eduardo García de. *La lengua de los derechos...* Op. cit., p. 103.

[57] BONAVIDES, Paulo. *Do estado liberal ao estado social*. 8. ed. São Paulo: Malheiros, 2007. p. 44.

[58] ENTERRÍA, Eduardo García de. *La lengua de los derechos...* Op. cit., p. 110.

[59] MERLAND, Guillaume. *L'interêt général dans la jurisprudence du conseil constitutionnel*. Paris: LGDJ, 2004. p. 30-31.

[60] É a posição de Maurice VILE: "*La principal tesis de Rousseau en su Contrato Social, publicado por vez primera en 1762, era que las leyes sólo podían emanar de la voluntad general de la comunidad; así, el poder legislativo era el ejercicio de la voluntad soberana del pueblo*". VILE, M. J. C. *Constitucionalismo y separación de poderes*. Madrid: Centro de Estudios Políticos y Constitucionales, 2007. p. 199.

[61] FIORAVANTI, Maurizio. *Los derechos fundamentales...* Op. cit., p. 39-40.

plicada por Léon Duguit da seguinte forma: (i) as liberdades individuais limitam a atuação do Estado às ações necessárias para protegê-las, e na exata medida necessária para salvaguardá-las; (ii) é necessário, no entanto, que essa própria liberdade seja limitada para possibilitar a vida social; (iii) logo, a restrição das liberdades só se justificaria se tivesse por objetivo assegurar a própria liberdade, e o único meio autorizado para proceder tal limitação seria a lei, expressão da vontade geral.[62]

Ocorre que, na construção originária de Rousseau, havia um rechaço em relação a qualquer forma de delegação do poder legislativo: este deveria ser exercitado diretamente pelo povo. Isso constituía um entrave à aplicação da sua teoria a uma grande nação como a França;[63] não obstante, a relevância por ele conferida à soberania do povo corroborava perfeitamente com o ambiente revolucionário de então, o que exigiu sérias adaptações (e até mesmo distorções) do seu pensamento.

Com isso, a Constituição francesa de 1791 admitiu expressamente a delegação do poder legislativo com a adoção de um sistema representativo,[64] contrariando a ideia original de Rousseau.[65] Todavia, proclamava-se a soberania indivisível e inalienável do povo, aludindo que a nação só poderia exercer os seus poderes delegando-os aos seus representantes, que eram a Assembleia, o Rei e a judicatura eleita.[66]

Tudo isso, é claro, com a prevalência do Poder Legislativo sobre os demais, como forma de assegurar a realização da *vontade geral* que só poderia se expressar através da lei elaborada pelo povo. Entendia-se que a *vontade geral* expressava o interesse público ao criar a lei. De tal sorte, era mediante o respeito à legalidade – expressão do interesse público – que a proteção das liberdades individuais estaria garantida.[67]

---

[62] DUGUIT, Léon. *Les transformations du droit public*. Paris: Armand Colin, 1913. p. 27.

[63] VILE, M. J. C. *Constitucionalismo y separación de poderes*. Op. cit., p. 202.

[64] A Assembleia de 1789 rejeitou a adoção do bicameralismo, sob o argumento de que o poder legislativo é uno e indivisível, de modo que, se o soberano não pode ser dividido, também o poder legislativo não o poderia ser. Isso porque o "legislativo era o espelho da Nação soberana e não admitia qualquer fragmentação". DIPPEL, Horst. *História do constitucionalismo moderno...* Op. cit., p. 102-103.

[65] ENTERRÍA, Eduardo García de. *La lengua de los derechos...* Op. cit., p. 105.

[66] VILE, M. J. C. *Constitucionalismo y separación de poderes...* Op. cit., p. 210.

[67] DESWARTE, Marie-Pauline. Intérêt général, bien commun. *Revue du Droit Public et de la Science Politique en France et à l'Étranger*. Paris: LGDJ, nº 5, p. 1310, sep./oct. 1988.

2.2 A legalidade como expressão do interesse público: uma construção teórica iluminista de contraposição ao arbítrio e proteção ao indivíduo

O modelo estanque de separação de poderes que presidiu as Constituições francesas após a Revolução de 1789 distinguiu-se pela supervalorização do Poder Legislativo sobre os demais, com a justificativa de que somente a lei seria capaz de assegurar efetivamente os direitos individuais; o legislador seria incapaz de lesionar tais direitos, eis que encarnaria a vontade geral do povo.[68] Por seu turno, os juízes e administradores públicos deveriam basear-se sempre nas previsões legislativas gerais e abstratas, como forma de impedir um tratamento personalizado e privilegiar a igualdade no sentido formal.

A razão dessa valorização excessiva da lei estava na sua vinculação com o conceito de vontade geral e na necessidade de proteção das liberdades individuais: como as leis eram elaboradas pelo corpo unitário da nação, e como os representantes do povo jamais criariam normas atentatórias contra as liberdades individuais, logo, as leis seriam sempre justas, pois refletiriam a vontade do povo, garantindo sua felicidade e assegurando que o exercício do poder político pelo Executivo se desse sempre de forma limitada. A noção de interesse geral nesse período representa um limite fundamental ao poder do legislador: o autor da lei deve sempre ter como objetivo a satisfação do interesse geral, sob pena de tornar-se ilegítima a sua intervenção.[69] De acordo com Eduardo García de Enterría, esse papel reservado à lei é exatamente o que explicará a influência decisiva da Revolução Francesa no Direito Público europeu.[70] Não bastava transferir a titularidade do poder do monarca ao povo; a grande novidade trazida por essas transformações foi restringir o exercício do poder através da lei, considerando-a como expressão da vontade geral do povo, e edificando sobre essa ideia os pilares do Direito Público moderno. A supremacia da lei torna-se o corolário desse ramo do Direito, fundamental à estruturação do Estado, e que se apresenta como a regulação jurídica do poder político.

Como bem elucida Celso Antônio Bandeira de Mello, o princípio da legalidade não ostentava apenas o escopo de promover uma estruturação formal do aparelho burocrático estatal, da sua composição orgânica e seus esquemas de atuação. Com a consagração de tal princípio, "o que se pretendeu e se pretende, a toda evidência, foi e é, sobretudo, *estabelecer em prol de todos os membros do corpo social*

---

[68] FIORAVANTI, Maurizio. *Los derechos fundamentales...* Op. cit., p. 73.
[69] MERLAND, Guillaume. *L'intérêt général dans la jurisprudence du conseil constitutionnel...* Op. cit., p. 27.
[70] ENTERRÍA, Eduardo García de. *La lengua de los derechos...* Op. cit., p. 70.

uma proteção e uma garantia".[71] O mesmo sentido é atribuído ao princípio por Jesús González Pérez, que identifica em sua formulação clássica como "uma das garantias essenciais do administrado que é necessário manter intangível e conservar como uma das mais preciosas conquistas da luta frente às arbitrariedades dos governantes".[72]

Não é outra a posição de Fernando Garrido Falla, para quem o Estado de Direito e o princípio da legalidade têm por finalidade primordial assegurar a liberdade dos cidadãos contra os desmandos do soberano. O autor sublinha a novidade da situação, se comparada com os momentos históricos precedentes: "Possivelmente, isto é o que há de mais rigorosamente inédito frente aos estados anteriores que o Estado moderno atravessa em sua evolução. A partir da Revolução francesa, o asseguramento da liberdade dos cidadãos, dos súditos, vai constituir uma preocupação fundamental."[73]

A garantia de que a lei seria fielmente observada, com o intuito de respeitar as liberdades individuais por ela protegidas, estava na imposição de absoluta subserviência da atuação estatal aos comandos legais, que só poderia agir *secundum legem*,[74] do que decorria uma inafastável subordinação da Administração Pública ao Poder Legislativo. Essa subjugação, que determinava uma posição abstencionista ao Estado, era a salvaguarda do interesse burguês de impedir as interferências do Poder Público nas relações jurídicas interprivadas e nas esferas jurídicas individuais. Isso porque partia-se da premissa de que a sociedade detém mecanismos de autogoverno que conduzem automaticamente à felicidade, desde que os indivíduos possam agir sem impedimentos. O bem comum não era algo materialmente definido, a ser buscado e determinado pelo Estado; ele resultava da concorrência das decisões das vontades individuais, ou seja, seria uma consequência do pleno exercício das liberdades individuais.[75] O interesse público estava na proteção do desenvolvimento dos interesses privados.

Esse sistema não tornou o Estado supérfluo na consecução do interesse geral; pelo contrário, a própria liberdade individual dependia do funcionamento da or-

---

[71] MELLO, Celso Antônio Bandeira de. A noção jurídica de interesse público. In: _____. *Grandes temas de direito administrativo*. São Paulo: Malheiros, 2009. p. 186 (grifos no original).

[72] Tradução livre. No original: "*una de las garantías esenciales del administrado que es necesario mantener intangible y conservar como una de las más preciosas conquistas de la lucha frente a las arbitrariedades de los gobernantes*". PÉREZ, Jesús González. *El administrado*. Madrid: Abella, 1966. p. 31.

[73] Tradução livre. No original: "*Posiblemente esto es lo que tenga más rigurosamente inédito frente a los estadios anteriores que atraviesa en su evolución el Estado moderno. A partir de la Revolución francesa, el aseguramiento de la libertad de los ciudadanos, de los súbditos, va a constituir una preocupación fundamental.*" FALLA, Fernando Garrido. *Las transformaciones del régimen administrativo...* Op. cit., p. 20.

[74] MORENO, Fernando Díez. *El estado social*. Madrid: Centro de Estudios Políticos y Constitucionales, 2004, p. 138.

[75] GRIMM, Dieter. *Constitucionalismo y derechos fundamentales*. Op. cit., p. 58-59.

dem social, que carecia de organização e proteção pelo Estado, e a sociedade necessitava de um elemento de coesão que permitisse a ação coletiva imprescindível a essa organização e proteção da liberdade.[76] A Administração Pública exercia, assim, um papel fundamental, desde que respeitasse a proibição de ingerência indevida sobre os particulares.

Era essa, afinal, a vontade geral que fundamentava a existência do Estado de Direito, assegurado pelo constitucionalismo moderno francês: a proteção do individualismo. E foi sobre essas bases que se formou o Direito Administrativo moderno de matriz francesa, bem como a primeira noção de interesse público ou interesse geral que se pode identificar na modernidade. Concepção esta, todavia, distinta daquela que viria a predominar no século XX, ainda que nela obviamente radicada.

Mesmo com o reconhecimento da presença de uma natural mentalidade autoritária, tipicamente pré-revolucionária, mesmo no século XIX, não é possível ignorar as mudanças profundas realizadas na estrutura institucional francesa pós-revolucionária. Conforme reconhece Jacques Chevallier, no moderno Estado de Direito "a fonte da autoridade é a legalidade: ela é fundada em um estatuto jurídico, não é mais um poder soberano mas sim uma competência limitada".[77]

Não obstante ao tempo de Luís XIV existir organização administrativa, não se tratava do Direito administrativo moderno e sim de um "Direito de polícia". O *Traité de la Police*, de Nicolas de la Mare, é exemplo típico da tratativa da matéria neste período, estabelecendo um quadro completo das leis administrativas da antiga França e refletindo a imagem do velho Direito, com todos os seus abusos, violências e inutilidades.[78]

O chamado "Direito público absolutista" é fundado não na prevalência do interesse público e na garantia de direitos, mas sim na "veneração, obediência e fidelidade" dos súditos segundo as respectivas prescrições da ordem divina. A obra *Les lois civiles dans leur ordre naturel*, escrita por Donat e cuja primeira edição foi publicada em 1689, continha um capítulo de *Droit Public* em que se denotava expressa a inexistência de limites jurídicos ao poder, pois a decisão final estava remetida à prudência do soberano. Não ressaltar a profunda mudança das representações entre antigo e novo regime (ainda que com manutenção parcial das práticas) é ignorar a história, e o fato de que *"frente a toda esa construcción*

---

[76] GRIMM, Dieter. *Constitucionalismo y derechos fundamentales.* Op. cit.

[77] Tradução livre. No original: "La source de l'autorité, c'est la légalité : elle est fondée sur un statut juridique, ce n'est plus un pouvoir souverain mais une compétence limitée." CHEVALLIER, Jacques. L'intérêt général dans l'administration française. *Revue Internationale des Sciences Administratives*, Bruxelles, v. 41, nº 4, p. 326, 1975.

[78] CASTRO, Augusto Olympio V. *Tratado de ciência da administração e direito administrativo.* Rio de Janeiro: Imprensa Nacional, 1906, p. VI.

religiosa o mítica, barroca y misteriosa", a revolução reduz o poder a um *"mecanismo humano, común, ordinário, racional"*.⁷⁹

O Direito Administrativo não possui raízes autoritárias justamente por ser um contraponto axiológico ao regime anterior, somente tendo sido realmente cultivado depois que seus princípios passaram a ser deduzidos da natureza do homem e da sociedade e não do poder divino. E nesse caminho sem dúvida também foi importante a teoria do Direito construída na Itália, particularmente com a publicação da obra de Giandomenico Romagnosi, intitulada *Principii fondamentale di diritto amministrativo*, em 1814.⁸⁰

A estrutura do Estado Absolutista enfrentou distintos desafios em épocas específicas, mas em geral tendia a ser um "amontoado mal-cerzido de instituições surgidas em diferentes etapas de sua evolução organizacional".⁸¹ Como obra da revolução têm-se três frentes fundamentais: 1ª) destruição da quase totalidade da Administração do Antigo Regime, promovendo uma aparente ruptura com o passado; 2ª) tentativa de implantação de uma administração racional uniforme e coerente, dividindo-se a França em departamentos e comunas; e 3ª) reformulação dos princípios de filosofia política, adotando-se o primado da lei, separação entre autoridades administrativas e judiciárias, liberalismo político e promoção da igualdade formal.⁸²

A Revolução Francesa produz uma ênfase na ideia de direitos subjetivos que obviamente aponta para a construção de um sentido de interesse público desconhecido para o Antigo Regime. O princípio da vontade geral sobrepôs-se à supremacia constitucional, inibindo o surgimento de um efetivo controle de constitucionalidade (o que em geral se coloca como um ponto negativo em face da Revolução Americana). Por outro lado, na França instaurou-se um forte "princípio de responsabilidade de todos os representantes e agentes públicos" (artigo 15 da Declaração de 1789). A responsabilidade do Estado aparece nesse contexto como uma decorrência da ainda incipiente ideia de proteção aos direitos individuais.⁸³

A assertiva de que o Direito Administrativo tem origem autoritária é tão anacrônica quanto inócua. Afinal, não teria também o Direito Privado uma origem autoritária? Ou realmente, em suas reminiscências originárias, foi o princípio da autonomia privada um baluarte da liberdade dos indivíduos?⁸⁴

---

[79] ENTERRÍA, Eduardo García de. *La lengua de los derechos...* Op. cit., p. 100 e 102.

[80] CASTRO, Augusto Olympio V. *Tratado de ciência da administração e direito administrativo*. Op. cit., p. IX.

[81] SEELAENDER, Airton Cerqueira Leite. *O contexto do texto...* Op. cit., p. 268.

[82] RIVERO, Jean. *Direito administrativo*. Coimbra: Almedina, 1981. p. 27-28.

[83] ENTERRÍA, Eduardo García de. *La lengua de los derechos...* Op. cit., p. 76 e 142.

[84] Sabe-se que não foi. Sobre o caráter também autoritário do Direito privado ver: GROSSI, Paolo. *Mitologias jurídicas da modernidade*. Tradução de Arno Del Ri Junior. Florianópolis: Boiteux, 2006.

Nem bom, nem mau; nem milagre, nem pecado. A história do Direito como um todo, e do Direito Administrativo em particular, denota uma profunda dificuldade de combinação entre os planos do ser e do dever ser. Quando se olha para os dias de hoje e são verificadas a herança deixada e a utilidade que dela faz o sujeito moderno, bem se vê que foi o legado liberal e democrático que prevaleceu. Legado este que não é uma invenção do século XXI.[85]

Ele se pauta na vontade geral de proteção dos direitos individuais, cristalizada na lei, figurando a Administração Pública como executora dessa vontade geral e intérprete do interesse público, responsável por concretizá-lo em atos e medidas.[86] É por isso que a noção de interesse público "aparece, ao mesmo tempo, como fundamento, limite e instrumento do poder; configura medida e finalidade da função administrativa".[87] O que não se pode é pretender igualar a noção de vontade geral própria do período de formação originária do Direito Administrativo, logo após a consolidação do constitucionalismo moderno de finais do século XVIII a meados do século XIX, com a concepção contemporânea de interesse público, característica do século XXI.

3 O interesse público e o Direito Administrativo da ilustração como escudos contra a arbitrariedade

A noção de interesse público encontra-se intimamente relacionada com o Direito Administrativo, a ponto de autores como François Saint-Bonnet afirmarem que "seria possível escrever uma história do interesse público [*intérêt général*] que seria o fio condutor de uma história do direito administrativo".[88] No mesmo sentido conclui José Luis Meilán Gil, após ampla digressão sobre os critérios definitórios do Direito Administrativo.[89] Já Guylain Clamour arrola diversas expressões metafóricas utilizadas para explicar a relação entre o conceito de interesse público e o Direito Administrativo, tais como "noção-mãe", "espinha dorsal", "alma", "pedra angular da ação pública", "coração do Direito Público, como a autonomia

---

[85] GABARDO, Emerson. *Interesse público e subsidiariedade*. Op. cit., p. 281.

[86] MEDAUAR, Odete. *O direito administrativo em evolução*. 2. ed. São Paulo: Revista dos Tribunais, 2003. p. 189.

[87] MEDAUAR, Odete. *O direito administrativo em evolução*. Op. cit., p. 185-186.

[88] Tradução livre. No original: "*Il serait possible d'écrire une histoire de l'intérêt général qui serait le fil d'Ariane d'une histoire du droit administratif.*" SAINT-BONNET, François. L'intérêt général dans l'ancien droit constitutionelle. In: MATHIEU, Bertrand; VERPEAUX, Michel (Dir.). *Intérêt général, norme constitutionnelle*. Paris: Dalloz, 2007. p. 10.

[89] GIL, José Luis Meilán. *El proceso de la definición del derecho administrativo*. Madrid: Escuela Nacional de Administración Pública, 1967, p. 70 e ss.

da vontade para o Direito Privado", "alfa e ômega do Direito Administrativo".[90] Trata-se de uma categoria que irradia o conjunto total das instituições do Direito Administrativo.[91]

No entanto, como menciona o autor francês, nada obstante a expansão desse conceito às terras do Direito Constitucional, do Direito Comunitário e do Direito Privado, a noção de interesse público tem sido atacada em razão da sua abstração e questionada quanto à sua adequação à realidade contemporânea.[92] Da mesma forma, as origens do Direito Administrativo no contexto pós-revolucionário francês têm sido alvo de severas críticas de parcela da doutrina lusitana e brasileira, como antes mencionado. Com fulcro nas bases teóricas até agora lançadas, que revelam a conjuntura do surgimento do Direito Administrativo da ilustração e da sua correspondente concepção de interesse público, passa-se à refutação de tais objeções.

3.1 Supremacia do interesse público: a ausência de identidade entre a noção típica do liberalismo oitocentista e a sua concepção contemporânea

O equívoco em que incidem alguns autores, ao endereçarem indevida crítica à utilização da supremacia do interesse público no Direito Administrativo contemporâneo, radica-se na inexistente identidade que parecem imprimir entre a noção de interesse público própria do liberalismo oitocentista e a sua compreensão hodierna. Todavia, conforme advertem Georges Vedel e Pierre Devolvé, a noção de interesse público não é invariável no tempo e no espaço, adaptando-se de acordo com a época e com o país.[93] Nessa toada, como bem observa o administrativista espanhol Jaime Rodríguez-Arana Muñoz, o interesse público, por ser um conceito jurídico indeterminado, "admite diferentes entendimentos em função do módulo constitucional em que nos encontremos. Não é igual o conceito que se pode manejar de Direito Administrativo no Estado Liberal de Direito, à versão que pode apresentar o modelo de Estado Social e Democrático de Direito".[94] O mesmo alerta é feito, dentre tantos outros, por Fernando Garrido Falla, Jacques Chevallier, Jor-

---

[90] CLAMOUR, Guylain. *Intérêt général et concurrence*: essai sur la pérennité du droit public en économie de marché. Paris: Dalloz, 2006. p. 16.

[91] TRUCHET, Didier. *Les fonctions de la notion d'intérêt général dans la jurisprudence du Conseil d'État*. Paris: LGDJ, 1977. p. 287.

[92] CLAMOUR, Guylain. *Intérêt général et concurrence...* Op. cit., p. 18-19.

[93] VEDEL, Georges; DEVOLVÉ, Pierre. *Droit administratif.* 12. ed. Paris: PUF, 1992. t. 1, p. 517.

[94] MUÑOZ, Jaime Rodríguez-Arana. El concepto del derecho administrativo y el proyecto de constitución europea. *A&C – Revista de Direito Administrativo e Constitucional*. Belo Horizonte: Fórum, nº 23, p. 13-14, jan./fev./mar. 2006.

ge Luis Salomoni, Marie-Pauline Deswarte e Guylain Clamour.[95] É preciso, pois, estremar cada uma dessas compreensões para que se possa denunciar a improcedência das referidas críticas.

A percepção do que seria o interesse público na perspectiva do Estado Liberal burguês estava estreitamente vinculada com os direitos fundamentais de matriz liberal, que nesse período eram vistos como proteções individuais dos particulares contra as arbitrariedades da Administração. O respeito ao interesse público estava na inexistência de obstáculos impostos pelo Poder Público ao exercício das liberdades, notadamente na esfera econômica, mas não só. A concepção liberal do interesse público refletia-se pela garantia dos interesses privados, ideia largamente difundida pela classe dominante. O interesse privado se colocava diante do interesse público, eis que o bem comum não era algo materialmente definido pelo Estado ou pela coletividade: ele estaria no livre desenvolvimento das vontades individuais,[96] limitadas às fronteiras estabelecidas pela lei.

Essas aproximações da noção de interesse público traziam consigo a ilusão de que seria possível uma homogeneização dos interesses sociais, pressupondo, portanto, uma sociedade homogênea, capaz de resumir todos os interesses individuais a um denominador comum, descrito nos textos legais. Se a lei expressava fielmente o interesse geral, a ideia que se transmitia com tal discurso era a de que todos os indivíduos teriam, indistintamente, seus anseios tutelados pela proteção legal das liberdades. Para Jean Rivero, o interesse geral no período em análise engloba um número limitado de tarefas bem definidas: "a defesa nacional e a atividade internacional, a manutenção da ordem, a criação de condições gerais que permitam o jogo da economia – moeda, vias de comunicação –, a Justiça. [...] Por fim, as Finanças proveem à reunião dos meios necessários para fazer viver este conjunto".[97] Não por coincidência, tais atividades eram justamente aquelas consideradas essenciais pela burguesia para o exercício da liberdade econômica.

Na sua proto-história, o Direito Administrativo moderno edificou-se sobre o discurso basilar de que o Estado é responsável pela busca do interesse público como um "dever negativo" garantidor da felicidade individual (sustentada pelo ideal de autonomia). Isso ocorre seja pela identificação da vontade geral do povo pelo poder legislativo, com a sua consequente enunciação dos diplomas legais, seja pela aplicação desse interesse geral pela Administração Pública, por meio da concretização dos comandos da lei. Tal interesse, na França pós-revolucionária,

---

[95] FALLA, Fernando Garrido. *Las transformaciones del régimen administrativo...* Op. cit., p. 83; CHEVALLIER, Jacques. *L'intérêt général dans l'administration française.* Op. cit., p. 325; SALOMONI, Jorge Luis. Interés público y emergencia. *Actualidad en el Derecho Público.* Buenos Aires: Ad-Hoc, nº 18-20, p. 135-136, ene./dic. 2002; DESWARTE, Marie-Pauline. Intérêt général, bien commun. Op. cit., p. 1312; CLAMOUR, Guylain. *Intérêt général et concurrence...* Op. cit., p. 21.

[96] GRIMM, Dieter. *Constitucionalismo y derechos fundamentales.* Op. cit., p. 58.

[97] RIVERO, Jean. *Direito administrativo...* Op. cit., p. 30.

giraria em torno do respeito às liberdades individuais e do impedimento de quaisquer interferências, não autorizadas pela lei, da Administração nas esferas jurídicas dos particulares.

Nesse sentido, pode-se inferir que no período pós-revolucionário vigia na França uma perspectiva individualista de interesse público, de bem comum, ou até mesmo, de felicidade. Em verticalizado estudo acerca da concepção de bem comum sob o prisma do Direito Constitucional, Alfonso Santiago assevera que, sobre a relação entre o indivíduo e a sociedade política, é possível, de modo esquemático e sintético, anotar a existência de pelo menos três visões radicalmente distintas do homem, com significativas repercussões para a vida social, política e econômica: (i) o *individualismo*; (ii) o *coletivismo* ou *totalitarismo*; e (iii) o *personalismo solidário*.[98] É dentro da primeira concepção que se insere a noção de bem comum no momento histórico em exame.

O individualismo, originado na confluência das correntes iluministas europeias, representa uma visão atomizada da vida social, na qual o homem é compreendido como um ser ilhado e desconectado dos demais, cuja existência se esgota em si mesmo. O motor que move a vida do homem, para o viés individualista, é a busca exclusiva do próprio interesse individual, de maneira que a impossibilidade de os indivíduos compartilharem uma visão comum do bem leva a sociedade a se organizar em torno do alcance dos interesses particulares, com um mínimo de coordenação de tais interesses. Consoante essa perspectiva, a origem do Estado está no pacto social que os indivíduos realizam voluntariamente, cedendo parcela de seus interesses individuais para conseguir proteger o restante de seus interesses.[99] Como reafirma Marie-Pauline Deswarte, para tal concepção "o interesse geral é um simples prolongamento dos interesses particulares".[100]

O bem comum, para a óptica individualista, reduz-se à proteção eficaz dos direitos e interesses individuais, e a isso se resume a atuação do Estado. E o Direito tem como função primordial apenas permitir e garantir o desenvolvimento autônomo dos próprios interesses pessoais, o que leva a uma contraposição entre indivíduo e Estado, concebendo-se a Administração Pública como uma ameaça à liberdade individual que deve ser controlada e restringida para assim ser propiciada a felicidade do povo e da nação. Como consequência, o individualismo exige um Estado mínimo e abstencionista, que em matéria econômica deixa quase tudo à livre iniciativa particular e à ação das forças do mercado.[101] O cidadão liberal relaciona-se à comunidade política na medida em que esta seja capaz de tutelar os

---

[98] SANTIAGO, Alfonso. *Bien común y derecho constitucional*: el personalismo solidário como techo ideológico del sistema político. Buenos Aires: Ábaco de Rodolfo Depalma, 2002. p. 50.

[99] SANTIAGO, Alfonso. *Bien común y derecho constitucional...* Op. cit., p. 51-55.

[100] DESWARTE, Marie-Pauline. Intérêt général, bien commun... Op. cit., p. 1299.

[101] SANTIAGO, Alfonso. *Bien común y derecho constitucional...* Op. cit., p. 55-57.

seus direitos em face do Estado, sendo concebida como "o instrumento de realização e proteção dos direitos individuais",[102] não havendo preocupação em relação à participação do indivíduo na comunidade para a formação de valores comuns.

Uma demonstração dessa perspectiva individualista pode ser vista no artigo 4 da Declaração de Direitos do Homem e do Cidadão, que assim dispôs: "A liberdade consiste em poder fazer tudo aquilo que não prejudica o outro; assim, o exercício dos direitos naturais de cada homem tem como limites somente aqueles que asseguram aos demais membros da sociedade o gozo desses mesmos direitos. Esses limites só podem ser determinados pela lei." Além do fato de que apenas a lei poderia impor limites aos direitos e liberdades individuais, o único motivo que poderia ser invocado para tanto era a garantia do gozo dos mesmos direitos e liberdades pelos demais membros da sociedade. Em consequência, aduz Maurizio Fioravanti que "o legislador não poderá limitar as posições jurídicas subjetivas dos cidadãos por outros motivos: o bem comum, a utilidade social coletiva, a justiça social". Ou seja, o único tipo de interesse que justificaria a restrição de um direito individual seria outro direito igualmente individual, tornando matéria de *interesse público* a proteção do *interesse privado*.

Disso decorre a impossibilidade de se encontrar identidade entre essa noção de interesse público, contemplada na França de finais do século XVIII e início do século XIX, e o significado que contemporaneamente atribui-se a essa expressão no Direito Administrativo brasileiro. O próprio sentido da supremacia do interesse público liberal construído no século XIX com base na autonomia privada apresenta sustentação bastante diversa da supremacia do interesse público como princípio do regime jurídico administrativo típico do Estado de bem-estar social de final de século XX.[103]

O individualismo próprio do Estado Liberal acabou por ensejar uma profunda desigualdade social, mormente com a Revolução Industrial. E foi justamente a superação do liberalismo através do advento do Estado Social que engendrou o abandono da perspectiva acentuadamente individualista da noção de interesse público, suplantando-a por uma compreensão mais aproximada da ideia de bem comum. Nas palavras de Maria Sylvia Zanella Di Pietro, em obra referencial publicada originariamente em 1991, "nesse tipo de concepção [própria do Estado Social], o *interesse público* identifica-se com a ideia de *bem-comum* e reveste-se, mais uma vez, de aspectos axiológicos, na medida em que se preocupa com a dig-

---

[102] KOZICKI, Katya. Democracia radical e cidadania: repensando a igualdade e a diferença a partir do pensamento de Chantal Mouffe. In: FONSECA, Ricardo Marcelo (Org.). *Repensando a teoria do estado*. Belo Horizonte: Fórum, 2004, p. 335.

[103] GABARDO, Emerson. *Interesse público e subsidiariedade...* Op. cit., p. 258.

nidade do ser humano".[104] Com isso, "o interesse público perde o caráter utilitário adquirido com o liberalismo".[105]

Nesta senda, Vera Bolgár pontua que nos tempos presentes, é sob a forma "social" que a antiga busca do interesse público (*intérêt général*) se insere no Direito positivo, de sorte que, se antigamente os elementos dominantes do Direito eram o "particular" e o "individual", as Constituições e os Códigos recentes regem-se pelo "social" e pelo "público", com todos os interesses que eles representam, os quais muitas vezes situam-se em um patamar superior em relação aos interesses particulares.[106]

Essa noção social do interesse público, voltada à realização dos fins coletivos ligados ao bem-estar geral, é também acolhida no Direito argentino, como evidenciam Rafael Bielsa[107] e Héctor Jorge Escola.[108] Na mesma trilha caminha Jorge Luis Salomoni, ao identificar como consequência do conceito de interesse público a "obrigação constitucional do Estado de promover o bem-estar geral e a prosperidade do país e das províncias".[109] É de se notar, ainda, que é de autoria desse jurista platino uma interessante concepção de interesse público fundada na realização dos direitos fundamentais e, muito especialmente, dos direitos humanos consagrados nos tratados internacionais. Para o autor, a finalidade do conceito de interesse público reside na "proteção dos direitos essenciais do homem, e a criação de circunstâncias que lhe permitam progredir espiritual e materialmente e alcançar a felicidade".[110] É possível, segundo o professor argentino, compreen-

---

[104] PIETRO, Maria Sylvia Zanella di. *Discricionariedade administrativa na Constituição de 1988*. São Paulo: Atlas, 1991. p. 157.

[105] PIETRO, Maria Sylvia Zanella di. O princípio da supremacia do interesse público. *Revista Interesse Público*, Belo Horizonte: Fórum, nº 56, p. 40-41, jul./ago. 2009.

[106] BOLGÁR, Vera. L'intérêt général dans la théorie et dans la pratique. *Revue Internationale de Droit Comparé*, Paris: LGDJ, v. 17, nº 2, p. 335, 1965.

[107] "*En sustancia, la acción defensora del interés público es positiva [...]. El interés público es progresista, dinámico; su dirección es casi siempre económica, de bienestar general o social [...] En el interés público, el impulso es de bienestar general.*" BIELSA, Rafael. *Principios de derecho administrativo*. 3. ed. Buenos Aires: Depalma, 1963. p. 830-831.

[108] "*La noción de bienestar general [...] encuentra su correlato jurídico en la idea de 'interés público' [...] El interés público, así entendido, es no sólo la suma de una mayoría de intereses individuales coincidentes, personales, directos actuales o eventuales, sino también el resultado de un interés emergente de la existencia de la vida en comunidad, en el cual la mayoría de los individuos reconocen, también, un interés proprio y directo.*" ESCOLA, Héctor Jorge. *El interés público como el fundamento del derecho administrativo*. Buenos Aires: Depalma, 1989. p. 31.

[109] Tradução livre. No original: "*obligación constitucional del Estado de promover el bienestar general y la prosperidad del país y las provincias*". SALOMONI, Jorge Luis. Interés público y emergencia. *Actualidad en el Derecho Público*, Buenos Aires: Ad-Hoc, nº 18-20, p. 136, ene./dic. 2002.

[110] Tradução livre. No original: "*protección de los derechos esenciales del hombre, y la creación de circunstancias que le permitan progresar espiritual y materialmente y alcanzar la felicidad*". SALOMONI, Jorge Luis. Impacto de los tratados de derechos humanos sobre el derecho administrativo

der o bem comum dentro do contexto da Convenção Americana sobre Direitos Humanos, como "um conceito referente às condições da vida social, que permite aos integrantes da sociedade alcançar o maior grau de desenvolvimento pessoal e a maior vigência dos valores democráticos".[111]

A interpretação do que vem a ser interesse público nas quadras do Estado Social e Democrático de Direito, e que se difere, logicamente, daquela conferida pelo Estado Liberal, é explicada na doutrina espanhola por Jaime Rodríguez-Arana Muñoz, ao identificar interesses gerais (*intereses generales*) com a satisfação dos direitos fundamentais, em especial os direitos econômicos e sociais.[112] O Professor Catedrático de Direito Administrativo recorda que, se no Estado Liberal os direitos fundamentais se reduziam a limitar o exercício do poder político, orientando-se à proteção do indivíduo singularmente considerado, no trânsito em direção ao Estado Social, com a superação do clássico fosso entre Estado e sociedade, tais direitos passam a configurar um conjunto de valores que orientam a ação positiva da Administração Pública, exigindo a sua realização efetiva mediante prestações estatais.[113] Assim, o interesse geral do Estado Social dirige-se à potencialização e ao robustecimento dos direitos fundamentais. Nas palavras do autor: "o conceito de interesse público, ou se se preferir interesse geral, [...] em última instância robustece a operatividade dos direitos fundamentais".[114]

Na França, a importância e a complexidade da noção atual de interesse público (*intérêt général*) é indiscutível, eis que o conceito funciona como critério de aferição de constitucionalidade das leis.[115] No juízo de conformidade das leis com a Constituição, compete ao *Conseil Constitutionnel* analisar se os objetivos perseguidos pelo legislador com a elaboração do diploma legal se identificam com o *intérêt général*. Para tanto, não basta que a lei fundamente-se em uma justificação

---

argentino. In: _____; BACELLAR FILHO, Romeu Felipe; SESÍN, Domingo Juan. *Ordenamientos internacionales y ordenamientos administrativos nacionales*: jerarquía, impacto y derechos humanos. Buenos Aires: Ad-Hoc, 2006. p. 25.

[111] Tradução livre. No original: "un concepto referente a las condiciones de la vida social, que permite a los integrantes de la sociedad alcanzar el mayor grado de desarrollo personal y la mayor vigencia de los valores democráticos". SALOMONI, Jorge Luis. Impacto de los tratados de derechos humanos sobre el derecho administrativo argentino... Op. cit., p. 25.

[112] MUÑOZ, Jaime Rodríguez-Arana. *Derecho Administrativo y Constitución*. Granada: CEMCI, [s.d.]. p. 103.

[113] MUÑOZ, Jaime Rodríguez-Arana. *Derecho administrativo y constitución*... Op. cit., p. 104.

[114] Tradução livre. No original: "El concepto de interés público, o si se quiere interés general, [...] en última instancia robustece la operatividad de los derechos fundamentales." MUÑOZ, Jaime Rodríguez-Arana. *Derecho administrativo y constitución*... Op. cit., p. 115.

[115] Sobre o tema, ver a aprofundada investigação de MERLAND, Guillaume. *L'intérêt général dans la jurisprudence du conseil constitutionnel*. Op. cit., p. 30-31. Uma condensação de suas ideias pode ser encontrada em MERLAND, Guillaume. L'intérêt général dans la jurisprudence du conseil constitutionnel. In: MATHIEU, Bertrand; VERPEAUX, Michel (Dir.). *Intérêt général, norme constitutionnelle*. Paris: Dalloz, 2007. p. 35-46.

extraída do interesse geral; o juiz constitucional utiliza técnicas destinadas a essa apreciação, como o exame da adequação do objetivo da lei com as providências por ela adotadas (*exigence d'un objectif d'intérêt général adéquat*) e da suficiência do interesse geral para a adoção de medidas restritivas a direitos e liberdades (*exigence d'un objectif d'intérêt général suffisant*).[116] Nota-se, seguramente, que tal categoria não implica a adoção da mesma ideia de interesse público difundida na França pós-revolucionária de fins do século XVIII (ainda que a ela se remeta para fins de configuração, pois mesmo os institutos mais próprios do seu tempo são também fruto do passado que permitiu sua constituição – e o caso do interesse público é paradigmático neste sentido).

A concepção contemporânea de interesse público no Direito Administrativo brasileiro é descrita de forma lapidar por Celso Antônio Bandeira de Mello, em trecho de sua obra cuja precisão conceitual exige literal transcrição: "o interesse público deve ser conceituado como o interesse resultante do conjunto dos interesses que os indivíduos pessoalmente têm quando considerados em sua qualidade de membros da sociedade pelo simples fato de o serem."[117] Em outra passagem, assinala o jurista: "o interesse público, o interesse do todo, do conjunto social, nada mais é do que a dimensão pública dos interesses individuais, ou seja, dos interesses de cada indivíduo enquanto partícipe da sociedade (entificada juridicamente no Estado)".[118] O autor distingue: (i) o interesse individual relativo às conveniências de cada cidadão no que diz respeito aos assuntos de sua vida particular – interesse de uma pessoa singularmente considerada (como, por exemplo, o interesse de determinado sujeito de não ter um bem seu desapropriado); do (ii) interesse igualmente pessoal desses mesmos indivíduos ou grupos considerados como membros da coletividade maior na qual estão inseridos – o legítimo interesse público, retratado como aspecto público dos interesses particulares (como o interesse, daquele mesmo sujeito, de que exista o instituto da desapropriação).

Dessas duas categorias de interesses traçadas por Celso Antônio Bandeira de Mello, apenas a primeira era levada em conta no liberalismo oitocentista, e identificada com a ideia de vontade geral: o respeito ao interesse particular de cada indivíduo, singularmente considerado. A segunda noção referida pelo autor representa uma concepção de interesse público que leva em conta o bem-estar de cada um sob a óptica da sua participação na coletividade, vale dizer, o denominador comum dos interesses de cada indivíduo numa perspectiva coletiva, cujo conteúdo não pode descurar dos interesses individuais, eis que constitui, ele próprio, uma faceta destes. Trata-se, evidentemente, de uma noção categorial essencialmente

---

[116] MERLAND, Guillaume. L'intérêt général dans la jurisprudence du conseil constitutionnel. Op. cit., p. 41 e ss.

[117] MELLO, Celso Antônio Bandeira de. A noção jurídica de interesse público. In: *Grandes temas de direito administrativo*. São Paulo: Malheiros, 2009. p. 183 (grifos no original).

[118] MELLO, Celso Antônio Bandeira de. A noção jurídica de interesse público... Op. cit., p. 182.

distinta daquela forjada sob a égide do Estado Liberal (e exponencialmente mais complexa). Sobre essa transformação, Maria Sylvia Zanella Di Pietro, com a propriedade que lhe é peculiar, acentua de modo ímpar que:

> Assim como o princípio da legalidade saiu de sua fórmula rígida e formalista, própria do Estado *legal* e chegou a uma fórmula muito mais ampla que se ajusta ao Estado de Direito propriamente dito, também o princípio do interesse público começou como proposição adequada ao Estado liberal, não intervencionista (com o já assinalado cunho utilitarista) e assume feição diversa para adaptar-se ao *Estado social e democrático de Direito*, adotado na Constituição de 1988.[119]

No direito italiano, reclama referência a obra de Renato Alessi que, baseado na doutrina de Carnelutti e Piccard, estabelece uma distinção fundamental para o conceito de interesse público. Ao versar sobre o exercício da função administrativa sob a óptica da posição jurídica da Administração Pública, o autor ressalta duas peculiaridades. A primeira delas reside no fato de que à Administração compete, normalmente, o poder de fazer prevalecer coativamente a sua vontade sobre a do sujeito privado. Para tanto, e por incumbir-lhe a tutela do interesse público, poderá a Administração fazer preponderar o interesse público sobre o interesse individual que lhe for contrário, mas só – e somente só – "quando se trate de interesse cuja prevalência já esteja em abstrato previamente disposta em um ato legislativo primário, cuja aplicação concreta pressuponha um futuro ato administrativo concreto".[120] Assim, a supremacia do interesse coletivo sobre o individual só terá lugar quando encontrar seu fundamento no Direito objetivo, mediante uma atribuição explícita ou implícita, específica ou genérica, por parte da norma jurídica legislativa.[121]

Há, pois, um limite claro identificado pelo administrativista supracitado: a necessidade de o interesse público que se fará prevalecer estar previamente definido pelo Direito positivo. Diante da possibilidade de o Poder Público esquivar-se desse limite, utilizando-se da prerrogativa conferida pela lei para finalidade diversa daquilo que seria a satisfação do interesse público, exsurge a segunda peculiaridade do exercício da função administrativa: a distinção entre interesse coletivo primário (*interesse collettivo primario*) e interesses secundários (*interessi secondari*),[122]

---

[119] PIETRO, Maria Sylvia Zanella di. O princípio da supremacia do interesse público... Op. cit., p. 43.

[120] Tradução livre. No original: "allorchè si tratti di interessi la cui prevalenza sia stata in astratto già preventivamente disposta da un atto dispositivo primario legislativo la cui apllicazione concreta presupponga appunto un futuro atto concreto di disposizione della parte dell'amministrazione". ALESSI, Renato. *Principi di diritto amministrativo*. I soggeti attivi e l'esplicazione della funzione amministrativa. 4. ed. Milano: Giuffrè, 1978. t. I, p. 229.

[121] ALESSI, Renato. *Principi di diritto amministrativo*... Op. cit., p. 230.

[122] ALESSI, Renato. *Principi di diritto amministrativo*... Op. cit., p. 232-233.

colhida da doutrina de Carnelutti e Piccard. O *interesse coletivo primário* é formado pelo complexo de interesses individuais prevalentes em uma determinada organização jurídica da coletividade, expressão unitária de uma multiplicidade de interesses coincidentes. Somente este interesse poderá ser considerado como interesse *público*. Ele difere tanto do interesse de um particular individualmente considerado, quanto do interesse do aparato administrativo, que, por sua vez, são ambos *interesses secundários*. Tanto o interesse singular de um indivíduo quanto o interesse da Administração Pública enquanto pessoa jurídica podem conflitar ou coincidir com o *interesse coletivo primário* (que é o verdadeiro *interesse público*). Tais *interesses secundários* só poderão ser perseguidos pelo Estado quando houver coincidência entre eles e o *interesse público*.

Note-se, nessa esteira, que a construção da noção de supremacia de interesse público delineada por Celso Antônio Bandeira de Mello e acompanhada por Maria Sylvia Zanella Di Pietro, inerente a uma visão atual da categoria do interesse público, afasta-se tanto do prisma individualista do interesse geral ínsito ao Estado Liberal[123] quanto da ideia de "razões de Estado" típica do Absolutismo,[124] que supostamente autorizaria o acobertamento de arbitrariedades estatais sob o manto protetor do interesse público. É nessa exata medida que se equivocam os autores que insistem em identificar na concepção contemporânea de interesse público um caráter autoritário: a noção hodierna dessa categoria jurídica arrima-se na compreensão do interesse geral como produto da solidariedade social, é dizer, como resultado dos anseios de uma coletividade ou mesmo de um cidadão enquanto membro do corpo social (e não apenas individualmente considerado).

Conforme extraído das lições de Renato Alessi, difundidas no direito brasileiro por Celso Antônio Bandeira de Mello, o interesse público, na sua leitura atual, não é algo abstrato, etéreo, inatingível. O seu conteúdo jurídico não pode ser encontrado em outro lugar senão no próprio Direito positivo.[125] Desse modo, a significação do que vem a ser o interesse público será determinada de forma objetiva pelo ordenamento jurídico, particularmente na ordem de valores, fins, objetivos

---

[123] Diferentemente do que alega Alexandre Santos de Aragão, ao sustentar que a "supremacia do interesse público [...] remete a paradigmas oitocentistas já felizmente superados". ARAGÃO, Alexandre Santos de. A "Supremacia do interesse público" no advento do estado de direito e na hermenêutica do direito público contemporâneo. In: Daniel Sarmento (Org.). *Interesses públicos versus interesses privados:* desconstruindo o princípio de supremacia do interesse público. Rio de Janeiro: Lumen Juris, 2005. p. 22.

[124] Sobre essa noção, ver: SAINT-BONNET, François. L'intérêt général dans l'ancien droit constitutionelle. In: Bertrand Mathieu ; Michel Verpeaux (Dir.). *Intérêt général, norme constitutionelle*. Paris: Dalloz, 2007.

[125] MELLO, Celso Antônio Bandeira de. *Curso de direito administrativo*. 25. ed. São Paulo: Malheiros, 2008. p. 67.

e bens protegidos pela Constituição.[126] A qualificação de determinado interesse como público é promovida pela Constituição "e, a partir dela, [pel]o Estado, primeiramente através dos órgãos legislativos, e depois por via dos órgãos administrativos, nos casos e limites da discricionariedade que a lei lhes haja conferido".[127]

Autores que defendem a Constituição, e o cumprimento de seus dispositivos tais como postos, obviamente que, mesmo não tratando expressamente do assunto, também defendem o regime de direitos fundamentais nela estabelecido. O fato de remeterem aos constitucionalistas o trato mais específico do assunto, não denota qualquer forma de desconsideração. Se alguns administrativistas passaram a também tratar, expressa e diretamente, dos direitos fundamentais como objeto do Direito Administrativo, parece ótimo, mas do ponto de vista cognoscitivo, nenhuma novidade lhes cabe. No máximo, trata-se de uma mudança de sistematização do assunto, cujo caráter é, portanto, metodológico. Defender o todo claramente implica na defesa, ainda que implícita, das partes. Os administrativistas cuja produção teórica destacou-se no período pós-88, em geral, adotam esta visão. Claro que a mudança simbólica também é importante e pode, inclusive, surtir efeitos. Todavia, a pretensão de novidade, acompanhada de uma crítica ontológica ao conhecimento precedente, carece de respaldo lógico e histórico.

É justamente por esse motivo que não há qualquer incompatibilidade com o Estado Democrático de Direito e com o regime jurídico dos direitos fundamentais a ele inerente o atual reconhecimento da supremacia do interesse público como princípio jurídico. Pelo contrário: como assevera de forma contundente Luciano Parejo Alfonso, "a supremacia do interesse geral ou público sobre o interesse privado ou particular [...] deriva do Estado de Direito e, mais concretamente, da sujeição de todos os cidadãos à Constituição e ao ordenamento jurídico".[128] Essa compreensão decorre da consolidada visão que hoje se compartilha da própria noção de interesse público, até porque, como adverte Guillaume Merland, "a distinção herdada da Revolução francesa entre interesse público [*intérêt général*] e interesses particulares não é tão clara como antes".[129] Até porque os interesses particulares daquele determinado momento histórico também ostentam natureza

---

[126] ALFONSO, Luciano Parejo. *Derecho administrativo*. Instituciones generales: bases, fuentes, organización y sujetos, actividad y control. Barcelona: Ariel, 2003. p. 770.

[127] MELLO, Celso Antônio Bandeira de. A noção jurídica de interesse público. Op. cit., p. 190.

[128] Tradução livre. No original: "*la supremacía del interés general o público sobre el interés privado o particular [...] deriva del Estado de Derecho y, más concretamente, de la sujeción de todos los ciudadanos a la Constitución y al ordenamiento jurídico*". ALFONSO, Luciano Parejo. *Derecho administrativo*... Op. cit., p. 773.

[129] Tradução livre. No original: "*la distinction héritée de la Révolution française entre l'intérêt général et les intérêts particuliers n'est plus aussi nette qu'avant.*" MERLAND, Guillaume. L'intérêt général dans la jurisprudence du conseil constitutionnel. Op. cit., p. 38.

bem diferente daquela relativa aos interesses que são protegidos constitucionalmente nos dias atuais.[130]

Não há dúvidas de que o interesse público "por definição, engloba os interesses de cada um dos cidadãos que formam parte do Estado".[131] E é por isso que, com a sua prevalência sobre os interesses particulares, "se está consagrando e protegendo o próprio interesse que se sacrifica formalmente".[132] Na construção sugerida por Eberhard Schmidt-Assman, ao traduzir a ideia de bem-estar geral, o interesse público revela-se como o interesse comum formado a partir da confluência de variados interesses, coletivos e particulares. E a sua determinação é uma questão que depende acima de tudo do próprio Direito positivo, o qual "oferece normalmente para levá-la a cabo regras de procedimento e critérios materiais".[133]

Portanto, a doutrina jusadministrativista contemporânea, ao sustentar a existência e aplicabilidade do princípio da supremacia do interesse público no ordenamento jurídico pátrio, nada mais faz do que evidenciar a imperatividade da observância dos mandamentos constitucionais e jurídicos em geral na atividade do Estado, conferindo prevalência e respeito ao conteúdo das normas jurídicas em detrimento de interesses egoísticos que se encontrem em dissonância com os anseios dos indivíduos enquanto partícipes da coletividade. Impede-se com isso, inclusive, a preponderância de interesses essencialmente privados de determinados administradores públicos (quando colidentes com o interesse público primário), como se públicos fossem, bem como de interesses particulares da entidade pública, quando dissonantes do bem-estar social. O importante é nunca seja esquecida a radical distinção entre direitos (sejam fundamentais ou não) e interesses. O princípio da supremacia não trata do problema (também clássico) do conflito entre direitos individuais e bem-estar coletivo; entre direito particular e interesse público. Neste caso, a solução jurídica terá que ser de outra ordem.[134]

Aliás, impende salientar que, tamanha é a obviedade da compatibilidade da noção contemporânea de interesse público e da sua supremacia com os postulados do Estado Democrático de Direito, que diversos ordenamentos jurídicos considerados democráticos possuem tal categoria consagrada em seus textos constitucionais e legais. É caso da Constituição espanhola, que estabelece em seu artigo 103.1 que "La Administración Pública sirve con objetividad los *intereses generales*

---

[130] SAINT-BONNET, François. L'intérêt général dans l'ancien droit constitutionelle... Op. cit., p. 18.

[131] FALLA, Fernando Garrido. *Las transformaciones del régimen administrativo...* Op. cit., p. 86.

[132] FALLA, Fernando GArrido. *Las transformaciones del régimen administrativo...* Op. cit., p. 86-87.

[133] SCHMIDT-ASSMAN, Eberhard. *La teoría general del derecho administrativo como sistema*: objeto y fundamentos de la construcción sistemática. Madrid: Marcial Pons/INAP, 2003. p. 166-167.

[134] Não cabe aqui maior digressão sobre este importante tema, que implicaria um esforço incompatível com os limites deste ensaio. Ademais, a tratativa da questão foi realizada de forma mais ampla em trabalho anterior. Cf.: GABARDO, Emerson. O princípio da supremacia do interesse público: entre direitos e interesses. In: *Interesse público e subsidiariedade...* Op. cit., p. 304 e ss.

y actúa de acuerdo con los principios de eficacia, jerarquía, descentralización, desconcentración y coordinación, con sometimiento pleno a la Ley y al Derecho".

Interpretando tal dispositivo, Jaime Rodríguez-Arana Muñoz aduz que a ideia de serviço objetivo aos interesses gerais indica certeiramente o sentido e o alcance do papel da Administração Pública em relação à cidadania, eliminando-se, em razão de tal princípio constitucional, "toda reminiscência de arbitrariedade, de abuso".[135] Percebe-se, com isso, a improcedência da afirmação de que o recurso à noção de interesse público é tributário de uma concepção autoritária do Direito Administrativo. Ademais, o jurista ibérico identifica na garantia do interesse público "a principal tarefa do Estado e, por isso, do Direito Administrativo".[136]

Por sua vez, a República de Costa Rica alberga expressamente a supremacia do interesse público sobre o privado como norma jurídica, ao definir em sua *Ley General de Administración Pública*, no art. 113, que:

> 1. El servidor público deberá desempeñar sus funciones de modo que satisfagan *primordialmente el interés público*, el cual será considerado como la *expresión de los intereses individuales coincidentes* de los administrados.
>
> 2. El *interés público prevalecerá sobre el interés de la Administración Pública* cuando pueda estar en conflicto.
>
> 3. En la apreciación del *interés público* se *tendrá en cuenta*, en primer lugar, los valores de seguridad jurídica y *justicia para la comunidad y el individuo*, a los que no puede en ningún caso anteponerse la mera conveniencia.[137]

Observe-se que o número 1 do art. 113 reafirma as lições de Celso Antônio Bandeira de Mello: o interesse público deve ostentar prevalência no exercício da função administrativa, e seu conteúdo se revela como a expressão dos interesses individuais coincidentes, é dizer, dos indivíduos enquanto parte do corpo social. A ideia é reforçada no número 3, quando afirma que a apreciação do interesse público demanda, antes de tudo, a consideração do valor de justiça para a comunidade e para o indivíduo, não podendo preponderar a mera conveniência particular. Por sua vez, o número 2 confirma a assertiva do autor segundo a qual, no

---

[135] MUÑOZ, Jaime Rodríguez-Arana. La vuelta al derecho administrativo (a vueltas con lo privado y lo público). *A&C – Revista de Direito Administrativo e Constitucional*, Belo Horizonte: Fórum, nº 20, p. 18, abr./jun. 2005.

[136] MUÑOZ, Jaime Rodríguez-Arana. El marco constitucional del derecho administrativo español (el derecho administrativo constitucional). *A&C – Revista de Direito Administrativo e Constitucional*, Belo Horizonte: Fórum, nº 29, p. 127-128, jul./set. 2007.

[137] Extraído de ROJAS FRANCO, José Enrique. Presentación de la obra jurídica del doctor Álvaro Mora Espinoza. In: ESPINOZA, Álvaro Enrique Mora. *El deber de hacer de la Administración* (supuestos de inactividad material y su tratamiento jurisdiccional). San José: IJSA, 2009. p. 18 (grifos nossos).

conflito entre o interesse público primário (da sociedade) e o secundário (da entidade estatal), deve-se emprestar supremacia ao primeiro.[138]

Tecidas tais considerações, e retomando a sistematização das diferentes concepções de bem comum apresentada por Alfonso Santiago – (i) o *individualismo*; (ii) o *coletivismo* ou *totalitarismo*; e (iii) o *personalismo solidário*[139] – a única conclusão a que se pode chegar é a de que, se a noção de interesse público própria da filosofia política liberal-revolucionária se enquadra na perspectiva individualista do bem comum, a concepção contemporânea acomoda-se em perspectiva inquestionavelmente diversa, comumente enquadrada como típica de um personalismo solidário que se pauta na identificação do interesse público no seio de um sistema constitucional positivo,[140] e não na abstrata vontade geral do povo.

Isso implica a mudança de um ideal de felicidade como direito subjetivo de não intervenção para a imposição ao Estado de um princípio objetivo de felicidade como dever positivo.[141] Conforme ressalta Fernando Garrido Falla, em passagem de incrível atualidade, estamos em um momento em que possivelmente interesse mais aos indivíduos "ter um sistema perfeito de seguridade social e bons serviços públicos do que seguir crendo no dogma da liberdade pela própria liberdade, que para tantos miseráveis não implicou outra coisa do que uma bela liberdade para morrer de fome".[142] Destarte, diante do conteúdo semântico que se pode extrair da concepção de interesse público no liberalismo francês, parece ser indubitável que estabelecer uma origem para a noção atual de interesse público em qualquer período precedente ao século XX reflete a promoção de um acentuado equívoco arqueológico.[143]

---

[138] MELLO, Celso Antônio Bandeira de. *Curso de direito administrativo*. 25. ed. São Paulo: Malheiros, 2008. p. 69.

[139] SANTIAGO, Alfonso. *Bien común y derecho constitucional...* Op. cit. p. 50.

[140] "O personalismo e o individualismo significam duas atitudes bem distintas ante o homem e ante a vida." SANTIAGO, Alfonso. *Bien común y derecho constitucional...* Op. cit., p. 77.

[141] Sobre a questão ver o capítulo em obra anterior intitulado "A felicidade como fundamento do interesse público". Cf.: GABARDO, Emerson. *Interesse público e subsidiariedade...* Op. cit., p. 325-372.

[142] Tradução livre. No original: "*tener un sistema perfecto de seguridad social y unos buenos servicios públicos que el seguir creyendo en el dogma de la libertad por la libertad misma, que para tantos desgraciados no ha implicado otra cosa que una bella libertad para morirse de hambre*". FALLA, Fernando Garrido. *Las transformaciones del régimen administrativo...* Op. cit., p. 32.

[143] GABARDO, Emerson. *Interesse público e subsidiariedade...* Op. cit., p. 286.

3.2 A formação do Direito Administrativo como representação antiautoritária do liberalismo em face do absolutismo

Observadas as circunstâncias históricas em meio às quais surgiu o constitucionalismo moderno, os fundamentos filosóficos que serviram de base à sua construção e consolidação na França de finais do século XVIII e início do século XIX, e a noção de interesse público que emergiu naquele período (bem como a sua transformação e suas distinções em relação à concepção contemporânea), cumpre empreender uma incursão nos pressupostos de formação do Direito Administrativo, cuja feição e características originárias oferecem elementos de contraposição ao regime autoritário que lhe precedeu: o absolutismo.

Sobre esse aspecto, é importante assinalar o significado que se está atribuindo à expressão *formação do Direito Administrativo*: sob tal alcunha, quer-se aludir à criação de um campo autônomo do saber jurídico, uma disciplina sistematizada e organizada a partir de elementos próprios que se relacionam harmoniosamente de forma lógica e coerente. A advertência é relevante no sentido de que parcela da doutrina, acertadamente, aduz que mesmo antes da submissão do poder estatal à ordem jurídica (Estado de Direito), já havia normas administrativas no período medieval, mas que se enquadravam em outros ramos jurídicos, tal como no Direito Civil.[144] Ademais, era possível detectar no Estado Absolutista a presença de um conjunto de normas que regulava as relações do Estado com os particulares. Quanto a esse último, o Direito Administrativo (ou, melhor dizendo, as suas raízes) esgotava-se em uma única regra: um direito ilimitado para o Estado administrar, sem o reconhecimento de direitos aos indivíduos.[145]

Gaston Jèze justamente caracteriza o grande passo evolutivo do Direito Administrativo (para uma disciplina pautada por princípios gerais fundados na teoria do serviço público) como um momento de superação do momento consistente na interpretação privatista de institutos tipicamente ligados à atividade público-estatal (hermenêutica essa, segundo o autor, decorrente da predominância do pensamento de Laferrière e de sua importância como membro e presidente do Conselho de Estado francês). Por paradoxal que seja, teses como a que distingue

---

[144] BACELLAR FILHO, Romeu Felipe. Breves reflexões sobre a jurisdição administrativa... Op. cit., p. 1.

[145] GORDILLO, Agustín. *Tratado de derecho administrativo*... Op. cit., p. II-1-2. O jurista argentino discorda, assim, da alegação taxativa de que não havia um Direito Público à época do absolutismo, eis que o próprio princípio que instituía um poder ilimitado e as normas que dele derivavam constituem um certo ordenamento positivo, ainda que não se reconhecesse um ramo do conhecimento em torno dele. Posição contrária parece ser sustentada por Celso Antônio Bandeira de Mello, quando assevera que "O Direito Administrativo nasce com o Estado de Direito. Nada semelhante àquilo que chamamos de Direito Administrativo existia no período histórico que precede a submissão do Estado à ordem jurídica". MELLO, Celso Antônio Bandeira de. *Curso de direito administrativo*. 25. ed. São Paulo: Malheiros, 2008. p. 47.

atos de império e atos de gestão,[146] ou que proclamavam a irresponsabilidade do Estado, eram construídas a partir de uma linguagem e racionalidade retirada do Direito privado.[147]

Portanto, muito embora se deva admitir que já havia normas jurídicas que disciplinavam as relações entre Estado e indivíduo anteriormente ao Estado de Direito, certo é que a sua sistematização em uma disciplina autônoma do saber só ocorreu após um lento processo de amadurecimento doutrinário e jurisprudencial. De todo modo, conquanto o Direito Administrativo tenha experimentado significativas transformações em sua evolução, o que traz o risco de se fazerem algumas simplificações excessivas quanto à sua história, marcada por complexidades, descontinuidades e peculiaridades, "o valor demonstrativo do começo do constitucionalismo moderno não pode ser desconhecido".[148]

Com o constitucionalismo moderno, entra em pauta a árdua e contínua luta em face das imunidades no exercício do poder político,[149] fixando-se um quadro timbrado pelas manifestações revolucionárias contra as arbitrariedades do Estado.[150] A forma encontrada para controlar o poder estatal foi a sua subordinação às normas jurídicas, que passaram a reconhecer a existência de direitos individuais aos particulares, modificando a relação entre Estado e indivíduo, na medida em que este deixa de ser visto como *súdito* e passa a ser encarado como *cidadão*, sujeito de direitos. É precisamente nesse ponto que exsurge a necessidade do Direito Administrativo: a nova relação Estado/indivíduo demanda uma nova regulação jurídica, que deve ser orientada por uma racionalidade e princípios próprios.

O pensamento ilustrado propicia uma significativa ruptura com o modelo de Estado Absolutista próprio do *Ancien Régime*. Na sua relação com os particulares, o Estado exerce um arbitrário poder de polícia, podendo impor obrigações ou limitações às esferas jurídicas individuais sem possibilidade de oposição jurídica por

---

[146] Para uma explicação sobre o desaparecimento da distinção entre atos de império e atos de gestão, ver os itens "I. *La distinction des actes administratifs d'autorité et des actes administratifs de gestion*" e "II. *Disparition de cette distiction*" do cap. V de DUGUIT, León. *Les transformations du droit public...* Op. cit., p. 147-155.

[147] "*los juristas imbuidos de ideas civilistas, imperturbables, imaginaban ya ficciones, ya excepciones a sus pretendidas reglas generales sacadas del Derecho civil. Los más concienzudos completaban los términos del Derecho civil por adjetivos, por epítetos desinados a hacer ver que las cosas no pasaban idénticamente en Derecho privado y en Derecho público. Así se habla hoy todavía de contrato administrativo, de mandato de Derecho público, de tutela administrativa, de propiedad pública, de derechos de potencia pública, del estado de minoridad de los Municipios y establecimientos públicos, etc.*" Cf.: JÈZE, Gaston. *Los principios generales del derecho administrativo*. Madrid: Reus, 1928. p. 25.

[148] GORDILLO, Agustín. *Tratado de derecho administrativo...* Op. cit., p. II-2-3.

[149] Sobre o tema, ver ENTERRÍA, Eduardo García de. *La lucha contra las inmunidades del poder en el derecho administrativo*. 3. ed. Madrid: Civitas, 1983 [1974].

[150] GORDILLO, Agustín. *Tratado de derecho administrativo...* Op. cit., p. II-3.

parte do atingido.[151] Essa ausência de barreiras ao agir estatal justificava, ainda, a irresponsabilidade jurídica do soberano, isto é, não se aceitava a ideia de que o Estado estivesse obrigado a reparar os prejuízos que causasse aos indivíduos, pois vigia a crença de que o Rei era incapaz de causar danos (*le roi ne peut mal faire*).[152]

Outra característica fundamental do absolutismo reside na centralização dos poderes do Estado nas mãos do soberano, competindo-lhe de forma exclusiva a elaboração das leis, a resolução das controvérsias jurídicas e a administração das atividades públicas. O exercício dos poderes pelos funcionários explicava-se apenas em função da delegação do soberano, que os titularizava. Essa é a razão pela qual larga parcela da doutrina identifica o nascedouro do Direito Administrativo com a Revolução Francesa e o Estado de Direito,[153] pois nesse momento histórico, em que se firma a subordinação do poder estatal ao sistema jurídico, operam-se transformações nos pressupostos próprios do Estado de Polícia, com a criação de normas que passam a disciplinar de forma diferenciada as relações entre governantes e cidadãos, concedendo a esses últimos direitos e liberdades individuais e contendo o poder político.[154]

A ruptura com os cânones do regime absolutista, responsável pela metamorfose do sistema político e jurídico, impõe a sistematização de um novo ramo jurídico capaz de reger as novas relações que se estabelecem na sociedade francesa. Há, contudo, questionamentos quanto à efetiva ocorrência de uma ruptura com o *Ancien Régime*, no período pós-revolucionário. Odete Medauar menciona que autores franceses, espanhóis e italianos acenam para uma continuidade do Direito Administrativo surgido após a Revolução Francesa, com preceitos e institutos próprios do Antigo Regime.[155] Na doutrina lusitana, Paulo Otero chega a denunciar uma

---

[151] SUNDFELD, Carlos Ari. *Fundamentos de direito público*. 4. ed. São Paulo: Malheiros, 2008. p. 34.

[152] Sobre o tema, aduz Romeu Felipe Bacellar Filho: "A teoria da irresponsabilidade do Estado teve sua formação com o crescimento dos Estados Absolutos e consagrou-se, fundamentalmente, com a afirmação da ideia de soberania. Ao soberano cabia o exercício da tutela de direitos, o que levava ao contrassenso da afirmação de que em razão de tal fato não poderia o Rei agir contrário a esta tutela." BACELLAR FILHO, Romeu Felipe. *Reflexões sobre direito administrativo*. Belo Horizonte: Fórum, 2009. p. 293.

[153] Nesse influxo, RIVERO, Jean. *Direito Administrativo*. Op. cit., p. 19; ESCOLA, Héctor Jorge. *El interés público como fundamento del derecho administrativo*. Buenos Aires: Depalma, 1989. p. 37; MELLO, Celso Antônio Bandeira de. *Curso de direito administrativo*. Op. cit., p. 47; JUSTEN FILHO, Marçal. *Curso de direito administrativo*. 3. ed. São Paulo: Saraiva, 2008. p. 10; PIETRO, Maria Sylvia Zanella di. *Direito administrativo*. 21. ed. São Paulo: Atlas, 2008. p. 2.

[154] MELLO, Celso Antônio Bandeira de. *Curso de direito administrativo*. Op. cit., p. 47.

[155] MEDAUAR, Odete. *O direito administrativo em evolução...* Op. cit., p. 17 e ss.

suposta "*ilusão garantística da génese do Direito Administrativo*",[156] encontrando eco em alguns autores brasileiros contemporâneos, como Gustavo Binenbojm.[157]

Nesses termos, o argumento supostamente crítico de que o Direito Administrativo não possuiria origem garantística porque não se originou do Parlamento, mas dos tribunais, produz um equívoco de interpretação. Autores como Paulo Otero parecem estar enganados quando propõem que há uma origem unívoca (jurisprudencial), como se o Conselho de Estado não fosse fruto do seu tempo e das demandas nele contidas (e, portanto, do avanço do espírito garantístico tipicamente revolucionário). Tal interpretação, de forma historicamente insubsistente, limita a possibilidade do garantismo ao Direito judicializado pelo contencioso, exaltando o fato de que os revolucionários eram contra a submissão dos atos administrativos pelos magistrados simplesmente porque queriam "impedir que o espírito de hostilidade reinante nesses últimos contra a Revolução limitasse a liberdade de acção das autoridades administrativas revolucionárias".[158] Essa é uma visão reducionista do movimento, seguramente mais complexo do que seu retrato meramente intencionalista/voluntarista propõe.[159]

O reinado de Luis XIV foi marcado por uma péssima situação financeira da França, não causada, mas agravada, pela extravagância da corte. As tentativas de ampliação dos impostos, rompendo-se com a imunidade fiscal da aristocracia, foram alvo de resistência por parte dos *parlements* (que eram formados exclusivamente pelos extratos nobiliários, pois estavam excluídos os plebeus da sua composição). A aristocracia recusou-se peremptoriamente a perder seus privilégios econômicos, principalmente considerando que não teriam qualquer incremento de direitos políticos em detrimento do poder monárquico. É neste momento que os magistrados passaram a se utilizar da linguagem retórica burguesa, cujo ideário estava em franca ascensão. Conforme destaca Perry Anderson, "um dos ramos da aristocracia francesa mais marcados pelo conservadorismo inveterado e pelo espírito de casta" torna-se o grupo defensor das "liberdades", defendendo arduamente o princípio da separação de poderes e o controle dos atos da Administração sobre sua prerrogativas privadas e direitos consolidados.[160]

---

[156] OTERO, Paulo. *Legalidade e administração pública...* Op. cit., p. 275 e ss.

[157] BINENBOJM, Gustavo. *Uma teoria do direito administrativo:* direitos fundamentais, democracia e constitucionalização. 2. ed. Rio de Janeiro: Renovar, 2008. p. 9 e ss.

[158] OTERO, Paulo. *Legalidade e administração pública...* Op. cit., p. 275.

[159] Sobre a crítica ao Direito Administrativo, a partir do modelo de jurisdição administrativa adotado pela França, ver: DUBOIS, Françoise; ENGUÉLÉGUÉLÉ, Maurice; LEFÈVRE, Géraldine; LOISELLE, Marc. La contestation du droit administratif dans le champ intellectuel et politique. In: *Le droit administratif en mutation*. Paris: PUF, 1993, p. 149-174, especialmente o item A) *La critique de la juridiction administrative*, p. 151 e ss.

[160] ANDERSON, Perry. *Linhagens do estado absolutista*. Tradução de João Roberto Martins Filho. 3. ed. São Paulo: Brasiliense, 1995 [1974] p. 105 e ss.

Propor uma "ilusão garantística da gênese" sem diferenciar quem seria o "sujeito não garantido" resulta na sustentação de uma tese tipicamente neoliberal, direcionada à proteção de apenas um dos estratos da sociedade. Na França dos séculos XVII e XVIII, era somente a classe aristocrática a efetivamente protegida pelos magistrados, inclusive contra as constantes investidas do rei e suas tentativas de incursão na modernidade. Não poderia ser outra a tarefa revolucionária que não a de defender um sistema que não recaísse nas mãos dos magistrados, desenvolvendo-se assim uma peculiar interpretação do princípio de separação dos poderes que prestigiava a figura dos intendentes. Rivero aponta que os revolucionários, "dominados pela lembrança do combate secular travado pelos Parlamentos contra a Administração real entenderam subtrair a atividade dos administradores ao controle do poder judicial". Não foi por outra razão que a Administração Pública ficou imune ao acesso judicial comum e que se desenvolveu uma teoria de recusa do controle da discricionariedade. Acreditava-se que a liberdade estaria muito mais garantida se ao Judiciário não fosse conferida a prerrogativa de se imiscuir no trabalho legítimo dos representantes da vontade popular. Daí a origem, desde o ano VIII da Revolução, do Conselho de Estado.[161] O que não significou, por esta razão, a inexistência de controle do poder administrativo. Quando André de Laubadère defende a existência de "razões práticas" para a firmação da jurisdição administrativa, isso não significa que ele concorde que tal fenômeno retratou um mero pretexto para a realização de um objetivo político concreto,[162] como propõe a leitura (equivocada) de Paulo Otero.[163]

O fato de um sistema político-administrativo não se enquadrar no sistema de três funções independentes (como no ideário de Montesquieu ou no modelo dos dias atuais) não indica a inexistência de controle dos poderes estatais. É uma ilusão reputar à existência do sistema tripartite a condição de critério determinante do caráter autoritário ou não do regime. Não se nega que, efetivamente, os revolucionários em geral (burguesia, jacobinos, e até liberais partidários do rei) possuíram forte hostilidade aos tribunais judiciais, cuja origem aristocrática-medieval era fortemente contrária ao espírito moderno. Entretanto, primeiro, isso não significa que sua posição era mais ou menos "garantística" porque pretendia que a Administração julgasse ela própria. Como aponta André de Laubadère, na prática, quando o magistrado comum "é chamado a conhecer do contencioso ad-

---

[161] RIVERO, Jean. *Direito administrativo*. Op. cit., p. 23.

[162] Isso fica bem claro quando da leitura do capítulo "Les fondaments du système français" do seu tratado original. Cf.: LAUBADÈRE, André de. *Traité de droit administratif*. 8. ed. Paris: Librarie Générale de Droit et de Jurisprudence, v. I, 1980. p. 401 e ss.

[163] Paulo Otero afirma: "A invocação do princípio da separação dos poderes foi um simples pretexto para que, visando um objectivo político concreto de garantir um efectivo alargamento da esfera de liberdade decisória da Administração Pública, tornando a sua actividade imune a qualquer controle judicial, se construísse um modelo de contencioso em que a Administração se julgaria a ela própria." Cf.: OTERO, Paulo. *Legalidade e administração pública*. Op. cit., p. 275.

ministrativo, mostra-se em geral menos corajoso que o juiz administrativo, na censura jurídica dos atos da administração".[164]

Tal situação faz cair por terra qualquer interpretação de que o afastamento da justiça comum era um meio de ampliação do arbítrio do Poder Público e/ou redução das garantias individuais. Segundo, a criação da justiça especializada não era apenas uma estratégia política da cúpula revolucionária, para ampliar a sua ação administrativa. Na realidade, tratava-se de uma mudança decorrente de forte apelo popular (o que em uma visão moderna pode parecer paradoxal, mas a partir de uma análise histórica não anacrônica da jurisdição administrativa e do princípio da separação dos poderes parece perfeitamente compreensível).

Assim, ainda que se possa entrever semelhança das construções teóricas elaboradas nessa seara após a Revolução com práticas próprias do regime precedente, parece ser inegável a ocorrência de um rompimento com a racionalidade que norteava as relações Estado/indivíduo no absolutismo. Desse modo, não ressaltar a profunda mudança das representações entre antigo e novo regime (ainda que com manutenção parcial das práticas) é ignorar a história. O Direito Administrativo não possui raízes autoritárias justamente por ser um contraponto axiológico ao regime anterior. No modelo pós-revolucionário, a grande mudança reside na submissão do Estado aos ditames legais, o que faz com que ele deixe de ser irresponsável juridicamente, passando a responder pelos danos que causar aos particulares; seus atos tornam-se controláveis e passíveis de impugnação; consagram-se direitos e garantias de liberdade aos indivíduos, que não podem ser violados pelo Estado; o poder político é limitado, sobretudo diante da supremacia da lei e da separação dos poderes.[165]

Não se pode deixar de observar que essa mudança institucional do Estado de Polícia ao Estado de Direito não se realizou do dia para a noite, nem em todos os aspectos de uma só vez. Foram (e continuam sendo) sucessivas etapas, inseridas num longo processo histórico, no caminho do abandono dos princípios autoritários do absolutismo.[166] Por conseguinte, o Direito Administrativo não surge repentinamente, com a edição de uma lei ou com o julgamento de um litígio envolvendo a Administração Pública, como destaca Fernando Garrido Falla: *"el Derecho administrativo no surge ex novo en un momento determinado"*.[167] Nem mesmo é possível afirmar que já chegou a uma "etapa evolutiva final".

---

[164] *"Il est appelé à connaître du contentieux administratif, se montre en général moins hardi que le juge administratif, dans la censure juridique des actes de l'administration."* Cf.: LAUBADÈRE, André de. *Traité de droit administratif*. Op. cit., p. 405.

[165] Para uma análise mais detida sobre o assunto, ver o capítulo de obra anterior intitulado "Por uma histórica não anacrônica da jurisdição administrativa e do princípio da separação dos poderes". Cf.: GABARDO, Emerson. *Interesse público e subsidiariedade...* Op. cit., p. 263-283.

[166] GORDILLO, Agustín. *Tratado de derecho administrativo...* Op. cit., p. II-3.

[167] GARRIDO FALLA, Fernando. *Las transformaciones del régimen administrativo...* Op. cit., p. 18.

Nesse sentido, em que pese a inquestionável relevância para o Direito Administrativo da Lei do 28 *pluviose* do ano VIII (17.2.1800), que pela primeira vez conferiu à Administração Pública francesa uma organização juridicamente estabelecida sob os princípios da hierarquização e da centralização, e do célebre caso *Blanco* julgado pelo Conselho de Estado em 1873, ocasião em que pela primeira vez um órgão jurisdicional autônomo criou princípios próprios de Direito Público para julgar um litígio cujo objeto era a responsabilidade civil do Estado, nenhuma dessas circunstâncias pode isoladamente ser considerada como a data de nascimento do Direito Administrativo.

O surgimento desse campo do saber jurídico – e o seu gradual aperfeiçoamento – deriva das condições históricas que começaram a exigir a elaboração de instrumentos jurídicos hábeis a refrear a atuação da Administração Pública para salvaguardar a liberdade e a integridade das esferas jurídicas individuais. Não é à toa que a primeira feição substantiva que assume o Estado de Direito no final do século XVIII e início do século XIX é uma conotação liberal, abstencionista, que lhe rendeu o rótulo de État Gendarme ou Estado Guarda-Noturno, visto que nessa configuração a Administração Pública deveria ser restringida a limites mínimos, cabendo-lhe somente agir para garantir a ordem pública, sem se imiscuir nas relações econômicas, sociais e jurídicas estabelecidas entre particulares.[168] O Direito Administrativo apresentava-se como o conjunto de normas voltadas a essa finalidade: conter as manifestações indesejadas da Administração Pública a fim de que os indivíduos, livres, conquistassem sua felicidade de forma autônoma.

Não se desconhece que o Direito Administrativo pós-revolucionário (de caráter formalmente liberal) não surgiu inserido em uma realidade totalmente transformada. Como pondera Ernst Cassirer, o século das luzes permaneceu ainda muito dependente do pensamento dos séculos anteriores. Todavia, o autor ressalta que, "apesar de ter adotado a maioria dos seus materiais de outras fontes e de ter desempenhado, nesse sentido, um papel subalterno, nem por isso [a ilustração] deixou de instituir uma forma de pensamento filosófico perfeitamente nova e original". Por decorrência da profunda transformação vivenciada, as questões que o século XVIII parece ter herdado do passado "deslocaram-se e sofreram uma mudança característica de significação". [169]

Autores clássicos do Direito Administrativo do século XX, como Jean Rivero, estavam bem cientes desta conjuntura. Com a revolução, os serviços administrativos do século XVIII especializam-se cada vez mais em tarefas precisas e sua organização passa a adotar certo "estilo militar" (centralizada, hierarquizada). Apesar da filosofia liberal, tais atividades são exercidas em regra pela via autoritária; e ainda que submetidas à legalidade são, na prática, pouco contidas. E uma das

---

[168] ESCOLA, Héctor Jorge. *El interés público como fundamento del derecho administrativo*. Op. cit., p. 22-23.

[169] CASSIRER, Ernst. *A filosofia do iluminismo*. Op. cit., p. 9-10.

razões disso é justamente o fraco desenvolvimento do Direito Administrativo. A justiça administrativa especial oferece poucas garantias ao particular (em comparação com o que hoje se imagina possível). Entretanto, o avanço dos institutos do Direito Administrativo acompanha a paulatina incorporação de tais garantias e não o inverso. Se a administração do ano VII respondia a um regime autoritário na ordem pública e liberal na ordem econômica, aos poucos estes postulados se inverteram: o liberalismo foi para a ordem política e a autoridade foi para a ordem econômica.[170]

Não é possível concordar com as conclusões radicais de Paulo Otero ao propor que há "uma perfeita continuidade entre o modelo de controlo administrativo adoptado pela Revolução Francesa e aquele que vigorava no *Ancien Régime*".[171] A interpretação que o autor confere a algumas de suas fontes referenciais para a sustentação de sua hipótese (notadamente, André de Laubadère e Vasco D. P. da Silva) também carece de uma visão alternativa.[172] Vasco Manuel Pascoal Dias Pereira da Silva reconhece que, embora tenha existido uma continuidade, esta não significa "plágio" — ou seja, não há identidade ou perfeita continuidade. Ao tempo em que a Revolução Francesa "não fez tábua-rasa da realidade político-jurídica anterior", é certo que "ela introduziu profundas alterações e transformações no domínio administrativo". Como aponta o autor, as instituições recebidas do Antigo Regime serão reenquadradas no novo modelo. "O liberalismo político gerou, assim, um modelo de Administração original e típico."[173] No mesmo sentido, e de forma mais detalhada, Bernardo Sordi e Luca Mannori ressaltam as profundas diferenças entre a estrutura administrativa típica do mundo antigo com aquela que prevaleceu nos oitocentos (inclusive peculiarizando o próprio período tipicamente revolucionário para distingui-lo do liberalismo clássico que lhe seguiu).[174]

Já a partir de uma análise da posição original de André de Laubadère em seu *Traité de droit administratif*, é possível inferir que o autor é claríssimo ao defender, contrariamente à leitura efetuada por Paulo Otero (e reproduzida por Binenbojm), a inexistência dessa gênese autoritária. Aliás, Laubadère cogita expressamente posicionamentos como o de Albert Venn Dicey (que critica o sistema francês em

---

[170] RIVERO, Jean. *Direito administrativo*. Op. cit., p. 28-29.

[171] OTERO, Paulo. *Legalidade e administração pública...* Op. cit., p. 275.

[172] Entre as principais fontes referenciais de Paulo Otero estão as obras de André de Laubadère e de Vasco P. da Silva. Cf.: LAUBADÈRE, André de; VENEZIA, Jean-Claude, GAUDEMET, Yves. *Traité de droit administratif*. Op. cit., p. 266 (o autor cita especificamente a 11ª edição, de 1990, p. 248). E também cita: SILVA, Vasco Manuel Pascoal Dias Pereira da. *Em busca do ato administrativo perdido*. Op. cit., p. 27.

[173] SILVA, Vasco Manuel Pascoal Dias Pereira da. *Em busca do ato administrativo perdido*. Op. cit., p. 39.

[174] Vale a pena a leitura do seu capítulo terceiro, intitulado "*La fine dell'ordine antico*", devido à riqueza de detalhes a respeito da estrutura administrativa do período e suas transformações. Cf.: MANNORI, Luca; SORDI, Bernardo. *Storia del diritto amministrativo*. Op. cit., p. 182 e ss.

benefício do anglo-saxão) por intermédio dos seguintes questionamentos: "Uma tal concepção [a francesa] não sacrificaria os interesses e liberdades do indivíduo? Não seria antiliberal?" E na sequência responde que não, pelo contrário, arguindo razões teóricas e pragmáticas para justificar a sua contrariedade.[175] Antes dele, Gastón Jèze também criticou Dicey, que, apoiado na anglofilia de Tocqueville, acreditava ser o Direito Administrativo francês equivalente a um "arbitrário administrativo" (esquecendo-se das várias características de autoridade/privilégio que também existiam na *rule of law*, tais como a famosa regra de irresponsabilidade do rei — *The King can do no wrong*).[176]

A história constitucional inglesa e americana denota disparidade entre os resultados esperados da Constituição e os pretensos princípios básicos nela contidos por influxo da conjuntura que lhe serviu de base cultural. Na Inglaterra dos séculos XVIII e XIX, o exercício do poder facilmente se tornava repressivo mesmo no quadro do *rule of law*, pois o fato é que não existia um efetivo poder institucional que pudesse controlar o Parlamento, principalmente quando este agia a mando do rei[177] (e nem mesmo a mentalidade dos ingleses havia consolidado um sistema de direitos inalienáveis, apesar da vitória na esfera das ideias deste conceito). Na América do Norte do final do século XVIII a ideia predominante sobre a representação política tinha por base o "axioma britânico segundo o qual é a propriedade que confere ao homem o direito de fazer-se representar". Ou seja: "a propriedade é a regra de representação" e não a efetiva soberania popular, apesar da retórica que envolveu a formação do sistema constitucional norte-americano.[178] É justamente este fato que levou os defensores do *New Deal* a promover uma forte crítica ao sistema da *common law*, por ser um "mecanismo de insulamento da distribuição de riqueza e de benefícios legais em relação ao controle coletivo". Segundo Cass Sunstein, essa visão denunciava o fato de que o "catálogo de direitos do *common law* incluía, ao mesmo tempo, muito e muito pouco – uma excessiva proteção do

---

[175] "*A priori, le système français est, de ce point de vue, de nature à susciter des craintes. L'existence d'un juge spécial et, par suite, d'un droit spécial pour l'administration, ne signifie-t-elle pas privilège de juridiction el droit d'exception? Une telle conception ne sacrifiet-elle pas les intérets et les libertés de l'individu? N'est-elle pas antiliberále? Ce sont précisament ces craintes qui inspirent aux Anglo-Saxons leur prévention à l'encontre des notions de regime administratif, droit administratif, juge administratif. D'où les critiques adressés par certains auteurs anglo-saxons contre le système français (notament Dicey, op. cit., ch. XII). Il est certain que la formule francaise aurait pu, à l'épreuve, s'orienter dans um sens antiliberal si nos tribunaux administratifs s'étaient considerés comme ayant avant tout pour mission de défendre et de développer les prérogatives de l'administration. Mais on ne peut pas dire qu'il en ait été ainsi. La jurisprudence du Conseil d'État, em particular, a su concilier les exigences de l'action administrative avec les libertés individuelles*". E, em nota de rodapé continua: "*C'est surtout, on le verra, en ce qui concerne le fondament de la responsabilité que la jurisprudence française se montre hardie et libérale.*" Cf.: LAUBADÈRE, André de. *Traité de droit administratif*. Op. cit., p. 408.

[176] JÈZE, Gaston. *Los principios generales del derecho administrativo*. Madrid: Reus, 1928, p. 29.

[177] DIPPEL, Horst. *História do constitucionalismo moderno...*, Op. cit., p. 123.

[178] DIPPEL, Horst. *História do constitucionalismo moderno* ... Op. cit., p. 87.

interesse estabelecido dos proprietários e uma proteção insuficiente dos interesses dos pobres, idosos e desempregados".[179]

Não parece razoável supor que a evolução promovida pelo Conselho de Estado francês tenha sido realizada em sentido contrário ou independente à influência da Revolução Francesa (para o bem e para o mal). Procurar uma clivagem histórica entre os dois fenômenos, tornando-os independentes, é uma tentativa inglória de adequada recuperação histórica, a partir de interpretações parciais. Afinal, os franceses não se tornaram liberais do dia para a noite. Nem mesmo sua concepção de liberdade, igualdade ou fraternidade é a mesma que para os indivíduos contemporâneos. As palavras das declarações podem ser iguais, mas o seu sentido certamente não é (veja-se o caráter paradoxalmente arbitrário do próprio conceito jacobino de vontade geral). Não é por outro motivo que a história das mentalidades sempre esteve tão ligada às estruturas mentais de longa duração (ainda que hoje se saiba que esta ligação não é imprescindível).

Também não é por outra razão que os historiadores do Direito são tão críticos em relação à busca por comparações diretas entre o sentido dos institutos jurídicos existentes no passado e seu entendimento contemporâneo.[180] A não ser do ponto de vista simbólico (que não deixa de ser importante), qualquer relação de identidade de sentido entre o signo "interesse público" do século XIX e aquele presente em realidades posteriores (como a pós-Constituição de 1988) configura um anacronismo historiográfico. A própria tentativa de identificar o sentido do "dogma absolutista da verticalidade das relações entre o soberano e seus súditos" com a teoria da prevalência da vontade geral revolucionária é um equívoco grave.[181]

O procedimento de busca de uma "gênese autoritária" identificada nos fatos ocorridos na passagem do século XVIII para o XIX, além de ser uma visão bastante restritiva dos acontecimentos do período, conduz a uma análise teórica pouco consistente, principalmente quando proclama por uma falta de libertação do caráter autoritário, que estaria presente até os dias de hoje, como se houvesse um vínculo histórico linear entre aquele passado e este presente. Tal linearidade é constituída *a posteriori*, nestes termos, perfeitamente passível de sucumbir à crítica de autores como Ricardo Marcelo Fonseca ao destacarem o equívoco típico da teoria historicista que acaba sendo "forjada pelos condicionantes do tempo que

---

[179] SUNSTEIN, Cass. R. O constitucionalismo após o New Deal. In: MATTOS Paulo (Coord.). *Regulação econômica e democracia:* o debate norte-americano. São Paulo: Editora 34, 2004. p. 132.

[180] Sobre o assunto, ver os comentários referentes às premissas de uma abordagem histórica do Direito elaboradas por Ricardo Marcelo Fonseca. Cf.: FONSECA, Ricardo Marcelo. *Modernidade e contrato do trabalho*: do sujeito de direito à sujeição jurídica. São Paulo: LTr, 2002. p. 25 e ss.

[181] Binenbojm defende textualmente que "o velho dogma absolutista da verticalidade das relações entre o soberano e seus súditos serviria para justificar, sob o manto da supremacia do interesse público sobre os interesses dos particulares, a quebra de isonomia". Cf.: BINENBOJM, Gustavo. *Da supremacia do interesse público ao dever de proporcionalidade...* Op. cit., p. 123.

está a se debruçar sobre o passado, e que, por isso, normalmente se mostra completamente incompatível com a complexidade do próprio passado para o qual o estudo deveria ser fiel".[182]

Obviamente que existem vínculos e recíprocas influências entre o passado e o presente, porém, sua relação não se opera de forma simples e direta. Mas o fato é que parece bastante conveniente para o amparo a algumas teses atuais a identificação de tais "raízes históricas". É típico da racionalidade ocidental do século XX, e mais ainda do XXI (notadamente após a influência positivista), a tentativa perene de ver o presente sempre como mais democrático e evoluído que o passado, proclamando-se por um futuro ainda mais promissor (desde que feita a devida revisão no pensamento constituído nos termos das teorias revisionistas). A própria palavra *mudança* adquiriu um sentido fortemente positivo e simbolicamente benfazejo.

Assim, conforme antes relatado, as ideias de (i) *soberania popular*, (ii) *separação de poderes* e (iii) *supremacia da lei* – considerada esta como expressão da *vontade geral* – serviram de alicerce para a limitação dos poderes da Administração Pública e para a proteção do pleno desenvolvimento das liberdades individuais, que estavam na base dos interesses da classe dominante: a burguesia. É a partir dessa lógica que o Direito Administrativo moderno se constrói, tendo como objeto as leis voltadas à contenção da atividade administrativa.

Se a lei emana do povo, ela exprime a sua vontade geral, que deve ser respeitada para permitir o exercício harmônico das liberdades individuais. A Administração Pública deveria, pois, submeter-se rigidamente aos mandamentos legais para que não houvesse qualquer ingerência indesejada na esfera jurídica individual dos cidadãos. Logo, se a justificativa da supremacia da lei estava na necessidade de proteção da vontade geral (que em última instância se traduzia no anseio de maximização das liberdades), a sua repercussão direta no âmbito da Administração Pública era clara: "Uma vez fixada a lei, a única tarefa que incumbe às autoridades públicas é a de assegurar a sua tradução na realidade: tal é o papel do Executivo. A Administração é uma função essencialmente executiva: encontra na lei o fundamento e o limite da sua actividade."[183]

Havia uma nítida diferenciação entre os parlamentares no Poder Legislativo e o Rei e seus funcionários no Poder Executivo: enquanto aqueles detinham caráter de representação, externando a vontade popular, estes apenas eram escolhidos pelo povo para exercer fielmente as atividades administrativas sob o manto da lei.[184] Em outros termos, pode-se dizer que o Parlamento era responsável por manifestar a vontade geral através da representação do povo, ao passo que os funcionários

---

[182] FONSECA, Ricardo Marcelo. *Modernidade e contrato do trabalho...* Op. cit., p. 26.
[183] RIVERO, Jean. *Direito administrativo.* Op. cit., p. 20.
[184] ENTERRÍA, Eduardo García de. *La lengua de los derechos...* Op. cit., p. 106-107.

da Administração Pública não passavam de agentes incumbidos de executar essa vontade geral. A distinção fica clara na redação do artigo 2º da Seção II, Capítulo IV, Título III da Constituição francesa de 1791: "Os administradores não têm nenhum caráter de representação. São agentes eleitos temporalmente pelo povo para exercer, sob a vigilância e autoridade do Rei, as funções administrativas."

De tais premissas pode-se inferir, segundo Paulo Otero, que "os membros do poder executivo não têm a possibilidade de formar uma vontade autônoma, eles 'não são os senhores do povo, mas os seus oficiais'. O poder executivo carece de qualquer autonomia jurídica de decisão perante os atos do legislativo: o executivo 'deve executar sempre a lei e apenas a lei'".[185] Tomando-se como pressuposto esse raciocínio, a realização das atividades administrativas pelo Poder Executivo nada mais era do que aplicar literalmente as ordens legais, que, por sua vez, representavam a vontade geral do povo; logo, a atividade da Administração Pública significava a realização concreta do interesse geral plasmado na letra da lei. Se administrar significa aplicar a lei, o objeto da atividade da Administração Pública consiste em materializar a vontade geral. Executar a lei através da Administração será empregar ao conteúdo de atos concretos o interesse geral expresso na lei, conferindo a esses atos a legitimidade democrática da decisão legislativa.[186] Aí está a justificativa da concepção estrita de separação dos poderes e da submissão da Administração ao Poder Legislativo.

É sob o influxo dessas ideias que se pode tentar detectar nesse momento de formação do Direito Administrativo moderno os embriões da noção de interesse público. Após a Revolução Francesa, essa noção começa a se desenvolver no sentido de opor-se aos interesses personalistas dos governantes, devendo prevalecer a vontade geral no exercício das atividades públicas. Era uma forma de afastar a gestão da função administrativa do arbítrio do Rei, tornando-se o interesse público um "argumento suscetível de propiciar a adesão de todos e, por isso mesmo, fundamentar o poder do Estado".[187] Razão pela qual muitos autores afirmam que a noção de interesse público surge com a afirmação dos direitos individuais, como mecanismo de oposição ao domínio absolutista, tendo como marco inaugural a Revolução Francesa.[188]

---

[185] OTERO, Paulo. *Legalidade e administração pública*... Op. cit., p. 62.

[186] OTERO, Paulo. *Legalidade e administração pública*... Op. cit., p. 65.

[187] MEDAUAR, Odete. *O direito administrativo em evolução*... Op. cit., p. 189.

[188] De todo modo, cabe salientar que há autores que alocam a origem do interesse público em outros momentos históricos, como Ruy Cirne Lima, que se refere à noção de interesse público já nos textos jurídicos romanos, e Gerhart Niemeyer, que sustenta a existência dessa noção em toda a história da teoria política, "de Platão e Aristóteles, a Locke, Adam Smith e Stuart Mill, passando por Santo Agostinho e São Tomás de Aquino". GABARDO, Emerson. *Interesse público e subsidiariedade*... Op. cit., p. 254.

Fugindo-se de uma análise fático-historicista (em geral simplificadora) rumo a uma verificação histórica a partir das mentalidades, não parece ser crível negar que o rompimento fundamental no paradigma jus-administrativo ocorreu por intermédio da superação do Antigo Regime. E isso ocorre porque o fundamento da prevalência da verticalidade do poder do rei não possui contrapartida. O interesse público pautado na vontade geral (e na soberania popular) possui uma característica original e radicalmente distinta que é *a sujeição como contrapartida da prerrogativa*. Ou seja, o Estado só pode mais que os indivíduos porque, por outro lado, ele pode menos (devido à sua submissão à vontade do povo). Nesse sentido, Jacques Chevallier lembra que nesse período, como as prerrogativas necessárias à consecução do interesse geral poderiam representar um perigo às liberdades individuais, foi criada "uma série de limites institucionais – o princípio da separação de poderes –, jurídicos – o dogma da primazia do direito e o princípio da legalidade – e políticos – o direito de resistência –, destinados a evitar todo risco arbitrário e garantir que o poder agisse no sentido do interesse coletivo".[189] As prerrogativas especiais das quais dispõe a Administração só se justificam pelos deveres aos quais está sujeita, que consistem em realizar a solidariedade social.[190] Interessante verificar que os críticos da supremacia pouco falam da questão da indisponibilidade.

Mesmo que, na prática, o mundo tenha vivido muitos anos (talvez séculos) de uma atuação ainda arbitrária dos Poderes Públicos, a mudança de "representação" e sentido do poder não pode ser ignorada ou recusada, pois foi por intermédio dela que se tornou possível a construção de um novo fundamento de legitimidade ao Direito público. No século XVIII, as típicas situações de carência democrática eram fruto de um tempo próprio, cujas mutações conviviam com permanências culturais reacionárias.

E o Brasil? Já está prescrita uma Carta de Direitos desde a Constituição de 1824, logo reforçada pela proclamação da República. Direitos obviamente consagrados apenas no plano formal e conviventes com uma prática essencialmente centralizadora e não democrática, além de fortemente patrimonialista.[191] Será que isso torna o regime jurídico do período um modelo autoritário? Se comparado com o regime jurídico-constitucional contemporâneo, sem qualquer dúvida. Se considerado o tempo histórico de seu reconhecimento, certamente que não.

---

[189] CHEVALLIER, Jacques. L'intérêt général dans l'administration française. *Revue Internationale des Sciences Administratives*, Bruxelles, v. 41, nº 4, p. 328, 1975.

[190] CHEVALLIER, Jacques. L'intérêt général dans l'administration française. Op. cit., p. 329.

[191] Na realidade, em termos de sua estruturação político-administrativa o Brasil monárquico vivenciou uma mutação constante de movimentos centralizadores e descentralizadores, obviamente com prevalência do primeiro, ainda que não de forma pacífica. Este, aliás, tornou-se um dos principais temas de debate políticos no período posterior a 1860, cabendo destaque à interessante controvérsia entre as posições do Visconde do Uruguai e do deputado Aureliano Cândido Tavares Bastos. Sobre o assunto, conferir: FERREIRA, Gabriela Nunes. *Centralização e descentralização no Império*: o debate entre Tavares Bastos e Visconde do Uruguai. São Paulo: Editora 34, 1999.

Seria um anacronismo imaginar que a Constituição de 1824 foi essencialmente autoritária, mesmo se considerada a existência do poder moderador. Da mesma forma é um anacronismo imaginar que a experiência autoritária com a qual conviveu o Direito Administrativo em seus primeiros passos realmente o marque como um instrumento normativo essencialmente autoritário. Não é por outra razão que Jean Rivero vai afirmar que "a obra do ano VII só toma o seu relevo quanto confrontada com as tradições em relação às quais teve que tomar posição: a do *Ancién Regime* e da Revolução".[192] O mesmo ocorre com a história do constitucionalismo inglês e americano. Suas experiências arbitrárias ou não democráticas topicamente consideradas não desabonam os créditos inerentes ao avanço que sua teoria constitucional ocasionou para o paradigma ocidental de orientação ideológica. Avanços incidentes sobre o passado e que contra ele se colocam, ainda que bastante incipientes em relação às potencialidades que construíram para o futuro dos direitos humanos.

O caminho de desenvolvimento dos institutos do Direito Administrativo denota, seja por intermédio da doutrina (que sempre foi concomitante e até precedente à jurisprudência do contencioso, influenciando-a),[193] seja pela própria jurisprudência (com destaque ao Conselho de Estado francês), um meio de resistência em face da realidade predominantemente adversa. Sabino Cassese identifica que a incrementação da estrutura do novo Estado que surge na transição para o século XIX, sua correspondente legislação administrativa e a reordenação promovida pelo *Conseil d'État,* não seriam suficientes para a "decolagem" do Direito Administrativo se não fossem acompanhadas pela produção de um grupo que denomina de *efforts d'inventaire,* um notável corpo de operadores do Direito, professores e juristas que se dedicaram à matéria.[194] Uma importante demonstração da histórica batalha entre a esfera das ideias e a esfera das mentalidades; conflito este que define as instituições.

Sendo assim, ver na origem dos "institutos administrativos" (o pensamento, a ciência, as representações) um ranço autoritário é um equívoco flagrante. Os temas do serviço público e da responsabilidade civil do Estado são exemplos ilustrativos da tentativa de se efetuar uma inversão dos padrões típicos do Antigo Regime; a ênfase na temática do controle do "excesso de poder" é a demonstração mais significativa desse fenômeno, que produziu uma influência direta no Brasil já du-

---

[192] RIVERO, Jean. *Direito administrativo*. Op. cit., p. 26.

[193] Para confirmar esta proposição basta uma breve leitura dos trabalhos do Visconde do Uruguai, colmatando as impressões retiradas do repertório de jurisprudência do Conselho de Estado Francês com a farta doutrina administrativista concomitante, sempre analítica e crítica do sistema do contencioso administrativo e de sua relação com os direitos dos indivíduos em face dos interesses do Estado. Cf.: URUGUAI, Visconde do. Ensaio sobre o direito administrativo. In: José Murilo de Carvalho (Org.). *Visconde do Uruguai*. São Paulo: Editora 34, 2002.

[194] CASSESE, Sabino. La costruzione del diritto amministrativo... Op. cit., p. 13.

rante o regime monárquico.[195] O que jamais irá significar que a França do século XIX chegou perto de ser um Estado de Direito nos contornos em que hoje ele é estabelecido em termos de liberdade, igualdade e segurança jurídica (o mesmo ocorre com os Estados Unidos, a Inglaterra e, mais obviamente ainda, o Brasil).

4 Conclusão

As reflexões levadas a efeito no presente ensaio prestam-se a evidenciar que a tentativa de rejeitar a ideia de supremacia do interesse público e de imputar às origens do Direito Administrativo e de seus institutos clássicos uma pecha autoritária, propondo-se, em seu lugar, "novos paradigmas", não passa muitas vezes de manobra voltada à fuga do regime jurídico próprio de Direito Público, que confere à Administração determinadas prerrogativas (e impõe-lhe sujeições) imprescindíveis à consecução dos interesses sociais.

Não há como negar que mesmo a peculiar noção de interesse público tecida no século XIX e os instrumentos disponibilizados pelo ferramental do Direito Administrativo típico da ilustração constituíram inobjetável avanço no que tange à proteção do cidadão, se comparados às práticas arbitrárias do Antigo Regime. A submissão estrita da Administração Pública aos trilhos da lei, a responsabilização do Estado pelos danos causados aos indivíduos, o dever de prestação de serviços públicos e a possibilidade de controle do Poder Público em razão de suas exorbitâncias no exercício do poder político são exemplos claros dessa transformação. É preciso compreender as especificidades históricas que renderam ensejo à formação de tais conceitos e institutos, sob pena de se incorrer em anacronias e equívocos historiográficos, pontuados ao longo deste estudo.

O interesse público, hodiernamente, traduz uma noção distinta daquela compartilhada no liberalismo oitocentista, a qual, por sua vez, já retratava um progresso em prol do indivíduo se comparada com a concepção característica do Estado Absolutista. Hoje, é possível admitir a sua supremacia como princípio do regime jurídico informador do Direito Administrativo sem qualquer constrangimento, desde que se compreenda adequadamente o que se quer significar com tal locução. Entendendo o interesse público como aquele resultante da parcela coincidente dos interesses individuais de determinada sociedade, externado pela dimensão coletiva desses interesses e fixado pelo próprio Direito positivo cuja ontologia é constitucional – tal como defendem Celso Antônio Bandeira de Mello, Maria Sylvia Zanella Di Pietro e Romeu Felipe Bacellar Filho – não há qualquer perigo de

---

[195] Sobre o assunto são interessantes as considerações do Visconde do Uruguai, recepcionando a doutrina francesa com palavras que poderiam ser expressas nos dias de hoje sem qualquer reparação, como se observa do tópico "excesso de poder e ilegalidade". Cf.: URUGUAI, Visconde do. *Ensaio sobre o direito administrativo*. Op. cit., p. 145.

confundi-lo com o interesse secundário, relativo aos anseios da máquina estatal ou da pessoa física do administrador público; nem mesmo de ser promovida uma restrição inconstitucional de direitos subjetivos – situações estas que revelariam, aí sim, uma concepção autoritária dessa categoria (e não se nega que tais anomalias ocorram a todo o tempo na práxis administrativa brasileira – mas as irregularidades no plano do ser não são capazes de desconstituir o regime jurídico nele incidente; pelo contrário, devem servir de mote para sua constante defesa e reafirmação).

Quanto às alegações pretensamente críticas e supostamente originais de que a gênese do Direito Administrativo, especialmente em razão do princípio da separação de poderes, repousa sobre bases antidemocráticas, pôde-se demonstrar a obviedade de que uma leitura dessa natureza ignora todas as superações do ranço arbitrário do absolutismo operadas pelas revoluções burguesas, em especial a Revolução Francesa. Refutar as conquistas alcançadas por esse paradigmático movimento em matéria de direitos e garantias fundamentais reconhecidos ao cidadão em face do Estado, mediante a construção e afirmação paulatina do Direito Administrativo, significa fechar os olhos a todos os importantes reflexos suscitados nesse período no âmbito da proteção dos direitos humanos.

A toda evidência, o Direito Administrativo contemporâneo reclama, realmente, uma releitura de seus institutos à luz dos postulados democráticos vigentes nas Constituições atuais, permeadas pelas exigências do modelo social do Estado de Direito. E isso requer, sem dúvida, a transformação de determinados conceitos não mais condizentes com essa nova realidade. Não obstante, isso não quer dizer, como bem ressalvou Jaime Rodríguez-Arana Muñoz, "que estejamos assistindo ao enterro das instituições clássicas do Direito Administrativo. [...] Não se trata, de nenhuma maneira, de uma substituição 'in toto' de um corpo de instituições, conceitos e categorias por outro".[196] Cuida-se, tão só e unicamente, de compreender o fenômeno jurídico e as instituições políticas de acordo com a realidade hodierna e os anseios sociais atuais, sem que para isso seja necessário rejeitar as conquistas do passado por observá-las com as lentes do presente.

Referências bibliográficas

ALESSI, Renato. *Principi di diritto amministrativo*: i soggeti attivi e l'esplicazione della funzione amministrativa. 4. ed. Milano: Giuffrè, 1978. t. 1.

ALFONSO, Luciano Parejo. *Derecho administrativo.* Instituciones generales: bases, fuentes, organización y sujetos, actividad y control. Barcelona: Ariel, 2003.

---

[196] Tradução livre. No original: "que estemos asistiendo al entierro de las instituciones clásicas del Derecho Administrativo. [...] No se trata, de ninguna manera, de una sustitución de un cuerpo de instituciones, conceptos y categorías, por otro". MUÑOZ, Jaime Rodríguez-Arana. *El marco constitucional del derecho administrativo español (el derecho administrativo constitucional)*. Op. cit., p. 129.

ANDERSON, Perry. *Linhagens do Estado absolutista*. Tradução de João Roberto Martins Filho. 3. ed. São Paulo: Brasiliense, 1995 [1974].

ARAGÃO, Alexandre Santos de. A "supremacia do interesse público" no advento do Estado de direito e na hermenêutica do direito público contemporâneo. In: SARMENTO, Daniel (Org.). *Interesses públicos versus interesses privados:* desconstruindo o princípio de supremacia do interesse público. Rio de Janeiro: Lumen Juris, 2005.

_____; MARQUES NETO, Floriano de Azevedo (Coord.). *Direito administrativo e seus novos paradigmas*. Belo Horizonte: Fórum, 2008.

BACELLAR FILHO, Romeu Felipe. Breves reflexões sobre a jurisdição administrativa: uma perspectiva de direito comparado. *RDA – Revista de Direito Administrativo*, Rio de Janeiro: Renovar, nº 211, jan./mar. 1998.

_____. *Reflexões sobre direito administrativo*. Belo Horizonte: Fórum, 2009.

BERMAN, Harold. *Direito e revolução*: a formatação da tradição jurídica ocidental. Tradução de Eduardo Takemi Hataoka. São Leopoldo: UNISINOS, 2006 [1983].

BIELSA, Rafael. *Principios de derecho administrativo*. 3. ed. Buenos Aires: Depalma, 1963.

BINENBOJM, Gustavo. Da supremacia do interesse público ao dever de proporcionalidade: um novo paradigma para o direito administrativo. In: SARMENTO, Daniel (Org.). *Interesses públicos versus interesses privados:* desconstruindo o princípio de supremacia do interesse público. Rio de Janeiro: Lumen Juris, 2005.

_____. *Uma teoria do direito administrativo:* direitos fundamentais, democracia e constitucionalização. 2. ed. Rio de Janeiro: Renovar, 2008.

BOLGÁR, Vera. L'intérêt général dans la théorie et dans la pratique. *Revue Internationale de Droit Comparé*, Paris: LGDJ, v. 17, nº 2, 1965.

BONAVIDES, Paulo. *Do estado liberal ao estado social*. 8. ed. São Paulo: Malheiros, 2007.

CAILLÉ, Alain; LAZZERI, Christian; SENALLAT, Michel (Org.). *História argumentada da filosofia moral e política*: a felicidade e o útil. Tradução de Alessandro Zir. São Leopoldo: UNISINOS, 2004 [2001].

CARDOSO, Ciro Flamarion; VAINFAS, Ronaldo (Org.). *Domínios da história*: ensaios de teoria e metodologia. Rio de Janeiro: Campus, 1997.

CARVALHO, José Murilo de (Org.). *Visconde do Uruguai*. São Paulo: Editora 34, 2002.

CASSESE, Sabino. La costruzione del diritto amministrativo: Francia e Regno Unido. In: _____. (Org.). *Trattato di diritto amministrativo*. 2. ed. Milano: Giuffrè, 2003. t. 1.

CASSIRER, Ernst. *A filosofia do iluminismo*. 2. ed. Tradução de Álvaro Cabral. Campinas: UNICAMP, 1994 [1932].

CASTRO, Augusto Olympio V. *Tratado de ciência da administração e direito administrativo*. Rio de Janeiro: Imprensa Nacional, 1906.

CHARTIER, Roger. *A história cultural entre práticas e representações*. Tradução de Manuela Galhardo. Lisboa: Difel, 1990 [1985].

CHEVALLIER, Jacques. L'intérêt général dans l'Administration française. *Revue Internationale des Sciences Administratives*, Bruxelles, v. 41, nº 4, 1975.

CHEVALLIER, Jacques. *O estado pós-moderno*. Tradução de Marçal Justen Filho. Belo Horizonte: Fórum, 2009 [2008].

_____. Reflexions sur l'idéologie de l'intérêt général. In: *Variations autour de l'idéologie de l'intérêt général*. Paris: PUF, 1978. v. 1.

CLAMOUR, Guylain. *Intérêt général et concurrence*: essai sur la pérennité du droit public en économie de marché. Paris: Dalloz, 2006.

COSTA, Pietro. O estado de direito: uma introdução histórica. In: _____; ZOLO, Danilo (Org.). *O estado de direito*: história, teoria, crítica. São Paulo: Martins Fontes, 2006.

_____; ZOLO, Danilo (Org.). *O estado de direito*: história, teoria, crítica. São Paulo: Martins Fontes, 2006.

DEBORD, Guy. *A sociedade do espetáculo*: comentários sobre a sociedade do espetáculo. Tradução de Estela dos Santos Abreu. Rio de Janeiro: Contraponto, 1997 [1967].

DESWARTE, Marie-Pauline. Intérêt général, bien commun. *Revue du Droit Public et de la Science Politique en France et à l'Étranger*, Paris: LGDJ, nº 5, sept./oct. 1988.

DI PIETRO, Maria Sylvia Zanella. *Direito administrativo*. 21. ed. São Paulo: Atlas, 2008.

_____. *Discricionariedade administrativa na Constituição de 1988*. São Paulo: Atlas, 1991.

_____. O princípio da supremacia do interesse público. *Revista Interesse Público*, Belo Horizonte: Fórum, nº 56, jul./ago. 2009.

DIPPEL, Horst. *História do constitucionalismo moderno:* novas perspectivas. Tradução de António Manuel Hespanha e Cristina Nogueira da Silva. Lisboa: Fundação Calouste Gulbenkian, 2007.

DUBOIS, Françoise; ENGUÉLÉGUÉLÉ, Maurice; LEFÈVRE, Géraldine; LOISELLE, Marc. La contestation du droit administratif dans le champ intellectuel et politique. In: *Le droit administratif en mutation*. Paris: PUF, 1993.

DUGUIT, Léon. *Les transformations du droit public*. Paris: Armand Colin, 1913.

ENTERRÍA, Eduardo García de. *La lengua de los derechos*: la formación del derecho público europeo tras la revolución francesa. Madrid: Alianza, 1994.

_____. *La lucha contra las inmunidades del poder en el derecho administrativo*. 3. ed. Madrid: Civitas, 1983 [1974].

ESCOLA, Héctor Jorge. *El interés público como el fundamento del derecho administrativo*. Buenos Aires: Depalma, 1989.

ESPINOZA, Álvaro Enrique Mora. *El deber de hacer de la administración* (supuestos de inactividad material y su tratamiento jurisdiccional). San José: IJSA, 2009.

FALLA, Fernando Garrido. *Las transformaciones del régimen administrativo*. 2. ed. Madrid: Instituto de Estudios Políticos, 1962.

FERREIRA, Gabriela Nunes. *Centralização e descentralização no Império*: o debate entre Tavares Bastos e Visconde do Uruguai. São Paulo: Editora 34, 1999.

FIORAVANTI, Maurizio. *Los derechos fundamentales:* apuntes de historia de las constituciones. 5. ed. Madrid: Trotta, 2007.

FONSECA, Ricardo Marcelo. *Modernidade e contrato do trabalho*: do sujeito de direito à sujeição jurídica. São Paulo: LTr, 2002.

_____ (Org.). *Repensando a teoria do estado*. Belo Horizonte: Fórum, 2004.

GABARDO, Emerson. *Eficiência e legitimidade do estado*. São Paulo: Manole, 2003.

_____. *Interesse público e subsidiariedade*: o estado e a sociedade civil para além do bem e do mal. Belo Horizonte: Fórum, 2009.

_____. *Princípio constitucional da eficiência administrativa*. São Paulo: Dialética, 2002.

GIANNINI, Massimo Severo. *Premisas sociológicas e históricas del derecho administrativo*. Tradução de M. Baena de Alcázar e J. M. García Madaría. Madrid: Instituto Nacional de Administración Pública 1980.

GIL, José Luis Meilán. *El proceso de la definición del derecho administrativo*. Madrid: Escuela Nacional de Administración Pública, 1967.

GORDILLO, Agustín. *Tratado de derecho administrativo*: parte general. 7. ed. Belo Horizonte: Del Rey; Fundación de Derecho Administrativo, 2003. t. 1.

GRIMM, Dieter. *Constitucionalismo y derechos fundamentales*. Madrid: Trotta, 2006.

GROSSI, Paolo. *Mitologias jurídicas da modernidade*. Tradução de Arno Del Ri Junior. Florianópolis: Boiteux, 2006.

GRUPPI, Luciano. *Tudo começou com Maquiavel*: as concepções de estado em Marx, Engels, Lênin e Gramsci. 5. ed. Porto Alegre: L&PM, 1986.

HÄBERLE, Peter. *Libertad, igualdad, fraternidad*: 1789 como historia, actualidad y futuro del estado constitucional. Tradução de Ignacio Gutiérrez. Madrid: Trotta, 1998.

JÈZE, Gaston. *Los principios generales del derecho administrativo*. Madrid: Reus, 1928.

JUSTEN FILHO, Marçal. Conceito de interesse público e a "personalização" do direito administrativo. *Revista Trimestral de Direito Público*, São Paulo: Malheiros, nº 26, 1999.

_____. *Curso de direito administrativo*. 3. ed. São Paulo: Saraiva, 2008.

_____. O direito administrativo de espetáculo. In: ARAGÃO, Alexandre Santos de; MARQUES NETO, Floriano de Azevedo (Coord.). *Direito administrativo e seus novos paradigmas*. Belo Horizonte: Fórum, 2008.

KOZICKI, Katya. Democracia radical e cidadania: repensando a igualdade e a diferença a partir do Ppensamento de Chantal Mouffe. In: FONSECA, Ricardo Marcelo (Org.). *Repensando a teoria do estado*. Belo Horizonte: Fórum, 2004.

LAUBADÈRE, André de. *Traitè de droit administratif*. 8. ed. Paris: Librarie Générale de Droit et de Jurisprudence, 1980. v. I.

_____ ; VENEZIA, Jean-Claude, GAUDEMET, Yves. *Traité de droit administratif*. 12. ed. Paris: Librarie Générale de Droit et de Jurisprudence, 1992. v. 1.

MANNORI, Luca; SORDI, Bernardo. *Storia del diritto amministrativo*. 4. ed. Roma: Laterza, 2006 [2001].

MATHIEU, Bertrand; VERPEAUX, Michel (Dir.). *Intérêt général, norme constitutionelle*. Paris: Dalloz, 2007.

MATTOS, Paulo et al. (Coord.). *Regulação econômica e democracia:* o debate norte-americano. São Paulo: Editora 34, 2004.

MEDAUAR, Odete. *O direito administrativo em evolução*. 2. ed. São Paulo: Revista dos Tribunais, 2003.

MELLO, Celso Antônio Bandeira de. A noção jurídica de interesse público. In: _____. *Grandes temas de direito administrativo*. São Paulo: Malheiros, 2009.

_____. *Curso de direito administrativo*. 25. ed. São Paulo: Malheiros, 2008.

_____. *Grandes temas de direito administrativo*. São Paulo: Malheiros, 2009.

MERLAND, Guillaume. *L'intérêt général dans la jurisprudence du conseil constitutionnel*. Paris: LGDJ, 2004.

_____. L'intérêt général dans la jurisprudence du Conseil constitutionnel. In: MATHIEU, Bertrand; VERPEAUX, Michel (Dir.). *Intérêt général, norme constitutionelle*. Paris: Dalloz, 2007.

MORENO, Fernando Díez. *El estado social*. Madrid: Centro de Estudios Políticos y Constitucionales, 2004.

MOUËL, Jacques Le. *Critica de la eficacia*: ética, verdad y utopía de un mito contemporáneo. Tradução de Irene Agoff. Barcelona: Paidós, 1992 [1991].

MUÑOZ, Jaime Rodríguez-Arana. *Derecho administrativo y constitución*. Granada: CEMCI, [s.d.].

_____. El concepto del derecho administrativo y el proyecto de constitución europea. *A&C – Revista de Direito Administrativo e Constitucional*, Belo Horizonte: Fórum, nº 23, jan./fev./mar. 2006.

_____. El marco constitucional del derecho administrativo español (el derecho administrativo constitucional). *A&C – Revista de Direito Administrativo e Constitucional*, Belo Horizonte: Fórum, nº 29, jul./set. 2007.

_____. La vuelta al derecho administrativo (a vueltas con lo privado y lo público). *A&C – Revista de Direito Administrativo e Constitucional*, Belo Horizonte: Fórum, nº 20, abr./jun. 2005.

OTERO, Paulo. *Legalidade e administração pública*: o sentido da vinculação administrativa à juridicidade. Coimbra: Almedina, 2003.

PÉREZ, Jesús González. *El administrado*. Madrid: Abella, 1966.

RIVERO, Jean. *Direito administrativo*. Coimbra: Almedina, 1981.

ROJAS FRANCO, José Enrique. Presentación de la obra jurídica del doctor Álvaro Mora Espinoza. In: MORA ESPINOZA, Álvaro Enrique. *El deber de hacer de la administración* (supuestos de inactividad material y su tratamiento jurisdiccional). San José: IJSA, 2009.

ROUANET, Sergio Paulo. *Mal-estar na modernidade*. 2. ed. São Paulo: Companhia das Letras, 2003 [1993].

ROUSSEAU, Jean-Jacques. *Contrato social*. Lisboa: Presença, 1973 [1762].

SAINT-BONNET, François. L'intérêt général dans l'ancien droit constitutionel. In: MATHIEU, Bertrand; VERPEAUX, Michel (Dir.). *Intérêt général, norme constitutionelle*. Paris: Dalloz, 2007.

SALOMONI, Jorge Luis. Impacto de los tratados de derechos humanos sobre el derecho administrativo argentino. In: _____; BACELLAR FILHO, Romeu Felipe; SESIN, Domingo Juan. *Ordenamientos internacionales y ordenamientos administrativos nacionales*: jerarquía, impacto y derechos humanos. Buenos Aires: Ad-Hoc, 2006.

_____. Interés público y emergencia. *Actualidad en el Derecho Público*, Buenos Aires: Ad-Hoc, nº 18-20, ene./dic. 2002.

_____; BACELLAR FILHO, Romeu Felipe; SESÍN, Domingo Juan. *Ordenamientos internacionales y ordenamientos administrativos nacionales*: jerarquía, impacto y derechos humanos. Buenos Aires: Ad-Hoc, 2006.

SANTIAGO, Alfonso. *Bien común y derecho constitucional*: el personalismo solidário como techo ideológico del sistema político. Buenos Aires: Editorial Ábaco de Rodolfo Depalma, 2002.

SARMENTO, Daniel (Org.). *Interesses públicos versus interesses privados:* desconstruindo o princípio de supremacia do interesse público. Rio de Janeiro: Lumen Juris, 2005.

SCHMIDT-ASSMAN, Eberhard. *La teoría general del derecho administrativo como sistema*: objeto y fundamentos de la construcción sistemática. Madrid: Marcial Pons/INAP, 2003.

SEELAENDER, Airton Cerqueira Leite. O contexto do texto: notas introdutórias à história do direito público na idade moderna. *Sequência: Revista do Curso de Pós-graduação em Direito da UFSC*, Florianópolis: Fundação Boiteux, nº 55, dez. 2007.

SILVA, Vasco Manuel Pascoal Dias Pereira da. *Em busca do ato administrativo perdido*. Coimbra: Almedina, 1995.

SUNDFELD, Carlos Ari. *Fundamentos de direito público*. 4. ed. São Paulo: Malheiros, 2008.

SUNSTEIN, Cass. R. O constitucionalismo após o New Deal. In: Paulo Mattos et al. (Coord.). *Regulação econômica e democracia:* o debate norte-americano. São Paulo: Editora 34, 2004.

TRUCHET, Didier. *Les fonctions de la notion d'intérêt général dans la jurisprudence du Conseil d'État*. Paris: LGDJ, 1977.

URUGUAI, Visconde do. Ensaio sobre o direito administrativo. In: CARVALHO, José Murilo de (Org.). *Visconde do Uruguai*. São Paulo: Editora 34, 2002.

VEDEL, Georges; DEVOLVÉ, Pierre. *Droit administratif*. 12. ed. Paris: PUF, 1992. t. 1.

VILE, M. J. C. *Constitucionalismo y separación de poderes*. Madrid: Centro de Estudios Políticos y Constitucionales, 2007.

ZAGREBELSKY, Gustavo. *El derecho dúctil*: ley, derechos, justicia. Madrid: Trotta, 1999.

2

Interesse Público: Verdades e Sofismas

José dos Santos Carvalho Filho[1]

1 Uma breve palavra inicial

Faz parte do sentimento humano o desejo de insurreição contra as tradições, os pensamentos clássicos, as ideias dos mais velhos e, por que não dizer, as verdades imorredouras. Nem sempre merece crítica esse intuito de revolucionar, mudar, alterar, revolver as coisas do passado. Ao contrário, a história nos apresenta inúmeros fatos que nasceram de novos pensamentos e suplantaram óticas e ações da antiguidade, permitindo às sociedades o ingresso na modernidade e a evolução natural dos povos.

De outro lado, não merece aplauso o mero intuito de mudar por mudar, malferindo axiomas que se revelam verdadeiramente imutáveis, ainda que sob o peso do passar dos tempos. O modismo não muda rigorosamente nada: sendo efêmero, subverte tão somente durante um período mínimo, mas não tem capacidade de provocar uma verdadeira revolução no *statu quo*. Da mesma forma, não tem

---

[1] Mestre em Direito (UFRJ). Professor da UFF – Univ. Federal Fluminense (Curso de Pós-Graduação). Professor da UCAM – Univ. Cândido Mendes (Pós-Graduação). Professor da FDV – Faculdade de Direito de Vitória (Pós-Graduação). Professor da EMERJ – Escola da Magistratura do Estado do Rio de Janeiro. Membro do IBDA – Inst. Bras. de Direito Administrativo. Membro do IDAERJ – Inst. Dir. Administrativo do Estado do Rio de Janeiro. Membro do IAB – Instituto dos Advogados Brasileiros. Procurador de Justiça do Estado do Rio de Janeiro (aposentado). Consultor Jurídico do Ministério Público do Estado do Rio de Janeiro.

como desfazer aquela verdade que transita nos bastidores e que, no fundo, lhe serve de apoio.

Isso tudo ocorre em todos os setores da sociedade e, como não poderia deixar de ser, também no Direito. Se é certo que alguns institutos jurídicos passaram a sofrer o influxo de novas ideias, que os modificaram, não menos certo é que, em alguns casos, estudiosos tentam simplesmente escravizar, à sua própria e exclusiva visão, pensamentos e parâmetros desde sempre adotados. A despeito de semelhantes tentativas, a essência do instituto, seu núcleo central, sua verdade intrínseca, afinal, lhes ficam imunes e permanecem com o mesmo contorno.

A postura, diante das escaramuças modificativas desse tipo, deve ser de compreensão e condescendência, quase que de carinho paternal. Mas ao analista cabe distinguir com rigor aquilo que corresponde a uma indiscutível revolução do estado atual daquilo que traduz mero enfoque pessoal, que não causa nenhuma fresta na verdade essencial das coisas.

Se a verdade é essencial, não será fácil tentar demonstrar que não o é. Por isso, é comum que o estudioso se socorra de *sofismas*, através dos quais, partindo de uma premissa verdadeira, procure conduzir a uma conclusão falsa ou incompatível com a premissa. Em dicionário, sofisma é o "argumento ou raciocínio falso e capcioso feito de má-fé e com o qual se pretende enganar o adversário; falso raciocínio com aparências de verdade".[2] A designação vem do grego *sofós* (sábio, instruído) e desse radical se formou a denominação da teoria sofista (sofística helênica), pré-socrática, cuja característica era a de dissimular verdades ilusórias, parecendo trilhar raciocínios lógicos, merecendo severa crítica de Platão, que bradava serem impostores os seus adeptos.

Do ponto de vista sociológico, a insatisfação relativamente aos paradigmas clássicos propicia inquietação e intranquilidade. Quando parte do grupo social assimila a aparente inovação, vão-se criando as etapas de seu desenvolvimento, só se atingindo a finalidade modificativa se a inovação for acolhida inteiramente. Distinguem-se, portanto, em Sociologia os estágios da *agitação, excitação, formalização* e *institucionalização* no desenvolvimento da inquietude social.[3] No caso das verdades sofismáticas, porém, pode ser atingida no máximo a etapa da formalização, mas nunca será conquistada a institucionalização, como viés aceito de maneira consensual e universal.

Pretende-se, neste trabalho, analisar, de forma sucinta, como o recomenda seu objetivo, as verdades e os sofismas relacionados à noção de *interesse público*. Provavelmente em virtude da força de que se reveste o sentido da expressão, e sobretudo por ser parâmetro da Administração desde a formação do Estado de Direito, algumas investidas têm sido desfechadas contra o instituto, muito embora

---

[2] CALDAS AULETE. *Dicionário contemporâneo da língua portuguesa*. Delta, 1958. v. 5, p. 4729.
[3] EVA MARIA LAKATOS. *Introdução à sociologia*. São Paulo: Atlas, 1997. p. 172-173.

não o tenham atingido em sua essência – que permanece íntegra, exigindo apenas a necessária adequação às novas realidades sociais e jurídicas.

2 Noção clássica

A noção clássica do interesse público desempenha papel mais expressivo a partir da constituição do Estado de Direito, de cujos postulados fundamentais ressai o que identifica sua função basilar, qual seja a de gerir os interesses das coletividades alvejando o bem-estar e a satisfação dos indivíduos.

Na antiguidade, obviamente, não havia espaço para definir o interesse público, diversas que eram as condições políticas, sociais e econômicas. No direito romano, entretanto, particularmente à época de Ulpiano, já se podiam encontrar certos axiomas que se relacionavam ao interesse do Estado, conquanto este ainda não representasse o instrumento de representação popular. É clássico o brocardo da dicotomia jurídica: "Publicum ius est quod ad statum rei romanae spectat, privatum quod ad singularum utilitatem."[4] Com certeza, tratava-se apenas de noção embrionária, mas registrava como ponto central o *interesse*: se este era do Estado, a norma seria de direito público; se dos indivíduos, seria de direito privado.[5] De outro ângulo, reconhecia-se algum poder jurídico (*ius*) do povo, diverso do direito dos indivíduos.[6]

Quase de forma instintiva, a interpretação do interesse público levava em consideração dois vetores: um relativo ao interesse do próprio Estado e outro pertencente à coletividade, com representação do Estado. Seja direta, seja indiretamente, o Estado sempre polarizou o interesse público e desempenhou o papel de árbitro para identificá-lo no âmbito das relações sociais, políticas e econômicas. E, como não podia deixar de ser, as relações jurídicas se viram permeadas pelo influxo da mesma ideia.

Ao tratar das linhas conceituais do Direito Administrativo, BIELSA partiu da premissa de que esse ramo se constitui de normas que regulam a ação dos órgãos da Administração pública e a *situação dos administrados*, quer quando impõe deveres, quer quando reconhece direitos e interesses legítimos, realçando a bipolarização do interesse público como do Estado e da coletividade.[7]

---

[4] Em tradução livre: "Direito público é o que tange ao estado das coisas romanas (ao passo que o) privado (pertine) à utilidade dos indivíduos" (*Digesto*, 1,1,1,2).

[5] VANDICK LONDRES DA NÓBREGA. *Sistema do direito privado romano*. 3. ed. Rio de Janeiro: Freitas Bastos, 1961. p. 119.

[6] "*Populus itaque Romanus partim suo proprio, partim communi omnium hominum jure utitur*" ("Assim o povo romano usa, em parte, de seu direito próprio e, em parte, do comum a todos os homens").

[7] RAFAEL BIELSA. *Derecho administrativo*. 5. ed. Buenos Aires: Depalma, 1955. t. 1, p. 45.

Já no Império – época em que apenas na Europa, principalmente na França, começava a vicejar o Direito Administrativo –, um dos poucos estudiosos, malgrado talentoso, do direito público, o VISCONDE DE URUGUAI (Paulino José Soares de Sousa) já assinalava o interesse como ponto distintivo do ramo. Considerava o ramo como aquele que "rege direitos e interesses sociais" e "interesses de ordem pública", ao passo que o Direito Civil o fazia para "direitos e interesses privados".[8] No cenário da época, queria o jurista destacar exatamente aquilo que mais tarde veio a consolidar o sentido de *interesse público*.

Mesmo em tempos mais próximos, mas ainda com visão clássica, o interesse público veio associado à própria noção de Estado, principalmente aos objetivos que colima. Exemplo dessa associação está nas palavras de THEMÍSTOCLES BRANDÃO CAVALCANTI, calcado na teoria de KAMMERER, para quem "exercer uma função do Estado é realizar um dos deveres, um dos fins para os quais existe o Estado", sendo, portanto, "a tradução material de um serviço qualquer à causa pública".[9] A ligação do interesse público com os fins do Estado se afigura plenamente compreensível: seria inimaginável que o Estado se preordenasse a fins e interesses privados, refugindo à sua missão fundamental de organizar a coletividade e prestar-lhe a devida satisfação quanto a seu bem-estar.

É sempre oportuno relembrar – e o fazem, por reverência ao talento de seu autor, quase todos os modernos estudiosos – a lógica de CIRNE LIMA, quando trata da relação de administração, procurando distingui-la da relação de direito privado, mais extensa e com menos limitações. Para o grande professor, "à relação jurídica que se estrutura ao influxo de uma finalidade cogente, chama-se relação de administração". Completa seu pensamento afirmando que administrar é o oposto ao domínio, daí por que: "na administração, o dever e a finalidade são predominantes; no domínio, a vontade".[10] A lição é, por si, inteira. E a finalidade a que se refere o autor reside exatamente no interesse público.

Infere-se da visão dos clássicos que a noção de interesse público sempre foi alvo de cogitação, ainda que entrelaçada à ideia de Estado, de poder e de finalidade de sua atuação. Por mais que a noção tenha sido modelada sob o impacto de cenário bem diverso, não havia como deixar de lado o sentimento de que certos interesses são grupais, coletivos, metaindividuais, tanto diretamente como de modo indireto.

---

[8] VISCONDE DE URUGUAI. *Ensaio sobre o direito administrativo*. Depto. Imprensa Nacional, 1960. p. 36.

[9] THEMÍSTOCLES BRANDÃO CAVALCANTI. *Direito e processo disciplinar*. 2. ed. Rio de Janeiro: Fundação Getulio Vargas, 1966. p. 17

[10] RUY CIRNE LIMA. *Princípios de direito administrativo*. 6. ed. São Paulo: Revista dos Tribunais, 1987. p. 51-52.

3 Noção moderna

Os tempos modernos aprofundaram a necessidade de refletir melhor sobre o sentido de interesse público, pois que com a criação do Estado de Direito e a decorrente elevação dos direitos e interesses da coletividade passou a sobressair o sentimento de que o Estado, em última instância, só se justifica em função dos interesses da sociedade, ou seja, o móvel de sua instituição repousa no intuito de servi-la e administrar-lhe direitos e interesses.

O Direito Administrativo, então, passou a realçar o elemento *finalidade* nas atividades administrativas: o fim último do Estado é o interesse público. Em cada conduta estatal caberia perscrutar o elemento teleológico da Administração e, dependendo do alvo a alcançar, poder-se-ia distinguir a legalidade ou a arbitrariedade da conduta.[11] Ao mesmo tempo, a finalidade se atrelaria à própria causa dos atos: "O fim a atingir pelo ato administrativo só pode descortinar-se através dos motivos revelados no processo gracioso ou expressos na fundamentação", destacava MARCELLO CAETANO.[12]

Na doutrina francesa, tomou dianteira a investigação sobre a finalidade dos atos da Administração: o interesse público foi o elemento que serviu como parâmetro para identificar as condutas legítimas dos administradores públicos. VEDEL, depois de distinguir o interesse público sob os aspectos político e jurídico, assinala, em relação a este último, que o Estado deve ter como alvo a salvaguarda da tranquilidade, da segurança e da salubridade, além do fato de que a busca de um objetivo de interesse público é condição positiva da própria legalidade dos atos.[13]

Associado o interesse público à finalidade das atividades do Estado, logo surgiu a figura que demarcava a dissociação entre tais elementos: o *desvio de finalidade* (ou *desvio de poder*). Segundo RIVERO, ocorreria o desvio (*détournement de pouvoir*) quando a Administração perseguisse fim diverso daquele previsto no direito, desviando-se, por conseguinte, do fim legal que o poder lhe confiara. Na verdade, averbava o autor, a Administração não poderia direcionar-se para outro fim que não o interesse público.[14]

---

[11] RAFAEL ENTRENA CUESTA. *Curso de derecho administrativo*. 7. ed. Madri: Tecnos, 1981. p. 205. v. I.

[12] MARCELLO CAETANO. *Manual de direito administrativo*. 10. ed. Lisboa: Coimbra, 1973. p. 484. t. 1.

[13] GEORGES VEDEL. *Droit administratif*. Paris: PUF, 1976. p. 312-313. Admirável a precisão do autor: "*La recherche d'un but d'intérêt public est la condition positive de la légalité de l'action administrative.*"

[14] JEAN RIVERO. *Droit administrative*. 8. ed. Paris: Dalloz, 1977. p. 250. Eis a peremptória lição do grande mestre francês sobre o fim da Administração: "*De façon générale, elle ne doit jamais exercer ses compétences qu'en vue de la satisfaction de l'intérêt public, en vertu d'un principe général du droit.*"

Esses postulados sobre o interesse público a ser alvejado pela Administração reproduziram-se em praticamente todos os sistemas jurídicos modernos, numa clara indicação de serem inafastáveis quando se trata de demarcar a fisionomia do Estado de Direito. Não por outra razão, HELY LOPES MEIRELLES deixava claro que "não se compreende ato administrativo sem fim público", concluindo: "A finalidade é, assim, elemento vinculado de todo ato administrativo – discricionário ou regrado – porque o Direito Positivo não admite ato administrativo sem finalidade pública ou desviado de sua finalidade específica."[15]

Pouco a pouco, os estudiosos de Direito Público foram acentuando a importância do interesse público como necessário à legitimidade dos atos administrativos. Não se desconhece – é verdade – que o agente expressa sua volição quando pratica atos em nome da Administração. Mas o fim público é condição de validade. Nessa trilha OSWALDO ARANHA BANDEIRA DE MELLO anotava: "O interesse público vincula todo ato administrativo, devendo ser esta a finalidade do agente ao efetivá-lo, embora a ele alie outra de caráter pessoal."[16]

CRETELLA JR., a seu turno, bradava: "Satisfação do interesse público – eis o querer supremo da Administração, eis o fim último a que devem atender os agentes administrativos editores do ato."[17] Tais leituras permitem que o intérprete conclua que o interesse público deve constituir efetivamente o fim maior do Estado, o alvo a que se deve dirigir, a meta, enfim, a alcançar.

4 Interesse público: as verdades

Visto que a doutrina moderna, seja a de algumas décadas atrás, seja a mais atual, assimila a ideia do interesse público à finalidade do Estado, cumpre proceder a uma breve resenha sobre seu sentido e contorno jurídico. Além disso, vale a pena recordar alguns axiomas relativos ao interesse público – todos indicativos de verdades aceitas pelos intérpretes em geral e repelidas por alguns poucos mais por amor ao desejo de inovar do que por critérios científicos.

Não há como negar, primeiramente, que a atividade de gestão da coisa pública alvitra o interesse público, independentemente da forma de que possa revestir-se. OLIVERA TORO, a respeito, reproduz as palavras de SIMON, SMITHBURG e THOMPSON, que salientam o aspecto grupal do interesse a ser perseguido pela Administração:

---

[15] HELY LOPES MEIRELLES. *Direito administrativo brasileiro*. 29. ed. Malheiros, 2004. p. 149-150.
[16] OSWALDO ARANHA BANDEIRA DE MELLO. *Princípios gerais de direito administrativo*. 2. ed. Rio de Janeiro: Forense, 1979. p. 522. v. 1.
[17] JOSÉ CRETELLA JUNIOR. *Direito administrativo*. Rio de Janeiro: Forense, 1983. p. 307.

Quando dois homens se ajudaram a mover uma pedra que nenhum dos dois podia mover sozinho, apareceram os rudimentos da administração. Existe um propósito, uma ação conjunta; por isso, a administração pode definir-se como as atividades de grupos que cooperam para alcançar determinados objetivos.[18]

O interesse público, portanto, se antagoniza com a ideia do isolacionismo e do egocentrismo. Ultrapassa as fronteiras dos interesses individuais e representa uma demanda de satisfação por parte das comunidades. Ainda que nem sempre sejam personalizados, os grupos sociais têm anseios próprios e interesses específicos a serem satisfeitos. Quando o Estado administra tais interesses, deve ter em mira os grupos e os benefícios que reclamam. Infere-se, pois, que o interesse público *não é o somatório dos interesses individuais* dos componentes do grupo social, mas traduz interesse próprio, coletivo, gerador de satisfação geral, e não individual; enfim, busca o bem comum.

Outra verdade que se pode apontar é a que foi difundida pela doutrina italiana, especialmente por ALESSI, na qual se procura distinguir o interesse público *primário* e o *secundário*. O primeiro corresponde ao interesse geral, da coletividade, dos grupos sociais como um todo, ao passo que o segundo é o que pertence ao próprio Estado como pessoa jurídica pública.[19] A classificação visa a demonstrar que, em caso de contrariedade, deve prevalecer o interesse primário.

Entretanto, a despeito da verdade que cerca tais categorias, a contrariedade dos interesses já seria uma corruptela do dever estatal: afinal o Estado não teria interesses *apenas* seus, como têm os entes privados; os seus interesses devem ser os da própria coletividade. Numa outra visão, é possível que o interesse público se divida em *direto* e *indireto*. Quer dizer: o interesse é sempre da coletividade, mas algumas vezes a satisfação do interesse é consumada diretamente; significa que a coletividade recebe de forma direta o resultado de seu anseio. Em outras, o Estado será o veículo da satisfação, porque, embora seja o destinatário imediato do interesse, faz o repasse à coletividade como destinatária final.

O princípio da *supremacia do interesse público* decorre da natureza desse tipo de interesse. Não há maior lógica que essa: se o interesse é público tem que preponderar sobre o interesse privado quando estiverem em rota de colisão. A disciplina social impõe semelhante premissa: seria o caos na organização social se as demandas gerais não suplantassem as individuais. Na verdade, o que caracteriza aquelas é a *unidade*, por seu caráter grupal, enquanto que estas últimas são mar-

---

[18] JORGE OLIVERA TORO. *Manual de Derecho Administrativo*. 4. ed. México: Porrúa, 1976. p. 9.
[19] CELSO ANTÔNIO BANDEIRA DE MELLO. *Curso de direito administrativo*. 26. ed. Malheiros, 2009. p. 72. O autor faz alusão à obra de ALESSI. *Sistema istituzionale del diritto amministrativo italiano*. Milão, 1960.

cadas pela *heterogeneidade*, oriunda, como não poderia deixar de ser, das personalidades individuais da sociedade.

O princípio proveio justamente da época em que findava o período do primado do individualismo. Em fins do século XIX, a reação ao egocentrismo cedeu lugar à busca da justiça social, numa transformação que modificou os parâmetros da função do Estado, exigindo-lhe novo perfil no que tange à propriedade e à liberdade dos indivíduos, e dele resultava naturalmente postura de maior interferência.[20] A transformação, afinal, viera para realçar os interesses públicos que ao Estado cabia resguardar.

É claro que a posição de supremacia do Estado não pode alvejar fins despóticos, mas, ao contrário, tem o intuito de proteger e garantir os indivíduos no que concerne aos interesses públicos. Diante disso, é totalmente impossível conceber o Estado, nos moldes atuais, que não congregue a necessária autoridade para sobrepor o interesse público aos interesses privados.

Não se pode, em sã consciência, ferir a verdade que emana de tal premissa. Não se trata de mero privilégio outorgado gratuitamente ao Estado. "Significa que o Poder Público se encontra em situação de autoridade, de comando, relativamente aos particulares, como indispensável condição para gerir os interesses públicos postos em confronto", como registra CELSO ANTÔNIO BANDEIRA DE MELLO, um dos estudiosos que mais se debruçaram sobre esse princípio.[21]

Trata-se de axioma irrefutável e insuscetível de supressão no regime jurídico-administrativo. Também não se pode dissociar, como acentuamos anteriormente, o princípio jurídico da *finalidade* das condutas administrativas. Consignamos em outra oportunidade: "Realmente não se pode conceber que o administrador, como gestor de bens e interesses da coletividade, possa estar voltado a interesses privados. O intuito de sua atividade deve ser o bem comum, o atendimento aos reclamos da comunidade, porque essa de fato é a sua função".[22]

Em idêntica senda, CASSAGNE observa que a finalidade "configura por cierto otro requisito esencial del acto administrativo que se relaciona, como bien se ha dicho, con el aspecto funcional del acto representado en el fin de **interés público o bien común**, que por el mismo se persigue" (grifo nosso).[23]

Como permeia a finalidade (ou os fins) dos atos administrativos como um de seus elementos, o interesse público acaba sendo ponto de referência para o *con-*

---

[20] MARIA SYLVIA ZANELLA DI PIETRO. *Direito administrativo*. 22. ed. São Paulo: Atlas, 2009. p. 65.

[21] CELSO ANTÔNIO BANDEIRA DE MELLO. Ob. cit., p. 70.

[22] JOSÉ DOS SANTOS CARVALHO FILHO. *Manual de direito administrativo*. 22. ed. Rio de Janeiro: Lumen Juris, 2009. p. 114.

[23] JUAN CARLOS CASSAGNE. *El acto administrativo*. Buenos Aires: Abeledo-Perrot, 1974. p. 222.

trole de legalidade quando a Administração se desvia do objetivo a que se dirige o ato. Cuida-se de outra verdade inarredável ligada ao interesse público: uma vez que este seja desatendido, quer por violação expressa da lei, quer por ofensa dissimulada que a atinja, não há como aceitar a validade da conduta, tendo-se que considerar sua contaminação por vício na finalidade. Esse desvio – o desvio de finalidade ou desvio de poder – reflete indiscutível agressão ao interesse público e, por esse motivo, tem-se desenvolvido o controle de atos e condutas inquinados desse defeito.

O controle da finalidade das condutas administrativas representa o próprio controle do interesse público. Quando se fala em controle da finalidade é de se considerar que o desvio de conduta não se consuma apenas quando o administrador se envolve com fins privados, mas o desvio ocorre da mesma forma quando o fim, aparentemente de interesse público, é diverso do que a lei indicou. Nesse caso, o desvio é mais ostensivo do que no anterior – este usualmente escamoteado pela aparência de legalidade. É como ensinam ENTERRÍA e RAMÓN FERNÁNDEZ: "Para que se produzca desviación de poder no es necesario que el fin perseguido sea un fin privado, um interés particular del agente o autoridad administrativa, sino que basta que dicho fin, aunque público, sea distinto del previsto y fijado por la norma que atribuya la potestad."[24]

Todos esses apontamentos são aqui invocados para consolidar o princípio da supremacia do interesse público, que, para alguns mais recentes estudiosos, não mais subsistiria no direito pós-positivista, em que se pretende reafirmar a garantia dos direitos fundamentais. Como se verá adiante, porém, o núcleo do princípio não mudou; o que tem mudado – e isso sucede com todos os institutos sociais e jurídicos – é sua aplicação para adequar-se às novas realidades sociais. Bem lembrava o saudoso DIÓGENES GASPARINI que "a aplicabilidade desse princípio, por certo, não significa o total desrespeito ao interesse privado, já que a Administração deve obediência ao direito adquirido, à coisa julgada e ao ato jurídico perfeito, consoante prescreve a Lei Maior (art. 5º, XXXVI)".[25]

O normal nas relações jurídicas é que os interesses público e privado coincidam, mas tal situação seria utópica dado o caráter naturalmente egocêntrico do ser humano. No caso de haver rota de colisão entre eles, não pode haver outra solução: "os interesses públicos têm supremacia sobre os individuais".[26]

---

[24] EDUARDO GARCÍA DE ENTERRÍA; TOMÁS-RAMÓN FERNÁNDEZ. *Curso de derecho administrativo*. 10. ed. Madri: Civitas, 2000. v. 1, p. 467-468.

[25] DIÓGENES GASPARINI. *Direito administrativo*. 11. ed. São Paulo: Saraiva, 2006. p. 20.

[26] É como afirma peremptoriamente MARIA SYLVIA ZANELLA DI PIETRO. Ob. cit., p. 65.

Essas são verdades que nenhuma nova visão pode suprimir. E se isso é o que pretendem alguns, estaremos diante de uma revolução inócua e passageira e, o que parece mais grave para a ciência do direito, inverídica.

5 Interesse público: os sofismas

Antes dos comentários críticos a serem feitos a propósito de algumas recentes considerações sobre a noção do interesse público, urge deixar claro que este trabalho resulta de uma visão analítica sobre o instituto, seu perfil jurídico e seus efeitos nas relações políticas, sociais, econômicas e, particularmente, jurídicas. Com essa ressalva, deve observar-se a honesta dialética, de forma que o tom crítico se harmonize com o respeito que se deve emprestar à ótica alheia, ainda que dela ousemos divergir.

O que se pretende, neste breve estudo, é apenas arguir algumas ponderações à ideia, adotada por uma corrente de estudiosos, de que merece sepultamento a figura do interesse público e, por via de consequência, merece "*desconstrução*" o princípio da supremacia do interesse público sobre o interesse privado. Quando nos referimos a *sofismas*, não pretendemos trazer o rigor do sentido greco-filosófico de embuste ou armadilha, mas – isto sim – suscitar alguns contra-argumentos que fragilizam ou desnaturam as bases desse pensamento.

De início, a nova doutrina começa por afirmar que o interesse público não se identifica com o bem comum e que este retrata "a composição harmônica do bem de cada um com o de todos; não o direcionamento dessa composição em favor do interesse público".[27]

Pensamos, porém, que distinguir o interesse público e o bem comum, além de traduzir distinção inócua, não retrata a realidade natural dos pensadores. É claro que o sentido de interesse público tem por lastro o interesse da coletividade e o grande interesse desta é seu próprio bem, portanto o bem comum. É o bem comum que o Estado se propõe a oferecer, e o faz justamente por ser o interesse público. Por outro lado, a afirmação de que o bem comum é a composição que harmoniza o bem de cada um com o de todos, sem direcioná-la em prol do interesse público, parece-nos, com a devida vênia, mero jogo de palavras, com pouco sentido lógico.

Tem-se afirmado também que a supremacia do interesse público não é conceitualmente nem normativamente uma norma-princípio, sendo inapto para des-

---

[27] HUMBERTO ÁVILA. Repensando o princípio da supremacia do interesse público sobre o particular. In: DANIEL SARMENTO (Org.). *Interesses públicos versus interesses privados*: desconstruindo o princípio de supremacia do interesse público. Rio de Janeiro: Lumen Juris, 2007. p. 174.

crever uma relação de supremacia. Além disso, não poderia o interesse público ser descrito separada ou contrapostamente aos interesses privados.[28]

Ainda aqui se nos afiguram equivocadas as premissas. A supremacia do interesse público, primeiramente, é, sim, por conceito, um princípio administrativo, posto que reflete um dos alvos da função do Estado de Direito. Normativamente também o é, porque a existência do princípio de direito não reclama necessariamente a sua expressão no *ius positum*; muitos são os princípios reconhecidos que não têm expressividade positiva, mas decorrem do sistema num todo. Está correto, pois, afirmar que muitos deles estão abrigados, em interpretação lógica, nos princípios expressos, ao passo que outros são "implicações evidentes do próprio Estado de Direito e, pois, do sistema constitucional como um todo".[29]

Quanto à impossibilidade de o interesse público ser descrito separada ou contrapostamente aos interesses privados, repetimos aqui o que já antecipamos: interesses público e privado não têm que se contrapor como fenômeno recorrente; o ideal é que tenham convergência teleológica. Mas cada um deles tem fisionomia própria e frequentemente entram em conflito. O fato, aliás, é normal em qualquer tipo de corporação (casas legislativas, órgãos colegiados, condomínios, associações etc.). "Se é o interesse público que está em jogo – portanto, de toda a coletividade –, é lógico deva ele prevalecer sobre o privado", observa reconhecida e saudosa doutrinadora,[30] e essa premissa demonstra que se algo prevalece sobre outra coisa é porque a prevalência constitui solução do conflito.

Outro aspecto do pensamento ora comentado consiste na necessidade de dar-se nova formulação ao princípio da preponderância do interesse público, isso porque haveria "uma absoluta inadequação entre o princípio da supremacia do interesse público e a ordem jurídica brasileira", como também em razão dos "riscos que sua assunção representa para a tutela dos direitos fundamentais".[31] Segundo tal pensamento, poder-se-ia supor que a negação do referido princípio indicasse postura anticívica, contribuindo como incentivo ao egocentrismo gerador de "tendências centrífugas já tão disseminadas no mundo contemporâneo".[32]

Em nosso entender, inexiste qualquer inadequação entre o princípio da supremacia do interesse público e a ordem jurídica brasileira. A rigor, não se vislumbra incompatibilidade do princípio com a ordem jurídica de qualquer sistema moderno. O princípio não expressa violação à ordem jurídica, mas, ao contrário, a ordem jurídica é que, para ser "ordem", se socorre do princípio, que é, como

---

[28] HUMBERTO ÁVILA. Trab. e ob. cit., p. 213-214.
[29] A correta anotação é de CELSO ANTÔNIO BANDEIRA DE MELLO. Ob. cit., p. 95.
[30] LÚCIA VALLE FIGUEIREDO. *Curso de direito administrativo.* 9. ed. Malheiros, 2008. p. 68.
[31] DANIEL SARMENTO. Interesses públicos vs. interesses privados na perspectiva da teoria e da filosofia constitucional. In: *Interesses públicos...* Ob. cit., p. 27.
[32] A conclusão é de DANIEL SARMENTO. Trab. e obra cit., p. 115.

sabido, inerente ao Estado de Direito, o que já foi mencionado anteriormente. Na lição de eminente administrativista, os princípios da supremacia do interesse público e o da indisponibilidade dos interesses públicos – evidentemente conexos entre si – merecem ser "realçados não em si mesmos, mas em suas repercussões no ordenamento jurídico em geral".[33] Se repercutem no ordenamento jurídico, tais princípios se legitimam justamente em função deste, sendo totalmente congruente (e necessária) a sua existência em relação ao ordenamento jurídico.

Riscos para os direitos fundamentais – como se argumenta – nunca deixaram de existir e sua ocorrência provém do natural confronto entre Estado e sociedade. Não é a supremacia do interesse público, todavia, que gera esses riscos; muito menos provoca ofensa a tais direitos. Na verdade, protege-os contra interesses privados e egocêntricos de indivíduos e grupos. O enfrentamento dos supostos riscos se desenvolve mediante a aplicação da Constituição: afinal é nela que se enumeram e prescrevem, expressamente ou não, os direitos fundamentais. É preciso, contudo, atribuir à Carta valor normativo, como advertem ENTERRÍA e FERNÁNDEZ: "No hay una palabra vana en la Constitución y todas ellas, como meros 'princípios', como enunciado de 'valores constitucionales', como expresión de sentido a tener en cuenta en la interpretación, tienen valor normativo directo. Podrá discutirse su alcance, que, obviamente, tendrá que ser distinto, nunca esse valor normativo."[34]

Endossamos, no entanto, a conclusão rejeitada pelo autor das premissas: a negação do princípio configura-se, *efetivamente*, como postura anticívica e egocêntrica, já que confere proeminência a interesses privados, como o fez, desastrosamente, o liberalismo conservador do século XIX. Aliás, nada se revela mais reacionário do que submeter o interesse da coletividade a interesses privados. Se é verdade que em alguns casos a satisfação do interesse público se consuma quando o Estado atende a necessidades particulares, "também se mostra possível que, em dadas circunstâncias, as intenções privadas, se concretizadas, signifiquem grave comprometimento do bem comum", sendo "isto que o pilar da supremacia do interesse público busca evitar".[35]

Esses novos dados trazidos como fonte de hostilização ao princípio da supremacia do interesse público, tanto quanto os demais, não se fundam em dogmas científicos suasórios, nada mais retratando do que uma visão de congruência com o sistema moderno, longe, portanto, da agressão direta ao princípio ou da tendência à sua "desconstrução".

Respeitável autor, que também perfilha a neocorrente da desconstrução do interesse público, ampara-se na teoria da argumentação para concluir que a

---

[33] CELSO ANTÔNIO BANDEIRA DE MELLO. Ob. cit., p. 55.
[34] EDUARDO GARCÍA DE ENTERRÍA; TOMÁS-RAMÓN FERNÁNDEZ. Ob. e v. cit., p. 110.
[35] A feliz observação é de RAQUEL MELO URBANO DE CARVALHO. *Curso de direito administrativo*: parte geral. Salvador: Podivm, 2008. p. 67.

pluralidade de argumentos em situações de relevância no direito público encerra a necessidade de uma metodologia adequada à limitação da subjetividade do julgador e do administrador, culminando por afirmar que o direito público "não pode mais ser visto como garantidor do 'interesse público' titularizado no Estado, mas sim como o instrumento da garantia, pelo estado, dos direitos fundamentais positivos ou negativos".[36]

Relembre-se, preliminarmente, de que a teoria da argumentação jurídica, desenvolvida por ALEXY em seus estudos no direito alemão, tem como base o Estado democrático de direito e visa a investigar a racionalidade do discurso jurídico e dos argumentos que o compõem, buscando integrar o discurso jurídico e o discurso prático racional geral. A base da teoria está em que as decisões de casos singulares devem partir logicamente de normas pressupostas ou enunciados solidamente fundamentados de um sistema, ou ainda devem resultar da incidência de regras da metodologia jurídica. Quando inviáveis essas premissas, restará ao intérprete um campo de ação no qual se lhe apresentam várias soluções, cabendo-lhe a escolha daquela que melhor se harmonize com as regras e os métodos de sistemas jurídicos não determinados ulteriormente.[37]

Sem falar da teoria em si, complexa e por vezes incompreensível (a não ser para os filósofos que se prendem mais a abstrações do que às realidades sociais e à efetiva aplicabilidade do direito), além do fato de ser objeto de estudos em cenário europeu totalmente diverso do de nosso país, onde nem sempre suscitam integração, nenhuma relação direta tem a dita teoria – a nosso ver – com a noção do interesse público e de sua supremacia quando o conflito se dá com interesses privados.

A limitação do subjetivismo de julgadores e administradores já se vem consolidando com o próprio desenvolvimento da noção moderna de discricionariedade, pela qual, diversamente dos antigos parâmetros de liberdade desses agentes, condutores a situações de arbítrio sob a capa do interesse público, se permite investigar mais acuradamente os motivos e a finalidade das condutas administrativas. O rigor dessa investigação, contudo, não tem o condão de pôr em risco o princípio da supremacia do interesse público. O inverso é que ocorre: o princípio fica tanto mais protegido quanto maior for a veracidade de que se devem revestir os elementos motivadores dos atos e os fins por eles colimados. O atual processo hermenêutico vem avançando nitidamente para conter o excessivo subjetivismo dos agentes públicos, sejam quais forem as funções que lhes sejam cometidas. Nada, porém, que agrida o postulado de que o interesse coletivo sobrepuja o interesse privado, quando colidentes.

---

[36] ALEXANDRE SANTOS DE ARAGÃO. A supremacia do interesse público no advento do estado de direito e na hermenêutica do direito público contemporâneo. In: *Interesses públicos...* Ob. cit., p. 2.

[37] ROBERT ALEXY. *Teoria da argumentação jurídica*. 2. ed. Trad. de Zilda Schild Silva e revisão técnica de Cláudia Toledo. Landy, 2005. p. 37.

Por outro lado, constitui verdadeira tautologia, com a devida vênia, afirmar que o direito público não pode mais ser visto como garantidor do interesse público titularizado pelo Estado, mas sim como instrumento estatal de garantia dos direitos fundamentais. O Estado, já foi visto, não é o titular, como pessoa jurídica, de nenhum interesse público; seu titular é a coletividade. Ainda quando se admite classificá-lo em *primários* e *secundários*, como o fizeram ALESSI e outros autores da doutrina italiana, o escopo é o de demonstrar que a titularidade é sempre do grupo social, distinguindo-se apenas pelo fato de alguns interesses serem diretamente vertidos para ele e outros o serem indiretamente, através do Estado. A tautologia estaria em afirmar que o interesse público existe porque é público. Mas nenhuma relação isso tem com a garantia dos direitos: se é o Estado que representa o interesse público, ninguém mais pode garanti-lo a não ser o próprio Estado. O que o direito público tem a seu cargo é inconformar-se com o arbítrio, ou mau uso dessa representatividade, e combatê-lo por meio de paradigmas de legitimidade e justiça.

Não se pode perder de vista que muitas transformações na atividade estatal derivaram do primado do interesse público. Foi em nome deste que o Estado ampliou suas ações para atender a reclamos das coletividades. Serviços públicos, poder de polícia, restrições ao direito de propriedade, intromissão do setor econômico, tutela do patrimônio público, todos esses campos foram alvo da intervenção estatal para o atendimento dos interesses públicos. "Tudo isso em nome dos interesses públicos que incumbe ao Estado tutelar", como anotou MARIA SYLVIA ZANELLA DI PIETRO.[38] Afinal, nos grupos sociais onde haja convivência dos indivíduos, "surgem necessidades colectivas, considerando necessidades não apenas as insuficiências de carácter econômico, mas, em geral, todas as relativas à normalidade e progresso da vida social", acentuava, com acerto, MARCELLO CAETANO.[39]

De acordo com a senda trilhada pela mesma novel doutrina, não se negaria a existência conceitual do interesse público, mas sim a do princípio da supremacia do interesse público. Explica um de seus ilustres filiados que, sendo o interesse público um conceito jurídico indeterminado, somente aferível por juízos de ponderação entre direitos individuais e interesses coletivos, não haveria sentido em considerá-lo um princípio jurídico, porque, ao final do processo valorativo, será adotada apenas uma solução que prevalecerá. Sendo assim, não seria ele um princípio jurídico. "Um princípio que se presta a afirmar que o que há de prevalecer sempre prevalecerá não é um princípio, mas uma tautologia."[40]

---

[38] MARIA SYLVIA ZANELLA DI PIETRO. Ob. cit., p. 66.
[39] MARCELLO CAETANO. *Manual*, cit., v. I, p. 2.
[40] É o pensamento conclusivo de GUSTAVO BINENBOJM. Da supremacia do interesse público ao dever de proporcionalidade: um novo paradigma para o direito administrativo. In: *Interesses públicos...* Ob. cit., p. 167.

Parecem-nos necessárias algumas observações sobre semelhante pensamento conclusivo. Primeiramente, não é o fato de o "interesse público" expressar conceito jurídico indeterminado que justificaria a supressão do princípio da supremacia. Se é verdade que os conceitos jurídicos indeterminados "permitem que o intérprete ou o aplicador possam atribuir certo significado, mutável em função da valoração que se proceda diante dos pressupostos da norma", como deixamos consignado em outra oportunidade,[41] não é menos verdadeiro o fato de que outros princípios também expressam esse tipo de indeterminação, como os da moralidade, ordem pública, razoabilidade, proporcionalidade, entre outros. Nem por isso se concluirá por sua inexistência.

Quanto à ponderação de valores, é óbvio que será ela imprescindível no caso dos conceitos jurídicos indeterminados. Da mesma forma, não nos parece constitua a ponderação óbice ao reconhecimento do princípio da supremacia do interesse público. Em nosso entender, a ponderação mais complexa é aquela que precisa considerar mais de um interesse público, porquanto nem sempre será fácil o desfecho em que se tenha de optar pelo interesse mais relevante. Não obstante, quando a ponderação leva em conta o interesse público e o interesse privado, nunca poderá prelevar este último em detrimento do primeiro. Repita-se aqui o que já dissemos anteriormente: em muitos casos tais interesses serão harmonizados, de modo que o influxo da supremacia ocorre tão somente no caso de colidência entre eles. Assim, é difícil entender por que a ponderação estaria a exigir a negação do princípio em foco.

Veja-se ainda a questão da prevalência. De acordo com o pensamento *sub examine*, se pelo princípio da prevalência do interesse público se conclui que este sempre prevalecerá, nenhuma razão nos parece haver que conduza à negação do princípio. Primeiramente, porque o fato não agride de nenhuma forma a ideia de princípio; o núcleo deste é a diretriz geral, o postulado, o axioma que deve reger a relação social. Inocorre, na hipótese, qualquer tautologia, vício pelo qual "se repetem constantemente as mesmas coisas em outros termos".[42] Ao contrário: ao afirmar-se que o interesse público tem sempre supremacia sobre os interesses particulares é porque, logicamente, sempre prevalecerá sobre estes. Se há repetição é do princípio em si – o que está correto – e não do princípio em outros termos para indicar a mesma coisa, o que seria, aí sim, tautológico.

---

[41] JOSÉ DOS SANTOS CARVALHO FILHO. *Manual*, cit., p. 51.
[42] CALDAS AULETE. *Dicionário*, cit., v. 5, p. 4.880.

6 Conclusões

Este modesto e sucinto trabalho teve apenas o escopo de trazer algumas considerações críticas sobre a ideia que consiste no questionamento do sentido de interesse público e na "desconstrução" do princípio da supremacia do interesse público sobre os interesses privados, pensamento este – sem embargo do respeito que nos merecem seus simpatizantes – inaceitável em qualquer regime democrático e no Estado de Direito, para não dizer inaplicável na vigente ordem jurídica.

Os fundamentos invocados para o sepultamento do referido princípio são despidos de rigor lógico e sequer ameaçam o postulado, que, ao contrário, vigora em toda a sua plenitude. O novo cenário político, social, econômico e jurídico não conduz à ação de "desconstruir" o postulado, mas sim à de *reconstruir* sua fisionomia mediante processo de adequação aos novos elementos da modernidade. Elidir o princípio se revela inviável, eis que se cuida de axioma inarredável em todo tipo de relação entre corporação e indivíduo. A solução, destarte, está em ajustá-lo para que os interesses se harmonizem e os confrontos sejam evitados ou superados.

Buscou-se demonstrar que premissas como: (a) o interesse público não se coaduna com o bem comum; (b) a supremacia do interesse público não se configura como norma-princípio; (c) inadequação do princípio com a ordem jurídica vigente; (d) riscos para a tutela dos direitos fundamentais; (e) o direito público não pode ser garantidor do interesse público titularizado pelo Estado – entre outras – não servem para desfigurar o postulado, mas, em contrário, representam meras facetas do pensamento jurídico ou critérios de ajuste insuscetíveis de comprometer a inafastabilidade do princípio. Não sendo uma nova visão, ter-se-á que qualificá-los como inevitáveis sofismas predestinados a confundir, desnecessariamente, os intérpretes em algo que representa verdade consensualmente aceita.

A prevalência do interesse público é indissociável do direito público do qual emerge a relação entre Estado e sociedade. Merecem endosso, pois, as palavras de SAYAGUÉS LASO: "El derecho público se caracteriza por regular relaciones en las que uno de los sujetos, la entidad estatal, tiene preeminencia o superioridad sobre la otra, que le está subordinada, mientras que en el derecho privado ambas partes están en situación de igualdad."[43]

Do ponto de vista sociológico, não há como olvidar que o Estado é um *subsistema da sociedade*, além de ser uma corporação de indivíduos sujeitos às mesmas regras ou estatutos, com obrigações idênticas ou distintas. Sua criação, portanto, pressupõe uma ordem normativa – a ordem jurídica nacional – que personifica a comunidade. Deve, assim, ser encarado como um subsistema da sociedade, "cujas

---

[43] ENRIQUE SAYAGUÉS LASO. *Tratado de derecho administrativo*. Edit. Daniel Martins. 4. ed. Montevidéu, 1974. v. I, p. 18.

funções são buscar objetivos coletivos e mobilizar atores e recursos para alcançá-los".[44]

É claro que, como bem adverte CELSO ANTÔNIO BANDEIRA DE MELLO, não só o princípio da supremacia do interesse público, mas todos os princípios, "sofrem, evidentemente, limitações e temperamentos e, como é óbvio, têm lugar na conformidade do sistema normativo, segundo seus limites e condições, respeitados os direitos adquiridos e atendidas as finalidades contempladas nas normas que os consagram".[45] Acrescentamos nós que, além de limitações e temperamentos, reclamam adequação às transformações sociais.

Isso, contudo, nem de longe mobiliza a "desconstrução" do princípio, mas sim a sua reconstrução. A menos que se pretenda recorrer a sofismas.

Referências bibliográficas

ALEXY, Robert. *Teoria da argumentação jurídica*. Trad. de Zilda Schild Silva e revisão técnica de Cláudia Toledo. 2. ed. Landy, 2005.

ARAGÃO, Alexandre Santos de. A supremacia do interesse público no advento do estado de direito e na hermenêutica do direito público contemporâneo. In: SARMENTO, Daniel (Org.). *Interesses públicos versus interesses privados*: desconstruindo o princípio de supremacia do interesse público. Rio de Janeiro: Lumen Juris, 2007.

AULETE, Caldas. *Dicionário contemporâneo da língua portuguesa*. Delta, 1958.

ÁVILA, Humberto. Repensando o princípio da supremacia do interesse público sobre o particular. In: SARMENTO, Damiel (Org.). *Interesses públicos versus interesses privados*: desconstruindo o princípio de supremacia do interesse público. Rio de Janeiro: Lumen Juris, 2007.

BIELSA, Rafael. *Derecho administrativo*, 5. ed. Buenos Aires: Depalma, 1955. t. I.

BINENBOJM, Gustavo. Da supremacia do interesse público ao dever de proporcionalidade: um novo paradigma para o direito administrativo. In: SARMENTO, Daniel (Org.). *Interesses públicos versus interesses privados*: desconstruindo o princípio de supremacia do interesse público. Rio de Janeiro: Lumen Juris, 2007.

CAETANO, Marcello. *Manual de direito administrativo*. 10. ed. Lisboa: Coimbra, 1973. t. I.

CARVALHO FILHO, José dos Santos. *Manual de direito administrativo*. 22. ed. Rio de Janeiro: Lumen Juris, 2009.

CARVALHO, Raquel Melo Urbano de. *Curso de direito administrativo*: parte geral. Salvador: Podium, 2008.

CASSAGNE, Juan Carlos. *El acto administrativo*. Buenos Aires: Abeledo-Perrot, 1974.

---

[44] PEDRO SCURO NETO. *Sociologia geral e jurídica*. 6. ed. São Paulo: Saraiva, 2009. p. 214.
[45] CELSO ANTÔNIO BANDEIRA DE MELLO. Ob. cit., p. 73.

CAVALCANTI, Themístocles Brandão. *Direito e processo disciplinar*. 2. ed. Rio de Janeiro: Fundação Getulio Vargas, 1966.

CRETELLA JUNIOR, José. *Direito administrativo*. Rio de Janeiro: Forense, 1983.

CUESTA, Rafael Entrena. *Curso de Derecho administrativo*. 7. ed. Madri: Tecnos, 1981. v. 1.

ENTERRÍA, Eduardo García de; FERNÁNDEZ, Tomás-Ramón. *Curso de derecho administrativo*. 10. ed. Madri: Civitas, 2000. v. 1.

FIGUEIREDO, Lucia Valle. *Curso de direito administrativo*. 9. ed. São Paulo: Malheiros, 2008.

GASPARINI, Diógene. *Direito administrativo*. 11. ed. São Paulo: Saraiva, 2006.

LASO, Enrique Sayagués. *Tratado de derecho administrativo*. Edit. por Daniel Martins. 4. ed. Montevidéu, 1974. v. 1.

LAKATOS, Eva Maria. *Introdução à sociologia*. São Paulo: Atlas, 1997.

LIMA, Ruy Cirne. *Princípios de direito administrativo*. 6. ed. São Paulo: Revista dos Tribunais, 1987.

MEIRELLES, Hely Lopes. *Direito administrativo brasileiro*. 29. ed. São Paulo: Malheiros, 2004.

MELLO, Celso Antônio Bandeira de. *Curso de direito administrativo*. 26. ed. São Paulo: Malheiros, 2009.

MELLO, Oswaldo Aranha Bandeira de. *Princípios gerais de direito administrativo*. 2. ed. Rio de Janeiro: Forense, 1979. v. 1.

NÓBREGA, Vandick Londres da. *Sistema do direito privado romano*. 3. ed. Rio de Janeiro: Freitas Bastos, 1961.

PIETRO, Maria Sylvia Zanella di. *Direito administrativo*. 22. ed. São Paulo: Atlas, 2009.

RIVERO, Jean. *Droit administratif*. 8. ed. Paris: Dalloz, 1977.

SARMENTO, Daniel. Interesses públicos vs. interesses privados na perspectiva da teoria e da filosofia constitucional. In: _____ (Org.). *Interesses públicos versus interesses privados*: desconstruindo o princípio de supremacia do interesse público. Rio de Janeiro: Lumen Juris, 2007.

SCURO NETO, Pedro. *Sociologia geral e jurídica*. 6. ed. São Paulo: Saraiva, 2009.

TORO, Jorge Olivera. *Manual de derecho administrativo*. 4. ed. México: Porrúa, 1976.

URUGUAI, Visconde de. *Ensaio sobre o direito administrativo*. Depto. Imprensa Nacional, 1960.

VEDEL, Georges. *Droit administrative*. Paris: PUF, 1976.

3

O Princípio da Supremacia do Interesse Público: Sobrevivência diante dos Ideais do Neoliberalismo

Maria Sylvia Zanella Di Pietro[1]

1 Explicação necessária

Inúmeros institutos que constituem a própria base do direito administrativo vêm sendo alvos de críticas, às vezes com o objetivo mesmo de extingui-los do mundo jurídico, outras vezes com o objetivo de dar-lhes nova configuração. É o que ocorre com o princípio da supremacia do interesse público.

Alega-se a inviabilidade de falar-se em supremacia do interesse público sobre o particular diante da existência dos direitos fundamentais constitucionalmente garantidos. Critica-se a indeterminação do conceito de interesse público. Defende-se a ideia de uma ponderação de interesses, para verificar, em cada caso, qual deve prevalecer. Prega-se a substituição do princípio da supremacia do interesse público pelo princípio da razoabilidade. O real objetivo é fazer prevalecer o interesse econômico sobre outros igualmente protegidos pela Constituição.

Daí a ideia de voltar à análise do princípio, já efetuada no livro *Discricionariedade administrativa na Constituição de 1988* (2001, Capítulo 6).

---

[1] Mestre, Doutora, Livre-docente pela Faculdade de Direito da USP. Procuradora do Estado de São Paulo (aposentada). Professora Titular de Direito Administrativo da USP.

2 Origem do princípio e sua aproximação com a ideia de bem comum

Embora possa parecer que o princípio da supremacia do interesse público tenha sido criado no âmbito do direito administrativo, na verdade ele antecede em muitos séculos o nascimento desse ramo do direito, que somente começou a se formar como ramo autônomo em fins do século XVIII, com a formação do Estado de Direito. Com efeito, a ideia da existência de interesses gerais diversos dos interesses individuais encontra suas origens na antiguidade greco-romana.

Ensina Norberto Bobbio[2] que a ideia do primado do público, que se desenvolveu como forma de reação contra a concepção liberal do Estado e que se funda sobre a "irredutibilidade do bem comum à soma dos bens individuais", pode assumir diversas formas "segundo o diverso modo através do qual é entendido o ente coletivo – a nação, a classe, a comunidade do povo – a favor do qual o indivíduo deve renunciar à própria autonomia"; em todas essas formas, "é comum a ideia que as guia, resolvível no seguinte princípio: o todo vem antes das partes". Acrescenta o autor que se trata de

> uma ideia aristotélica e mais tarde, séculos depois, hegeliana (de um Hegel que nesta circunstância cita expressamente Aristóteles); segundo ela, a totalidade tem fins não reduzíveis à soma dos fins dos membros singulares que a compõem e o bem da totalidade, uma vez alcançado, transforma-se no bem das suas partes, ou, com outras palavras, o máximo bem dos sujeitos é o efeito não da perseguição, através do esforço pessoal e do antagonismo, do próprio bem por parte de cada um, mas da contribuição que cada um juntamente com os demais dá solidariamente ao bem comum segundo as regras que a comunidade toda, ou o grupo dirigente que a representa (por simulação ou na realidade), se impôs através de seus órgãos autocráticos ou órgãos democráticos.

Ainda na lição de Norberto Bobbio, Aristóteles entendia que todo organismo vivo tende para o bem; tanto o homem como a sociedade que ele constitui tendem para o bem. Na *Política*, em que defende a sua teoria das formas de governo, ele coloca como critério distintivo entre as formas boas e as formas más o *interesse comum* ou o *interesse pessoal*; as formas boas são as que visam ao interesse comum e as formas más são as que visam ao interesse próprio. Se os indivíduos se reúnem nas cidades (*polis*) é porque querem "viver bem"; para que alcancem esse objetivo, é necessário que os cidadãos visem ao interesse comum, ou em conjunto ou por intermédio dos seus governantes.[3]

---

[2] *Estado, governo e sociedade*: para uma teoria geral da política, 1987. p. 24-25
[3] Norberto Bobbio. *A teoria das formas de governo*, 1976. p. 50.

3 A ideia de bem comum na Idade Média

Por influência do cristianismo, especialmente sob inspiração de Santo Tomás de Aquino, a ideia de bem comum desenvolveu-se na Idade Média. Em análise sobre o tema do bem comum, Marie-Pauline Deswarte[4] ensina que Santo Tomás de Aquino, na sua *Summa theologica*, colocava o *bem comum* como tudo aquilo que o homem deseja, seja de que natureza for: bem material, moral, espiritual, intelectual. Mas, sendo o homem um ser social, ele procura não só o seu próprio bem, mas também aquele do grupo a que pertence. Cada grupo tem o seu próprio bem comum. Ao Estado cabe perseguir o bem comum, visto sob dois aspectos:

a) para os particulares, o bem comum é a *causa*, ou seja, é o conjunto das condições comuns próprias à organização e à conservação de seus bens; bem do todo (formalmente distinto de cada uma das partes), ele é, portanto, ao mesmo tempo, bem próprio de cada pessoa;

b) para a sociedade, ele é um *fim*, porque determina a orientação dos indivíduos na sociedade, mas também os unifica; dir-se-á que ele é ao mesmo tempo *fim* e *forma*.

Ensina também a autora que, pela doutrina tomista, acrescenta-se à bipartição da justiça (comutativa e distributiva, inspirada em Aristóteles), a ideia de *justiça legal* ou *justiça social*, que traça as obrigações das partes para com o todo, o que é feito por meio da lei; daí a ideia de que a justiça envolve sempre um *alter*, uma vez que ninguém pode ser justo consigo mesmo.

Ainda na Idade Média, Jean Bodin (século XVI), ao conceituar a República, dá ideia do que considera o fim principal e o meio de alcançar o reto governo. Para ele, "República é um reto governo de muitos lares e do que lhes é comum, com poder soberano". Ao falar em "muitos lares", ele está se referindo ao aspecto orgânico da sociedade, à comunidade política como um todo, cuja finalidade principal é a consecução de um *reto governo*, ou seja, o que proporciona não só bens materiais, mas também a realização de valores, como razão, justiça e ordem; a tarefa de administrar uma comunidade política incumbe ao Estado, poder soberano.

Trata-se de concepção que, como outras da Idade Média, se vinculava à ideia de solidariedade social como forma de justificar a comunidade política; os homens se unem para conseguir o bem comum.

4 As teses contratualistas e o triunfo do individualismo

As concepções que se preocupavam com o bem comum começam a se alterar com as teses contratualistas e liberais de fins do século XVII e século XVIII (teses

---

[4] Intérêt general, bien commun. *Revue de Droit Public*, v. 5, p. 1294, 1988.

essas que a doutrina neoliberal pretende agora fazer ressuscitar, apesar de todos os malefícios que provocou).

Para Locke, a base da sociedade política encontra-se não mais em fatores comuns a todos os homens, mas nas necessidades e aspirações individuais. O objetivo dos homens ao se associarem não é proteger o interesse público, mas o interesse privado de cada qual e que se resume basicamente na aquisição de bens materiais; a vida em sociedade alcança melhor esse objetivo do que seria possível em uma situação de anarquia.

Com a Revolução Francesa, o individualismo alcança a sua consagração. Com efeito, a doutrina individualista partia do reconhecimento da existência de direitos indissociáveis da condição humana e, por isso mesmo, inalienáveis e imprescritíveis, servindo de inspiração para os postulados básicos – igualdade e liberdade – com que se elaborou o direito em geral, em fins do século XVIII. Pela escola do direito natural, sob cuja influência se constituiu o individualismo, todos os homens nascem livres e iguais. Se assim é, todos devem ser iguais perante a lei e ter plena liberdade de agir, observando como limite apenas o direito igual de seu semelhante. Não é por outra razão que a Declaração dos Direitos do Homem e do Cidadão, de 1789, proclama, logo no artigo 1º, que "os homens nascem livres", praticamente repetindo a frase com que Rousseau inicia o seu *Contrato social*.

Com essa concepção, a ideia de solidariedade social deixa de ser vista como causa de união dos homens em sociedade. O seu fim único passa a ser o de assegurar essa liberdade natural do homem; também a lei, como expressão da vontade geral, não poderia ser instrumento de opressão, mas de garantia dessa liberdade.

Segundo Marie-Pauline Deswarte,[5] "o Bem Comum perdia assim toda significação. Dentro desta perspectiva, a sociedade não era, com efeito, mais um corpo orgânico tendendo para seu bem. Ela era vontade soberana, absoluta, Nenhum fim, nenhuma finalidade lhe podia, por consequência, ser assinalada do exterior". A autora lembra a lição de Rousseau, segundo a qual "não pode haver nenhuma espécie de lei fundamental obrigatória para o povo, nem mesmo o contrato social".

A necessidade de explicar e garantir a subsistência da sociedade levou o contratualismo a buscar na vontade individual a fonte da soberania. O bem comum deixa de estar na base da ordem social e é substituído pela ideia de *utilitarismo*; os homens se uniam, pelo contrato, porque isso lhes seria vantajoso. Substitui-se a ideia de bem comum, impregnada de cunho moral e ideológico, pela ideia de *interesse geral*, de cunho utilitarista. É o que ensina Marie-Pauline Deswarte,[6] baseada na lição de Rivero e Clément: para alguns, "o Bem Comum seria a perspectiva filosófica do interesse geral. Ora, a filosofia dá uma primeira resposta à questão quando ela afirma: 'O bem está no nível dos fins honestos, o interesse –

---

[5] Ob. cit., p. 1298.
[6] Ob. cit., p. 1292.

mesmo geral – no nível dos fins úteis'. O interesse geral seria todo impregnado de utilitarismo, o Bem-Comum dele se distinguiria por sua referência à moral". E acrescenta que "hoje se percebem os inconvenientes de um poder muito acantonado no plano utilitário. A utilidade não é um bem em si e a presença do interesse geral, mito estatal para alguns, pareceria a muitos o sinal de um verdadeiro abuso de democracia".

Para alguns contratualistas, como Hobbes, o interesse geral não se distingue do interesse individual; o soberano tem que satisfazer o interesse comum, que consiste apenas em satisfazer os interesses particulares.

Foi com Rousseau que nasceu a ideia de interesse geral diverso da soma dos interesses individuais. Em sua obra, a liberdade e a igualdade individuais aparecem transformadas no estado de sociedade. Pela convenção, "cada um de nós coloca em comum a sua pessoa e todo o seu poder sob a suprema direção da vontade geral, e nós recebemos em corpo cada membro como parte indivisível do todo". Chevalier,[7] comentando esse trecho de Rousseau, explica que "cada associado se aliena totalmente e sem reserva, com todos os seus direitos, à comunidade. Assim, a condição é igual para todos. Cada um se compromete com todos. Cada um, dando-se a todos, a ninguém se dá". A respeito da vontade geral, diz Chevalier que ela

> não é, de forma alguma, condição pura e simples de vontades particulares. Vontade geral não é simplesmente vontade de todos ou da maioria. Aqui se deve fazer intervir um elemento de 'moralidade', palavra cara a Rousseau. Este último parece distinguir dois mundos, comparáveis, um ao mundo do Pecado, outro ao da Redenção. De um lado, o mundo suspeito do interesse particular, das vontades particulares, dos atos particulares. Do outro, o mundo do interesse geral, da vontade geral (a que quer o interesse geral e não o particular), dos atos gerais (as leis).... Ora, o povo em conjunto, 'o soberano', não poderia querer senão o interesse geral, não poderia ter senão uma vontade geral. Enquanto cada um dos membros, sendo simultaneamente, em consequência do contrato, homem individual e homem social, pode ter duas espécies de vontade. Como homem individual, é tentado a perseguir, de acordo com o instinto natural, egoísta, o seu interesse particular. Mas o homem social que nele existe, o cidadão, procura e quer o interesse geral.

A consequência desse tipo de colocação, incorporada na Declaração de 1789, é que, sendo o interesse geral o fundamento do Poder estatal, este passa a encarnar a vontade de todos; o consentimento passa a ser a fonte de legitimidade do Poder. A vontade geral é manifestada através da lei; esta deriva da natureza das coisas e encontra seu fundamento na razão, segundo pensamento de Rousseau. Precisamente por ser a expressão da vontade geral, a lei adquire um caráter sagrado, incontestável, inteiramente desvinculado de qualquer conteúdo axiológico;

---

[7] In *As grandes obras políticas de Maquiavel a nossos dias*. Rio de Janeiro: Agir, 1976. p. 163-164.

ela vale por si mesma. Idealizada como instrumento de proteção das liberdades individuais, acaba por colocar em risco essas mesmas liberdades, tornando-se instrumento de opressão.

Se a lei tem fundamento na vontade geral, só ela é que conta; quando o Estado estabelece uma lei, é porque quer manter a sociedade e ele deve fazê-lo o mínimo possível para atingir essa finalidade, sem ofender a liberdade do indivíduo.

5 A luta pelo bem comum no Estado Social de Direito

Com as teses individualistas, a liberdade de uns acabou por gerar a opressão de outros. A situação agravou-se com a Revolução Industrial, provocando profunda desigualdade social.

As reações começaram em fins do século XIX. Começa uma luta pelo *social*. A doutrina social da Igreja desempenhou relevante papel nessa luta. O Papa Leão XIII, na Encíclica *Rerum Novarum*, de 1891, lembra que, na sociedade, patrões e empregados são destinados, por natureza, a se unirem harmoniosamente e a se manterem mutuamente em perfeito equilíbrio. Por sua vez, sob inspiração de Santo Tomás de Aquino, o Papa Pio XII, em 1941, atribui ao Estado a proteção dos direitos da pessoa humana, dando-lhe os meios para que possa levar "uma vida digna, regular, feliz, segundo a lei de Deus". E João XXIII, na Encíclica *Pacem in Terra*, define o bem comum como "o conjunto das condições sociais que permitem tanto aos grupos como a cada um de seus membros, atingir a sua perfeição de maneira mais total e mais fácil".

Vale dizer que, com tais concepções, o interesse público identifica-se com a ideia de *bem comum*. O interesse público perde o caráter utilitário adquirido com o liberalismo e volta a revestir-se de aspectos axiológicos. A nova concepção revela preocupação com a dignidade do ser humano.

Segundo Marie-Pauline Deswarte[8] (ob. cit., p. 1301 e ss), a nova concepção assim caracteriza o bem comum:

    a) ele se fundamenta na natureza humana, sendo, por isso mesmo, universal: ele considera um conjunto de valores humanos feitos de *direitos* e *deveres*, que não podem privilegiar uns em detrimento de outros;

    b) ele deve ser adaptável segundo o progresso da época, dinâmico, voltado para o futuro, porque ele deve enraizar-se no concreto e oferecer aos indivíduos valores de ordem e de justiça; isso traz algumas consequências: (1) o interesse geral não é apanágio do Estado, porque cada indivíduo e cada pessoa jurídica tem uma parcela de responsabilidade social; (2)

---

[8] Ob. cit., p. 1301.

isto supõe que a sociedade não seja considerada como um sujeito à parte, transcendente, que fará cumprir a vontade do grupo; (3) isto supõe também que se trate de um verdadeiro bem, de conteúdo moral, e não de simples interesse utilitário, pois este gera o egoísmo;

c) o bem comum é superior ao bem individual; a dignidade de todo homem quer que ele possa participar de um bem maior que seu próprio bem: é isto que o torna um ser social;

d) o bem comum é *fundamento* e *limitação* ao poder político; *fundamento*, porque o poder se constitui para atingir o bem comum; e *limitação*, porque, sendo seu objetivo o bem da pessoa humana, o Estado só deve intervir na esfera da liberdade individual, atendendo ao *princípio da subsidiariedade*, respeitando o equilíbrio entre a liberdade do indivíduo e a autoridade do Estado. Sempre que o indivíduo ou o grupo sozinhos possam agir, o Estado não deve intervir; o bem comum se exprime através da *lei*, não uma lei puramente formal, mas sim uma lei que atenda ao bem comum.

Essa concepção foi incorporada à Lei Fundamental da República Federal da Alemanha, promulgada em 8-5-1949. Na Introdução desta Constituição, publicada pelo Departamento da Imprensa e Informação do Governo Federal de Bonn, de 1966, afirma-se que

> suas normas não se esgotam com princípios sobre estrutura e função da organização pública. A Lei Fundamental é bem mais do que isso, um ordenamento de valores que reconhece na defesa da liberdade e da dignidade humana o seu mais elevado bem jurídico. **Sua concepção do homem, contudo, não é a do indivíduo autocrático, mas a da personalidade integrada na comunidade e a esta vinculada de múltiplas formas** [grifamos]. Como expressão de que seja tarefa do Estado servir ao ser humano, os direitos fundamentais abrem a Lei Fundamental.

É também a concepção presente na Constituição do Brasil, de 1988, que adota os princípios do Estado Social de Direito, fundado na dignidade da pessoa humana e nos valores sociais do trabalho e da livre iniciativa e confirmado no artigo 3º, que atribui à República, entre outros objetivos, o de garantir o desenvolvimento nacional, erradicar a pobreza e a marginalização e reduzir as desigualdades sociais e regionais, promover o bem de todos, sem preconceitos de origem, raça, sexo, cor, idade e quaisquer outras formas de discriminação; além disso, no Título VIII, a Constituição coloca como base da ordem social o primado do trabalho e como objetivo o bem-estar e a justiça sociais (art. 193), com normas em grande parte programáticas, voltadas para a seguridade social, educação, cultura, desportos, ciência e tecnologia, comunicação social, meio ambiente, família, criança, adolescente, idosos e índios.

6 O princípio da supremacia do interesse público no direito administrativo

O direito administrativo nasceu no período do Estado liberal. Por isso mesmo, impregnou-se, em parte, do cunho individualista que dominava as várias ciências humanas. Mas, paradoxalmente, o direito administrativo trouxe em si traços de autoritarismo, de supremacia sobre o indivíduo, com vistas à consecução de fins de interesse público. Pode-se dizer que o princípio do interesse público se desenvolveu no período do Estado Social de Direito, quando a atuação do Estado cresceu em todos os setores, com o objetivo de corrigir a profunda desigualdade social gerada pelo liberalismo.

Garrido Falla[9] observa que, com o crescimento do Estado, os próprios indivíduos passaram a exigir a atuação do poder público, não mais para o exercício só das atividades de segurança, polícia e justiça, como ocorria no período do Estado Liberal de Direito, mas também para a prestação de serviços públicos essenciais ao desenvolvimento da atividade individual, em todos os seus aspectos, pondo fim às injustiças sociais geradas pela aplicação dos princípios incorporados pelo direito civil. Por outro lado, esse novo Estado prestador de serviços trouxe consigo a prerrogativa de limitar o exercício dos direitos individuais em benefício do bem-estar coletivo, pondo em perigo a própria liberdade individual.

Estava consagrado o princípio da supremacia do interesse público em sua nova feição.

Na realidade, o direito administrativo criou princípios e institutos que derrogaram em grande parte postulados básicos do individualismo jurídico: o reconhecimento de privilégios para a Administração Pública opõe-se ao ideal da igualdade de todos perante a lei; a criação, pelo Estado, de entidades públicas ou privadas, com personalidade jurídica própria, coloca intermediários entre o Estado e o indivíduo, contrapondo-se aos anseios que inspiraram a Lei Le Chapelier; a atribuição de uma função social à propriedade privada derroga o caráter absoluto com que esse instituto era visto pelo direito civil do século XVIII; a imposição de normas de ordem pública para reger as relações contratuais afeta o princípio da autonomia da vontade; a aplicação da cláusula *rebus sic stantibus* atinge o princípio da força obrigatória dos contratos; em termos de responsabilidade civil, a ideia de risco, em várias hipóteses de danos causados a terceiros, substitui a de culpa, por considerar-se que esta nem sempre leva à solução mais justa.

Como observa Garrido Falla,[10]

---

[9] *Las transformaciones del régimen administrativo*. Madri: Instituto de Estúdios Políticos, 1962. p. 24-28.
[10] Ob. cit., p. 44-45.

é curioso observar que fosse o próprio fenômeno histórico-político da Revolução Francesa o que tenha dado lugar simultaneamente a dois ordenamentos distintos entre si: a ordem jurídica individualista e o regime administrativo. O regime individualista foi se alojando no campo do direito civil, enquanto o regime administrativo formou a base do direito público administrativo.

Na obra anteriormente citada,[11] realçamos esse aspecto, afirmando que o direito administrativo nasceu e desenvolveu-se baseado em duas ideias opostas: de um lado, o da *proteção aos direitos individuais* diante do Estado, que serve de fundamento ao princípio da legalidade, um dos esteios do Estado de Direito; de outro lado, a da necessidade de *satisfação de interesses públicos*, que conduz à outorga de prerrogativas e privilégios para a Administração Pública, quer para limitar o exercício dos direitos individuais em benefício do bem-estar coletivo (poder de polícia), quer para a prestação de serviços públicos. Daí a bipolaridade do direito administrativo: *liberdade do indivíduo* e *autoridade da Administração; restrições* e *prerrogativas*. Para assegurar-se a liberdade, sujeita-se o Estado à observância da lei; é a aplicação, ao direito público, do *princípio da legalidade*. Para assegurar-se a autoridade da Administração Pública, necessária à consecução de seus fins, são-lhe outorgadas prerrogativas e privilégios que lhe permitem assegurar a *supremacia do interesse público sobre o particular*.

Esses são os dois princípios básicos do direito administrativo. Eles não permaneceram estáticos no decurso do tempo. Eles acompanharam as transformações do Estado e assumiram nova feição no momento atual. Assim como o princípio da legalidade saiu de sua fórmula rígida e formalista, própria do Estado *legal* e chegou a uma fórmula muito mais ampla que se ajusta ao Estado de Direito propriamente dito, também o princípio do interesse público começou como proposição adequada ao Estado liberal, não intervencionista (com o já assinalado cunho utilitarista) e assume feição diversa para adaptar-se ao *Estado social e democrático de Direito*, adotado na Constituição de 1988.

Na mesma obra,[12] também realçamos que, em sua fase inicial, o interesse público a ser protegido pelo direito administrativo era aquele de feição utilitarista, inspirado nas doutrinas contratualistas liberais do século XVIII e reforçadas pelas doutrinas de economistas como Adam Smith e Stuart Mill. O direito administrativo tinha que servir à finalidade de proteger as liberdades individuais como instrumento de tutela do bem-estar geral.

Com o Estado Social, o interesse público a ser alcançado pelo direito administrativo humaniza-se na medida em que passa a preocupar-se não só com os bens materiais que a liberdade de iniciativa almeja, mas com valores considerados essenciais à existência digna; quer-se liberdade com dignidade, o que exige

---

11   *Discricionariedade administrativa na Constituição de 1988*. p. 159.
12   p. 160.

maior intervenção do Estado para diminuir as desigualdades sociais e levar a toda a coletividade o bem-estar social. O *interesse público*, considerado sob o aspecto jurídico, reveste-se de um aspecto ideológico e passa a confundir-se com a ideia de *bem comum*.

7 O princípio da supremacia do interesse público na concepção neoliberal

Muitas críticas vêm sendo feitas ao princípio da supremacia do interesse público, especialmente no sentido de que ele é excessivamente indeterminado, de que ele conflita com os direitos fundamentais, de que não existe supremacia do interesse público sobre o particular, mas, sim, uma ponderação de interesses para definir qual deve prevalecer. Alguns pregam a extinção do princípio; outros defendem a sua redefinição.

7.1 Observação necessária

Em primeiro lugar, a ideia de que o interesse público **sempre, em qualquer situação,** prevalece sobre o particular jamais teve aplicação (a não ser, talvez, em regimes totalitários). Exagera-se o seu sentido, para depois combatê-lo, muitas vezes de forma inconsequente, irresponsável e sob falsos pretextos.

Em verdade, existe uma tendência a generalizar excessivamente determinados atributos do regime jurídico administrativo, que não correspondem à verdade.

Fala-se, por exemplo, nos atributos da imperatividade e da autoexecutoriedade dos atos administrativos como se fossem aplicáveis a todos os atos administrativos. No entanto, é sabido que nem todos os atos administrativos têm esses atributos. Os chamados *atos negociais* não são imperativos. Do mesmo modo, atos autoexecutórios são apenas aqueles a que a lei confere esse atributo ou aqueles de que a Administração tem que se socorrer em situações de emergência (aliás, por razões de interesse público). É o que realçamos no livro *Direito administrativo*,[13] repetindo lição que consta de todas as edições anteriores e nos melhores e mais atuais livros de doutrina.

Também se diz que, pelo princípio da legalidade, a Administração Pública só pode fazer o que a lei permite, o que também não corresponde inteiramente à verdade, até porque a lei não tem condições de prever todas as situações possíveis de ocorrer e apontar as respectivas decisões. O importante é extrair do ordenamento jurídico o fundamento para as decisões administrativas. Não é por outra razão

---

[13] São Paulo: Atlas, 2010. p. 200.

que se fala em poderes implícitos e explícitos; também não é por outra razão que se reconhece à Administração Pública certa margem de discricionariedade para decidir segundo critérios de oportunidade e conveniência; e também não é por outra razão que o princípio da legalidade tem hoje uma amplitude muito maior do que em suas origens, porque abrange, não apenas a lei, mas também os atos normativos do Executivo e Judiciário, além dos princípios e valores previstos implícita ou explicitamente no ordenamento jurídico.

O mesmo ocorre com o princípio do interesse público. Ele está na base de todas as funções do Estado e não só da função administrativa. Por isso mesmo, ele constitui fundamento essencial de todos os ramos do direito público. Para ficarmos apenas com o direito administrativo, podemos dizer que o princípio da supremacia do interesse público está na base dos quatro tipos de atividade que se compreendem no conceito de *função administrativa* do Estado: *serviço público, fomento, intervenção* e *polícia administrativa*. E para quem considera a *regulação* como nova modalidade de função administrativa do Estado, é possível afirmar, sem receio de errar, que o princípio do interesse público também está na base desse tipo de atividade e faz parte de seu próprio conceito.

Senão, vejamos.

Com relação ao *serviço público*, pode-se dizer que ele é *público*, em dois sentidos: porque é de titularidade do Estado e porque é prestado para atender ao interesse público (representado pelas necessidades coletivas essenciais). Tanto isso é verdade que, ao definir-se o serviço público, costuma-se apontar três aspectos: o *subjetivo* (titularidade do Estado), o *objetivo* (atendimento ao interesse público) e o *formal* (submissão a normas de direito público).

Note-se que nos dois momentos históricos em que se falou em crise na noção de serviço público, não foi o elemento objetivo, pertinente ao interesse público, que se colocou em risco. No primeiro momento, criticou-se o elemento subjetivo e o formal, pelo reconhecimento de que nem sempre o serviço público é prestado diretamente pelo Estado; pode ser prestado por particulares, sob regime privado (ainda que em grande parte derrogado por normas de direito público). No segundo momento (o atual), ainda é o elemento subjetivo que sofre ataques, em decorrência da falsa ideia de que a existência de atividades de titularidade exclusiva do Estado é incompatível com os princípios da liberdade de iniciativa e de livre competição. No entanto, essa ideia, que levou à supressão do conceito de serviço público nos países membros da Comunidade Europeia, acabou por retroceder parcialmente, pela imposição, a empresas privadas, das chamadas **obrigações de serviço público**. O que ocorreu foi a prevalência do princípio da supremacia do interesse público, ou seja, da ideia (que inspirou a criação do instituto do serviço público, no direito francês) de que determinadas necessidades coletivas têm que ser prestadas com o caráter de universalidade, gratuidade, continuidade, ainda que exercidas por particulares.

Nem se pode aceitar como válida a ideia de que a existência de serviço público exclusivo do Estado conflita com os princípios da livre iniciativa e da livre competição. É perfeitamente possível a convivência, no âmbito constitucional, da livre iniciativa, de um lado, como regra geral, e, de outro, a reserva de determinadas atividades à titularidade exclusiva do Estado. Trata-se de opção do legislador constituinte. Ele é que vai decidir quais as atividades que, por sua relevância, têm que ser subtraídas à livre iniciativa. Essas duas ideias sempre conviveram nas várias Constituições brasileiras.

O princípio do interesse púbico também constitui o próprio fundamento da atividade de *fomento*, pela qual o Estado subsidia, incentiva, ajuda a iniciativa privada, exatamente por considerar que o particular merece essa ajuda porque está exercendo atividades que atendem às necessidades coletivas, paralelamente ao Estado.

A proteção do interesse público também se constitui em fundamento do *poder de polícia* do Estado e da atividade de *intervenção indireta no domínio econômico* (esta última como manifestação do poder de polícia exercido na área econômica). Por meio dessas atividades, o Estado impõe restrições ao exercício de direitos individuais para beneficiar o interesse da coletividade. E a própria *intervenção direta* no domínio econômico (pelo exercício de atividade econômica pelo Estado, por meio de empresas estatais) também tem por objetivo o interesse público, seja para proteger a segurança nacional, seja para proteger "relevante interesse coletivo", tal como previsto expressamente na Constituição (art. 173, *caput*). Trata-se de hipóteses em que a própria Constituição está dando fundamento para que o interesse público (ainda que de natureza econômica) prevaleça sobre o particular.

Também na atividade de *regulação*, a ideia de proteção do interesse público está presente. Para utilizar um conceito de Vital Moreira, pode-se definir a regulação como "o estabelecimento e a implementação de regras para a atividade econômica destinadas a garantir o seu funcionamento equilibrado, de acordo com determinados objetivos públicos".[14] Embora o autor considere apenas a *regulação econômica*, ele introduz no conceito a presença dos *objetivos públicos*.

Quando se considera a *regulação social*, o conceito de regulação econômica não se adapta inteiramente, porque a finalidade não é de ordem econômica. Nesse caso, em que a regulação abrange a fixação de regras de conduta e controle (nas áreas de saúde, ensino, assistência etc.), o objetivo é mais amplo, porque diz respeito à organização dos vários aspectos da vida social, também para proteger o interesse público.

A defesa do interesse público corresponde ao próprio fim do Estado. O Estado tem que defender os interesses da coletividade. Tem que atuar no sentido de favorecer o bem-estar social. Para esse fim, tem que fazer prevalecer o interesse

---

[14] *Autorregulação profissional e administração pública*. Coimbra: Almedina, 1997.

público em detrimento do individual, *nas hipóteses agasalhadas pelo ordenamento jurídico*. Negar a existência do princípio da supremacia do interesse público é negar o próprio papel do Estado.

A Constituição é rica em institutos fundados no princípio da supremacia do interesse público, mesmo no capítulo dos direitos fundamentais do homem. É o caso do princípio da *função social da propriedade,* previsto no artigo 5º da Constituição, que serve de fundamento para desapropriações de caráter sancionatório (arts. 182 e 184) e que convive pacificamente com os princípios da propriedade privada, da livre concorrência, inseridos entre os princípios que têm por fim "assegurar a todos existência digna, conforme os ditames da justiça social" (art. 170). É o caso da requisição de propriedade particular pela autoridade competente "no caso de perigo público iminente" (art. 5º, XXV), da proteção do sigilo imprescindível à segurança da sociedade e do Estado (art. 5º, XXXIII), do mandado de segurança coletivo (art. 5º, LXX), da ação popular (art. 5º, LXXIII). É o caso das ações coletivas para proteção do patrimônio público e social, do meio ambiente e de outros interesses difusos e coletivos (art. 129, III). No próprio título da ordem econômica, coexiste a proteção do interesse econômico individual com a proteção do interesse público: de um lado, a previsão da propriedade privada, da livre concorrência, da livre iniciativa, do tratamento favorecido para as empresas de pequeno porte, de outro, a justiça social, a função social da propriedade, a defesa do consumidor, a defesa do meio ambiente, a redução das desigualdades regionais e sociais (art. 170). Confira-se ainda o capítulo da política urbana, onde se encontra a ideia de *função social da cidade e de bem-estar de seus habitantes* (art. 182). É o interesse público que se procura defender com a norma do artigo 192, quando se estabelece que o sistema financeiro nacional deve ser estruturado de forma a promover o desenvolvimento equilibrado do País e a servir aos interesses da coletividade. Por sua vez, o título pertinente à ordem social começa com a regra de que o seu objetivo é o bem-estar e a justiça sociais (art. 193). O artigo 225 coloca o meio ambiente ecologicamente equilibrado como direito de todos e o define como bem de uso comum do povo.

São inúmeras as hipóteses em que o direito individual cede diante do interesse público. E isso não ocorre por decisão única da Administração Pública. Ocorre porque a Constituição o permite, a legislação o disciplina e o direito administrativo o aplica. A proteção do interesse público, mesmo que feita em detrimento do interesse particular, é possível porque o ordenamento o permite e outorga os instrumentos à Administração Pública.

7.2 Da indeterminação do conceito de interesse público

A *indeterminação do conceito de interesse público* não pode servir de empecilho à aplicação das normas constitucionais. Sendo conceitos jurídicos, são passíveis de interpretação. Existe hoje toda uma doutrina dos conceitos jurídicos indeterminados, exatamente para permitir ao intérprete a sua definição e ampliar a possibilidade de controle judicial sobre os atos administrativos.

Se a indeterminação do conceito de interesse público fosse empecilho para sua aplicação, o mesmo ocorreria com inúmeros outros princípios constitucionais, como os da moralidade, eficiência, razoabilidade, segurança jurídica e tantos outros. As ideias de utilidade pública, interesse social, perigo iminente e outras semelhantes, de que são ricos todos os ramos do direito, ficariam sem aplicação.

Além disso, nem sempre a ideia de interesse público tem sentido indeterminado. Existem diferentes graus de indeterminação. Quando se considera o interesse público como sinônimo de bem comum, ou seja, como fim do Estado, a indeterminação atinge o seu grau mais elevado. Essa indeterminação diminui quando o princípio é considerado nos diferentes ramos do direito, porque cada qual tem em vista proteger valores específicos. Também diminui quando se consideram os diferentes setores de atuação do Estado, como saúde, educação, justiça, segurança, transportes, cada qual com um interesse público delimitado pela Constituição e pela legislação infraconstitucional. A indeterminação ainda se restringe de forma mais intensa em relação a determinados institutos, como, exemplificativamente, os contratos administrativos, as diferentes formas de intervenção na propriedade e na economia, as licitações. Não se pode dizer que seja indeterminado o interesse público presente na rescisão unilateral de um contrato administrativo que cause danos ao meio ambiente, ao consumidor ou ao patrimônio público; ou que seja indeterminado o interesse público inspirador de um tombamento ou de uma desapropriação; ou que seja indeterminado o interesse público a ser protegido em um procedimento de licitação. Em todos esses exemplos, é o princípio da supremacia do interesse público que está na base da atuação administrativa. Não o princípio aplicado livremente pela Administração, mas o princípio aplicado pela forma como está delimitado pelo ordenamento jurídico.

Seria de difícil aplicação o princípio se deixado inteiramente à apreciação da Administração Pública. Mas não é o que ocorre, porque o princípio tem que ser aplicado em consonância com os demais princípios administrativos, em especial o da legalidade.

Nem tem sentido discutir se o interesse público corresponde ou não à soma dos interesses individuais. Como visto no item 3, nasceu com Rousseau a ideia de interesse geral diverso da soma dos interesses individuais. Ideia diferente encontra-se em Hector Jorge Escola,[15] em obra que trata especificamente do interesse público como fundamento do direito administrativo. Afirma ele que

> existe interesse público quando, nele, uma maioria de indivíduos, e em definitivo, cada um pode reconhecer e extrair do mesmo seu interesse individual,

---

[15] *El Interés público como fundamento del derecho administrativo.* Buenos Aires: Depalma, 1989. p. 31.

pessoal, direto e atual ou potencial. O interesse público, assim entendido, é não só a soma de uma maioria de interesses coincidentes, pessoais, diretos, atuais ou eventuais, mas também o resultado de um interesse emergente da existência da vida em comunidade, no qual a maioria dos indivíduos reconhece, também, um interesse próprio e direto.

É difícil ocorrer que todos os indivíduos tenham interesse comum, cuja soma corresponda a um interesse público único. Talvez por isso Hector Escola fale em *"maioria de indivíduos"*. Pode nem ser a maioria de indivíduos. Pode haver interesses públicos conflitantes, como ocorre com a construção de rodovias e de usinas nucleares, cujo interesse, em regra, conflita com o interesse na proteção do meio ambiente. Nesse caso, cabe à Administração Pública e, em última instância, ao Judiciário decidir qual o interesse a proteger.

O importante é que existem interesses públicos que merecem a proteção do Estado, ainda que em detrimento de interesses individuais. É do ordenamento jurídico que se extrai a ideia de interesse público e quais os interesses públicos a proteger. Interesses públicos, correspondentes ou não à soma de interesses individuais, sempre existiram e sempre vão existir, a menos que se queira negar o papel do Estado como garantidor do bem comum.

7.3 A supremacia do interesse público em confronto com os direitos fundamentais: a ponderação de interesses

O princípio da supremacia do interesse público, ao contrário do que se afirma, não coloca em risco os direitos fundamentais do homem. Pelo contrário, ele os protege. Veja-se que o direito administrativo nasceu justamente no período do Estado liberal, cuja preocupação maior era a de proteger os direitos individuais frente aos abusos do poder. Protegeu tanto a liberdade, que acabou por gerar profunda desigualdade social, porque, afinal, os homens não nascem tão livres e iguais como pretendia Rousseau e foi afirmado no artigo 1º da Declaração dos Homens e do Cidadão de 1789.

O princípio do interesse público se desenvolveu com o Estado Social de Direito. E não se desenvolveu como um interesse público único. Ele veio para proteger os vários interesses das várias camadas sociais. Ele não afetou os direitos individuais. Pelo contrário, paralelamente a esse princípio, nasceram os direitos sociais e econômicos.

Por isso mesmo, o direito administrativo se caracteriza pelo binômio autoridade-liberdade. A Administração Pública tem que ter prerrogativas que lhe garantam a autoridade necessária para a consecução do interesse público. Ao mesmo tempo, o cidadão tem que ter garantias de observância de seus direitos fundamentais contra os abusos do poder.

Esse binômio – *autoridade* e *liberdade* – está presente em todos os institutos do direito administrativo. Na evolução desse ramo do direito, pode o pêndulo do relógio pender mais para um lado do que para o outro. O ideal é que haja um equilíbrio entre ambos.

Por isso se fala em princípio da razoabilidade. Porém, falar em razoabilidade não implica negar o princípio do interesse público. A razoabilidade exige relação, proporção, adequação entre *meios* e *fins*. Quais fins? Os que dizem respeito ao interesse público.

A exigência de razoabilidade – que está sendo apontada por alguns pretensos inovadores – está presente desde longa data na aplicação do princípio da supremacia do interesse público. Se forem consultados livros de direito administrativo, vai-se encontrar a afirmação, desde longa data, de que o poder de polícia (cuja própria razão de ser decorre do princípio da supremacia do interesse público) tem as características da *necessidade*, da *eficácia* e da *proporcionalidade*.

Isto não é novidade. Isto é doutrina velha, que se conserva nova, atual, porque é indispensável para a busca do equilíbrio entre o direito individual e o interesse público. Isto já tem sido aplicado pela jurisprudência desde longa data, mesmo quando não se invoca a expressão *razoabilidade*. O antigo Tribunal Federal de Recursos, extinto há quase 20 anos, é rico na aplicação do princípio.[16]

Não há dúvida de que qualquer conceito jurídico indeterminado (não apenas o de interesse público), ao ser aplicado aos casos concretos, exige ponderação de interesses, avaliação de custo-benefício, utilização de critérios de interpretação, na tentativa de diminuir ou mesmo de acabar com a indeterminação e encontrar a solução mais adequada.

8 Doutrina incompatível com o ordenamento jurídico

A doutrina que se considera inovadora ou incide no erro de acabar com o princípio da supremacia do interesse público (o que equivaleria à negação dos próprios fins do Estado) ou incide no erro de achar que está inovando, quando, na realidade, está fazendo afirmações que desde longa data são amplamente aceitas pela doutrina e pela jurisprudência. Muitos exageram intencionalmente os efeitos funestos do princípio, para depois se apresentarem como os salvadores dos direitos fundamentais. Só que parece não terem percebido que esses direitos existem e são reconhecidos desde longa data e sempre conviveram com o princípio da supremacia do interesse público.

---

[16] Cf. Carlos Roberto de Siqueira Castro. *O devido processo legal e a razoabilidade das leis na nova Constituição do Brasil*. Rio de Janeiro: Forense, 1989. p. 192 e seguintes.

Essa doutrina inovadora compõe o chamado *direito administrativo econômico*, que se formou e vem crescendo na mesma proporção em que cresce a proteção do interesse econômico em detrimento de outros igualmente protegidos pelo ordenamento jurídico brasileiro.

É necessário ter presente que o direito administrativo econômico não substitui o direito administrativo tradicional. Ele é apenas parte do direito administrativo. É um capítulo deste e submete-se aos mesmos princípios.

Isto porque o direito administrativo é um dos principais instrumentos de aplicação da Constituição. E a Constituição não quer a proteção apenas do interesse econômico. A Constituição quer uma sociedade *fraterna, pluralista* e sem *preconceitos*, como proclamado em seu preâmbulo. *Pluralista* é uma sociedade em que todos os interesses, dos diferentes setores da sociedade, são protegidos.

A doutrina que se considera inovadora compõe, sob certo aspecto, uma ala retrógrada, porque prega a volta de princípios próprios do liberalismo, quando se protegia apenas uma classe social e inexistia a preocupação com o bem comum, com o interesse público. Ela representa a volta aos ideais de fins do século XVIII. As consequências funestas do liberalismo recomendam cautela na adoção dessas ideias, até porque se opõem aos ideais maiores que constam do preâmbulo e do título inicial da Constituição, para valorizarem excessivamente determinados princípios do capítulo da ordem econômica, privilegiando a liberdade de iniciativa e de competição.

É uma doutrina que caminha na contramão de direção, quando se considera também que no próprio âmbito do direito privado (de origem individualista), é crescente a influência do direito público e a preocupação com o *social,* em detrimento do individual. É o que se observa no Código Civil de 2002, com a ideia de *função social do contrato* (art. 421); também com o preceito do artigo 1.228, que agasalha a ideia de *função social da propriedade,* ao determinar que "o direito de propriedade deve ser exercido em consonância com as suas finalidades econômicas e sociais e de modo que sejam preservados, de conformidade com o estabelecido em lei especial, a flora, a fauna, as belezas naturais, o equilíbrio ecológico e o patrimônio histórico e artístico, bem como evitada a poluição do ar e das águas"; o mesmo sentido protetor do interesse público se contém no § 4º do artigo 1.228, que prevê a perda da propriedade se "o imóvel reivindicado consistir em extensa área, na posse ininterrupta e de boa-fé, por mais de cinco anos, de considerável número de pessoas, e estas nela houverem realizado, em conjunto ou separadamente, obras e serviços considerados pelo juiz de interesse social e econômico relevante".

Ainda a doutrina caminha na contramão de direção quando se considera que o direito de ação, tradicionalmente exercido para proteger o interesse individual, hoje se constitui em importante instrumento para proteção do interesse público, por meio de ações coletivas, atualmente propostas com muita frequência.

9 Conclusão

O princípio da supremacia do interesse público convive com os direitos fundamentais do homem e não os coloca em risco. Ele encontra fundamento em inúmeros dispositivos da Constituição e tem que ser aplicado em consonância com outros princípios consagrados no ordenamento jurídico brasileiro, em especial com observância do princípio da legalidade. A exigência de razoabilidade na interpretação do princípio da supremacia do interesse público se faz presente na aplicação de qualquer conceito jurídico indeterminado; atua como método de interpretação do princípio (na medida em que permite a ponderação entre o interesse individual e o público) e não como seu substituto.

Referências bibliográficas

BOBBIO, Norberto. *Estado, governo e sociedade*: para uma teoria geral da política. São Paulo: Paz e Terra, 1987.

_____. *A teoria das formas de governo*. Brasília: Universidade de Brasília, 1976.

CASTRO, Carlos Roberto de Siqueira. *O devido processo legal e a razoabilidade das leis na nova Constituição do Brasil*. Rio de Janeiro: Forense, 1989.

CHEVALIER, Jean-Jacques. *As grandes obras políticas de Maquiavel a nossos dias*. Rio de Janeiro: Agir, 1976.

DESWART, Marie-Pauline. Intérêt general, bien commun. *Revue de Droit Public*, v. 5, 1988.

DI PIETRO, Maria Sylvia Zanella. *Discricionariedade administrativa na Constituição de 1988*. 2. ed. São Paulo: Atlas, 2001.

_____. *Direito administrativo*. 23. ed. São Paulo: Atlas, 2010.

ESCOLA, Hector Jorge. *El interés público como fundamento del derecho administrativo*. Buenos Aires: Depalma, 1989.

FALLA, Garrido. *Las transformaciones del régimen administrativo*. Madri: Instituto de Estúdios Políticos, 1962.

MOREIRA, Vital. *Autorregulação profissional e administração pública*. Coimbra: Almedina, 1997.

4

Interesse Público: um conceito[1] jurídico determinável

Carlos Vinícius Alves Ribeiro[2]

1 Anotações vestibulares

Cada disciplina tem seus modos e suas modas. No direito administrativo brasileiro uma moda despontou com enorme força nos últimos anos. É justamente o questionamento sobre a efetiva superioridade ou, até mesmo, a existência de um *interesse público* norteador das atividades administrativas.

Poder-se-ia dizer que é moda de neófitos, mas não seria verdade. Estes questionamentos são feitos por juristas renomados e com grande capacidade intelectual.

Outros anunciariam que é mera necessidade de inovar ou imposição das academias para se alcançar o grau de doutor. Também não parece ser o caso, pois os que defendem o fim do *interesse público* ou sua horizontalização com os *interesses particulares* já superaram essa fase.

Em verdade, parece que este não é um fenômeno que ocorre apenas por essas bandas. O Professor *Jacques Chevallier*, em sua obra *L'État post-moderne*, recentemente traduzida para o português pelo Professor Marçal Justen Filho,[3] aponta, de partida, que se até pouco tempo as sociedades se apercebiam como entidades

---

[1] Tipo junguiano.

[2] Promotor de Justiça no Estado de Goiás. Mestrando em Direito do Estado na USP. Já foi Professor Convidado na UFG, PUC-GO e UEG. Membro da *International Prosecutor Association* (IAP).

[3] CHEVALLIER, Jacques. *O Estado pós-moderno*. Trad. Marçal Justen Filho. Belo Horizonte: Fórum, 2009.

coletivas, a relação social pós-moderna é construída a partir dos indivíduos. O indivíduo torna-se a referência suprema. Os interesses individuais ou de grupos de indivíduos, principalmente alicerçados no lucro e na economia, deflagram a reengenharia dos Estados.

Nas sociedades atuais, os grupos econômicos são constrangidos a se apoiarem sobre as bases dos Estados e estes, por outro lado, tornam-se porta-vozes e defensores dos interesses econômicos. "Por trás da tela estatal, veem-se perfilar poderosos e agressivos interesses econômicos, que procuram utilizar os Estados como instrumentos de ação para fazer prevalecer seus interesses."[4]

Resta a questão: o que isso diz com os ataques ao princípio do *interesse público*? O mesmo *Jacques Chevallier* responde pouco adiante. O Estado não é mais visto como aquele que tem o monopólio do interesse geral, bem como é agora notado como ameaça aos interesses dos indivíduos.

Ou, nas palavras lúcidas de Luís Roberto Barroso, "o Estado contemporâneo tem o seu perfil redefinido pela formação de blocos econômicos, pela perda de densidade do conceito de soberania, pelo aparente esvaziamento do seu poder diante da globalização".[5]

O Direito exerce função essencial neste panorama. As novas doutrinas jurídicas devem fornecer o ferramental necessário para que os interesses individuais e, quase sempre, econômicos, não mais encontrem limites nos interesses públicos.

Essa ciência preliminar possibilita o estudo do que chamo de teorias "demolicionistas" do conceito de *interesse público*.

Adianta-se, todavia, que a radicalização no sentido contrário também não é construtiva. O que é dito sobre o fim do princípio da supremacia do *interesse público*, quase em sua totalidade, não obstante o fundo econômico, demonstra também equívocos e vícios na utilização do princípio como fundamento das ações administrativas. O que se quer dizer é que não basta que a administração diga que fará ou deixará de fazer algo, eventualmente atingindo interesses legítimos de indivíduos, por ser essa ação ou inação de interesse público. É preciso rechear o conceito, destrinchá-lo, dizer qual é efetivamente o interesse público naquele caso concreto e qual regra jurídica lhe atribui superioridade legítima.

O *interesse público* que é "descontruído" por um rol de juristas de altíssimo nível, como Alexandre Aragão, Daniel Sarmento, Gustavo Binenbojm, Humberto Ávila e Paulo Ricardo Schier, mormente na obra intitulada *Interesses públicos versus interesses privados*: descontruindo o princípio da supremacia do interesse

---

[4] CHEVALLIER, Jacques. Ob. cit., p. 49.
[5] BARROSO, Luís Roberto. *Curso de direito constitucional contemporâneo*: os conceitos fundamentais e a construção do novo modelo. São Paulo: Saraiva, 2009. p. 69.

público,⁶ é apontado por eles como sendo a gênese do direito administrativo retrógrado, reacionário e autoritário.

Necessário, todavia, como já advertia a Professora Alice Gonzalez Borges, distinguir a *supremacia do interesse público* de "suas manipulações e desvirtuamentos em prol do autoritarismo [...]. O problema, pois, não é do princípio: é, antes, de sua aplicação prática".⁷

É preciso diferenciar o instituto da patologia. Se estamos diante da patologia, nenhum reproche às críticas desferidas, desde que fique acordado que objetivam atingir o vício.

Ademais, como genialmente argumenta Emerson Gabardo, "para reproduzir suas práticas autoritárias, o Estado não precisa do Direito Administrativo, pois já tinha os meios típicos do Antigo Regime".⁸ Adiante expõe, com a mesma razão, que no Brasil culpar o Direito Administrativo e digo, o interesse público, pelos arbítrios e desmandos, é culpar um desconhecido, pois pouquíssimos governantes possuem conhecimento sobre os postulados da Administração Pública Democrática.

Feitas essas primeiras considerações, passa-se ao enfrentamento do tema.

2 A tese

O que nomino neste tópico de tese é fração das críticas desferidas ao conceito de *interesse público* e a sua supremacia, notadamente o primeiro argumento utilizado pelos defensores do fim. É a tese que passarei a rebater.

Sustenta-se, em apertada síntese, a inviabilidade de a administração pública agir, eventualmente atingindo interesses individuais, objetivando a consecução do *interesse público*, haja vista que este conceito é indeterminado e, portanto, poderia ser utilizado para justificar qualquer ação ou inação, pois, a rigor, ninguém saberia, precisamente, o que é e o que não é *interesse público*.

O caráter abstrato do conceito de *interesse público* é recorrentemente tomado como óbice para seu manejo na administração pública.

Alega-se que o interesse público retrata conceito jurídico indeterminado de difícil concreção. Autores como Humberto Ávila advogam a tese de que o interes-

---

⁶ Rio de Janeiro: Lumen Juris, 2005.
⁷ BORGES, Alice Gonzalez. Supremacia do interesse público: descontrução ou reconstrução? *Revista Diálogo Jurídico*. Salvador, nº 15, jan./fev./mar. 2007.
⁸ GABARDO, Emerson. *Interesse público e subsidiariedade*: o Estado e a sociedade civil para além do bem e do mal. Belo Horizonte: Fórum, 2009. p. 275.

se público não é determinável objetivamente. Ou seja, coloca-se como pergunta fundamental: como seria possível identificar o que é interesse público?[9]

Mesmo ciente dos demais argumentos utilizados para afastar a aplicação do princípio da supremacia do interesse público, como a sua incompatibilidade com o princípio da proporcionalidade e o eventual choque com direitos fundamentais, ater-se-á, daqui em diante, à análise da fluidez do conceito de *interesse público*.

3 Antítese

De partida, dizer que a expressão *interesse público*, assim, abstratamente, apresenta-se indeterminada quanto ao seu conteúdo é como dizer que a probidade, de igual forma, descortina contornos confusos.

A imprecisão terminológica, vale dizer, a imprecisão da expressão *interesse público,* antes de apresentar fluidez jurídica, mostra-se fluída linguisticamente.

Em outras palavras, o instrumento de exteriorização dos comandos jurídicos, a linguagem, por vezes é repleta de indeterminações, como *a priori* é indeterminado o conteúdo de bem-estar, felicidade e amor.

3.1 Conceitos indeterminados

Fernando Sainz Moreno parece ser aquele que com maior propriedade enfrentou a questão da imprecisão e fluidez de conceitos jurídicos.

Debruçado sobre essas questões, resumiu que

> a vaguidade ou indeterminação dos conceitos utilizados na linguagem cotidiana não é um defeito que se deva corrigir, mas é uma nota característica que desempenha funções positivas. Na indeterminação, a aplicação do conceito a seu objeto move-se entre dois limites: um, de certeza positiva, marca a ideia nuclear do conceito; outro, de certeza negativa. Entre ambos os limites existe uma zona de dúvida (halo de conceito).[10]

Dizendo de outra forma: diante de uma expressão imprecisa, plurissignificativa, encontraremos situações em que, inequivocamente, encaixam-se na ideia contida na expressão. Outras situações, ao revés, sem margem de dúvidas não se encaixarão no conceito. Entre estes dois pontos de certeza encontra-se a zona cin-

---

[9] GABARDO, Emerson. *Interesse público e subsidiariedade*: o Estado e a sociedade civil para além do bem e do mal. Belo Horizonte: Fórum, 2009. p. 287.

[10] SAINZ MORENO, Fernando. *Conceptos jurídicos, interpretación y discrecionalidad administrativa.* Madri: Civitas, 1976. p. 29.

zenta, a zona de dúvida, em que alguns dirão que o conceito está materializado e outros dirão o contrário.

Como direito e linguagem apresentam ligação visceral, não se cogitando a existência do direito sem a existência de uma linguagem que o exteriorize, a imprecisão da linguagem é transplantada ao direito, não por esse ser impreciso, mas porque imprecisa vez ou outra é a linguagem.

Esse assunto deu palco, no Brasil, a uma clássica controvérsia cujos protagonistas foram Eros Grau e Celso Antônio Bandeira de Mello.

3.1.1   Posição de Eros Grau

Eros Grau sustentou que quando o jurista se depara com alguma expressão imprecisa, vaga, ele deve ter ciência de que a imprecisão não é do conceito, da ideia, mas da sua expressão, de seu termo.

Dito de outra maneira, para Eros a linguagem é imprecisa, jamais o conceito:

> mais adequado será referir-se a termos indeterminados de conceitos, e não a conceitos (jurídicos ou não) indeterminados. [...] ao se admitir a existência de um conceito 'indeterminado' – ou seja, cuja significação não é reconhecida uniformemente por um grupo social –, toda a interpretação/aplicação do direito haverá de ser feita à margem da legalidade.[11]

Assim, para Eros Grau, não há conceito indeterminado. Em se admitindo, não seria conceito, pois indeterminado. Para ele, o mínimo que se exige de uma suma de ideias abstratas, para que seja conceito, é que seja determinada.

Eros nomeia os "conceitos indeterminados" de tipológicos (*fattispecie*), sustentando que, quando diante de um conceito fluído, o intérprete deverá completá-lo com dados extraídos da realidade. Avança sustentando que quando o conceito tipológico for impreciso, deve-se buscar na realidade, inclusive considerando as concepções políticas predominante naquela realidade, a forma de aclarar o conteúdo jurídico do conceito.

3.1.2   Posição de Celso Antônio Bandeira de Mello

Para Celso Antônio, a imprecisão, fluidez ou indeterminação residem no próprio conceito e não na palavra que os rotula.

Deveras, a palavra é um signo e um signo supõe um significado. Se não houvesse significado algum recognoscível, não haveria palavra, haveria um ruído.

---

[11]   GRAU, Eros Roberto. *O direito posto e o direito pressuposto*. São Paulo: Malheiros, 1996. p. 146.

Logo, tem-se que aceitar, por irrefratável imposição lógica, que, mesmo que vagos, fluídos ou imprecisos, os conceitos utilizados no pressuposto da norma (na situação fática por ela descrita, isto é, no motivo legal) ou na finalidade, tem algum conteúdo mínimo indiscutível. De qualquer deles se pode dizer que compreendem uma zona de certeza positiva, dentro da qual ninguém duvidaria do cabimento da aplicação da palavra que os designa e uma zona de certeza negativa em que seria certo que por ela ninguém não estaria obrigado. As dúvidas só têm cabida no intervalo entre ambas.[12]

O conceito de Celso Antônio encontra respaldo na tese desenvolvida por Sainz Moreno. Seja como for, na ponta, tanto Eros quanto Celso Antônio admitem a utilização de conceitos indeterminados pelo direito, devendo eles serem densificados até se chegar ao conteúdo da expressão diante daquela situação apresentada.

3.1.3 Posição de Eduardo García de Enterría e Tomás-Ramón Fernández

García de Enterría e Tomás-Ramón Fernández sustentam que a expressão *conceito jurídico indeterminado* refere-se aos conceitos que se caracterizam por um elevado grau de indeterminação, *a priori*.

Justificam o manejo deste recurso alegando que a lei, muitas vezes, objetiva atingir um círculo de realidade cujas balizas não aparecem precisas no enunciado normativo.

> La Ley utiliza conceptos de experiencia (incapacidade para el ejercicio de sus funciones, premeditación, fuerza irresistible) o de valor (buena fe, estándar de conducta del buen padre de familia, justo precio), porque las realidades referidas no admiten otro tipo de determinación más precisa.[13]

Citam como exemplo a aposentadoria do funcionário que padece de incapacidade permanente para o exercício de suas funções, a boa-fé, a improbidade, a justa indenização e a honestidade. A lei não determina com exatidão os limites desses conceitos porque se trata de conceitos que não admitem uma quantificação ou determinação rigorosa na própria norma.

Reconhecem, superando a celeuma instaurada na doutrina nacional, que a indeterminação pode advir da imprecisão do enunciado linguístico, como também da indeterminação dos fatos subjacentes à norma.[14]

---

[12] MELLO, Celso Antônio Bandeira de. *Discricionariedade e controle judicial*. 2. ed. São Paulo: Malheiros, 2000. p. 29.

[13] GARCÍA DE ENTERRÍA, Eduardo; FERNÁNDEZ, Tomás-Ramón. *Curso de derecho administrativo*. 14. ed. Madri: Civitas, 2009. v. 1, p. 467

[14] GARCÍA DE ENTERRÍA, Eduardo; FERNÁNDEZ, Tomás-Ramón. Ob. cit., p. 446.

3.1.4 Posição de Sainz Moreno: núcleo e halo

Para Sainz Moreno, todo conceito possui um núcleo que constitui seu significado primário. A esse núcleo aludem aquelas expressões de linguagem que delimitam o âmbito do conceito, ou seja, sua essência.[15] Assim, em sua concepção, distinguem-se duas zonas: o núcleo ou zona de certeza e o halo, ou zona de dúvida.

A zona de certeza ou núcleo é o domínio das afirmações evidentes.

O halo é a borda que ladeia o núcleo. Neste campo, não há certeza prévia, sendo necessário densificar o conceito.

Os conceitos que alcançam o consenso com facilidade estão na zona de certeza ou no núcleo.

Os que não se encontram nesse quadro necessitam de interpretação, associada, como em qualquer interpretação, a uma perspectiva pessoal, social, moldada por padrões morais, culturais, políticos, éticos ou religiosos, *e. g.,* moral pública, valor histórico, idoneidade, conveniência, perigo, paz noturna.

Sinteticamente pode-se abreviar o ensinamento de Moreno e Enterría da seguinte forma: há uma zona de certeza positiva, onde não se duvida do cabimento do conceito indeterminado; há uma zona de certeza negativa, onde o conceito, sem margem de dúvida, não cabe; há a zona intermediária ou cinzenta, onde a definição do conceito apresenta-se imprecisa, necessitando, assim, de uma valoração subjetiva.

Em relação às zonas de certeza positiva ou negativa, o agente estará vinculado, pois não está autorizado a fazer qualquer intelecção que diste do senso comum, liberto do sentido corrente que necessariamente lhes terá de ser reconhecido em dado tempo e lugar.

3.2 *Conceito jurídico indeterminado: outorga de discrição?*

Questão que surge diante do aprofundamento no estudo dos conceitos jurídicos indeterminados é se a lei outorga discrição ao administrador por meio de conceitos indeterminados.

Na Alemanha, tanto a jurisprudência quanto a doutrina resolvem a questão pela teoria da margem de apreciação, que não admite margem de apreciação a todos os casos de uso de conceitos indeterminados.

Eros Grau, por aqui, ressalta que os conceitos jurídicos indeterminados são signos de predicados axiológicos, desempenhando a função de criar uma folga em

---

[15] SAINZ MORENO, Fernando. *Conceptos jurídicos, interpretación y discrecionalidad administrativa.* Madri: Civitas, 1976. p. 197

torno das ideias nucleares dos conceitos a fim de servirem de meios qualificadores da realidade, de forma que o resultado de sua aplicação possa ajustar-se, com maior exatidão, à finalidade da norma.

Ernst Forsthoff[16] diferenciou os conceitos empíricos, que são aqueles que se referem a situações ou circunstâncias empíricas, dos conceitos de valor. No primeiro caso, basta o operador interpretar para que o conceito se mostre concretamente, não havendo, neste caso, discricionariedade. Já os conceitos de valor atribuiriam, mesmo após interpretação, discricionariedade ao administrador.

Em Portugal Afonso Quieró[17] distingue os conceitos teóricos dos práticos. Os primeiros referem-se às realidades do mundo da natureza, como os de quantidade, número, espaço e tempo. São, portanto, determináveis com rigor absoluto, porque dizem respeito ao mundo da causalidade. Assim, haveria vinculação.

Os segundos pertencem ao mundo da cultura, reportando-se, com frequência, a valores culturais. O homem, ao tratar deles, serve-se das palavras que, obviamente, rotulam ou abarcam um gênero de realidade que, por si mesma, é irredutível a uma significação unívoca; há, portanto, discrição.

Finalmente, Sainz Moreno[18] apresenta uma coerente classificação. Para ele, conceitos de valor são aqueles que, simultaneamente a uma conexão com o mundo das normas, contêm uma valoração. O processo de definição de conteúdo e alcance exige valoração. São atribuidores de discricionariedade.

Os conceitos de experiência são conceitos cujo conteúdo pode não se apresentar imediatamente ao intérprete, sendo, no entanto, possível identificá-lo objetivamente com recursos de experiência comum, científica ou técnica (e. g., doença incurável). São, por sua vez, vinculados.

Os "conceitos jurídicos indeterminados" podem ser, em suma, tanto conceitos de valor quanto de experiência. Os conceitos de experiência tendem a ser determinados, conduzindo a uma única solução, sendo, portanto, vinculados. Já os conceitos de valor inclinam-se para a indeterminação, para a valoração, possibilitando mais de uma opção, todas válidas perante o Direito.

Eros Roberto Grau, por essas bandas, como já dito, defende a posição de que a superação da indeterminação (preenchimento) dos conceitos indeterminados opera-se no campo da interpretação, não no campo da discricionariedade.

---

[16] FORSTHOFF, Ernst. *Traté de droit administratif allemand*. Tradução de Michel Fromont. Bruxelas: Émile Bruylant, 1969, p. 150-152.
[17] QUEIRÓ, Afonso Rodrigues. A teoria do desvio do poder em direito administrativo. *Revista de Direito Administrativo*, Rio de Janeiro, nº 6, p. 55-56, out. 1946.
[18] *Conceptos jurídicos, interpretación y discrecionalidad administrativa*. Madri: Civitas, 1976.

Formula-se, segundo Eros, um juízo de legalidade, não de oportunidade. As margens de discricionariedade são reduzidas e apenas manifestam-se quando a lei, expressamente, atribui discrição à Administração Pública.

Maria Sylvia Zanella Di Pietro, com coerência, expõe:

> Devem ser afastadas as teorias extremadas que veem apenas atividades de interpretação sempre que a lei utilize conceitos indeterminados. Existem casos de conceitos de experiência ou de conceitos técnicos em que realmente se afasta a discricionariedade administrativa, porque existem meios que permitem à Administração transformar em determinado um conceito aparentemente indeterminado utilizado pelo legislador. Todavia, existem outros tipos de conceitos que implicam efetivamente uma apreciação subjetiva pela autoridade administrativa, propiciando certa margem de discricionariedade. Não se trata de liberdade total, porque, por via da interpretação e da apreciação dos fatos, pode-se reduzir sensivelmente a certos limites a discricionariedade que a lei quis atribuir à Administração.[19]

E continua exemplificando:

> Quando a lei fala, por exemplo, em promoção por merecimento, está utilizando um conceito que exige apreciação subjetiva; mas essa apreciação subjetiva é limitada por alguns fatos, porque existem elementos objetivos que permitem constatar que certas pessoas se enquadram e outras não se enquadram na ideia de merecimento. A liberdade do administrador não vai ao ponto de poder escolher qualquer funcionário, independentemente dos requisitos de capacidade que satisfaça; a liberdade de escolha restringe-se àqueles que, pelas circunstâncias de fato, facilmente comprováveis, possam razoavelmente, por qualquer pessoa, ser considerados merecedores da promoção.[20]

Assim, se a autoridade administrativa, após efetuar o labor interpretativo, chegar a várias soluções igualmente válidas perante o direito, a escolha deve ser feita segundo critérios puramente administrativos. Aqui, portanto, a discricionariedade.

---

[19] DI PIETRO, Maria Sylvia Zanella. *Discricionariedade administrativa na Constituição de 1988*. 2. ed. São Paulo: Atlas, 2001. p. 122

[20] DI PIETRO, Maria Sylvia Zanella. Ob. cit., p. 122.

3.3 Interesse público

Reconhecendo no *interesse público* um "conceito jurídico indeterminado", imperioso reconhecer que delimitar abstratamente seus contornos não é tarefa simples.

José Cretella Júnior apresentou uma noção inicial de interesse público na *Enciclopédia Saraiva de Direito*, dizendo:

> Atividade de tal modo relevante que o Estado a titulariza, incluindo-a entre os fins que deve, necessária e precipuamente, perseguir. É o próprio interesse coletivo colocado pelo Estado entre seus próprios interesses, assumindo-os sob regime jurídico do direito público, exorbitante e derrogatório do direito comum. A finalidade de toda e qualquer administração é o interesse público.[21]

Observa-se que, não obstante a brevidade da noção transmitida por Cretella Júnior, ela traz em seu bojo estacas cruciais para refutar algumas ideias sobre a suposta impossibilidade da utilização do conceito de *interesse público*, por ser indeterminado.

Nota-se que o *interesse público* dotado de supremacia é somente aquele internalizado pela administração, incluído entre os fins administrativos. Quem, senão a lei (instrumento normativo genérico e abstrato), adiciona objetivos à administração?

Parece ser também a recomendação de Renato Alessi:

> l'amministrazione potrà bensì far prevalere coattivamente gli interessi pubblici (dei quali essa ha la cura) sugli antitetici interessi individuali, ma soltanto allorchè si tratti di interessi la cui prevalenza sia stata in abstratto già preventivamente disposta da un atto primario legislativo la cui applicazione concreta presuponga appunto un futuro atto concreto da parte dell'amministrazione.[22]

Em síntese, para Alessi, não é a própria administração que diz onde existe e onde não existe interesse público como móvel do agir administrativo, mas somente a lei (instrumento jurídico genérico e anterior à prática do ato).

É do mesmo autor a distinção fundamental quando se analisa o interesse público e sua supremacia, qual seja, a distinção entre interesse público primário e interesse público secundário.

---

[21] CRETELLA JUNIOR, José. Interesse público: direito administrativo. In: FRANÇA, Limonge (Coord.). *Enciclopédia Saraiva de direito*. São Paulo: Saraiva, 1980. v. 45, p. 399.

[22] ALESSI, Renato. *Sistema istituzionale del diritto amministrativo italiano*. 3. ed. Milano: Giuffrè, 1960.

Também Luís Roberto Barroso reafirma a presença inegável do interesse público no Estado Contemporâneo, seguindo as linhas de Alessi:

> O interesse público primário é a razão de ser do Estado e sintetiza-se nos fins que cabe a ele promover: justiça, segurança e bem-estar social. Estes são os interesses de toda a sociedade. O interesse público secundário é o da pessoa jurídica de direito público que seja parte em determinada relação jurídica – quer se trate da União, quer se trate do Estado-membro, do Município ou de suas autarquias. Em ampla medida, pode ser identificado como interesse do erário, que é o de maximizar a arrecadação e minimizar as despesas. O interesse público primário, consubstanciado em valores fundamentais como justiça e segurança, há de desfrutar de supremacia em um sistema constitucional e democrático. [...] O interesse público primário desfruta de supremacia porque não é passível de ponderação; ele é o parâmetro da ponderação.[23]

Feitas essas considerações, fica assentado que, de partida, o *interesse público* que se defende é somente e tão somente o primário, desde que goze de previsão expressa no ordenamento jurídico.

3.3.1 Breve evolução histórica

O *interesse público* do Estado Contemporâneo (ou Pós-Moderno) passa ao largo da ideia de interesse público outrora serviente ao absolutismo.

Vem sendo há muito tratado por estudiosos: Aristóteles o chamava de "*sumo bem comum*", Rousseau de "vontade geral".[24] Todavia, pela brevidade deste capítulo e por não ser o histórico do instituto o objetivo, passar-se-á rapidamente por alguns pontos para se chegar ao *interesse público* na atual fase do Estado.

A Revolução Francesa rompeu com as antigas noções helênicas e romanas de interesses coletivos e interesses do Estado.

Descarta-se a noção de *interesse público* como fundamento da soberania do monarca e, posteriormente, do Estado Absolutista.

---

[23] BARROSO, Luís Roberto. *Curso de direito constitucional contemporâneo*: os conceitos fundamentais e a construção do novo modelo. São Paulo: Saraiva, 2009. p. 71.

[24] Lourival Gomes Machado, tradutor do *Contrato social*, destacou que "Rousseau avançou na direção certa, na medida em que sempre se recusou a reduzir a vontade geral à simples concordância (numérica, ou da maioria, coincidente ou de opinião) das vontades particulares. Para ele, vontade geral só era aquela que traduzisse o que há de comum em todas as vontades individuais, ou seja, o substrato coletivo das consciências."

Com a Revolução Francesa, surge a noção de *interesse público* no direito francês. O Estado, doravante, deveria agir compatibilizando os interesses opostos existentes na sociedade.

Elucidativas as palavras de Emerson Gabardo sobre a visão pós-moderna do interesse público:

> O interesse público desenvolveu-se com a Revolução Francesa no sentido de opor-se aos interesses personalistas, devendo prevalecer a vontade geral. Aos poucos foi substancialmente alterada, tendo em vista o abandono da vontade geral jacobina rumo a uma objetivação de valores democráticos como a dignidade. No final do século XX, muito pouco há na teoria do Direito Administrativo da sua origem revolucionária, como uma decorrência natural das modificações na estrutura mental da sociedade. [...] Ao contrário do que previu Junger Habermas, é a esfera pública que está sendo "colonizada" pela privada, pois a definição corrente em geral promovida pela mídia e aceita por quase todos os setores da sociedade coincide, no máximo, com um "dever de encenar dramas públicos e o direito do público de assistir à encenação". A recusa pós-moderna a todo tipo de abstração, o individualismo hedonista e a prevalência dos critérios econômicos e psicologizantes (sentimentais) nas decisões da vida quotidiana fizeram com que perdesse sentido um interesse que ultrapassasse a situação concreta de cada um rumo a um dever ser coletivo aprimorado.[25]

Chega-se, então, ao Estado Pós-Moderno questionando qual é, ainda hoje, em uma sociedade extremamente individualista e competitiva, o *interesse público* que goza de supremacia.

3.3.2 Em busca da noção de *interesse público*

Firma-se, inicialmente, a premissa de que a expressão *interesse público* é, como visto no item 3.1, um conceito jurídico indeterminado. Aceitar isso não é aceitar ideias como a de Humberto Ávila,[26] que sustenta que, pelo fato de o *interesse público* ser de difícil concretização, vale dizer, não determinável objetivamente, deve ser recusado seu caráter ético-jurídico condicionante.

Aliás, como lembra Emerson Gabardo, não é de hoje que críticas são feitas às imprecisões do conteúdo dos interesses públicos. Importantes autores clássicos, como Massimo Severo Giannini, já o faziam.

---

[25] GABARDO, Emerson. *Interesse público e subsidiariedade*. Belo Horizonte: Fórum, 2009. p. 287.
[26] ÁVILA, Humberto. Repensando o princípio da supremacia do interesse público sobre o particular. In: SARMENTO, Daniel (Org.). *Interesses públicos versus interesses privados*: desconstruindo o princípio de supremacia do interesse público. Rio de Janeiro: Lumen Juris, 2000.

Todavia essa questão retrata um falso problema, pois o fato de o conceito de interesse público ser vago não retira sua possibilidade de significado. Ao tratar do assunto, J. Roland Pennock traça paralelo com o conceito de beleza. Pondera o autor que os estudiosos da estética muitas vezes estão em completo desacordo quanto ao que a constitui; no entanto, em regra, há bastante consenso quanto aos padrões apropriados. Por certo é possível que não exista concordância quanto ao veredicto de um júri de um concurso de beleza, mas "ninguém sonha em definir uma mulher, seja processualmente, seja funcionalmente, e nem por isso precisamos negar a existência de uma mulher bonita".[27]

Sendo assim, deve-se localizar as balizas do que seja *interesse público*, suas zonas de certeza negativa, vale dizer, o que definitivamente não é o interesse público, seu halo e, quiçá, algumas manchas de núcleo (zona de certeza positiva).

Hector Jorge Escola leciona que o Direito Administrativo não é o direito da Administração Pública, mas "o direito do interesse público, pretendido através da atividade administrativa".[28] Prossegue:

> O interesse público não é mais que um querer majoritário orientado à obtenção de valores pretendidos, isto é, uma maioria de interesses individuais coincidentes, que é interesse porque se orienta à busca de um valor, proveito ou utilidade resultante daquilo sobre o qual recai tal coincidência majoritária, e que é público porque se destina a toda a comunidade, como resultado dessa maioria coincidente. [...] O interesse público – de tal modo – é o resultado de um conjunto de interesses individuais compartilhados e coincidentes de um grupo majoritário de indivíduos, que se destina a toda a comunidade como consequencia dessa maioria, e que encontra sua origem no querer axiológico desses indivíduos, aparecendo com um conteúdo concreto e determinável, atual, eventual ou potencial, pessoal e direto com respeito a eles, que podem reconhecerem seu próprio querer e sua própria valoração, prevalecendo sobre os interesses individuais que se lhe oponham ou o afetem, aos quais afasta ou substitui, sem aniquilá-los.[29]

Avança Escola sustentando que o *interesse público* não é algo abstrato, mas aparece sempre com um conteúdo concreto, como algo *definível*.

Em outras palavras, o seu conteúdo será cambiante no tempo e no espaço, sendo, portanto, um conceito mutável, mas sempre determinável quando se exe-

---

[27] GABARDO, Emerson. Ob. cit., p. 289.
[28] *El interés público como fundamento del derecho administrativo*. Buenos Aires: Depalma, 1989. p. 240 e 249.
[29] Idem, p. 31.

cutar a correta subsunção do comando legal que hospeda o *interesse público* e o substrato fático social.

Assim como Escola, Marçal Justen Filho, seguindo as linhas de Sainz Moreno, tentou traçar a zona ou núcleo de certeza negativa, vale dizer, o que não é o *interesse público* serviente aos interesses democráticos.

> O interesse público não se confunde com o interesse do Estado, com o interesse do aparato administrativo ou do agente público. É imperioso tomar consciência de que um interesse é reconhecido como público porque é indisponível, porque não pode ser colocado em risco, porque suas características exigem a sua promoção de modo imperioso. Afirma-se que o princípio da supremacia e indisponibilidade do interesse público é o alicerce fundamental do Direito Público, o que seria suficiente para legitimar as decisões adotadas pelos administradores. Ora, juridicamente, o titular do interesse público é o povo, a sociedade (no seu todo ou em parte). Mas os governantes refugiam-se neste princípio para evitar o controle de seus atos pela sociedade. Fundamentar decisões no "interesse público" produz a adesão de todos, elimina a possibilidade de crítica. Mais ainda, a invocação do "interesse público" imuniza as decisões estatais ao controle e permite que o governante faça o que ele acha que deve ser feito, sem a comprovação de ser aquilo, efetivamente, o mais compatível com a democracia e com a conveniência coletiva.[30]

As observações de Marçal estão plenamente alinhadas com as já feitas acima. Reafirma-se: quando se fala em *interesse público* beneficiário, *a priori* – frisa-se, *a priori*, pois não se exclui um juízo de ponderação –, de superioridade em relação a outros interesses, não se está falando, jamais, de interesse público secundário (Alessi). Ademais, o mero uso da expressão *interesse público* não é justificativa capaz de legitimar adequadamente uma decisão administrativa.

Todavia, não é pelo fato de a expressão *interesse público* estar presente em algumas patologias administrativas (desvio de poder), que se deverá sustentar o seu fim. Ademais, a expressão continua presente em várias normas jurídicas, como nos artigos 49 e 78, XII, da Lei 8.666/93. A própria Constituição da República, por inúmeras vezes, valeu-se da expressão (art. 19, inc. I, art. 37, inc. IX, art. 57, § 6º, inc. II, art. 66, § 1º, art. 93, inc. VIII e IX, art. 95, inc. II, art. 114, § 3º, art. 128, § 5º, inc. I, *b* e art. 231, § 6º), sem contar as duas vezes em que a expressão foi utilizada no Ato das Disposições Constitucionais Transitórias.

Se até agora foram delineadas algumas zonas de certeza negativa, necessário tentar focar a mancha que indica o núcleo do que seja *interesse público* ou, melhor

---

[30] O direito administrativo reescrito: problemas do passado e temas atuais. *Revista Negócios Públicos*, ano II, nº 6, p. 39-41.

dizendo, onde ele reside. Dito de outra forma, o que pode ser o *interesse público*? Será o somatório de interesses individuais coincidentes em torno de um bem da vida que lhes signifique valor essencial? Um interesse passa a ser público quando dele participa e compartilha um tal número de pessoas, componentes de uma comunidade determinada, que o mesmo passa a ser também identificado como interesse de todo o grupo, ou, pelo menos, como um querer valorativo predominante da comunidade? Seria o que anunciava Alice Gonzalez Borges?

> O interesse público e o interesse particular colidente ou não coincidente são qualitativamente iguais; somente se distinguem quantitativamente, por ser o interesse público nada mais que um interesse individual que coincide com o interesse individual da maioria.[31]

Não parece ser esse o pensamento de Celso Antônio Bandeira de Mello,[32] para quem o interesse público não é mera somatória de interesses individuais.

Reafirma-se também, neste ponto, algo que parece óbvio. O *interesse público* só é aquele positivado no ordenamento jurídico, seja ele por regras ou por princípios. Vale dizer, para que o interesse público seja, de fato, superior, é necessário um direito subjetivo específico com ele congruente. Com isso já se fixam as balizas de onde estaria o *interesse público*. Exatamente no ordenamento jurídico, que pelo princípio democrático entroniza no sistema as aspirações e reclames coletivos. Sendo direto: o "interesse" é público quando é "direito".

São também desferidas severas críticas à atuação administrativa que, mesmo serviente a um *interesse público* legítimo, desproporcionalmente causa danos a direitos de particulares. Neste ponto, está-se plenamente de acordo com Odete Medauar, que advoga que "à administração cabe realizar a ponderação dos interesses presentes numa determinada circunstância, para que não ocorra sacrifício *a priori* de nenhum interesse". Deve-se buscar, ao máximo, antes de afastar um direito ou interesse em detrimento de outro, efetuar a compatibilização.

Com a capacidade que lhe é peculiar, Emerson Gabardo finaliza dizendo que "uma visão do princípio da supremacia que possibilitasse ao Estado agir de forma desproporcional só é válida num regime ditatorial."[33] Ou, como preleciona Maria Sylvia Zanella Di Pietro:

> Em verdade, os que se opõem à aplicação do princípio da supremacia do interesse público partem de uma errônea interpretação de seu significado. Dão a ele uma generalização que jamais existiu, pois é evidente a impossibilidade de, em qualquer situação de conflito entre o público e o privado,

---

[31] BORGES, Alice Gonzalez. *Supremacia do interesse público*: desconstrução ou reconstrução? Op. cit.

[32] MELLO, Celso Antônio Bandeira de. *Curso de direito administrativo*. São Paulo: Malheiros, 2006.

[33] Idem, p. 301

fazer prevalecer o primeiro; se assim fosse, realmente não haveria como garantir os direitos individuais.[34]

Ficam, assim, fincadas as estacas que apontam para o núcleo da ideia (tipo) de *interesse público*.

Para além disso, necessário apontar a norma definidora ou garantidora do direito e o substrato fático móvel da atuação administrativa para, aí sim, concluir pela subsunção ou não, ou seja, para a existência ou não de *interesse público* naquele caso concreto.

A título de conclusão, pode-se traçar o seguinte paralelo: *interesse público* pode ser melhor tratado como "tipo" e não como "conceito", valendo-se, aqui, da Teoria dos Tipos de Carl Gustav Jung. Para os junguianos, conceito é algo descritivo, certo, determinável de plano, ao tempo em que os tipos são noções-quadro.

Assim é o *interesse público*. Uma noção quadro que, por mais que inicialmente, em abstrato, diretamente, não seja possível dizer, precisar, esquadrinhar o que seja, é possível, sem grandes dificuldades, chegar-se a um consenso do que não é, e com o complemento dado pela situação posta, ao que, naquele caso, é o *interesse público*.

Anunciar o fim, como querem alguns, é atropelar a história, é distorcer os fundamentos e, antes de tudo, é desconsiderar que, em um Estado extremamente desigual como o nosso, a única salvaguarda que boa parcela da coletividade possui para sobreviver é o *interesse público* que resta na base, entre outros, dos serviços públicos essenciais, como saúde e educação.

Referências bibliográficas

ALESSI, Renato. *Sistema istituzionale del diritto amministrativo italiano*. 3. ed. Milano: Giuffrè, 1960.

BARROSO, Luís Roberto. *Curso de direito constitucional contemporâneo*: os conceitos fundamentais e a construção do novo modelo. São Paulo: Saraiva, 2009.

BORGES, Alice Gonzalez. Supremacia do interesse público: desconstrução ou reconstrução? *Revista Diálogo Jurídico*, Salvador, nº 15, jan./fev./mar. 2007.

CHEVALLIER, Jacques. *O Estado pós-moderno*. Trad. Marçal Juste Filho. Belo Horizonte: Fórum, 2009.

DI PIETRO, Maria Sylvia Zanella. *Direito administrativo*. São Paulo: Atlas, 2009.

_____. *Discricionariedade administrativa na Constituição de 1988*. 2. ed. São Paulo: Atlas, 2001.

---

[34] DI PIETRO, Maria Sylvia Zanella. *Direito administrativo*. São Paulo: Atlas, 2009. p. 36.

ENTERRÍA, Eduardo García de. *Las transformaciones de la justicia administrativa*. Pamplona: Civitas, 2007.

ESCOLA, Héctor Jorge. *El interés público como fundamento del derecho administrativo*. Buenos Aires: Depalma, 1989.

FORSTHOFF, Ernst. *Traité de droit administratif allemand*. Tradução de Michel Fromont. Bruxelas: Émile Bruylant, 1969.

FRANÇA, Limonge (Coord.). *Enciclopédia Saraiva de direito*. São Paulo: Saraiva, 1980, v. 45.

GABARDO, Emerson. *Interesse público e subsidiariedade*: o Estado e a sociedade civil para além do bem e do mal. Belo Horizonte: Fórum, 2009.

GARCÍA DE ENTERRÍA, Eduardo; FERNÁNDEZ, Tomás-Ramón. *Curso de derecho administrativo*. Madri: Civitas, 2009. v. 1.

GRAU, Eros Roberto. *O direito posto e o direito pressuposto*. São Paulo: Malheiros, 1996.

JUSTEN FILHO, Marçal. O direito administrativo reescrito: problemas do passado e temas atuais. *Revista Negócios Públicos*, ano II, nº 6, p. 39-41.

MARQUES NETO, Floriano Azevedo (Org.). *Direito administrativo e seus novos paradigmas*. Belo Horizonte: Fórum, 2008.

MEDAUAR, Odete. *Direito administrativo moderno*. São Paulo: Revista dos Tribunais, 2008.

MELLO, Celso Antônio Bandeira de. *Curso de direito administrativo*. São Paulo: Malheiros, 2006.

_____. *Discricionariedade e controle judicial*. São Paulo: Malheiros, 2000.

MERKL, Adolfo. *Teoría general del derecho administrativo*. Granada: Comares, 2004.

OSÓRIO, Fábio Medina. Existe uma supremacia do interesse público sobre o privado no direito administrativo? *Revista de Direito Administrativo*, nº 220, p. 69-107.

QUEIRÓ, Afonso Rodrigues. A teoria do desvio do poder em direito administrativo. *Revista de Direito Administrativo*, Rio de Janeiro, nº 6, p. 55-56, out. 1946.

SAINZ MORENO, Fernando. *Conceptos jurídicos, interpretación y discrecionalidad administrativa*. Madri: Civitas, 1976.

SARMENTO, Daniel (Org). *Interesses públicos versus interesses privados*: desconstruindo o princípio de supremacia do interesse público. Rio de Janeiro: Lumen Juris, 2000.

5

Reflexões Críticas acerca da Tentativa de Desconstrução do Sentido da Supremacia do Interesse Público no Direito Administrativo

Irene Patrícia Nohara[1]

1 Considerações introdutórias

O debate acerca do sentido da supremacia do interesse público ganhou renovado fôlego a partir da delimitação de novas tendências no Direito Administrativo, que foram consequências do advento do Estado Democrático de Direito e da necessidade de superação de diversos paradigmas positivistas.

Podem ser mencionadas as seguintes tendências do Direito Administrativo pós-moderno: influência de uma hermenêutica que revaloriza o papel dos princípios na interpretação jurídica; análise da adequação das políticas públicas com os referenciais constitucionais; direcionamento da discricionariedade administrativa à consecução de direitos fundamentais, mesmo que de segunda geração/dimensão; processualização da atuação administrativa; reaproximação da abordagem da ciência da Administração com o Direito Administrativo, mormente com a discussão do princípio da eficiência; e valorização do elemento consensual, seja pelo incentivo a que a Administração Pública busque formas diretas de obtenção de consenso, mediante consultas populares ou audiências públicas, ou por meio (a) do incremento nas atividades de parcerias com o setor privado e (b) no fomento a atividades de utilidade pública por setores organizados da sociedade civil sem fins lucrativos, dentro da noção de subsidiariedade.

---

[1] Doutora e Mestre em Direito do Estado pela Faculdade de Direito da USP. Pesquisadora e Professora do Mestrado e da Graduação da Faculdade de Direito do Sul de Minas e da Pós-graduação em Direito Constitucional e Administrativo da Escola Paulista de Direito.

As novas tendências põem em xeque alguns pressupostos que se adaptavam bem ao cenário de construção de um Estado Moderno,[2] mas que agora, com o surgimento dos desafios da contemporaneidade e da chamada pós-modernidade, carecem de novos dimensionamentos.

Ocorre que, mesmo se as promessas do Estado Moderno, de progressiva racionalização da vida social e individual, se mostraram como recorrentes geradoras de irracionalidades,[3] principalmente diante da predominância de uma visão monocultural e autoritária, ainda assim, o ímpeto de "destruição" indiscriminada de paradigmas modernos não pode ser aceito de forma inconteste, sob pena de a humanidade perder importantes referenciais que representam conquistas coletivas, dentre elas, inclui-se a supremacia do interesse público (primário) *no âmbito das relações estatais*.

Conforme será visto, a supremacia do interesse público não será analisada da perspectiva de parâmetro irrefreado de sopesamento de direitos fundamentais, mas como *fundamento de legitimidade* do manejo do regime jurídico administrativo, que caracteriza o Direito Administrativo como disciplina integrante do "ramo" do direito público.

Deve-se advertir que também faz parte do movimento que contesta paradigmas modernos o questionamento da neutralidade científica, pois ao mesmo tempo em que a modernidade representou a emancipação de uma ciência obscurecida pelos dogmas medievais, cujo auge epistemológico foi vivenciado na pretensão de rigor do positivismo lógico,[4] ainda assim ela foi responsável pela construção de uma "ciência sem consciência". Assim, é imperativo que, atualmente, descobertas e conclusões científicas sejam analisadas do prisma de uma "hermenêutica de suspeição", isto é, de uma visão que não desconsidera *repercussões éticas* e sobretudo *interesses* daqueles que elaboram um discurso científico, dentro da noção pós-moderna de que o sujeito não está fora do mundo por ele analisado.

O intuito do presente artigo é, em suma, promover reflexões críticas acerca da plausibilidade dos argumentos em favor da *desconstrução*[5] da supremacia do interesse público e simultaneamente fornecer outras respostas interpretativas à necessidade de adaptação da supremacia do interesse público aos desafios do pós-

---

[2] V. Processo de formação do Estado Moderno. In: MARQUES NETO, Floriano Peixoto de Azevedo. *Regulação estatal e interesses públicos*. São Paulo: Malheiros, 2002. p. 29-33.

[3] SANTOS, Boaventura de Sousa. *Pela mão de Alice*: o social e o político na pós-modernidade. 6. ed. São Paulo: Cortez, 1999. p. 34.

[4] WARAT, Luis Alberto. *O direito e sua linguagem*. Porto Alegre: Sergio Antonio Fabris, 1995. p. 14.

[5] V. SARMENTO, Daniel. Supremacia do interesse público? As colisões entre direitos fundamentais e interesses da coletividade. In: ARAGÃO, Alexandre Santos de; MARQUES NETO, Floriano de Azevedo (Coord.). *Direito administrativo e seus novos paradigmas*. Belo Horizonte: Fórum, 2008; *Interesses públicos versus interesses privados*: desconstruindo o princípio de supremacia do interesse público. Rio de Janeiro: Lumen Juris, 2007.

positivismo e do Estado Democrático de Direito, na intenção de preservar aspectos que refletem um Direito Administrativo equilibrado.

Por fim, será visto que como os interesses veiculados pelos direitos fundamentais, de caráter individual ou mesmo coletivo/público, não são absolutos, a questão de qual interesse terá mais peso no caso concreto se resolve pelo juízo de razoabilidade/proporcionalidade, e não por um pretenso postulado de superioridade *irrestrita* do interesse coletivo, que, nesta proporção,[6] *jamais* foi defendido nem pela moderna, muito menos pela clássica ou tradicional[7] (que sempre foi mais "liberal"), doutrina do Direito Administrativo.

2 Supremacia do interesse público, autonomia da vontade e consensualidade

É conhecida a distinção de Ulpiano, no sentido de que da "árvore jurídica", isto é, do direito considerado uno, extraem-se dois ramos: o do direito público, que trata da relação entre o Estado e os cidadãos, e o direito privado, que regula relações entre particulares.

Na *adaptação* de tal imagem aos tempos atuais, pois na Antiguidade romana não havia ainda o estabelecimento das disciplinas de direito público (cujos princípios somente foram delimitados após a Revolução Francesa[8]), enquanto, *mutatis mutandi*, as relações entre Estado e particulares se dariam de uma perspectiva vertical, dentro da noção de supremacia do interesse público, as relações de particulares entre si estariam sujeitas ao princípio da autonomia da vontade, no qual estará pressuposto certo grau de horizontalidade, isto é, de igualdade de situações jurídicas.

Defende-se, na atualidade, que o ideário de uma Administração Pública que impõe seu interesse unilateralmente sem perquirir a vontade do destinatário dos atos administrativos já está sendo ultrapassado por uma práxis administrativa que busca a consensualidade.[9]

---

[6] Isto é, sem considerar um espaço de realização de direitos individuais ou da autonomia da vontade no Direito.

[7] Classificam-se normalmente como tradicionais, por exemplo, as doutrinas de Hely Lopes Meirelles ou de José Cretella Júnior e como modernas geralmente aquelas produzidas por geração posterior, que redigiu seus trabalhos com inspiração nas normas da Constituição de 1988. Na realidade, não se pode dizer que se trate essencialmente de uma questão de gerações, mas de uma visão de Administração Pública mais fechada, no caso da doutrina tradicional, ou mais democrática e normalmente com preocupações sociais, para a moderna.

[8] DI PIETRO, Maria Sylvia Zanella. 500 anos de direito administrativo brasileiro. *Cadernos de Cidadania II*: 500 anos e o Direito no Brasil, Artchip, p. 37-38, mar. 2000.

[9] SILVA, Vasco Pereira da. *Em busca do acto administrativo perdido*. Coimbra: Almedina, 1996. p. 100. BAPTISTA, Patrícia. *Transformações do direito administrativo*. Rio de Janeiro: Renovar, 2003. p. 230.

Ora, tal assertiva deve ser interpretada *cum granu salis*, pois: como usar da consensualidade, inerente à autonomia da vontade, no fenômeno da tributação[10] estatal? Será que cada indivíduo, após chegar a um consenso do que é melhor em termos sociais, faria um esforço espontâneo de colaborar para os projetos coletivos na medida de sua capacidade contributiva?

E no caso da desapropriação, iria o indivíduo abrir mão de sua propriedade privada em nome da construção de uma obra de infraestrutura pública, sem a necessidade de atos imperativos de expropriação estatal? Será que a sociedade civil, sem a atuação estatal, será capaz de, por si própria, equalizar oportunidades, ampliando o acesso a bens e serviços por parte da população em geral? A adoção da tese liberal, da "mão invisível" do mercado, já se mostrou insuficiente em outras oportunidades históricas.

Será que os empresários irão espontaneamente, ou tão somente a partir de um consenso proveniente do discurso, resolver limitar suas atividades, abrindo mão de seus interesses lucrativos mais imediatos, em nome de um bem-estar comum, sem a necessidade de intervenção estatal, que abarca o exercício do chamado "poder de polícia"?[11]

Sabe-se que a noção de um Estado intervencionista não pode ser vista somente como produto de uma revolução socialista,[12] que reflexamente forçou o capitalismo a fazer concessões, mas é analisada da perspectiva de pressuposto de manutenção do próprio capitalismo, a partir do momento em que se percebeu, por exemplo, que sem a distribuição de oportunidades não haveria a formação de significativo mercado consumidor para dar vazão à produção e criar crescimento econômico. Com a "mão invisível" seria praticamente inevitável o fenômeno de concentração/monopólio, considerado um dos principais ingredientes que provocam rupturas no funcionamento do sistema, pela ausência de concorrência, tendo sido o liberalismo incondicionado de Adam Smith substituído, nos Estados Unidos, após a Grande Depressão, pelo chamado capitalismo de Estado.

---

[10] Humberto Ávila, por sua vez, traça paralelos com o fenômeno da tributação e parte de uma abordagem que não objetiva negar importância ao interesse público, mas enfatizar a máxima realização de direitos, ante a ponderação que deve existir entre interesses. Ávila faz uma análise acerca da real natureza do alegado "princípio" da supremacia do interesse público. Repensando o princípio da supremacia do interesse público sobre o particular. Op. cit. p. 215.

[11] Alguns autores não apreciam o termo *poder de polícia*, pois entendem que ele contempla certa carga de autoritarismo, sendo que, enquanto Agustín Gordillo e Lúcia Valle Figueiredo preferem a denominação "limitações administrativas à propriedade e liberdade", Carlos Ari Sundfeld prefere a expressão "administração ordenadora". GORDILLO, Agustín. *Tratado de derecho administrativo.* 5. ed. Belo Horizonte: Del Rey; Fundación de Derecho Administrativo, 2003. v. 5, tomo 2. p. 19; FIGUEIREDO, Lúcia Valle. *Curso de direito administrativo.* 7. ed. São Paulo: Malheiros, 2004. p. 292. SUNDFELD, Carlos Ari. *Direito administrativo ordenador.* São Paulo: Malheiros, 1997. p. 13.

[12] BONAVIDES, Paulo. *Do estado liberal ao estado social.* São Paulo: Malheiros, 2004. p. 32.

É óbvio que os setores privados não colocarão, via de regra, *sponte propria* interesses coletivos acima de seus interesses particulares. Basta refletir que a finalidade lucrativa é o intuito principal da lógica do mercado, que, via de regra, não se movimenta como o terceiro setor. Não se pode negar, portanto, que se não houver uma instância legítima e apta a impor regras com caráter coercitivo, não se pode esperar que tal respeito ocorra espontaneamente. Assim, é necessário não apenas a intervenção estatal em sentido amplo, mas também o direcionamento coativo das atividades privadas aos interesses públicos primários, para o bem de todos, sendo a supremacia do interesse público fundamento do poder de polícia.

Administrativista algum brasileiro jamais defendeu que com a supremacia do interesse público não há espaço para a autonomia da vontade ou mesmo que a supremacia estatal significa passar por cima de direitos fundamentais previstos na Constituição, a pretexto de aplicar ato normativo infraconstitucional que veicule interesses coletivos, dentro de uma visão que desconsidera a hierarquia superior das normas constitucionais.

Não é suficiente, para entender o que se defende por interesse público no Direito Administrativo, partir de *frases descontextualizadas* da doutrina,[13] sem considerar o sentido de supremacia do interesse público dentro de seu campo de aplicação e de sua delimitação na arena das atividades estatais.

Tanto a doutrina afinada com o pós-positivismo como a doutrina mais tradicional não defendem um sentido absoluto do princípio da supremacia do interesse público e que, por isso mesmo, afaste a ponderação, a partir da proporcionalidade/razoabilidade, na preservação do núcleo essencial de direitos fundamentais protegidos pela Constituição; esse modelo totalitário de Estado[14] não foi abraçado pelos administrativistas[15] brasileiros.

---

[13] Como faz, a nosso ver, o ilustre Daniel Sarmento (In: *Interesses públicos versus interesses privados*: desconstruindo o princípio de supremacia do interesse público. Rio de Janeiro: Lumen Juris, 2007. p. 24-25) ao extrair excertos da obra de Celso Antônio Bandeira de Mello, comparando inclusive a trajetória de defesa do interesse público com asserções de Hely Lopes Meirelles, sendo que este último autor não faz parte da mesma linha de concepções, sem mencionar, ainda, que Celso Antônio Bandeira de Mello jamais ignorou a ponderação pela proporcionalidade/razoabilidade no manejo de poderes estatais. Cf. BANDEIRA DE MELLO, Celso Antônio. *Curso de direito administrativo*. São Paulo: Malheiros, 2008. p. 110 e 957.

[14] Como, por exemplo, era a inclinação do administrativista alemão Ernst Forsthoff, na defesa da construção de um "Estado total". Ademais, como bem observa Gilberto Bercovici, mesmo com a influência do fascismo na Carta de 1937, ainda assim, o Estado Novo não foi um Estado fascista e sim um regime ditatorial, "foi uma ditadura latino-americana, um Estado autoritário, não um totalitarismo". BERCOVICI, Gilberto. *Constituição econômica e desenvolvimento*: uma releitura a partir da Constituição de 1988. São Paulo: Malheiros, 2005. p. 20.

[15] Podem ser encontradas posturas mais ou menos autoritárias, mas jamais totalitárias, isto é, que pretendam que *todos os assuntos* sejam vistos como matérias de direito público e consequentemente se submetam à supremacia do interesse público e ao regime exorbitante do direito privado.

A *autonomia da vontade* – tida como espaço do direito privado, que pressupõe o respeito ao valor liberdade do ser humano em buscar meios e principalmente fins particulares (dignidade humana), desde que não dissonantes dos direitos de outros indivíduos ou com fins constitucionais de caráter coletivo – e os *direitos fundamentais* foram *ab ovo* levados em consideração pelo Direito Administrativo, sendo no mínimo injusta a construção dessa imagem distorcida da disciplina.

Basta verificar que o Direito Administrativo surgiu como disciplina que procurou refrear o poder irrestrito e arbitrário de um Estado, a partir da oposição de freios alicerçados justamente na existência de direitos fundamentais. Apesar de manifestações em sentido contrário, como o respeitável posicionamento de Gustavo Binenbojm,[16] para quem o Direito Administrativo teria nascido a partir de um "pecado autoritário original", onde o contencioso, na visão do autor, seria uma continuidade do autoritarismo reinante no Antigo Regime, entendemos ser difícil, *data venia*, negar os efeitos transformadores da Revolução[17] Francesa, ao menos no que diz respeito à contenção do arbítrio estatal.

E mesmo que se consiga impor a tese defendida de um pretenso "pecado autoritário original", com a qual não concordamos, o sentido dos institutos de Direito Administrativo se alterou[18] conforme foi se modificando o papel do Estado.

Ao fato de que o contencioso nasceu ligado ao Executivo, na fase denominada justiça retida, opõe-se que, a partir da Lei de 24 de maio de 1872, o Conselho de Estado ganhou autonomia, deixando de ser um órgão do poder real, ou seja, a Administração-contenciosa foi separada da Administração-parte, com a independência e a legitimidade próprias da fase chamada de justiça delegada.

---

[16] BINENBOJM, Gustavo. Da supremacia do interesse público ao dever de proporcionalidade: um novo paradigma para o direito administrativo. Op. cit. p. 118. Entendemos, *data venia* discordar de alguns dados levantados por Binenbojm, que o uso da proporcionalidade não é tão "novo paradigma" assim, uma vez que a ponderação de interesses ocorre há tempos no seio da jurisprudência e nas teorizações doutrinárias do Direito Administrativo no tocante à adequação das medidas de restrição à liberdade e à propriedade pautadas em razões públicas. Existe jurisprudência antiga, sumulada inclusive, como aquela que determina que: "é inadmissível a interdição de estabelecimento como meio coercitivo para cobrança de tributo" ou que "é inadmissível a apreensão de mercadorias como meio coercitivo para pagamento de tributos", conforme súmulas 70 e 323 do STF, donde se extrai que os direitos individuais não podem ser aniquilados desnecessariamente a pretexto da realização irrestrita de interesses públicos. Cf. NOHARA, Irene Patrícia. *Limites à razoabilidade nos atos administrativos*. São Paulo: Atlas, 2006. p. 191.

[17] A propósito das Revoluções como expedientes de mudança estrutural das relações sociais, ver: BONAVIDES, Paulo. *Do estado liberal ao estado social*. São Paulo: Malheiros, 2004. Passim.

[18] A contemporaneidade também ganhou em termos de visão de mundo a percepção de que o sentido da linguagem deve ser extraído dos usos linguísticos dentro de seus contextos de utilização ou, na expressão cunhada por Wittgenstein pós giro-linguístico, dos "jogos de linguagem", e não de pretensas essências descoladas da realidade, uma vez que a própria realidade provoca alterações de uso dos conceitos tendo em vista a textura aberta (*open texture*) da linguagem. In. WITTGENSTEIN, Ludwig. *Investigações filosóficas*. Trad. José Carlos Bruni. São Paulo: Nova Cultural, 1999. p. 30.

Após a passagem pelo Estado Social de Direito, cuja extensão é, no Brasil, contestada por importantes juristas,[19] o Estado Democrático de Direito pode ser analisado também do prisma de reação à pretensão totalitária do Estado, sendo rechaçada, dentro da noção de democracia, a tentativa de tratar todo e qualquer assunto como sendo potencialmente de direito público.

Esse "frenesi" de contestação dos pressupostos do Direito Administrativo não pode ignorar que a doutrina sempre evidenciou que a disciplina, que tem por paradigma fundamental a supremacia do interesse público, justamente por ser integrante do ramo do direito público, trata o regime jurídico administrativo da perspectiva de equilíbrio (leia-se, ponderação) entre *autoridade* e *liberdade*,[20] sendo o primeiro conceito relacionado com a necessidade de imposição de determinações para o bem-estar coletivo e o segundo associado à preservação da autonomia, que pressupõe a realização simultânea de interesses privados.[21]

Assim, a mesma doutrina taxada de retrógrada ante aos avanços do pós-positivismo jamais sustentou que a supremacia do interesse público é critério absoluto de ponderação de interesses em conflito, que teria *a priori* poder de subjugar *in totum* direitos individuais extraídos do texto constitucional; ainda mais porque a supremacia do interesse público é ponto de partida de um Estado que se quer minimamente democrático e que, pelo mesmo motivo, não tem a pretensão de aniquilar espaços onde a realização de interesses particulares é possível sem que haja reflexos negativos à coletividade.

Por mais problemática que seja a categoria dos interesses públicos, ainda assim, conforme será visto, ela é, no mínimo, caso seja transformada em prática real e não em mero discurso ideológico, útil como pressuposto de legitimação de um Estado não autoritário.

Outrossim, assevere-se que nem toda manifestação da Administração Pública pressupõe o manejo de poderes imperativos, que são impostos independentemente da vontade do particular; basta verificar a existência de atos negociais, como

---

[19] Gilberto Bercovici, por exemplo, afirma a influência do Estado Social europeu no Estado desenvolvimentista brasileiro, mas enfatiza que o mais próximo que o Brasil chegou de ampliação do investimento no sistema de seguridade e assistência social, como pressupostos de afirmação da existência de um verdadeiro Estado Social, se deu apenas no texto da Constituição de 1988. BERCOVICI, Gilberto. *Desigualdades regionais, estado e constituição*. São Paulo: Max Limonad, 2003. p. 55.

[20] Não se nega que o Direito Administrativo deva sofrer os influxos da nova hermenêutica e do pós-positivismo, mormente se for para dar máxima efetividade aos direitos fundamentais, mas também não se aceita passivamente alguns argumentos que desconsideram ou distorcem o sentido de valiosas lições de consagrados administrativistas que, a partir de suas corajosas formulações teóricas, readequaram a noção de poder estatal, direcionando-o à consecução do bem-estar comum, no combate a práticas administrativas autoritárias, e que agora parecem estar sendo injustamente acusados de defender um modelo autoritário de Estado!

[21] Porquanto o fenômeno estatal não se pretende "total".

licenças e autorizações ou de parcerias, *lato sensu*, e convênios *stricto sensu*. Mas o fato de haver exceções não pode ser fator de desconstrução da regra.

A possibilidade de o Estado impor sua vontade não significa que essa vontade não possa ser manifestação de um consenso acerca do que a coletividade entende por interesse coletivo, em determinado contexto histórico, porquanto um verdadeiro Estado Democrático de Direito também deve ter força para impor determinações gerais de interesse público e, em caso de colisão de interesses, submeter, dependendo do juízo de sopesamento do caso concreto (razoabilidade), e sem a pretensão de aniquilar desnecessariamente (desproporcionalmente) direitos individuais protegidos pela Constituição, a vontade de interesses particulares recalcitrantes à realização de fins constitucionais coletivos.

Uma significativa diferença do Estado democrático em relação ao Estado autoritário é que, enquanto o primeiro procura tomar medidas legitimadas num consenso social acerca de qual o conteúdo específico de cada interesse público, ou seja, cotejado para determinados casos concretos, o último toma decisões pautadas em interesses individuais ou de pequenos grupos, que são impostas sem que haja condições de debate ou mesmo de questionamento da real natureza dos interesses perseguidos pelo Estado. É no mínimo perigoso um Estado manejar poderes-deveres que não sejam amparados em interesses coletivos.

Por conseguinte, não se deve confundir a consensualidade que deve legitimar os atos de um governo de fato democrático com a consensualidade dos negócios jurídicos privados, onde duas partes devem entrar num acordo na medida do possível vantajoso para ambas, sem considerar a prioridade que deve ser dada aos interesses públicos primários, isto é, aos interesses coletivos.[22]

Nos negócios jurídicos firmados com o Estado o elemento central de consideração, além da questão do interesse secundário do erário ou do interesse lucrativo particular, é o suprimento das necessidades coletivas, uma vez que são elas que justificam a existência de um Estado dotado de poderes. Assim, o regime jurídico veicula regras que priorizam interesses públicos primários, considerando-os indisponíveis, sendo a indisponibilidade de interesses públicos outra faceta relacionada com a supremacia do interesse coletivo.[23]

---

[22] Mesmo no caso do instituto do contrato administrativo, o regime jurídico é público, o que significa que há cláusulas exorbitantes que desequilibram a relação por conta da realização de interesses coletivos, como, por exemplo, na concessão de serviços públicos. Isso não quer dizer que, do ponto de vista do equilíbrio financeiro, o particular deva levar prejuízo, mas sim que a realização dos interesses públicos será a tônica do contrato administrativo, que poderá ser unilateralmente alterado, dentro dos limites legais e independentemente da vontade do particular (consenso). No caso explicitado, não é dado ao particular negociar interesses públicos, que são indisponíveis e serão objeto de um contrato com cláusulas prefixadas (de adesão), mas subsiste, ainda assim, a vontade na formação do vínculo contratual, pois o particular não é obrigado a participar da licitação.

[23] Ver. BANDEIRA DE MELLO, Celso Antônio. *Curso de direito administrativo*. São Paulo: Malheiros, 2008. p. 75.

3 A publicização do direito privado não é imperativo necessário à privatização do direito público

Apesar de o Direito Civil ter sido identificado como disciplina própria do ramo do direito privado, ele vem sofrendo nos últimos tempos inúmeras alterações provocadas pelo pós-positivismo.

Primeiramente, as mudanças atuais da hermenêutica levam a crer que o ordenamento não pode mais ser visto como sistema fechado e completo. O momento presente é de questionamento do "dogma da completude", que tinha por consequência a adoção da codificação como paradigma adequado e suficiente para suprir as lacunas do sistema, sendo os princípios (junto com a analogia e os costumes) considerados à época como meros expedientes de colmatação de lacunas.[24]

Com a revalorização dos princípios, a espinha dorsal da nova hermenêutica[25] pode ser vista como sistema flutuante no qual os direitos e garantias fundamentais estão previstos na Constituição, tendo, portanto, hierarquia superior e força normativa suficiente para questionar determinações infraconstitucionais que violem seu núcleo essencial.[26]

Com a constitucionalização de aspectos do direito civil, o direito privado não é mais terreno da absoluta autonomia da vontade, sendo esta doravante considerada a eleição de meios e finalidades da ação humana, com a ressalva de que não sejam condutas prejudiciais a outros direitos fundamentais, haja vista a eficácia horizontal de tais direitos, ou aos fins estatais, quando o exercício dos direitos individuais por acaso colidir com direitos coletivos ou mesmo com o bem-estar social.

Tal ênfase foi também cotejada com o fato de que existem circunstâncias em que as normas de direito privado tratam de matérias de ordem pública, ou seja, assuntos que são de observância obrigatória justamente porque também veiculam algum tipo de preocupação social.

Em uma sociedade desigual, como é a brasileira, é temeroso pressupor que os particulares estejam em situação de igualdade, daí porque o Direito Civil sofre paulatina intervenção do Estado. São exemplos[27] das áreas afetadas pelo fenômeno: o Direito de Família, por regular um organismo de vital importância coletiva, e o regime da propriedade, que há tempos não é mais considerada direito subjetivo absoluto e incontrastável, mas como direito cujo uso e gozo são condicionados ao desempenho de sua função social.

---

[24] Na visão positivista da Lei de Introdução ao Código Civil, de 1942, art. 4º: "quando a lei for omissa, o juiz decidirá o caso de acordo com a analogia, os costumes e os princípios gerais de direito".

[25] BONAVIDES, Paulo. *Curso de direito constitucional*. 24. ed. São Paulo: Malheiros, 2009. p. 607.

[26] Ver. HÄBERLE, Peter. *La garantía del contenido esencial de los derechos fundamentales*. Trad. Joaquín Brage Camazano. Madrid: Dykinson, 2003. Passim.

[27] Cf. VENOSA, Sílvio de Salvo. *Direito civil*: parte geral. São Paulo: Atlas, 2006. v. I, p. 63.

O atual movimento de "publicização" do direito privado nada tem de totalitário, lembrando que no totalitarismo havia uma tendência à maximização do Estado, que procurou se imiscuir nas esferas mais privadas dos cidadãos, como no planejamento familiar e em aspectos absolutamente pessoais, violando a dignidade humana e a liberdade de todos, que também têm amparo constitucional.

Trata-se, na maior parte dos casos, do resultado de ações importantes no sentido de não levar a proteção à liberdade e à autonomia da vontade ao extremo de deixar seres humanos ao desamparo do ordenamento jurídico. É o que se dá na regulamentação do regime de alimentos. Também se objetiva evitar que o Direito se torne indiferente às situações limítrofes de exploração de pessoas como ocorre, por exemplo, na hipótese de emprego de trabalho escravo em área rural, que, de acordo com o art. 186, IV, da Constituição descaracteriza o cumprimento da função social desta propriedade.

Da passagem do Estado Liberal para o Estado Social de Direito ficou claro que o Estado não era o único desrespeitador de direitos fundamentais, mas que os particulares entre si também têm condutas violadoras da dignidade humana.

A dignidade assumiu, então, a dupla dimensão: de *limite* – à ação estatal violadora de direitos fundamentais, mas também à ação particular que viole direitos individuais ou mesmo o bem-estar coletivo, como ocorre, por exemplo, na polícia administrativa que busca apreender medicamentos comercializados e que comprovadamente causam males à saúde pública, e de *tarefa*, onde o Estado foi visto como prestador de serviços públicos e, portanto, de viabilizador dos direitos sociais.

Assim, o intervencionismo estatal que restringe o espaço da autonomia da vontade, adequando-a também à proteção dos demais integrantes da sociedade, repercutiu na visão de eficácia dos direitos fundamentais, que devem ser respeitados também no âmbito das relações entre particulares e não só nas relações entre Estado e cidadãos.

Tendo em vista essas transformações ocorridas no direito privado, alguns autores entendem que o direito público, para que haja a síntese e que não mais se fale em dicotomia entre privado e público, deveria passar por uma modificação rumo à reaproximação com o direito privado.[28]

Não concordamos com tal conclusão, uma vez que o fato de o direito privado ter sido alvo, mormente após o fenômeno da sociedade de massas, da restrição da esfera da autonomia da vontade em nome de um intervencionismo/dirigismo estatal, que tem relação com o aumento do número de normas consideradas de ordem pública, não é imperativo necessário à conclusão de que, então, também

---

[28] Daí um discurso que desqualifica o labor do contencioso administrativo francês e não raro vê o sistema anglo-americano com superioridade. Mas o Direito Administrativo continental europeu desenvolveu o regime publicístico de forma muito mais ampla e precoce do que ocorreu no *Common Law*.

o Direito Administrativo deve ser desvestido do regime jurídico público para que haja a "síntese" de um direito livre de dicotomias e, portanto, pretensamente "equilibrado".

Alguns autores se apoiam na necessidade de revisão de paradigmas do regime jurídico público para que haja o estabelecimento de um sistema mais célere e ágil. Mas, no Direito Administrativo, deve-se considerar que muitas vezes os meios não são apenas instrumentos dispensáveis. Muitos meios são a expressão do respeito aos valores tutelados no ordenamento jurídico; como, por exemplo, no caso da licitação, como procedimento prévio à celebração de contratos administrativos. O procedimento licitatório objetiva não só proporcionar, pela concorrência, contratação mais vantajosa para a Administração, mas sobretudo garantir igualdade de oportunidades para todos aqueles que queiram oferecer serviços e produtos aos órgãos estatais, procurando afastar o arbítrio e o favorecimento nas contratações públicas.

Não somos favoráveis que o regime jurídico administrativo seja permeado por meios excessivos ou desproporcionais em relação aos valores perseguidos pela Constituição ou que tais meios não possam ser substituídos por outros mais eficientes, dentro de uma noção de moderação ou de "instrumentalidade das formas"; apenas objetivamos advertir que a ausência de meios não é a solução mais equilibrada, tendo em vista os valores constitucionais tutelados.

4 Sentidos e utilidade da supremacia do interesse público no Direito Administrativo

Supremacia do interesse público é pressuposto que alicerça todas as disciplinas do direito público, que, conforme exposto, partem de uma relação vertical do Estado com os cidadãos, ao contrário do direito privado, no qual, em regra, as relações jurídicas são analisadas da perspectiva da horizontalidade, isto é, da igualdade entre sujeitos e interesses particulares.

As relações do Estado são exorbitantes do direito comum, pois visam ao interesse geral. A doutrina francesa dedicou-se ao estudo do tema e empregou os vocábulos *puissance* ou *pouvoir*, ou seja, potestade ou poder, para explicitar as prerrogativas de que a Administração Pública usufrui.

São variados[29] os vocábulos empregados para conceituar o mesmo fenômeno: García de Enterría fala em *potestades fiduciárias*, baseadas, portanto, na confiança de que a administração empregue seu poder na consecução dos interesses gerais; José Cretella Jr. emprega o termo *prerrogativas e sujeições*; Santi Romano e Renato

---

29 NOHARA, Irene Patrícia. *O motivo no ato administrativo*. São Paulo: Atlas, 2004. p. 162.

Alessi falam em *poder-dever* e Celso Antônio Bandeira de Mello inverte propositadamente os termos para enfatizar o aspecto de sujeição e emprega *dever-poder*.

Segundo Celso Antônio Bandeira de Mello, as prerrogativas que exprimem a supremacia do interesse público não são manejáveis ao sabor da Administração, que detém tão somente poderes instrumentais, isto é, poderes que são conferidos para propiciar o cumprimento do dever a que estão jungidos.

Assim, como a atividade administrativa caracteriza-se pelo exercício de função, que abrange o dever de buscar, no interesse da coletividade, o atendimento das finalidades legais, o jurista acha mais conveniente que haja a inversão dos termos do binômio de *poder-dever* para *dever-poder* para "vincar sua fisionomia".[30]

A supremacia do interesse público deve orientar tanto o *legislador*, na elaboração dos atos normativos, pois na discussão dos projetos de leis ele mensura as restrições que os interesses individuais sofrerão em nome de benefícios coletivos, para que não haja excesso ou falta, dentro da noção do razoável, como o *aplicador da lei*, seja ele o juiz que, ao resolver litígios envolvendo o Estado, deve considerar que a satisfação de interesses coletivos é o fundamento da existência de poderes administrativos que devem ser exercitados com proporcionalidade/razoabilidade, ou ao administrador, que deve buscar praticar com impessoalidade atos concretos que sejam expressão de interesses públicos relacionados com valores tutelados pelo ordenamento jurídico.

A atuação do administrador não pode se desviar do princípio da supremacia do interesse público. Enquanto o particular age na consecução de seus interesses, o agente público não deve dar maior importância aos interesses particulares, sejam os próprios ou os de terceiros, em detrimento da consecução do interesse público, sob pena de desvio de finalidade e da caracterização da improbidade administrativa, entre outras consequências possíveis.

Também é amplamente divulgada a divisão criada por Renato Alessi[31] entre (1) *interesses públicos primários* e (2) *interesses públicos secundários*. Enquanto os interesses públicos primários são aqueles que a Administração deve perseguir no desempenho genuíno da função administrativa, uma vez que abarcam interesses da coletividade como um todo, isto é, o bem-estar geral ou comum; os interesses públicos secundários são interesses imediatos do aparato administrativo, independentemente dos interesses da coletividade, ou seja, são interesses fazendários, geralmente relacionados com o incremento do erário.

---

[30] MELLO, Celso Antônio Bandeira de. *Curso de direito administrativo*. São Paulo: Malheiros, 2004. p. 88-89.

[31] ALESSI, Renato. *Sistema istituzionale del diritto amministrativo italiano*. 3. ed. Milão: Giuffrè, 1960. p. 197. MELLO, Celso Antônio Bandeira de. *Curso de direito administrativo*. 17. ed. São Paulo: Malheiros, 2004. p. 63. JUSTEN FILHO, Marçal. *Curso de direito administrativo*. São Paulo: Saraiva, 2005. p. 38-39.

Segundo expõe Rodolfo de Camargo Mancuso, o ideal é que esses interesses coincidam. Há, porém, situações em que um ato é interessante do ponto de vista fiscal, financeiro ou programático do Estado, mas é "insustentável sob o prisma da moralidade, aí revelando uma descoincidência entre os valores interesse público e interesse fazendário".[32]

Celso Antônio Bandeira de Mello fornece alguns exemplos[33] de situações nas quais pode ocorrer a ausência de sintonia entre os interesses primários e secundários: quando o Estado resiste injustamente ao pagamento de indenizações procedentes, quando denega pretensões bem-fundadas feitas por administrados ou quando cobra tributos ou tarifas de valor exagerado.

Defende, portanto, na mesma linha, que os interesses secundários "não são atendíveis senão quando coincidirem com interesses primários",[34] uma vez que a Administração não pode agir com a mesma desenvoltura que os particulares na defesa de suas próprias conveniências, sob pena de trair sua razão ou fundamento de existência.

Na realidade, o fundamento da supremacia do interesse público é encontrado na Teoria Geral do Estado. Trata-se da mesma noção presente na obra *Leviatã*, de Hobbes, e nas teorias contratualistas[35] em geral, segundo a qual, na formação do Estado,[36] as pessoas abdicam de sua liberdade irrestrita ou da ausência de condicionamento de parcela de seus interesses particulares em busca da existência de uma instância apta a defender interesses coletivos, para o bem-estar comum, que não deixa de viabilizar também os interesses particulares em geral.

Mas mesmo aqueles que rechaçam argumentos contratualistas, achando hipotética demais a noção de contrato social, por entenderem que a vida em sociedade é inerente à característica social ou política do ser humano, observam, como Aristóteles, que as formas degeneradas de Estado[37] são justamente aquelas nas quais os governantes não atuam na consecução do bem comum.

---

[32] MANCUSO, Rodolfo de Camargo. *Ação popular*. 5. ed. São Paulo: Revista dos Tribunais, 2003. p. 110.

[33] Idem. Ibidem.

[34] Op. cit. p. 63.

[35] DALLARI, Dalmo de Abreu. *Elementos da teoria geral do estado*. São Paulo: Saraiva, 2000. p. 12-19.

[36] Também José dos Santos Carvalho Filho retrata em sua excelente obra a discussão que existe sobre a precedência cronológica do Estado ou da sociedade. Cf. *Manual de direito administrativo*. Rio de Janeiro: Lumen Juris, 2008. p. 1.

[37] Aristóteles, na *Política*, trata de seis formas de governo que não só retratam a quantidade daqueles que governam, isto é, um só, um grupo ou muitos, no caso, *monarquia, aristocracia* ou *democracia*, mas também como governam, ou seja, se exercem o poder político tendo em vista o bem comum (interesse público primário), sendo chamadas de *formas degeneradas* aquelas em que o interesse geral não é perseguido, mas apenas os interesses próprios (particulares) ou de poucos, caso em que foram divididas em: *tirania, oligarquia* e *demagogia* (ou *oclocracia*), como retrata em

A ideia da necessidade de haver uma instância maior que articule os interesses individuais e sujeite interesses particulares que violam direitos fundamentais aos interesses gerais, e que essa instância seja manejada na consecução de objetivos comuns, está presente em quase todas as concepções da Teoria do Estado, sejam elas de qualquer[38] orientação ideológica.

O problema maior do debate acerca da supremacia do interesse público não se encontrava, até recentemente no Brasil, na ideia em si de que, em uma vida em sociedade, é justo que os interesses coletivos tenham prioridade em relação aos interesses individuais, pois havia até recentemente um consenso relativamente estável sobre o assunto. Mas o que se questionava era: (1) qual a medida adequada da restrição de direitos individuais em prol de um ideal coletivo; ou, ainda, (2) o que é "interesse público".

Tais assuntos tornam-se cada vez mais presentes no Direito Administrativo à medida que ressurge no cenário da disciplina uma interface maior com as Ciências da Administração e Política, e especialmente com a categoria das *políticas públicas*.[39]

Dito isto, quanto ao primeiro aspecto, referente à medida da restrição dos interesses individuais em prol do coletivo, impende ressaltar que existem inúmeras correntes teóricas, mas trataremos, com o auxílio da obra de Böckenförde, de duas visões básicas que delimitam caminhos interpretativos opostos acerca da atividade estatal de restrição de direitos fundamentais: a *concepção liberal* e a *concepção institucional*.

Para a teoria liberal, os direitos fundamentais são direitos de liberdade do indivíduo frente ao Estado. A liberdade é vista como pré-estatal e a competência para o Estado tratar da liberdade é limitada por princípio; aliás, a própria presença do Estado se justifica como instância importante de garantia da liberdade individual, sendo irrelevante o uso que o particular faça dessa liberdade, isto é, os meios e os fins que persiga, vigendo neste aspecto, segundo esta concepção, a mais ampla autonomia da vontade.

Assim, dentro desta primeira visão, a supremacia do interesse público existe na exata medida da proteção da liberdade individual, e a intervenção do Estado, afora esta última hipótese (de garantia da liberdade), representa uma permanente ameaça à autonomia privada.

---

clássica exposição Norberto Bobbio. *A teoria das formas de governo*. 10. ed. Brasília: Universidade de Brasília, 1998. p. 55-63.

[38] À exceção, talvez, do anarquismo.

[39] BUCCI, Maria Paula Dallari. *Políticas públicas*: reflexões sobre o conceito jurídico. São Paulo: Saraiva, 2006. p. 1-2.

É nesse contexto que Bonavides expõe que, sob a influência do liberalismo, o Estado foi visto como "o fantasma que atemorizou o indivíduo".[40] Contudo, à medida que houve a percepção de que a liberdade também é instituto que requer circunstâncias vitais para a sua realização, e que a atuação estatal também é necessária para garantir esta mesma liberdade que ele restringe por meio da regulação, uma vez que a liberdade não é indefinida, mas deve ser ordenada e configurada normativamente, abandona-se a "cegueira acerca dos pressupostos sociais indispensáveis para a realização da liberdade dos direitos fundamentais".[41]

A concepção institucional contrapõe-se, pois, à liberal, pois enquanto esta procura garantir uma liberdade hipotética, considerada existente antes mesmo da formação do Estado, cuja atuação deve ser mínima, a institucional não vê a regulação estatal como ameaça, mas como garantia da própria liberdade, que, para a prevalência dos direitos fundamentais, deve ser limitada.

Böckenförde fornece um exemplo que ilustra melhor as diferenças conceituais entre as duas concepções: enquanto a garantia de imprensa do ponto de vista liberal seria equivalente à menor interferência ou à ausência de censura por parte do Estado nas atividades do setor, para a concepção institucional, não haverá efetiva liberdade de imprensa se o Estado não tomar uma série de medidas e regramentos que garantam tal liberdade, tais como: a positivação de direitos aos profissionais do setor, a proteção da confiança dos informantes privados, a previsão de punição para situações em que há abuso da liberdade de imprensa e que redundam em ofensa à honra ou à imagem das pessoas e a exigência de as autoridades públicas fornecerem informações acerca de suas atividades.

É óbvio que o intervencionismo estatal não deve ser desmedido, para que remanesça algum grau de liberdade nas atividades e "interesses privados"; sendo o juízo de razoabilidade/proporcionalidade instância apta a fornecer[42] alguns parâmetros concretos para que os meios utilizados pelo Estado estejam em consonância com os fins sociais e, principalmente, para que o Estado não regule os assuntos de forma tão excessiva que fulmine o núcleo essencial dos direitos e liberdades individuais.

Daí por que o princípio da supremacia do interesse público nas atividades legislativas, como qualquer outro princípio, não é absoluto, e seu uso em cada

---

[40] BONAVIDES, Paulo. *Do estado liberal ao estado social*. 7. ed. São Paulo: Malheiros, 2004. p. 40.

[41] BÖCKENFÖRDE, Ernst-Wolfgang. *Escritos sobre derechos fundamentales*. Tradução de Juan Luis Requejo Pagés. Baden-Baden: Nomos, 1993. p. 48-49.

[42] Na verdade, não será a razoabilidade que os fornecerá em si, mas o preenchimento de seu conteúdo, que será cotejado com determinados fins. Assim, um meio é razoável/proporcional em relação a certa finalidade pública, sendo esta resposta dada através de um juízo de prudência, amparado na razão prática, isto é, pela via argumentativa, e não em considerações abstratas, muito menos em análises feitas a partir de estruturas lógicas. Cf. NOHARA, Irene Patrícia. *Limites à razoabilidade nos atos administrativos*. São Paulo: Atlas, 2006. p. 201.

regulação do Estado deve ser ponderado em conjunto com os demais princípios e garantias fundamentais. Contudo, a medida adequada para a restrição dos interesses privados não pode ser fornecida abstratamente, mas apenas em função de cada caso concreto analisado,[43] sendo o eixo de restrição da liberdade algo que se movimenta historicamente.

Se a primeira problemática levantada não pôde ser respondida satisfatoriamente *in abstrato*, como era de se esperar, uma vez que as respostas transcendentais e abstratas acabam quase sempre sendo insuficientes para abarcar as contingências próprias da historicidade humana e social, é ainda mais complexo tentar definir "interesse público", muito embora seja necessário fixar alguns limites ao conceito. Também Lúcia Valle Figueiredo[44] aponta que, não obstante ser uma palavra "oca", cuja significação pode ser preenchida pelos mais variados conteúdos, existem alguns pontos nodulares nos quais se confina a estrutura do conceito.

Interesse público contrapõe-se à noção de interesse privado, disponível ou individual. Assim, em exemplo fornecido por Celso Antônio Bandeira de Mello,[45] um indivíduo pode ter o máximo interesse em não ser desapropriado, mas não pode individualmente ter interesse em que não haja o instituto da desapropriação, mesmo que este venha a ser utilizado em seu desfavor. Como a desapropriação é um instituto imprescindível para remover obstáculos à realização de obras públicas, é de interesse geral que obras públicas tenham prioridade em relação à propriedade individual.

Também não pode ser considerado como interesse público o simples interesse da maioria da população, pois se a noção de interesse público fosse restringida a uma questão meramente quantitativa, não haveria como defender que são de interesse público políticas direcionadas à inclusão social de minorias, isto é, políticas de ação afirmativa.[46]

Quanto a este último aspecto, defendia Rousseau[47] que o conceito de vontade geral não se confunde com a simples soma das vontades individuais, mas repre-

---

[43] Pode-se falar em um repertório de decisões para cada situação, mas a utilização de tal repertório e o sentido dele não é algo imutável. Por exemplo, a questão de saber se a sociedade brasileira é livre para fazer bronzeamento artificial, na constatação dos riscos de tal prática de embelezamento para a saúde pública, não é assunto definitivamente sedimentado, mas se trata de interesses que se colidem nas arenas de discussão pública e que podem promover mudanças tanto na legislação como na jurisprudência, se algum magistrado entender que a regulação do assunto viola direito fundamental. Mas a promoção da discussão é essencial para que as medidas estatais, sejam elas constritivas ou liberalizantes, sejam alicerçadas em algum tipo de consenso social, o que provoca a diminuição do autoritarismo por parte do Estado.

[44] FIGUEIREDO, Lúcia Valle. *Curso de direito administrativo*. 7. ed. São Paulo: Malheiros, 2004. p. 67.

[45] MELLO, Celso Antônio Bandeira de. Op. cit. p. 52.

[46] Cf. JUSTEN FILHO, Marçal. *Curso de direito administrativo*. São Paulo: Saraiva, 2005. p. 40.

[47] *O contrato social*, Livro II, Capítulo III.

senta a síntese delas, pois enquanto a vontade de todos tem em vista vontades particulares, a partir da soma dos interesses privados, a vontade geral atende ao interesse comum, da perspectiva da reta consecução das utilidades públicas.

Por outro lado, é importante que a categoria também não se afaste demasiadamente[48] daquilo que a sociedade de um determinado tempo valora como de interesse geral, para evitar que a positivação das regras do ordenamento seja feita sem o mínimo de *consenso social*.

Inúmeros regimes autoritários fizeram uso de cláusulas gerais, do tipo "interesse público" ou "proteção da segurança nacional", para impor decisões que eram reiteradamente tomadas "de cima para baixo" e que, por diversas ocasiões, não refletiam os anseios coletivos.

Ademais, a expressão *interesse público* não pode ser usada, com rigor, do ponto de vista singular, pois o direito público lida com variados interesses públicos, e não com um (*único*) interesse público. Também Hugo Nigro Mazzili[49] nega a existência de um único bem comum. Para o autor, instalar uma fábrica numa cidade pode trazer um grande benefício social no que diz respeito à geração de empregos diretos ou indiretos, à arrecadação de tributos e à vida econômica do lugar, mas, ao mesmo tempo, pode trazer sérios danos ao meio ambiente da região. Assim, diante da supremacia da noção de interesse público primário, entende Mazzili que a solução mais justa para a consecução do bem geral consiste em instalar a fábrica e simultaneamente proteger o meio ambiente, ainda que essa decisão não agrade integralmente todas as pessoas e grupos envolvidos diretamente na controvérsia.

Em geral, um interesse é atribuído ao Estado por ser público. Segundo Marçal Justen Filho, certo interesse deve ser disciplinado como público, pois sua natureza exige eticamente que seja realizado, ou seja, porque ele não deve ser colocado em risco, ou, nos dizeres exatos do autor, "não se admite subordinar as necessidades indisponíveis à disciplina jurídica própria dos interesses individuais disponíveis".[50]

Todavia, apesar de ser importante a decisão de melhor proteger os ditos "interesses públicos", ainda assim, a atribuição de um interesse ao Estado e seu tratamento como público deriva, por vezes, menos de sua *natureza* do que de uma *convenção*, isto é, de uma decisão *política* tomada no sentido de protegê-lo juridicamente como tal.

Portanto, pode-se dizer que interesses públicos são aqueles qualificados juridicamente como tais e aos quais o ordenamento confere disciplina diferenciada dos interesses privados disponíveis; caso não se queira, a pretexto de uma releitura do

---

[48] Como propôs, por exemplo, Siéyès, na teorização do conceito de nação, que fundamentava a noção de poder constituinte, no intuito de retirar do povo a sua titularidade.

[49] MAZZILI, Hugo Nigro. *A defesa dos interesses difusos em juízo*. 15. ed. São Paulo: Saraiva, 2002. p. 43.

[50] JUSTEN FILHO, Marçal. Op. cit. p. 44.

direito, retornar a um jusnaturalismo transcendental. Contudo, o pós-positivismo nos permite, a partir da instância argumentativa, buscar persuadir acerca da inadequação de se proteger, por meio do regime publicístico, um interesse que não tenha relevância pública, sem a pretensão de reabrir a discussão das "essências", mas preservando algum grau de segurança que nos foi legado pelo positivismo.[51]

Em suma, apesar de ser um conceito oco que pode ser preenchido por variados conteúdos, a depender de um consenso político, isso não quer dizer que não haja uma estrutura de conceito (mesmo que indeterminada)[52] que evidencie situações argumentativas nas quais se possa ao menos excluir determinadas interpretações inadequadas do seu âmbito de delimitação de sentido.

Note-se que, paradoxalmente, é essa mesma estrutura oca de sentido do conceito de interesse público, baseada na textura aberta da linguagem, que faz com que a utilidade da categoria sobreviva à mutabilidade fática dos interesses coletivos. Entretanto, defender-se-á que a abstração nunca deve deixar de ser cotejada com a discussão acerca do real conteúdo dos interesses públicos protegidos em cada caso concreto, sob pena de se transformar em fator de afastamento do consenso social.

Atualmente, a tradicional dicotomia romana de interesses públicos e privados vem sofrendo alguns questionamentos, tendo em vista a modificação das relações sociais, com o surgimento do terceiro setor e a nova divisão provocada pela sociedade de massas, que exige uma proteção de caráter mais público do que privado, para interesses que, muito embora sejam originariamente individuais, são homogêneos, e cuja violação acarreta danos de caráter coletivo (chamados por alguns de individuais indisponíveis).

As relações sociais nos últimos tempos tornaram-se mais complexas, pois, além dos tradicionais primeiro setor, que é o governo, e segundo setor, isto é, o setor privado, responsável pelos interesses individuais, surge com força redobrada na atualidade o terceiro setor, que retira do Estado a exclusividade na satisfação de necessidades coletivas, diante da presença de "interesses públicos não estatais".[53] O terceiro setor reflete uma iniciativa "privada" que, via de regra, não busca a satisfação de interesses particulares ou egoísticos.

Ademais, conforme exposto, existe o fenômeno de "publicização do direito privado", que não é mais o campo por excelência de uma ilimitada autonomia da vontade. À medida que a vida em sociedade estreita os vínculos de interdependência entre as pessoas, o Direito torna-se cada vez mais sensível para o fato de

---

[51] Como adverte Friedrich Muller in Positivismo. Tradução Peter Naumann e revisão de Paulo Bonavides. *Boletim dos Procuradores da República*, São Paulo: Artchip, ano 3, nº 29, p. 5-7, set. 2000.

[52] DI PIETRO, Maria Sylvia Zanella. O princípio da supremacia do interesse público: sobrevivência diante dos ideais do neoliberalismo. *Revista Trimestral de Direito Público*, São Paulo: Malheiros, v. 48, p. 75, 2004.

[53] Cf. JUSTEN FILHO, Marçal. *Curso de direito administrativo*. São Paulo: Saraiva, 2005. p. 37.

que determinados organismos sociais, como a família, por exemplo, devem ser protegidos mediante normas de caráter cogente, uma vez que o desamparo legal de indivíduos também tem repercussões coletivas.

A doutrina reconhece, com o acirramento das sociedades de massa, a existência de direitos transindividuais, que ficam em uma zona intermediária entre o interesse particular e o interesse público do Estado.[54] Por fim, também não se pode ignorar que em uma sociedade de massas, em que o Estado por vezes se retrai no fornecimento de serviços públicos, o mercado "abocanha" prestações que envolvem atividades de interesse público, cujas violações acarretam males indiscriminados, isto é, de dimensões alastradas e que, por esse motivo, entendemos que devam ser subordinadas ao regime jurídico público – como acontece nos contratos de concessão de serviços públicos, onde as empresas se subordinam a cláusulas exorbitantes do direito privado.

Assim, nota-se que a categoria interesse público já não mais se relaciona exclusivamente com as atividades desempenhadas pelo Estado, sendo desdobrada progressivamente em: direitos sociais, individuais homogêneos indisponíveis, difusos e coletivos.

Contudo, apesar de todas essas modificações, que mitigam a força de delimitação entre as categorias, não nos identificamos com a corrente doutrinária que simplesmente põe em xeque a noção de superioridade dos interesses públicos. Adotar indiscriminadamente tal postura implicará na tentativa de posicionamento da Administração Pública no plano da igualdade com os particulares e, por consequência, do fim do fundamento do regime jurídico administrativo, que se justifica no fato de que o Estado deve atuar na consecução de interesses públicos primários.

Apesar de haver a necessidade de repensar os conceitos, tendo em vista a modificação das relações entre o Estado e os particulares (havendo interesses sociais desempenhados pela iniciativa privada, como o fomento estatal, ou mesmo interesses de caráter transindividual), ainda assim defendemos que a existência do Estado se justifica pelo fato de que ele atua na consecução de interesses públicos primários ou do bem-estar comum, sob pena de, na prática, conforme será exposto, o Estado, que possui o poder de impor com coercitividade condutas compatíveis com fins sociais, servir tão somente de palco de realização de interesses particulares, como às vezes lamentavelmente acontece por inversão ideológica, mas até recentemente jamais pela "descarada ruptura" com o argumento da supremacia do interesse público.

---

[54] SMANIO, Gianpaolo Poggio. *Interesses difusos e coletivos*. 2. ed. São Paulo: Atlas, 1999. p. 92.

5 Função ideológica do discurso acerca da supremacia do interesse público

Conforme exposto, um dos argumentos levantados na atualidade que demandam a revisão da dicotomia interesse público/privado é o fato de que num Estado plural, produto direto de um regime democrático, há novos sujeitos sociais que veiculam interesses que não são estatais nem privados, mas que não deixam de ser coletivos.

Segundo Willis Santiago Guerra Filho, num Estado Democrático de Direito há a necessidade de "respeito simultâneo dos interesses individuais, coletivos e públicos, a fim de que haja o maior atendimento possível de certos princípios – onde esses interesses se traduzem em valores –, com a mínima desatenção aos demais".[55]

Expõe, ainda, que há três ordens distintas de interesses: os individuais, os coletivos e os públicos ou gerais:

> a harmonização das três ordens de interesses possibilita o melhor atendimento dos interesses situados nas demais, já que o excessivo favorecimento dos interesses situados em algumas delas, em detrimento daqueles situados nas demais, termina, no fundo, sendo um desserviço para a consagração desses mesmos interesses.[56]

Já tivemos oportunidade de comentar essas afirmações a partir de análises contidas na obra *Limites à razoabilidade nos atos administrativos*:[57] será possível harmonizar ou acomodar interesses antagônicos com o mínimo de desatenção aos valores democráticos? O que fazer nas hipóteses em que os interesses das classes dominantes assumem a roupagem de interesse geral? Será que a pretensa harmonização de interesses, com o mínimo de desatenção, não se presta a camuflar a deslegitimidade de uma tensão que acoberta relações de poder desiguais entre interlocutores específicos?

Atualmente muito se fala em interesses individuais, coletivos e públicos como se fossem critérios quantitativos e sem um questionamento que traria, à luz da noção de ideologia, em nossa opinião, a crítica mais contundente à instrumentalização do discurso de supremacia do interesse público.

Ora, o poder político, em sentido amplo, engloba a possibilidade de dizer e orientar a condução dos negócios públicos, se necessário com o uso da sanção ou da coerção. Contudo, a utilização da força, em regra, nos regimes democráticos

---

[55] GUERRA FILHO, Willis Santiago. Princípio da proporcionalidade e teoria do direito. In: *Direito constitucional*: estudos em homenagem a Paulo Bonavides. São Paulo: Malheiros, 2003. p. 269-278.
[56] Op. cit., p. 271.
[57] NOHARA, Irene Patrícia. *Limites à razoabilidade nos atos administrativos*. São Paulo: Atlas, 2006. p. 113.

se legitima a partir da tentativa de obtenção de valores e aspirações sociais da comunidade.

Entretanto, não raro o próprio Estado, que é quem monopoliza o uso da força, cumpre o papel de reprodutor[58] de relações assimétricas e antagônicas, que são legitimadas a partir da utilização de conceitos vagos, como é o conceito de "interesse público".

Para que esse estado de coisas seja legitimado, a violência política deve ser mascarada pela ideologia. Supõe-se, no sistema democrático, que os valores são submetidos a uma discussão geral; contudo, as ideias e teorias são frequentemente determinadas pela hegemonia e pelo "poder espiritual" dos valores que interessam à classe dominante.

Assim, a efetividade do processo democrático pressupõe uma mudança de postura da própria sociedade diante das relações de poder; pois, na prática, é problemático vislumbrar com tanta clareza a possibilidade de uma efetiva harmonização de interesses feita a partir de relações sociais tão antagônicas, e a busca por um interesse genuinamente coletivo fica prejudicada ante a ausência de conscientização generalizada das forças desigualizadoras do mercado, que possui uma lógica perversa de reprodução e acumulação orientada para o lucro, isto é, para a acumulação concentrada do capital e menos para a distribuição de oportunidades sociais.

Esse sentido forte[59] de ideologia tem o mérito de criticar uma concepção superficial de que o Estado e o Direito seriam referenciais neutros de realização do ser humano, abstratamente considerado, sem perceber que por trás do rótulo "interesse público" ou "interesse comum", relacionado com a noção genérica de ser humano, há sujeitos concretos, com suas especificidades, particularidades e interesses, historicamente situados e pertencentes a determinadas classes sociais.

Nesta perspectiva, são esclarecedoras as palavras de Agustín Gordillo sobre a concepção de Estado ou de Administração:

> como agentes do bem comum ou do interesse público, tido como abstração permanente e generalizada (todo Estado serve sempre ao bem comum), é uma ideia que não pode ser aceita axiomática ou dogmaticamente, também não se pode aceitar sua noção contraposta, isto é, de que o Estado serve sempre aos interesses da classe dominante: há que se analisar quais intervenções realiza ou deseja realizar, quais modalidades adota, a quais interesses serve, para que seja analisado, em cada caso, o tipo de intervenção

---

[58] ALVES, Alaôr Caffé. *Estado e ideologia*: aparência e realidade. São Paulo: Brasiliense, 1987. p. 257, e também, do mesmo autor: A função ideológica do direito. In: *Fronteiras do direito contemporâneo*. São Paulo: Diretório Acadêmico João Mendes Júnior, 2002. p. 31-34.

[59] BOBBIO, Norberto. *Dicionário de política*. 12. ed. Brasília: Universidade de Brasília, 1999. p. 585. Cf. verbete: Ideologia.

ou abstenção. Em outras palavras, é sempre necessário pôr as hipóteses e as teorias à prova dos fatos.[60]

O discurso do interesse público é potencialmente discurso ideológico quando mascara com falsos significados um sistema histórico de representações. Assim, concordamos com Gordillo, pois jamais se deve deixar de pôr à prova quais são os grupos que efetivamente serão beneficiados ou prejudicados com determinados tipos de discursos.

6 A quem interessa a desconstrução do sentido da supremacia do interesse público?

Antes de abraçar qualquer doutrina que diga que a supremacia do interesse público deve ser desconstruída, é necessário se refletir, conforme visto, a quem esse discurso interessa.

A desconstrução do princípio da supremacia do interesse público (primário) interessa imediatamente aos grupos que desejam que o Estado se subordine aos seus interesses particulares.

Conforme exposto, mesmo com a presença do princípio da supremacia do interesse público como pressuposto de justificativa dos poderes e dos fins estatais, isso não impede que a práxis estatal seja, por vezes, intrinsecamente oligárquica, pois pode ser que haja manipulação do consenso acerca do conteúdo dos interesses públicos por um discurso ideológico.

Também não se ignora que o Estado esteja permeado por interesses de grupos particulares que não o incentivam a buscar meios efetivos de acessar alguma espécie de consenso social acerca do que seja o interesse público em determinadas situações concretas ou mesmo que tal movimento venha de imposições de atores externos ao cenário nacional, tendo em vista a globalização econômica.

A desconstrução da supremacia do interesse público, portanto, tanto pode servir a um *discurso ultraliberal*, no sentido de restaurar a noção de liberdade incondicionada do particular em buscar os meios e fins de sua conduta, sem a "indevida" intervenção estatal, como pode servir também ao *discurso neoliberal*, que objetiva impor restrições ao intervencionismo estatal na economia, limitando-o a setores tidos como "imprescindíveis", no intuito de restaurar um projeto de Estado mínimo, daí porque, *grosso modo*, se diz que também se trata de resgate dos desígnios liberais.

---

[60] GORDILLO, Agustín. *Tratado de derecho administrativo*. 7. ed. Belo Horizonte: Del Rey: Fundación de Derecho Administrativo, 2003. t. 1, p. 11-16.

Entretanto, a supremacia do interesse público nos espaços estatais, apesar de não ser a única esfera de formação da vontade pública, é pressuposto sem o qual a democracia é inconcebível, mesmo que se pense na esfera pública *para além* da exclusividade estatal.

Neste particular, ressalte-se que Habermas[61] não diminui a importância das esferas institucionais tradicionais, como a burocracia e o poder administrativo, pois propugna que a responsabilidade pela tomada de decisão só pode ser garantida eficazmente pelo processo político institucionalizado, sob pena de uma "anarquia desgovernada".

Então, é um contrassenso extrair do argumento da democracia e da pós-modernidade uma desconstrução da supremacia do interesse público. O fato de o Estado ter de se subordinar aos interesses públicos primários não significa que o conteúdo dos interesses públicos buscados nos variados casos concretos não devam ser apreciados à luz de um consenso social e da ponderação calcada na proporcionalidade, caso haja interesses particulares protegidos pela Constituição como direitos fundamentais que entrem em rota de colisão com razões públicas.

Ao analisar a supremacia do interesse público, deve-se considerar que:

1. os interesses públicos deverão refletir algum consenso social, seja ele extraído da interpretação das normas constitucionais e dos valores protegidos pelo ordenamento jurídico, que devem ser justificados argumentativamente, ou por meio de expedientes em que há interlocução comunitária direta, como ocorre, por exemplo, em audiências públicas;[62]

2. interesse público é argumento que justifica a intervenção quando o Estado necessita impor determinações que protegem o bem-estar social em detrimento de algum interesse particular, mas não é critério indiscriminado de ponderação de interesses, pois como expediente *próprio do direito público*, não é de aplicação irrestrita, muito menos absoluta, sendo a razoabilidade/proporcionalidade o juízo de ponderação que dirá qual o interesse que terá maior peso no caso concreto; exceto no caso peculiar da desapropriação onde já há uma pré-compreensão jurídica orientada para o chamado "sacrifício de direito".

---

[61] LEAL, Rogério Gesta. Esfera pública e a participação social: possíveis dimensões jurídico-políticas dos direitos civis de participação social no âmbito da gestão dos interesses públicos no Brasil. *Interesse Público*, Belo Horizonte: Fórum, 2008. p. 59, ano 10, nº 48, p. 59, mar./abr. 2008.

[62] Com a ressalva de que a direção tomada nas discussões da audiência pública não é vinculante à conduta da Administração, desde que ela fundamente substancialmente a decisão adotada, conforme disciplina da Lei nº 9.784/99. Cf. NOHARA, Irene Patrícia; MARRARA, Thiago. *Processo administrativo*: Lei nº 9.784/99 comentada. São Paulo: Atlas, 2009. p. 238. Tal postura legal não é de todo ruim, porquanto bem reflete Hugo Mazzili, conforme exposto, que uma medida de "alta popularidade", pode também prejudicar, por exemplo, o meio ambiente; caso em que o Poder Público não pode deixar de proteger interesses públicos ambientais.

Em suma, no âmbito do direito público defende-se que a supremacia do interesse público é necessária, sendo problemática a questão de saber o conteúdo dos interesses públicos particularizados ou mesmo o grau de restrição aos interesses privados, dentro de um juízo de razoabilidade – assuntos que nunca deixaram de ser considerados pela doutrina do Direito Administrativo.

Também se deve ter em mente que a supremacia do interesse público é fundamento do instituto da desapropriação; das cláusulas exorbitantes dos contratos administrativos; dos atributos do ato administrativo, mormente da imperatividade e da autoexecutoriedade; e do poder de polícia, mas esta última atividade de condicionamento do exercício dos direitos individuais, tais como a liberdade e a propriedade, aos interesses públicos, tem por limite uma atuação estatal proporcional ou razoável para que não haja o esmagamento do núcleo essencial de direitos fundamentais também tutelados pelo ordenamento jurídico.

Assim, mesmo com todo o perigo que o discurso acrítico da supremacia do interesse público como abstração permanente gera, caso não se verifique a quais interesses ele serve na prática; ainda assim é preferível para a preservação dos objetivos e fins do Estado Democrático de Direito que as ações da Administração Pública sejam alicerçadas em interesses coletivos, vistos com supremacia em relação a interesses particulares, sob pena de se justificarem práticas estatais que beneficiam pequenos grupos, em detrimento da tutela aos interesses e ao bem-estar coletivos.

A pós-modernidade não é uma realidade pronta e acabada. Trata-se, em verdade, de uma construção teórica, com variadas vertentes, com vistas a dar respostas a uma nova situação de mundo na qual conceitos como soberania (no sentido de poder) do Estado nacional ou a cisão entre Estado e sociedade civil são rediscutidos em face da globalização e da incapacidade de o Estado nacional domesticar politicamente um capitalismo desenfreado que, quase sempre, opõe obstáculos à efetivação de um projeto de democracia material.

Como enfatiza Habermas, em artigo denominado *Nos limites do Estado*,[63] há três aspectos centrais de privação do poder do Estado nacional: (1) a perda da capacidade de controle estatal, pois o Estado com suas forças já não é mais capaz de defender plenamente seus cidadãos de efeitos externos de decisões tomados por outros autores ou de efeitos em cadeia de processos que têm origem fora de suas fronteiras; (2) crescentes déficits de legitimação nos processos decisórios, pois quanto mais graves e numerosas as matérias reguladas no curso das negociações estatais, tanto mais as decisões acabam sendo subtraídas à formação da opinião pública, que está ancorada nas arenas nacionais; e (3) progressiva incapacidade de dar provas de ação de comando e organização em face de mercados globalmente ilimitados e de fluxos acelerados de capital que se retiram à menor ameaça, one-

---

[63] HABERMAS, Jurgen. Nos limites do Estado. *Folha de S. Paulo*, São Paulo, 18 jul. 1999, p. 4-6.

rando assim os projetos nacionais no sentido da garantia de empregos e de certos padrões de bem-estar coletivo.

Diante dessa nova realidade, ocorrem mudanças na forma de se conceber o Direito. Segundo José Eduardo Faria:

> os novos paradigmas têm sido obrigados a lidar com concepções mais elaboradas de Direito, abandonando sua tradicional definição positiva como ordem coativa constituída à base de normas, as quais formam uma unidade que não apenas reserva para si o monopólio da força nas relações sociais, como, igualmente, regulamenta as relações fundamentais para a convivência e supervivência dos grupos sociais. No lugar dessa definição, vão surgindo concepções que o veem antes de tudo como conjunto de processos regularizados e de princípios normativos, considerados justiciáveis numa dada comunidade, e que contribuem tanto para a criação e prevenção de conflitos quanto para resolver mediante técnicas diversificadas de estímulo e desencorajamento e de discursos de amplitude variável.[64]

Todavia, mesmo diante dos desafios que a pós-modernidade traz, que terão reflexos sobre a configuração do Direito no geral e, no caso do presente artigo, do Direito Administrativo, entendemos que a desconstrução do sentido de supremacia do interesse público, se levada à sua radicalidade, acaba fulminando o papel do Estado como promotor do bem-estar comum, o que não se justifica à medida que o Estado Democrático de Direito incorporou no seu bojo os objetivos do Estado Social[65] e intervencionista, procurando promover uma filtragem da pretensão totalitária ou mesmo autoritária do fenômeno estatal.

Assim, não se pode perder de vista que os produtos científicos, principalmente na área jurídica, que é de ciência social aplicada, não são neutros, ou seja, não são mera designação de uma realidade objetivamente descrita. Eles são resultado de interpretações, isto é, de leituras feitas por pessoas concretas que estão imersas em suas concepções ou pré-compreensões do mundo.

As interpretações feitas têm, outrossim, vocação pragmática e transformam o discurso científico em justificação de determinados posicionamentos ideológicos, sendo a linguagem utilizada estrutural para a construção de uma nova visão de mundo. Contudo, o discurso científico torna-se problemático, conforme visto, quando se ampara em abstrações permanentes que escondem dos seus destinatá-

---

[64] FARIA, José Eduardo. *Eficácia jurídica e violência simbólica:* o direito como instrumento de transformação social. São Paulo: Ed. Universidade de São Paulo, 1988. p. 167. Correspondente à tese de titularidade ao Departamento de Filosofia e Teoria Geral do Direito da Faculdade de Direito da USP, apresentada em julho de 1984.

[65] O Estado democrático não é visto como superação do Estado social, muito menos como retorno ao Estado liberal; mas se considera que ele absorveu os objetivos de promoção de justiça social do Estado social, uma vez que não há que se falar em democracia material sem distribuição de oportunidades.

rios dados significativos acerca dos interesses subjacentes a determinados entendimentos pretensamente consensuais.

Por esse motivo, preferimos deixar bem claro a quais grupos interessa[66] a desconstrução do sentido da supremacia dos interesses públicos sobre os particulares, uma vez que não há dados objetivos que façam derivar da força das normas constitucionais que o Estado Democrático não deva ser subordinado a finalidades coletivas com caráter de cogência.

7 Possibilidades interpretativas construtivas da supremacia do interesse público ante os desafios do Estado Democrático de Direito

O objetivo do presente artigo não é negar a necessidade de adaptação de institutos do Direito Administrativo aos influxos do pós-positivismo e da nova hermenêutica, mas apenas criticar algumas conclusões radicais e algumas leituras descontextualizadas da doutrina. Não é certo pretender minar pressupostos do Direito Administrativo a pretexto de absorver novas tendências, sem considerar quais serão as repercussões éticas da adoção desses novos posicionamentos.

A dicotomia *espaço público* e *espaço privado*, apesar de ser problemática, como, aliás, é toda a dicotomia, à medida que deixa de considerar realidades "cinzas", isto é, "intermediárias", não merece ser descartada pelo simples fato de que existem direitos individuais homogêneos ou mesmo um espaço de interesse coletivo da sociedade civil organizada que não se desenvolve no seio do Estado.

Aliás, há muito tempo que o Direito do Trabalho foi entendido como disciplina que não se enquadra nem no ramo do direito público, nem do direito privado, sem que houvesse a necessidade de descarte da classificação.

Segundo expõe Genaro Carrió,[67] as classificações no Direito não são certas ou erradas, como se objetivassem pura e simplesmente descrever uma realidade, isto é, dentro de uma visão designativa ou referencialista, mais próxima das ciências da natureza;[68] elas são úteis ou inúteis para a produção de uma sorte de efeitos, ou seja, para que desencadeiem produtivas repercussões práticas na pressuposição

---

[66] Interessa aos grupos com orientação *ultraliberal* ou aos *neoliberais*, que não são simpatizantes do protagonismo estatal na condução, com supremacia, e na delimitação do conteúdo dos interesses públicos.

[67] CARRIÓ, Genaro R. Notas *sobre derecho y lenguaje*. Buenos Aires: Abaledo-Perrot, 1965. p. 72-73.

[68] A ciência jurídica, por exemplo, não ignora que haja diferenças genéticas entre um filho adotivo e um filho "biológico", mas a Constituição proíbe quaisquer designações discriminatórias em relação à filiação, pois quer proteger o ser humano em suas relações sociais. Assim, há tempos que se sabe que os conceitos jurídicos não foram criados para coincidirem com conceitos naturalísticos.

de que o Direito serve para regular comportamentos tendo em vista a proteção individual e social, e não para descrever perfeitamente uma realidade.

Foi na Grécia, no auge da democracia, que ocorreu uma cisão bastante pronunciada entre as concepções de esfera privada, na qual as pessoas desempenhavam atividades ligadas à sobrevivência, num espaço de sujeição (dos escravos, das mulheres e dos menores) e de esfera pública, considerada como espaço de igualdade, onde homens livres exerciam a cidadania.

Para os gregos da época, o espaço público era um referencial valorativo que apontava para a finalidade superior da vida dos homens livres, entendida como racional e justa. O desenvolvimento de virtudes políticas fazia parte da educação[69] do homem grego, como garantia de uma existência livre e ativa em face dos serviços públicos desenvolvidos para a coletividade.

Ora, no Brasil também se discutem, especialmente a partir da obra de Victor Nunes Leal,[70] as práticas distorcidas nas relações entre *espaço público* e *espaço privado*, logo no início do sistema representativo, isto é, na República Velha; apesar do inegável avanço das instituições públicas brasileiras ao longo do século XX, após a industrialização e formação de uma classe média sustentadora de uma nova base de relações sociais, ainda hoje se questiona se haveria uma propensão cultural[71] por parte dos brasileiros de enxergar espaços públicos sob a ótica privatística, diante de um referencial distorcido de que os direitos seriam mera concessão dos "donos do poder" aos que estão abaixo ou nas proximidades deles.

Nesse contexto, expõe magistralmente Carlos Roberto de Siqueira Castro que:

> as medievais e promíscuas relações entre o domínio público e privado na formação institucional do Brasil degeneraram entre nós num *laissez-faire* "repressivo", não raro militarizado, para a mantença de um legado de tipo colonial e aristocrático. Esse "interpatrocínio" que jungia o setor público e o privado num pacto oficioso, mas por certo ideologizado para a preservação das elites dominantes, acabou por gerar uma burocracia com interesses privados e *"clientelistas"*, afinal responsável pelos precários resultados na experiência de representação política e partidária no Brasil, que até hoje coloca o nosso País, em termos de democracia representativa, num estado de *pré-modernidade*.[72]

---

[69] JAEGER, Werner. *Paideia*: a formação do homem grego. São Paulo: Martins Fontes, 2001. p. 1098.

[70] LEAL, Victor Nunes. *Coronelismo, enxada e voto*: o município e o regime representativo no Brasil. São Paulo: Alfa-Ômega, 1975. Passim.

[71] Que tem explicações, mas não justificações, históricas.

[72] CASTRO, Carlos Roberto de Siqueira. *O devido processo legal e os princípios da razoabilidade e da proporcionalidade*. 4. ed. Rio de Janeiro: Forense, 2006. p. 413.

Entendemos, conforme exposto, que as categorias espaço público e espaço privado são fundamentais e que poderiam ser chamadas de imperfeitas apenas se cotejadas com uma concepção epistemológica já ultrapassada de rigor linguístico, que não é mais a tônica da análise da linguagem, principalmente após a reviravolta linguístico-pragmática.[73] Trata-se de classificação imprescindível para promover uma reflexão acerca da legitimação do poder do Estado, não havendo alternativa mais justa do ponto de vista social do que o fato de que a supremacia das regras de direito público, que são capazes de impor determinações contra a vontade dos particulares, advém de a ação do Estado estar respaldada em interesses coletivos.

A problemática maior é, então, deslocada da questão de *negar* o conceito de supremacia dos interesses públicos para saber como o Estado, que se diz democrático, *promoverá meios* para afinar suas condutas impositivas aos anseios coletivos, na busca pela sua real legitimação. Esta é, na realidade, a questão cerne da viabilização de um projeto de Estado Democrático de Direito em que o Direito Administrativo dito pós-moderno abre canais de interlocução comunitária – sendo a efetivação da democracia a própria resposta a essa indagação, onde o conteúdo dos interesses públicos concretos seria submetido à permanente rediscussão social.

Assim, além da questão de propiciar mecanismos de participação direta da população na condução dos assuntos coletivos, o que garante maior grau de consenso, a Administração deve tratar os administrados e os movimentos sociais como sujeitos e não como objetos da ação estatal.

Dentro da ótica democrática, a questão do reconhecimento de interesses não deveria ser mais vista do prisma de "luta contra o Estado", mas deve fazer parte "da agenda do Estado",[74] que deve trazer para si as reivindicações da sociedade civil e tomar, portanto, medidas cada vez mais afinadas com os valores sociais concretos, isto é, com os valores legitimados em um dado contexto histórico.

Práticas autoritárias mal justificadas no regime jurídico administrativo merecem modificações. Contudo, entendemos, ao contrário do que por vezes se argumenta,[75] que não é condição para a revisão dessas práticas distorcidas da Administração que se descarte a teoria do ato administrativo, muito menos que ela seja substituída pela consensualidade que permeia o negócio jurídico como categoria própria do direito privado, conforme visto.

---

[73] OLIVEIRA, Manfredo Araújo de. *Reviravolta linguístico-pragmática na filosofia contemporânea*. São Paulo: Loyola, 1996. p. 117.

[74] PIOVESAN, Flávia. *Direitos humanos e estado de direito estão ligados*. Disponível em: <http://www.conjur.com.br/2010-jan-30/direitos-humanos-estado-direito-sao-termos-interdependentes#autores>. Acesso em: 17 mar. 2010.

[75] SILVA, Vasco Pereira da. *Em busca do acto administrativo perdido*. Coimbra: Almedina, 1996. p. 100. BAPTISTA, Patrícia. *Transformações do direito administrativo*. Rio de Janeiro: Renovar, 2003. p. 230.

A imperatividade ainda é atributo fundamental dos atos administrativos, sob pena de o Estado perder a possibilidade de impor determinações normativas aos particulares cujos comportamentos devem ser ajustados para o bem da sociedade. Ora, quase ninguém concordaria em ser multado ou em ter mercadorias apreendidas; não obstante, o Estado precisa ter poder para impor certas medidas, desde que sejam justificadas no interesse coletivo.

Outrossim, é construção jurisprudencial, com base no respeito aos direitos e garantias individuais, a exigência de que antes da imposição haja, por parte do Poder Público, a garantia[76] de contraditório e ampla defesa; sendo resguardado pelo sistema jurídico nacional o acesso ao Poder Judiciário (art. 5º, XXXV, da Constituição), caso se entenda que a Administração agiu arbitrariamente e o controle de tal desbordamento das competências administrativas formais e materiais, principalmente no tocante ao respeito aos direitos fundamentais, será feito, *ressalte-se*, por meio da teoria dos atos administrativos.

A ideia de processualização que acompanha os desafios do Estado contemporâneo e da pós-modernidade permite que o *iter* de formação dos atos administrativos seja recheado com oportunidades de participação, o que torna a conduta da Administração mais transparente e controlável.

Assim, antes de a Administração impor seus atos, mormente aqueles que atingem o patrimônio jurídico de particular, é necessário que ela assegure efetiva participação dos administrados no processo de formação da vontade estatal, o que, segundo Sérgio Ferraz e Adilson Abreu Dallari, representa verdadeira contraface ao autoritarismo estatal.[77]

Tais ponderações colaboram com a superação da abordagem liberal e simplista da questão da supremacia do interesse público sobre o particular, pois o reforço das formas procedimentais comunicativas[78] na atuação do Estado abrem canais de interlocução social no desempenho da função administrativa.

---

[76] Há decisões do STF e, em maior número, do STJ de que a autotutela administrativa só é exercitável, no tocante à anulação de ato administrativo que repercuta sobre interesses individuais, após a observância do devido processo legal e da ampla defesa. NOHARA, Irene Patrícia; MARRARA, Thiago. *Processo administrativo*. São Paulo: Atlas, 2009. p. 344-345. O Estado Democrático de Direito pressupõe o devido processo legal, sendo que a edição de leis de processo administrativo no final da década de 90 e início do século XXI também colaborou para a revisão da ideia de Administração Pública autoritária, que impõe suas decisões de maneira unilateral, isto é, sem ouvir ou dar o direito de defesa aos seus destinatários.

[77] DALLARI, Adilson; FERRAZ, Sérgio. *Processo administrativo*. São Paulo: Malheiros, 2002. p. 22.

[78] Esse ainda é um movimento que "engatinha" no cenário brasileiro e que ganhou renovado fôlego com a Campanha Nacional em prol da República e da Democracia, capitaneada pelo jurista Fábio Konder Comparato, com o apoio institucional da Ordem dos Advogados do Brasil.

Numa sociedade pluralista, como é desígnio constitucional no caso brasileiro, os centros de decisões devem ser multiplicados, a partir do reconhecimento de que o cidadão-administrado não é mero objeto da ação administrativa.

Ao cidadão deve-se assegurar progressivamente o direito de participar da discussão das questões de interesse comum, seja no afã de garantir o respeito aos direitos individuais, que também são protegidos pelo ordenamento jurídico, a partir da imposição de balizas à atuação estatal que se mostre exorbitante da ordem jurídica, restringindo ao necessário (dentro da ideia de proporcionalidade dos meios) as ações efetivadas com base em razões públicas, seja no intuito de assegurar participação popular em procedimentos de formulação de regras e políticas públicas, hipótese na qual o cidadão-administrado poderá estar imbuído também da preocupação com o bem-estar comum, e não necessariamente contra o interesse público.[79]

Modifica-se, portanto, paulatinamente a noção de Administração Pública distante e encastelada em suas certezas e o *locus* de decisão estatal (espaço público) é transformado em cenário de participação, garantindo ao Estado maior legitimidade em sua atuação.

Apesar de defendermos a necessidade de aperfeiçoamento da prática democrática na atuação administrativa, entendemos que é injusto relegar ao ato administrativo o papel de *vilão* da ausência de democratização da Administração Pública, sobretudo se se refletir que foi da evolução do âmbito de abrangência da teoria dos atos administrativos que a atuação arbitrária do Estado foi sendo contida, inicialmente pela análise do motivo e da finalidade, o que restringiu a noção de discricionariedade administrativa, até a influência da razoabilidade ou proporcionalidade no refreamento de condutas estatais excessivas, que fulminavam desnecessariamente o núcleo essencial de direitos fundamentais.

A teoria dos atos administrativos, especialmente após suas derradeiras conquistas, sofreu tamanha evolução que consagra na atualidade um instrumental jurídico imprescindível para a garantia dos direitos dos administrados e simultaneamente, dentro da noção de proporcionalidade, à boa consecução dos fins coletivos do Estado.

Não é verdade, portanto, que a doutrina do Direito Administrativo desconsidera que o juízo de razoabilidade/proporcionalidade seja expediente apto a equilibrar a garantia de interesses individuais em função dos fins coletivos. Basta verificar

---

[79] Neste caso, dentro da noção desenvolvida por Böckenförde e que é brilhantemente sintetizada por Maria Sylvia Zanella Di Pietro, na afirmação de que: o princípio da supremacia do interesse público convive com os direitos fundamentais e não se deve pressupor que ele os coloque em risco. In. O princípio da supremacia do interesse público: sobrevivência diante dos ideais do neoliberalismo. *Revista Trimestral de Direito Público*, São Paulo: Malheiros, v. 48, p. 75, 2004.

que os administrativistas mencionam a proporcionalidade[80] como: adequação dos meios aos fins públicos; exigibilidade dos meios, sendo ressaltado que a Administração não deve sacrificar desnecessariamente direitos protegidos pela Constituição a pretexto da consecução de fins coletivos; e proporcionalidade em sentido estrito, no sentido de se buscar um correto equilíbrio.

Por fim, mais produtivo do que a pretensão de desfazer conquistas coletivas, como a valorização dada aos interesses públicos primários nas relações estatais, a partir de releituras destrutivas dos alicerces do Direito Administrativo,[81] seria saber reconhecer o labor da doutrina e da jurisprudência no sentido de (re)significar o regime jurídico administrativo, adequando-o ao pressuposto fulcral da disciplina, que é a necessidade de equilíbrio, ou seja, de ponderação, da tensão cerne entre autoridade *versus* liberdade.

8 Conclusão

Diante de todo o exposto, conclui-se que não merece prosperar a tese de superação da supremacia do interesse público no âmbito do Direito Administrativo, uma vez que a doutrina jamais defendeu que a aplicação desse fundamento do regime jurídico público pudesse ser feita sem ponderação de razoabilidade/proporcionalidade e, portanto, ao arrepio de direitos fundamentais protegidos pela Constituição.

Como não se pretende negar o pressuposto deôntico de supremacia dos interesses públicos diante dos particulares, que é a base de legitimação da existência

---

[80] Praticamente, a totalidade dos manuais de Direito Administrativo tratam da proporcionalidade/razoabilidade bem como dos limites ao poder de polícia, para que não haja restrição excessiva ou desnecessária a direitos individuais a pretexto do cumprimento dos fins estatais, dentro da noção desenvolvida, por exemplo, pelo primeiro artigo da lei de processo administrativo federal (Lei nº 9.784/99), no qual se diz que a Administração Pública objetiva: a proteção aos direitos dos administrados e o melhor cumprimento dos fins administrativos.

[81] O que deixa os publicistas perturbados é a injusta insinuação de que o Direito Administrativo, que confere ao Estado poderes/prerrogativas, seria um obstáculo à realização de valores constitucionais. Contudo, por outro lado, imagine-se: dissolver as categorias *público* e *privado*, deslegitimando, portanto, a existência de poderes estatais – que são expressões do regime jurídico-administrativo –; na sequência, nivelar interesses públicos aos particulares, com a argumentação radical de que o direito pós-moderno não mais admite tais dicotomias e, por fim, ainda pretender acabar com a autoexecutoriedade e com a imperatividade dos atos administrativos, considerados excessivamente "unilaterais", substituindo-os, então, pela consensualidade própria dos negócios jurídicos privados. Ora, não se nega a possibilidade de revisão das categorias juspublicistas, tendo em vista novas realidades, mas essa revisão deve ser feita a partir de uma preocupação ética com os rumos que se quer que o Direito tome. Assim, com todo o respeito que o debate do assunto deve ter, acreditamos que esse não é um caminho interpretativo adequado, caso o foco da preocupação seja *realmente* a efetivação de um projeto de democracia material.

de um Estado Democrático, o presente artigo procurou contribuir para a discussão – tendo em vista que o conceito de interesse público pode ser preenchido por variados conteúdos, a depender de uma decisão[82] de caráter mais convencional do que essencial/ontológico – com algumas possíveis respostas para uma questão que é, em nossa visão, *esta sim*, bastante problemática: como fazer com que o discurso da supremacia do interesse público não se converta em discurso ideológico que, por decorrência, mascare numa atmosfera de pretensa legitimidade práxis administrativas autoritárias, isto é, sem o mínimo respaldo no consenso social?

Uma provável mitigação dessa possibilidade seria incluir na agenda do Estado (e não necessariamente "contra o Estado", caso se considere que ele tem disposição[83] em ser legítimo, ou seja, em chegar a um consenso mais próximo do que seja importante do ponto de vista coletivo/público) o permanente diálogo com os diversos atores sociais,[84] passando pelos setores interessados particularmente até chegar aos chamados movimentos sociais ou mesmo em opiniões individuais, em paridade de armas discursivas e levando em consideração principalmente a *força persuasiva dos argumentos apresentados*, para que a Administração trate os cidadãos-administrados como sujeitos da ação pública[85] e não como objetos dela.

Dentro dessa ordem de ideias, contribui substancialmente para o estreitamento dos canais de interlocução comunitária no seio da Administração a processualização de sua atividade, sendo o *iter* de formação da vontade estatal recheado com oportunidades de manifestação dos administrados.

Reitere-se, conforme exposto, que o tipo de consenso que um Estado não autoritário quer alcançar tem um sentido diferenciado da consensualidade que permeia as relações privadas, onde há dois interesses contrapostos que, via de regra, objetivam extrair o máximo de vantagens de uma situação, sem serem confrontados diretamente com a necessidade de realização de interesses coletivos.

Enfatize-se, por fim, que não concordamos que a imperatividade dos atos administrativos seja, em si, fator que provoca a manifestação de uma Administração Pública autoritária, pois entendemos que o Estado deve manejar poderes, desde que legítimos, pois ele cumpre, entre diversas (de prestador de serviços públicos, de fomentador de atividades privadas de interesse coletivo etc.), uma importante e insubstituível função, qual seja, a intervencionista, que se relaciona com a limitação de atividades privadas que prejudiquem o bem-estar coletivo.

---

[82] Quer dizer, uma decisão política.

[83] No sentido de permanente tarefa (*Aufgabe*) e não de um dado (*Gabe*), conforme expressões utilizadas por Gadamer. GADAMER, Hans Georg. *Verdade e método*. 3. ed. Petrópolis: Vozes, 1999. p. 64.

[84] Onde haja o maior grau de inclusão possível, nas condições concretas.

[85] Em que se busque tornar mais verdadeiro o discurso que diz que a titularidade do poder estatal é pública.

Retirar do Estado esse "ônus" fundante, de justificar o manejo de seu poder com base na supremacia do interesse público, seria inevitavelmente orientá-lo ao autoritarismo, hipótese na qual, a pretexto de levar as instituições públicas brasileiras à *pós-modernidade*, estaríamos em verdade relegando-as a permanente condição de *pré-modernas*.

Referências bibliográficas

ALESSI, Renato. *Sistema istituzionale del diritto amministrativo italiano*. 3. ed. Milão: Giuffrè, 1960.

ALVES, Alaôr Caffé. *Estado e ideologia*: aparência e realidade. São Paulo: Brasiliense, 1987.

_____. A função ideológica do Direito. In. ARIENTE, Eduardo Altomare (Coord.). *Fronteiras do direito contemporâneo*. São Paulo: Diretório Acadêmico João Mendes Júnior, 2002.

BANDEIRA DE MELLO, Celso Antônio. *Curso de direito administrativo*. São Paulo: Malheiros, 2008.

BAPTISTA, Patrícia. *Transformações do direito administrativo*. Rio de Janeiro: Renovar, 2003.

BERCOVICI, Gilberto. *Constituição econômica e desenvolvimento*: uma releitura a partir da Constituição de 1988. São Paulo: Malheiros, 2005.

_____. *Desigualdades regionais, estado e constituição*. São Paulo: Max Limonad, 2003.

BOBBIO, Norberto. *A teoria das formas de governo*. 10. ed. Brasília: Universidade de Brasília, 1998.

_____. *Dicionário de política*. 12. ed. Brasília: Universidade de Brasília, 1999.

BÖCKENFÖRDE, Ernst-Wolfgang. *Escritos sobre derechos fundamentales*. Tradução de Juan Luis Requejo Pagés. Baden-Baden: Nomos, 1993.

BONAVIDES, Paulo. *Do estado liberal ao estado social*. São Paulo: Malheiros, 2004.

_____. *Curso de direito constitucional*. 24. ed. São Paulo: Malheiros, 2009.

BUCCI, Maria Paula Dallari. *Políticas públicas*: reflexões sobre o conceito jurídico. São Paulo: Saraiva, 2006.

CARRIÓ, Genaro R. *Notas sobre derecho y lenguaje*. Buenos Aires: Abaledo-Perrot, 1965.

CARVALHO FILHO, José dos Santos. *Manual de direito administrativo*. Rio de Janeiro: Lumen Juris, 2008.

CASTRO, Carlos Roberto de Siqueira. *O devido processo legal e os princípios da razoabilidade e da proporcionalidade*. 4. ed. Rio de Janeiro: Forense, 2006.

DALLARI, Adilson; FERRAZ, Sérgio. *Processo administrativo*. São Paulo: Malheiros, 2002.

DALLARI, Dalmo de Abreu. *Elementos da teoria geral do estado*. São Paulo: Saraiva, 2000.

DI PIETRO, Maria Sylvia Zanella. O princípio da supremacia do interesse público: sobrevivência diante dos ideais do neoliberalismo. *Revista Trimestral de Direito Público*, São Paulo: Malheiros, v. 48, p. 63-76, 2004.

_____. 500 anos de direito administrativo brasileiro. *Cadernos de Cidadania II*: 500 anos e o Direito no Brasil, São Paulo: Artchip, p. 37-70, mar. 2000.

FARIA, José Eduardo. *Eficácia jurídica e violência simbólica:* o direito como instrumento de transformação social. São Paulo: Ed. Universidade de São Paulo, 1988.

FIGUEIREDO, Lúcia Valle. *Curso de direito administrativo*. 7. ed. São Paulo: Malheiros, 2004.

GADAMER, Hans Georg. *Verdade e método*. 3. ed. Petrópolis: Vozes, 1999.

GORDILLO, Agustín. *Tratado de derecho administrativo*. 5. ed. Belo Horizonte: Del Rey: Fundación de Derecho Administrativo, 2003.

GUERRA FILHO, Willis Santiago. Princípio da proporcionalidade e teoria do direito. In: *Direito constitucional*: estudos em homenagem a Paulo Bonavides. São Paulo: Malheiros, 2003.

HABERLE, Peter. *La garantía del contenido esencial de los derechos fundamentales*. Trad. Joaquín Brage Camazano. Madrid: Dykinson, 2003.

JAEGER, Werner. *Paideia*: a formação do homem grego. São Paulo: Martins Fontes, 2001.

JUSTEN FILHO, Marçal. *Curso de direito administrativo*. São Paulo: Saraiva, 2005.

LEAL, Victor Nunes. *Coronelismo, enxada e voto*: o município e o regime representativo no Brasil. São Paulo: Alfa-Ômega, 1975.

MANCUSO, Rodolfo de Camargo. *Ação popular*. 5. ed. São Paulo: Revista dos Tribunais, 2003.

MARQUES NETO, Floriano Peixoto de Azevedo. *Regulação estatal e interesses públicos*. São Paulo: Malheiros, 2002.

MAZZILI, Hugo Nigro. *A defesa dos interesses difusos em juízo*. 15. ed. São Paulo: Saraiva, 2002.

MULLER, Friedrich. Positivismo. Tradução de Peter Naumann e revisão de Paulo Bonavides. *Boletim dos Procuradores da República*, São Paulo: Artchip, ano 3, nº 29, p. 5-7, set. 2000.

NOHARA, Irene Patrícia. *Limites à razoabilidade nos atos administrativos*. São Paulo: Atlas, 2006.

_____. *O motivo no ato administrativo*. São Paulo: Atlas, 2004.

_____; MARRARA, Thiago. *Processo administrativo*: Lei nº 9.784/99 comentada. São Paulo: Atlas, 2009.

OLIVEIRA, Manfredo Araújo de. *Reviravolta linguístico-pragmática na filosofia contemporânea*. São Paulo: Loyola, 1996.

SANTOS, Boaventura de Sousa. *Pela mão de Alice*: o social e o político na pós-modernidade. 6. ed. São Paulo: Cortez, 1999.

SARMENTO, Daniel. Supremacia do interesse público? As colisões entre direitos fundamentais e interesses da coletividade. In: ARAGÃO, Alexandre Santos de; MARQUES NETO, Floriano de Azevedo (Coord.). *Direito administrativo e seus novos paradigmas*. Belo Horizonte: Fórum, 2008.

SARMENTO, Daniel. *Interesses públicos versus interesses privados*: desconstruindo o princípio de supremacia do interesse público. Rio de Janeiro: Lumen Juris, 2007.

SILVA, Vasco Pereira da. *Em busca do acto administrativo perdido*. Coimbra: Almedina, 1996.

SMANIO, Gianpaolo Poggio. *Interesses difusos e coletivos*. 2. ed. São Paulo: Atlas, 1999.

SUNDFELD, Carlos Ari. *Direito administrativo ordenador*. São Paulo: Malheiros, 1997.

WARAT, Luis Alberto. *O direito e sua linguagem*. Porto Alegre: Sergio Antonio Fabris, 1995.

WITTGENSTEIN, Ludwig. *Investigações filosóficas*. Trad. José Carlos Bruni. São Paulo: Nova Cultural, 1999.

VENOSA, Sílvio de Salvo. *Direito civil*: parte geral. São Paulo: Atlas, 2006. v. 1.

6

Supremacia do Interesse Público *versus* Supremacia dos Direitos Individuais

Maria Adelaide de Campos França[1]

1 Introdução

Para que o Estado possa perseguir a finalidade pública, essência do equilíbrio em sociedade, inevitável reconhecer que o interesse público, em regra, deva prevalecer sobre o interesse privado.

Sabe-se que as sociedades foram formadas ante a necessidade de facilitação da vida dos indivíduos quanto à obtenção de alimentos e moradia, bem como de fortalecimento contra ataques de animais e de outros indivíduos. A segurança e o bem-estar de cada um, portanto, sempre foram ideais objetivados pela vida em sociedade. Da convivência social, então, revelou-se evidente e necessária a imposição de limitações aos interesses individuais em benefício de toda a coletividade reunida. O interesse público já nasce, assim, com prevalência sobre o interesse privado. Fala-se, desde os primórdios, na supremacia do interesse público sobre o interesse privado, considerando-se o sentido lato das expressões *interesse público* e *interesse privado*, sinônimos de interesse da coletividade e de interesse individual, respectivamente.

---

[1] Doutoranda em Direito do Estado pela Faculdade de Direito da USP. Professora da UNIP.

Celso Antônio Bandeira de Mello refere-se ao princípio da supremacia do interesse público sobre o interesse privado como sendo a própria condição de existência de qualquer sociedade.[2]

A exteriorização da atuação do Estado, dado ao seu caráter autoritário, manifesta-se num plano de superioridade tanto com relação a seus próprios órgãos, quanto a outras entidades políticas e aos particulares, conferindo e assegurando direitos a todos, e, ao mesmo tempo, impondo-lhes obrigações.[3]

Na condição de administrador e representante do interesse público na sociedade, o Estado passa a deter poderes-deveres de organizar, fiscalizar, punir etc., além de prerrogativas necessárias a lhe garantir a atuação com vistas ao alcance da finalidade pública. É a manifestação da supremacia do interesse público sobre o interesse privado. A Administração Pública deve ter prerrogativas que lhe garantam a autoridade necessária para a consecução do interesse público.[4] Ao mesmo tempo, o cidadão necessita ter garantias de observância de seus direitos fundamentais contra os abusos de Poder Público.

Ou seja, o Estado, que tem como finalidade precípua a defesa do interesse público, deve ordenar toda a sua ação para o atendimento dos interesses da coletividade em busca do bem-estar social e, por isso, deve deter poderes que lhe assegurem a obediência de seus atos. Por força dos princípios da legalidade e da finalidade, tem o administrador público o dever de praticar somente atos com finalidade pública, sob pena de incorrer em desvio de finalidade, "uma das mais insidiosas modalidades de abuso de poder".[5]

Até antes do advento da Constituição Federal de 1988, embora o interesse público sempre tenha sido objeto de discussões e polêmicas jurídicas, inexistia dúvida sobre a sua prevalência em face do interesse privado, quando em conflito tais interesses. Todavia, a partir do estabelecimento da nova ordem constitucional, especialmente em razão da consagração do princípio da dignidade da pessoa humana como um dos fundamentos máximos da República e do Estado Democrático de Direito, deu-se início entre os doutrinadores a um reexame do princípio da supremacia do interesse público sobre o interesse privado, sob os pontos de vista do Direito Administrativo e do Direito Constitucional.

Pode-se dizer, então, que o princípio da supremacia do interesse público sobre o interesse privado manteve-se incólume até o advento da Constituição de 1988

---

[2] BANDEIRA DE MELLO, Celso Antônio. *Curso de direito administrativo*. São Paulo: Malheiros, 2009. p. 96.

[3] BANDEIRA DE MELLO, Oswaldo Aranha. *Princípios gerais de direito administrativo*. São Paulo: Malheiros, 2007. p. 70.

[4] DI PIETRO, Maria Sylvia Zanella. *Direito administrativo*. São Paulo: Atlas, 2009. p. 62.

[5] MEIRELLES, Hely Lopes. *Direito administrativo brasileiro*. São Paulo: Malheiros, 2004. p. 92.

e que estudiosos do tema, tendo como precursor Humberto Bergmann Ávila,[6] começaram a entender necessário rediscuti-lo.

2 Inovações introduzidas pela Constituição Federal de 1988

O Estado Democrático de Direito instituído pela Constituição Federal de 1988 tem como fundamentos a soberania, a cidadania, a dignidade da pessoa humana, os valores sociais do trabalho, a livre iniciativa e o pluralismo político (CF, art. 1º, *caput*). "Duas ideias são inerentes a esse tipo de Estado: uma concepção mais ampla do princípio da legalidade e a ideia de participação do cidadão na gestão e no controle da Administração Pública",[7] sendo que a dignidade da pessoa humana passou a vincular toda a ordem constitucional.[8]

A prevalência dos direitos humanos foi erigida à categoria de princípio no que tange às relações internacionais (CF, art. 4º, II). Essas inovações introduzidas pelo novo texto da Constituição Federal tiveram sua inspiração na

> Lei Fundamental de Bonn, de 23 de maio de 1949, que afirma ser a dignidade do homem inatingível, que reconhece os direitos invioláveis e inalienáveis do homem como fundamento de qualquer comunidade humana, da paz e da justiça do mundo, que define a aplicação imediata dos direitos fundamentais e estabelece por fim uma ordem constitucional correspondente aos princípios do Estado Republicano, Democrático e Social de Direito.[9]

A dignidade da pessoa humana, erigida a um dos principais fundamentos da novel ordem constitucional, reveste-se de inviolabilidade e intangibilidade. "Não se afigura possível aludir-se, na atualidade, a um conceito de Estado de Direito que não se fundamente também sobre a supremacia dos direitos fundamentais".[10] Sua origem decorre dos conceitos de liberdade e de direitos fundamentais, que devem receber a proteção e o respaldo do Estado. Apenas as exigências do bem comum podem limitar a liberdade e a propriedade dos indivíduos. O interesse público não se confunde com o interesse do Estado, nem com o interesse do aparato adminis-

---

[6] ÁVILA, Humberto Bergmann. Repensando o princípio da supremacia do interesse público sobre o particular. *Revista Trimestral de Direito Público*, São Paulo: Malheiros, v. 24, p. 159-180, 1999.
[7] DI PIETRO, Maria Sylvia Zanella. Inovações no direito administrativo brasileiro. *Revista Interesse Público*, p. 47.
[8] JUSTEN FILHO, Marçal. *Curso de direito administrativo*. São Paulo: Saraiva, 2010. p. 98.
[9] LIMA, Ruy Cirne. *Princípios de direito administrativo*. São Paulo: Malheiros, 2007. p. 296.
[10] JUSTEN FILHO, Marçal. *Curso de direito administrativo*. São Paulo: Saraiva, 2010. p. 98.

trativo, nem, ainda, com o interesse do agente público.[11] O interesse público não pode servir como manto para os desmandos e arbitrariedades administrativas.

Com o estabelecimento da nova ordem constitucional de 1988, toda a atuação estatal passou a estar subordinada à realização dos objetivos de proteção à dignidade da pessoa humana e de respeito aos direitos fundamentais. Cabe ao Estado assegurar seu pleno exercício e fruição. Daí por que a expressa vedação, no texto constitucional, a qualquer possibilidade de alteração ou extinção de direitos e garantias individuais (CF, art.60, § 4º, IV).

Ingo Wolfgang Sarlet destaca

> a intrínseca ligação entre as noções de liberdade e dignidade, já que a liberdade, e, por conseguinte, também o reconhecimento e a garantia de direitos de liberdade (e dos direitos fundamentais de um modo geral), constituem uma das principais (senão a principal) exigências da dignidade da pessoa humana. Liberdade é a principal exigência da dignidade da pessoa humana.[12]

Para citado autor, o princípio constitucional da dignidade da pessoa humana apresenta dúplice condição, vez que limita a atuação do Estado, ao mesmo tempo em que é uma de suas tarefas.

Como limite à atuação do Estado, a dignidade pertence a cada indivíduo e não pode ser ofendida ou excluída pela atuação do Estado; como tarefa a ser por este prestada, a dignidade de cada indivíduo exige que os órgãos administrativos atuem para preservar, proteger e possibilitar a plenitude de sua fruição.

E é mediante o exercício dos direitos fundamentais que a dignidade, inerente a toda e qualquer pessoa humana, é respeitada.

Segundo o escólio de Maria Sylvia Zanella Di Pietro,

> o Direito Administrativo nasceu e desenvolveu-se baseado em duas ideias opostas: de um lado, a proteção aos direitos individuais frente ao Estado, que serve de fundamento ao princípio da legalidade, um dos esteios do Estado de Direito; de outro lado, a de necessidade de satisfação dos interesses coletivos, que conduz à outorga de prerrogativas e privilégios para a Administração Pública, quer para limitar o exercício dos direitos individuais em benefício do bem-estar coletivo (poder de polícia), quer para a prestação de serviços públicos.

Citada autora assinala, ainda,

---

[11] Op. cit., p. 65-67.
[12] SARLET, Ingo Wolfgang. *Dignidade da pessoa humana e direitos fundamentais na Constituição Federal de 1988*. Porto Alegre: Livraria do Advogado, 2008. p. 48.

a bipolaridade do Direito Administrativo: liberdade do indivíduo e autoridade da Administração; restrições e prerrogativas. Para assegurar-se a liberdade, sujeita-se a Administração Pública à observância da lei; é a aplicação, ao direito público, do princípio da legalidade. Para assegurar-se a autoridade da Administração Pública, necessária à consecução de seus fins, são-lhe outorgados prerrogativas e privilégios que lhe permitem assegurar a supremacia do interesse público sobre o particular.[13]

O princípio da supremacia do interesse público, ao lado do princípio da legalidade, é qualificado por alguns doutrinadores como informativo de todos os demais princípios e da atividade administrativa.[14]

O Poder Público tem o dever de assegurar o exercício dos direitos fundamentais e, na hipótese de violação desse dever, faz exsurgir direitos subjetivos individuais, baseados nas liberdades e nas garantias previstas no novo texto constitucional.

Os direitos e garantias individuais fazem parte do núcleo imodificável da Constituição, não sendo passíveis de qualquer alteração.

A Constituição de 1988 trouxe inovações no âmbito do direito administrativo tanto como resultado da adoção do Estado Democrático de Direito, quanto como da globalização e das influências da *common law* e do direito comunitário europeu. Inegáveis os reflexos advindos de princípios da ciência econômica e da ciência da administração no direito administrativo, criando tentáculos em princípios econômicos jurídicos e técnicos, estes últimos mais próprios da ciência da administração. Tudo isso, na realidade, implica em um retrocesso à época em que os institutos e princípios jurídicos do direito eram confundidos com os aspectos puramente técnicos abordados pela ciência da administração.[15]

Propostas de mudanças têm sido inspiradas no sistema da *common law* e no direito comunitário europeu, o que as torna de difícil aplicação no direito brasileiro, especialmente porque exigem adaptação da ordem jurídica nacional, a implicar em alterações no texto constitucional.[16] Alguns temas, dentre outros, têm sido objeto de discussão doutrinária: (i) a indeterminação do conceito de interesse público; (ii) a subsistência do princípio da supremacia de interesse público sobre o interesse privado, diante dos direitos fundamentais constitucionalmente garantidos; (iii) a constitucionalização do Direito Administrativo; (iv) a incidência dos princípios da razoabilidade e da proporcionalidade como forma de ponderação para interesses em conflito; e (v) o aumento do controle judicial do mérito administrativo.

---

[13] DI PIETRO, Maria Sylvia Zanella. *Direito administrativo*. São Paulo: Atlas, 2010. p. 61.
[14] ARAÚJO, Edmir Netto de. *Curso de direito administrativo*. São Paulo: Saraiva, 2005. p. 49
[15] DI PIETRO, Maria Sylvia Zanella. *Direito administrativo*. São Paulo: Atlas, 2010. p. 27.
[16] Op. cit., p. 27.

O movimento de doutrinadores contra o princípio da supremacia do interesse público, seja para excluí-lo do mundo jurídico, seja para reconstruí-lo, porque pretensamente superado pela supremacia dos interesses privados, introduzida pela Constituição Federal de 1988, merece especial destaque, precipuamente porque põe em risco a base de todos os ramos do direito público.

3 Algumas posições doutrinárias

Humberto Bergmann Ávila, em seu pioneiro estudo intitulado *Repensando o princípio da supremacia do interesse público sobre o particular*, sustenta que o interesse público é indissociável do interesse privado e que se mostra impossível, em face da nova ordem constitucional, serem tais interesses descritos separadamente no que tange à atividade estatal. Assevera não haver como considerar-se que um possa prevalecer sobre o outro, observando que o interesse público exige sua inserção a uma situação concreta, o que implica, ao invés de um princípio abstrato de supremacia, no que o citado autor denomina "regras condicionais concretas de prevalência".

Para o autor, a supremacia do interesse público sobre o particular não pode justificar a análise pela Administração do comportamento de um particular, já que, no direito brasileiro, sequer existe como norma-princípio. Ou seja, a Administração Pública não pode impor qualquer restrição ou obrigação aos particulares com base em algo que não existe. A única ideia apta a explicar a relação entre interesses públicos e particulares, ou entre o Estado e o cidadão, é a ponderação entre interesses reciprocamente relacionados, fundamentada na sistematização das normas constitucionais. Salienta, assim, a necessidade de se realizar uma ponderação dos bens jurídicos envolvidos, com menção a alguns interesses privados que não podem ser superados pelo interesse público, a exemplo da preservação do sigilo.

Em suma, em vez de uma regra de prevalência, mostra-se necessário ao intérprete/aplicador do Direito realizar um percurso ponderativo que exige seja considerada a pluralidade de interesses jurídicos em conflito e que proporcione a melhor solução, aquela capaz de atribuir máxima realização aos direitos envolvidos. Toda a atuação administrativa deve realizar tal percurso de ponderação.

A essa discussão doutrinária iniciada por Humberto Bergmann Ávila, a que chamou de "curiosamente inexpressiva", seguiram-se outras importantes opiniões.

Daniel Sarmento, em seu artigo "Supremacia do interesse público? As colisões entre direitos fundamentais e interesses da coletividade", após examinar detalhadamente cada uma das teorias morais da Modernidade,[17] destaca que a

---

[17] Teorias morais do Modernismo: organicismo, utilitarismo, individualismo e personalismo.

prevalência há de ser aferida mediante a ponderação equilibrada dos interesses públicos e dos direitos fundamentais, pautada pelo princípio da proporcionalidade, mas modulada por alguns parâmetros substantivos relevantes, baseia-se numa concepção personalista.[18]

Merece destaque sua detalhada análise sobre o *individualismo* justamente em razão da tendente afirmação da primazia dos interesses particulares sobre aqueles pertencentes à coletividade. Para referido autor, o individualismo, nascido durante o Estado Liberal burguês e florescido na Europa e nos Estados Unidos no século XIX e no início do século XX, experimenta, no presente, certo *revival* neoliberalista, durante a crise sofrida pelo Estado Social. Ressalta que

> os indivíduos eram vistos à época como abstrações incorpóreas; como verdadeiras "vontades ambulantes" que não tinham carências materiais, não sentiam fome nem frio. Iguais perante a lei, eles eram sujeitos de direito que, através da sua vontade livre, celebravam contratos e faziam circular a riqueza da sociedade.[19]

Na vigência do individualismo, a esfera privada detinha supremacia sobre a esfera pública, especialmente no que tange às relações econômicas. Eventual supremacia do interesse público poderia constituir risco para a liberdade individual, e os direitos fundamentais, tidos como naturais porque anteriores e superiores ao Estado, resistiam aos atos dos governantes, sendo reconhecida a supremacia dos interesses privados.

Esclarece que, com o surgimento do Estado Social, a superioridade dos direitos individuais e, consequentemente, dos interesses privados não mais conseguiu subsistir. A presente necessidade intervencionista do Estado para que as condições mínimas de sobrevivência dos mais fracos pudessem ser respeitadas e protegidas pelas políticas públicas, mostrou que o individualismo não era a solução adequada à nova realidade estatal, exsurgindo, assim, o personalismo.

No entender do citado autor, a Constituição Federal de 1988 adota a teoria personalista segundo a qual a pessoa humana é o centro de convergência de todas as necessidades, em situação de primazia sobre o Estado, afastando qualquer possibilidade de se falar em supremacia do interesse público sobre o particular, não obstante não seja absoluta tal primazia atribuída aos direitos individuais em face dos interesses da coletividade. Assinala que, em casos de conflitos entre os princípios constitucionais, é possível haver restrições a direitos fundamentais, ob-

---

[18] SARMENTO, Daniel. Supremacia do interesse público? As colisões entre direitos fundamentais e interesses da coletividade. In: ARAGÃO, Alexandre Santos de; MARQUES NETO, Floriano de Azevedo (Coord.). *Direito administrativo e seus novos paradigmas*. Belo Horizonte: Fórum, 2008. p. 99.

[19] Op. cit., p. 108.

servadas em cada caso concreto, por meio de ponderações de interesses realizadas pelo Poder Judiciário ou pela Administração Pública.

Afirma que a colisão de interesses constitucionalmente reconhecidos vem sendo solucionada através do princípio da proporcionalidade, "importantíssimo parâmetro para aferição da constitucionalidade das restrições aos direitos fundamentais". Concorda com a afirmação de que a Administração deve perseguir interesses públicos, afetos à coletividade que devem prevalecer sobre os direitos fundamentais dos indivíduos.

Por fim, conclui que a postura cívica que interessa ao Estado Democrático de Direito é a do "patriotismo constitucional"[20] que tem como pressuposto a consolidação de uma cultura de direitos humanos.

Alice Maria Gonzalez Borges[21] aponta a *supremacia* do interesse público sobre o interesse privado como um dos pilares básicos do direito administrativo, ao lado da *indisponibilidade* do interesse público, considerando-os como sustentáculos das prerrogativas e das sujeições de potestade pública. Entende não haver contraposição entre interesse público e interesses individuais, já que o interesse é público "quando representa um verdadeiro somatório dos interesses dos indivíduos que nele encontram a projeção de suas próprias aspirações". Comunga do mesmo entendimento de Humberto Bergmann Ávila quando conclui que o interesse público e o interesse privado não podem ser descritos separadamente na análise da atuação do Estado e de seus fins. Defende a aplicação do princípio da supremacia do interesse público sobre o interesse privado como necessidade de se "manter o mínimo de estabilidade e ordem necessárias para a vida em sociedade". Assinala que, para que haja o sacrifício de direitos de um particular ante o interesse da coletividade, imprescindível é a previsão legal e a motivação fundamentada, resolvendo-se tal sacrifício em justa indenização.

Os direitos fundamentais, para a citada autora, são "o grau mais elevado possível de interesses públicos, que devem, em regra, prevalecer sobre todos os demais interesses, públicos e individuais".

Sustenta a necessidade de se exercerem juízos de ponderação alicerçados na aplicação do princípio da proporcionalidade para a solução do que denomina *conflitualidade de interesses*. O descompasso entre a interpretação governamental e o efetivo interesse da coletividade, ou seja, a conflitualidade de interesses, não

---

[20] Expressão empregada por Jurgen Habermas e que se relaciona com um Estado construído com base na democracia e nos direitos fundamentais reconhecidos constitucionalmente in *Direito e democracia entre facticidade e validade*. Trad. Flavio B. Siebeneichler. Rio de Janeiro: Tempo Brasileiro, 1997. v. 2.

[21] BORGES, Alice Maria Gonzalez. Supremacia do interesse público: desconstrução ou reconstrução? *Revista Trimestral de Direito Público*, v. 44, p. 93-107.

inclui interesses subjetivos da autoridade administrativa, pois caracterizaria desvio de finalidade ou de poder.

Com o título "Existe uma supremacia do interesse público sobre o privado no Direito Administrativo Brasileiro?", Fábio Medina Osório[22] traz à tona algumas relevantes reflexões acerca do interesse público e de sua superioridade sobre os interesses privados.

Analisa o princípio da superioridade do interesse público sobre o privado à luz da doutrina de Robert Alexy, também adotada por Humberto Bergmann Ávila, obtendo, no entanto, conclusões um pouco diversas, já que reconhece como princípio a prevalência do interesse público sobre o interesse privado. Entende haver várias dimensões em que o interesse público prevalece sobre o interesse privado, e não somente em decisões judiciais proferidas em casos concretos. Aponta múltiplas fontes constitucionais que denotam a superioridade do interesse público sobre o privado.

Para referido autor, a superioridade do interesse público em detrimento do particular decorre dos princípios constitucionais que regem a Administração Pública, que, reciprocamente implicados, servem como direção teleológica da atuação administrativa.

Destaca a relação entre o imperativo conteúdo finalístico da ação administrativa – o interesse público – e a existência de meios materiais e jurídicos que demonstram a supremacia do interesse público sobre o privado, inferindo que as situações de vantagens da Administração em detrimento do particular têm origem na existência de fins de utilidade pública, buscados pelo Poder Público.

Entende que a prevalência do interesse público sobre o privado tem *status* constitucional na medida em que consagra uma finalidade indisponível e imperativa da Administração Pública e de seus agentes, estabelecida na Constituição Federal. Imanente ao sistema, a superioridade do interesse público sobre o privado é, para Fábio Medina Osório, verdadeira norma constitucional implícita, direcionada, em primeiro e básico momento, especificamente ao controle das atividades públicas, representando importante garantia aos particulares ao possibilitar o exame pelo Judiciário de privilégios abusivos e/ou desvio de poder ou de finalidade. Destaca que a superioridade do interesse público sobre o privado ora incide como regra no direito administrativo brasileiro, ora incide como princípio e que, na órbita judicial, essa prevalência somente pode ocorrer em casos concretos, jamais de forma abstrata (enquanto princípio), absoluta, radical e inafastável.

Marçal Justen Filho, a seu turno, entende que o núcleo do direito administrativo não reside no interesse público, mas sim nos direitos fundamentais. A atividade

---

[22] OSÓRIO, Fábio Medina. Existe uma supremacia do interesse público sobre o privado no direito administrativo brasileiro? *Revista de Direito Administrativo*, Rio de Janeiro: Renovar, v. 220, p. 69-107, abr./jun. 2000.

administrativa tem de se nortear para o alcance da democracia e do respeito aos direitos fundamentais. Refuta a denominação de proposta individualista, asseverando que não se trata de defender a supremacia dos indivíduos em face da coletividade, mas de reconhecer que o interesse da maioria merece maior proteção do que o interesse de uma quantidade menor de particulares. Recusa-se a aceitar a violação aos direitos fundamentais sob o manto de um pretenso interesse público. Sustenta ser necessária uma radical modificação no panorama jurídico. Afirma que o núcleo da distinção entre o público e o privado apresenta natureza ética, relacionando-se diretamente com a realização de princípios e valores fundamentais, especialmente com a dignidade da pessoa humana. Defende, ainda, a tese da constitucionalização do direito administrativo, na medida em que consiste na impregnação de toda a atividade administrativa com os valores e princípios constitucionalmente consagrados. Apenas por meio do desenvolvimento efetivo das atividades administrativas é que, para o autor, ocorrerá uma real transformação da vida em sociedade e sua adequação à nova ordem constitucional. Tal enfoque implica em submeter todas as instituições de direito administrativo à interpretação jurídica, adequando-as ao novo contexto trazido pela Constituição Federal de 1988. Sustenta, por fim, a *personalização* do direito administrativo como medida necessária a produzir uma revisão de todos os institutos de direito administrativo, especialmente porque a Constituição Federal de 1988 assumiu a pessoa humana, sua dignidade e seus direitos fundamentais como valores superiores aos demais. Essa personalização tem o propósito de evitar que a Administração Pública pratique atos e escolhas que interessem apenas ao aparato administrativo, em evidente recusa ao reconhecimento da supremacia dos direitos fundamentais.

E conclui Marçal Justen Filho:

> A supremacia da Constituição não pode ser mero elemento de discurso político. Deve constituir o núcleo concreto e real da atividade administrativa. Isso equivale a rejeitar o enfoque tradicional, que inviabiliza o controle das atividades administrativas por meio de soluções opacas e destituídas de transparência, tais como "discricionariedade administrativa", "conveniência e oportunidade" e "interesse público". Essas fórmulas não devem ser definitivamente suprimidas, mas sua extensão e importância têm de ser restringidas à dimensão constitucional e democrática.[23]

Gustavo Binenbojm entende que o princípio da supremacia do interesse público sobre o interesse privado é um dos três paradigmas em crise no direito administrativo brasileiro, ao lado da *legalidade administrativa* e da intangibilidade do *mérito administrativo*.

Para Gustavo Binenbojm, a crise desses paradigmas do direito administrativo não é algo novo, pois as transformações por que passou o Estado moderno, espe-

---

[23] JUSTEN FILHO, Marçal. *Curso de direito administrativo*. São Paulo: Saraiva, 2010. p. 16.

cialmente a crise do Estado Providência, ocorreram nas últimas décadas do século XX. Citado autor fala em desconstrução dos velhos paradigmas e proposição de novos. Entende haver

> uma inconsistência teórica do princípio da supremacia do interesse público sobre o particular diante de uma sistemática constitucional cidadã, comprometida com a proteção e a promoção dos direitos individuais de maneira ponderada e compatível com a realização das necessidades e aspirações da coletividade como um todo.

Sustenta que o direito administrativo não tem mais que ser explicado a partir de um postulado de supremacia, mas de proporcionalidade.

Critica diversos posicionamentos doutrinários, dentre os quais o de Celso Antônio Bandeira de Mello, para o qual interesse público e interesse coletivo são sinônimos, pois a noção de interesse público é uma projeção de interesses individuais e privados em um plano coletivo, ou seja, um interesse comum a todos os indivíduos e que representa o ideal de bem-estar e segurança almejado pelo grupo social, e, para quem o princípio da supremacia do interesse público sobre o interesse particular consagra a superioridade do interesse da coletividade, e estabelece tal prevalência como condição da própria subsistência do interesse público.

Diverge de Celso Antônio Bandeira de Mello porque este examina os efeitos do princípio sobre a Administração Pública, e não o princípio propriamente dito. Pela mesma razão, tece críticas a Hely Lopes Meirelles, atribuindo-lhe falta de clareza e contradição quanto à aplicação do princípio da supremacia do interesse público sobre o interesse privado, por correlacioná-lo a privilégios e prerrogativas da Administração Pública, bem como por defender o entendimento de que, toda a vez que estiverem em conflito interesse público e interesse privado, há de se buscar uma situação de equilíbrio, sem, no entanto, afastar-se da ideia de supremacia do interesse público.

Também não comunga citado autor do entendimento de Maria Sylvia Zanella Di Pietro acerca da noção do interesse público que sustenta inadequada por apresentar características de outros princípios que objetivam coibir favorecimentos a interesses particulares ilegítimos e não aos legítimos interesses que se contrapõem com o interesse público, a exemplo dos princípios da impessoalidade e da moralidade.

Fabio Medina Osório, tido por Gustavo Binenbojm como o defensor mais ferrenho de tal princípio, também foi alvo de sua crítica porque, ao reconhecer a supremacia do interesse público sobre o privado como norma jurídica, nega a incidência dos postulados da proporcionalidade e da razoabilidade que implicam no que chamou de "cedência recíproca entre interesses em conflito".

Após negar a existência do princípio da supremacia do interesse público, propõe sejam percorridas "etapas de adequação, necessidade e proporcionalidade em sentido estrito para encontrar o ponto arquimediano de justa ponderação entre direitos individuais e metas coletivas".[24]

Odete Medauar observa que o princípio da preponderância do interesse público sobre o interesse particular serve como fundamento de vários institutos e normas do direito administrativo, inclusive das prerrogativas e decisões da Administração Pública. Assevera, no entanto, que tal princípio vem tendo sua aplicação atenuada pela ideia de ponderação dos interesses presentes numa determinada circunstância, como método a ser utilizado pela Administração Pública para evitar sacrifícios desnecessários de interesses. Há, pois, que se realizar uma busca da compatibilidade ou conciliação dos interesses, para a minimização de sacrifícios. "O princípio da proporcionalidade também matiza o sentido absoluto do preceito, pois implica, entre outras decorrências, a busca da providência mais gravosa, na obtenção de um resultado."[25]

Diogo de Figueiredo Moreira Neto assevera que o princípio da supremacia do interesse público não mais se sustenta porque, no Estado Democrático de Direito, estabeleceu-se o primado da pessoa humana,

> que se expressa nas liberdades, direitos e garantias fundamentais, e que poderá ser apenas excepcionalmente temperado pela previsão de um específico interesse público que justifique limitar ou condicionar essas expressões indissociáveis das pessoas.[26]

Não há mais que se falar na existência de uma hierarquia automática entre as categorias de interesses públicos e privados; para o autor, quaisquer interesses encontram-se "subordinados ou supraordinados, uns aos outros", e, como resultado do que denomina "*mutações*" do Direito Administrativo nas últimas décadas, a supremacia do interesse público perdeu seu lugar à supremacia dos princípios fundamentais constitucionais.

Para Maria Sylvia Zanella Di Pietro, os ataques ao princípio da supremacia do interesse público baseiam-se, na realidade, em "errônea interpretação de seu significado",[27] entendendo-o com indevida incidência geral e absoluta. Salienta que, se houvesse prevalência do interesse público em qualquer situação de conflito com interesses particulares, não mais subsistiriam os direitos individuais. Ressalta a necessidade de imposição de limitações aos direitos individuais pelo

---

[24] BINENBOJM, Gustavo. Da supremacia do interesse público ao dever de proporcionalidade: um novo paradigma para o direito administrativo. *Revista de Direito Administrativo*, Rio de Janeiro: Revovar, v. 239, p. 1-31, jan./mar. 2005.

[25] MEDAUAR, Odete. *Direito administrativo moderno*. São Paulo: Revista dos Tribunais, 2007. p. 128.

[26] MOREIRA NETO, Diogo de Figueiredo. *Curso de direito administrativo*: parte introdutória, parte geral e parte especial. 15. ed. Rio de Janeiro: Forense, 2009. p. 95.

[27] DI PIETRO, Maria Sylvia Zanella. *Direito administrativo*. São Paulo: Atlas, 2009. p. 36.

ordenamento jurídico, a fim de assegurar que seu exercício não acarrete prejuízo a outros particulares e à coletividade.

Para a autora, o princípio da supremacia do interesse público é o alicerce funcional do Estado, pois, além de mostrar-se inserido no próprio conceito de *serviço público*, também constitui fundamento ou base tanto para a atividade de *fomento*, como para o *poder de polícia* do Estado e para a *atividade intervencionista estatal* no domínio econômico, ou seja, está presente em todas as funções administrativas.

Sustenta que a negativa da existência do princípio da supremacia do interesse público sobre o interesse privado equivale à negativa da própria finalidade do Estado, na defesa dos interesses e do bem-estar da sociedade. Assevera que o princípio da supremacia do interesse público não traz qualquer risco à garantia dos direitos individuais, desde que aplicado com observância de todos os princípios que norteiam o direito administrativo. Com o advento do Estado Social e o surgimento dos direitos sociais e econômicos, os direitos individuais passaram a conviver com o interesse da coletividade. A Administração Pública passou a deter prerrogativas para garantir-lhe a autoridade necessária para o alcance da finalidade pública e, ao mesmo tempo, o particular tem que ter garantias que lhe assegurem o exercício das liberdades que lhes foram postas constitucionalmente. É o denominado binômio autoridade/liberdade que informa o direito administrativo e que deve ser considerado em equilíbrio, para que nenhuma das esferas, pública ou privada, receba tratamento desigual e/ou sofra prejuízo indevido. Daí por que o princípio da razoabilidade deve ser invocado: porque pressupõe proporção e adequação entre meios e fins, entendidos estes como os que respeitam ao interesse público.

E, conclui Maria Sylvia Zanella Di Pietro:

> Isto que está sendo dito por alguns pretensos inovadores sempre esteve presente, especialmente no que diz respeito ao poder de polícia. Isto não é novidade. Isto é velho e se conserva novo, atual, porque é indispensável à busca do equilíbrio entre o direito individual e o interesse público.[28]

4 Entendimento do Poder Judiciário

O princípio da supremacia do interesse público sobre o interesse privado continua sendo reconhecido pelo Poder Judiciário, não obstante as inovações introduzidas pela nova ordem constitucional de 1988, no tocante ao prestígio e destaque dado aos direitos fundamentais dos indivíduos.

---

[28] DI PIETRO, Maria Sylvia Zanella. *Direito Administrativo*. São Paulo: Atlas, 2010. p. 38.

Ao fixar as diretrizes que regem a atividade econômica e que tutelam o direito de propriedade, a Constituição Federal proclama a supremacia do interesse público, os ditames da justiça social e a redução das desigualdades sociais, como valores fundamentais a serem respeitados.

Todavia, o Poder Judiciário tem o dever de impedir que agentes públicos, sob o escudo do princípio da supremacia do interesse público, violem direitos individuais e causem prejuízos a particulares ou ao próprio erário público, por exemplo, celebrando contratos administrativos ilegais. Permitir-se a celebração de contratos pela Administração Pública sem o exame prévio de uma denúncia de cometimento de ilegalidade em sua constituição é, no mínimo, anuir com a possibilidade de que princípios constitucionais, que exigem condutas respaldadas na ética e na legalidade, sejam dolosamente violados. E o pior: sejam violados pela própria Administração Pública, que tem o dever de regrar o comportamento de seus agentes no estrito cumprimento do ordenamento constitucional.

À evidência, permitir-se a prática de atos administrativos ilegais e abusivos, deixando-se de perquirir oportuna e adequadamente acerca da ocorrência de eventuais vícios na sua formação, é fonte indubitável de prejuízos inestimáveis ao Poder Público na medida em que violados os princípios constitucionais da legalidade, da moralidade e da probidade administrativas, da impessoalidade, da proporcionalidade e da razoabilidade que informam toda a atividade da Administração Pública (CF, art. 37; CESP, art. 111).

Ou seja, é justamente a prevalência do interesse geral da sociedade sobre os interesses individuais que impede sejam preteridos princípios basilares da Administração Pública, consagrados na Carta Constitucional, em especial o da legalidade, que sujeita toda a atividade funcional aos mandamentos da lei e às exigências do bem comum, e que, uma vez violado, sujeita o ato praticado à invalidação e seu agente, à responsabilidade disciplinar, civil e criminal.

Não é lícito que agentes administrativos, no desempenho de suas funções, sob o pretenso manto de agir em defesa do interesse público, façam prevalecer seu interesse particular ou sua vontade psicológica, em detrimento do real interesse da coletividade.

Não é crível que o Poder Judiciário sustente que ilegalidades cometidas pela Administração Pública devam ser toleradas porque há a possibilidade de risco ao interesse público.

Mostra-se absolutamente inaceitável que o Poder Público sustente que o interesse público deva prevalecer sobre direito individual, ainda que o ato administrativo praticado seja ilegal. A ilegalidade não pode ser objeto de convalidação.

Oportuna a lição de Marçal Justen Filho:

> A solução do prestígio ao interesse público é tão perigosa para a democracia quanto todas as fórmulas semelhantes adotadas em regimes totalitários

(o espírito do povo alemão ou o interesse do povo soviético). Bem por isso, todos os regimes democráticos vão mais além da fórmula da supremacia e indisponibilidade do interesse público. Esse é um pressuposto norteador das escolhas, mas há critérios de outra natureza que se impõem como parâmetro de controle das decisões administrativas.[29]

Na atualidade, o exercente do poder político refugia-se no princípio da supremacia do interesse público para evitar o controle ou o desfazimento de atos defeituosos, violadores de garantias constitucionais.[30]

5 Considerações finais

A necessidade de ponderação entre os interesses em conflito para caracterizar, em cada caso, o que Gustavo Binenbojm denomina "a busca do melhor interesse público", ou "a solução ótima que realize ao máximo cada um dos interesses em jogo", é o ponto de convergência de todos os doutrinadores, inclusive daqueles que revisitam o tema da prevalência do interesse público sobre o interesse privado à luz das inovações introduzidas pela nova ordem constitucional de 1988.

A supremacia do interesse público sobre o interesse privado é por todos reconhecida como exigência natural da vida em sociedade, sem a qual o Estado estará inapto ao atingimento do bem-estar comum.

Especialmente no que diz respeito ao poder de polícia, não há como entender-se pela supremacia dos interesses privados, sob pena de total desrespeito às imposições e restrições administrativas necessárias ao bom convívio em sociedade.

Não obstante a preocupação dos estudiosos, nossos tribunais não têm aceito qualquer inovação que possa, de alguma forma, abalar a noção de superioridade do interesse público, o que vem permitindo, lamentavelmente, a perpetuação de situações arbitrárias e abusivas impostas pela Administração Pública e por seus agentes. Aparentemente, para o Judiciário, qualquer mudança a respeito da noção e da aplicação do princípio da supremacia do interesse público sobre o privado tem sido considerada um desprestígio à atuação da Administração Pública.

A busca do equilíbrio entre os interesses público e privado sempre se mostrou indispensável, especialmente para evitar desmandos e privilégios da Administração Pública, em detrimento de direitos e interesses individuais.

Todas as importantes considerações feitas nos estudos aqui analisados, quais sejam: a necessidade de se realizar uma ponderação dos bens jurídicos envolvidos, extraída da lição de Humberto Bergmann Ávila, a utilização do princípio da pro-

---

[29] JUSTEN FILHO, Marçal. *Curso de direito administrativo*, São Paulo: Saraiva, 2010. p. 73.
[30] Op. cit., p. 60.

porcionalidade para a solução de colisões entre interesses, defendida por Daniel Sarmento, o exercício de juízos de ponderação, alicerçados na aplicação do princípio da proporcionalidade, para a solução da *conflitualidade de interesses* pontuada por Alice Maria Gonzalez Borges, a relatividade e a flexibilização sustentadas por Fábio Medina Osório, a *personalização* do direito administrativo sustentada por Marçal Justen Filho, a incidência dos postulados da proporcionalidade e da razoabilidade para a "cedência recíproca entre interesses em conflito" propugnada por Gustavo Binenbojm, a ideia de ponderação, compatibilidade ou conciliação de interesses em conflito, para a minimização de sacrifícios, trazida por Odete Medauar, a necessidade de específico interesse público a justificar eventual limitação ou condicionamento do primado da pessoa humana, defendido por Diogo de Figueiredo Moreira Neto, e a aplicação do princípio da razoabilidade, como pressuposto de proporção e adequação entre meios e fins, pugnada por Maria Sylvia Zanella Di Pietro, na realidade, convergem para a conclusão de que, não obstante a nova ordem constitucional instalada pela Carta de 1988 tenha dado ênfase à dignidade da pessoa humana como um de seus fundamentos máximos, e aos direitos fundamentais como base do Estado Democrático de Direito, a supremacia do interesse público sobre o interesse privado subsiste como alicerce de toda a atividade administrativa, para garantia dos próprios direitos individuais, e, quando em conflito tais interesses, faz-se necessária a realização de um percurso de ponderação e de flexibilização, mediante a aplicação dos princípios da razoabilidade e da proporcionalidade, também consagrados pelo novo ordenamento jurídico.

Referências bibliográficas

ARAGÃO, Alexandre Santos de. *Direito dos serviços públicos.* Rio de Janeiro: Forense, 2008.

ÁVILA, Humberto Bergmann. Repensando o princípio da supremacia do interesse público sobre o particular. *Revista Trimestral de Direito Público*, São Paulo: Malheiros, 1999. v. 24, p. 159-180.

BANDEIRA DE MELLO, Celso Antônio. *Curso de direito administrativo.* São Paulo: Malheiros, 2009.

BANDEIRA DE MELLO, Osvaldo Aranha. *Princípios gerais de direito administrativo.* São Paulo: Malheiros, 2007.

BINENBOJM, Gustavo. Da supremacia do interesse público ao dever de proporcionalidade: um novo paradigma para o direito administrativo. *Revista de Direito Administrativo*, Rio de Janeiro: Renovar, v. 239, p. 1-31, jan./mar. 2005.

BORGES, Alice M. Gonzalez. Supremacia do interesse público: desconstrução ou reconstrução? *Revista Diálogo Jurídico*, nº 15; Bahia, fev./mar. 2007.

_____. *Temas do direito administrativo atual.* Belo Horizonte: Fórum, 2004. p. 199-200.

DI PIETRO, Maria Sylvia Zanella. *Direito administrativo*. São Paulo: Atlas, 2010.

_____. Inovações no direito administrativo brasileiro. *Revista Interesse Público*, p. 39-55.

JUSTEN FILHO, Marçal. *Curso de direito administrativo*. São Paulo: Saraiva, 2010.

LIMA, Ruy Cirne. *Princípios de direito administrativo*. São Paulo: Malheiros, 2007.

MEDAUAR, Odete. *Direito administrativo moderno*. São Paulo: Revista dos Tribunais, 2007.

MEIRELLES, Hely Lopes. *Direito administrativo brasileiro*. São Paulo: Malheiros, 2004.

MENDES, Gilmar Ferreira et. al. *Curso de direito constitucional*. São Paulo: Saraiva, 2008.

MOREIRA NETO, Diogo de Figueiredo. *Curso de direito administrativo*: parte introdutória, parte geral e parte especial. 15. ed. Rio de Janeiro: Forense, 2009.

OSÓRIO, Fábio Medina. Existe uma supremacia do interesse público sobre o privado no direito administrativo brasileiro? *Revista de Direito Administrativo*, Rio de Janeiro: Renovar, v. 220, p. 69-107, abr./jun. 2000.

SARLET, Ingo Wolfgang. *Dignidade da pessoa humana e direitos fundamentais na Constituição Federal de 1988*. Porto Alegre: Livraria do Advogado, 2008.

SARMENTO, Daniel. Supremacia do interesse público? As colisões entre direitos fundamentais e interesses da coletividade. In: ARAGÃO, Alexandre Santos; MARQUES NETO, Floriano de Azevedo (Org.). *Direito administrativo e seus novos paradigmas*. Belo Horizonte: Forum, 2008.

SILVA, José Afonso da. *Comentário contextual à Constituição*. São Paulo: Malheiros, 2008.

Parte II

Do Princípio da Legalidade e do Controle Judicial diante da Constitucionalização do Direito Administrativo

7

Da Constitucionalização do Direito Administrativo: Reflexos sobre o Princípio da Legalidade e a Discricionariedade Administrativa

Maria Sylvia Zanella Di Pietro[1]

1   Da evolução do princípio da legalidade

Muita coisa tem sido escrita sobre a chamada *crise no princípio da legalidade* provocada por diferentes fatores, dentre eles a chamada constitucionalização do direito administrativo.

Na realidade, é certo falar em crise, se comparado o sentido do princípio, tal como concebido na primeira fase do Estado de Direito, com o seu sentido atual. Mas não tem sentido falar em crise se, com isso, o intuito é isentar a Administração Pública do cumprimento da lei, porque isto significaria acabar com o Estado de Direito.

Como tantos institutos do direito administrativo (e do direito em geral), o princípio da legalidade e, paralelamente a ele, a ideia de discricionariedade administrativa passaram por toda uma evolução, por nós analisada no livro *Discricionariedade administrativa na Constituição de 1988*.[2]

O que procuramos demonstrar, na tese, foi que os princípios e valores previstos implícita ou explicitamente no ordenamento jurídico (especialmente na

---

[1] Mestre, Doutora e Livre-Docente pela Faculdade de Direito da USP. Procuradora do Estado de São Paulo (aposentada). Professora Titular de Direito Administrativo da USP.

[2] Esse livro corresponde à tese com a qual obtive o título de Professor Titular da Faculdade de Direito da Universidade de São Paulo, em 1991. Foi publicado no mesmo ano pela Editora Atlas, e republicada, com atualizações, em 2001.

Constituição), tais como os da razoabilidade, moralidade, interesse público, limitam a discricionariedade administrativa. Na medida em que cresce o sentido da legalidade (que deixa de abranger apenas a lei posta pelo Parlamento e passa a abranger atos normativos da Administração Pública, além de princípios e valores), reduz-se a discricionariedade. Esse tem sido o sentido da evolução: ampliação da legalidade e redução da discricionariedade.

É curioso que tenhamos escrito sobre o tema em 1990 (portanto, há 20 anos), sem termos consciência de que esse fenômeno corresponderia a um dos aspectos da chamada *constitucionalização do direito administrativo*, talvez porque a expressão não fosse ainda utilizada pela doutrina, especialmente a brasileira. Na realidade, bem poderia a tese ter levado esse título.[3] Veja-se o que foi escrito em sua Introdução:

> Quando a lei é vista dentro de um sistema lógico-jurídico, despido de qualquer conteúdo axiológico – como ocorreu com Kelsen e seus adeptos –, a discricionariedade administrativa resultará mais forte, porque a Administração Pública só tem que observar a lei em seu sentido formal, único aspecto também a ser considerado pelo Poder Judiciário.
>
> Quando, porém, à lei formal se acrescentam considerações axiológicas, amplia-se a possibilidade de controle judicial, porque, por essa via, poderão ser corrigidos os atos administrativos praticados com inobservância de certos valores adotados como dogmas em cada ordenamento jurídico.
>
> O controle fica mais difícil porque, em se tratando de valores, são delimitados com muito menos clareza os confins da atuação discricionária. A tarefa do juiz fica muito mais complexa, uma vez que ele passará a perquirir zonas de maior incerteza. Além da maior dificuldade, sua tarefa aumenta, à medida que novos limites se impõem à discricionariedade administrativa.
>
> Quando se estuda a evolução desses limites, verifica-se que eles foram, de início, essencialmente formais, pois diziam respeito apenas à competência e à forma; começaram depois a adquirir um sentido material, à medida que começaram a ser examinados os fins e, depois, os fatos determinantes do ato administrativo. Hoje, esses dados são insuficientes para delimitar a discricionariedade. À medida que a lei foi adquirindo seu sentido axiológico perdido na época do Estado liberal, novos princípios foram sendo elaborados como formas de limitar a discricionariedade administrativa e,

---

[3] Na primeira vez em que proferi uma palestra sobre o tema da tese, o Desembargador que presidia a mesa, em uma Escola da Magistratura, achou que eu estava defendendo o *direito alternativo*. Na realidade, a doutrina do direito alternativo atribui ao magistrado a possibilidade de decidir de acordo com suas próprias convicções, sem levar em conta o disposto no ordenamento jurídico. Enquanto a aplicação do princípio da legalidade, com o acréscimo de valores e princípios, somente amplia o controle judicial, na medida em que permite ao magistrado decidir de acordo com princípios e valores extraídos do ordenamento jurídico.

paralelamente, ampliar a esfera de controle pelo Poder Judiciário. Ao lado do princípio da legalidade – em sua nova feição – colocam-se os princípios gerais de direito e os princípios da moralidade, da razoabilidade, do interesse público, da motivação, como essenciais na delimitação do âmbito da discricionariedade que a lei confere à Administração Pública.

Na realidade, a evolução do princípio da legalidade caminhou por várias fases, que acompanharam as transformações do próprio modelo do Estado de Direito.

Na segunda fase do Estado Moderno, com a instauração do Estado de Direito, deixou-se para trás o chamado Estado de polícia, em que a Administração Pública não se subordinava à lei nem ao controle judicial.

Na primeira fase do Estado de Direito – período do liberalismo –, formularam-se vários princípios que tinham por objetivo proteger o cidadão perante o poder público: separação de poderes, isonomia, legalidade, controle judicial.

A grande preocupação era com a proteção da liberdade individual, já que se reconhecia serem os cidadãos dotados de direitos fundamentais, universais, inalienáveis, proclamados na Declaração de Direitos do Homem e do Cidadão, de 1789. O papel do Estado era essencialmente negativo ou abstencionista, porque sua missão era a de proteger a propriedade e a liberdade. Também o Direito tinha a função de garantir os direitos individuais.

Daí a norma do artigo 2º da Declaração de 1789: "A lei não proíbe senão as ações nocivas à sociedade. Tudo o que não é vedado pela lei não pode ser impedido e ninguém pode ser forçado a fazer o que ela não ordena." Por sua vez, a Constituição francesa de 1791 determinava que "não há na França autoridade superior à da lei. O rei não reina mais senão por ela e só em nome da lei pode exigir obediência".

Esses dispositivos consagraram o princípio da legalidade, na acepção muito mais restritiva do que a atualmente adotada:

a) o único poder legítimo é o que resulta da *vontade geral* do povo, manifestada por meio do Parlamento; em decorrência disso, o princípio da separação de poderes tinha uma interpretação bem restrita, porque lei é só aquela baixada pelo Parlamento; ao Judiciário e ao Executivo cabe apenas a aplicação da lei;

b) as leis devem ser iguais para todos (princípio da isonomia);

c) a lei tem um conteúdo material, representado pela ideia de direito natural, decorrente da natureza do homem e descoberto pela razão; daí a conclusão de que o Poder é limitado por um direito superior, que está fora de seu alcance mudar;

d) o princípio da legalidade era entendido no sentido da *vinculação negativa*, significando que a Administração pode fazer tudo o que a lei não proíbe: a lei define apenas as esferas jurídicas dos cidadãos como limite ao arbítrio do poder; a essa esfera limitava-se o controle judicial; tudo o mais estava abrangido pela ideia de discricionariedade entendida como *poder político* (herança do período do Estado de Polícia), livre, portanto, de controle judicial; a discricionariedade era muito mais ampla do que hoje, porque havia uma parte da atividade administrativa que ficava fora do alcance do Poder Judiciário.

Com a consagração, após a segunda guerra mundial, do chamado Estado de Direito Social (resultante das reações contra o liberalismo, que havia provocado imensa desigualdade entre os cidadãos), constatou-se que os princípios do liberalismo eram insuficientes para garantir a igualdade e a justiça social.

Muda o papel do Estado, pela necessidade amplamente reconhecida e proclamada de intervenção no domínio social e econômico para assegurar a igualdade entre os cidadãos. Desloca-se a preocupação do princípio da liberdade para o princípio da igualdade. O princípio democrático passa a impulsionar a atuação do Estado em todas as áreas da vida social e econômica.

O homem deixa de ser visto como o fim único do direito. Em decorrência, ganha força a ideia de que os interesses públicos devem ser protegidos pelo Estado.

A noção de Estado de Direito mudou, porque o direito natural deixou de estar na base do direito positivo.

O princípio da legalidade passou por grandes alterações:

a) por influência do positivismo jurídico, toda a atividade administrativa passou a submeter-se à lei, levando à substituição do princípio da vinculação negativa pelo da *vinculação positiva à lei*: daí a afirmação de que a Administração só pode fazer o que a lei permite;

b) em consequência da extensão da legalidade a todas as esferas de atuação, a discricionariedade passou a ser vista como *poder jurídico*, na medida em que implica certa margem de liberdade, mas nos limites definidos em lei; ainda pelo mesmo fato, entendeu-se necessário atribuir função normativa ao Poder Executivo, com a previsão de decretos-leis (no direito brasileiro), medidas provisórias (no direito italiano), regulamentos autônomos (no direito francês e também no sistema da *common law*, onde foram criadas agências com funções quase legislativas e quase judiciais), sob o argumento de que o Legislativo não teria condições de legislar sobre todas as novas atribuições administrativas do Estado, seja pela complexidade das matérias (que exigem conhecimentos técnicos que o Parlamento não possui), seja pela quantidade de normas necessárias para disciplinar toda a atuação administrativa do Estado;

c) com o afastamento do direito natural e a valorização do direito positivo, a lei perdeu o seu conteúdo material, significando isto que a lei é obedecida porque contém uma norma, independentemente de seu conteúdo de justiça; daí a afirmação de que o Estado de Direito transformou-se em Estado Legal;

d) como consequência, o controle judicial dos atos da Administração Pública é apenas formal, sem qualquer preocupação com princípios e valores que reduzissem a discricionariedade administrativa; os primeiros passos no sentido de ampliar o controle judicial foi dado no direito francês com a criação das teorias do desvio de poder e dos motivos determinantes, que possibilitaram o exame dos *fins* e dos *motivos* dos atos administrativos.

Na terceira fase do Estado de Direito – Estado de Direito Democrático –, duas ideias fundamentais foram introduzidas: a de *participação do cidadão na gestão e no controle da Administração Pública* (democracia participativa) e a da legalidade vista sob o aspecto material, e não apenas formal.

Teve início, portanto, a nova fase do princípio da legalidade, dando ensejo à chamada constitucionalização do direito administrativo, analisada no item subsequente.

2 Reflexos da constitucionalização do direito administrativo sobre o princípio da legalidade

O direito administrativo nasceu junto com o constitucionalismo. O princípio da legalidade nasceu junto com o princípio da separação de poderes, o princípio da isonomia, o princípio da justicialidade[4] (que exige o controle judicial dos atos estatais). Em seu desenvolvimento, o direito administrativo nunca se afastou do direito constitucional, nem no sistema europeu-continental, nem no sistema da *common law*. É na Constituição que se encontram os fundamentos dos principais institutos do direito administrativo.

No direito brasileiro, a constitucionalização do direito administrativo, sob certo aspecto, sempre existiu, especialmente a partir da Constituição de 1934, onde se encontram normas sobre servidor público, responsabilidade civil do Estado, desapropriação, mandado de segurança, ação popular, atribuição de atividades à competência exclusiva da União, previsão de lei sobre concessão de serviços públicos. Nas Constituições posteriores manteve-se a mesma sistemática, que se acentuou consideravelmente na Constituição de 1988 e, ainda mais, com alterações introduzidas por Emendas à Constituição. Foi introduzido um capítulo específico sobre Administração Pública, com previsão de princípios a ela impostos logo no

---

[4] Conf. Manoel Gonçalves Ferreira Filho. *Estado de direito e constituição*. São Paulo: Saraiva, 1988. p. 27.

caput do artigo 37; ampliação das normas sobre servidores públicos, inclusive sobre seus vencimentos, proventos e pensão; introdução de normas sobre o regime de previdência social próprio do servidor; previsão da licitação para celebração de contratos administrativos; ampliação da função social da propriedade para a área urbana (antes prevista apenas para a área rural), aumentando as hipóteses de desapropriação com caráter sancionatório, até chegar a uma hipótese de desapropriação sem indenização; extensão da regra da responsabilidade civil objetiva às entidades privadas prestadoras de serviço público; previsão de órgãos reguladores da exploração de atividades de telecomunicações e de petróleo; previsão do contrato que se convencionou chamar de contrato de gestão; inclusão de norma sobre gestão associada de serviços públicos, com possibilidade de constituição de consórcios públicos ou convênios, para essa finalidade; definição dos bens do domínio da União e dos Estados; normas sobre a proteção do patrimônio cultural; ampliação das medidas judiciais de controle da Administração Pública, especialmente para proteção de interesses difusos e coletivos (ações coletivas, ação civil pública, mandado de segurança coletivo).

Nesse sentido, pode-se afirmar que a constitucionalização do direito administrativo brasileiro não constitui um dado novo; ela sempre existiu, em maior ou menor grau, em praticamente todas as Constituições e vem em um crescendo até o momento atual, especialmente por força de Emendas à Constituição.

No entanto, o sentido em que a constitucionalização do direito administrativo é mais recente (porque teve início com a Constituição de 1988) e produziu reflexos intensos sobre o *princípio da legalidade* (que resultou consideravelmente ampliado) e a *discricionariedade* (que resultou consideravelmente reduzida) foi a constitucionalização de valores e princípios, que passaram a orientar a atuação dos três Poderes do Estado: eles são obrigatórios para o Legislativo e seu descumprimento pode levar à declaração de inconstitucionalidade de leis que os contrariem; são obrigatórios para a Administração Pública, cuja discricionariedade fica limitada não só pela lei (legalidade em sentido estrito), mas por todos os valores e princípios consagrados na Constituição (legalidade em sentido amplo); e são obrigatórios para o Poder Judiciário, que pode ampliar o seu controle sobre as leis e os atos administrativos, a partir da interpretação de valores que são adotados como verdadeiros dogmas do ordenamento jurídico.

Houve uma ampliação do sentido da lei, no sentido de que ela passou a ser vista sob o *aspecto formal*, porque emana do Legislativo, e sob o *aspecto material*, porque ela tem o papel de realizar os valores consagrados na Constituição.[5] Protesta-se pela passagem do Estado Legal para o Estado de Direito, significando isto que se quer submeter o Estado ao Direito (com todos os princípios e valores que

---

[5] Aí está a ideia básica do que hoje se chama de constitucionalização do direito administrativo, que trouxe grandes alterações no princípio da legalidade, na discricionariedade administrativa e na ampliação do controle judicial sobre os atos administrativos.

o integram), e não apenas à lei em sentido puramente formal; quer-se novamente vincular a lei aos ideais de justiça e quer-se prestigiar os direitos fundamentais do homem, em especial pela consagração do princípio da dignidade da pessoa humana. Isto que alguns autores apontam como inovação, na realidade teve as suas bases lançadas na Lei Fundamental da República Federal da Alemanha, de 1949, de onde se espraiou para outros ordenamentos jurídicos, inclusive o Brasil (a partir da Constituição de 1988, principalmente).

Com efeito, o primeiro passo no sentido dessa evolução foi dado pela Lei Fundamental da República Federal da Alemanha, promulgada em 8.5.1949, quando, no artigo 30, § 3º, preceitua que "o poder legislativo está vinculado à ordem constitucional; os poderes executivo e judicial obedecem à lei e ao direito". O que se objetiva é a obediência não só à lei, em sentido formal, mas a todos e valores e princípios que estão na base do ordenamento jurídico e que imprimem conteúdo material à lei.

Norma semelhante foi prevista na Constituição Espanhola de 1978, no artigo 103.1, segundo o qual a Administração Pública serve com objetividade aos interesses gerais e atua com submissão plena à lei e ao Direito.

A Constituição Portuguesa de 1976, por sua vez, determina no artigo 266, item 2, que "os órgãos e agentes administrativos estão subordinados à Constituição e à lei e devem atuar com Justiça e imparcialidade no exercício das suas funções". Na parte referente aos direitos e deveres fundamentais, o artigo 16 determina que "os direitos fundamentais consagrados na Constituição não excluem quaisquer outros constantes das leis e das regras aplicáveis de direito internacional"; e que "os preceitos constitucionais e legais relativos aos direitos fundamentais devem ser interpretados e integrados de harmonia com a Declaração Universal dos Direitos do Homem".

Note-se que a Lei Fundamental da Alemanha inicia com a proclamação dos direitos fundamentais, afirmando, logo no artigo 1º:

> 1. A dignidade do homem é intangível. Respeitá-la é obrigação de todo poder público. 2. O povo alemão reconhece, portanto, os direitos invioláveis e inalienáveis do homem como fundamentos de qualquer comunidade humana, da paz e da justiça no mundo. 3. Os direitos fundamentais a seguir discriminados constituem direito diretamente aplicável para os poderes legislativo, executivo e judiciário.

Na Introdução dessa Constituição, publicada pelo Departamento de Imprensa e Informação do Governo Federal de Bonn, em 1986, afirma-se que

> suas normas não se esgotam com princípios sobre estrutura e função da organização pública. A Lei Fundamental é bem mais do que isso, um ordenamento de valores que reconhece na defesa da liberdade e da dignidade humana o seu mais elevado bem jurídico. Sua concepção do homem,

contudo, não é a do indivíduo autocrático, mas a da personalidade integrada na comunidade e a esta vinculada de múltiplas formas. Como expressão de que seja tarefa do Estado servir ao ser humano, os direitos fundamentais abrem a Lei Fundamental.

Na França, a jurisprudência adotou o entendimento de que os regulamentos autônomos baixados pelo Poder Executivo deveriam obedecer aos princípios gerais de direito consagrados no Preâmbulo da Constituição, possibilitando, com isso, o seu controle jurisdicional. Como resultado desse entendimento, tais princípios passaram a ter força superior à da lei, sob o fundamento de que estão enumerados na Declaração de Direitos de 1789 e no Preâmbulo da Constituição de 1946, uma e outra integrados na Constituição de 1958.[6] Segundo Jean Rivero,[7] "a jurisprudência do Conselho Constitucional distingue duas categorias de princípios gerais: os princípios 'com valor constitucional', que se ligam normalmente aos textos a que se refere o preâmbulo de 1958, e os princípios com valor simplesmente legislativo". Isso significa que os princípios com valor constitucional prevalecem sobre a lei.

O direito brasileiro, evidentemente, seguiu a mesma evolução, chegando à fase atual, caracterizada pela *valorização dos direitos fundamentais* e pela *atribuição, aos princípios e valores previstos na Constituição, de papel orientador das três funções do Estado*. Os princípios e valores limitam a função legislativa e a administrativa e ampliam a possibilidade de controle judicial sobre as leis e os atos administrativos.

A Constituição de 1891 foi de feição nitidamente liberal e individualista; a partir da Constituição de 1934, foi-se delineando o modelo de Estado Social, para culminar, na Constituição de 1988, com o Estado Democrático de Direito, já referido no preâmbulo e no artigo 1º.

A Constituição não repete a norma da Lei Fundamental da República Federal da Alemanha no sentido de que os Poderes Executivo e o Judiciário obedecem à lei e ao Direito. Mas não há dúvida de que adotou, de um lado, a ideia de proeminência dos direitos fundamentais (não só pela sua ampliação, mas também pela própria inserção, logo no Título I, dos *princípios fundamentais* do Estado Democrático de Direito, dentre eles o da dignidade da pessoa humana), e, de outro, a nova fórmula do princípio da legalidade, em sentido amplo, para abranger todos os valores e princípios consagrados de forma implícita ou explícita na Constituição.

Na citada tese sobre discricionariedade administrativa, já havíamos ressaltado que o princípio da legalidade vem agora expressamente previsto na Constituição entre aqueles a que se obriga a Administração Pública direta, indireta ou fundacional, de qualquer dos Poderes da União, dos Estados, do Distrito Federal e dos Municípios (art. 37 da Constituição Federal). Isto, no entanto, não significa que

---

[6] Cf. George Vedel e Pierre Delvolvé. *Droit administratif.* Paris: Presses Universitaires de France, 1984. p. 397-399.
[7] *Direito administrativo*. Coimbra: Almedina, 1981. p. 88.

o constituinte tenha optado pelo mesmo formalismo originário do positivismo jurídico. Do próprio texto constitucional decorrem outros princípios que permitem afirmar o retorno (ou a tentativa de retorno) ao Estado de Direito, em substituição ao Estado Legal. No preâmbulo da Constituição manifestam os representantes do povo, reunidos em Assembleia Nacional Constituinte, a intenção de instituir um Estado Democrático, destinado a assegurar o exercício dos direitos sociais e individuais, colocando como valores supremos de uma sociedade fraterna, pluralista e sem preconceitos, a liberdade, a segurança, o bem-estar, o desenvolvimento, a igualdade e a justiça.

Além da parte introdutória da Constituição, onde se afirmam os seus princípios fundamentais, em vários outros dispositivos se revela a preocupação com determinados valores a serem observados no desempenho da função estatal e, dentro desta, da função administrativa a cargo da Administração Pública. Esta já não está mais submetida apenas à lei, em sentido formal, mas a todos os princípios que consagram valores expressos ou implícitos na Constituição, relacionados com a liberdade, igualdade, segurança, desenvolvimento, bem-estar e justiça.

A Constituição adotou, no preâmbulo, a fórmula do *Estado Democrático*, confirmado pelo artigo 1º, cujo parágrafo único determina que "todo poder emana do povo, que o exerce por meio de representantes eleitos, ou diretamente, nos termos desta Constituição" e por normas consagradoras da participação popular em vários setores da Administração Pública, em especial na parte referente à ordem social.

A Constituição adotou ainda o modelo do *Estado Social*, fundado na dignidade da pessoa humana e nos valores sociais do trabalho e da livre iniciativa e confirmado no artigo 3º, que atribui à República, entre outros objetivos, o de garantir o desenvolvimento nacional, erradicar a pobreza e a marginalização e reduzir as desigualdades sociais e regionais, promover o bem de todos, sem preconceitos de origem, raça, sexo, cor, idade e quaisquer outras formas de discriminação; isto sem falar no Título VIII, referente à ordem social, que tem como base o primado do trabalho e como objetivo o bem-estar e a justiça sociais (art. 193), com normas em grande parte programáticas, voltadas para a seguridade social, educação, cultura, desportos, ciência e tecnologia, comunicação social, meio ambiente, família, criança, adolescente, idosos e índios; na maioria dos casos, o Estado desenvolverá atividades com participação da coletividade interessada, acentuando-se o caráter democrático com que se exercerá a administração pública.

E a Constituição adotou a fórmula do *Estado de Direito*, significando que toda atividade estatal está submetida à lei e ao direito, cada um dos Poderes exercendo suas atribuições com independência em relação aos demais, e cabendo ao Judiciário, cercado de garantias de imparcialidade e independência, apreciar a legalidade dos atos da Administração e a constitucionalidade de leis e atos normativos editados pelos demais Poderes.

Em decorrência dessa evolução do princípio da legalidade, ele costuma ser referido em dois sentidos: *sentido restrito* (ou princípio da reserva legal), para designar a exigência de que determinadas matérias sejam reservadas à lei, porque só podem ser disciplinadas por um dos processos previstos no artigo 59 da Constituição; em *sentido amplo*, para abranger a lei em sentido formal, os atos normativos do Poder Executivo e de órgãos e entidades que compõem a Administração Direta e Indireta, além dos princípios e valores consagrados de forma expressa ou implícita na Constituição.

3 Reflexos da constitucionalização sobre a discricionariedade administrativa e o conceito de mérito

Definimos a discricionariedade administrativa como "a faculdade que a lei confere à Administração para apreciar o caso concreto, segundo critérios de oportunidade e conveniência, e escolher uma dentre duas ou mais soluções, todas válidas perante o direito".[8]

Se a discricionariedade envolve certa margem de apreciação nos *limites da lei* e se o conceito de lei (e de legalidade) foi se ampliando com a evolução do Estado de Direito, a consequência inevitável foi a redução do âmbito de discricionariedade da Administração Pública, seguida da ampliação do controle judicial.

Chega-se ao ponto de afirmar que não se pode mais cogitar de *mérito* do ato administrativo, como limite à apreciação dos atos administrativos pelo Poder Judiciário, o que, evidentemente, constitui exagero inaceitável.

Note-se que a mesma evolução do princípio da legalidade foi acompanhada pela evolução da discricionariedade administrativa, como não poderia deixar de ser. A paulatina ampliação do primeiro foi seguida da redução da segunda.

Vários fatores foram contribuindo para essa redução.

Pode-se mencionar, de um lado, a contribuição da jurisdição administrativa francesa, com a elaboração das teorias do desvio de poder e dos motivos determinantes. A primeira possibilitou ao Poder Judiciário o exame da *finalidade* objetivada pela Administração Pública com a prática do ato administrativo, para verificar se a autoridade que o praticou não usou de sua competência legal para atingir fins diversos dos que decorrem da lei. Com isso, introduziu-se um primeiro aspecto de moralidade no âmbito do direito administrativo, com uma redução da discricionariedade. O Judiciário, que se limitava ao exame da *competência*, da *forma* e do *objeto*, pôde passar a apreciar a *finalidade*, que deixou de ser elemento meramente moral, livre de apreciação judicial, e passou a ser elemento de legalidade.

---

[8] In *Discricionariedade administrativa na Constituição de 1988*, 2001. p. 67.

A *teoria dos motivos determinantes* também limitou a discricionariedade administrativa, na medida em que permitiu ao Judiciário examinar a legalidade dos *motivos* (pressupostos de fato e de direito) que levaram a Administração a praticar o ato. E esse exame dos motivos foi se dando no sentido de uma ampliação: de início, fazia-se apenas uma *constatação dos fatos*, para saber se existiram ou não; em um segundo momento, passou-se a examinar a *qualificação jurídica dos fatos* feita pela Administração, para verificar se os fatos ocorridos são de natureza a justificar a decisão, permitindo-se ao Judiciário entrar no exame das noções imprecisas ou "conceitos jurídicos indeterminados"; em uma terceira fase, passou-se a examinar a adequação da decisão aos fatos, pela aplicação dos princípios da proporcionalidade dos meios aos fins.[9]

Veja-se que essas duas teorias introduziram mais dois elementos no ato administrativo, além do *sujeito*, *objeto* e *forma*, que sempre caracterizaram os atos jurídicos na teoria geral do direito: o *motivo* e a *finalidade*.

No direito brasileiro, as duas teorias tiveram ampla aceitação.

O direito brasileiro também incorporou o conceito de mérito, desenvolvido principalmente por autores italianos, como limite à apreciação judicial dos atos administrativos. É provável que o autor que primeiro analisou o tema tenha sido Seabra Fagundes, em trabalho sobre o "conceito de mérito administrativo",[10] relacionando-o com a discricionariedade e afastando a possibilidade de seu exame pelo Judiciário. Segundo o jurista,

> o mérito está no sentido político do ato administrativo. É o sentido dele em função das normas de boa administração, ou, noutras palavras, é o seu sentido como procedimento que atende ao interesse público e, ao mesmo tempo, o ajusta aos interesses privados, que toda medida administrativa tem de levar em conta. Por isso, exprime um juízo comparativo. Compreende os aspectos, nem sempre de fácil percepção, atinentes ao acerto, à justiça, utilidade, equidade, razoabilidade, moralidade etc. de cada procedimento administrativo.

Em nota a essa afirmação, o autor acrescenta que

> pressupondo o mérito do ato administrativo a possibilidade de opção, por parte do administrador, no que respeita ao sentido do ato – que poderá inspirar-se em diferentes razões de sorte a ter lugar num momento ou noutro, como poderá apresentar-se com este ou aquele objetivo – constitui fator apenas pertinente aos atos discricionários. Onde se trate de competência vinculada, sendo a atividade do administrador adstrita a um motivo único,

---

[9] Sobre o assunto, v. Vedel e Delvolvé, *Droit administratif*, 1984. p. 97.
[10] RDA 23/1-16.

predeterminado, cuja ocorrência material lhe cabe tão somente constatar, e devendo ter o procedimento administrativo por objeto uma certa e determinada medida expressamente prevista pela lei, não há cogitar do mérito como um dos fatores integrantes do ato administrativo. Este se apresenta simplificado pela ausência de tal fator. E além de só pertinente aos atos praticados no exercício de competência discricionária, não constitui o mérito um fator essencial, nem autônomo na integração do ato administrativo. Não aparece com posição própria ao lado dos elementos essenciais (manifestação de vontade, motivo, objeto, finalidade e forma). Surge em conexão com o motivo e o objeto. Relaciona-se com eles. É um aspecto que lhes diz respeito. É uma maneira de considerá-los na prática do ato. É, em suma, o conteúdo discricionário deste.

O conceito foi adotado pela doutrina administrativa, passando a corresponder, resumidamente, ao binômio *oportunidade/conveniência*, ainda que o mérito possa abranger inúmeros outros aspectos, como razoabilidade, equidade e tantos outros apontados por Seabra Fagundes. Outros aspectos apontados pelo jurista e amplamente aceitos pela doutrina e jurisprudência, durante longos anos, diz respeito à existência do mérito apenas nos atos discricionários e ao fato de estar presente nos elementos *objeto* e *motivo* dos atos administrativo.

Assim é que prevaleceu durante décadas o entendimento de que o mérito, correspondendo aos aspectos discricionários do ato, ficaria excluído da apreciação judicial, chegando-se a afirmar que o exame do mérito pelo Poder Judiciário caracterizaria infringência ao princípio da separação de poderes.

Tais ideias não se congelaram no tempo. Elas foram aos poucos evoluindo como consequência da já referida ampliação do sentido do princípio da legalidade.

Com efeito, a partir principalmente da década de 90, o direito administrativo brasileiro passou a sofrer influência do direito alemão, espanhol e português (fundamentalmente) no que diz respeito à aplicação da teoria dos *conceitos jurídicos indeterminados*. O emprego, nas normas legais, de termos com sentido indeterminado (como urgência, interesse público, moralidade, utilidade pública, perigo iminente, notório saber e tantos outros), que inicialmente era entendido como outorga de discricionariedade à Administração Pública, passou a ser visto de outra forma: tratando-se de *conceitos jurídicos* (já que empregados pelo legislador), eles são passíveis de *interpretação* e, portanto, abertos à apreciação pelo Poder Judiciário, como intérprete da lei em última instância. Daí a conhecida frase: a discricionariedade administrativa começa quando termina o trabalho de interpretação. Por outras palavras, a utilização de conceitos jurídicos indeterminados não pode, por si, servir de limite à apreciação pelo Poder Judiciário: a este cabe, primeiro, interpretar o conceito contido na norma, diante dos fatos concretos a ele submetidos. Se, pelo trabalho de interpretação, puder chegar a uma solução única que possa ser considerada válida, o juiz poderá invalidar a decisão administrativa que a contrarie.[11]

Aliás, a presença de conceitos jurídicos indeterminados nas normas legais não constitui característica exclusiva do direito administrativo. Tais conceitos existem em todos os ramos do direito sem que se negue ao juiz o poder (e o dever) de interpretá-los, até porque o juiz não pode deixar de dizer o direito no caso concreto, pela dificuldade de aplicação de noções imprecisas contidas na lei. No direito administrativo, o tema provocou grande controvérsia, exatamente pela identificação entre conceito jurídico indeterminado e discricionariedade administrativa. Hoje, é amplamente reconhecido o poder de *interpretação* de tais conceitos pelo Judiciário.

Contudo, não vamos ao ponto de defender que em nenhuma hipótese o emprego de termos indeterminados na norma envolve certa margem de apreciação para a Administração escolher a solução mais adequada. Especialmente os chamados *conceitos de valor* podem garantir à Administração a possibilidade de escolher a melhor solução diante de cada caso concreto. Se assim não fosse, estaríamos admitindo a possibilidade de o Judiciário substituir a Administração Pública, tomando decisões que o legislador outorgou a ela. Mas não há dúvida de que, em determinadas situações, os elementos de fato permitem, sem sombra de dúvida, a conclusão de que a Administração Pública não tinha senão uma opção. Por exemplo, os elementos de fato podem demonstrar que uma pessoa tem ou não tem notório saber jurídico; se uma pessoa tem mais merecimento do que outra para fins de promoção; se determinada medida é ou não urgente; se a alteração ou rescisão de um contrato atende ou não ao interesse público. Nesses casos, não há dúvida de que pode o Poder Judiciário corrigir a decisão administrativa tomada em descompasso com os fatos.

Alguns autores são mais rigorosos e entendem que tais conceitos não envolvem qualquer margem de discricionariedade; outros defendem que a interpretação do conceito, aliada ao exame da matéria de fato em cada caso concreto, pode afastar ou não a discricionariedade. Esta é a posição que adotamos.

O fato é que, em decorrência do exame, pelo Poder Judiciário, dos conceitos jurídicos indeterminados, reduziu-se consideravelmente o conteúdo do chamado *mérito* do ato administrativo. Não é possível dizer, como querem alguns, que o mérito deixou de existir, sob pena de transformar-se a Administração Pública em mero robô de aplicação da lei. Não há dúvida de que, em inúmeras hipóteses, a própria lei continua a deixar certa margem de liberdade decisória para a autoridade administrativa. Vários exemplos de mérito podem ser mencionados: a revogação de ato discricionário e precário, como a autorização e a permissão de uso de bem público; a exoneração *ex officio* de servidor ocupante de cargo em comissão; a dis-

---

[11] Sobre conceitos jurídicos indeterminados, mérito e distinção entre discricionariedade e interpretação, tratamos, de forma mais aprofundada, na mencionada obra *Discricionariedade administrativa na Constituição de 1988*, 2001. p. 97-132.

pensa, sem justa causa, de servidor celetista; a alteração e a rescisão unilaterais de contratos administrativos; o deferimento ou indeferimento de determinados tipos de afastamento dos servidores públicos; a revogação do procedimento licitatório; a decisão sobre a execução direta ou indireta de serviços e obras; a revogação de licença para construir, por motivo de interesse público; e tantas outras hipóteses que podem ser facilmente extraídas do direito positivo.

Em todos esses exemplos, a Administração Pública tem certa margem de liberdade para escolher a melhor solução a ser adotada no caso concreto. Isto não significa que a sua escolha seja inteiramente livre. Ela está limitada pelo princípio da legalidade (considerado em seus sentidos amplo e restrito) e pela exigência de razoabilidade e motivação. Por maior que seja a margem de discricionariedade, como, por exemplo, na exoneração de servidor ocupante de cargo em comissão ou na dispensa, sem justa causa, de servidor celetista, existe a exigência de motivação. A motivação não pode limitar-se a indicar a norma legal em que se fundamenta o ato. É necessário que na motivação se contenham os elementos indispensáveis para controle da legalidade do ato, inclusive no que diz respeito aos limites da discricionariedade. É pela motivação que se verifica se o ato está ou não em consonância com a lei e com os princípios a que se submete a Administração Pública. Verificada essa conformidade, a escolha feita pela Administração insere-se no campo do mérito.

O que não pode mais o Judiciário fazer é alegar, *a priori*, que o termo indeterminado utilizado na lei envolve matéria de mérito e, portanto, aspecto discricionário vedado ao exame judicial. O juiz tem, primeiro, que interpretar a norma diante do caso concreto a ele submetido. Só após essa interpretação é que poderá concluir se a norma outorgou ou não diferentes opções à Administração Pública. A existência de diferentes opções válidas perante o direito afasta a possibilidade de correção do ato administrativo que tenha adotado uma delas.

O fato é que houve mais essa redução da discricionariedade administrativa, pelo reconhecimento de que o Poder Judiciário pode interpretar os chamados conceitos jurídicos indeterminados. Diante disso, fácil é concluir-se o quanto a inserção, no conceito de legalidade, de *princípios e valores* (expressos por termos indeterminados) contribuiu para reduzir a discricionariedade administrativa.

E ainda outro fator que contribuiu para essa redução: a superação da ideia de que o capítulo da ordem social da Constituição é constituído apenas por normas programáticas, dependentes, para sua aplicação, de medidas legislativas e administrativas. Os direitos sociais foram inseridos no Título dos direitos e garantias fundamentais. Dentre eles, o artigo 6º inclui a educação, a saúde, o trabalho, a moradia, o lazer, a segurança, a previdência social, a proteção à maternidade e à infância. Em consequência, o dever do Estado de garantir tais direitos não pode ficar indefinidamente dependendo de leis e providências administrativas. Daí o entendimento de que as normas constitucionais que garantem esses direitos têm que ter um mínimo de eficácia decorrente diretamente da Constituição. Esse é outro aspecto da constitucionalização do direito administrativo: a concretização dos direitos sociais deixou de depender inteiramente do direito administrativo (leis e atos administrativos), podendo ser garantida por decisões judiciais tomadas em casos concretos.

Como consequência, cresceram as ações judiciais em que cidadãos pleiteiam proteção à saúde (remédios, exames médicos, tratamentos), à educação, à infância. E o Judiciário vem manifestando a indisfarçável tendência de decidir pela procedência de tais ações, especialmente na área da saúde. Os ônus financeiros impostos por essas decisões tomadas em casos individuais (e não em ações coletivas, como seria ideal) são de tal ordem que se pode afirmar que o Judiciário vem, indiretamente, interferindo com políticas públicas adotadas pelos Governos federal, estaduais e municipais.

Em resumo, estamos muito longe da discricionariedade entendida como poder político, própria do Estado de Polícia e herdada, parcialmente, no primeiro período do Estado de Direito. A discricionariedade, vista como poder jurídico (porque limitada pela lei), foi sofrendo reduções por vários fatores: pela inclusão dos atos normativos do Poder Executivo no conceito de legalidade; pela elaboração pretoriana da teoria do desvio de poder e da teoria dos motivos determinantes; pela chamada constitucionalização do direito administrativo, entendida no sentido da inclusão de princípios e valores no conceito de legalidade, em sentido amplo; pela interferência do Poder Judiciário nas políticas públicas, como decorrência de outro aspecto da constitucionalização do direito administrativo: o reconhecimento de um mínimo de efetividade às normas constitucionais que garantem os direitos sociais, como essenciais à dignidade da pessoa humana.

4 Reflexos da constitucionalização sobre o controle judicial dos atos da Administração Pública

Quais as consequências que a constitucionalização do direito administrativo (no sentido assinalado) teve sobre o princípio da legalidade, a discricionariedade administrativa e o controle judicial?

Muitas das conclusões sobre o tema foram objeto de análise no item anterior, já que o controle judicial se amplia na medida em que cresce a legalidade e se reduz a discricionariedade. No entanto, neste item, serão comentados alguns aspectos específicos no que diz respeito ao próprio tipo de interpretação judicial que vem se desenvolvendo como consequência da constitucionalização dos vários ramos do direito e, principalmente, do direito administrativo.

Tenho citado, em diferentes oportunidades, excelente trabalho de um autor espanhol, Carlos de Cabo Martín,[12] pela forma magistral pela qual resumiu o que

---

[12] *Sobre el concepto de ley*. Madri: Trotta, 2000.

vem ocorrendo com o princípio da legalidade e, do outro lado da moeda, com o controle judicial. O seu ensinamento merece ser citado, não só pela sua atualidade, mas também pelo fato de que se aplica (em grande parte) ao que vem ocorrendo no direito brasileiro.

Ele aponta, para o período atual, sensíveis mudanças na lei, como consequência dos princípios do Estado Social de Direito, indicando causas externas e causas internas ao ordenamento jurídico. Vou indicar essas causas, procurando demonstrar o que é e o que não é realidade no direito brasileiro.

Como *causas externas*, o autor aponta:

a) o *fortalecimento do contrato, dos sujeitos privados e do direito privado frente à lei, ao Estado e ao direito público*; trata-se de tendência que já há algum tempo se faz sentir no direito brasileiro (embora continuem a existir os chamados contratos administrativos, disciplinados, de forma muita rígida, pela Lei nº 8.666, de 21.6.1993, e que se aplicam à grande maioria dos acordos celebrados pela Administração Pública); pode-se mencionar, no sentido dessa tendência, o surgimento de novas modalidades de gestão privada (vários tipos de concessões e de parcerias com o setor privado), a privatização de empresas estatais, a quebra do monopólio de exploração de petróleo, o incremento da terceirização (inclusive para fornecimento de mão de obra, em substituição aos servidores públicos), os contratos de gestão dentro da própria Administração Pública Direta e Indireta (com fundamento no art. 37, § 8º, da Constituição), os Termos de Ajustamento de Conduta celebrados pelo Ministério Público, as novas formas de participação do cidadão, por meio de audiências e consultas públicas;[13]

b) *participação do cidadão no processo de elaboração legislativa*; essa participação, no direito brasileiro, é feita mais informalmente, pelos grupos de pressão, do que de forma institucionalizada; mesmo na elaboração das normas pelas agências reguladoras, a participação, ainda quando prevista em lei, tem pouco efeito prático;

c) *dessacralização da lei proveniente da própria crise do Parlamento*, que não pode mais ser visto como representante da vontade geral do povo; esse aspecto foi por mim realçado na já citada tese sobre discricionariedade administrativa;[14] com base na lição de Manoel Gonçalves Ferreira Filho, foi demonstrado que a lei perdeu o seu prestígio e a sua grandeza, em primeiro lugar, porque se desvinculou da ideia de justiça, passando de

---

[13] Sobre o tema, v. Fernando Dias Menezes de Almeida. Mecanismos de consenso no direito administrativo. In: ARAGÃO, Alexandre dos Santos; MARQUES NETO, Floriano de Azevedo (Org.). *Direito administrativo e seus novos paradigmas*. Belo Horizonte: Fórum, 2008. p. 335-349.

[14] 2001, p. 32-33.

instrumento de realização do bem comum, para instrumento da realização da vontade de grupos, de classes, de partidos; com isso, a lei perdeu, em grande parte, seu caráter de generalidade, abstração, impessoalidade, e passou a ter caráter individual, na medida em que atende a interesses parciais da sociedade ou grupos; essa politização das leis conduz à multiplicidade das leis, muitas vezes irracionais, e à instabilidade do Direito; em consequência, ela perde seu prestígio, sua credibilidade, já que muda com a maior facilidade e sem qualquer preocupação com o bem comum e com a justiça; esse aspecto assume maior proporção quando se considera que, em muitas matérias, é o Poder Executivo que edita normas com força de lei e que, pela facilidade de promulgação e alteração, geram ainda maior instabilidade e desconfiança e acentuam a preeminência do Poder Executivo (que não representa a vontade geral do povo) sobre o Legislativo em matérias da maior relevância para os direitos individuais e para o bem-estar coletivo; isto sem falar na grande quantidade de atos normativos baixados por órgãos e entidades da Administração direta e indireta (dentre os quais as agências reguladoras), que também não representam a vontade geral do povo;

d) *minimização da lei*, que fica cada vez mais vazia de conteúdo, mais formal, no sentido de que a decisão real é tomada pela Administração, no caso concreto, afetando o princípio da legalidade e o Estado de Direito; essa minimização da lei, em sentido estrito, é compensada pela ampliação do princípio da legalidade, que ganhou conteúdo material em decorrência da inclusão de valores e princípios de aplicação obrigatória pelos três Poderes do Estado; e é contrabalanceada pela maior extensão do controle judicial sobre os atos da Administração;

e) perda de eficácia da lei, pela constante violação impune; o autor cita os exemplos de tortura, terrorismo de Estado, segredo de Estado; no Brasil, releva notar, de forma assustadora, a corrupção nos mais elevados níveis do Governo e da Administração Pública, com total desprezo à lei e à Constituição, nem sempre com a merecida punição.

Como *causas internas* ao ordenamento jurídico, Cabo Martín[15] indica inúmeros fatores que merecem ser mencionados, embora algumas dessas causas não tenham aplicação no direito brasileiro:

a) o *crescimento do direito internacional e do direito comunitário*; em alguns sistemas, os tratados internacionais sobrepõem-se ao direito interno; é o que ocorre, por exemplo, nos países que integram a União Europeia, em que o direito comunitário se coloca acima das Constituições dos países membros; isto não existe no direito brasileiro; pelo § 3º do artigo 5º, da

---

[15] Ob. cit., p. 79 e ss.

Constituição (acrescentado pela Emenda Constitucional nº 45/2004), os tratados e convenções internacionais sobre direitos humanos que forem aprovados, em cada Casa do Congresso Nacional, em dois turnos, por três quintos dos votos dos respectivos membros, serão equivalentes às emendas constitucionais; apesar de não se aplicar no Brasil a prevalência das normas internacionais e comunitárias sobre a Constituição, o que se nota é a influência que o direito comunitário europeu e também o sistema da *common law* vêm exercendo sobre parte da doutrina brasileira, cujo direito administrativo nasceu e se desenvolveu à imagem do sistema europeu continental; é o que ocorre quando se fala em crise na noção de serviço público, quando se prega o fim dos contratos administrativos e de suas cláusulas exorbitantes, quando se flexibiliza ou mesmo se prega a extinção do princípio da supremacia do interesse público;

b) a consideração da Constituição como norma jurídica, ficando a lei em segundo plano e, em consequência, afetado o próprio princípio democrático;

c) *substituição da legalidade por constitucionalidade* ou tendência à hiperconstitucionalização do sistema, com a ampliação do âmbito da Constituição e diminuição do âmbito da lei; extensão do âmbito dos direitos e liberdades até entender-se que praticamente todas as questões estão impregnadas dos mesmos, levando a uma contaminação do individualismo; tendência a colocar na Constituição a regulação de todas as matérias, sem deixar muito campo ao legislador; tendência à formação de um direito constitucional de princípios e valores, o que muda a forma de interpretação da Constituição, tornando-a mais complexa e difusa, com prejuízo para a certeza do direito; esses fatores todos são verdadeiros também no direito brasileiro, devendo-se observar, contudo, que é exagero falar em *substituição* da legalidade por constitucionalidade, porque continua a existir a sujeição da Administração ao chamado "bloco de legalidade", abrangendo os atos normativos do Legislativo, do Executivo e dos órgãos e entidades que integram a Administração Pública direta e indireta (legalidade em sentido amplo); vale dizer que a ideia de constitucionalidade se acresce à de legalidade (e não a substitui);

d) *impacto sobre o controle pelos tribunais constitucionais*: a lei fica sempre sob suspeita; no Brasil, embora não haja tribunal constitucional, o Supremo Tribunal Federal desempenha o papel de órgão de controle da constitucionalidade, enfrentando o mesmo impacto da constitucionalização, já que está bem presente no direito brasileiro a tendência de colocar o máximo possível de matérias na Constituição, como melhor meio de garantir o cumprimento das normas; mesmo assim, o que se verifica é uma tendência forte ao descumprimento da própria Constituição; isto sem falar na crescente politização do Supremo Tribunal Federal, com sérios riscos ao Estado de Direito;

e) *ampliação do conteúdo e efeitos das sentenças*: surgimento da interpretação conforme à Constituição (sentenças interpretativas), da inconstitucionalidade por omissão (sentenças de mera inconstitucionalidade), sentenças que completam o conteúdo da lei (sentenças aditivas);

f) *administrativização da lei*, por meio de normas emanadas da Administração, leis conjunturais ou aprobatórias, como as que contêm "noções-quadro", *standards*, ou imprecisas, criando lacunas a serem preenchidas pela Administração (leis-quadro e leis indicativas ou programáticas, em que o Legislativo fixa critérios, objetivos e princípios); além disso, ocorre uma juridicização de normas técnicas, na medida em que a lei utiliza conceitos técnicos, a serem definidos por normas administrativas; a consequência é a mudança no princípio da legalidade, já que a lei deixa de ser reguladora e passa a ser meramente reflexiva; outra consequência é o papel de *codeterminação* assumido pelo Judiciário, pois a lei, ao criar uma zona de indeterminação (com o emprego de termos vagos, princípios, *standards*), permite que a determinação fique dependendo de interpretação pelo juiz; outra consequência ainda é a flexibilidade e adaptabilidade das normas, pois, sendo a lei rica em conceitos indeterminados e ficando para a Administração a tarefa de torná-la determinada, as normas se tornam mais flexíveis e fáceis de irem se adaptando às alterações das situações concretas;

g) *administrativização do processo de elaboração da lei*, com a previsão de instrumentos de participação do cidadão, por meio de consulta, enquete, recurso aos especialistas, atuação de grupos de pressão; a consequência é a perda do caráter de generalidade da lei, porque ela passa a disciplinar interesses concretos, que se integram no processo legislativo;

h) *pluralismo das fontes de produção do direito*, uma vez que, ao lado da estatal, surge a infraestatal (por meio de autorregulação) e a supraestatal (oriunda de organismos internacionais); além disso, a fonte estatal compreende vários níveis, permitindo falar em pluralismo interno, uma vez que, ao lado dos atos normativos emanados do Poder Legislativo, reconhece-se a legitimidade de normas postas pelo Poder Executivo (medidas provisórias, leis delegadas, regulamentos) e por órgãos e entidades da Administração Pública (dentre as quais as agências reguladoras).

Outros fatores, já analisados nos itens anteriores, devem ser mencionados, no direito brasileiro, com reflexos sobre o princípio da legalidade e a discricionariedade (e, portanto, sobre o controle judicial dos atos da Administração Pública):

a) a constitucionalização de princípios e valores, que passaram a integrar o sentido do princípio da legalidade e a limitar a discricionariedade administrativa, com a consequente ampliação do controle judicial;

b) o reconhecimento de que as normas constitucionais, no campo dos direitos sociais, não são meramente programáticas, mas têm um mínimo de efetividade que decorre diretamente da Constituição e que pode ser garantida pelo Poder Judiciário;

c) o entendimento de que os chamados conceitos jurídicos indeterminados são passíveis de interpretação judicial e nem sempre agasalham diferentes opções para a Administração Pública.

5 Conclusão

De tudo o que se tem dito sobre o princípio da legalidade, o mais lamentável é o emprego da palavra *crise* para designar o momento atual de sua evolução. A palavra *crise* dá ideia de alguma coisa que está se deteriorando, no caminho do fim. Não é o que ocorre. É evidente que o princípio passou por toda uma evolução, como demonstrado nos itens anteriores.

Foi muito feliz a professora Odete Medauar ao utilizar a expressão *direito administrativo em evolução*[16] para intitular uma de suas obras. Ela nada fala sobre crise em qualquer de seus institutos. Ela apenas aponta a sua evolução. Por isso, em relação ao princípio da legalidade, podemos, parodiando o título daquela obra, falar do *princípio da legalidade em evolução*.

É evidente que, comparado com o princípio, tal como elaborado em suas origens, o princípio percorreu um longo caminho e foi sofrendo alterações, sempre no sentido do acréscimo e não da redução. Basta lembrar que, nas origens, a legalidade não cobria todo o âmbito de atuação da Administração Pública, mas apenas os aspectos que dissessem respeito aos direitos individuais, especialmente a liberdade e a propriedade. Em tudo o mais, a atuação administrativa estava livre de submissão à lei e ao controle judicial.

Sob esse aspecto, não há dúvida de que o princípio se enriqueceu no momento em que passou a abranger toda a atividade administrativa. E se enriqueceu ainda mais em fase posterior, em que houve a inclusão de princípios e valores na Constituição, levando a uma ampliação do princípio da legalidade e a uma redução da discricionariedade no âmbito dos Poderes Legislativo e Executivo e permitindo ao Poder Judiciário examinar a validade das leis e dos atos administrativos sob novo aspecto. Essa constitucionalização deu margem à aplicação tardia do que nos Esta-

---

[16] Revista dos Tribunais, 2003.

dos Unidos é chamado de *princípio do devido processo legal em sentido substantivo*, que permite ao Poder Judiciário rever e anular inúmeros atos legislativos e decisões administrativas consideradas contrárias aos princípios e direitos fundamentais consagrados pela Constituição.[17] A constitucionalização não reduziu a legalidade, nem a substituiu. Ao contrário, ela ampliou o conteúdo do princípio da legalidade, criando maiores limites à discricionariedade legislativa e administrativa.

É verdade que a constitucionalização, no sentido exposto, produziu nova forma de interpretação judicial que pode gerar maior insegurança jurídica, em decorrência da própria imprecisão dos dispositivos constitucionais consagradores de princípios e valores. Isto constitui um paradoxo no momento em que o princípio da segurança jurídica se fortalece no direito público brasileiro. Mas esse risco, que pode ser superado com o decurso do tempo, pela formação paulatina de jurisprudência do Supremo Tribunal Federal e pelo maior conhecimento da Constituição, não pode significar a crise no princípio da legalidade, no sentido de sua redução ou extinção.

O aspecto realmente negativo (porém, talvez, inevitável) da evolução pode ter sido a atribuição de função normativa ao Poder Executivo e a órgãos e entidades da Administração Pública Indireta, que não detêm legitimidade democrática para a elaboração de normas cogentes. O direito brasileiro não incorporou inteiramente, senão no papel, a ideia de participação do cidadão no processo de elaboração das normas por tais entes. A proliferação de normas por órgãos e entidades da Administração Pública deixa, muitas vezes, desprotegido o cidadão, pela dificuldade de submeter ao Supremo Tribunal Federal, pela via de ação direta de inconstitucionalidade, os atos normativos baixados por tais entes, diferentemente do que ocorre nos Estados Unidos, onde a Corte Suprema invalida atos normativos das agências, seja por descumprimento do processo para sua elaboração, seja pela irrazoabilidade das normas diante das normas-quadro constantes das leis e da Constituição (pela aplicação do princípio do devido processo legal substantivo). Mas sempre resta a possibilidade de controle judicial pela via de exceção.

O único aspecto em que talvez se pudesse falar em crise de legalidade, ou talvez se dissesse melhor, em crise de moralidade seria o do reiterado desrespeito pela ordem constituída, por parte da Administração Pública e do Legislativo, com estarrecedoras e frequentes notícias de corrupção, afetando a credibilidade dos órgãos governamentais, com sérios e nem sempre recuperáveis danos ao patrimônio público, entendido no sentido mais amplo da expressão, que abrange inclusive o aspecto moral. Pondo-se fim à impunidade, o princípio da legalidade poderá ser aplicado em toda a sua extensão.

---

[17] Sobre o tema, v. Carlos Roberto de Siqueira Castro. *O devido processo legal e a razoabilidade das leis na nova Constituição do Brasil*. Rio de Janeiro: Forense, 1989. E também o meu livro sobre *Discricionariedade administrativa na Constituição de 1988*, 2001. p. 185-191.

Referências bibliográficas

ALMEIDA, Fernando Dias Menezes de. Mecanismos de consenso no direito administrativo. In: ARAGÃO, Alexandre dos Santos; MARQUES NETO, Floriano de Azevedo (Coord.). *Direito administrativo e seus novos paradigmas*. Belo Horizonte: Fórum, 2008. p. 335-349.

CASTRO, Carlos Roberto de Siqueira. *O devido processo legal e a razoabilidade das leis na nova Constituição do Brasil*. Rio de Janeiro: Forense, 1989.

DI PIETRO, Maria Sylvia Zanella. *Discricionariedade administrativa na Constituição de 1988*. São Paulo: Atlas, 2001.

FAGUNDES, Miguel Seabra. Conceito de mérito administrativo. *RDA*, 23/1-16.

FERREIRA FILHO, Manoel Gonçalves. *Estado de Direito e Constituição*. São Paulo: Saraiva, 1988.

MARTÍN, Carlos de Cabo. *Sobre el concepto de ley*. Madri: Trotta, 2000.

VEDEL, George; DELVOLVÉ, Pierre. *Droit administratif*. Paris: Presses Universitaire de France, 1984.

8

O Paradigma da Legalidade e o Direito Administrativo

Fabrício Motta[1]

> "Os tambores rufam [...]. Todos se interpelam com alegria, acabam-se os títulos de *monsieur* ou *madame*, todos são cidadãos!"[2]

Introdução

Em sua conhecida obra *A estrutura das revoluções científicas*, Thomas Kuhn anota que paradigma "é aquilo que os membros de uma comunidade partilham e, inversamente, uma comunidade científica consiste em homens que compartilham um paradigma".[3] Para o autor, o paradigma será algo como uma estrutura de pensamento, um marco ou perspectiva aceita e utilizada para classificar o "real", antes de uma investigação mais profunda. Kuhn chama de *ciência normal* o período no qual os cientistas atuam sob a influência de um determinado paradigma, até que um sentimento de "funcionamento defeituoso" instale uma crise que, por sua vez, traga a necessidade de um novo paradigma.

---

[1] Professor de Direito Administrativo da Universidade Federal de Goiás. Doutor em Direito do Estado (USP) e Mestre em Direito Administrativo (UFMG). Procurador do Ministério Público junto ao TCM-GO. Presidente do Instituto de Direito Administrativo de Goiás (IDAG).

[2] GALLO, Max. *Revolução Francesa*: o povo e o rei (1774-1793). Trad. Julia da Rosa Simões. Porto Alegre: L&PM, 2009. v. 1, p. 256.

[3] KUHN, Thomas S. *A estrutura das revoluções científicas*. Tradução Beatriz Vianna Boeira e Nelson Boeira. São Paulo: Perspectiva, 2009, p. 221.

Na essência de sua teoria, Thomas Kuhn assente – com exemplos extraídos de ciências como a física e a astronomia – que os grandes avanços científicos não resultam de mecanismos de continuidade (como os melhoramentos adicionados por sucessivos cientistas), mas sim de movimentos de ruptura. Para o autor, "revoluções científicas são aqueles episódios de desenvolvimento não cumulativo, nos quais um paradigma mais antigo é total ou parcialmente substituído por um novo, incompatível com o anterior".[4] No posfácio após a primeira edição de sua obra, contudo, o autor anota que as crises não precedem necessariamente as revoluções; estas podem ser apenas um "mecanismo de autocorreção capaz de assegurar que a rigidez da ciência normal não permanecerá para sempre sem desafio".[5]

Ainda que se possa questionar a aplicabilidade da teoria de Kuhn às ciências sociais e políticas,[6] o pensamento do autor pode ser utilizado para se discutir o paradigma da legalidade no Direito Administrativo. Este artigo se propõe a fornecer elementos para que se discuta a existência de uma *revolução científica* que justifique o abandono do *paradigma da legalidade* vigente no Direito Administrativo. Para tanto, será necessário inicialmente abordar o princípio da legalidade no contexto que precedeu ao nascimento[7] do Direito Administrativo. Fixado o sentido original de *legalidade*, será necessário verificar a evolução de seu tratamento pelos doutrinadores à luz das mudanças sociais e políticas. Finalmente, o cotejo entre as duas grandes partes deste trabalho permitirá concluir se houve uma mudança de paradigma que alterou a concepção do Direito Administrativo.

1 A Revolução Francesa e sua influência no Estado e no Direito Administrativo

O Direito Administrativo tem sua origem ligada às chamadas revoluções liberais (ou burguesas), como um misto de práticas e normas que deveria submeter o exercício do poder a uma disciplina mais rigorosa, intentando conter os abusos

---

[4] Id., p. 125.

[5] Id., p. 227.

[6] João Batista Gomes Moreira, em estudo inovador e apaixonante, propugna a mudança do paradigma racionalista-cartesiano para o sistêmico. De acordo com o autor, "encontramo-nos no limiar de uma época. [...] Assiste-se à transição para um novo conjunto de referências e valores nos aspectos religiosos, estéticos, éticos, jurídicos, econômicos e científicos. Inaugura-se uma nova janela comum pela qual as pessoas veem o mundo (cosmovisão), a que se denomina *paradigma*. [...] No Direito, acompanhando os demais campos do conhecimento e da cultura, a mudança consiste na superação do modelo cartesiano, centrado no pensamento reducionista (positivista), causal e mecânico, para fazer predominar o sentido de totalidade, os fins e a vida" (MOREIRA, João Batista Gomes. *Direito administrativo*: da rigidez autoritária à flexibilidade democrática. 7. ed. Belo Horizonte: Fórum, 2010).

[7] Não parece haver necessidade ou utilidade em se eleger uma data ou marco específico para este nascimento, bastando que se situe historicamente o período e as circunstâncias em que ocorreu.

verificados no antigo regime. Apesar da singularidade de cada processo revolucionário, costuma merecer atenção principal a Revolução Francesa, em razão de sua ligação mais direta com o nascimento e a consolidação do Direito Administrativo (chamado "continental" e oposto, inicialmente, àquele que foi concebido mais tardiamente nos moldes da *common law*, com nítida inspiração inglesa e americana). A importância daquele processo revolucionário é bem demonstrada por Eric J. Hobsbawm:

> Se a economia do mundo do século XIX foi constituída principalmente sob a influência da Revolução Industrial britânica, sua política e ideologia foram constituídas fundamentalmente pela Revolução Francesa. A Grã-Bretanha forneceu o modelo para as ferrovias e fábricas, o explosivo econômico que rompeu com as estruturas socioeconômicas tradicionais do mundo não europeu. No entanto, foi a França que fez suas revoluções e a elas deu suas ideias, a ponto de bandeiras tricolores de um tipo ou de outro terem se tornado o emblema de praticamente todas as nações emergentes, e as políticas europeias (ou mesmo mundiais), entre 1789 e 1917, foram em grande parte lutas a favor e contra os princípios de 1789 [...] A França forneceu o vocabulário e os temas da política liberal e radical-democrática para a maior parte do mundo. A França deu o primeiro grande exemplo, o conceito e o vocabulário do nacionalismo. Ela forneceu os códigos legais, o modelo de organização técnica e científica e o sistema métrico de medidas para a maioria dos países [...] A Revolução Francesa é, assim, *a* revolução do seu tempo, e não apenas uma revolução [...] O rei não era mais Luís, pela Graça de Deus, rei de França e Navarra, mas Luís, pela Graça de Deus e do *direito constitucional do Estado*, rei dos franceses.[8]

Com efeito, a Revolução Francesa liga-se ao Direito Administrativo, substancialmente, por meio do estabelecimento de dois grandes marcos: o primeiro, *filosófico e político*, refere-se à consagração da liberdade como valor principal tutelado pela sociedade, a ser protegido sob qualquer custo ou pretexto; o segundo marco, *jurídico*, impõe a submissão do poder à lei dos homens, e não mais às leis divinas ou consuetudinárias. A junção desses dois marcos determinou o entendimento de que a fonte de todo o poder reside essencialmente na nação, e a nação não reconhece nenhum interesse acima do seu e não aceita nenhuma lei ou autoridade que não a sua. A mudança, com relação ao Antigo Regime, é intensa e tentadora: sai de cena o governo pessoal e arbitrário, fundado em um pretenso poder divino, para ceder lugar a um governo fundado nas leis, em sua legitimidade e em suas competências.

---

[8] HOBSBAWM, Eric J. *A Revolução Francesa*. 7. ed. trad. Maria Tereza Lopes Teixeira e Marcos Penchel. Rio de Janeiro: Paz e Terra, 1996.

Em razão da memória então recente das práticas verificadas no Estado absoluto francês, a maior preocupação reinante no período era com a limitação da interferência do Estado nos direitos individuais. Era nítida a influência das ideias iluministas que colocavam o indivíduo no centro das questões existenciais. De acordo com esses ideais, a personalidade do indivíduo, a sociedade e a economia se desenvolvem com e por suas próprias leis. Ao ressaltar o primado do ideal humanista de livre desenvolvimento, Reinhold Zippelius traz à colação lição de Wilhelm von Humboldt, publicada em 1792, sob o sugestivo título de *Ideias relativas a uma tentativa de determinar os limites da ação do Estado*: "O Estado deve abster-se de todo o cuidado pela prosperidade positiva dos cidadãos e não deve ter mais passo algum além dos que forem necessários para protegê-los contra si próprios e contra inimigos externos; não deve restringir a liberdade deles para outra finalidade qualquer".[9]

O homem do século XVII e também de meados do século XVIII não priorizou sua atenção para os vínculos com a comunidade e, deixando em segundo plano a relação com Deus, centrou-se no "eu"[10] – sua meta era a felicidade material, deste mundo, e não o mundo extraterreno. A liberdade individual foi incessantemente buscada; quando conquistada, adquire o *status* de valor mais importante a ser tutelado.[11] A consagração e o culto à individualidade fizeram com que a existência de grupos e associações parciais fosse vista como manifestação de mesquinhez e egoísmo, prejudicando a independência individual e sua plena vinculação às exigências da razão.

Nesse período, o Estado era visto em crescente contraposição ao indivíduo – essa a razão pela qual os direitos fundamentais eram considerados direitos de defesa do indivíduo frente à força estatal. Essa a razão de falar-se na existência de uma dicotomia entre Estado e sociedade[12] – a doutrina iluminista concebe um

---

[9] ZIPPELIUS, Reinhold. *Teoria geral do Estado*. 3. ed. Lisboa: Fundação Calouste Gulbenkian, 1997, p. 378.

[10] "O 'penso, logo existo' cartesiano significa o ponto de partida da nova moral burguesa ao descobrir o valor do 'eu por mim mesmo'. Os atos que o homem realiza encontram sua própria dimensão no 'ser' ou no marco natural que os rodeia. Homem e Natureza são as duas grandes realidades existentes" (ZIPPELIUS, op. cit., 42).

[11] "O antropocentrismo é a verdadeira essência da modernidade. O contrato social e a democracia parlamentar são a consequência desta atitude. O indivíduo é a única fonte das certezas, devendo rejeitar toda a autoridade da tradição e todas as opiniões consagradas e a evidência é a única fonte de conhecimento e o único ponto de apoio para a sua reconstrução" (CABRAL DE MONCADA, Luís S. *Ensaios sobre a lei*. Coimbra: Coimbra Editora, 2002, p. 50).

[12] Nuno Piçarra aduz que a separação conceitual entre Estado e Sociedade assenta-se em fatores contraditórios e ressalta, fundamentalmente, a teoria do contrato social e do absolutismo monárquico como fatores de unidade política contra os poderes intermediários – "embora a níveis totalmente diversos, respectivamente, hipotético-racional e histórico-concreto, ambos contribuíram para o monismo que haveria de caracterizar o Estado liberal que se afirmou detentor exclusivo do poder político, antes partilhado com os vários corpos intermediários, e se prendeu contrapolo nítido de uma

Estado individualista, organizado a serviço do indivíduo e ligado diretamente a ele, sem entidades intermediárias. Como explica Maurizio Fioravanti:[13] "a célebre separação Estado-sociedade da época liberal funciona em ambos os sentidos: na proteção da sociedade e dos indivíduos frente a invasão arbitrária do poder público, mas também na proteção dos mesmos poderes frente às vontades particulares, individuais e de grupo, operantes na sociedade civil".

Por tudo isto, as atividades do Estado eram delineadas de modo a respeitar o espaço do indivíduo, cingindo-se ao mínimo necessário para lhe oferecer condições de se desenvolver. Pregava-se que cabia ao Estado, além das atividades voltadas à segurança (interna e externa), distribuição de justiça e tributação, oferecer um livre espaço de atuação para o desenvolvimento do indivíduo, inclusive no domínio econômico.

A necessidade de limitar o poder político por meio da sua divisão e repartição por vários órgãos, de forma a evitar a concentração do mesmo, atendia também às exigências de preservação da liberdade. A separação de funções trouxe consigo o princípio da legalidade, como mais uma manifestação da importância então atribuída à soberania popular. Ganhou destaque a concepção da lei como emanação da "vontade geral", na formulação de Rousseau que, necessariamente, deveria ser respeitada pela atuação da Administração.[14]

Estas breves considerações permitem situar, no mesmo contexto da Revolução Francesa e do surgimento do Direito Administrativo, algumas características que passaram a ser exigidas no exercício do poder estatal: (a) ênfase na proteção dos valores fundamentais da liberdade, propriedade e segurança; (b) afirmação do princípio da separação de poderes; (c) entendimento da lei como expressão da vontade geral; e (d) consagração do princípio da legalidade como subordinação do Estado às leis. No tocante às relações entre cidadão e Estado, a revolução marcou não somente o campo filosófico e político, mas também o campo jurídico. Diante das mudanças verificadas, é questionável afirmar que o Direito Administrativo teve uma *origem autoritária*. Com efeito, tanto o *marco simbólico* – a consagração do valor liberdade – como o *marco jurídico* – a consagração, em síntese, do princípio

---

sociedade dele esvaziada. [...] Não há aqui lugar a qualquer separação social ou horizontal, ou balança dos poderes, mediante o encaixe de grupos nas estruturas institucionais, desde logo porque não há (não deve haver) grupos com relevância política e, muito menos, de natureza estamental. Neste contexto, o princípio da separação dos poderes apenas poderá ter um caráter técnico-organizatório no interior de um Estado contraposto a uma sociedade politicamente homogênea" (PIÇARRA, Nuna. *A separação dos poderes como doutrina e princípio constitucional*: um contributo para os estudos das suas origens e evolução. Coimbra: Coimbra Editora, 1989, p. 175).

[13] FIORAVANTI, Maurizio. *Los derechos fundamentales*: apuntes de historia de las constituciones. 2. ed. Madri: Trotta, 1998, p. 103, tradução nossa.

[14] "De ser una vaga aspiración, una pura concepción metafísica, el principio de legalidad pasa a ser por obra de esta doctrina un preciso mecanismo político. Sobre la tesis de Rousseau, en efecto, va a montarse todo el moderno concepto de la Ley y su papel central en la teoría del Estado" (GARCIA DE ENTERRÍA, Eduardo. *Revolución francesa y administración contemporanea*. Madrid: Civitas, 1998, p. 23).

da legalidade – agregam valores incompatíveis com autoritarismo. Em acentuada crítica, Emerson Gabardo anota com precisão que esse posicionamento

> decorre de uma interpretação da história cujo fim é conferir às proposições do presente um sentido mais facilmente apreensível e consoante com a mentalidade vigente, que é a de maior liberalização e flexibilização da vida. E embora seja uma 'tese' muito atraente para o indivíduo pós-moderno, que é um sujeito por definição voltado à autonomia, à liberdade e à consensualidade negocial, trata-se de uma teoria de precária capacidade explicativa.[15]

Não se nega que a defesa da liberdade tenha servido como pretexto para barbaridades e que a instalação de um período de "*terror*" tenha sido, inclusive, determinada por lei.[16] Também não se nega que a Administração Pública pós-revolucionária concentrou poderes demasiados, possuindo uma estrutura imensamente forte e rígida. Contudo, a história deve ser interpretada sem ignorar o contexto em que os fatos ocorreram. As deturpações no plano dos fatos, creditadas a uma convulsão social absurda e absoluta, até então sem precedentes, não descaracterizam os princípios que marcaram o início de uma nova era, com nova conformação do Estado. Como anota Emerson Gabardo,

> Não se ignora que a realidade política de antes e depois era igualmente arbitrária, porém seria ingênuo imaginar que seria arbitrária da mesma forma. Os modelos de normatização destas realidades constituem ontologia radicalmente diversa, o que, por si só, resulta na existência de uma realidade distinta. Afinal, a realidade é composta pela junção entre ser e dever ser.[17]

Eduardo García de Enterría, em percuciente análise, conclui que o Direito Administrativo surge como subproduto da Revolução, como fruto de uma reação à interpretação que os revolucionários fizeram dos princípios que inspiraram o movimento:

> *los revolucionarios, en el momento de plasmar El Estado nuevo, siguen una interpretación claramente disidente de la ortodoxía doctrinal que representaban; esta interpretación, junto con las circunstancias históricas de la Revolución y de los tiempos posteriores, permitieron y determinaron el fortalecimiento de una Administración como no habia conocido siquiera el Antiguo Régimen; pero los dogmas jurídico-políticos de la Revolución obraron ahora, ya que no para*

---

[15] GABARDO, Emerson. *Interesse público e subsidiariedade*. Belo Horizonte: Fórum, 2009, p. 254.

[16] De acordo com a lei dos suspeitos, qualquer pessoa podia ser condenada à morte na guilhotina por mera suspeita de ser contrarrevolucionário, bastando que fosse apontada por duas testemunhas como suspeita. A literatura que investiga o período atesta e impressiona desordem e absoluta convulsão social no período pós-revolucionário (GALLO, MAX. *Revolução Francesa*: às armas, cidadãos! (1793-1799). Trad. Julia da Rosa Simões. Porto Alegre: L&PM, 2009. v. 2.

[17] GABARDO, op. cit., p. 255.

> *impedir ese hecho, para someterlo a una cierta disciplina, y esta disciplina fue justamente el Derecho Administrativo.*[18]

Essas anotações são importantes para que se possa contextualizar o sentido original do princípio da legalidade.

2 A submissão da administração ao império da lei – o sentido original do princípio da legalidade

O princípio da legalidade surge como decorrência lógica do Estado Liberal (primeira manifestação do que costuma se denominar "Estado de Direito") e liga-se diretamente à separação de poderes. O princípio em questão ganha relevo no momento de combate às antigas e pessoalistas práticas do absolutismo, trazendo em seu âmago o desejo de garantia, a certeza jurídica e o controle do poder do soberano. Ao relembrar que o direito público todo foi erguido sob as sólidas bases do princípio da legalidade, García de Enterría anota que o princípio da legalidade surge como a técnica precisa por meio da qual se consagra a ideia de que somente a comunidade pode impor mandamentos aos homens, mediante a lei feita por ela, pode castigar, proibir, levantar impostos e aplicá-los em proveito geral, pode habilitar a ação dos agentes, juízes ou funcionários que atuam em seu nome.[19] O mesmo autor ensina que, no fundo,

> *esta formulación del império o de la soberanía de la ley como ideal político no es más que una transposición a la teoria social del principio de legalidad del universo sobre el que trabaja el pensamiento de Occidente desde el Renacimiento y que alcanza en la Física de Newton y en la Ilustración su expresión definitiva.*[20]

Na doutrina de Locke e Montesquieu, a liberdade estava ligada intimamente à existência de leis abstratas e genéricas – tratava-se de uma **legalidade normativa,** mais voltada à lei em sentido formal que a seus aspectos substantivos. Para aqueles pensadores, generalidade e abstração eram imprescindíveis, mas não bastavam para caracterizar a lei – ambos eram adeptos de um conceito institucional de lei, preso à sua origem legislativa. Nesse sentido, a *superioridade da lei,*[21] referia-se mais à autoridade do órgão que a edita que ao seu conteúdo. Aceitando como

---

[18] GARCÍA DE ENTERRÍA, 1998, p. 41.

[19] GARCÍA DE ENTERRÍA, op. cit. 1998, p. 168.

[20] GARCÍA DE ENTERRÍA, op. cit. 1998, p. 22.

[21] Segundo Otto Mayer (*Derecho administrativo alemán*: parte general. Buenos Aires: Depalma, 1949, p. 73, tradução nossa) "a lei está colocada acima de todas as outras atividades do Estado, sem exceção. A doutrina, como consequência, abandona essa falsa aparência de três poderes iguais".

requisito básico do Estado Liberal a separação dos poderes, a lei, nesses estados, não poderia emanar de outro poder que não o Legislativo. Como expressão da *vontade geral*, no termo consagrado pela Declaração Francesa de 1789, a lei deveria emanar da vontade direta de seus cidadãos ou de seus representantes e, por essa razão, subjugar o estado ao seu império quando este se ocupasse do governo ou da justiça.

Ora, o objetivo principal de proteção da liberdade (acompanhado dos consectários ligados à segurança jurídica), antes comentado, trazia em si uma etapa obrigatória: submeter o Estado, notadamente, a Administração, ao Direito. Essa submissão materializou-se com a consagração do princípio da legalidade, vinculando as atividades da Administração à lei. O direito administrativo se converteu, essencialmente, em direito positivo do Estado, consagrando um poder normativizado que, de acordo com a doutrina liberal, intentava criar normas que concediam um mínimo de **segurança jurídica** e **certeza** às relações jurídicas entre os cidadãos e entre estes e o Estado. Contudo, esta operação se realizou contra a supremacia da Constituição que, para os liberais, significava, sobretudo, supremacia da política e, por isso, fonte de instabilidade e insegurança – o Estado era visto, nesta concepção em um patamar além da Constituição.[22]

Em um primeiro momento, prevaleceu a vinculação negativa à lei (*negative Bindung*), associada ao poder discricionário, entendendo que a Administração possuiria espaço livre para atuar à margem de expressa previsão legal. Essa concepção inicial refletia ainda resquícios do "princípio monárquico" que pretendia justificar na condição histórica do monarca como chefe do Executivo um grau maior de autonomia para dispor sobre o funcionamento e organização da administração.[23]

O surgimento e a consagração da *vinculação positiva*[24] da Administração à lei, por seu turno, ligam-se à doutrina positivista de Hans Kelsen, que não admite nenhum poder jurídico não provindo de norma anterior que contenha habilitação para tanto. A discricionariedade, neste sentido, somente poderia ser admitida mediante expressa e prévia disposição legal de um poder para dispor sobre dado assunto. Adolf Merkl, doutrinador ligado a Kelsen e filiado a seu entendimento, ressaltava que toda ação administrativa concreta deve ser examinada do ponto de vista de sua relação com o ordenamento jurídico. Nesta direção, uma ação que

---

[22] Fioravanti, op. cit., p. 112, tradução nossa.

[23] GARCÍA DE ENTERRÍA, Eduardo; FERNÁNDEZ, Tomás-Ramón. *Curso de derecho administrativo*. 11. ed. Madrid: Civitas, 2002a, v. I, p. 440.

[24] Na lição de Maria Sylvia Zanella Di Pietro, somente no período do Estado Social de Direito passa-se da vinculação negativa à lei para a vinculação positiva. Como ensina a autora: "Kelsen e seus seguidores não podiam conceber uma Administração Pública desvinculada da lei; a própria discricionariedade tinha que ser explicada dentro do sistema jurídico, ou seja, como um poder emanado da norma legal" (DI PIETRO, Maria Sylvia Zanella. *Discricionariedade administrativa na Constituição de 1998*. São Paulo: Atlas, 1991, p. 27).

pretende apresentar-se como ação administrativa precisa estar legitimada por um preceito jurídico, que antecipadamente preveja esta ação, e sem o qual esta não poderá ser compreendida como ação do Estado.[25] Ao analisar esta concepção, dentre outras possíveis para a explicação do princípio da legalidade, Merkl afirma: "somente este princípio da legalidade pode ser considerado como princípio da legalidade da Administração, pois é ele que converte a lei em *condição de cada uma das ações administrativas* e, portanto, *da administração em seu conjunto*".[26]

2.1 A concepção clássica da lei

Cabral de Moncada, realizando um balanço a respeito da concepção de lei nos pensamentos clássico e medieval, bem sintetiza que, na referida época, o Direito não se reduzia à lei e que esta, por sua vez, era justificada em uma ordem axiologicamente transcendente, oriunda de participação de uma natureza divina. A lei se propunha revelar, na prática, uma "verdade cósmica". E a ordem jurídica, por não se reduzir à lei positiva e por possuir fundamentos transcendentais, era relativamente indeterminada, tendo, todavia, adquirido certa estabilidade após a "revelação" da norma pelo poder político instituído.

> A consequência era, por um lado, a pouca importância da legislação como fonte do direito, ultrapassada pela doutrina e, por outro lado, a identidade entre legislar e julgar como processos de revelação de um direito já constituído, pelo que a legislação não era nem poderia ser, ao contrário do que sucederia na era moderna, um instrumento de reforma das instituições, muito menos um instrumento programático de alteração do *status quo*. A lei não passava da concretização de uma realidade ética que a transcendia e pela qual se aferia.[27]

Conforme se observou, após as revoluções liberais foi sufragado o entendimento de que a fonte de todo o Direito é a vontade geral da comunidade expressa por meio da *lei*, não radicando em nenhum atributo pessoal ou divino do soberano. A submissão do poder público às raias da legalidade ligava-se, ainda que indiretamente, à realização da justiça – o atributo da generalidade, por tratar igualmente os iguais, é a essência da justiça tomista.

---

[25] É interessante anotar que, para Merkl (*Teoría general del derecho administrativo*. Granada: Comares, 2004), o direito administrativo é a regra de produção das funções desempenhadas pela Administração, ou, ao contrário, a Administração Pública é a atividade de aplicar o direito administrativo. Nesse sentido, somente na medida em que possa ser referida a um preceito jurídico ou, partindo desse preceito, possa ser derivada dele, se manifesta a ação como função jurídica de aplicação do direito e, como quem o aplicará será um órgão administrativo, será caracterizada a ação administrativa.

[26] MERKL, op. cit., p. 215, destaques no original, tradução nossa.

[27] CABRAL DE MONCADA, op. cit. 2002, p. 25.

É importante ressaltar o *prestígio* desfrutado pela lei no período imediatamente após o Estado absoluto.[28] Com efeito, depositavam-se na lei todas as esperanças de fim do arbítrio, fim da indevida intromissão estatal e respeito à liberdade individual. "A lei positiva é o remédio contra a insegurança e a ausência de paz, que tornaram intolerável o estado de natureza. Bem por isso, ela é o garante e a medida da liberdade individual, ainda que imponha restrições à liberdade do estado de natureza. A lei é o único instrumento, enfim, de garantir a vida e a propriedade".[29]

O **legicentrismo**, desta maneira, exsurgiu como importante característica oriunda das revoluções liberais (notadamente da Revolução Francesa), que vieram a influenciar o Estado dos séculos seguintes. Com efeito, a lei era vista não como um *instrumento* técnico apto a garantir os direitos e liberdades inerentes à natureza humana, mas como um *valor* em si mesma, valor este que fez possível a existência dos direitos e liberdades: a ausência da lei, editada por um legislador firme e legitimado pela vontade geral, acarretaria a volta ao passado de privilégios que se tenta esquecer.[30]

A concepção liberal de lei, como não poderia deixar de ser, foi influenciada pelo individualismo e racionalismo próprios do renascimento e a nova ordem teve como protagonista o indivíduo, que somente aceitava como limite a seu comportamento uma ordem fundada na razão.[31] Generalidade[32] e abstração são os principais atributos da lei que lhe conferem, como visto, previsibilidade, certeza e igualdade[33] de tratamento dos cidadãos. A expressão *força de lei* bem caracteri-

---

[28] Santiago Muñoz Machado (*Tratado de derecho administrativo y derecho publico*. Madrid: Civitas, 2004, t. 1, p. 49) ressalta que a ascensão da lei ao centro do ordenamento jurídico também serviu para acabar com o grande número de regulações particulares e privilegiadas do Estado Absoluto, que compunham um ordenamento caótico.

[29] PIÇARRA, op. cit., 1989, p. 69.

[30] FIORAVANTI, op. cit., 1998, p. 62, nossa tradução. Santiago Muñoz Machado, destaca que "a lei será, certamente, o centro da criação jurídica; as normas são criadas pelo legislador e a Administração e a Justiça aparecem submetidas à lei soberana. Mas também resultam desta situação outras consequências importantes: a lei dirige o processo de mutação institucional, desde o Antigo ao Novo Regime, e tem a enorme responsabilidade de assegurar a unidade e a igualdade" (MUÑOZ MACHADO, 2004, p. 31, tradução nossa).

[31] "De comando imperfeito, mas necessário para disciplinar os vícios humanos, a lei passa a expressão daquilo que a humanidade tem de melhor, a razão, e com isso se basta; de nada mais precisa" (CABRAL DE MONCADA, op. cit., 2002, p. 32).

[32] Carl Schmitt (*Teoría de la constitución*. Tradução de Francisco Ayala. Madrid: Alianza, 1982, p. 152, tradução nossa) entende que sem a generalidade da lei o próprio Estado de Direito pereceria: "Aí se encontra a segurança última da velha distinção do Estado de Direito entre lei e mandato, razão e vontade e, com isso, o último vestígio do fundamento ideal do Estado Burguês de Direito".

[33] "O conceito de Direito se reduziu, na ordem positiva, à lei, de maneira que o conceito de lei foi tão transcendental para a formulação do princípio da igualdade que se considera por isso o novo conceito de lei (e não a igualdade), como causador da Revolução no campo do Direito. Ademais, era tamanha a confiança na força transformadora da lei – desde o Iluminismo – que se entende que

za a visão clássica da lei, singularizando-a dentre as demais fontes jurídicas: a lei tudo pode (menos, segundo Enterría e Fernández,[34] transformar um homem em mulher); todos os sujeitos e órgãos estão submetidos ao império da lei.

A lei, segundo a concepção difundida com ênfase por Rousseau,[35] é também a expressão da vontade geral. Essa vontade pode ser qualificada como "geral" por duas razões: por provir da vontade comum de todo o povo, o titular da soberania, e por possuir um objeto de alcance geral, voltado a assuntos que interessam a toda a comunidade. Por regra geral deve-se entender uma decisão emitida em abstrato, não relacionada a um caso particular ou atual, para alcançar todas as situações da mesma natureza que vierem a ocorrer no futuro. Esta decisão não é concebida com relação a um ou mais indivíduos determinados, mas destina-se a todos os que se encontrarem na mesma situação objeto de regulação pela lei. Nesse sentido, a lei representava a cessação das decisões individualizadas que traziam consigo incertezas e possibilidade de exercício arbitrário. Ao mesmo tempo, significava o estabelecimento de limites às decisões posteriores do soberano a respeito de questões individuais.[36] Carré de Malberg explica a dupla garantia trazida pela lei a governantes e governados:

> por uma parte estão a salvo de qualquer surpresa, pois conhecem previamente as disposições que poderão, ocorrido determinado caso, ser aplicadas pelos administradores ou o direito que, em cada caso, será enunciado pelos juízes. Por outra parte, o que garante a segurança dos cidadãos é que a lei, em razão de seu caráter abstrato e impessoal, será ditada pela autoridade legislativa com um espírito relativamente desinteressado e, por isso, mais equitativo que as decisões individuais influenciadas pelo interesse do momento ou em consideração a pessoas determinadas.[37]

No mesmo período, é possível identificar certo descompasso entre lei e Constituição; esta última deveria, em princípio, limitar-se a normas organizatórias e processuais:

---

ela era o único instrumento não só de aperfeiçoamento jurídico, como de transformação social" (MARTÍN, Carlos de Cabo. *Sobre el concepto de ley*. Madri: Trotta, 2000, p. 19, tradução nossa).

[34] GARCÍA DE ENTERRÍA; FERNÁNDEZ, op. cit., 2002, p. 114.

[35] Eduardo García de Enterría anota que o conceito rousseauniano de lei remetia a uma verdadeira revelação divina: *"Rousseau lanzaba así una Idea llamada a un largo y glorioso porvenir, La Idea de que, a través del mágico mecanismo del establecimiento de las Leyes por La voluntad general, actuando por médio de preceptos igualmente generales, resultará un tipo de sociedad n La que reinará necesariamente La libertad de cada uno, sin otro límite que el respeto a la libertad igual de los demás"* (GARCÍA DE ENTERRÍA, op. cit., 1999, p. 27).

[36] CARRÉ DE MALBERG, R. *Teoría general del Estado*. 2. ed. México: Fondo de Cultura Económica, 2001, p. 278, tradução nossa.

[37] Ibid., p. 279, tradução nossa.

> [...] se a lei é o fundamento normativo de si própria, não havendo que procurar a sua validade para além dela, já que o fundamento de validade está na racionalidade que lhe é inerente e se exprime na generalidade e na abstração em que se concretizam os valores da liberdade, da igualdade e da segurança, a constituição não há-de ser mais do que uma ordem-quadro dentro da qual o legislador fixa autonomamente o direito, sem a ela estar materialmente vinculado. A própria constituição, como lapidarmente sintetizou Jellinek, acaba por ser o resumo de uma série de determinações legais. Se a lei encontra a sua legitimação em si própria, se ela própria constitui o seu fundamento de validade, não tem que o buscar em objetivos, fins ou superiores parâmetros constitucionais materiais que a vinculem.[38]

Este breve trecho bem demonstra a existência de uma compreensão deficiente do valor normativo da Constituição – a vinculação do legislador, na elaboração das normas legais, prende-se apenas às regras que definem competências, ritos e o formato dos atos e não a qualquer preceito constitucional de caráter valorativo.

Todas estas características, aliadas à situação social e política da época, contribuíram para que a lei ocupasse o centro do ordenamento jurídico, local antes ocupado por fontes diversas. Para Cabral de Moncada,[39] essa posição central da lei acarretava diversas consequências, dentre elas a vedação da interpretação judicial da lei e a identificação da legitimidade com a legalidade. No final do período moderno, tinha-se como incontestável a autoridade da lei e sua legitimidade, por provir de um colegiado ligado, direta ou indiretamente, à soberania popular. Ao mesmo tempo, a lei não possuía substrato ético por ser a própria materialização da razão e, por isso, um fim em si mesma.

> A modernidade legislativa preparou o positivismo. Bastava só dar um passo e este consistia em substituir a vontade normativa da lei eivada ainda de considerações filosóficas pela vontade crua do legislador. A partir desse momento, as exigências normativas do conteúdo da lei foram substituídas pelos requisitos formais e processuais de que depende o correto exercício da sua vontade. Verificados estes, nada mais seria de exigir. A legalidade passou a ser a fórmula vazia do arbítrio do legislador.[40]

Essa lição nos remete à concepção própria do Estado Liberal, o positivismo jurídico, desta feita entendido como ciência da legislação positiva. Com efeito, verifica-se a consolidação de uma estrutura monista, caracterizada pela concentração, no Estado, de todos os poderes, sobretudo aquele ao qual cabe "criar o direito": o Estado não se contenta em concorrer para esta criação, mas quer ser

---

[38] PIÇARRA, op. cit., 1989, p. 168.
[39] CABRAL DE MONCADA, op. cit., 2002, p. 71.
[40] Ibid., p. 73.

o único a estabelecer o direito. Bem por isso, fala-se em *monopolização da produção jurídica* por parte do Estado. O positivismo, bem se sabe, tem como uma de suas características a abordagem avalorativa do direito, cuja definição é que seja excluída toda qualificação que esteja fundada num juízo de valor e que comporte a distinção do próprio direito em bom e mau, justo e injusto.[41] A lei, cabe anotar, possui no período posição central – a atividade dos operadores destina-se a obedecê-la e o restante do ordenamento deve-lhe especial reverência.

Dois aspectos jurídicos e políticos da concepção de lei tratada – a que pode-se chamar de "clássica" – ainda que já comentados, merecem ser ressaltados: (a) lei, expressão da vontade geral, é editada pelos representantes do povo, alojados no Poder Legislativo. É a forma soberana de manifestação da vontade popular, razão pela qual não lhe podem ser opostos limites materiais; (b) não possui sólido fundamento a distinção entre Constituição e lei, sendo os poderes constituinte e legislativo manifestações de um único poder soberano. Essa razão, aliada à ausência de rigidez constitucional, permite afirmar o descabimento do controle de constitucionalidade das leis.[42] Em razão dessas características, o princípio da legalidade recebe interpretação ampliada – a vinculação direta à lei deve ser realizada na maior intensidade possível, restando pouso espaço para a atuação normativa a ser colocada em patamar inferior.

2.2 O paradigma clássico da legalidade

A sucinta análise do cenário do Estado Liberal permite encarar o princípio da legalidade, como paradigma (conjunto de ideias partilhadas pela comunidade científica) do Direito Administrativo, com distintos significados:

a) do ponto de vista *filosófico e político*, o paradigma simboliza a mudança com referência às práticas anteriores do Estado Absoluto rumo ao que se chamaria de Estado de Direito: a submissão do Estado às leis tira de cena o livre-arbítrio da vontade pessoal do soberano;

b) como princípio que considera a lei a principal fonte de normatividade, atribuindo-lhe um *valor em si mesma em razão de manifestar a vontade geral e de provir do poder legislativo*. Pouca importância possui a elaboração de um juízo a respeito do conteúdo da lei ou de sua compatibilidade hierárquica com norma superior, até mesmo em razão da compreensão deficiente da normatividade das Constituições. Entende-se que a lei "iguala" os homens por meio de prescrições gerais e abstratas;

---

[41] BOBBIO, Norberto. *Teoria do ordenamento jurídico*. 10. ed. Brasília: UnB, 1999.
[42] MARTÍN, op. cit., p. 32.

c) como princípio que materializa a *superioridade* ou o *império da lei*, concretização racional da vontade popular. Trata-se da antiga doutrina da prevalência do governo das leis sobre o governo dos homens (*rule of law*), aspecto principal das relações entre indivíduo e Estado no Estado de Direito. Essa acepção está associada, primeiramente, à ideologia *democrática*: a lei tem vinculação necessária com a participação do povo na sua elaboração, por meio de seus representantes alojados no poder legislativo.[43] O Estado fica condicionado a atuar de acordo com as leis; a lei é um anteparo que protege os indivíduos da indevida intromissão estatal. A superioridade da lei associa-se também aos anseios por *segurança jurídica*: a disposição impessoal e abstrata da lei substitui a livre vontade do soberano; e

d) como princípio que habilita e possibilita as atuações do Estado (vinculação positiva à lei formal), tornando objetivo o exercício do poder. O Estado, nesse sentido, só pode atuar mediante habilitação legal prévia.

Postas estas considerações, devem-se analisar, pontualmente, mudanças que vieram a reboque da configuração do *Estado Constitucional*.

3 As mudanças advindas com o Estado Constitucional

O instrumental jurídico cunhado no Estado Liberal é questionado com relação à sua serventia para a Administração Pública transformada pelo que se passará a chamar de Estado Constitucional. As conclusões referentes às transformações sofridas e trazidas pelo Estado, com necessário reflexo na Administração Pública, permitirão, em um momento posterior, verificar a existência de repercussões sobre o princípio da legalidade. A abordagem, feita em tópicos por imperativos didáticos, não apaga a necessidade de se considerarem as transformações em conjunto – em razão da comunicação recíproca entre as diversas alterações – e tampouco significa precedência de um fator sobre outro.

---

[43] "A lei é o ponto de encontro que sintetiza os objetivos subjacentes à garantia que representam tanto a cláusula do Estado de Direito como o princípio democrático: a lei é, ao mesmo tempo, garantia de uma conformação social presidida pelos princípios próprios de um Estado de Direito e, por outro lado, meio ou instrumento de legitimação democrática. A lei estrutura os processos de decisão e delimita os âmbitos funcionais dos poderes. Ela é, simultaneamente, limite e mandado para a Administração. A lei estabelece suas potestades e mandados de atuação, prescreve os objetivos a serem seguidos pelo planejamento administrativo e define as linhas mestras de organização das Administrações Públicas" (SCHMIDT-ASSMANN, Eberhard. *La teoría general del derecho administrativo como sistema*: objeto y fundamentos de la construcción sistemática. Madrid: Marcial Pons, 2003, p. 194, tradução nossa).

3.1 Separação de poderes. Participação do Executivo na atividade do Legislativo

O Estado Liberal, que se poderia também chamar de "Estado Legal", foi constituído para realizar o sentido que o Iluminismo conferia à lei; desta maneira, o princípio da separação de poderes era chamado com o intuito principal de garantir o primado da lei, seu império ou soberania e, simultaneamente, o *monismo* do Poder Legislativo. O princípio foi essencial para a garantia duradoura, na estrutura do Estado, da existência de um poder monárquico independente do poder democrático e, por vezes, hegemônico com relação a este. Este dualismo deveu sua longevidade à distribuição do poder político de forma desequilibrada, desde sua origem, *sempre pendendo a balança para o Executivo*.[44]

Na análise do Estado Constitucional, há um ingrediente importante: o protagonismo do Executivo na produção de normas, sobretudo na edição da lei. Com efeito, não mais é possível afirmar que o processo legislativo é conduzido com independência e exclusividade pelo Legislativo.[45] O Executivo, antes subordinado às diretrizes emanadas pelo Legislativo, atualmente[46] comanda os processos jurídico-formais de decisão, interferindo decisivamente nas competências tradicionalmente asseguradas ao Legislativo, por diversas maneiras: (a) determinando os rumos pelos quais serão conduzidas a política interna e externa do Estado (inclusive, neste último caso, participando de rodadas de negociação que, posteriormente, resultarão em atos normativos comunitários ou internacionais); (b) utilizando-se de mecanismos constitucionais que lhe atribuam competência para edição de atos normativos primários, como medidas provisórias; (c) participando ativamente da elaboração de projetos de lei, por intermédio das estruturas administrativas com maior capacidade técnica para a diversidade de matérias tratadas;

---

[44] PIÇARRA, op. cit., 1989, p. 229. Na lição de Paulo Otero, o pensamento de Montesquieu é ambíguo a respeito das relações entre os Poderes Legislativo e Executivo, pois a este é atribuída participação na atividade legislativa e, ainda, em circunstâncias excepcionais de perigo contra a segurança do Estado, a possibilidade de substituir-se ao legislativo. Segundo o autor, "Nem a lei é a expressão de uma vontade geral sem a intervenção do executivo, antes ela resulta da conjugação entre a vontade do corpo legislativo que a aprova e da vontade do monarca que não usa o veto, nem o poder executivo se limita a exercer uma simples função subordinada de aplicação de critérios decisórios a cuja definição é totalmente alheio. Em vez disso, a legalidade aparece como síntese da racionalidade proveniente da vontade do legislativo e da vontade do monarca, expressando um equilíbrio entre os dois poderes [...] a legalidade administrativa surge como resultado de um conjunto de regras a que o executivo livremente deu a sua concordância e a que aceitou submeter-se" (OTERO, Paulo. *Legalidade e administração pública*: o sentido da vinculação administrativa à juridicidade. Coimbra: Almedina, 2003, p. 52).

[45] "O modelo político-institucional resultante do texto da Constituição escrita e herdado do liberalismo oitocentista foi 'ultrapassado' por um novo modelo político gerador de uma verdadeira Constituição paralela e não escrita que, sendo dotada de efectividade junto dos agentes políticos, é proveniente do desenvolvimento de uma prática política de apagamento do parlamento, valorização decisória do executivo e vedetização do primeiro-ministro" (OTERO, op. cit., 2003, p. 145).

[46] Mantém-se a informação inicial, mas certamente é necessária a observação de cada ordenamento positivo para verificar a possibilidade e a intensidade do protagonismo do Executivo.

(d) comandando o processo orçamentário, sobretudo por meio da iniciativa das leis orçamentárias e controle de sua execução; (e) formando grandes blocos partidários (ou mesmo extrapartidários) e lhes assegurando, efetivamente, o controle de todas as deliberações legislativas.

O questionamento da adequação da clássica teoria da separação forjada no Estado Liberal é reforçado diante do Estado intervencionista, que surgiu em razão da necessidade de regulação social, de um poder público atuante e preocupado com a vida socioeconômica da sociedade. A expansão da ação estatal causou reflexos no ordenamento jurídico, substituindo a concepção estática típica do Estado Liberal, baseada na contraposição entre Estado e sociedade, por uma dinâmica própria baseada na conjugação de esforços entre esse agentes, e também interferindo nas tradicionais formas de manifestação da vontade estatal. Aqui, *novamente se revela o protagonismo do Executivo*: para o alcance dos objetivos do Estado intervencionista,[47] é necessário adaptar a concepção tradicional da separação das funções estatais, fornecendo novo instrumental ao Poder Executivo para responder às crescentes necessidades normativas (inflação legislativa, na expressão de Rippert, mencionada por Clémerson Clève), incrementando, ao mesmo tempo, as possibilidades de controle desse instrumental por parte do Legislativo.[48]

Na alteração dessa característica do Estado, é interessante ressaltar diretamente um ponto específico: o processo de descentralização normativa comandado pelo Estado, com o reconhecimento de novas fontes estatais e extraestatais de normatividade. Esse processo substitui o monismo típico do Estado Liberal em diversas vertentes. No *plano interno* ao próprio Estado, as competências legislativas costumam ser descentralizadas: (a) verticalmente, em atenção ao regime federativo, sendo distribuídas competências próprias ou concorrentes entre cada um dos entes federativos; (b) horizontalmente, por meio do estabelecimento de competências próprias a órgãos e entidades constitucionalmente delineados.[49] No *plano externo* ao Estado, cabe fazer referência às competências normativas dos órgãos supranacionais, existentes com diferentes características nos diversos processos de integração entre Estados. Com efeito, o desenvolvimento e a crescente importância da Comunidade Europeia repercutem decisivamente na configuração do Direito Administrativo atual. Assiste-se a um processo complexo de influência que se desenvolve em mão dupla – o direito supranacional absorve algumas caracte-

---

[47] Não se está fazendo referência somente à intervenção direta do Estado na economia, mas também às diversas modalidades de intervenção indireta.

[48] CLÈVE, Clémerson Merlin. *Atividade legislativa do poder executivo*. 2. ed. São Paulo: Revista dos Tribunais, 2000, p. 44.

[49] Para Paulo Otero (op. cit., p. 149), "o Estado perdeu o monopólio do exercício da função administrativa, assistindo-se a uma divisão interna do exercício do poder administrativo entre diferentes entidades públicas: o pluralismo organizativo é uma realidade inerente ao modelo administrativo vigente num Estado de Direito democrático. Não existe hoje, por conseguinte, uma única Administração Pública, mas várias Administrações Públicas".

rísticas singulares do ordenamento de cada país e, simultaneamente, é aplicado com primazia nesses mesmos ordenamentos.[50]

3.2 A Constituição no centro do ordenamento jurídico e sua força normativa

É necessário observar atentamente a configuração do "Estado Constitucional", o qual, ao suceder o chamado "Estado Legal", trouxe como marca característica a centralidade da Constituição, acompanhada de sua intensa força normativa. É possível falar, citando Zagrebelsky, que a soberania do Estado cedeu à soberania da Constituição e que "antes de se falar em soberania da Constituição, seria mais adequado falar-se em 'Constituição sem soberano'".[51]

As Constituições do período liberal possuíam um papel importante, sobretudo na caracterização do Estado e na organização de suas estruturas. Contudo, por razões creditadas à história, é possível afirmar que o constitucionalismo surgiu conferindo à Constituição valor mais político e filosófico que normativo. Ao analisar a evolução da dogmática constitucional, Paulo Bonavides[52] identifica uma primeira fase composta pelas Declarações de Direitos e pelos preâmbulos das Constituições, oriundos de processos revolucionários e de inegável índole principiológica, cujo valor jurídico era negado pela doutrina francesa.[53] A segunda fase foi marcada pela concisão das Constituições, totalmente indiferente ao conteúdo das relações sociais, disciplinando, sobretudo, o exercício do poder estatal e os direitos individuais, em um panorama de antagonismo entre Estado e sociedade. A politização da sociedade, com sua paulatina absorção pelo Estado, marcou a fase seguinte, do constitucionalismo social, cujo marco representativo até os dias atuais reside na Constituição de Weimar. A utilização de fórmulas programáticas para a consagração de direitos sociais, contudo, abalou o conceito positivo de Constituição, em razão do debate a respeito de sua eficácia.

---

[50] Segundo Cassese (As transformações do direito administrativo do século XIX ao XXI. *Revista Interesse Público*, Porto Alegre, v. 24, p. 13-23, 2004), essa "europeização" se desenvolve de variadas formas: com a integração das administrações nacionais e entre elas e as supranacionais; por meio de influência da legislação comunitária na independência das autoridades regulatórias; por meio da ruptura do liame tradicional entre nacionalidade e função pública; com a afirmação de princípios comunitários e sua difusão nos ordenamentos nacionais.

[51] ZAGREBELSKY, Gustavo. *El derecho dúctil*: ley, derechos, justicia. Madrid: Trotta, 1995, p. 12, tradução nossa.

[52] BONAVIDES, Paulo. *Curso de direito constitucional*. 12. ed. São Paulo: Malheiros, 2002, p. 201-210.

[53] "Nessa concepção que parece corresponder ao período mais agudo de efervescência liberal contra as instituições do passado absolutista e sua forma de organização política e social, se assemelham primeiro a textos de literatura moral, religiosa ou filosófica, do que a verdadeiras leis portadoras de normas jurídicas vinculantes" (Ibid., p. 202).

A queda do grau de juridicidade das Constituições nessa fase de anárquica e conturbada doutrina se reflete em programaticidade, postulados abstratos, teses doutrinárias; tudo isso ingressa copiosamente no texto das Constituições. O novo caráter da Constituição lembra de certo modo o período correspondente a fins do século XVIII, de normatividade mínima e programaticidade máxima. E o lembra precisamente pelo fato de que deixa de ser em primeiro lugar jurídico para se tornar preponderantemente político.[54]

A afirmação da normatividade da Constituição encontrou barreira inicial na centralidade da lei enquanto norma garantidora de liberdade ao cidadão frente às intervenções do Estado e de terceiros. Com efeito, pela **submissão do Estado à lei** imaginava-se a realização de uma tarefa maior – **a submissão plena ao Direito** – como reação ao Estado absoluto marcado pelo predomínio da vontade do monarca. Por isso é que é possível apelidar o Estado daquele período de *Estado Legal* – o direito reduzia-se à lei, produto que, editado pelos representantes do povo, refletia a vontade geral em suas prescrições gerais e abstratas. Canotilho, com apoio em Carré de Malberg, relembra que a limitação do poder pelo direito na França acabou em uma situação paradoxal: a supremacia da Constituição foi neutralizada pela primazia da lei, podendo-se, também por isso, caracterizar o Estado como *Estado Legal* – relativamente eficaz no cumprimento do princípio da legalidade, mas pouco afeto à supremacia constitucional.[55] As Constituições do período possuíam um papel importante, sobretudo na caracterização do Estado e na organização de suas estruturas. Contudo, como foi visto, é possível afirmar que o constitucionalismo liberal conferia à Constituição valor mais político que normativo.

Se o Estado estava submetido à lei, estava submetido ao direito. Essa concepção, no campo filosófico, reflete a predominância do **positivismo** na época. Com efeito, os positivistas entendiam o direito como posto exclusivamente pelo poder soberano do Estado, mediante normas gerais e abstratas, materializadas na "lei". Como explica Norberto Bobbio, o positivismo jurídico nasce do impulso histórico para a legislação,[56] e se realiza quando a lei se torna a fonte exclusiva – ou pelo menos prevalente – do direito, sendo seu resultado último representado pela codificação. O positivismo, é sabido, encarava o direito como um conjunto de fatos, fenômenos ou dados sociais em tudo análogos àqueles do mundo natural; o jurista, portanto, deveria estudar o direito do mesmo modo que o cientista estuda a realidade natural, abstendo-se de formular juízos de valor – a validade do direito

---

[54] BONAVIDES, op. cit., p. 208.
[55] CANOTILHO, J. J. Gomes. *Direito constitucional e teoria da Constituição*. 7. ed. Coimbra: Almedina, 2003, p. 96.
[56] Para o autor, o impulso para a legislação nasce da dupla exigência de pôr ordem no caos do direito primitivo e de fornecer ao Estado um instrumento eficaz para intervenção na vida social. (BOBBIO, op. cit., 1995).

fundava-se, assim, em critérios formais, privilegiando a abordagem estruturalista em detrimento da finalidade e do conteúdo do direito.[57]

O debate sobre a eficácia das disposições programáticas,[58] utilizadas pelas Constituições dos Estados Sociais, chamou a atenção para a normatividade da Constituição. Em 1959, Konrad Hesse publicou importante estudo onde chamou a atenção para a "Constituição jurídica" e, por consequência, para a importância de sua inegável **força normativa**. Com efeito, Hesse identificou o significado próprio e forte de Constituição, que não se destina somente a legitimar o exercício do poder e, tampouco, a adaptar uma realidade existente em um dado momento:

> A Constituição transforma-se em força ativa se essas tarefas forem efetivamente realizadas, se existir a disposição de orientar a própria conduta segundo a ordem nela estabelecida, se, a despeito de todos os questionamentos e reservas provenientes dos juízos de conveniência, se puder identificar a vontade de concretizar essa ordem. Concluindo, pode-se afirmar que a Constituição converter-se-á em força ativa se fizerem-se presentes na consciência geral – particularmente, na consciência dos principais responsáveis pela ordem constitucional –, não só a vontade de poder (*Wille zur Macht*), mas também a vontade de Constituição (*Wille zur Verfassung*).[59]

A necessidade de reforçar a normatividade da Constituição ganhou novo impulso no contexto de perplexidade para com as barbaridades levadas a cabo durante a guerra. A situação trouxe à tona a importância de reaproximar o direito do ideal de justiça sem, contudo, remontar à insegura época do jusnaturalismo.[60]

---

[57] "O positivismo jurídico é uma concepção do direito que nasce quando 'direito positivo' e 'direito natural' não são mais considerados direito no mesmo sentido, mas o direito positivo passa a ser considerado como direito em sentido próprio. Por obra do positivismo jurídico ocorre a redução de todo o direito a direito positivo, e o direito natural é excluído da categoria de direito: o positivo é o direito, o natural não é direito. Passa a ser pleonasmo falar em direito positivo; o positivismo jurídico é aquela doutrina segundo a qual o único direito que existe é o positivo" (Ibid., p. 26).

[58] A respeito do estágio atual do tema, vale a observação de Andreas Krell: "As normas constitucionais programáticas sobre direitos sociais que hoje encontramos na grande maioria dos textos constitucionais dos países europeus e latino-americanos definem metas e finalidades as quais o legislador ordinário deve elevar a um nível adequado de concretização. Essas 'normas-programa' prescrevem a realização, por parte do Estado, de determinados fins e tarefas; no entanto, elas não representam meras recomendações ou preceitos morais com eficácia ético-política meramente diretiva, mas constituem direito diretamente aplicável" (KRELL, Andreas J. Realização dos direitos fundamentais sociais mediante controle judicial da prestação dos serviços públicos básicos (uma visão comparativa). *Revista de Informação Legislativa*, Brasília, ano 36, nº 144, p. 239-260, out./dez. 1999, p. 241).

[59] Ibid., 1999.

[60] GARCÍA DE ENTERRÍA (1999, op. cit., p. 41, tradução nossa) destaca, quanto ao assunto, a repercussão da importação, pela Europa, da concepção americana de Constituição: "Na recepção europeia da concepção americana de Constituição – como norma suprema efetiva invocável, ante os Tribunais, fonte de validade das Leis e critério primeiro para sua interpretação e aplicação – pesou, sem dúvida, a experiência dos totalitarismos europeus, em que os ditadores arbitrariamente dispuseram do poder legislativo, criando a imagem da lei como destruidora, e não como protetora da liberdade [...] a lei viu, assim, ser rebaixada sua antiga preeminência e passou a ser um ato jurídico

O reforço à normatividade constitucional e a reaproximação com a justiça foram assimilados de uma mesma forma pelo constitucionalismo: passou a ser destacada, na segunda metade do século XX, a normatividade dos princípios, "convertidos em pedestal normativo sobre o qual assenta todo o edifício jurídico dos novos sistemas constitucionais".[61] Esse substrato filosófico, antagônico ao *positivismo extremista*,[62] passou a ser denominado, por alguns autores, de *pós-positivismo*:

> O *pós-positivismo* é a designação provisória e genérica de um ideário difuso, no qual se incluem a definição das relações entre valores, princípios e regras, aspectos da chamada *nova hermenêutica const*itucional, e a teoria dos direitos fundamentais, edificada sobre o fundamento da dignidade humana. A valorização dos princípios, sua incorporação, – explícita ou implícita, pelos textos constitucionais e o reconhecimento pela ordem jurídica de sua normatividade fazem parte desse ambiente de reaproximação entre Direito e Ética.[63]

Ganha destaque a concepção da Constituição como um sistema normativo aberto[64] de princípios e regras, com uma estrutura dialógica e fluída, aberta às concepções cambiantes da verdade e da justiça.[65]

---

ordenado, e não ordenador, e como tal submetido à possibilidade de ser – coisa impensável para a doutrina clássica – apreciada e anulada por um Tribunal. Esta é a resposta, um tanto paradoxal, ao entendimento rousseauniano segundo o qual 'a Lei não pode ser injusta'."

[61] BONAVIDES, 2002, p. 248.

[62] O momento e o local não são apropriados para investigar as diversas variações existentes no positivismo jurídico, mais especificamente quanto à compatibilidade ou não com a noção de sistema aberto. Para os propósitos deste estudo, é suficiente rechaçar o positivismo jurídico extremista e, ao mesmo tempo, relembrar que o próprio Hans Kelsen (1998) entendia que a aplicação do Direito é relativamente indeterminada, havendo sempre uma margem de livre apreciação, maior ou menor, de tal forma que a norma do escalão superior tem sempre um caráter de moldura a ser preenchida pelo ato de produção normativa inferior ou de execução que a aplica.

[63] BARROSO, 2005b, p. 13. Tendo em mente as considerações feitas anteriormente no texto, com apoio na doutrina de Bobbio, é conveniente entender que a expressão *pós-positivismo* pode ser considerada adequada se referida ao positivismo extremista.

[64] Ao conferir relevo aos aspectos de adequação interna e unidade da ordem jurídica, e ainda caracterizar a abertura como a possibilidade de modificação dessa ordem, Canaris (2002, p. 77) entende como sistema "uma ordem axiológica ou teleológica de princípios gerais de direito, na qual o elemento de adequação valorativa se dirige mais à característica de ordem teleológica e o da ordem interna à característica dos princípios gerais". Juarez Freitas, ao seu turno, ressalta que esta conceituação possui o mérito de considerar a existência de abordagens valorativas, além de permitir encarar a completude e a coerência como processos abertos. Para este autor, "sistema jurídico é uma rede axiológica e hierarquizada de princípios gerais e tópicos, de normas e de valores jurídicos cuja função é a de, evitando ou superando antinomias, dar cumprimento aos princípios e objetivos fundamentais do Estado Democrático de Direito, assim como se encontram consubstanciados, expressa ou implicitamente, na Constituição" (FREITAS, Juarez. *A interpretação sistemática do direito*. 2. ed. São Paulo: Malheiros, 1998, p. 41).

[65] Ibid., p. 1159.

O Estado Constitucional, desta maneira, passa a considerar de forma diferente o princípio da legalidade – em lugar da legalidade formal, que se limita a conferir competências e estabelecer procedimentos, ganha relevo a legalidade material que, além disso tudo, propõe limites materiais à atividade normativa do Estado. O controle de competências e procedimentos, apesar de ainda importante, passará a conviver com o protagonismo do controle de conteúdo, restando caracterizada a submissão formal e material de todos os poderes do Estado à Constituição.

A Administração, certamente, não fica imune à ótica constitucionalista: como já se referiu, a ideia de submissão à legalidade, ponto essencial do Direito Administrativo, sofre considerável mudança de enfoque, de modo que o enfoque em "submissão à lei" apenas amplia-se para "submissão ao Direito".

3.3 Normatividade dos princípios

As normas que compõem uma Constituição são jurídicas e, como tais, marcadas com a nota da imperatividade. É sabido, contudo, que a aptidão para a produção de efeitos jurídicos por parte das previsões normativas aos atos e fatos, que caracterizará sua eficácia, não ocorre de maneira uniforme. Retomando as considerações antes tecidas a respeito da força normativa da Constituição, pode-se, desde já, asseverar que todas as normas constitucionais são marcadas por diferentes tonalidades de eficácia, não havendo mais cabimento, na dogmática contemporânea, em atribuir-lhes valor meramente político ou moral.

Seguindo o entendimento de parcela da doutrina, é possível aceitar que a Constituição Federal, em seu *conteúdo*, acolhe determinados valores[66] e, em sua *forma*, os preceitos se expressam tanto na forma de princípios como na forma de regras. O constitucionalismo, nessa linha doutrinária, parece favorecer o que se tem chamado de *pós-positivismo* porque admite, em maior ou menor grau, o relacionamento do direito com a moral em um modelo que certamente acolhe os princípios, incompatível com um puro "modelo de regras". Esse posicionamento ampara a consideração da Constituição como uma das vias de acesso da moral ao direito, sendo os princípios instrumentos idôneos para, sobretudo por meio da argumentação, vinculá-los. Sirva-se como exemplo a lição de Zagrebelski:[67]

> Se o direito atual é composto de regras e princípios, cabe observar que as normas legislativas são preferencialmente regras, enquanto que as normas

---

[66] Para Alexy (*Teoría de los derechos fundamentales*. Madrid: CEPC, 2002, p. 75), "princípios são mandados de otimização, conceitos deontológicos; valores são conceitos axiológicos. O que, em um modelo de valores, é *prima facie* o *melhor* é, em um modelo de princípios, *prima facie devido*. [...] Não são os objetos, mas os critérios de valoração que devem ser designados como valores".

[67] ZAGREBELSKI, op. cit., p. 110, tradução nossa.

constitucionais são preferentemente princípios [...]. Por isso, distinguir princípios de regras significa, em larga escala, distinguir a Constituição da lei.

Neste momento, fica claro que os princípios constitucionais são normas, não meras recomendações, às quais deve ser assegurada certa dose de eficácia. Não são declarações retóricas, com valor meramente político ou filosófico, são cogentes e de observância obrigatória pelos aplicadores do direito. É nesse sentido que, embora com uma concepção diferente das teorias atualmente mais divulgadas (Ronald Dworkin e Robert Alexy), a lição de Celso Antônio Bandeira de Mello é repetida desde 1971:

> violar um princípio é muito mais grave que transgredir uma norma. A desatenção ao princípio implica ofensa não apenas a um específico mandamento obrigatório, mas a todo o sistema de comandos. É a mais grave forma de ilegalidade ou inconstitucionalidade, conforme o escalão do princípio violado, porque representa insurgência contra todo o sistema, subversão de seus valores fundamentais, contumélia irremissível a seu arcabouço lógico e corrosão de sua estrutura mestra.[68]

3.4 A importância dos direitos fundamentais no Estado Constitucional

O enfoque doutrinário voltado à compreensão e análise dos direitos fundamentais[69] sofreu importantes alterações com o advento do Estado Constitucional, pautado pela centralidade da Constituição e de sua irresistível força normativa. Na lição de Jorge Miranda, "o constitucionalismo moderno de matriz ocidental é a história da aquisição dos direitos fundamentais. É a história da conquista de

---

[68] BANDEIRA DE MELLO, Celso Antônio. *Curso de direito administrativo*. 16. ed. São Paulo: Malheiros, 2009, p. 53. Anote-se que o reputado professor, que sempre encareceu a importância do princípio, o conceitua como "mandamento nuclear de um sistema, verdadeiro alicerce dele, disposição fundamental que se irradia sobre diferentes normas compondo-lhe o espírito e servindo de critério para sua exata compreensão e inteligência, exatamente por definir a lógica e a racionalidade do sistema normativo, no que lhe confere a tônica e lhe dá sentido harmônico".

[69] Apesar de possuir raízes filosóficas bastante antigas, fincadas, talvez, na antiguidade, os direitos fundamentais ganharam relevo decisivo com as revoluções liberais do século XVIII, como visto. Com efeito, a expressão *direitos fundamentais* nasceu na França (*droits fondamentaux*), no contexto do movimento que conduziu à proclamação da célebre Declaração dos Direitos do Homem e do Cidadão. A expressão assumiu feições relevantes na Alemanha, na época da Constituição de Weimar (1919), como sistema de relações entre indivíduo e Estado e fundamento de toda a ordem jurídica, sendo este último sentido proclamado na Lei Fundamental de Bonn, em 1949. A Constituição de Weimar é considerada pelos estudiosos o marco de transição do Estado Liberal ao social, tendo sido seu texto inspirador das Constituições posteriores que almejavam conjugar a garantia das liberdades com direitos econômicos, sociais e culturais.

direitos – depois de séculos de absolutismo e, no século XX, em contraste com regimes públicos totalitários e autoritários de várias tendências".[70]

A evolução do Estado Liberal trouxe consigo a necessidade de rever a concepção inicial dos direitos fundamentais, negativista e subjetiva, a qual intentava tão somente limitar a atuação do Estado para garantir a liberdade individual. A influência inicial para a mudança de concepção, de acordo com Vieira de Andrade, veio do processo de democratização, que fez com que sobressaíssem as garantias de igualdade no contexto das relações indivíduo-Estado. Com efeito, com os novos direitos de participação e, sobretudo, com o direito de votar e ser votado, foram alargados os tradicionais direitos de defesa já consagrados, como a liberdade de associação.[71] Ressalta-se, desta forma, *a feição objetiva*[72] *dos direitos fundamentais*.

Os direitos fundamentais deixaram então de ser meros limites negativos ao exercício do poder político para direcionarem e condicionarem as ações positivas do Estado,[73] passando a incidir, inclusive, nas relações entre particulares. Passaram a ser vistos, então, em uma dupla dimensão: no plano jurídico-objetivo, constituindo normas de competência negativa para os poderes públicos, proibindo fundamentalmente as ingerências destes na esfera jurídica individual; e, no plano jurídico-subjetivo, consistindo no poder de exercer positivamente direitos (liberdade positiva) e de exigir omissões dos poderes públicos, de forma a evitar agressões lesivas a direitos por parte dos mesmos (liberdade negativa).[74]

Convém aclarar, com apoio na dupla dimensão dos direitos fundamentais, a dupla finalidade que passa a ser atribuída ao Direito Administrativo: não somente lhe compete ordenar, disciplinar e limitar o poder, mas também assegurar eficácia e efetividade à ação administrativa. Trata-se, na feliz expressão de Schmidt-Assmann, de proibir não só o excesso, mas também o defeito: "em um direito administrativo

---

[70] MIRANDA, Jorge. *Direitos fundamentais*: introdução geral. Lisboa, 1999, p. 46.

[71] VIEIRA DE ANDRADE, José Carlos. *Os direitos fundamentais na Constituição portuguesa de 1976*. 3. ed. Lisboa: Almedina, 2006, p. 45.

[72] Ingo Sarlet invoca a decisão da Corte Federal Constitucional da Alemanha no caso *Luth* como paradigma para a tendência, então já verificada, de conceber os direitos fundamentais não somente como direitos de defesa, mas também como decisões valorativas de natureza jurídico-objetiva da Constituição (SARLET, Ingo Wolfgang. *A eficácia dos direitos fundamentais*. 3. ed. Porto Alegre: Livraria do Advogado, 2003, p. 157).

[73] "Os direitos fundamentais sociais não são direitos *contra* o Estado, mas sim direitos *por meio* do Estado, exigindo do Poder Público certas prestações materiais. O Estado, por meio de leis, atos administrativos e da criação real de instalações de serviços públicos, deve definir, executar e implementar, conforme as circunstâncias, as chamadas 'políticas sociais' (educação, saúde, assistência, previdência, trabalho, habitação) que facultem o gozo efetivo dos direitos constitucionalmente protegidos" (KRELL, op. cit., p. 250).

[74] CANOTILHO, op. cit., 2003.

construído nas marcas de uma Constituição e de suas liberdades, haverá de existir lugar para as ideias de eficácia, funcionalidade e capacidade de atuação efetiva".[75]

A precisão da medida da vinculação da Administração aos direitos fundamentais, por seu turno, apresenta-se revestida de maior complexidade. Contudo, algumas consequências jurídicas do compromisso com a eficácia podem ser estabelecidas, sem qualquer pretensão de classificação ou exaurimento. Inicialmente, cabe associar a vinculação da Administração às modalidades de eficácia mais pacificamente aceitas para os princípios constitucionais, quais sejam, interpretativa e negativa.

Em atenção à eficácia interpretativa, deve-se asseverar que a interpretação e aplicação das leis e demais atos normativos deve guardar conformidade com os direitos fundamentais, privilegiando uma intelecção que otimize sua aplicação. Essa consequência ganha feições relevantes no condicionamento da discricionariedade administrativa, podendo as normas relativas aos direitos fundamentais comprimir ou mesmo "reduzir a zero" a discricionariedade, se houver, no caso concreto, apenas um modo de realização do direito fundamental.[76] Na correta lição de Ingo Wolfgang Sarlet:[77]

> No que tange à medida da vinculação aos direitos fundamentais, poderá afirmar-se que, quanto menor for a sujeição da administração às leis (de modo especial na esfera dos atos discricionários e no âmbito dos atos de governo), tanto maior virá a ser a necessidade de os órgãos administrativos observarem – no âmbito da discricionariedade de que dispõem – o conteúdo dos direitos fundamentais, que [...] contém parâmetros e diretrizes para a aplicação e interpretação dos conceitos legais indeterminados. Isto significa, em outras palavras, que, nas hipóteses de uma maior fragilidade do princípio da legalidade, o conflito desta com o princípio da constitucionalidade acaba por resolver-se tendencialmente em favor da última.

Pode-se afirmar que a vinculação na interpretação e aplicação deve ser feita com relação a todos os atos normativos, não somente às leis. Em resumo, quanto maior a discricionariedade da Administração, maior será sua vinculação aos direitos fundamentais. Esse ponto será retomado posteriormente.

A eficácia negativa, por sua vez, impede que sejam praticados atos ou editadas normas que se oponham aos direitos fundamentais. Tais normas, se editadas, estarão marcadas com o vício da inconstitucionalidade. A realização do controle de constitucionalidade pela Administração Pública, impondo interpretação em conformidade com os direitos fundamentais e a desaplicação de normas inconsti-

---

[75] SCHMIDT-ASSMANN, op. cit., p. 26, tradução nossa.
[76] VIEIRA DE ANDRADE, op. cit., p. 240.
[77] SARLET, op. cit., p. 350.

tucionais, constitui tema fascinante e controvertido, ligado à modalidade de eficácia de que se trata, mas não será tratado em razão dos propósitos deste trabalho.

3.5 O princípio da legalidade da Administração Pública e o sentido da sua vinculação à lei no Estado Constitucional

Na análise da passagem do Estado Liberal para o Estado Constitucional, foi asseverado que as características do modelo liberal de lei já não persistem intactas. Afirmou-se ainda que o *princípio da legalidade* deve deixar de ser compreendido como mera vinculação positiva à lei formal para conter também preceitos valorativos e éticos, sujeitando a atividade administrativa à observância dos preceitos fundamentais insculpidos na Constituição, que passam a ser vetores indicativos e interpretativos para a realização daquela atividade.[78]

A pergunta que naturalmente exsurge é como adequar a compreensão dessas lições ao que foi exposto até o momento. Inicialmente, convém relembrar que o princípio da legalidade, no direito brasileiro, traduz-se também na *primazia da lei*, como norma jurídica primária que tira sua força diretamente do texto constitucional e com poder exclusivo (salvo as exceções constitucionais) para inovar no ordenamento jurídico, ficando a dever, desta forma, obediência ao processo formal de elaboração, constitucionalmente delineado. Uma primeira manifestação deste princípio para a Administração reside, pois, na primazia da lei – a Administração Pública deve obediência às leis postas.

O subprincípio da *reserva legal*, que exige o tratamento de determinadas matérias somente por lei em sentido formal, também deve ser encarecido. Destaca-se que este princípio, por expressa previsão constitucional, é amplamente utilizado nas matérias que constituem o Direito Administrativo. A observação da Constituição da República é necessária para que se identifique quais campos exigem, para sua disciplina, intervenção do Poder Legislativo.

---

[78] Odete Medauar (*O direito administrativo em evolução*. 2. ed. São Paulo: Revista dos Tribunais, 2003, p. 146) aponta outras fatores determinantes na mutação do princípio da legalidade: "com as transformações do Estado, deslocou-se a primazia do legislativo para o Executivo, afetando a relação entre os dois poderes, na modelagem da concepção clássica da legalidade administrativa; atenuou-se a contraposição entre os dois poderes, reconhecendo-se a existência de função de orientação política na cúpula do executivo; [...] acrescente-se a ampla função normativa desempenhada pelo executivo: como autor de projetos, como legislador delegado, como legislador direto (em decretos-lei, medidas provisórias, e similares), como emissor de decretos, portarias, circulares que afetam direitos. Como essa atuação estatal torna-se muito abrangente, advém a *inflação* de normas, gerando incerteza e insegurança jurídica [...] Para isso contribuem as chamadas leis-medida, bem particularizadas, editadas para resolver situações contingentes; as leis-manifesto, de total inaplicação, mas de utilidade política, e a contínua substituição de uma norma por outra".

A compreensão do significado das dimensões tradicionais do princípio da legalidade, contudo, não esgota a questão da submissão da Administração às leis. Com efeito, deve-se buscar um significado para o princípio que, ao mesmo tempo: (a) considere a normatividade dos demais princípios constitucionais, notadamente os aplicáveis à Administração; (b) importe em uma vinculação mais estrita que a imposta aos particulares, por força do art. 5º, inciso II, da Constituição; (c) leve em consideração a força normativa da Constituição, notadamente dos direitos fundamentais, e a estrutura escalonada do ordenamento jurídico; (d) não importe em vinculação estrita ao ponto de ser, na prática, irrealizável.

Na esteira das transformações antes comentadas, parcela representativa da doutrina passou a identificar, em substituição ao princípio da legalidade, um *princípio da juridicidade* (Eduardo Soto Kloss, Cármen Lúcia Antunes Rocha, Paulo Otero e Germana Moraes), da *legitimidade* (Diogo de Figueiredo Moreira Neto) ou da *constitucionalidade* (Juarez Freitas e João Batista Gomes Moreira) da Administração, significando que a mesma não está submetida somente à lei formal, mas a todo o Direito, incluindo as demais normas do ordenamento, notadamente a Constituição.[79] O ponto nodal desta nova concepção apoia-se na normatividade dos princípios constitucionais, que passam a ser vistos como coadjuvantes, ou aspectos, da legalidade.[80] A mudança proposta também contempla a desnecessidade de regra legal *específica* (leia-se: lei formal) para habilitar toda e qualquer ação administrativa.

A utilização pioneira do termo *juridicidade,* para estudar a vinculação da Administração, é atribuída a Adolf Merkl. Para o autor, a Administração era vista como uma atividade do Estado voltada à aplicação do direito. Somente um preceito jurídico poderia, então, fazer possível ou obrigatória ao Estado uma dada atuação, necessariamente voltada ao cumprimento daquele preceito – daí a necessidade de uma regra de atribuição jurídica ao Estado que ampare suas atividades, ao contrário do que ocorre com o cidadão, que somente se encontrará cerceado quando houver alguma previsão jurídica limitando certo ato, conduta ou atividade.[81] O *princípio da juridicidade* significava não somente que a Administração está condicionada à existência de um direito administrativo, mas também que *cada ação administrativa isolada encontra-se condicionada à existência de um preceito normativo prévio que admita esta ação.* Merkl não utilizou o termo *juridicidade* para indicar um grau determinado de vinculação da Administração à lei, mas somente para ressaltar a

---

[79] Na poética lição de Luciano Ferraz, "no âmbito do Direito Administrativo, o princípio da legalidade começa a ganhar colorido: o ordenamento jurídico-administrativo passa a angariar manifestações exógenas traduzidas em princípios, tais como moralidade, razoabilidade, proporcionalidade, eficiência, eficácia, amalgamando substância e brilho, num verdadeiro arco-íris normativo" (FERRAZ, 2003, p. 159).

[80] MOREIRA, João Batista Gomes. *Direito administrativo*: da rigidez autoritária à flexibilidade democrática. 2. ed. Belo Horizonte: Fórum, 2010, p. 71.

[81] MERKL, op. cit., p. 205

necessidade de um fundamento jurídico para a atuação administrativa.[82] Ainda segundo essa lição, o princípio da juridicidade aplica-se a todas as atividades estatais e, por isso, não permite distinguir a função administrativa das demais. O princípio da legalidade, caso especial de aplicação do princípio da juridicidade, é que permite singularizar a atividade administrativa. *A legalidade, seria, então, uma juridicidade qualificada.*[83] Percebe-se que o atual significado proposto para o princípio da juridicidade não é o mesmo da tradicional concepção de Adolf Merkl.

De acordo com este estudo, não parece conveniente utilizar, atualmente, o termo *juridicidade* – afinal, todos estão, sob uma ou outra forma e intensidade, sujeitos ao ordenamento. Não obstante, a vinculação da Administração a todas as normas não constitui novidade – Charles Eisenmann, analisando há tempos as posições doutrinárias a respeito do princípio da legalidade, já aduzia que o mesmo "define uma relação entre os atos – ou as ações da Administração e mais tão somente as normas legislativas, mas, no mínimo, todas as espécies de normas de direito que têm ou podem ter a marca daqueles atos; 'a legalidade', como objeto, é, no mínimo, o conjunto dessas normas oriundas de fontes diversas".[84]

Para imprimir um novo significado ao princípio da legalidade deve-se, inicialmente, assentar a vinculação direta da Administração à Constituição, em decorrência, sobretudo, de sua irresistível força normativa. A relativização da supremacia da lei impregnou a legalidade administrativa de uma dimensão constitucional que antes lhe era desconhecida.[85] Em decorrência deste aspecto, que realça novamente a normatividade dos princípios constitucionais, admite-se a substituição da lei pela Constituição como fundamento direto e imediato de qualquer ato ou ação administrativa. A Constituição incide, desta forma, como norma direta e imediatamente habilitadora de competências normativas e também como critério de orientação das decisões administrativas.[86] Na acatada lição de Paulo Otero,

> a Constituição se substituiu à lei na função tradicional de definição da configuração e atribuição concreta da competência dos órgãos da Administração Pública: a normatividade constitucional aparece como fundamento direto e imediato do exercício de poderes decisórios por parte dos órgãos admi-

---

[82] Ibid., p. 206.

[83] MERKL, op. cit., p. 209.

[84] EISENMANN, Charles. O direito administrativo e o princípio da legalidade. *Revista de Direito Administrativo*, Rio de Janeiro, v. 56, p. 49, 1959.

[85] OTERO, Paulo. *Legalidade e administração pública*: o sentido da vinculação administrativa à juridicidade. Coimbra: Almedina, 2003.

[86] Ibid., p. 735. Segundo o autor, "em vez da eficácia operativa das normas constitucionais estar sempre dependente de lei na sua vinculatividade para a Administração Pública, tal como se encontra subjacente ao pensamento liberal oitocentista, a lei deixou de ter hoje o monopólio habilitante da actividade administrativa, registrando-se que a aplicação da Constituição à Administração Pública e pela Administração Pública não exige necessariamente mediação legislativa".

nistrativos, marginalizando-se a necessidade de intervenção do legislador, e permitindo o exercício de poderes contra a lei e em vez da lei.[87]

Em um segundo momento, cabe constatar a existência de *diversos graus de vinculação da Administração às leis*. A esse respeito, Odete Medauar analisa as quatro alternativas formuladas por Charles Eisenmann: (a) a Administração pode agir por meio de atos que não sejam contrários à lei; (b) a Administração só pode fazer o que a norma, ainda que despida de detalhes, lhe autorize; (c) somente são permitidos atos conforme esquema abstrato determinante do conteúdo fixado em norma superior; e (d) a Administração somente pode atuar amparada em norma exaustiva quanto ao conteúdo dos atos futuros). Rechaça o último significado (em razão da virtual paralisação da Administração) e entende que o terceiro consubstancia concepção demasiado rígida do princípio da legalidade. O segundo significado, ao revés,

> exprime a exigência de que a Administração tenha habilitação legal para adotar atos e medidas; desse modo, a Administração poderá justificar cada uma de suas decisões por uma disposição legal; exige-se base legal no exercício de seus poderes. Esta é a fórmula mais consentânea à maior parte das atividades da Administração brasileira, prevalecendo de modo geral. No entanto, o significado contém gradações; a habilitação legal, por vezes, é somente norma de competência, isto é, norma que atribui poderes para adotar determinadas medidas, ficando a autoridade com certa margem de escolha no tocante à substância da medida; por vezes, a base legal expressa um vínculo estrito do conteúdo do ato ao conteúdo da norma ou às hipóteses aí arroladas.[88]

Nessa mesma direção, seguindo o pensamento de Schmidt-Assmann, cabe destacar que, entre a reserva parlamentar e o poder do legislador de regular qualquer matéria, emerge a realidade de uma *Administração dirigida pela lei*. A programação legal da atividade administrativa se configura ao largo de uma escala cujos extremos, isto é, tanto a ideia de uma Administração totalmente predeterminada pela lei como a de uma Administração livre de toda conformação legal, somente ocupam um lugar dentro das possibilidades teóricas. Nenhum dos pontos extremos existe, na realidade: "a ideia de uma Administração sempre dirigida pela lei

---

[87] OTERO, op. cit., p. 740. Também merece destaque a lição de João Batista Gomes Moreira: "Os direitos de liberdade não estão na medida das leis, mas estas é que devem estar conforme os direitos; em vez da legalidade da Constituição, a constitucionalidade das leis. O controle de legalidade da Administração quer dizer hoje, ao mesmo tempo, controle de constitucionalidade; significa que também se controla a Administração em relação ao cumprimento do sistema de valores da Constituição" (MOREIRA, op. cit., p. 72).

[88] MEDAUAR, Odete. *Direito administrativo moderno*. 10. ed. São Paulo: Revista dos Tribunais, 2006, p. 124.

faz confluir em um modelo unitário tanto a pretensão diretiva da lei como a autonomia da Administração".[89]

Estas considerações já permitem extrair algumas conclusões parciais a respeito da compreensão do princípio da legalidade:

a) a atuação da Administração não pode ser inteiramente livre, mas vinculada pela totalidade do ordenamento jurídico;

b) a Administração está vinculada diretamente à Constituição – essa situação impõe o reconhecimento da possibilidade direta de atuação, sem intermediação legislativa, quando não exigida pela própria Constituição;[90]

c) não é suficiente a existência de uma simples norma de atribuição de competência ou autorização – o conteúdo material do princípio da legalidade exige atuação consentânea com os demais princípios componentes do ordenamento; e

d) o princípio da legalidade não se esgota na reserva legal, sendo esta apenas uma de suas dimensões.[91]

Conclusão

Na primeira parte deste estudo, foi asseverado que o paradigma – perspectiva aceita e compartilhada, em dado momento, pela comunidade científica para classificar algo "real" – original da legalidade pode ser encarado sob distintos significados. Após a análise das transformações sofridas pelo Estado e pelo Direito Administrativo, com o advento do que se chamou de Estado Constitucional, é possível concluir:

---

[89] SCHMIDT-ASSMANN, op. cit., p. 206, tradução nossa.

[90] Registre-se entendimento contrário, favorável à relativização da reserva legal, do eminente Des. João Batista Gomes Moreira, consubstanciado no seguinte acórdão por ele relatado: "ADMINISTRATIVO. CONCURSO PÚBLICO. FORÇAS ARMADAS. LIMITE DE IDADE. DISCIPLINA POR PORTARIA DO MINISTÉRIO DA AERONÁUTICA. POSSIBILIDADE. APLICAÇÃO DIRETA DA CONSTITUIÇÃO PELA ADMINISTRAÇÃO. 1. A ausência da lei prevista no art. 142, § 3º, X, da Constituição não significa a possibilidade de ingresso de pessoa de qualquer idade nas Forças Armadas. É esse – ausência de lei – um dos casos em que a Administração pode e deve aplicar diretamente as normas e princípios constitucionais" (TRF-1, APELAÇÃO CÍVEL Nº 2001.39.00.010435-0/PA, DJ de 11.9.2006, p. 141).

[91] Não é demais ressaltar a importância da distinção entre *reserva de lei* e *preeminência ou preferência da lei*. A esse respeito, leciona Alberto Xavier (Legalidade e tributação. *Revista de Direito Público*, São Paulo, nº 47-48, jul./dez. 1978, p. 331): "temos um princípio de reserva da lei apenas naquela matéria que se traduz na criação de deveres e obrigações. Porque em tudo aquilo que está fora do campo, bem definido, da criação de deveres e obrigações, o princípio da legalidade valerá apenas como preeminência da lei, mas não necessariamente como reserva da lei".

a) do ponto de vista *filosófico e político*, permanece o princípio da legalidade como marco de extinção do livre arbítrio da vontade pessoal do administrador público;

b) como princípio que considera a lei a principal fonte de normatividade, atribuindo-lhe um *valor em si mesma,* a legalidade também sofre alterações em razão do disposto no item anterior. Exige-se que toda atuação administrativa seja consentânea com todos os princípios componentes do ordenamento, não sendo suficiente a existência de uma regra de atribuição de competência;[92]

c) como princípio que materializa a *superioridade* ou o *império da lei,* o princípio permanece associado à ideologia democrática, continuando o Estado condicionado a atuar *de acordo* com o ordenamento e, inclusive, com as leis. Ainda que se possa questionar se a lei realmente é expressão da vontade geral, no sentido clássico, ela continua a submeter o poder às diretrizes emanadas dos representantes do povo;

d) como princípio que habilita e possibilita as atuações do Estado (vinculação positiva à lei formal),[93] tornando objetivo o exercício do poder, a legalidade sofre importantes alterações em razão da força normativa da Constituição. Passa-se a admitir a supremacia constitucional, a impositividade dos direitos fundamentais e a normatividade dos princípios. Em consequência, admite-se a atuação administrativa fundada diretamente na Constituição, com o intuito de aplicá-la, sem a intermediação da lei.

Na lição de Thomas Kuhn, "as revoluções científicas precisam parecer revolucionárias somente para aqueles cujos paradigmas sejam afetados por elas. Para observadores externos, podem parecer etapas normais de um processo de desenvolvimento".[94] Se adotada essa visão de paradigma – reduzida e excludente, não se nega –, a persistência de algumas vertentes do princípio da legalidade, em sua visão clássica, parece indicar que o Direito Administrativo passa por um processo de *evolução*, e não por uma revolução científica que implique o mero abandono do paradigma clássico. Os progressos e mudanças, inegáveis, parecem ser mais cumulativos do que propriamente revolucionários. O sentido garantis-

---

[92] Para João Batista Gomes Moreira, "o princípio da legalidade da administração pública torna-se princípio da juridicidade, da legitimidade ou da constitucionalidade, no intuito de fazer prevalecer a finalidade da norma, os princípios e valores constitucionais e, em síntese, a justiça" (MOREIRA, op. cit., p. 446).

[93] Deve ser destacado que no sentido clássico e de acordo com a teoria de Alexy, essa acepção teria a estrutura mais assemelhada à de uma regra que propriamente a de um princípio. Na lição de Odete Medauar (op. cit., p. 145), "sabe-se que a submissão total da Administração à lei é irrealizável e provavelmente nunca se realizou. Muitas vezes o vínculo de legalidade significa só atribuição de competência".

[94] KUHN, op. cit., p. 126.

ta da legalidade permanece; as possibilidades e meios de atuação, contudo, são sensivelmente alteradas para que o Estado atual possa concretizar seus fins constitucionalmente delineados.

Referências bibliográficas

ALEXY, Robert. *Teoría de los derechos fundamentales*. Tradução Ernesto Garzón Valdés. Madrid: CEPC, 2002.

BANDEIRA DE MELLO, Celso Antônio. *Curso de direito administrativo*. 26. ed. rev. e atual. São Paulo: Malheiros, 2009.

_____. *Conteúdo jurídico do princípio da igualdade*. São Paulo: Malheiros, 2002.

BAPTISTA, Patrícia Ferreira. *Transformações do direito administrativo*. Rio de Janeiro: Renovar, 2003.

BARCELLOS, Ana Paula de. *A eficácia jurídica dos princípios constitucionais*: o princípio da dignidade da pessoa humana. Rio de Janeiro: Renovar, 2002.

_____. *Ponderação, racionalidade e atividade jurisdicional*. Rio de Janeiro: Renovar, 2005.

BARROSO, Luís Roberto. Fundamentos teóricos e filosóficos do novo direito constitucional brasileiro. In: *Temas de direito constitucional*. Rio de Janeiro: Renovar, 2003a. t. 2, p. 3-46.

_____ (Org.). *A nova interpretação constitucional*: ponderação, direitos fundamentais e relações privadas. Rio de Janeiro: Renovar, 2003b.

_____. Neoconstitucionalismo e constitucionalização do direito (o triunfo tardio do direito constitucional no Brasil). *Revista Interesse Público*, Porto Alegre, nº 33, p. 13-54, set./out. 2005a.

_____. O começo da história. A nova interpretação constitucional e o papel dos princípios no direito brasileiro. In: *Temas de direito constitucional*. Rio de Janeiro: Renovar, 2005b. t. 3, p. 3-60.

BOBBIO, Norberto. *O futuro da democracia*. Tradução de Marco Aurélio Nogueira. Rio de Janeiro: Paz e Terra, 1989.

_____. *O positivismo jurídico*: lições de filosofia do direito. Tradução e notas de Márcio Pugliesi, Edson Bini, Carlos E. Rodrigues. São Paulo: Ícone, 1995.

_____. *Teoria do ordenamento jurídico*. Tradução de Maria Celeste Cordeiro Leite dos Santos. 10. ed. Brasília: UnB, 1999.

_____. *Teoria da norma jurídica*. Tradução de Fernando Pavan Baptista e Ariani Bueno Sudatti. Bauru: Edipro, 2001.

_____. *Da estrutura à função*: novos estudos de teoria do direito. Tradução de Daniela Beccaccia Versiani; revisão técnica de Orlando Seixas Bechara, Renata Nagamine. Barueri: Manole, 2007.

BONAVIDES, Paulo. *Curso de direito constitucional*. 12. ed. rev. e atual. São Paulo: Malheiros, 2002.

CABRAL DE MONCADA, Luís S. *Estudos de direito público*. Coimbra: Coimbra Editora, 2001.

_____. *Ensaio sobre a lei*. Coimbra: Coimbra Editora, 2002.

CANOTILHO, J. J. Gomes. *Direito constitucional e teoria da constituição*. 7. ed. Coimbra: Almedina, 2003.

CARRÉ DE MALBERG, R. *Teoría general del Estado*. 2. ed. Tradução de José Lion Depetre. México: Fondo de Cultura Económica, 2001.

CASSESE, Sabino. As transformações do direito administrativo do século XIX ao XXI. *Revista Interesse Público*, Porto Alegre, v. 24, p. 13-23, 2004.

CLÈVE, Clémerson Merlin. *Atividade legislativa do poder executivo*. 2. ed. São Paulo: Revista dos Tribunais, 2000.

DI PIETRO, Maria Sylvia Zanella. *Discricionariedade administrativa na Constituição de 1988*. São Paulo: Atlas, 1991.

_____. *Direito administrativo*. 18. ed. São Paulo: Atlas, 2005.

_____. O princípio da supremacia do interesse público. *Revista Interesse Público*, Belo Horizonte, v. 56, p. 35-54, 2009.

EISENMANN, Charles. O direito administrativo e o princípio da legalidade. *Revista de Direito Administrativo*, Rio de Janeiro, v. 56, p. 47-70, 1959.

FERRAZ, Luciano. Modernização da administração e auditorias de gestão. In: FERRAZ, Luciano; MOTTA, Fabrício (Coord.). *Direito público moderno*. Belo Horizonte: Del Rey, 2003. p. 155-166.

FIORAVANTI, Maurizio. *Los derechos fundamentales*: apuntes de historia de las constituciones. 2. ed. Madrid: Trotta, 1998.

FREITAS, Juarez. *Estudos de direito administrativo*. 2. ed. São Paulo: Malheiros, 1997.

_____. *A interpretação sistemática do direito*. 2. ed. São Paulo: Malheiros, 1998.

_____. *O controle dos atos administrativos e os princípios fundamentais*. 3. ed. rev. e ampl. São Paulo: Malheiros, 2004.

GABARDO, Emerson. *Interesse público e subsidiariedade*. Belo Horizonte: Fórum, 2009.

GARCÍA DE ENTERRÍA, Eduardo; FERNÁNDEZ, Tomás-Ramón. *Curso de derecho administrativo*. 11. ed. Madrid: Civitas, 2002a. v. I.

_____. *Curso de derecho administrativo*. 8. ed. Madrid: Civitas, 2002b. v. II.

_____. *Reflexiones sobre la ley y los principios generales del derecho*. Madrid: Civitas, 1996.

_____. *Revolución francesa y administración contemporanea*. Madrid: Civitas, 1998.

_____. *Justicia y seguridad jurídica en un mundo de leyes desbocadas*. Madrid: Civitas, 1999.

_____. La revolución francesa y la formación del derecho público. In: PASTOR, Reyna et al. *Estructura y formas del poder em la historia*. Salamanca: Ediciones Universidad de Salamanca, 1991. p. 157-176.

KRELL, Andreas J. Realização dos direitos fundamentais sociais mediante controle judicial da prestação dos serviços públicos básicos (uma visão comparativa). *Revista de Informação Legislativa*, Brasília, ano 36, nº 144, p. 239-260, out./dez. 1999.

MARTÍN, Carlos de Cabo. *Sobre el concepto de ley*. Madrid: Trotta, 2000.

MAYER, Otto. *Derecho administrativo alemán*: parte general. Buenos Aires: Depalma, 1949.

MEDAUAR, Odete. *O direito administrativo em evolução*. 2. ed. rev., atual. e ampl. São Paulo: Revista dos Tribunais, 2003.

_____. Segurança jurídica e confiança legítima. In: ÁVILA, Humberto (Org.). *Fundamentos do Estado de Direito*: estudos em homenagem ao professor Almiro do Couto e Silva. São Paulo: Malheiros, 2005. p. 114-119.

_____. *Direito administrativo moderno*. 10. ed. rev. e atual. São Paulo: Revista dos Tribunais, 2006.

MERKL, Adolfo. *Teoría general del derecho administrativo*. Tradução de José Luis Monereo Pérez. Granada: Comares, 2004.

MIRANDA, Jorge. *Direitos fundamentais*: introdução geral. Apontamentos das aulas. Lisboa: [s. ed.], 1999.

MOREIRA, João Batista Gomes. *Direito administrativo*: da rigidez autoritária à flexibilidade democrática. 2. ed. rev., atual e ampl. Belo Horizonte: Fórum, 2010.

MUÑOZ MACHADO, Santiago. *Tratado de derecho administrativo y derecho público general*. Madrid: Civitas, 2004. t. 1.

_____. *Tratado de derecho administrativo y derecho público general*. Barcelona: Iustel, 2006. t. 2.

OTERO, Paulo. *Legalidade e administração pública*: o sentido da vinculação administrativa à juridicidade. Coimbra: Almedina, 2003.

PIÇARRA, Nuno. *A separação dos poderes como doutrina e princípio constitucional*: um contributo para o estudo das suas origens e evolução. Coimbra: Coimbra Editora, 1989.

SARLET, Ingo Wolfgang. *A eficácia dos direitos fundamentais*. 3. ed. rev., atual. e ampl. Porto Alegre: Livraria do Advogado, 2003.

SCHMIDT-ASSMANN, Eberhard. *La teoría general del derecho administrativo como sistema*: objeto y fundamentos de la construcción sistemática. Madrid: Marcial Pons, 2003.

SCHMITT, Carl. *Teoría de la constitución*. Tradução de Francisco Ayala. Madrid: Alianza, 1982.

VIEIRA DE ANDRADE, José Carlos. *Os direitos fundamentais na Constituição portuguesa de 1976*. 3. ed. Lisboa: Almedina, 2006.

XAVIER, Alberto. Legalidade e tributação. *Revista de Direito Público*, São Paulo, nº 47-48, p. 329-335, jul./dez. 1978.

ZAGREBELSKY, Gustavo. *El derecho dúctil*: ley, derechos, justicia. Tradução de Marina Gascón. Madrid: Trotta, 1995.

ZIPPELIUS, Reinhold. *Teoria geral do estado*. Tradução de Karin Praefke-Aires Coutinho. 3. ed. Lisboa: Fundação Calouste Gulbenkian, 1997.

9

As Fontes do Direito Administrativo e o Princípio da Legalidade

Thiago Marrara[1]

1 Introdução

Maltratadas pelo administrador e esquecidas pelo doutrinador: estas são as fontes do direito administrativo brasileiro. Será, porém, que este tópico é realmente tão desimportante? Seguramente, não.

O estudo dos atos, fatos e documentos dos quais emana o direito administrativo é essencial por uma série de fatores. De um lado, a identificação das fontes confere um guia de ação para o administrador público, pois permite que ele identifique o bloco de legalidade que rege sua atividade dentro do Estado e perante a sociedade. De outro, e de modo conexo, o conhecimento das fontes válidas é pressuposto para a análise da legalidade da ação pública, ou seja, a boa compreensão das fontes condiciona o controle da administração pública. Por consequência, a incapacidade de se definirem as fontes do direito administrativo e de saber hierarquizá-las tem permitido o cometimento de diversos abusos e ilegalidades no cenário jurídico brasileiro. Tais abusos decorrem ora da desconsideração de uma fonte válida – por exemplo, normas constitucionais de direito administrativo – ora da utilização de fontes inválidas como se válidas fossem – tal como se vê, por exemplo, no uso indevido de decretos regulamentares para fins de criação de graves restrições à esfera particular fora das hipóteses aceitáveis em lei.

---

[1] Professor de Direito Administrativo da USP (Faculdade de Direito de Ribeirão Preto). Doutor pela Universidade de Munique (LMU).

Por essas e outras razões, em última instância, a compreensão das fontes do direito administrativo mostra-se fundamental para o entendimento do princípio da legalidade, sua aplicação e as respectivas atividades de controle. Com efeito, os motivos pelos quais o estudo das fontes se relaciona com o princípio da legalidade são simples. A ação administrativa somente é válida se estiver de acordo com as fontes reconhecidas pelo Direito – a legalidade das fontes e o uso da fonte correta são pressupostos formais da legalidade da ação administrativa. De outra parte, a própria legalidade é moldada pelas fontes. O poder normativo da Administração Pública, mediante o qual são geradas incontáveis normas de direito público que servem como parâmetro de ação para os agentes estatais, somente será exercido de modo legal ao respeitar as normas preestabelecidas em fontes superiores expedidas pelo Legislativo quer em processo constituinte, quer em processo legislativo padrão.

Frente a esse cenário, pretende-se, a seguir, resgatar a noção básica do princípio da legalidade administrativa, explicitando suas duas principais regras e diferenciando-o da legalidade que rege a atividade das pessoas e entes não estatais. Em seguida, elabora-se um breve panorama acerca das fontes do direito administrativo brasileiro, apontando algumas de suas principais problemáticas. Enfim, busca-se relacionar, com mais detalhes, as fontes apresentadas e o princípio da legalidade, destacando-se os efeitos negativos dos problemas quantitativos e qualitativos que as assolam com a concretização do princípio em questão.

2 Legalidade administrativa

A importância das fontes do direito administrativo decorre do princípio da legalidade, o qual o legislador brasileiro, a exemplo de outros ordenamentos, consagrou expressamente na Constituição Federal (art. 37, *caput*).

Em que consiste este princípio? Não são poucas as obras que pretenderam responder a esta pergunta, nem poucas as respostas.[2] Isso tem uma razão. A legalidade administrativa pode ser examinada e classificada de acordo com inúmeros

---

[2] A respeito da discussão, conferir, entre outras, as reflexões de DI PIETRO, Maria Sylvia Zanella. *Discricionariedade administrativa na Constituição de 1988*. 2. ed. São Paulo: Atlas, 2001, p. 17 e seguintes; COUTO E SILVA, Almiro do. O princípio da segurança jurídica (proteção à confiança) no direito público brasileiro e o direito da Administração Pública de anular seus próprios atos administrativos: o prazo decadencial do art. 54 da Lei de Processo Administrativo da União (Lei nº 9.784/99). *RBDP*, nº 6, 2004; GUERRA, Sérgio. Crise e refundação do princípio da legalidade: a supremacia formal e axiológica da Constituição Federal de 1988, *Interesse Público*, nº 49, 2008; MARRARA, Thiago. A legalidade na relação entre Ministérios e agências reguladoras. I: Aragão (Org.). *O poder normativo das agências reguladoras*. Rio de Janeiro: Forense, 2005; SANTOS NETO, João Antunes dos. Legalidade e decisões políticas, *Fórum Administrativo – Direito Público*, nº 32, 2003; SCHIRATO, Vitor Rhein. Algumas considerações atuais sobre o sentido de legalidade na Administração Pública, *Interesse Público*, nº 47, 2008; CASTRO, José Nilo de. Princípio constitucional da legalidade. *RBDM*,

critérios. Neste ensaio, interessam basicamente o conhecimento de duas regras maiores que ela expressa.

Merecem destaque, nesse particular, as regras da "reserva legal" (*Vorbehalt des Gesetzes*) e a da "supremacia da lei" (*Vorrang des Gesetzes*), ambas fortemente inter-relacionadas na medida em que visam a conferir "legitimação democrática" às ações do Estado. Os objetivos dessas duas regras decorrentes do princípio da legalidade não são outros senão o de evitar que o Estado aja quando o povo – representado pelo legislador – não deseje e não aja quando este assim o queira. A legalidade nada mais é, pois, que a expressão máxima do Estado Democrático de Direito, característica maior do Estado brasileiro (art. 1º, *caput,* CF).[3]

De acordo com a regra da reserva legal (em sentido amplo), o Poder Público não pode atuar sem que exista uma norma que o autorize a tanto. Em poucas palavras, esta é a regra do "nada sem lei". Diferentemente do que ocorre no campo do direito privado, em que reina o princípio da autonomia da vontade ("aos particulares se autoriza tudo o que a lei não veda"), para a Administração Pública uma ação somente é válida quando "fundada" na Constituição, em leis ou em atos normativos expedidos pelos próprios entes estatais.

Frise-se que a expressão *reserva legal* não indica apenas norma autorizativa prevista *expressamente* em *lei*, o que poderia levar a diversos mal-entendidos. Em primeiro lugar, o termo *legal* deve ser entendido em sentido amplo, englobando tanto a Constituição, quanto leis, bem como atos da Administração fundamentados nos diplomas anteriores. Em outras palavras, a regra da "reserva legal" em sentido amplo significa que o Estado não age sem suporte no Direito (relação de juridicidade necessária) e, sobretudo, na Constituição (relação de constitucionalidade necessária). Em segundo lugar, prudente também esclarecer que a regra da reserva não significa que a Administração possa apenas agir na presença de uma regra autorizativa *escrita e específica*. A ideia de que a reserva legal tenha a ver com competências específicas e estritas é o principal motivo pelo qual tem-se erroneamente entendido que o princípio da legalidade administrativa é um óbice à atuação flexível do Estado. A reserva legal em sentido estrito – ou seja, a exigência de presença de lei formal para a atuação administrativa – não deve valer para todos os casos, senão àqueles previstos na Constituição ou àqueles em que haja restrição significativa dos direitos fundamentais do particular pelo Estado.

Dessa forma, não é sempre necessário que todos os tipos de ação estatal estejam *detalhadamente previstos* em diplomas legais ou, mais especificamente, em leis. A regra da reserva legal em sentido estrito deve ser compreendida como uma

---

nº 24, 2007; MONTEIRO, Vera. Princípio da legalidade e os poderes normativos e regulamentar da Administração Pública. *RDPE,* nº 20, 2007.

[3] Em igual sentido, CASTRO, José Nilo de. Princípio constitucional da legalidade. *RBDM,* nº 24, 2007 (edição digital).

inafastável exigência de lei para atividades de restrição da esfera do administrado (atividade de poder de polícia, restringindo a liberdade e propriedade, bem como atividade de intervenção na economia). Frente a atos materiais da Administração Pública e também atos de prestação e concessão de benefícios ao particular, a reserva legal deve ser entendida como ação autorizada pelo *Direito*.

Essa diferenciação é relevante, pois – convém recordar o óbvio – nem o legislador nem tampouco o Poder Público no uso do seu poder normativo seriam capazes de editar todas as normas necessárias à ação do Estado. A realidade é complexa, dinâmica e as situações fáticas, por mais que sejam objeto de normas, são muitas vezes imprevisíveis. Além do mais, mesmo que todas as situações fáticas fossem previsíveis e o legislador capaz de normatizá-las, jamais seria adequado que fossem todas elas objeto de tratamento pelo direito positivo. A hipernormatização da realidade teria por efeito direto a petrificação do ordenamento jurídico e, por consequência, geraria amarras indevidas à ação estatal em ocasiões que não atentassem contra a esfera de direitos fundamentais do administrado – o que seria de todo inconveniente.

Justamente por esses motivos, vale frisar que a reserva legal não é simplesmente o dever de agir de acordo com regra específica e explícita no direito positivo. Reserva legal significa agir de acordo com o Direito existente e com as regras, princípios e objetivos implícitos e explícitos nele contidos. Assim, salvo na existência de reserva específica para lei em sentido formal, o Poder Público também pode agir com base em regra não escrita ou mesmo com fundamento direto na Constituição desde que cumpridos alguns requisitos, a saber: (1) que a existência de regra explícita não seja considerada necessária pelo legislador (principalmente porque a ação não gera prejuízos aos direitos fundamentais do administrado e nem a interesses públicos primários) e (2) que a ação se justifique em princípios da Administração Pública e objetivos estatais reconhecidos na Constituição.

Nesse contexto, a legalidade administrativa dispensaria que o Poder Público atuasse apenas na presença de regra escrita e específica. A ação estatal se tornaria válida e legítima pelo fato de estar pautada por princípios da Administração Pública e voltada para a consecução de objetivos estatais e a proteção de interesses públicos primários. A regra da reserva legal em sentido amplo, portanto, exige que o Estado se comporte de acordo com o ordenamento jurídico como um todo. Apenas em sentido estrito e nos casos previstos de modo explícito e implícito na Constituição, a reserva legal deverá ser compreendida como a necessidade de edição de lei formal ou outro diploma normativo específico para que a Administração Pública possa atuar em determinado caso concreto.

De modo conexo a essa regra, apresenta-se a da "supremacia da lei" ou do "nada contra a lei". De acordo com ela, a ação estatal é considerada válida apenas se não contrariar, nem for além das normas nas quais está fundamentada. Ao legislador foi dada a função de representar o povo, inserindo no ordenamento jurídico os comandos decorrentes de sua vontade. O Poder Público, dessarte, não pode negar o ordenamento sob pena de negar a vontade do povo e, por conseguinte, perder a legitimação democrática imprescindível à validade de sua ação. Nas palavras de Debbasch e Colin, *"la Loi, incarnation de la volonté générale, s'impose à l'administration. Celle-ci n'est qu'un organe subordonné au Parlement, la loi est un des moyens d'assurer cette soumission"*.[4]

A regra da "supremacia da lei" – assim como a da "reserva legal" – deve ser compreendida de modo abrangente. O vocábulo *lei* é empregado em sentido amplo nesta expressão e significa qualquer ato de caráter geral e abstrato (lei em sentido material), bem como leis de efeitos concretos. Ademais, inclui os atos normativos do Poder Público que são expedidos com fundamento e nos limites daqueles atos legislativos. Em realidade, os atos da Administração Pública somente fazem parte do ordenamento quando coerentes com a Constituição e as leis. Mesmo em relação às espécies de ato normativo que inovam no ordenamento jurídico – tal como o decreto autônomo agora previsto no art. 84, VI, alínea *a*, da Carta Magna –, a supremacia da lei não é prescindível, exigindo-se o respeito do ato da Administração à Constituição.

Em breve resumo, o exame do princípio da legalidade é regido pelas duas regras acima apontadas. Do ponto de vista prático, tais regras são aplicadas na presença de três elementos básicos: (1) o bloco normativo; (2) as condutas do Poder Público; e (3) a relação entre essas condutas e o bloco normativo vigente, relação essa que é pautada pela reserva da lei e pela supremacia da lei em sentido amplo. Apenas se houver a relação de compatibilidade ou conformidade[5] entre as condutas praticadas pelo Poder Público e o bloco normativo válido é que estará presente a legalidade no caso concreto. Desse modo, para se entender a legalidade da ação administrativa, fundamental se mostra o estudo dos três elementos apontados, incluindo o chamado "bloco normativo". Eis, então, que entram em jogo as fontes do direito administrativo.

---

[4] DEBBASCH, Charles; COLIN, Fréderic. *Droit administrative*. 8. ed. Paris: Economica, 2007. p. 107.

[5] A necessidade do cumprimento de uma relação de conformidade (legalidade forte) ou de compatibilidade (legalidade fraca) vai depender dos parâmetros exigidos pela Constituição. Assim, em regra, matérias que envolvam restrições aos particulares exigem relação de conformidade, significando que não devem acontecer sem reserva expressa em lei. Já para outros tipos de conduta, por exemplo, expedição de certas normas de organização interna da Administração Pública ou a prática de atos materiais pela Administração, há mera necessidade de compatibilidade com o ordenamento (legalidade fraca). A respeito da distinção, cf. MARRARA, Thiago. A legalidade na relação entre Ministérios e agências reguladoras. In: Aragão. *O poder normativo das agências reguladoras*. Rio de Janeiro: Forense, 2005, p. 529. Sobre a concepção original de conformidade e compatibilidade, cf. EISENMANN, Charles. O direito administrativo e o princípio da legalidade. *RDA*, v. 56, abr./jun. 1959.

3 Fontes do direito administrativo

O vocábulo *fonte* detém diversas significações para o Direito. Ossenbühl diferencia três delas.[6] Em primeiro lugar, menciona fontes que determinam o pensamento e o comportamento humano e, por consequência, o Direito. São, por isso mesmo, fontes de "construção do Direito" (*Rechtserzeugungsquellen*), dentre as quais se incluem tanto fatores morais e religiosos, como também aspectos climáticos e geográficos aos quais está sujeita uma nação. Além disso, existem fontes de "valoração do Direito" (*Rechtswertungsquellen*), representadas por princípios e valores de uma sociedade que servem de critério para o ordenamento jurídico, tal como a justiça, a igualdade, a racionalidade etc. Enfim, há fontes em sentido estrito ou as chamadas "fontes de reconhecimento do Direito" (*Rechtserkenntnisquellen*), igualmente apontadas, no Brasil, como veículos introdutores de normas. Exemplos delas são as Constituições, as leis, os atos normativos da Administração e assim por diante. Segundo Alf Ross, estas fontes servem de fundamento para que se reconheça algo como Direito[7] e é delas que se pretende tratar nas próximas linhas.

Nas pertinentes palavras de Norberto Bobbio, as tais fontes de reconhecimento do Direito nada mais são que aqueles fatos ou atos aos quais o ordenamento jurídico atribui a aptidão de produzir normas jurídicas.[8] Para ser jurídica e válida, é preciso que a norma derive dos fatos ou atos reconhecidos pelo ordenamento jurídico como fonte produtora de normas. Caso contrário, não poderão ser empregadas para fundamentar a ação privada nem tampouco a estatal.

De modo geral, as fontes do Direito podem ser classificadas de muitas maneiras, dentre as quais vale destacar:

1. *Quanto ao procedimento* de sua expedição: fontes legislativas (*e. g.* lei ordinária), fontes jurisprudenciais (*e. g.* súmula vinculante) e fontes administrativas (*e. g.* portarias).
2. *Quanto à sua forma de manifestação* na realidade: fontes escritas (*e. g.* leis) e não escritas (*e. g.* costume).
3. *Quanto ao seu uso* no caso concreto: fontes de aplicação obrigatória (*e. g.* Constituição) e fontes de uso opcional (*e. g.* doutrina).
4. *Quanto ao poder que emana* dos mandamentos que contêm: fontes de normas vinculantes (*e. g.* Constituição) e fontes de normas indicativas (*e. g.* jurisprudência administrativa no Brasil).

---

[6] OSSENBÜHL, Fritz. Rechtsquellen und Rechtsbindungen der Verwaltung. In: Erichsen; Ehlers (Org.). *Allgemeines Verwaltungsrecht*. 12. ed. Berlim: De Gruyter, 2002. p. 135-136.

[7] ROSS, Alf. *Theorie der Rechtsquellen*. Leipzig; Viena: F. Deuticke, 1929. p. 291.

[8] BOBBIO, Norberto, *O positivismo jurídico*: lições de filosofia do direito. São Paulo: Ícone, 2006. p. 161.

5. *Quanto à sua hierarquia*: fontes primárias (*e. g.* Constituição), secundárias (*e. g.* resoluções) e subsidiárias (*e. g.* doutrina).

Apesar de serem muitas vezes idênticas para os mais diversos ramos da ciência jurídica, há várias peculiaridades em relação às fontes do direito administrativo. Exemplo disso se vê no "costume", válido, por exemplo, no campo do direito internacional público e do direito comercial, mas questionável em relação ao direito administrativo. Outro exemplo são as fontes legisladas municipais ou estaduais, as quais, dada a distribuição constitucional de competências no Brasil, podem ser fonte de direito administrativo, mas não de alguns outros ramos do direito. De fato, em matéria de direito processual judicial, civil, penal e do trabalho, somente as leis federais são consideradas fontes válidas (art. 22, I, CF), salvo se a União autorizar explicitamente os Estados a editarem normas nesses setores (art. 22, parágrafo único, CF).

Justamente por essas e outras sutilezas, a compreensão dos tipos de fontes do direito administrativo (fontes em espécie) é imprescindível para a compreensão do bloco normativo que orienta a ação estatal e, por consequência, para a verificação da legalidade administrativa no caso concreto. Afinal, se o administrador, o cidadão e aquele que controla a ação estatal (juízes, promotores, conselheiros de Tribunais de Contas etc.) não sabem quais são as fontes de normas aplicáveis a uma conduta do Poder Público, como poderão examinar corretamente em que medida esta conduta é contrária ou não ao ordenamento jurídico?

4 Fontes legislativas

Frente ao princípio do Estado Democrático de Direito (art. 1º, *caput,* CF), a principal fonte do direito administrativo brasileiro são as leis em sentido amplo, ou seja, a Constituição Federal, as Constituições Estaduais, as Leis Orgânicas dos Municípios, bem como as leis ordinárias, complementares, delegadas das mais diferentes esferas da federação brasileira. Esses e outros diplomas do gênero compõem a categoria das fontes legislativas ou fontes legisladas, ou seja, os diplomas emanados do Poder Legislativo, caracterizados pela sua forma escrita, seu uso obrigatório, seu conteúdo vinculante e sua natureza primária em relação a outras fontes. Justamente por essas características, pode-se dizer que as fontes legisladas são as mais relevantes para o direito administrativo. Em um contexto democrático, são elas que dizem, em nome do povo, em que medida o Estado existe e atua.

Em virtude da estrutura federativa brasileira – bipartite desde a Constituição de 1889 e tripartite após a Constituição de 1988 –, as fontes legislativas podem ser federais, estaduais e municipais. Em alguns campos do Direito, essa tripartição federativa é pouco importante pelo fato de haver competência exclusiva de uma ou outra esfera da federação para tratar certa matéria, como se vislumbra em relação à União em muitos casos (art. 22, CF). Para o direito administrativo, contudo, dada a competência de auto-organização dos entes federativos, bem como a competência material exclusiva ou comum para determinados serviços e atividades (art. 23 CF), as fontes legisladas das três diferentes esferas são de igual importância. Na prática, tais fatores multiplicam as fontes e as normas que regem esse ramo do Direito, tornando-o bastante complexo em relação àqueles regidos, por exemplo, por Códigos expedidos pela União.

Acresce a isso o fato de que o direito administrativo é composto por um conjunto de normas contidas em diplomas legislativos esparsos, ou seja, não sistematizados em um Código geral, diferentemente do que ocorre no direito civil, penal, processual civil, processual penal, trabalhista etc. Assim, ao agir, à autoridade pública compete uma análise de incontáveis diplomas específicos e editados pelas mais variadas esferas federadas. Para fins de exposição, neste estudo, esses documentos legislados serão categorizados como: (1) fontes constitucionais e (2) fontes legislativas em sentido estrito. Vejamos.

Fontes constitucionais

As fontes constitucionais são categoria típica dos Estados Federados. Isso porque, nos Estados unitários, a Carta Constitucional é única, razão pela qual a espécie se confunde com a categoria. Diferentemente, nas Federações, existe uma pluralidade de entes políticos dotados da *self-rule*, ou seja, do Poder de se organizar e legislar em matérias que lhes foram concedidas pelo Poder Constituinte.

Em virtude da estrutura federativa, no Brasil, as normas maiores que trazem os fundamentos da existência e do funcionamento da Administração são, nos Estados, as chamadas Constituições Estaduais (art. 25, CF) e, no Distrito Federal e nos Municípios, as Leis Orgânicas (arts. 29 e 32, CF). Todos esses documentos compõem o que aqui se denomina de fontes constitucionais. Elas constituem o cume da pirâmide normativa em cada nível federativo e, por sua vez, devem respeito à Constituição Federal, na medida em que esta é a fonte de validade de todo o sistema.

Sobretudo pela indicação de princípios e objetivos gerais do Estado (arts. 1º, 2º, 3º e 4º, CF) e princípios fundamentais para o funcionamento do Poder Público (art. 37, *caput*, CF), a Constituição Federal de 1988 é, na verdade, fonte de legalidade formal e material de toda ação administrativa e inspiração da doutrina e da jurisprudência no seu trabalho de sistematização do direito administrativo. Esse papel, de outra parte, foi fortalecido pela previsão de incontáveis normas jurídicas que condicionam e direcionam a ação estatal.

De um lado, tais normas concentram-se em um capítulo a respeito "da Administração Pública" (arts. 37 e 38) e outro sobre os servidores públicos (39 a 41). Ademais, a Carta traz normas acerca de: entes da Administração Direta (Ministérios e Presidência da República, arts. 76 e seguintes); entes da Administração

Indireta (art. 37, incisos XIX e XX, art. 173, § 1º, CF); bens públicos (arts. 20, 26, 176); espécies de serviços públicos e entes competentes para prestá-los (principalmente nos arts. 21, 25, § 2º, e 30); formas de prestação de serviços públicos (arts. 21, inciso XII, e 175); fomento estatal (arts. 179, 180, 205, 215); condições e casos para intervenção do Estado na economia (art. 173, *caput*, e art. 177); possibilidades excepcionais de restrição da liberdade (art. 5º, incisos XI, XII, XVI) e da propriedade (art. 5º, incisos XXIV e XXV, art. 182, §§ 3º e 4º, art. 184, *caput*, art. 243); direitos fundamentais de pessoas físicas e jurídicas exercitáveis perante o Estado (art. 5º em geral); fundamentos do processo administrativo (art. 5º, incisos LIV, LV, LVI, LXXVIII); instrumentos de controle contra abusos e ilegalidades praticados pela Administração Pública (arts. 5º, incisos LXVIII a LXXIII, 37, § 6º, 49, inciso X, 70, *caput*, 103-A, § 3º) etc.

Como se vislumbra, não há praticamente um capítulo do direito administrativo que tenha escapado à atenção do legislador. A Constituição de 1988 abarcou tudo: organização administrativa, patrimônio administrativo, formas de ação restritiva e prestativa do Poder Público, bem como os mecanismos de responsabilização e controle de suas condutas quer por outros Poderes, quer pelo cidadão.

Essa quantidade incontável de normas constitucionais regentes do direito administrativo deve-se a fatores diversos que abrangem tanto as dificuldades ou erros de técnica legislativa até a necessidade, no momento da Constituinte, de compor os interesses de uma sociedade plural e desigual como a brasileira. Mais que isso, essa hipertrofia constitucional – pouco vista inclusive nos Estados mais sociais do mundo – também resultou do temor de que o Estado – a exemplo do que aconteceu nas fases ditatoriais anteriores – passasse a atuar fora dos limites para os quais foi autorizado pelo povo a fazê-lo, suprimindo, eventualmente, o núcleo fundamental dos mais basilares direitos do cidadão. Se a Constituição foi redigida de modo abrangente, isso ocorreu também em virtude dessa sensação de desconfiança em relação ao Estado, sensação que atinge, até hoje, o Legislativo, o Executivo e, inclusive, o Judiciário.

Por todas essas razões de ordem jurídico-positiva e política, a Constituição da República constitui, sem sombra de dúvida, a mais importante fonte de direito administrativo brasileiro. Nesse sentido, válida é a observação de Binenbojm, para o qual, "diante de um sem-número de fontes, a Constituição Federal de 1988, riquíssima em regras e princípios de Direito Administrativo, tem o destacado papel de cerne do sistema, servindo de base para a sistematização do mosaico de normas da disciplina".[9] Aplicáveis ao direito brasileiro são, ainda, as palavras de Waline, pois aqui a Carta Constitucional representa, assim como na França, a fonte, direta ou indireta, de todas as competências que se exercem dentro da ordem adminis-

---

[9] BINENBOJM, Gustavo. O sentido da vinculação administrativa à juridicidade no direito brasileiro. In: ARAGÃO, Marques Neto (Coord.). *Direito administrativo e seus novos paradigmas*. Belo Horizonte: Fórum, 2009. p. 163.

trativa.[10] Trata-se, pois, de fonte escrita, de uso obrigatório, composta por normas vinculantes e indicativas, e dotada do mais alto grau de primariedade.

Fontes legislativas

Por mais importantes que sejam as fontes constitucionais, mesmo uma redação extremamente ampla destes diplomas maiores jamais seria capaz de inserir, no ordenamento jurídico, as normas essenciais para reger a atividade do Poder Público nos mais diferentes setores e situações. Apesar da mais abrangente Constituição, necessária se faz a utilização de fontes legislativas de natureza infraconstitucional, ou seja, das leis em sentido estrito.

Esse tipo de documento, dada sua função no sistema jurídico e sua frequente utilização já desde antes do movimento constitucionalista, constitui uma importante fonte de normas em qualquer ramo do Direito. No direito administrativo, porém, sua relevância é ainda maior e decorre de um aspecto particular, qual seja: a ausência de uma grande codificação. Melhor dizendo: Códigos envolvendo matéria administrativa existem no ordenamento jurídico, tal como mostram o Código de Águas, de Mineração, de Caça, de Florestas no direito brasileiro. Contudo, tais Códigos consolidam, no máximo, normas acerca da atuação do Estado em um determinado setor ou normas a respeito de um ou outro capítulo do direito administrativo – a exemplo das Leis de Processo Administrativo. Não há, pois, uma codificação abrangente, típica de outros ramos. Nesse contexto, o papel das leis ganha extrema relevância para a construção e o manuseio do direito administrativo, não obstante, muitas vezes, esses diplomas sejam colocados em segundo plano em virtude, por exemplo, das dificuldades acarretadas por sua multiplicação e corrente desorganização.

A despeito disso, o que importa aqui retomar é a distinção forjada por Paul Laband acerca dos tipos de lei de acordo com seu procedimento e conteúdo. Leis em sentido material, segundo o clássico jurista alemão, seriam as que inserem normas gerais e abstratas no ordenamento jurídico. Normas gerais são as universais em relação aos sujeitos e normas abstratas, as universais em relação ao objeto ou à situação fática que elas pretendem reger. Essas leis se opõem, por isso, às leis de efeito concreto, pelo fato de que estas são direcionadas para um sujeito em determinada situação. Assim, para se descobrir se uma lei é material ou de efeitos concretos, há que se analisar seu conteúdo.

De outra parte, leis formais seriam aquelas que, a despeito de seu conteúdo abstrato-geral ou individual-concreto, são editadas de acordo com o processo legislativo típico. O critério para identificação da lei em sentido formal é, por isso, o do procedimento utilizado para sua elaboração, discussão e inserção no ordenamento jurídico. Assim, normas gerais e abstratas inseridas no ordenamento

---

[10] WALINE, Jean. *Droit administrative*. 22. ed. Paris: Dalloz, 2008. p. 254.

por fonte administrativa (resolução, portaria etc.) constituem lei em sentido material, mas não em sentido formal, dado que não foram elaboradas de acordo com o procedimento legislativo típico.

No Brasil, tanto as leis formais ou não formais quantos as leis em sentido material e de efeitos concretos são fontes importantes do direito administrativo. Dentre as leis em sentido formal, cumpre ressaltar o papel das leis complementares, aprovadas por maioria absoluta no Congresso, e das leis ordinárias, aprovadas por maioria simples. São esses diplomas que, na grande parte dos casos, trazem as normas mais importantes para a ação do Estado. A razão para isso é clara. Muitas vezes o Legislador cria uma reserva legal em sentido estrito, ou seja, exige que haja uma lei ordinária ou complementar disciplinando a ação do Estado para que este possa agir. Como já se disse, isso ocorre principalmente em relação à chamada "administração restritiva" (*begrenzende Verwaltung*), isto é, nas hipóteses de exercício de poder de polícia sobre a propriedade ou liberdade e intervenção direta ou indireta do Estado na economia. Nessas situações, não se poderia aceitar que o Estado se valesse de meros argumentos de "interesse público" extraídos da Constituição para fundamentar sua ação. A mera "reserva legal em sentido amplo" ou "reserva constitucional" não é suficiente. É preciso mais. É preciso que o legislador trace exatamente os limites nos quais o Estado pode restringir os direitos fundamentais e como compatibilizará o núcleo de proteção essencial desses direitos com as atividades que necessita exercer para concretizar objetivos constitucionais. Para detalhar essas regras de compatibilização, utiliza a lei.

Nesse particular, convém dizer, lei não é apenas aquela em sentido material, composta por regras gerais e abstratas. O papel das leis de efeitos concretos exerce igualmente inegável importância em matéria de direito administrativo. Exemplo disso vislumbra-se nas leis de efeitos concretos que autorizam a criação de empresa estatal ou instituem uma autarquia. Os diplomas legais, nesses casos, revelam-se essenciais para direcionar os limites de atuação desses entes da Administração Indireta e impedir que eles se afastem indevidamente de seus objetivos, ignorando o princípio da especialidade e passando a atuar a partir de interesses diferentes daqueles que fundaram sua criação. Neste e em outros casos de direito administrativo, a lei de efeitos concretos foi eleita como condição imprescindível para a atuação estatal e, por isso, desempenha papel tão relevante quanto o das leis de efeitos gerais e abstratos.

Para além disso, destaquem-se ainda outras leis que não podem ser ditas formais pelo fato de serem editadas pelo Presidente da República em procedimento diferenciado, mas que assumem natureza de lei material e compõem o rol das fontes de direito administrativo. Eis o caso das leis delegadas e das medidas provisórias, consistentes em instrumentos legislativos editados pelo Presidente da República.

As leis delegadas, editadas com apoio em autorização conferida em Resolução do Congresso Nacional (art. 68, CF), não ganharam relevância concreta até o momento. Em virtude da existência de medidas provisórias, que dispensam a autorização do Congresso em um primeiro momento, as leis delegadas acabaram não sendo utilizadas na prática. Foram, na verdade, as medidas provisórias que assumiram a função de fonte legislativa imprópria por excelência. Estas consistem em diplomas legislativos editados pelo Presidente da República desde que cumpridas condições formais (urgência e relevância do assunto – 62, *caput,* CF) e materiais (ausência de proibição de uso da medida provisória para o assunto escolhido – art. 62, § 1º, CF).

Do exame das matérias que não podem ser objeto de medida provisória, constata-se que a Constituição permite o tratamento da quase totalidade dos temas de direito administrativo[11] nesse tipo de instrumento, ao contrário do que ocorre com temas de direito penal, processual penal e processual civil, bem como outros relativos a direitos políticos e planejamento orçamentário. Justamente por essa ausência de restrição material, as medidas provisórias acabaram ganhando grande força como fonte do direito administrativo, força que só veio a ser levemente mitigada com a edição da Emenda Constitucional nº 32, de 2001, e a limitação de efeitos plenos e temporalmente indeterminados para essas fontes.

Feito esse panorama, nota-se, com mais facilidade, que há uma multiplicidade inegável de fontes legislativas, sejam elas próprias (editadas pelo Congresso) ou impróprias (editadas pelo Executivo com autorização do Congresso), a reger o direito administrativo. Essa multiplicidade, que se acentua em um contexto federativo tripartite, tem implicações práticas significantes para a concretização do princípio da legalidade no cenário jurídico brasileiro.

5 Fontes administrativas

Não bastasse a interminável legislação esparsa que rege o direito administrativo de modo fragmentado e muitas vezes contraditório e confuso, ainda há que se fazer menção ao papel das fontes administrativas nesse campo do Direito. Segundo Debbasch e Colin, em um Estado de Direito, a Administração Pública também deve respeitar o conjunto de fontes de direito de cada nível de hierarquia administrativa; cada agente dever respeitar, pois, o bloco de regras exteriores à Administração e todas as regras produzidas em nível superior de hierarquia.[12] Eis as fontes administrativas, as quais podem ser conceituadas como os atos expedidos por autoridade pública no exercício de funções administrativas e que contenham normas gerais/abstratas ou concretas/individuais que direcionam a conduta de outros agentes internos ou externos à Administração Pública.

---

[11] Fala-se aqui de "quase totalidade" pelo fato de que o art. 62, § 1º, inciso I, principalmente nas alíneas *c* e *d,* envolve temas de direito administrativo, a saber: organização do Judiciário e do Ministério Público, a carreira e a garantia de seus membros, bem como planejamento plurianual e orçamento.

[12] DEBBASCH, Charles; COLIN, Fréderic. *Droit administrative.* 8. ed. Paris: Economica, 2007. p. 107.

Ao vincularem as autoridades públicas, essas fontes também se tornam de observância obrigatória pelo juiz no julgamento de casos concretos, desde que sejam consideradas legais e constitucionais. As fontes administrativas não são, pois, meras ordens de efeitos internos e restritos; elas vinculam tanto a Administração Pública quanto os entes e órgãos que têm a função de controlar a legalidade administrativa dentro do sistema jurídico pátrio. Trata-se, assim, de um tipo de fonte escrita, de conteúdo vinculante ou indicativo, de conteúdo secundário, mas, inegavelmente, de observação obrigatória no âmbito do ente público ou da atividade pública que rege. O aspecto secundário da fonte administrativa não significa que ela seja de uso optativo, que possa ser deixada de fora do bloco normativo a critério da conveniência e oportunidade do administrador público ou mesmo dos órgãos de controle da Administração.

Papel importante, dentro do conjunto de fontes administrativas, exerce o ato normativo como espécie de ato da Administração Pública composto por normas de caráter geral e abstrato. Tais atos ora contêm normas que se restringem a produzir efeitos internos a determinado órgão ou entidade; ora reveem normas que geram efeitos externos ao órgão ou entidade que os edita, sendo, neste caso, entendidos como leis em sentido material.

A despeito da mencionada classificação, há muitas dúvidas e discussões acerca dessas fontes. Na verdade, o problema fundamental que lhes diz respeito decorre da falta de sistematização legislativa e doutrinária no tocante às suas espécies, conteúdo e função. Dúvida não há de que resoluções, portarias, deliberações, instruções normativas sejam espécies de fontes administrativas. Isso não obstante o papel que cumpre a cada uma delas no direito positivo brasileiro ainda não ser claro. Uma sistematização desses tipos de atos poderia ser levada a cabo pelas Leis de Processo Administrativo. A LPA federal, no entanto, perdeu a oportunidade de realizá-la. Já no Estado de São Paulo, o Legislador buscou solucionar a questão, esclarecendo as ocasiões, por exemplo, para utilização de Resoluções, Portarias e Deliberações – regra que, porém, limita-se aos entes da Administração Pública paulista.[13]

---

[13] Com efeito, dispõe o art. 12 da Lei nº 10.177/1998 que: "são atos administrativos: I – de competência privativa: a) do Governador do Estado, o Decreto; b) dos Secretários de Estado, do Procurador Geral do Estado e dos Reitores das Universidades, a Resolução; c) dos órgãos colegiados, a Deliberação; II – de competência comum: a) a todas as autoridades, até o nível de Diretor de Serviço; às autoridades policiais; aos dirigentes das entidades descentralizadas, bem como, quando estabelecido em norma legal específica, a outras autoridades administrativas, a Portaria; b) a todas as autoridades ou agentes da Administração, os demais atos administrativos, tais como Ofícios, Ordens de Serviço, Instruções e outros. § 1º Os atos administrativos, excetuados os decretos, aos quais se refere a Lei Complementar nº 60, de 10 de julho de 1972, e os referidos no artigo 14 desta lei, serão numerados em séries próprias, com renovação anual, identificando-se pela sua denominação, seguida da sigla do órgão ou entidade que os tenha expedido. § 2º Aplica-se na elaboração dos atos administrativos, no que couber, o disposto na Lei Complementar nº 60, de 10 de julho de 1972".

6 Notas sobre os regulamentos presidenciais

Um debate acalorado a respeito das fontes administrativas diz respeito aos chamados decretos regulamentares do Presidente da República. Ao contrário do que ocorre com a maioria das fontes administrativas, não há dúvida acerca da competência para edição desses decretos. O debate recai, em realidade, no seu conteúdo jurídico. Para se aclarar tal questão, convencionou-se dividir inicialmente os decretos regulamentares em duas espécies: os decretos regulamentares executivos e os decretos regulamentares autônomos.

Regulamentos executivos

Os regulamentos executivos ou normativos são aqueles que dão "fiel execução à lei" (art. 84, IV, CF). Trata-se, portanto, de uma fonte administrativa que detalha uma lei ordinária ou complementar, tornando-a aplicável na prática. A função desse regulamento em relação à lei é semelhante à da lei frente à Constituição. Há casos em que o detalhamento necessário para a aplicação da lei pelo Legislativo seria impossível ou, ao menos, indesejado, sobretudo por motivos de eficiência e de celeridade na expedição dessas normas. Em outros casos, mesmo que possível, mais adequado pode-se mostrar o detalhamento das regras legais feito por aqueles que conhecem, mais de perto, a rotina das tarefas executivas. Aqui, a utilidade do poder regulamentar consiste em evitar que o Legislativo, sem conhecer bem a tarefa de execução da lei, crie regras que impliquem em graves problemas práticos. Justamente por isso, nas palavras de Sérgio Guerra, impõe-se o "afastamento do legislador primário das minúcias normativas", transferindo-se esta tarefa ao Poder Executivo "seja por estar em melhores condições de avaliar qual será, em determinado caso, a justa solução para se encontrar um grau ótimo de execução das políticas públicas [...] seja por dispor de aparato institucional para tecer maiores detalhamentos normativos".[14]

Ocorre que, além de serem fontes criadas pela Presidência da República, os regulamentos são igualmente gerados por outros entes públicos. Nesse contexto, um dos problemas atuais relativos aos regulamentos executivos refere-se aos conflitos eventuais entre um regulamento presidencial e um regulamento expedido por outros entes públicos, principalmente os da Administração Indireta. Para Binenbojm, os regulamentos presidenciais seriam mais amplos e genéricos, contrapondo-se ao que chamou de "regulamentos setoriais", ou seja, os regulamentos expedidos por entes reguladores de um setor social ou econômico. Daí, a partir do critério da lei especial, concluiu o administrativista que os setoriais sempre teriam primazia sobre os presidenciais. Além disso, essa primazia estaria assentada na norma

---

[14] GUERRA, Sérgio, Crise e refundação do princípio da legalidade: a supremacia formal e axiológica da Constituição Federal de 1988. *Interesse Público,* nº 49, 2008 (edição digital).

atributiva de competência, pois a norma atributiva de competência, por exemplo, a uma agência reguladora prevaleceria sobre o regulamento presidencial, salvo quando a lei houvesse atribuído ao Chefe do Executivo a incumbência específica para sua regulamentação.[15] Desse entendimento depreende-se a conclusão, a título de ilustração, de que um regulamento da ANATEL teria primazia sobre eventual regulamento da Presidência da República sobre o setor.

O problema de conflito acima apontado é de fato interessante. A tese da primazia absoluta do regulamento setorial parece-nos, porém, questionável. Em primeiro lugar, nada indica que os regulamentos presidenciais sejam necessariamente genéricos. Na verdade, pode o Presidente da República decidir regulamentar um ou outro dispositivo legal – por exemplo, do Código de Defesa do Consumidor ou de outra lei geral – desde que o detalhamento seja necessário. Assim, a especificidade do regulamento depende do objeto da regulamentação. A Constituição nada dispõe em contrário e, de fato, não faria sentido restringir o poder regulamentar presidencial a generalidades, pois um regulamento específico e até técnico expedido pela Presidência pode ser necessário para a viabilização de lei em certa situação fática. Em segundo lugar, a lei que cria o poder regulamentar setorial não pode ser considerada superior ao decreto regulamentar pelo simples fato de que lei nenhuma está acima da Constituição. Como se sabe, o poder regulamentar da Presidência foi consagrado no art. 84, IV, CF, que naturalmente terá primazia sobre leis ordinárias ou setoriais, inclusive aquelas que dão poder regulamentar a entes da Administração Indireta. Em terceiro e último lugar, na prática, é muito difícil identificar o que venha a ser um regulamento geral e um regulamento específico. Regulamentos são sempre detalhamentos de normas gerais, razão pela qual a aplicação do critério da norma especial fica extremamente prejudicada para resolver conflitos entre atos normativos da Administração Direta e Indireta.

Sem querer adentrar o assunto com grande profundidade, o que cumpre ressaltar é tão somente uma breve distinção. Ao decidir criar entes da Administração Indireta, fundamentado no princípio da especialidade e no poder de iniciativa de leis previsto no art. 61, § 1º, inciso I, alínea *e*, da Constituição, o Presidente da República vale-se da possibilidade de autorrestrição dos seus poderes regulamentares. Ao transferir poderes regulamentares para agências reguladoras em matéria econômica ou social, a Presidência da República abre mão de sua competência constitucional naquele campo específico. Nesse caso, pois, não se trata de uma questão de primazia de um regulamento setorial sobre outro presidencial, mas sim da existência de um único poder regulamentar, a saber: o poder regulamentar setorial de competência da agência. Desse modo, para exemplificar, ao se criar a ANATEL e lhe transferir pode regulamentar em relação à Lei Geral de Telecomu-

---

[15] BINENBOJM, Gustavo. O sentido da vinculação administrativa à juridicidade no direito brasileiro. In: Aragão; Marques Neto (Coord.). *Direito administrativo e seus novos paradigmas*. Belo Horizonte: Fórum, 2009. p. 171.

nicações – exercido em matéria de telefonia fixa, serviço móvel etc. –, não há cabimento nenhum de que o Presidente da República trate desses assuntos com base no seu poder de regulamento executivo. Não faria sentido, por exemplo, que a Presidência desejasse aprovar um regulamento sobre Serviço Móvel Especializado (SME), se a ANATEL já o fez por resolução. Justamente por isso, não há cabimento em se falar de hierarquia. Inerente ao poder de regulamentação setorial, o que existe é uma divisão de competência pautada pelo princípio da especialidade na organização administrativa – princípio que afasta os regulamentos da presidência no campo cedido à agência.

No entanto, isso não significa dizer que um regulamento setorial estará sempre imune a regulamentos presidenciais. Desde que não entre no campo regulamentar que foi transferido à Administração Indireta, por uma possibilidade constitucional de autorrestrição, a Presidência da República pode continuar regulamentando leis em geral e, ao fazê-lo, é plenamente possível que afete as atividades englobadas no campo de atuação dos entes da Administração Indireta. Ora, nesse caso, os regulamentos setoriais deverão respeito aos regulamentos do Presidente da República.

Imagine-se, por exemplo, que um regulamento presidencial discipline – como já se fez – os Serviços de Atendimento ao Consumidor (SAC) com pretenso fundamento no Código de Defesa do Consumidor. Não interessa aqui o fato de a ANATEL ter poder regulamentar, por exemplo, para os serviços de telefonia fixa. O regulamento da Presidência deve ser observado pela agência, pois não invade a competência regulamentar setorial que lhe foi transferida e, assim, não é ilegal. Nesse cenário específico, diferentemente do que se narrou no anterior, a primazia é do decreto presidencial – o que demonstra a impossibilidade de se falar de uma primazia absoluta das fontes regulamentares de entes da Administração Indireta (regulamentos setoriais) em relação às fontes regulamentares presidenciais.

Regulamentos autônomos

Em contraste com o decreto regulamentar executivo, o decreto regulamentar autônomo é fonte editada com exclusividade pelo Chefe do Poder Executivo para matéria que não necessita de lei, tal como ocorre em relação a questões mais simples de organização administrativa. Quando a Constituição ressalva determinadas matérias para tratamento via regulamento autônomo do Chefe do Executivo, não parece haver sequer a possibilidade de que elas sejam disciplinadas por outra fonte, tal como a lei em sentido formal. Justamente por isso, essa fonte é dita "autônoma", ou seja, autônoma em relação às atividades do Poder Legislativo.

No Brasil, a despeito da ampla celeuma doutrinária que se instaurou sobre o assunto, fato é que a Emenda Constitucional nº 32, de 2001, criou uma possibilidade constitucional de uso do poder regulamentar autônomo pela Presidência da

República. Ao alterar a redação do art. 84, inciso VI, da Constituição,[16] desdobrando seu conteúdo em duas alíneas, a Emenda passou a permitir o uso desse tipo de decreto para "organização e funcionamento da administração federal, quando não implicar aumento de despesa nem criação ou extinção de órgãos públicos" (art. 86, VI, alínea *a*, CF). Assim, de modo paralelo ao poder de que já dispunham o Poder Judiciário (arts. 96, inciso I, e 99, *caput*, CF) e o Poder Legislativo (arts. 51, III e IV, e 52, XII e XIII, CF), previu o Constituinte derivado a garantia de um poder autônomo de organização administrativa para o Executivo, excepcionando-o apenas quando houver aumento de despesa pública, bem como criação de entidades e órgãos[17] da Administração Pública federal ou sua extinção.

Ao operar essa alteração do texto constitucional, entende-se aqui que o Constituinte derivado afastou a possibilidade de que tal matéria de organização administrativa – com o devido respeito às exceções mencionadas – seja objeto de lei ou que, sendo prevista em lei, não possa ser alterada pela Presidência. Não poderia ser outra a conclusão. Imagine-se, por exemplo, que um Presidente da República tenha o interesse de tratar de atribuições do Executivo enquadradas no âmbito de Decreto previsto no art. 84, VI, *a*, da Constituição, mas decide fazê-lo não por decreto e sim por lei de sua iniciativa, aprovada pelo Congresso, no intuito de impedir o exercício futuro do poder regulamentar autônomo pelos próximos Presidentes. Ora, nessa hipótese, caso o futuro Presidente queira alterar assuntos organizacionais, terá que fazê-lo também por lei? E se o projeto que encaminhar ao Congresso não for aprovado, continuará ele se sujeitando à lei elaborada pelo Presidente anterior e que, na prática, traz normas que já estavam reservadas ao decreto regulamentar autônomo? Parece-nos que não. Ao alterar o art. 84, VI, da Constituição através da Emenda Constitucional nº 32, de 2001, o Legislador criou uma fonte própria e exclusiva para o tratamento da auto-organização administrativa, a qual deve ser utilizada para as funções previstas, salvo em virtude das restrições expressamente impostas, a saber: (1) aumento de despesas ou (2) criação e extinção de órgãos – e, por consequência, de entidades públicas.

---

[16] Dispunha a redação original do art. 84, VI, que competia privativamente ao Presidente da República "dispor sobre a organização e funcionamento da administração federal, *na forma da lei*". A reserva legal em sentido estrito era clara e inegável.

[17] A redação do art. 84, inciso VI, alínea *a*, menciona a criação e extinção de "órgãos". Essa expressão pode ser interpretada de várias formas: (1) órgãos como o conjunto de entidades públicas e órgãos em sentido estrito; (2) órgãos em sentido estrito apenas; (3) órgãos apenas como entidades públicas. Prefere-se aqui a primeira interpretação, dado que a Lei de Processo Administrativo Federal (Lei nº 9.784/1999) confere ao órgão um sentido mais restrito do que à entidade administrativa, na medida em que esta é dotada de personalidade jurídica e aquele, não. Assim, ao mencionar apenas "órgãos", o art. 84, VI, alínea *a* também se refere, de modo implícito, a entidades em sentido técnico-jurídico. Se o decreto autônomo não pode ser empregado para extinguir ou criar órgãos, não poderia ser empregado para criar entidades. Se a norma proíbe o menos, proíbe implicitamente o mais. Acerca da distinção entre entidade e órgão na LPA, cf. NOHARA, Irene; MARRARA, Thiago. *Processo administrativo*: Lei nº 9.784/99 comentada. São Paulo: Atlas, 2009. p. 32.

Para além dessa questão, cumpre ressaltar que a possibilidade de criação de normas com apoio direto na Constituição, ou seja, o poder regulamentar autônomo do Presidente da República, não deve ser confundido com o poder normativo geral que a Administração Pública detém. Com efeito, fora das hipóteses de decreto presidencial autônomo, sempre sobra à Administração Pública Direta e Indireta um poder normativo, o qual, porém, não é "autônomo" em relação ao Poder Legislativo, dado o princípio da reserva legal e da primazia da lei em sentido amplo. Mesmo que o poder normativo geral da Administração não seja autônomo, cumpre perguntar: pode ele ser exercido na ausência de lei em sentido estrito? Em caso positivo, as fontes normativas fundamentadas tão somente na Constituição seriam válidas mesmo sem constituir regulamentos autônomos? As duas respostas são positivas.

A ausência de lei jamais poderia impedir que a Administração Pública agisse a fim de concretizar os objetivos do Estado. Dessa maneira, em regra, a prática de atos administrativos e atos da Administração, incluindo atos normativos, é sempre possível mesmo na ausência de lei específica tratando da matéria desde que: (1) tais atos sirvam para a concretização dos fins do Estado (arts. 1º a 4º, CF) e (2) pautem-se pelos princípios basilares de direito administrativo (sobretudo os do art. 37, *caput*, CF). Isso significa dizer que o Poder Público não está autorizado a negar efetividade à Constituição em razão de uma omissão do legislador, salvo em algumas situações excepcionais, a saber:

1. não existe lei sobre a matéria, mas existe reserva de lei complementar ou de lei ordinária em sentido estrito, tornando obrigatória a edição de lei formal do Congresso sobre o assunto para que o Executivo possa agir ou mesmo expedir atos normativos (*regra da reserva legal estrita*);
2. não existe uma reserva de lei, mas o Congresso Nacional editou lei sobre o assunto que não fere o campo reservado ao poder regulamentar autônomo e que, em razão do princípio da primazia da lei, condiciona a atuação do Poder Público (*supremacia da lei existente*);
3. não existe lei nem reserva de lei explícita, mas há uma reserva de lei *implícita* pelo fato de que a atividade do Executivo tem por fim restringir direitos e liberdades fundamentais de modo significativo (*reserva não escrita de lei*).[18]

---

[18] Em sentido próximo, mas de modo conceitualmente diverso por confundir poder regulamentar autônomo com poder normativo fundado na Constituição, afirma Binenbojm em excelente artigo: "Admite-se, assim, que em campos não sujeitos a reservas de lei (formal ou material), a Administração Pública possa legitimamente editar regulamentos autônomos, desde que identificado um interesse constitucional que lhe incumba promover ou preservar [...] em síntese: são autônomos os regulamentos que encontram fundamento direto na Constituição, seja por uma competência normativa expressamente assinalada no texto constitucional (como aquela prevista no art. 84, VI *a*, introduzida pela Emenda Constitucional nº 32/2001 e no art. 237 da Carta de 1988), seja como uma decorrência implícita de competências administrativas que careçam de normatização prévia

Ressalvadas essas três situações, o Poder Público sempre tem o dever de agir – inclusive editando fontes de normas – para atingir os objetivos do Estado e, mesmo, promover direitos fundamentais e interesses públicos primários. Porém, ao utilizar atos normativos para atingir esses objetivos, não estará o Poder Público criando regulamentos autônomos no sentido técnico previsto no art. 84, VI, *a*, da Constituição. Na verdade, estará apenas fazendo uso de seu *poder normativo concretizante* da Constituição, o qual tem caráter naturalmente secundário a eventuais leis que venham a surgir. Isso revela que a diferença entre o chamado poder regulamentar autônomo e o poder normativo em geral não está na possibilidade de agir diretamente com base na Constituição, mas sim no fato de que o poder regulamentar autônomo configura um campo de atuação do Executivo protegido contra ingerências do Legislativo. Nesse sentido, não se deve confundir esse espaço – que nos parece natural – de exercício do poder normativo concretizante (fundamentado diretamente na Constituição na ausência de lei) e outra coisa chamada "regulamentos autônomos" (poder normativo fundamentado diretamente na Constituição e protegido contra ingerências do Legislativo).[19]

7 O problema do costume administrativo

As fontes administrativas, entendidas de modo amplo, não se esgotam nas fontes escritas expedidas pelo Poder Público. Há, ainda, a discussão sobre a validade de fontes administrativas não escritas, tal como costume administrativo. Para se retomar essa discussão, ainda inconclusa no direito brasileiro, é preciso esclarecer dois pontos, a saber: o que é o costume administrativo e como ele se diferencia de outros? Eventuais restrições ao costume administrativo como fonte do direito administrativo implicam em dizer que o Poder Público não se vincula a nenhum outro tipo de costume?

O costume, em sentido comum, consiste em uma prática reiterada ao longo de um período razoavelmente longo. No direito, porém, para que o costume se trans-

---

ao seu exercício. Duas ressalvas se fazem necessárias, todavia, em relação aos regulamentos autônomos: (i) em ambas as hipóteses assegura-se a primazia da lei supervenientemente editada sobre os regulamentos autônomos; (ii) não se admite a sua edição em espaços sujeitos à reserva legal." BINENBOJM, Gustavo. O sentido da vinculação administrativa à juridicidade no direito brasileiro. In: Aragão; Marques Neto (Coord.). *Direito administrativo e seus novos paradigmas*. Belo Horizonte: Fórum, 2009. p. 184.

[19] Em sentido próximo, diferenciando poder regulamentar e poder normativo, cf. MONTEIRO, Vera. Princípio da legalidade e os poderes normativos e regulamentar da Administração Pública. *RDPE*, nº 20, 2007 (edição digital). Em sentido diverso, utilizando os conceitos de poder normativo concretizante da Constituição e poder regulamentar autônomo como sinônimos, cf. BINENBOJM, Gustavo. O sentido da vinculação administrativa à juridicidade no direito brasileiro. In: Aragão; Marques Neto (Coord.). *Direito administrativo e seus novos paradigmas*. Belo Horizonte: Fórum, 2009. p. 184.

forme em fonte, é preciso mais que esse simples elemento. Com efeito, além da prática reiterada (*longa consuetudo*), designada como elemento objetivo, exige-se o reconhecimento de seu poder normativo, ou seja, o convencimento, pela doutrina e pelos Tribunais, da necessidade da prática (*opinio iuris* ou *opinio necessitatis*), designante do elemento subjetivo, bem como a possibilidade de formulação da prática reiterada como norma jurídica (elemento formal).[20]

Em algumas áreas do Direito, como no direito internacional público, o costume pode surgir como fonte válida desde que respeitados os três elementos acima apontados. Assim, a prática reiterada entre Estados, reconhecida e aprovada de modo geral, pode ser fonte de regras de conduta para a comunidade internacional, tal como consigna expressamente o Estatuto da Corte Internacional de Justiça (art. 38). De igual modo, o costume vem aceito no direito comercial e em outros ramos do direito interno.

Resta saber, porém, se a prática reiterada de agentes públicos em determinada instituição ou em um conjunto de instituições estatais, bem como a prática reiterada do Estado em relação aos seus particulares, é capaz de se tornar fonte de normas que venham a reger as relações intra-administrativas, interadministrativas ou as relações entre o Estado e cidadão. Em outras palavras, o costume administrativo é fonte de direito administrativo?

A esse respeito, não é clara a posição da doutrina nacional. Para Hely Lopes Meirelles, "no direito administrativo brasileiro, o costume exerce ainda influência em razão da deficiência da legislação. A prática administrativa vem suprindo o texto escrito e, sedimentada na consciência dos administradores e administrados, a praxe burocrática passa a suprir a lei, ou atua como elemento informativo da doutrina".[21] Daí se depreende que o costume seria uma fonte supletiva de normas, válida frente a uma lacuna do ordenamento jurídico.

De modo distinto, para Edmir Netto de Araújo, "o costume admissível, assim como a presunção, é aquele *secundum legem* (Código Civil, art. 230), sendo por isso relativo seu valor como fonte direta, funcionando mais como subsídio à elaboração das normas jurídicas".[22] Dessa afirmação se depreende que os costumes não serviriam, diversamente do que dizia Hely, como fonte supletiva de direito, mas sim como fonte de normas específicas em relação às normas jurídicas já existentes. O costume não é fonte de normas novas, que buscam suprir lacunas (tarefa de integração do Direito), mas sim fonte de normas detalhadas (tarefa de especificação do Direito).

---

[20] OSSENBÜHL, Fritz. Rechtsquellen und Rechtsbindungen der Verwaltung. In: Erichsen; Ehlers (Org.). *Allgemeines Verwaltungsrecht*. 12. ed. Berlim: De Gruyter, 2002. p. 170.

[21] MEIRELLES, Hely Lopes. *Direito administrativo brasileiro*. 34. ed. São Paulo: Malheiros, 2008. p. 48.

[22] ARAÚJO, Edmir Netto de. *Curso de direito administrativo*. 3. ed. São Paulo: Saraiva, 2007. p. 43.

A questão, como se vê, não é simples. Ao se aceitar, de modo integral, a prática reiterada pelo Estado ou dentro do Estado como fonte de direito administrativo, estar-se-á dizendo que essa prática pode criar normas que guiarão a ação estatal a despeito de sua legitimação democrática direta por uma lei superior. Essa conclusão não é possível, porém, em virtude do Estado Democrático de Direito, o qual impõe a aprovação da conduta do Estado pelo Legislativo em nome do povo (democracia) e, por via de consequência, a vinculação constante da atuação do Estado a essa vontade (legalidade). Disso se conclui que a prática reiterada no âmbito da Administração Pública, mesmo que respaldada na *opinio juris,* jamais seria fonte de normas vinculantes e que ultrapassem ou contrariem as fontes legislativas que regem a ação do Estado. O argumento "nós sempre fizemos assim" jamais pode ser lançado pelo Estado para contrariar a lei ou mesmo ultrapassá-la. Isso vale tanto para os atos *interna corporis* da Administração Pública quanto para os atos administrativos – praticados em relação a outros sujeitos de direito, especialmente os cidadãos.

Em vista disso, razão assiste a Araújo ao afirmar que o costume administrativo é apenas admissível quando está de acordo com a lei. Essa afirmação, contudo, nega o caráter inovador dessa fonte. Em outras palavras, afirmar que o costume administrativo só existe quando for compatível ou conforme ao Direito significa dizer que ele não passa de fonte administrativa que assume relevância secundária e cujas normas detêm, a princípio, mero poder de orientação/indicação da ação estatal.

Na verdade, ainda que o direito administrativo brasileiro, hoje, passe a reconhecer fortemente princípios como o da moralidade, da boa-fé objetiva, da proteção da confiança legítima[23] e, por consequência, a proibição do *venire contra factum proprium,*[24] tais princípios não são capazes de alterar a natureza indicativa do costume administrativo e transformá-lo em fonte autônoma e de normas vinculantes para a Administração Pública. O fator que mitiga esse poder de vinculação do costume administrativo decorre novamente do Estado Democrático de Direito,

---

[23] Este princípio "(a) impõe ao Estado limitações na liberdade de alterar sua conduta e de modificar atos que produziram vantagens para os destinatários, mesmo quando ilegais, ou (b) atribui-lhe consequências patrimoniais por essas alterações, sempre em virtude da crença gerada nos beneficiários, nos administrados ou na sociedade em geral de que aqueles atos eram legítimos, tudo fazendo razoavelmente supor que seriam mantidos". Cf. o excelente artigo de COUTO E SILVA, Almiro do. O princípio da segurança jurídica (proteção à confiança) no direito público brasileiro e o direito da Administração Pública de anular seus próprios atos administrativos: o prazo decadencial do art. 54 da Lei de Processo Administrativo da União (Lei nº 9.784/99). *RBDP,* nº 6, 2004 (edição digital).

[24] A respeito desses princípios cf. COUTO E SILVA, Almiro do. O princípio da segurança jurídica (proteção à confiança) no direito público brasileiro e o direito da Administração Pública de anular seus próprios atos administrativos: o prazo decadencial do art. 54 da Lei de Processo Administrativo da União (Lei nº 9.784/99), *RBDP,* nº 6, 2004 (edição digital); DI PIETRO, Maria Sylvia Zanella. *Direito administrativo.* 23. ed. São Paulo: Atlas, 2010. p. 84 e seguintes, bem como NOHARA, Irene; MARRARA, Thiago, *Processo administrativo*: Lei nº 9.784/99 comentada. São Paulo: Atlas, 2009. p. 54.

princípios maiores que direcionam a ação do Estado no Brasil (art. 1º, *caput*, CF) e, ainda, da limitação espacial de suas práticas no âmbito da Administração Pública.

Por ser fonte secundária e meramente indicativa, o costume administrativo não pode ser visto, tal como aparentemente dizia Hely Lopes Meirelles, como fonte supletiva da lei, ou seja, como instrumento que insere novos direitos e obrigações de natureza administrativa no ordenamento jurídico em razão da inércia do legislador. Em realidade, alguns ordenamentos jurídicos têm reconhecido o poder de ação estatal na ausência de norma legislativa como uma forma de permitir o bom funcionamento da Administração Pública – tal como demonstram decisões de tribunais alemães.[25] Ainda que o conjunto dessas ações seja tolerável, desde que respeitadas reservas legais em sentido estrito e sempre como forma de proteger interesses públicos, daí não decorre que a prática do Estado na ausência de lei signifique a colmatação de lacunas legislativas. A prática reiterada, na ausência da lei, não é fonte de direito administrativo, mas tão somente uma forma de interpretação e concretização da Constituição por razão de interesse público.

Em síntese, o costume administrativo não constitui fonte de normas primárias e vinculantes para o direito administrativo. Uma vez cumpridos os requisitos apontados anteriormente, a conduta reiterada pelo Estado ou no âmbito de suas instituições pode até gerar normas principalmente em razão do princípio da moralidade e da boa-fé, mas tais normas serão sempre subordinadas à Constituição e à Lei (normas de especificação) e indicativas (não vinculantes). O papel do costume administrativo no rol das fontes do direito administrativo é, assim, extremamente restrito e tímido.

Desse entendimento não se deve, porém, extrair a conclusão de que a Administração Pública não esteja vinculada aos costumes em geral. Como dito, costume administrativo é visto, aqui, como uma espécie de costume que surge na prática do Estado dentro de seu território ou mesmo na prática *interna corporis* das instituições estatais. O costume administrativo é uma espécie de costume. Destarte, o fato de esse tipo de costume exercer pouca relevância não significa que outros tipos de costume não sejam de aplicação obrigatória pela Administração Pública.

Se costumes de outra natureza forem considerados verdadeiras fontes de direito, tais costumes também deverão ser considerados pelo Estado dentro do bloco normativo que rege suas condutas. Imagine-se, assim, uma autoridade pública atuante no campo dos direitos humanos. Ora, tal entidade, ao agir, respeita não somente o direito positivo interno, mas também o direito internacional público nesse setor de atuação. Por essa razão, costumes internacionais em matéria de direitos humanos, entendidos como fonte de direito, são necessariamente de observação obrigatória na ação desse agente público. O mesmo se diga, por exem-

---

[25] OSSENBÜHL, Fritz, Rechtsquellen und Rechtsbindungen der Verwaltung. In: Erichsen; Ehlers (Org.). *Allgemeines Verwaltungsrecht*. 12. ed. Berlim: De Gruyter, 2002. p. 163.

plo, a respeito de costumes de direito comercial. Se tais costumes são fontes de direito, a Administração Pública, ao atuar em matéria de direito comercial, tem a obrigação de considerá-los. Afirmar que o costume *administrativo* não é fonte primária e vinculante de normas administrativas não é, portanto, o mesmo que dizer que o Poder Público não deve respeitar costumes eventualmente reconhecidos como fonte de normas vinculantes. Em suma: o costume administrativo não é fonte relevante do direito administrativo; mas o costume em geral, quando aceito como fonte, vincula a Administração Pública na medida em que constitui o bloco normativo que rege suas condutas em alguns setores.

8 Fontes jurisprudenciais

No direito francês, o papel da jurisprudência[26] administrativa foi e continua sendo inegável. O Conselho de Estado francês, criado em 1790, e que passaria a exercer função jurisdicional plena em 1872, foi responsável por uma série de julgados que delimitaram a aplicação do direito privado em matérias envolvendo a Administração Pública, forjando, ao mesmo tempo, institutos próprios do que hoje se entende por direito administrativo. Aos poucos, porém, o papel das fontes legisladas cresceu no direito francês, mitigando o papel predominante da jurisprudência. Nesse sentido, narram Debbasch e Colin que os princípios fundamentais do direito francês foram estabelecidos nos julgados do Conselho de Estado e não nos textos legais. Porém, hoje, constatam que este traço marcante do direito administrativo francês tende a se enfraquecer, dado que o legislador passou a disciplinar em fontes escritas, de natureza geral e abstrata, as principais questões de direito administrativo, muitas vezes as codificando. Isso se vê, por exemplo, no *Code de la Fonction Publique* e no *Code de Justice Administrative*.[27]

No Brasil, diferentemente, pode-se afirmar o inverso. Nosso Conselho de Estado, criado nos termos dos art. 137 e seguintes da Constituição do Império,[28]

---

[26] O termo *jurisprudência* pode ser usado em diferentes acepções. Em primeiro lugar, é possível entendê-la como conjunto de decisões dos tribunais judiciais ou de entidades administrativas (chamada jurisprudência administrativa). As decisões que formam a jurisprudência em sentido formal (conjunto de documentos) recebem o nome de "julgados" ou "arrestos". Em segundo lugar, mais especificamente, jurisprudência também significa o sentido de julgamento a respeito de determinada matéria ou questão jurídica. Assim, fala-se de "nova jurisprudência", "jurisprudência recente", "jurisprudência ultrapassada" etc.

[27] DEBBASCH, Charles; COLIN, Fréderic. *Droit administrative*. 8. ed. Paris: Economica, 2007. p. 57.

[28] O Conselho de Estado foi disciplinado pelos artigos 137 a 144 da Constituição Imperial nos seguintes termos: "Art. 137. Haverá um Conselho de Estado, composto de Conselheiros vitalícios, nomeados pelo Imperador. Art. 138. O seu número não excederá a dez. Art. 139. Não são compreendidos neste número os Ministros de Estado, nem estes serão reputados Conselheiros de Estado, sem especial nomeação do Imperador para este Cargo. Art. 140. Para ser Conselheiro de Estado

pouca importância exerceu em termos de construção de um direito administrativo pátrio.[29] Na verdade, qualquer chance de significativa colaboração do Conselho de Estado acaba por desaparecer em 1889, com a promulgação da primeira Constituição da República e a adoção de um princípio de unicidade de jurisdição. Disso não se deve, porém, extrair a falsa conclusão de que as fontes jurisprudenciais são irrelevantes no Brasil. Muito pelo contrário. Há inúmeros fatores pelos quais as decisões dos Tribunais, em conjunto ou separadamente, sumuladas ou não, exercem um papel de crescente relevância para a formação do bloco de legalidade que rege a ação do Estado. Dentre esses fatores, vale mencionar:

1. *O princípio da unicidade de jurisdição*: como dito, na atual estrutura constitucional, não existem tribunais administrativos independentes do Judiciário. Na verdade, há diversos órgãos julgadores no âmbito da Administração Pública e que chegam a formar uma jurisprudência administrativa, mas suas decisões, em razão do princípio da unicidade (art. 5º, XXXV, CF), sujeitam-se à apreciação do Poder Judiciário caso lesem ou ameacem a lesar direitos. Isso significa que qualquer ato ou decisão de uma entidade administrativa federal, estadual ou municipal, seja ele discricionário ou vinculado,[30] pode ser levado a juízo. Justamente

---

requerem-se as mesmas qualidades que devem concorrer para ser Senador. Art. 141. Os Conselheiros de Estado, antes de tomarem posse, prestarão juramento nas mãos do Imperador de: manter a Religião Católica Apostólica Romana; observar a Constituição e as Leis; ser fiéis ao Imperador; aconselhá-lo segundo suas consciências, atendendo somente ao bem da Nação. Art. 142. Os Conselheiros serão ouvidos em todos os negócios graves e medidas gerais da pública Administração; principalmente sobre a declaração da Guerra, ajustes de paz, negociações com as Nações Estrangeiras, assim como em todas as ocasiões em que o Imperador se proponha exercer qualquer das atribuições próprias do Poder Moderador, indicadas no art. 101, à exceção da VI. Art. 143. São responsáveis os Conselheiros de Estado pelos conselhos que derem opostos às Leis e ao interesse do Estado, manifestamente dolosos. Art. 144. O Príncipe Imperial, logo que tiver dezoito anos completos, será de Direito do Conselho de Estado: os demais Príncipes da Casa Imperial, para entrarem no Conselho de Estado ficam dependentes da nomeação do Imperador. Estes e o Príncipe Imperial não entram no número marcado no Art. 138."

[29] Nesse sentido, MEDAUAR, Odete. *Direito administrativo em evolução.* São Paulo: Revista dos Tribunais, 1992. p. 61.

[30] O fato de um ato administrativo ser discricionário não afasta seu controle pelo Judiciário. Na sua função de controle, o Judiciário verifica se os parâmetros jurídicos que deveriam conduzir o poder de escolha dado à autoridade pública foram respeitados ou não. Caso o ato discricionário praticado seja ilegal e haja apenas outro ato possível, parece possível que o Judiciário já determine ao Estado a prática do único ato válido. Se, porém, o ato praticado com base na discricionariedade for nulo, mas houver várias outras possibilidades de atos praticáveis pela Administração Pública, naturalmente não poderá o Judiciário ignorar o princípio da tripartição dos Poderes (art. 2º, CF) e escolher o ato mais conveniente em nome da Administração Pública. Como se vê, os limites de controle do Judiciário sobre atos discricionários variam de acordo com a quantidade de atos possíveis em relação ao que foi considerado ilegal e, portanto, nulo. A favor da plena sindicabilidade dos atos administrativos, inclusive das decisões políticas, cf., entre outros, SANTOS NETO, João Antunes dos. Legalidade e decisões políticas. *Fórum Administrativo – Direito Público,* nº 32, 2003 (edição digital). No mesmo

por esse motivo, as manifestações do Judiciário em matéria de direito administrativo tornaram-se muito numerosas e passaram a influenciar, inegavelmente, o Poder Público em geral e a doutrina. Isso ocorreu, principalmente, pelo respeito e consideração concedidos a súmulas do Supremo Tribunal Federal e do Superior Tribunal de Justiça, a despeito de seu caráter não vinculante.[31]

2. *As súmulas vinculantes:* principalmente com a Reforma do Judiciário, implantada com a aprovação da Emenda Constitucional nº 45, de 2004, surgiram, no direito brasileiro, as súmulas vinculantes do Supremo Tribunal Federal. Estas se diferenciam das súmulas que já existiam – e continuam existindo – pelo fato de trazerem manifestações breves sobre a validade, interpretação e eficácia de determinadas normas, vinculando os órgãos judiciais e também os órgãos da Administração Pública dos três entes da Federação (art. 103-A, *caput,* CF).[32] Assim, caso qualquer decisão administrativa contrarie súmulas vinculantes, poderá o administrado ou qualquer interessado recorrer administrativamente e, subsidiariamente, apresentar "reclamação" perante o STF, o qual, julgando-a procedente, anulará o ato administrativo e determinará que outro seja proferido de acordo com a Súmula (art. 103-A, § 3º, CF).

3. *Outras decisões vinculantes:* note-se, ainda, que a Constituição outorga efeito vinculante às decisões definitivas de mérito, proferidas pelo STF, nas ações diretas de inconstitucionalidade e nas ações declaratórias de constitucionalidade. Tais decisões, desde que transitem em julgado, vin-

---

sentido, SCHIRATO, Vitor Rhein. Algumas considerações atuais sobre o sentido de legalidade na Administração Pública. *Interesse Público,* nº 47, 2008 (edição digital).

[31] Exemplos de súmulas não vinculantes do STF que foram amplamente incorporadas ao direito administrativo: nº 15 – "Dentro do prazo de validade do concurso, o candidato aprovado tem direito à nomeação, quando o cargo for preenchido sem observância da classificação"; nº 18 – "Pela falta residual, não compreendida na absolvição pelo juízo criminal, é admissível a punição administrativa do servidor público"; nº 47 – "Reitor de universidade não é livremente demissível pelo Presidente da República durante o prazo de sua investidura"; nº 473 – "A administração pode anular seus próprios atos, quando eivados de vícios que os tornam ilegais, porque deles não se originam direitos; ou revogá-los, por motivo de conveniência ou oportunidade, respeitados os direitos adquiridos, e ressalvada, em todos os casos, a apreciação judicial" etc.

[32] No campo do direito administrativo, há diversas súmulas vinculantes que merecem destaque, dentre as quais: nº 5 – "A falta de defesa técnica por advogado no processo administrativo disciplinar não ofende a Constituição"; nº 13 – "A nomeação de cônjuge, companheiro ou parente em linha reta, colateral ou por afinidade, até o terceiro grau, inclusive, da autoridade nomeante ou de servidor da mesma pessoa jurídica investido em cargo de direção, chefia ou assessoramento, para o exercício de cargo em comissão ou de confiança ou, ainda, de função gratificada na administração pública direta e indireta em qualquer dos Poderes da União, dos Estados, do Distrito Federal e dos Municípios, compreendido o ajuste mediante designações recíprocas, viola a Constituição Federal"; nº 21 – "É inconstitucional a exigência de depósito ou arrolamento prévios de dinheiro ou bens para admissibilidade de recurso administrativo".

cularão a atuação da Administração Pública Direta e Indireta nas esferas federal, estadual e municipal (art. 102, § 2º, com redação dada pela EC 45/2004). Com isso, mais uma vez, o Judiciário cria documentos a vincular a Administração, impedindo-a de agir com apoio em documento declarado inconstitucional ou de não agir com o argumento de se tratar de norma inconstitucional quando tal norma já tiver sido declarada compatível com a Constituição pelo Supremo.

4. *A ressurreição do mandado de injunção:* enfim, as decisões do Judiciário brasileiro ganharam ainda mais força pelo recente ressurgimento funcional do mandado de injunção. Com efeito, passou o STF a exercer seu papel de "legislador *ad hoc*" nos casos em que "a falta de norma regulamentadora torne inviável o exercício dos direitos e liberdades constitucionais e das prerrogativas inerentes à nacionalidade, à soberania e à cidadania" (art. 5º, inciso LXXI, CF). Isso ocorreu quando o Supremo, em agosto de 2007, deu concretude à Constituição no tocante ao direito de servidores públicos terem contagem diferenciada de tempo de serviço em razão de atividade insalubre e, em outubro do mesmo ano, determinou a aplicação de normas da Lei de Greve (Lei nº 7.783/89) aos casos de greve no serviço público até que o Congresso venha a editar a tal "lei específica" prevista no art. 37, inciso VII, da CF com redação dada pela Emenda nº 19, de 1998. Essas duas decisões refletiram uma grande mudança de postura do Judiciário e geraram o que se chamou de "ressurreição do mandado de injunção", antes utilizado timidamente pelos advogados.[33]

Como se vê, por esses e outros fatores, as fontes jurisprudenciais têm ganhado espaço ao longo da história do direito administrativo brasileiro. As contribuições que o Poder Judiciário já aportava ao direito administrativo em virtude do princípio da unicidade de jurisdição tendem a se multiplicar principalmente com a criação da figura das súmulas vinculantes do STF e também com o ressurgimento dos mandados de injunção sob uma perspectiva concretista. A jurisprudência, portanto, passa a exercer indiscutível papel de fonte de uso obrigatório e de natureza vinculante em incontáveis situações, participando necessariamente do bloco normativo que guia a ação estatal em muitos casos concretos.

Ainda nesse contexto, mas de modo diferenciado, a jurisprudência administrativa brasileira, formada por sua vez pelas decisões das mais diferentes entidades públicas com função julgadora sem definitividade, permanece restrita ao papel de fonte indicativa do direito administrativo, não obstante ganhe notória relevância

---

[33] Segundo reportagem de Rodrigo Haidar, o número de Mandados de Injunção interpostos perante o Supremo saltou de 17 em 2005, para 140 em 2008, para 662 até julho de 2009. Cf. HAIDAR, Rodrigo. Omissão do Congresso vira processos no STF, *Revista Consultor Jurídico,* 27 jul. 2009. Disponível em: <www.conjur.com.br>. Acesso em: 3 abr. 2010.

em razão de sua tecnicidade e profundidade no cenário de "agencificação" que marca principalmente a organização administrativa federal desde a metade da década de 1990.

9 Fontes doutrinárias

Para concluir esse breve panorama, algumas notas acerca do papel da doutrina como fonte do direito administrativo são devidas. Doutrina, aqui, é entendida como o conjunto de textos científicos que têm por objeto examinar, sistematizar e criticar o direito positivo e, ainda, oferecer formas de aperfeiçoamento do sistema jurídico. Ela corresponde ao conjunto de estudos científicos sobre as normas, institutos e instituições jurídicas, sendo, nas palavras de Meirelles, o sistema teórico construtivo da ciência jurídica e que diferencia seus ramos, influenciando, por suas considerações, decisões contenciosas e não contenciosas.[34]

Diferentemente do que ocorre no direito internacional público, em que a doutrina, assim como o costume, foi expressamente eleita como fonte pelo Estatuto da Corte Internacional de Justiça (art. 38), os ensinamentos científicos de direito administrativo ainda não receberam do legislador brasileiro semelhante reconhecimento. O fato de se tratar de uma fonte subsidiária e indicativa não reduz, contudo, sua importância prática e seu reconhecimento pelos mais diversos operadores do Direito.

Com efeito, o papel da doutrina é extremamente relevante por uma série de fatores, como já bem destacaram Debbasch e Colin.[35] Em primeiro lugar, a doutrina é responsável pela divulgação das fontes jurisprudenciais e por sua divulgação e perpetuação. Em segundo, exerce um papel fundamental na sistematização das mais diferentes fontes do direito administrativo, buscando conferir coerência ao sistema como um todo. Em terceiro, aponta, de modo crítico, os problemas das fontes legisladas, administrativas e jurisprudenciais frente à Constituição, contribuindo, pois, para evitar condutas ilegais. Em quarto, elabora sugestões de alteração do ordenamento jurídico a fim de permitir que o Poder Público cumpra suas finalidades constitucionais da melhor maneira possível, contribuindo, pois, para o desenvolvimento do direito administrativo. Em quinto lugar, elabora e transfere aos operadores do Direito as diretrizes de atuação segundo o ordenamento jurídico, fomentando o respeito à legalidade administrativa.

---

[34] MEIRELLES, Hely Lopes. *Direito administrativo brasileiro*. 34. ed. São Paulo: Malheiros, 2008. p. 47.
[35] DEBBASCH, Charles; COLIN, Fréderic. *Droit administratif.* 8. ed. Paris: Economica, 2007. p. 105.

10 As fontes e a legalidade administrativa

A despeito dos esforços e do papel da doutrina, uma apresentação panorâmica das fontes do direito administrativo brasileiro revela, além de problemas pontuais diversos, as dificuldades enfrentadas pelo administrador público para identificar, no seu dia a dia, o bloco normativo ou "bloco de legalidade" que rege suas condutas. De modo sucinto, tais dificuldades podem ser resumidas por algumas simples expressões, a saber:

1. *Inflação normativa:* a ampliação material da Constituição e a subsequente inflação de fontes legais e regulamentares de modo incontrolado é o primeiro fator a dificultar a compreensão do que seja legal ou ilegal. Segundo Debbasch e Colin, trata-se de um problema típico da nossa época e que afeta, principalmente, o direito administrativo. Esse fenômeno decorre, entre outras coisas, da ausência de textos legislativos claros e concisos; da ampliação do papel da Administração Pública na elaboração de fontes do direito administrativo; da transposição, na elaboração de fontes administrativas, da casuística sem a devida preocupação com a elaboração de normas gerais e abstratas; assim como da busca de tudo pelo Direito regular, tentando afastar o maior número de riscos possível. Essa "desordem quantitativa", nas palavras de Castro, "passa a ser um dos maiores problemas de conformação prática do princípio da legalidade".[36]

2. *Multiplicação das fontes:* a essa inflação atual das normas, soma-se a multiplicidade natural das fontes no direito administrativo brasileiro. Esse problema é inerente à estrutura estatal adotada pela Constituição. De um lado, é consequência da divisão de Poderes (art. 2º, CF), que permite a coexistência de fontes produzidas pelo Legislativo, pelo Executivo e pelo Judiciário. De outro, resulta da estrutura federativa – bipartite desde a Constituição de 1891 e tripartite após a Constituição de 1988. Assim, ainda que o federalismo seja quase irrelevante para alguns ramos do Direito, para o direito administrativo a existência de três esferas políticas é necessária, porém desastrosa. Tal como as fontes federais, as fontes estaduais e municipais também criam direito administrativo. Isso não significa apenas uma esfera federal, estadual e municipal, mas sim uma União, mais de duas dezenas de Estados e mais de cinco milhares de Municípios, todos criando constantemente normas de direito administrativo. Nesse contexto e em razão da distribuição de competências e seus variados arranjos (competência concorrente, comum, exclusiva), chega-se a uma situação em que a aplicação do direito administrativo

---

[36] Cf. CASTRO, José Nilo de. Princípio constitucional da legalidade. *RBDM*, nº 24, 2007 (edição da biblioteca digital).

tende a se tornar mais difícil conforme se desçam os degraus da federação (da União aos Municípios). A complicação nos níveis mais locais da federação torna-se ainda mais grave quando se considera a escassa existência de fontes doutrinárias de direito administrativo estadual e municipal, bem como a incapacidade financeira de os entes políticos locais – via de regra, os mais pobres – tomarem medidas efetivas de profissionalização de seus recursos humanos de modo a capacitar os agentes públicos a compreenderem o ordenamento jurídico e a transformarem a legalidade-princípio em legalidade real.

3. *Imperfeições naturais do ordenamento jurídico:*[37] não fossem todos esses problemas, as dificuldades do administrador público decorrem, como ocorre em outros ramos do Direito, da desorganização, da vagueza, das imperfeições e da lacunas comuns a todo ordenamento jurídico.[38] Buscando solucionar esses problemas "mecânicos" do sistema jurídico, muitas vezes chega o agente público – que não é, na maioria das vezes, jurista – a uma decisão ilegal, ainda que tenha agido de acordo com a mais pura boa-fé.

Esse cenário caótico das fontes de direito administrativo – cenário que poderia ser recheado com mais uma centena de fatores e variáveis – abre espaço para tragédias no funcionamento da Administração Pública. A primeira delas é a dificuldade, já mencionada, de se identificar o bloco normativo correto a reger uma determinada conduta estatal. A segunda, conexa à primeira, é a multiplicação dos erros ocasionados pela escolha incorreta das fontes e das normas aplicadas ao caso concreto. Tais erros, não raro, elevam a necessidade de anulação e revogação de atos da Administração e atos administrativos, aumentando gastos públicos e, pior, criando insegurança nas relações entre entes estatais, bem como entre o Estado e os cidadãos.

Por tudo isso, entende-se que um dos maiores problemas acerca do princípio da legalidade não está mais em um plano unicamente teórico. A despeito de divergências pequenas aqui e acolá, consenso há de que o princípio da legalidade tem

---

[37] José Nilo de Castro também se preocupa com os efeitos maléficos da obscuridade e da confusão dos diplomas legais. Afirma, nesse contexto, que "a lei, no sentido de norma jurídica, tem de ser suficientemente acessível, quer em relação à sua qualidade intrínseca, quer em relação a seus enunciados, a fim de que se possa permitir a seus destinatários regular-lhes a conduta. Destarte, quando uma lei é clara, é fácil cumpri-la, quando, porém, é obscura, mais difícil se revela aprofundar-lhe as disposições, ausentando-se a eficácia e a efetividade". CASTRO, José Nilo de. Princípio constitucional da legalidade. *RBDM*, nº 24, 2007 (edição digital).

[38] No mesmo sentido, preleciona Guerra que "em muitos casos e em vista dos acordos entre partidos e parlamentares, a lei é elaborada, propositalmente ou não, de forma ambígua, isso quando não é mal redigida, provocando imprecisões e dificuldades para a aplicação no caso concreto". GUERRA, Sérgio. Crise e refundação do princípio da legalidade: a supremacia formal e axiológica da Constituição Federal de 1988. *Interesse Público,* nº 49, 2008 (edição digital).

efeito vinculante, dele decorrendo, claramente, um dever de ação ora conforme, ora compatível com o ordenamento jurídico. Por isso, a questão de hoje não é mais "o que é legalidade?", mas sim "como tornar a legalidade viável?".

Nesse particular, alguns países europeus já mostram grandes avanços. A França e a Alemanha, por exemplo, já há alguns anos, buscam limpar o direito administrativo, afastando fontes legais e normativas confusas e inúteis, quer por sua revogação, quer por sua consolidação em códigos setoriais. O Brasil, na mesma linha, também já deu alguns passos. É o que se vê na edição da tardia, porém útil lei de processo administrativo federal, bem como na elaboração de projetos para consolidação da organização administrativa federal. No entanto, é preciso fazer mais, sob pena de se enterrar a legalidade administrativa.

Se, como dizia Waline, a legalidade quer operar "a síntese entre as exigências opostas da liberdade dos administrados e a eficácia da Administração", evitando que os agentes públicos sejam largados à "sua inspiração pessoal",[39] é preciso que essa legalidade se torne viável na prática. Do contrário, restará condenada a permanecer eternamente no mundo das ideias, dos debates e dos desejos.

Referências bibliográficas

ARAÚJO, Edmir Netto de. *Curso de direito administrativo*. 3. ed. São Paulo: Saraiva, 2007.

BARROSO, Luís Roberto. A constitucionalização do direito e suas repercussões no âmbito administrativo. In: Aragão; Marques Neto (Coord.). *Direito administrativo e seus novos paradigmas*. Belo Horizonte: Fórum, 2009.

BINENBOJM, Gustavo. O sentido da vinculação administrativa à juridicidade no direito brasileiro. In: Aragão; Marques Neto (Coord.). *Direito administrativo e seus novos paradigmas*. Belo Horizonte: Fórum, 2009.

BOBBIO, Norberto. *O positivismo jurídico*: lições de filosofia do direito. São Paulo: Ícone, 2006.

CASTRO, José Nilo de. Princípio constitucional da legalidade. *RBDM*, nº 24, 2007 (edição da biblioteca digital da Editora Fórum).

COUTO E SILVA, Almiro do. O princípio da segurança jurídica (proteção à confiança) no direito público brasileiro e o direito da Administração Pública de anular seus próprios atos administrativos: o prazo decadencial do art. 54 da Lei de Processo Administrativo da União (Lei nº 9.784/99). *RBDP*, nº 6, 2004 (edição da biblioteca digital da Editora Fórum).

DEBBASCH, Charles; COLIN, Fréderic. *Droit administrative*. 8. ed. Paris: Economica, 2007.

DI PIETRO, Maria Sylvia Zanella. *Discricionariedade administrativa na Constituição de 1988*. 2. ed. São Paulo: Atlas, 2001.

---

[39] WALINE, Jean. *Droit administrative*. 22. ed. Paris: Dalloz, 2008. p. 251.

DI PIETRO, Maria Sylvia Zanella. *Direito administrativo.* 23. ed. São Paulo: Atlas, 2010.

EISENMANN, Charles. O direito administrativo e o princípio da legalidade. *RDA* v. 56, abr./jun., 1959.

GUERRA, Sérgio. Crise e refundação do princípio da legalidade: a supremacia formal e axiológica da Constituição Federal de 1988. *Interesse Público,* nº 49, 2008 (edição da biblioteca digital da Editora Fórum).

HAIDAR, Rodrigo. Omissão do Congresso vira processos no STF. *Consultor Jurídico,* 27 jul. 2009. Disponível em <www.conjur.com.br>. Acesso em: 3 abr. 2010.

MARRARA, Thiago. A legalidade na relação entre Ministérios e agências reguladoras. In: Aragão (Org.). *O poder normativo das agências reguladoras.* Rio de Janeiro: Forense, 2005.

MEDAUAR, Odete. *Direito administrativo em evolução.* São Paulo: Revista dos Tribunais, 1992.

MEIRELLES, Hely Lopes. *Direito administrativo brasileiro.* 34. ed. São Paulo: Malheiros, 2008.

MONTEIRO, Vera. Princípio da legalidade e os poderes normativos e regulamentar da Administração Pública. *RDPE,* nº 20, 2007 (edição da biblioteca digital da Editora Fórum).

NOHARA, Irene; MARRARA, Thiago. *Processo administrativo*: Lei nº 9.784/99 comentada. São Paulo: Atlas, 2009.

OSSENBUHL, Fritz. Rechtsquellen und Rechtsbindungen der Verwaltung. In: Erichsen; Ehlers (Org.). *Allgemeines Verwaltungsrecht.* 12. ed. Berlim: De Gruyter, 2002.

ROSS, Alf. *Theorie der Rechtsquellen.* Leipzig; Viena: F. Deuticke, 1929.

SANTOS NETO, João Antunes dos. Legalidade e decisões políticas. *Fórum Administrativo – Direito Público,* nº 32, 2003 (edição da biblioteca digital da Editora Fórum).

SCHIRATO, Vitor Rhein. Algumas considerações atuais sobre o sentido de legalidade na Administração Pública. *Interesse Público,* nº 47, 2008 (edição da biblioteca digital da Editora Fórum).

WALINE, Jean. *Droit administrative.* 22. ed. Paris: Dalloz, 2008.

10

A Constitucionalização do Direito Administrativo

Cristiana Corrêa Conde Faldini[1]

1 Introdução

O presente trabalho busca analisar as consequências que puderam ou poderão ser experimentadas pelo direito administrativo em decorrência do movimento chamado de constitucionalização do direito.

Pretende-se trazer à baila algumas reflexões sobre o tema, sem pretensão de esgotá-lo, de modo que certa dose de opinião crítica permita reduzir algum grau de exagero que vem sendo empregado às supostas consequências da chamada constitucionalização do direito na esfera do direito administrativo.

Diante de novos balizamentos para a dicotomia interesse público e interesse privado e de sucessivas reformas constitucionais experimentadas na esfera do direito administrativo, pareceu oportuno enfrentar o tema da constitucionalização, em especial para defender a compatibilidade da sobrevivência do princípio da supremacia do interesse público com a constitucionalização do direito.

2 A constitucionalização do direito

2.1 *Delineamentos*

Falar da constitucionalização do direito administrativo exige que se fale preliminarmente do fenômeno da constitucionalização do direito. Este movimento

---

[1] Procuradora do Estado de São Paulo. Doutoranda em Direito do Estado na Faculdade de Direito da USP.

experimentado na esfera jurídica também tem fundamentos políticos e socioeconômicos.

A substituição do Estado Liberal pelo Estado Social,[2] devido à inoperância daquele em satisfazer as necessidades da população, bem como, principalmente no período pós-Segunda Guerra Mundial, quando se enfatizou esforço para dar efetividade aos direitos e garantias individuais (liberdades individuais e direitos sociais) que haviam sido conquistados, criaram ambiente propício à constitucionalização.

Essa necessidade de garantir aqueles direitos, somada à demanda pela justiça enquanto valor, traduziram a superação do positivismo, digamos, clássico. O positivismo, na época, não foi capaz de evitar ou de explicar os regimes totalitários.[3]

A norma[4] não podia mais ser mero veículo de implementação de vontades políticas; a ela havia que estar vinculado valor. As atenções voltam-se à necessidade de reaproximar a lei dos ideais de justiça, como bem sintetizado por Manoel Gonçalves Ferreira Filho:

> Quando, por influência dos socialistas e cristãos-sociais, se veio a entender o Estado como a providência dos malsucedidos, começou-se a abandonar a fórmula setecentista do Estado de Direito. O Estado-Providência, preocupado em dar a todos condições adequadas de vida, intervém no domínio econômico e social. Tende, por isso, a reduzir a autonomia individual e, tomado de racionalismo (no que é digno herdeiro do pensamento setecentista), quer ordenar os mais setores da vida social. Continua a agir por meio da lei, mas a concebe como um meio, tão somente. O seu conteúdo é o que convém, ou parece convir, em dado momento, para alcançar-se determinado objetivo.[5]

A concepção de Constituição também mudou. A Constituição-garantia, que limitava o poder na medida em que o organizava, distribuindo-o entre diferen-

---

[2] A constatação da inoperância do Estado Liberal para dar efetividade às necessidades da população, que não eram integralmente satisfeitas pela tão só garantia das liberdades individuais, levou à demanda pela inserção de direitos sociais em favor dos administrados. O Estado Liberal consagrou o princípio da legalidade, incluiu-o em todas as Declarações de Direito que lhe corresponderam. A primazia do Legislativo submetia os dois outros Poderes à lei. E, para verificação de tal submissão, consagrou-se a ideia de controle (por ente independente) dos atos praticados pelo Executivo.

[3] O positivismo jurídico, na concepção de Kelsen, restringiu o direito à norma coativa estabelecida pela autoridade. A experiência dos regimes totalitários reacendeu discussões sobre o "justo" (cf. LAFER, Celso. *A Reconstrução dos direitos humanos*: um diálogo com o pensamento de Hannah Arendt. São Paulo: Companhia das Letras, 2003).

[4] Que no Estado Liberal legitimava-se por ser "expressão da vontade política do povo", não por seu conteúdo de justiça. FERREIRA FILHO, Manoel Gonçalves. *Estado de direito e constituição*. 2. ed. São Paulo: Saraiva, 1999. p. 45.

[5] Ob. cit., p. 43.

tes órgãos, passa a "reger o econômico e o social", apresentando-se, assim, como Constituição política, econômica e social.[6]

O efeito foi o de expansão das normas constitucionais, de seu conteúdo material e axiológico, ao lado do aumento da formalização de normas na Constituição, que passou a tratar de diversos assuntos antes objeto de preocupação da legislação infraconstitucional.

Houve aumento de importância da Constituição, o reconhecimento de sua supremacia, mas esta consequência não se limitou ao plano teórico. Das normas constitucionais passou-se a retirar efeito prático, com força e aplicabilidade diretas para defesa de direitos e garantias individuais (liberdades individuais e direitos sociais), o que é bem salientado por Virgílio Afonso da Silva:

> Quando se fala em constitucionalização do direito, a ideia mestra é a irradiação dos efeitos das normas (ou valores) constitucionais aos outros ramos do direito. Mas essa irradiação é um processo e, como tal, pode se revestir de diversas formas e pode ser levada a cabo por diferentes atores.[7]

Virgílio Afonso da Silva tratou das diversas formas que pode revestir a constitucionalização do direito, enunciando, dentre outras, a teoria de autoria de Louis Favoreu. Este, em apertada síntese, trata da (i) *constitucionalização-juridicização*, que consiste na criação de condições para o processo de constitucionalização – é o processo de juridicizacão da própria constituição; (ii) *constitucionalização-elevação*, no sentido de desligamento de matérias na repartição de competências entre constituição, lei e regulamento – movimento ascendente na repartição material, que acarreta diminuição do poder do legislador ordinário, que perde parte de sua liberdade de conformação da legislação ordinária, surgindo o Conselho Constitucional como novo ator no processo; e (iii) *constitucionalização-transformação*, o que se pode reputar mais próximo da constitucionalização do direito, pois é caracterizada pela constitucionalização dos direitos e liberdades, que conduz a uma impregnação dos diferentes ramos do direito e, ao mesmo tempo, à sua transformação, abrangendo inclusive as instituições, especialmente as administrativas e jurisdicionais.[8]

O sentido da constitucionalização do direito que se está a analisar no presente trabalho refere-se, portanto, ao "efeito expansivo das normas constitucionais, cujo conteúdo material e axiológico se irradia, com força normativa, por todo o sistema jurídico".[9]

---

[6] Ob. cit., p. 86.

[7] *A constitucionalização do direito*: os direitos fundamentais nas relações entre particulares. São Paulo: Malheiros, 2007. p. 38.

[8] SILVA, Virgílio Afonso da. Ob.cit., p. 48-49.

[9] SILVA, Virgílio Afonso da. Ob.cit., p. 48-49.

Importa, como precedente mais relevante do processo de constitucionalização, no aspecto abordado neste texto, a Lei Fundamental de Bonn, de 1949 (posterior, portanto, à Constituição de Weimar, de 1919).

Faz sentido que esta preocupação com os direitos fundamentais também tenha servido para instituir ordem objetiva de valores, que devem ser protegidos pelo sistema jurídico, com destaque exatamente no país que experimentou o regime totalitário na forma mais extremada.

Narra-se que o Tribunal Constitucional passou a interpretar normas de várias matérias de acordo com a Constituição, sob o prisma dos valores por ela resguardados.[10]

Para os integrantes do sistema da *civil law*, o que se experimentou foi o constitucionalismo do pós-guerra, quando houve aproximação entre o constitucionalismo e a democracia, necessidade de dar força normativa à Constituição, o que culminou por difundir a jurisdição constitucional. O período é coincidente com a instituição de Cortes Constitucionais em muitos países europeus.[11]

Na França, onde está consolidado o controle preventivo de constitucionalidade (feito não só com base na Constituição, mas no chamado "bloco de constitucionalidade", no qual se insere a Declaração de Direitos do Homem e do Cidadão), houve recentemente reforma constitucional para introduzir, ainda que paulatina e excepcionalmente e com peculiaridades, o controle repressivo de constitucionalidade.[12]

O fenômeno da constitucionalização do direito repercute, no entendimento de Luís Roberto Barroso, sobre a atuação dos três Poderes, inclusive e notadamente nas suas relações com os particulares, na esfera dos quais também exerce impacto, na medida em que impõe limites à autonomia da vontade dos mesmos. Dá-se a repercussão da seguinte forma:[13] para o Legislativo, a constitucionalização limita a liberdade para elaboração das leis, impondo-lhe deveres de atuação para realiza-

---

[10] Esta nova visão foi referida como "revolução das ideias". CORNELOUP, Sabine. *Table ronde*: le cas de l'Alemagne. In: VERPEAUX, Michel. *Code Civil et Constitution(s)*, p. 85, 2005, apud BARROSO, Luis Roberto. Ob. cit., p. 36.

[11] Outro precedente deste movimento de constitucionalização foi a Constituição Italiana, de 1948, embora a expressão prática tenha se mostrado após a instalação da Corte Constitucional (1956). A partir da década de 60 o controle de constitucionalidade ganhou força e o conjunto de valores constitucionalmente estabelecido passou a ter maior influência na aplicação do direito ordinário. As normas constitucionais de direitos fundamentais passaram a ser diretamente aplicáveis, sem intermediação do legislador (inclusive experimentando resistência da jurisdição ordinária e da Corte de Cassação). Aos poucos o Legislativo foi se adaptando à "nova visão", tendo sido verificadas mudanças profundas na legislação de importantes setores, como Direito do Trabalho e Direito de Família.

[12] Emenda nº 2008-724, publicada em 24 de julho de 2008. Sobre o tema, v. FABBRINI, Frederico. Kelsen in Paris: France's constitucional reform and the Introduction of a posteriori constitutional review of legislation. *German Law Journal*, v. 9, nº 10, p. 1297-1312, 2008.

[13] BARROSO, Luís Roberto. A constitucionalização do direito e suas repercussões no âmbito administrativo. In: *Direito administrativo e seus novos paradigmas*. Belo Horizonte: Fórum, 2008. p. 32.

ção de direitos e programas constitucionais; para a Administração Pública, limita a discricionariedade, impondo-lhe deveres de atuação e fornecendo fundamento de validade para a prática de atos de aplicação direta e imediata da Constituição, mesmo ante a ausência de atuação do legislador ordinário; para o Judiciário, serve de parâmetro para o controle de constitucionalidade e condiciona a interpretação de todas as normas do sistema.

Desse entendimento já é possível se intuir a importância e projeção atribuídas ao Poder Judiciário.

Não obstante a constitucionalização formal não tenha sido experimentada de igual forma no sistema da *common law* e no sistema da *civil law*, no Reino Unido e nos Estados Unidos não se questiona a força material e axiológica da Constituição. Nos Estados Unidos é conhecida a tradição do controle de constitucionalidade (incidental, não abstrato) e a legitimidade das decisões da Suprema Corte.

2.2 Ordenamento jurídico brasileiro

No Brasil, a Constituição de 1988 representou marco na constitucionalização de quase todos (senão todos) os ramos do direito.[14]

Note-se que não se está tratando essencialmente da elevação, ao nível constitucional, de normas que disciplinam o campo econômico e o social, o que, é sabido, iniciou-se com a Constituição de Weimar, de 11 de agosto de 1919. Cuida-se do aspecto axiológico irradiador do conteúdo dessas normas (e das demais normas constitucionais) sobre todos os ramos do direito.

Mas a constitucionalização na acepção aqui tratada não significa a simples presença de normas (materialmente) de direito infraconstitucional na Constituição. Os assuntos aproximam-se, mas não se misturam. Não é preciso grande profusão de normas na Constituição para que esta adquira a força e aplicabilidade dos valores que tutela.[15] Os antecedentes mencionados fizeram alusão à difusão do conteúdo axiológico da Constituição, à profusão de seus valores por todo o ordenamento, inclusive orientando a interpretação das normas infraconstitucionais.

No Brasil, contudo, esta aproximação de assuntos traduziu-se em superposição de temas. Tanto que se poderia bem enquadrar o processo experimentado no Brasil na *constitucionalização-elevação* definida por Favoreu acima.[16]

---

[14] Resultado da soma dos anseios dos diversos setores, egressos da ditadura em direção à democracia.
[15] Cf. bem ilustra o exemplo norte-americano.
[16] Vide nota 7.

Na verdade, são temas correlatos (a *vinda* para a Constituição de normas dos diversos ramos do direito e a *ida* da Constituição, com seus valores e fins, aos diferentes ramos do direito infraconstitucional), que podem caminhar em paralelo, mas permanecem distintos.

Aos poucos, no Brasil, o eixo de importância que sempre se atribuiu ao Código Civil como "norma geral" foi sendo deslocado para a Constituição. É bem verdade que o novo Código Civil não trouxe inovações impactantes o suficiente para resgatar este eixo, mas o movimento era, como exemplificado pela experiência de outros ordenamentos, inevitavelmente no sentido da constitucionalização.

A constitucionalização, afirma-se, implica que toda a ordem jurídica deve ser lida e apreendida sob a lente da Constituição. Ou seja, além da inclusão de normas dos diversos ramos do direito, também a interpretação passa a ser feita sob a ótica constitucional.[17] Denota-se, mais uma vez, o destaque que esse entendimento atribui ao Poder Judiciário, em especial em âmbito de controle de constitucionalidade.

O Direito Administrativo, em especial, foi objeto da constitucionalização formal. Ganhou normas no capítulo de direitos individuais e coletivos (mencione-se, como exemplo, a desapropriação) e ainda um capítulo específico para tratar da Administração Pública.

Como ocorre o fenômeno da constitucionalização do direito na esfera do direito administrativo, inclusive em face da positivação constitucional de suas normas, é o que será enfrentado a seguir.

3 Constitucionalização do Direito Administrativo brasileiro

3.1 Características

O direito administrativo nasceu no fim do século XVIII e início do século XIX, já na fase do Estado Moderno (Estado de Direito).[18] Nasceu junto com o direito constitucional, a fim de garantir os direitos e liberdades individuais, estruturado com base no princípio da legalidade.[19]

Originário na França, foi fruto da criação jurisprudencial do Conselho de Estado, que lhe deu destaque e projeção. Não obstante normatização esparsa,

---

[17] BARROSO, Luis Roberto. Ob. cit., p. 43.
[18] DI PIETRO, Maria Sylvia. 500 anos de direito administrativo brasileiro. *Revista Eletrônica de Direito do Estado*, Salvador: Instituto de Direito Público da Bahia, nº 5, p. 21, jan./fev./mar. 2006.
[19] MORAES, Alexandre de. Constitucionalização do direito administrativo e princípio da eficiência. In: *Administração pública*: direito administrativo, financeiro e gestão pública: prática, inovações e polêmicas. São Paulo: Revista dos Tribunais, 2002. p. 27.

assim permaneceu associado até o movimento de constitucionalização do pós-Segunda Guerra.

Firmou-se como ramo autônomo no Brasil, especialmente a partir da Constituição de 1934, com a adoção do Estado Social, e está em constante evolução. A Constituição de 1988 trouxe princípios informativos do Estado de Direito Democrático, com expressa previsão da participação popular em processos de tomada de decisão nas diversas esferas.[20] A acepção do princípio da legalidade, destinado aos três Poderes do Estado, passou a considerar não só a lei formal, mas todo o ordenamento jurídico vigente.[21]

Nenhuma das Constituições anteriores havia constitucionalizado os princípios e preceitos básicos do Direito Administrativo de maneira tão detalhada e completa quanto a atual Constituição Federal de 1988, e, igualmente, tal hipótese não encontra paralelo no Direito Comparado. As normas sobre Administração Pública foram elevadas à condição de garantias individuais dos administrados em face do Poder Público, com a finalidade de limitação do arbítrio estatal e concretização do Estado de Direito.[22]

Os princípios constitucionais informadores das relações entre particulares passaram a ser irradiados sobre a atuação da Administração Pública.

De outra parte, sob a égide da Constituição Federal de 1988, que consagrou a participação democrática do particular no processo político, presenciou-se movimento que, oriundo principalmente do cenário econômico, causou alterações substanciais tanto no campo social e político, quanto no campo jurídico. Assim, a Administração Pública não saiu ilesa de fenômenos como a globalização e o chamado neoliberalismo (muito embora este implique fórmulas radicalmente opostas ao liberalismo do começo do Estado de Direito).

A Constituição de 1988 estabeleceu princípios e metas[23] que, é verdade, vêm obrigando a Administração Pública e o Direito Administrativo a buscarem novo ponto de equilíbrio entre liberdade e autoridade.[24]

E em relação ao Direito Administrativo, especialmente após reformas constitucionais (das quais a Emenda Constitucional 19/98 é marco inequívoco), vem experimentando mudança no perfil de atuação do Estado, que está se afastando da prestação direta dos serviços públicos e atendimento das demandas dos adminis-

---

[20] DI PIETRO, Maria Sylvia Zanella. 500 anos de direito administrativo brasileiro. *Revista Eletrônica de Direito do Estado*, Salvador: Instituto de Direito Público da Bahia, nº 5, p. jan./fev./mar. 2006.
[21] A Constituição Alemã faz expressa referência à obediência à lei e ao direito.
[22] MORAES, Alexandre de. Ob. cit., p. 29 e 50.
[23] P. ex., de forma expressa, o princípio da eficiência.
[24] DI PIETRO, Maria Sylvia. 500 anos de direito administrativo brasileiro. *Revista Eletrônica de Direito do Estado*, Salvador: Instituto de Direito Público da Bahia, nº 5, p. 22, jan./fev./mar. 2006.

trados e assumindo papel de agente regulador, para que aquelas funções passem a ser exercidas por meio de ações da iniciativa privada.[25]

Presenciou-se movimento de retirada do Estado da prestação de inúmeras atividades, a privatização de empresas estatais e a consequente atribuição de funções, como a regulação, a entes especialmente criados para tanto.

Vieram na condição de protagonistas as críticas à atuação do Estado enquanto legislador, questionando o primado da lei formal em função de critérios de agilidade e eficiência. A separação de poderes deixa de ser fundamento unanimemente aceito para inviabilizar outras titularidades de fontes normativas. Fala-se em crise de legalidade, crise de representatividade, ineficiência do Legislativo. Há normatização pelo Executivo (e, mais recentemente, pelo Judiciário), de matérias antes só pensáveis como atribuição do Parlamento, muito embora não houvesse cláusula expressa de indelegabilidade na Constituição. A contrapartida enseja argumentos como ofensa ao princípio da separação dos poderes, déficit democrático da normatividade pelo Executivo.

Não só a inédita inserção de um capítulo na Constituição tratando da Administração Pública, mas também as reformas que foram levadas a efeito posteriormente à promulgação da Carta acabaram por conferir maior expressão aos doutrinadores do direito administrativo, alguns dos quais se puseram a defender um direito administrativo informado pelos valores da Constituição, valores estes que informariam todas as relações jurídicas, de forma a aproximá-lo (o direito administrativo) do direito comum.

Há posições mais ponderadas e outras mais extremadas, estas que serão de ora em diante mencionadas, com vistas, repita-se, a motivar maior reflexão sobre o tema.

3.2 Consequências

Alguns autores, com base na constitucionalização (enquanto irradiação axiológica sobre o direito administrativo) e no que foi dito acima, defendem até mesmo extinção de alguns princípios ou institutos que sempre informaram o Direito Administrativo.

Pugna-se, em alguns casos, pela superação (ou mitigação) da supremacia do interesse público,[26] embora, ao fim de muitas das análises, venham a invocar a

---

[25] Referida mudança pode ser ilustrada pela extinção de restrições ao capital estrangeiro, flexibilização de monopólios estatais e desestatização.

[26] ÁVILA, Humberto. Repensando o princípio da supremacia do interesse público. In: SARLET, Ingo Wolfgang (Org.). *O direito público em tempos de crise*. Porto Alegre: Livraria do Advogado, 1999.

necessidade do sopesamento entre os interesses antagônicos identificados no caso concreto.

Parte-se, em algumas situações, de premissas equivocadas. A acepção que pretendem dar hoje ao interesse público não difere, na essência, do que o direito administrativo sempre veiculou. A distinção entre interesse primário e secundário sempre se fez presente, não me recordando de doutrinador que afirmasse haver prevalência apriorística do segundo sobre o interesse particular (ou privado). A ponderação entre os interesses públicos e privados sempre se fez.

Talvez o último grande resquício do poder de atuação da Administração Pública essencialmente desigual, de modo a impingir alteração vertical na esfera juridicamente protegida dos administrados seja a desapropriação. Não há como negar, no entanto, que o instituto avançou no caminho da garantia dos direitos do administrado no que concerne à compensação financeira, tradução do princípio da justa e prévia indenização consagrado na Constituição Federal.[27]

No mais, parece mais verossímil dizer da evolução do princípio da supremacia do interesse público, da necessidade de constante atualização de seu conteúdo. A agilidade das relações atuais não permite definições apriorísticas, demanda análise de caso concreto. É possível dizer da aproximação do direito público com o direito privado, com a transplantação de institutos (inclusive pela constitucionalização dos dois ramos do direito), mas não vislumbro superação da distinção.

Aliás, esta aproximação é uma consequência prevista por Louis Favoreu, que tratou da relativização da distinção entre direito público e privado em decorrência do que chamou de unificação da ordem jurídica (que também restaria simplificada). Ambos os ramos passam a ser irradiados pelos valores constitucionais.[28]

A superação da dicotomia é afastada por Virgílio Afonso da Silva, que entende possível a superação somente se os conceitos de público e privado fossem excludentes. Se as relações jurídicas travadas fossem completamente explicadas por um ou pelo outro ramo do direito. Não há riscos para a existência da dicotomia que relações de direito público e privado reúnam elementos de direito público e de direito privado, que continuam relevantes na família jurídica romano-germânica. A relativização da distinção e a superação da mesma são coisas absolutamente diferentes.[29]

E também isto não extingue o princípio da supremacia do interesse público, que, uma vez identificado e diante do embate com o interesse particular, tende a prevalecer.

---

[27] Cf. artigo 5º, inciso XXIV, da Constituição Federal.
[28] Apud SILVA, Virgilio Afonso da. Ob. cit., p. 49.
[29] Ob. cit., p. 173-174.

Aponto, ainda nesta seara, que pode ser vislumbrada grande preocupação axiológica da Constituição Federal com o coletivo,[30] o que se infere de diversas normas constitucionais, das quais destaco a função social da propriedade (urbana e rural). As reformas constitucionais, talvez porque cingidas primordialmente ao setor econômico, alardeadas como grandes algozes do princípio do interesse público, não excluíram as normas constitucionais que disciplinam aspectos de interesse da coletividade. Ou seja, das referidas reformas constitucionais não se alcança a extensão de influência que teriam sobre todos os valores constitucionais de modo a permitir a superação da supremacia do interesse público (consideradas as observações feitas sobre a necessidade de atualizar o que se entende por interesse público).

Uma segunda consequência atribuída à constitucionalização do direito administrativo seria a vinculação do administrador à Constituição, não apenas à lei ordinária. Esta é uma consequência prática da constitucionalização do direito administrativo.

Saliento, no entanto, que não é novidade falar em princípio da legalidade material, de forma que a atuação da Administração deve, de fato, ser conforme ao ordenamento jurídico, preconizando-se os valores e normas contidos na Constituição.

No entanto, não parece que se possa ir além desse entendimento, de modo a cogitar da possibilidade de descumprimento de norma positivada (sem que isto seja feito no exercício de controle de constitucionalidade), sob o pretexto de melhor atendimento de finalidades constitucionalmente estabelecidas (com exemplo, o princípio da eficiência).

Oportuno transcrever a lição de Gustavo Binenbojm, que enxerga na irradiação dos princípios constitucionais sobre o direito administrativo, extensão ainda maior na atuação da Administração Pública, a ponto de admiti-la se contrária à lei, desde que consonante os princípios constitucionais. Note-se a amplitude dada à atuação da Administração Pública:

> O agir administrativo pode encontrar espeque e limite diretamente em regras ou princípios constitucionais, dos quais decorrerão, sem necessidade de mediação do legislador, ações ou omissões da Administração. *Em outros casos, a lei será o fundamento básico do ato administrativo, mas outros princípios constitucionais operando em juízos de ponderação com a legalidade poderão validar condutas para além ou mesmo contra disposição legal.* Com efeito, em campos normativos não sujeitos à reserva de lei, a Administração poderá atuar autonomamente, sem prévia autorização legislativa.[31]

---

[30] Aqui, tratados em sentido amplo, não havendo referência à classificação entre direitos individuais, individuais homogêneos, difusos e coletivos.

[31] *Uma teoria do direito administrativo*, p. 70-71.

Aceitar uma consequência dessa envergadura equivaleria, ao fim e ao cabo, a uma verdadeira desconstrução do princípio da legalidade, no qual o Estado Moderno se sustenta desde o Estado Liberal.

Outra consequência que se busca impingir em razão do fenômeno da constitucionalização do direito é a extensão do controle judicial sobre o mérito do ato administrativo, de modo a ver aplicados os princípios constitucionais.

É certo que a possibilidade de escolha da Administração foi sendo gradualmente restringida (ou disciplinada), desde que o vocábulo passou a integrar a doutrina e a jurisprudência do direito administrativo, no fim do século XIX. Passou-se a exigir observância da competência, depois regras de forma. Chegou-se às teorias de desvio de poder ou de finalidade. Reconheceu-se a necessidade de fundamentos objetivos de interesse público para edição dos atos discricionários. A finalidade era tida como centro de legalidade. Fez-se, então, necessária a existência do nexo entre o ato e seus antecedentes ou circunstâncias de fato – motivos.

Inicialmente insuscetíveis de apreciação pelo Poder Judiciário, aos atos discricionários foram sendo adicionados critérios de ponderação, de controle. O caráter totalmente livre foi se atenuando. Ou seja, além do fundamento legal, explícito ou implícito, a discricionariedade é exercida com base em rede de princípios que evitam seu uso abusivo. A discricionariedade passa a submeter-se à Constituição, à lei, aos princípios gerais de direito. É imperioso o atendimento do interesse público.

Gustavo Binenbojm entende ter havido revisão da noção tradicional de discricionariedade administrativa, que teria passado a constituir um "campo de ponderações proporcionais e razoáveis entre os diferentes bens e interesses jurídicos contemplados na Constituição. [...] O mérito do ato administrativo sofre, assim, um sensível estreitamento, por decorrência desta incidência direta dos princípios constitucionais".[32]

Não obstante, a dinâmica do interesse público exige a discricionariedade administrativa, o que não significa que a Administração possa ocupar o espaço deixado pela negligência legislativa, subvertendo matérias reservadas à lei.

Por outro lado, do próprio princípio da separação dos poderes infere-se o fundamento e justificativa para a discricionariedade. Como bem sintetizou Régis Fernandes de Oliveira,

> impõe-se notar que, caso possível fosse o legislador descer a minúcias e, utilizando-se da cibernética, pudesse prever, na atividade legiferante, todas as ocorrências possíveis, então teríamos, pura e simplesmente, a substituição de um órgão de poder por outro, ou seja, teríamos a supressão do órgão administrativo ou executivo. Este não passaria de mero cumpridor de ordens emanadas, concretamente, do Poder Legislativo. Em sendo assim,

---

[32] *Uma teoria do direito administrativo*, p. 71.

ocorreria verdadeira invasão dos órgãos encarregados do exercício do poder, com a dualidade deles e perderia validade a noção tripartida, consagrada em nosso direito positivo.[33]

Nesse passo, a discricionariedade em si não só não representa qualquer ofensa ao Estado de Direito como, ao contrário, constitui fiel observância ao princípio da separação de poderes, essencial ao desempenho das funções da Administração Pública.

Identifica-se, pois, um núcleo mínimo existencial dos atos discricionários, no qual não parece razoável permitir interferência do Judiciário, sob pena de aceitar que o juiz, no caso concreto, também seja autoridade competente para prática de atos administrativos.

Caso contrário, seria necessário aceitar que a excessiva limitação da discricionariedade e controle dos atos administrativos pelo Judiciário deslocaria para este Poder aquela função inerente à Administração Pública.

A redução da margem de discricionariedade constitui, em verdade, pseudo-alteração de feição, posto que, em verdade, só se está a identificar a essência do mérito do ato administrativo, preservando-o. Ou seja, saneia-se o "entorno" do ato para afastar o que se pretendia definir como mérito, para chegar à verdadeira margem no núcleo de escolha.

Há ponto ainda mais interessante para se refletir a respeito.

Propõe-se, abstratamente, a redução da margem de discricionariedade. Em paralelo, defende-se, em prol da eficiência, o deslocamento das atividades antes prestadas pelo Estado para os particulares, assumindo o Estado papel de regulador. Só que esta nova feição de regulador deve ser exercida com instrumentos normativos mais amplos, transferindo à Administração, paradoxalmente, poderes mais genéricos sobre a atividade. Não seria, nesse aspecto, ampliação da discricionariedade?

É paradoxal. Em verdade, acabar-se-ia simplesmente por defender a ampliação (ou, quiçá mesmo, a alteração) da legitimação para atuação discricionária. Estendem a atuação discricionária para a competência do Judiciário, cujos membros não passaram pelo crivo da legitimação popular para exercer as escolhas ínsitas à atuação discricionária.

A legitimação pelo voto atribui ao administrador o poder de efetuar escolhas, ainda que venham a se mostrar inadequadas, inoportunas ou inconvenientes.

Este alerta também é feito por Alexandre de Moraes:

---

[33] Ato administrativo, apud Maria Sylvia Zanella di Pietro. *Discricionariedade administrativa*. 2. ed. São Paulo: Atlas, 2001, p. 70.

À medida que as normas básicas do Direito Administrativo foram constitucionalizadas, alargou-se a possibilidade de interpretação judicial desses institutos, ampliando-se a ingerência do Poder Judiciário em assuntos tradicionalmente da alçada do administrador.

A importância da ideia de constitucionalização do Direito Administrativo é flagrante, pois sendo um Direito fortemente jurisprudencial, passou a sofrer a influência dos métodos de hermenêutica constitucional, mais abertos e politizados.[34]

Nenhuma das consequências mencionadas seria passível de ser defendida não fosse essa próxima à qual se passará a referir: a ampliação da atuação do Poder Judiciário, especialmente do Supremo Tribunal Federal, na qualidade de guardião da Constituição e, portanto, dos valores que irradiam para todas as relações jurídicas ocorridas sob a égide do ordenamento jurídico brasileiro.

Quase todas as questões acabam por se subsumir ou por violar normas constitucionais, deslocando competências para a nossa Corte Constitucional. Seria apenas aumento excessivo de demandas constitucionais, não dessem elas margem ao ativismo judicial nocivo, em especial por meio da interferência nos núcleos de decisão (política) sobre políticas públicas.

Vivencia-se, de forma inegável, situação de judicialização das políticas públicas, por meio de tentativas de esvaziamento do poder de decisão do Executivo. Meios jurídicos, função política. E tal seria justificável, no entender dos que aceitam tamanha extensão à constitucionalização do direito administrativo, em razão da supremacia da Constituição.

Seriam o Parlamento e o Executivo, então, diminuídos em importância? Não por outra razão vêm sendo produzidos trabalhos com intuito de estabelecer parâmetros para esse ativismo (assim como para os limites das funções normativas do Executivo – assunto onde pode ser inserida a função normativa das agências reguladoras), visto que seria mais salutar que a atuação do Judiciário provocasse a consequente e legítima atuação do Legislativo e do Executivo.

Ou seja, a questão pode mascarar verdadeira crise das competências genericamente atribuídas aos Poderes, iniciada pelo déficit de legitimidade do Legislativo por ocasião das reformas constitucionais e do questionamento quanto aos limites do poder normativo do Executivo, mais especificamente das agências reguladoras.

Ilustra-se o problema com a transcrição da seguinte lição:

> cidadão é diferente do eleitor; governo do povo não é governo do eleitorado. No geral o processo político majoritário se move por interesses, ao passo que a lógica democrática se inspira em valores. E, muitas vezes, só restará o

---

[34] MORAES. Alexandre de. Ob. cit., p. 28.

Judiciário para preservá-los. O déficit democrático do Judiciário, decorrente da dificuldade contramajoritária, não é necessariamente maior que o do Legislativo, cuja composição pode estar afetada por disfunções diversas.[35]

Não obstante na prática possam ser identificadas situações que bem se subsumiriam ao entendimento acima transcrito, não há como negar o risco nele implícito para a preservação do Estado de Direito tal como garantido em nossa Constituição. A prática até pode explicar a lição, mas não logra êxito em justificá-la, pena de se transformar o processo democrático em verdadeira "conta de chegada", moldando-se, conforme o caso concreto, as competências dos Poderes.

É tênue a linha que separa a atuação da Corte Constitucional para preservar o processo democrático e garantir os valores e direitos constitucionais da ingerência política. Superar o déficit de legitimidade pode sim esbarrar em atuação voluntarista e não somente resguardar princípios (valores) constitucionais.

Nesse sentido, preciso o pensamento de Carlos de Cabo Martin, que, escrevendo sobre o ordenamento jurídico espanhol, traçou análise sobre o atual papel e relevância da lei, a ponto de podermos emprestar as lições para nosso ordenamento pátrio.[36]

A Espanha, que também sofreu processo de democratização tardia em relação à Itália e Alemanha (citadas como antecedentes da constitucionalização do direito), enfrenta, segundo o autor, crise de legalidade, com a perda de importância da lei formal. Lá, ainda com a agravante do crescente direito comunitário.

Narra o autor tanto o movimento de aproximação do direito privado, com tendência "privatizadora" ("*contaminación individualista de todo el sistema*"), quanto o esvaziamento da representatividade do Parlamento. Em apertada síntese, alerta para o deslocamento material da lei para as atividades da Administração e para o Judiciário, este último por meio da Corte Constitucional e em razão do que ele chamou de "hiperconstitucionalização", no sentido de imposição de direção concreta à lei e também de proliferação de normas constitucionais de modo a tratar de todas as matérias e reduzir o âmbito de apreciação do legislador.

Registra ele a substituição do princípio da legalidade pelo princípio da constitucionalidade, do que se infere a ampliação do âmbito de aplicação da Constituição e a consequente redução da extensão da aplicação da lei.[37]

O complicador, no entanto, reside em dificultar a tarefa de interpretação, na medida em que a Constituição contempla pluralismo de interesses (o que bem se

---

[35] BARROSO, Luis Roberto. Ob. cit., p. 58-59.
[36] MARTIN, Carlos de Cabo. *Sobre el concepto de ley*. Madri: Trotta, 2000. p. 79-84.
[37] Cujo processo de edição ele entende, na prática, até mesmo mais democrático que o da Constituição.

aplica à nossa realidade). De outra parte, a legislação pode ficar tão fragmentada que em verdade não venha a conter os valores constitucionais.[38]

4 Considerações finais

De alguma forma, a todas as relações jurídicas aplica-se, em alguma medida, a constitucionalização do direito. São dela causa ou efeito.

Há consequências positivas da constitucionalização do direito, o que também se estende ao Direito Administrativo. O estabelecimento da ordem de valores que devem ser considerados na atuação da Administração serve de parâmetro para o controle de sua atuação. Representa verdadeiro instrumento de combate à corrupção em todos os níveis da Administração Pública, em defesa da legitimidade do regime democrático.[39]

É tanto limitação, quanto autorização para atuação. Fundamenta os atos de parte a parte. Tanto o particular e outros legitimados podem controlar a Administração, quanto esta tem expressa indicação dos valores que deve considerar em sua atuação. Esta, portanto, se razoavelmente fundada nos mesmos, pode ser considerada legítima, mesmo quando diante de atuação discricionária.

Em suma, amplia a discricionariedade, mas também o controle, em contrapartida.

É certo que o caráter democrático do Estado, assim declarado na Constituição, permanece e deve influir sobre a configuração da Administração, mas, como salientou Roberto Dromi, o "reconhecimento dos direitos subjetivos públicos não significa que o indivíduo exerça um poder sobre o Estado, nem que tenha parte do *imperium* jurídico, mas que possui esses direitos como correlatos de uma obrigação do Estado em respeitar o ordenamento jurídico".[40]

De outra parte, como já tangenciado acima, a aparente constitucionalização pode mascarar efeito nocivo.

O excesso de inclusão de normas na Constituição pode travestir verdadeira crise do diálogo entre Executivo e Legislativo. A previsão constitucional de matérias de iniciativa legislativa exclusiva do Executivo não tem o condão de evitar a apresentação de propostas de Emendas Constitucionais sobre as mesmas matérias, mas há um custo nisso. Esvazia-se o foro de discussões parlamentares e se desloca o assunto para a jurisdição constitucional, conferindo-se força ao Poder Judiciário que passa a atuar muitas vezes em substituição à discricionariedade legislativa

---

[38] MARTIN, Carlos de Cabo. Ob. cit., p. 81
[39] MORAES, Alexandre de. Ob. cit., p. 30.
[40] Apud MORAES, Alexandre de. Ob. cit., p. 37.

e executiva. Excede-se a interpretação e invade-se a discricionariedade para dar aplicabilidade às normas constitucionais, já que esvaziada a produção legislativa (que, no mais das vezes, deveria ser regulamentada pelo Executivo).

E este deslocamento de poder para o Judiciário pode ter aberto brechas para a invasão de competências dos outros Poderes, já que aquele, diante da ausência de norma e da premência do caso concreto, termina por "legislar" com base na ordem de valores constitucionais, sob a forma de prestação jurisdicional. Esta prestação jurisdicional, no mais das vezes, não permite o debate salutar do legislativo (em âmbito teórico, já que não se está a tratar de abordar as disfunções do processo legislativo), ou o permite de forma muito limitada (em se tratando de decisões plenárias).

O ativismo do Judiciário já é presente, mas configura risco cuja intensidade maior ainda se avizinha. Poderá ensejar movimento de verdadeiro deslocamento de eixo, de subversão das funções estatais. Sob este prisma, a constitucionalização do direito administrativo, se tomada pelo ponto de vista daqueles que defendem a superação da supremacia do interesse público e excessivo estreitamento da discricionariedade, pode também ensejar paulatino engessamento das atividades da Administração Pública e redução prática da esfera de atuação do Executivo.

É certo que o Judiciário precisa solucionar o caso concreto e que os direitos e garantias individuais inseridos na Constituição demandam efetividade, mas nem a excessiva proliferação de normas constitucionais, nem as decisões judiciais de essência política garantem ou permitem a constitucionalização do direito a que se aludiu aqui.

Mesmo aqueles que defendem a relativização da separação de poderes a fim de viabilizar a aplicabilidade dos valores constitucionais advertem sobre os riscos daquela oriundos, propondo, de certa forma, parâmetros limitadores da atuação.

Barroso, acima citado por ocasião do elenco de consequências oriundas da constitucionalização do direito administrativo brasileiro, reconhece que a constitucionalização exacerbada pode trazer consequências negativas, em especial (i) o esvaziamento do poder das maiorias, com o engessamento da legislação ordinária (natureza política) e (ii) o decisionismo judicial, potencializado pela textura aberta e vaga das normas constitucionais.[41]

Salienta o autor que "o uso abusivo da discricionariedade judicial na solução de casos difíceis pode ser extremamente problemático para a tutela de valores

---

[41] Destaca, para tanto, dois parâmetros para coibir as duas disfunções (riscos): preferência pela lei (quando houver) e preferência pela regra (em detrimento de princípio de igual hierarquia). Ou seja, conclui no sentido de que os juízes não devem se sobrepor ao legislador, a menos que este tenha incorrido em inconstitucionalidade.

como segurança e justiça, além de poder comprometer a legitimidade democrática da função judicial".[42]

Os riscos indesejáveis, com dito, podem se mostrar inevitáveis diante do quadro crescente da judicialização das relações públicas e sociais.

Referências bibliográficas

BARROSO, Luis Roberto. A constitucionalização do direito e suas repercussões no âmbito administrativo. In: *Direito administrativo e seus novos paradigmas*. Belo Horizonte: Fórum, 2008.

BINENBOJM, Gustavo. *Uma teoria do direito administrativo*: direitos fundamentais, democracia e constitucionalização. 2. ed. Rio de Janeiro: Renovar, 2008.

DI PIETRO, Maria Sylvia Zanella. *Direito administrativo*. 21. ed. São Paulo: Atlas, 2008.

_____. 500 anos de direito administrativo brasileiro. *Revista Eletrônica de Direito do Estado*, Salvador: Instituto de Direito Público da Bahia, nº 5, jan./fev./mar. 2006. Disponível em: <http://www.direitodoestado.com.br>. Acesso em: 30 ago. 2009.

_____. *Discricionariedade administrativa na Constituição de 1988*. 2. ed. São Paulo: Atlas, 2001.

FERREIRA FILHO, Manoel Gonçalves. *Estado de direito e Constituição*. 2. ed. São Paulo: Saraiva, 1999.

MARTIN, Carlos de Cabo. *Sobre el concepto de ley*. Madri: Trotta, 2000.

MORAES, Alexandre de. Constitucionalização do direito administrativo e princípio da eficiência. In: *Administração pública*: direito administrativo, financeiro e gestão pública: prática, inovações e polêmicas. São Paulo: Revista dos Tribunais, 2002.

RAMOS, Elival da Silva. Parâmetros dogmáticos do ativismo judicial em matéria constitucional. 2009. Tese (Titularidade) – Faculdade de Direito da Universidade de São Paulo, São Paulo.

SILVA, Virgílio Afonso da. *A constitucionalização do direito*: os direitos fundamentais nas relações entre particulares. São Paulo, Malheiros, 2007.

SOUZA NETO, Cláudio Pereira de; SARMENTO, Daniel (Org.). *A constitucionalização do direito*: fundamentos teóricos e aplicações específicas. Rio de Janeiro: Lumen Juris, 2007.

---

[42] Ob. cit., p. 60.

11

Ainda Existe o Conceito de Mérito do Ato Administrativo como Limite ao Controle Jurisdicional dos Atos Praticados pela Administração?

Luis Felipe Ferrari Bedendi[1]

1 Introdução

Sobre a pergunta "Ainda existe o conceito de mérito do ato administrativo como limite ao controle jurisdicional dos atos praticados pela Administração?", o advérbio *ainda* constitui-se na peça chave de toda a análise que se realizará na tentativa de resposta à questão.

Isso porque a palavra, forçosamente, remete o estudioso a deduzir uma comparação entre o que representava o instituto do *mérito*, em sua origem, e o papel que hoje desempenha dentro do direito administrativo, considerada sua evolução.

Sim, pois o direito administrativo, tido por HELY LOPES MEIRELLES como o "conjunto harmônico de princípios jurídicos que regem os órgãos, os agentes e as atividades públicas tendentes a realizar concreta, direta e imediatamente os fins desejados pelo Estado",[2] está em constante mutação, conforme esse mesmo Estado, que é seu objeto, passa pelas próprias modificações segundo o natural desenvolvimento da sociedade em que se insere.

Na atualidade, em particular, o direito administrativo vem sofrendo intensas críticas vindas de variadas frentes, seja daquelas que o consideram, nos moldes em que está delineado, como entrave a uma atuação estatal mais célere e livre de amarras, necessária no atual mundo globalizado, seja de outras que veem a

---

[1] Procurador Federal, membro da Advocacia-Geral da União.
[2] MEIRELLES, Hely Lopes. *Direito administrativo brasileiro*, p. 40.

necessidade de reposicioná-lo em face do Estado Democrático de Direito definitivamente consolidado pela Constituição Federal de 1988, ao argumento de que não respeita princípios fundamentais dessa nova ordem.[3]

O *mérito*, por seu turno, como instituto diretamente ligado a uma das principais espécies de atuação da Administração – a discricionária –, não está livre das críticas e tentativas de revisão. Aliás, pode-se dizer, desde logo, sem prejuízos para a oportuna discussão sobre o assunto, que ele já não é mais tratado como em suas origens e há quem pretenda reformulá-lo ainda mais.

Assim, na tarefa comparativa a que se propõe este trabalho, far-se-á o posicionamento do tema ao longo da história do Estado, para, posteriormente, conceituá-lo, relacionando-o com a atuação discricionária da Administração, e, por fim, definir seu papel, no passado e presente.

Esclareça-se, ademais, que se tentará, paralelamente, observar o instituto sob a ótica da jurisprudência pátria, à medida em que o *mérito* se constitui num dos pontos de maior convergência (senão o maior) entre as atividades administrativa e jurisdicional, porquanto criado como limite entre uma e outra. Analisá-lo, pois, estritamente pelo aspecto teórico-doutrinário poderia produzir um resultado deficitário e distante da realidade a qual se pretende retratar.

---

[3] Acerca das transformações pelas quais vem passando o direito administrativo, a Profª Maria Sylvia Zanella Di Pietro publicou importante trabalho, justamente intitulado "Inovações no direito administrativo brasileiro". Em sua incursão, quando discorre sobre as alterações na ideia de discricionariedade, aponta exatamente a existência das mencionadas correntes, denominando-as "tendências opostas", de maneira a revelar "mais um paradoxo do direito administrativo". Sobre elas, ainda, aduz que: "a) de um lado, os neoliberais, sob inspiração do direito estrangeiro, propugnam pela ampliação da discricionariedade: a ideia de substituir a Administração burocrática pela Administração gerencial depende, em grande parte, do reconhecimento de maior liberdade decisória aos dirigentes; por isso se diz que o direito administrativo atrapalha as reformas, porque ele se apoia no princípio da legalidade, que exige lei para dar fundamento a decisões administrativas; o princípio da legalidade também 'atrapalha' a função normativa das agências reguladoras; b) de outro lado, há a tendência também bastante forte dos chamados 'conservadores', calcada no direito positivo e na Constituição, que defende maiores limites à discricionariedade administrativa, exatamente pelo fato de que a sua atuação tem que ter fundamento na lei, mas também tem que observar os limites impostos pelos princípios e valores adotados explícita ou implicitamente pela Constituição. Hoje, a discricionariedade é limitada por princípios, como os da razoabilidade, proporcionalidade, moralidade, interesse público, impessoalidade, segurança jurídica, sem mencionar os valores inseridos nos artigos 1º a 4º da Constituição. A tal ponto vai a importância dos princípios que a sua inobservância caracteriza ato de improbidade definido no artigo 11 da Lei 8.429, de 25.02.93. São princípios e valores que devem ser observados pelo legislador e pela autoridade administrativa e que, em consequência, podem ser apreciados pelo Poder Judiciário, seja para decretar a inconstitucionalidade de leis, seja para declarar a nulidade de atos administrativos" (DI PIETRO, Maria Sylvia Zanella. *Inovações no direito administrativo brasileiro*, p. 7).

2 Posicionamento histórico das atividades vinculada e discricionária da Administração

Consoante afirmado, as atuações vinculada e discricionária da Administração (dentro da qual se insere o conceito de *mérito*), sendo das principais exercidas por ela, sofrem direta influência da situação do Estado, da maneira pela qual está estruturado, de quais suas características principais, em cada momento histórico.

Destarte, imprescindível se faz a tarefa de, brevemente, relatar a evolução do Estado e do direito administrativo, para facilitar e melhor compreender o papel desempenhado pelo importante instituto do *mérito*.[4]

2.1 O Estado de Polícia

A despeito dos profundos debates travados entre os estudiosos da Teoria Geral do Estado a respeito da época do surgimento do Estado, é assente terem se delineado e consolidado as características do Estado Moderno com o declínio da Era Medieval e o arrefecimento do poderio da Igreja Católica.

O eminente Dalmo de Abreu Dallari, em seu clássico trabalho *Elementos da teoria geral do Estado*, sintetiza com perfeição a vinculação entre a crise do sistema feudal, provocada pela proliferação de proprietários rurais, o aumento da produção, a desorganizada distribuição dos feudos e seu insustentável sistema de impostos de passagem; e o almejo por unidade, de maneira a trazer o reequilíbrio da vida econômica e social, dizendo que

> Isso tudo [a mencionada desordem feudal] foi despertando a consciência para a busca de unidade, que afinal se concretizaria com a afirmação de um poder soberano, no sentido de supremo, reconhecido como o mais alto de todos dentro de uma precisa delimitação territorial.[5]

Os anseios por coesão e segurança, entretanto, acabaram por promover uma concentração exacerbada de poderes (a dita soberania) nas mãos de uma única pessoa – o monarca absolutista –, cuja autoridade "não prestava contas a ninguém a não a ser a Deus".[6] Nesse panorama, vigoravam "princípios como o da 'regis voluntas suprema lex' (a vontade do rei é a lei suprema), do 'quod principi placuit

---

[4] Nessa tarefa, utilizar-se-á como referência a importante obra de Maria Sylvia Zanella Di Pietro, *Discricionariedade administrativa na Constituição de 1988*, porquanto traça ela um detalhado panorama da história do direito administrativo, posicionando com precisão, nessa análise, as atuações vinculada e discricionária da Administração.

[5] DALLARI, Dalmo de Abreu. *Elementos da teoria geral do Estado*, p. 59.

[6] DI PIETRO, Maria Sylvia Zanella. *Discricionariedade administrativa na Constituição de 1988*, p. 18.

legis habet vigorem' (aquilo que agrada ao príncipe tem força de lei), 'the king can do no wrong' (o rei não pode errar)".[7]

Os primórdios do Estado Moderno passaram também a ser conhecidos como "Estado de Polícia" porque a ideia de "polícia", ao lado de "soberania", caracterizava-se como pilar fundamental das monarquias absolutistas.[8]

Nas palavras de Vinício Ribeiro, citado por Maria Sylvia Zanella Di Pietro, o termo *polícia* não correspondia exatamente ao atual, mas a algo maior – "preocupação de desenvolvimento, de elevação de nível, de brilho, de grandeza. [...] O príncipe vai utilizar a sua ausência de limites não para o seu engrandecimento pessoal, mas com a intenção de se tornar possesso da ideia de progresso do seu país; [...]"[9]

Nesse contexto, se o "direito" confundia-se com as vontades de um único sujeito, obviamente não havia que se falar em direito administrativo a regular a atuação estatal, porquanto esta estava submetida exclusivamente às determinações do monarca.

Entretanto, no período final do Estado Moderno, mais precisamente no século XVIII, como resposta aos abusos do rei, alguns estudiosos do direito, em especial os doutrinadores alemães, criaram a teoria do fisco, segundo a qual o Estado possuía duas personalidades jurídicas: a primeira, denominada "fisco", de natureza privada, seria a proprietária do patrimônio público, o que o desvinculava, por consequência, do monarca; e a segunda, de natureza pública, apta a praticar os atos de império. A primeira, inserindo-se em relações jurídicas de natureza privada, submetia-se aos tribunais; já a segunda, de cunho estritamente público, não.

A tentativa de bifurcação, nas palavras de Maria Sylvia Zanella Di Pietro, certamente "abrandou o sistema então vigente, mas não o extinguiu",[10] à medida em que o Estado, representado na figura do monarca absolutista, permanecia a praticar atos sem qualquer controle ou vinculação.

Finalmente, no que toca às atuações vinculada e discricionária da Administração, resta evidente sua inexistência, porquanto o Estado movia-se desprovido de limites ou amarras legais.

---

[7] DI PIETRO, M. S. Z. Obra citada, p. 18.
[8] DI PIETRO, M. S. Z. Obra citada, p. 18.
[9] RIBEIRO, Vinício. O Estado de Direito e o princípio da legalidade administrativa, p. 96, apud DI PIETRO, M. S. Z. Obra citada, p. 18.
[10] DI PIETRO, M. S. Z. Obra citada, p. 19.

2.2 O Estado Liberal de Direito

O Estado Liberal de Direito iniciou-se com o fim das monarquias absolutistas, após as Revoluções Francesa e Americana, e é caracterizado por representar a antítese do período anterior, já que tanto a elite econômica quanto a massa popular da época encontravam-se, cada qual a seu modo, saturadas pelos abusos ilimitados de seus governantes.

Tanto que os princípios fundamentais desse Estado foram a "separação de poderes, a igualdade e a liberdade",[11] os quais tornaram a lei de caráter genérico e abstrato, criada por um poder – o Legislativo – distinto daquele que a aplica – o Executivo –, como o mecanismo de assegurá-los e proteger os indivíduos dos excessos da Administração.

Nesse passo, todos se submetiam aos ditames da lei, inclusive o próprio Estado, razão pela qual se passou a adjetivá-lo pela expressão *de Direito*.

Registre-se que, dados os princípios em vigor, à Administração cabia apenas assegurar os direitos individuais, sem maior atuação ou interferência na sociedade.

No tocante às atividades vinculada e discricionária, a despeito de se ter criado um sistema no qual todos estavam sob o crivo legal, o princípio da legalidade para a Administração Pública, em verdade, tinha um sentido diverso do atual. Isso porque podia ela, tanto quanto os particulares, fazer tudo o que não era vedado pela lei (ou seja, não vigorava ainda o princípio da estrita legalidade).

A discricionariedade, por seu turno, era então tida como a atividade administrativa nos espaços deixados pela lei, ou, em outros termos, "a atuação de livre apreciação, na qual a Administração Pública atuava isenta de vinculação legal e, portanto, de controle judicial".[12]

A situação se explica, provavelmente, como resquício do sistema da dupla personalidade jurídica do Estado do período anterior, no qual se deixava a esse um espaço de atuação, livre de controle judicial, porque não prevista em lei.

Dada a grande margem de atuação conferida à Administração, sem qualquer espécie de controle pelos tribunais, o conceito de *mérito* ainda era inexistente.

2.3 O Estado Social de Direito

O Estado Social de Direito surgiu, ao final da primeira metade do século passado, como nova reação aos problemas decorrentes da inércia do modelo anterior: miséria, profundas desigualdades sociais, inefetividade dos direitos fundamentais.

---

[11] DI PIETRO, M. S. Z. Obra citada, p. 20.
[12] DI PIETRO, M. S. Z. Obra citada, p. 27.

Percebeu-se que a lei, genérica e abstratamente posta, não alcançava a todos da mesma maneira, fazendo surgir a degradação das condições sociais.

Ao Estado, pois, não mais era cabível atuar apenas como mero espectador das relações privadas, mas, ao contrário, garantir que elas produzissem o mínimo adequado a uma digna existência – saúde, educação, previdência, moradia e trabalho, por exemplo. Essa imprescindível atuação proativa do Estado explica, aliás, o adjetivo *social* que lhe foi dado como característico.

Os novos anseios fizeram com que se instaurasse a tendência de socialização, "que designa a preocupação com o bem comum, o interesse público, em substituição ao individualismo";[13] e de fortalecimento do Poder Executivo.[14]

Esse segundo aspecto, frise-se, caracterizou-se por se conferirem ao Poder Executivo atribuições normativas, já que não podia depender exclusivamente dos trâmites morosos de produção das leis do Poder Legislativo para uma rápida e eficiente atuação.

Por outro lado, em contrapartida à ascensão do Executivo, assistiu-se à derrocada do Judiciário, que exercia controle meramente formal quanto à observância das leis.

No que pertine ao direito, os anseios do período produziram marcas profundas sobre ele, inaugurando a era do positivismo jurídico,[15] e tornando-o muito mais publicístico.

A essa época, a vinculação e a discricionariedade consolidaram-se da maneira pela qual são tidas (e combatidas) hoje: estabeleceu-se a ideia de que à Administração cabe apenas fazer o que a lei determina ou autoriza, não podendo atuar nos espaços em branco deixados. Nesse caminho, a discricionariedade tornou-se "um poder jurídico" da Administração,[16] limitado, portanto, pela lei.

No mesmo sentido encontra-se a lição de Luis Manuel Fonseca Pires, segundo o qual

> se aperfeiçoavam, nos albores do século XX, as "aberturas" para a apreciação da discricionariedade – como vimos, principiadas ainda ao longo do Estado de Direito Liberal, mas consolidadas nos primeiros anos do Estado

---

[13] DI PIETRO, M. S. Z. Obra citada, p. 31.

[14] DI PIETRO, M. S. Z. Obra citada, p. 30.

[15] O positivismo explica-se pela expansão das atividades estatais, paralelamente à tendência estatal de normatizar qualquer relação jurídica da vida social, desapegando-se por completo de ideais maiores, como o senso de justiça e outros valores que estariam acima da positivação. Nesse sentido, vide DI PIETRO, M. S. Z. Obra citada, p. 30.

[16] DI PIETRO, M. S. Z. Obra citada, p. 38.

Social de Direito: a) incompetência; b) vício de forma; c) desvio de poder; e d) violação da lei e aos direitos adquiridos.[17]

Se por um lado houve avanços garantindo-se ainda maior controle às atividades estatais que deveriam todas estar pautadas pela lei, por outro, a exacerbação do Poder Executivo, com a atribuição de poder normativo, trouxe também o declínio da lei em sentido formal, bem como da importância do Judiciário.

Por conseguinte, aos juízes restava apenas a atribuição de realizar o controle formal de observância das leis pela Administração, sem adentrar no que se denominou "mérito" de seus atos, ou conteúdo material de decisão nos limites impostos pela lei, decorrente da discricionariedade.

E referidas balizas eram exatamente aquelas elencadas por Luis Manuel Fonseca Pires no trecho acima transcrito. Em outros termos: tudo o que não se referisse a competência, forma, desvio de poder ou violação de direito adquirido encaixar-se-ia no conteúdo de "mérito", inatingível, por consequência, pelo poder jurisdicional.

2.4 O Estado Democrático de Direito

Diante da insuficiência do modelo social e do exagerado apego à lei em seu sentido formal, o Estado mais uma vez passou por transformações, na segunda metade do século passado, que foram amplamente sentidas também no plano jurídico-constitucional.

A referida reação acrescentou ao conteúdo social do modelo anterior um novo elemento – "a participação popular no processo político, nas decisões de Governo, no controle da Administração Pública"[18] (daí por que dizer-se "Estado Democrático").

Ademais, pretendeu-se novamente vincular a lei aos ideais de justiça, esquecidos pelo positivismo jurídico após o fim do Estado Liberal de Direito.

Viu-se o fortalecimento das Constituições, as quais deixaram de ser meramente o documento normativo de onde as demais normas do sistema retiravam sua validade, concepção defendida pelo positivismo jurídico até então dominante, para se tornarem o documento normativo que sintetiza e agrega os princípios, valores e regras de maior relevância em dado momento, servindo como vetores de aplicação e interpretação de todo o sistema.

---

[17] PIRES, Luis Manuel Fonseca. *Controle judicial da discricionariedade administrativa*, p. 134.
[18] DI PIETRO, M. S. Z. Obra citada, p. 40.

Isso se deu em virtude do fenômeno ao qual se pode chamar de "constitucionalização do direito", retratado por Luís Roberto Barroso no trabalho "A constitucionalização do direito e suas repercussões no âmbito administrativo."[19]

Nas palavras do constitucionalista,

> A ideia de constitucionalização do direito aqui explorada está associada a um efeito expansivo das normas constitucionais, cujo conteúdo material e axiológico se irradia, com força normativa, por todo o sistema jurídico. Os valores, os fins públicos e os comportamentos contemplados nos princípios e regras da Constituição passam a condicionar a validade e o sentido de todas as normas do direito infraconstitucional.[20]

Os motivos pelos quais as Constituições passaram por referida expansão e fortalecimento variam de acordo com a experiência de cada sistema jurídico, porém, conforme apontado por BARROSO, um traço característico dentre todos é "a aproximação entre o constitucionalismo e a democracia",[21] o que revela terem os anseios pela efetiva participação popular na condução da coisa pública alavancado a grandeza das Constituições para, justamente, sobre ela deitarem suas raízes e garantias.

O Poder Judiciário, até então mero aplicador da lei formal, teve sua importância restabelecida a fim de garantir a promoção dos mencionados princípios e valores.

A Constituição Brasileira de 1988 é exemplo do formato acima descrito. Nela estão previstos, muito mais que simples regras, princípios e valores a abrangerem e assegurarem os ideais de liberdade e igualdade da primeira fase do Estado; os sociais da segunda; e os que promovem a efetiva participação dos indivíduos nos processos políticos do país, da terceira, conjunto esse que garante, consoante a própria Constituição, a dignidade da pessoa humana em sua inteireza.

O direito administrativo não se manteve imune ao fenômeno da constitucionalização. Aliás, muito pelo contrário, configura-se, quiçá, num dos ramos do sistema jurídico por ele mais atingidos, especialmente porque se passou a considerar que a Administração fundamenta sua atividade diretamente na Constituição, devendo, por isso, respeitar-lhe os valores e princípios.

No que toca à vinculação e à discricionariedade, nem é preciso esforço para demonstrar-se que estão a sofrer alterações em sua estrutura tradicional: o princípio da legalidade mantém-se firme com relação à imposição de fazer a Admi-

---

[19] BARROSO, Luís Roberto. A constitucionalização do direito e suas repercussões no âmbito administrativo. In: ARAGÃO, Alexandre Santos de; MARQUES NETO, Floriano de Azevedo (Coord.). *Direito administrativo e seus novos paradigmas*.
[20] BARROSO, L. R. Obra citada, p. 32.
[21] BARROSO, L. R. Obra citada, p. 33.

nistração apenas o que a lei determina, porém, "lei" não mais há de ser tomada em seu sentido estrito, mas sim amplo, a abranger também os princípios e valores constitucionais, sob pena de ter seus atos revistos pelo Poder Judiciário.

É nessa atual fase que o mérito vem sofrendo críticas por parte da doutrina, que diz ser insustentável admitir-se um conteúdo produzido pela Administração livre da apreciação judicial, sem a verificação da observância dos princípios.

Esse, aliás, é o ponto crucial desta análise – traçado o panorama onde se insere a atual atividade administrativa, é possível manter-se o instituto do *mérito* nos mesmos moldes de quando fora concebido? É o que se passará a discorrer.

Antes, porém, cabe a ressalva de que, como dito alhures, a despeito de ser o Estado Democrático de Direito relativamente novo, há quem sustente já estar ultrapassado, porquanto se configuraria num entrave para a evolução do papel do Estado no atual mundo globalizado, como gerenciador das relações privadas. Fala-se até em crise do princípio da legalidade e na necessidade de se aumentar o poder discricionário da Administração.[22]

Contudo, as discussões sobre a crise do modelo democrático são extensas e precipitadas, fugindo das finalidades do presente trabalho, tendo sido trazidas à lume apenas para se ilustrar que o Estado Democrático de Direito, apesar de consolidado, não encerra o fim da constante mutação estatal.

3 O conceito de *mérito* e seu papel no direito administrativo

3.1 O conceito clássico

Consoante se verifica no item 2 deste capítulo, acerca da breve síntese histórica das atuações vinculada e discricionária da Administração, tem-se que o conceito de *mérito* surgiu durante o Estado Social de Direito, justamente quando a discricionariedade tomou a atual forma e se vivenciou o fortalecimento da lei em sentido formal e do Poder Executivo como seu executor.

O *mérito*, segundo apontado por Sérgio Guerra,[23] "foi desenvolvido e amplamente examinado pela doutrina italiana, merecendo destaque o pensamento de Presutti, Lentini, Ranelletti, Orlando, Treves e Renato Alessi, [...]".

---

[22] Como pode ser observado na nota 2 deste capítulo.

[23] GUERRA, Sérgio. Discricionariedade administrativa: limitações da vinculação legalitária e propostas pós-positivistas. In: ARAGÃO, Alexandre Santos de; MARQUES NETO, Floriano de Azevedo (Coord.). *Direito administrativo e seus novos paradigmas*, p. 216, nota 28.

O último, destacadamente, foi o que exerceu maior influência dentre os doutrinadores brasileiros na conceituação e desenvolvimento do *mérito*, ainda na primeira metade do século XX, justamente no momento histórico de fortalecimento da lei formal e da atividade administrativa.

Em sua obra, *Diritto amministrativo*, Renato Alessi destaca que o *mérito* tem duplo aspecto: (1) o positivo, à medida que consiste no "acertamento" do interesse público genericamente contido na norma jurídica para o caso concreto, segundo os critérios de conveniência e oportunidade da Administração, já que é impossível ao legislador antever o melhor interesse público em todas as hipóteses da realidade; e (2) o negativo, porquanto representa ele um limite para a sindicabilidade jurisdicional aos atos administrativos nos espaços deixados pela norma.[24]

Vê-se, pois, que o *mérito* justamente foi criado para as hipóteses em que a lei, não tendo como preencher todos os espaços da vida prevendo condutas à Administração, deixa a ela parâmetros para a tomada da melhor decisão.[25]

O direito administrativo brasileiro, principalmente pela obra de Seabra Fagundes, absorveu o referido conceito de *mérito*, no duplo aspecto apontado por Alessi.

Sustenta o citado autor:

> O mérito está no sentido político do ato administrativo. É o sentido dele em função das normas da boa administração. Ou, noutras palavras: é o seu sentido como procedimento que atende ao interesse público, e, ao mesmo tempo, o ajusta aos interesses privados, que toda medida administrativa tem de levar em conta. Por isso, exprime um juízo comparativo.
>
> Compreende os aspectos, nem sempre de fácil percepção, atinentes ao acerto, à justiça, utilidade, equidade, razoabilidade, moralidade, etc. de cada procedimento administrativo.
>
> Esses aspectos, muitos autores os resumem no binômio: oportunidade e conveniência.[26]

---

[24] ALESSI, Renato. *Diritto Amministrativo*: parte I – soggetti attivie passivi e l'esplicazione della funzione amministrativa, p. 134-135.

[25] No mesmo sentido, Luís Roberto Barroso: "A justificação do poder discricionário – sempre excepcional já que a regra geral é a estrita vinculação da Administração à Lei – decorre da incapacidade de se prever, com alguma objetividade e em tese, a solução mais adequada, mais justa, mais correta para determinadas situações. A discricionariedade é, portanto, serva do interesse público e um instrumento para melhor atender à finalidade pública estabelecida na lei que confere à Administração a competência discricionária" (BARROSO, Luís Roberto. Temas de Direito Constitucional, t. II, p. 363, apud MATTOS, Mauro Roberto Gomes de. *A constitucionalização do direito administrativo e o controle de mérito [oportunidade e conveniência] do ato administrativo discricionário pelo Poder Judiciário*, p. 4).

[26] FAGUNDES, M. Seabra. *O controle dos atos administrativos pelo Poder Judiciário*, p. 149-150.

Em nota de rodapé, continua a conceituação:

> Pressupondo o mérito do ato administrativo a possibilidade de opção, por parte do administrador, no que respeita ao sentido do ato – que poderá inspirar-se em diferentes razões de sorte a ter lugar num momento ou noutro, como poderá apresentar-se com este ou aquele objetivo – constitui fator apenas pertinente aos atos discricionários.[27]

Por ser característico apenas dos atos discricionários, arremata Seabra Fagundes dizendo que:

> não constitui o mérito um fator essencial, nem autônomo na integração do ato administrativo; não aparece com posição própria ao lado dos elementos essenciais (manifestação da vontade, motivo, objeto, finalidade e forma); surge em conexão com o motivo e o objeto [elementos do ato passíveis de escolha, pelo administrador, dentre as opções dadas pela lei, visto que os demais são sempre vinculados]; relaciona-se com eles; é um aspecto que lhes diz respeito; é uma maneira de considerá-los na prático do ato; é, em suma, o conteúdo discricionário deste.[28]

Por ser o *mérito* a expressão de liberdade da Administração, dentro dos parâmetros legais, ou, nas precisas palavras de Seabra Fagundes, sendo o sentido político do ato administrativo, ao Judiciário seria vedado realizar o controle de seu conteúdo, restringindo-se aos aspectos legais ou formais do ato – competência, forma e finalidade (e veracidade dos motivos, quando explícitos).

Extrapolando tais limites, estaria o Judiciário fazendo obra de administrador, violando, por consequência, o princípio de separação e independência dos poderes.

Denota-se, por toda a explanação acima, que o autor manteve-se exatamente na linha de Renato Alessi, conferindo ao *mérito* o aspecto positivo de acertamento do interesse público genericamente previsto, segundo o melhor senso de justiça, equidade etc., da Administração; e o senso negativo, como barreira de controle pelo Poder Judiciário.

Tal postura predominou na doutrina administrativa brasileira por décadas, como se observa em autores contemporâneos a Seabra Fagundes, tal qual Hely

---

[27] FAGUNDES, M. S. Obra citada, p. 149, nota 2.
[28] FAGUNDES, M. S. Obra citada, p. 149, nota 2.

Lopes Meirelles,[29] e outros mais recentes, a exemplo de Diógenes Gasparini[30] e Diogo de Figueiredo Moreira Neto.[31]

O ilustre administrativista José dos Santos Carvalho Filho igualmente defende o conceito de *mérito* segundo sua antiga concepção, nos termos seguintes:

> Pode-se, então, considerar mérito administrativo a avaliação da conveniência e da oportunidade relativas ao motivo e ao objeto, inspiradoras da prática do ato discricionário. Registre-se que não pode o agente proceder a qualquer avaliação quanto aos demais elementos do ato – a competência, a finalidade e a forma, estes vinculados em qualquer hipótese. Mas lhe é lícito valorar os fatores que integram o motivo e que constituem o objeto, com a condição, é claro, de se preordenar o ato ao interesse público.[32]

No que diz respeito ao controle do *mérito*, verifica-se que o festejado autor comunga da posição restritiva de sindicabilidade pelo Poder Judiciário:

> O Judiciário, entretanto, não pode imiscuir-se nessa apreciação, sendo-lhe vedado exercer controle judicial sobre o mérito administrativo. Como bem aponta Seabra Fagundes, com apoio em Ranelletti, se pudesse o juiz fazê-lo, "faria obra de administrador, violando, dessarte, o princípio da separação e independência dos poderes". E está de todo acertado esse fundamento: se ao juiz cabe a função jurisdicional, na qual afere aspectos de legalidade, não se lhe pode permitir que proceda a um tipo de avaliação peculiar à função administrativa e que, na verdade, decorre da própria lei.[33]

---

[29] Segundo o renomado autor, "o mérito administrativo consubstancia-se na valoração dos motivos e na escolha do objeto do ato, feitas pela Administração incumbida de sua prática, quando autorizada a decidir sobre a conveniência, oportunidade e justiça do ato a realizar". Adiante complementa: "diversamente do que ocorre nos atos discricionários, em que, além dos elementos sempre vinculados (competência, finalidade e forma), outros existem (motivo e objeto), em relação aos quais a Administração decide livremente, e sem possibilidade de correção judicial, salvo quando seu proceder caracterizar excesso ou desvio de poder" (MEIRELLES, H. L. Obra citada, p. 154-155).

[30] Para ele, a discricionariedade também se caracteriza pela conveniência e oportunidade, binômio que denomina por mérito e encontra-se isento do controle judicial, configurando-se a conveniência como a utilidade do ato para atender ao interesse público e a oportunidade, o momento adequado de satisfação desse interesse (GASPARINI, Diógenes. *Direito administrativo*, p. 92, apud PIRES, Luis Manuel Fonseca. *Controle judicial da discricionariedade administrativa*, p. 214).

[31] "A discricionariedade é característica da aplicação administrativa da lei, desde que esta haja cometido à Administração fazer opções de oportunidade, conveniência e conteúdo dentro dos limites legalmente prefixados. Nesta hipótese, como as escolhas são exclusivas da Administração, não pode, o Judiciário, a pretexto de exercer controle, substituí-las pelas suas, embora possa e deva examinar, quando provocado, se foram feitas dentro dos limites legais" (MOREIRA NETO, Diogo de Figueiredo. *Curso de direito administrativo*, p. 170).

[32] CARVALHO FILHO, José dos Santos. *Manual de Direito Administrativo*, p. 113.

[33] CARVALHO FILHO, J. S. Obra citada, p. 114.

A despeito da convergência de ideias quanto às funções do *mérito*, registre-se que, dentre os autores, existem inúmeras variações quanto a seu conceito, vinculando-o ora a uns ora a outros elementos do ato administrativo; no entanto, é quase pacífico que ele se configura como o produto da discricionariedade, seu elemento central, a expressão do binômio "oportunidade e conveniência".[34]

Na jurisprudência, esse posicionamento manteve-se predominante por décadas, persistindo, ainda hoje, dentre inúmeros julgadores.

Corroborando a afirmação acima, vide três julgados de décadas absolutamente distintas, porém semelhantes quanto à função do mérito como limite ao controle jurisdicional:

> Na apreciação dos atos do Poder Executivo, deve o juiz limitar-se a verificar a sua legalidade, não entrando no merecimento da decisão impugnada judicialmente. (Supremo Tribunal Federal, apelação cível nº 6.385, Rel. Ministro Costa Manso)[35]
>
> MILITAR. EXPULSÃO. ANULAÇÃO DO ATO PORQUE CERCEADA A DEFESA NO PROCESSO ADMINISTRATIVO E IRREGULARMENTE PRODUZIDA A PROVA EM QUE SE BASEOU A EXPULSAO. ALEGAÇÃO DE SER VEDADA, AO PODER JUDICIARIO, A APRECIAÇÃO DO MÉRITO DO ATO ADMINISTRATIVO – CASO EM QUE O EXAME SE CINGIU AO ASPECTO DE LEGALIDADE DO ATO. RECURSO EXTRAORDINÁRIO NÃO CONHECIDO. (RE 82355/PR, 1ª T., Rel. Min. Rodrigues Alckmin, j. 31/08/1976).[36]
>
> ADMINISTRATIVO. RECURSO ORDINÁRIO EM MANDADO DE SEGURANÇA. PROCEDIMENTO ADMINISTRATIVO DISCIPLINAR. MÉRITO ADMINISTRATIVO. AFERIÇÃO. IMPOSSIBILIDADE. INDEPENDÊNCIA DAS ESFERAS ADMINISTRATIVA E PENAL. NULIDADES NO PROCESSO ADMINISTRATIVO. INEXISTÊNCIA.
>
> 1. A atuação do Poder Judiciário no controle do processo administrativo circunscreve-se ao campo da regularidade do procedimento, bem como à legalidade do ato atacado, sendo-lhe defesa qualquer incursão no mérito administrativo (RMS 22128/MT, 5ª T., Rel. Min. Laurita Vaz, *DJ* 10/09/2007).[37]

O recente julgado do Colendo Superior Tribunal de Justiça mencionado, apesar de prolatado apenas em 2007, revela o quanto o conceito tradicional de *mérito* e sua função de limite ao controle jurisdicional ainda estão arraigados na cultura jurídica nacional, mas não sem sofrer críticas, como se passa a verificar.

---

[34] Nesse sentido, vide a exposição de Luis Manuel Fonseca Pires, na citada obra, p. 213-216.
[35] Acórdão extraído de FAGUNDES, M. S. Obra citada, p. 148, nota 72.
[36] Acórdão extraído do *site* <www.stf.jus.br>. Acesso em: 31 out. 2009.
[37] Acórdão extraído do *site* <www.stj.jus.br>. Acesso em: 31 out. 2009.

3.2 A retração do conteúdo do mérito

Consoante afirmado no item 2.4 deste capítulo, a consolidação do Estado Democrático de Direito, no qual a ideia de que os princípios e valores consagrados pela Constituição Federal, como essenciais à garantia da dignidade da pessoa humana e participação popular no Governo, devem ser observados pela Administração Pública, trouxe marcas indeléveis ao direito administrativo, dentre elas o enfraquecimento da posição de insindicabilidade do *mérito* dos atos administrativos discricionários pelo Judiciário.

Diante das novas perspectivas, o *mérito*, nos termos em que concebido, tornou-se um elemento indesejável de justificação à má atuação administrativa e às escusas de julgadores para não exercerem a completa atuação jurisdicional de proteção dos princípios e valores constitucionais tal qual exigido pela própria Constituição.

Nesse sentido, vide Maria Sylvia Zanella Di Pietro:

> Na realidade, não se pode negar a veracidade da afirmação de que ao Judiciário é vedado controlar o mérito, o aspecto político do ato administrativo, que abrange, sinteticamente, os aspectos de oportunidade e conveniência. O que não é aceitável é usar-se o vocábulo *mérito* como escudo à atuação judicial em casos que, na realidade, envolvem questões de legalidade e moralidade administrativas. É necessário colocar a discricionariedade em seus devidos limites, para impedir as arbitrariedades que a Administração Pública pratica sob o pretexto de agir discricionariamente em matéria de mérito.
>
> Para essa finalidade é que assume especial relevância o tema concernente aos princípios limitadores da discricionariedade administrativa, objeto de estudo neste trabalho.[38]

Para aqueles que adotam referida posição, o controle jurisdicional não se limita à análise dos aspectos formais da lei no tocante à atuação discricionária, ou seja, se a Administração extrapolou ou não o espaço de liberdade que a lei, e apenas ela, lhe conferiu; para eles, o controle há de se verificar também no atendimento aos princípios constitucionais e aos fatos ensejadores do ato.

A respeito do tema, novamente se evocam as precisas lições de Maria Sylvia Zanella Di Pietro:

> Concluindo: perante o direito positivo brasileiro, o princípio da legalidade continua presente na Constituição tal como previsto na redação original dos artigos 37, *caput*, e 5º, II. [...] E a discricionariedade continua a ser poder jurídico, porque exercida nos limites fixados pela lei, sendo ainda limitada por inúmeros princípios previstos de forma implícita ou explícita na Consti-

---

[38] DI PIETRO, M. S. Z. Obra citada, p. 130.

tuição, como moralidade, razoabilidade, interesse público. Qualquer outra interpretação significa a perda da segurança jurídica essencial para proteger os direitos do cidadão em face do poder público.[39]

Dando também amplitude à possibilidade de controle jurisdicional dos atos administrativos, Alexandre de Moraes sustenta:

> A revisão judicial da atuação administrativa deverá, igualmente, verificar a realidade dos fatos e também a coerência lógica da decisão discricionária com os fatos. Se ausente a coerência, a decisão estará viciada por infringência ao ordenamento jurídico e, mais especificamente, ao princípio da proibição da arbitrariedade dos poderes públicos, que impede o extravasamento dos limites razoáveis da discricionariedade, e evita que esta se converta em causa de decisões desprovidas de justificação fática e, consequentemente, arbitrárias, pois o exame da legalidade e moralidade, além do aspecto formal, compreende também a análise dos fatos levados em conta pelo Executivo.[40]

Outro que defende a subordinação da atividade administrativa discricionária (e, consequentemente, o *mérito*) aos princípios do sistema jurídico é Juarez Freitas, cujas palavras merecem transcrição:

> Pelo exposto, eis as ideias de especial relevo, propostas à reflexão:
>
> a) A discricionariedade, no Estado Democrático, quer dos atos administrativos, quer dos atos judiciais, está sempre vinculada aos princípios fundamentais, sob pena de se traduzir em arbitrariedade e de minar os limites indispensáveis à liberdade de conformação como racional característica fundante do sistema administrativo;
>
> b) Os atos administrativos podem ser vinculados propriamente ditos ou de discricionariedade vinculada ao sistema, ambos devendo obediência à totalidade dos princípios, regras e valores, sendo urgente, em face dessa dialógica concepção, ampliar significativamente o controle, requerendo-se, notadamente em face dos atos discricionários, a devida motivação ou fundamentação (de fato e de direito), à semelhança e por analogia da requerida na prática de atos judiciais, nos termos expressos na Constituição.[41]

---

[39] DI PIETRO, M. S. Z. Obra citada, p. 65.
[40] MORAES, Alexandre de. *Direito constitucional administrativo*. 3. ed. São Paulo: Atlas, 2006. p. 119.
[41] FREITAS, Juarez. *O controle dos atos administrativos e os princípios fundamentais*, p. 236.

Sérgio Ferraz, por sua vez, avança ainda mais sobre o campo do controle judicial em relação ao mérito dos atos administrativos a partir do sistema principiológico:

> O que não pode o julgador, em face de determinada hipótese, é dizer que, se chamado a decidir como administrador, agiria de maneira diversa e que, portanto, sentencia no sentido de que essa forma diversa é que se cumpra na hipótese litigiosa que lhe é trazida a contexto. *Mas sempre que o julgador, em face de uma possibilidade ampla, aparente, de ações, perceba que não foi escolhida aquela que mais adequadamente revela o interesse público, segundo o entender do bonus paterfamilias, poderá, invocando a construção da teoria dos erros, da teoria do abuso de direito ou de poder, de dever de bem administrar – de todo um instrumental principiológico, enfim – livremente desfazer a opção administrativa e cassar o ato, porque não realizado o fim precípuo da atividade administrativa: atuar escolhendo, sempre, a melhor forma possível de dar atendimento ao interesse público.*[42]

A corrente principiológica não se encontra sozinha na seara da redução do conteúdo meritório do ato administrativo como livre do controle jurisdicional. Atualmente, ganha destaque uma expressiva posição que afirma ser cabível referido controle quando o Poder Público se deparar com os chamados conceitos jurídicos indeterminados.

A despeito de ter essa posição surgido na Alemanha ainda no século XIX, como ensina o professor português António Francisco de Souza,[43] nos países de tradição jurídica romana, difundiu-se ela mais tardiamente.

Tanto que, no Brasil, na vigência do Estado Social de Direito, não se fazia distinção entre discricionariedade e conceitos jurídicos indeterminados, de maneira que a Administração, ao se deparar com fórmulas vagas e abstratas, como "interesse público", "moralidade administrativa" etc., as aplicava segundo seus critérios de conveniência e oportunidade, ou, em outros termos, acabavam elas ingressando no *mérito*.

Atualmente, entretanto, para a aludida posição doutrinária, os conceitos jurídicos indeterminados relacionam-se com o poder discricionário porque, tanto uns como outro não implicam em imediata aplicação da lei, mas suscitam interpretação e/ou verificação do arcabouço fático para a mais adequada incidência do dispositivo legal.

---

[42] FERRAZ, Sérgio. *Mandado de segurança*, p. 74, apud DELGADO, Carine. *A sindicabilidade pelo poder judiciário do ato administrativo discricionário*, p. 8.

[43] SOUZA, António Francisco de. *"Conceitos indeterminados" no direito administrativo*, p. 36-63.

Esse relacionamento fez surgir duas posições, como apontado por Maria Sylvia Zanella Di Pietro, quanto às considerações acerca dos conceitos jurídicos indeterminados:

1. a dos que entendem que eles não conferem discricionariedade à Administração, porque, diante deles, a Administração tem que fazer um trabalho de *interpretação* que leve à única solução válida possível;

2. a dos que acham que eles podem conferir discricionariedade à Administração, desde que se trate de conceitos de valor, que impliquem a possibilidade de apreciação do interesse público, em cada caso concreto, afastada a discricionariedade diante de certos conceitos de experiência ou de conceitos técnicos, que não admitem soluções alternativas.[44]

E continua a renomada administrativista dizendo que, no Brasil, os poucos autores que "se dedicaram ao exame da discricionariedade sob esse aspecto enquadram-se nessa segunda tendência, embora com a preocupação de colocar a discricionariedade dentro de determinados limites, apelando para princípios como o do interesse público e o da proporcionalidade ou razoabilidade".[45]

Por todos os adeptos dessa posição, confiram-se as palavras do eminente professor Celso Antônio Bandeira de Mello:[46]

> Com efeito, desde logo, quando a lei se vale de conceitos vagos, fluidos, imprecisos ("gravidade" de uma infração, ofensa à "moralidade" pública, situação "urgente", passeata "tumultuosa" etc.), dos quais resultaria certa liberdade administrativa para ajuizar sobre a ocorrência de situações assim qualificáveis, tal liberdade só ocorre em casos duvidosos, isto é, quando realmente é possível mais de uma opinião razoável sobre o cabimento ou descabimento de tais qualificativos para a espécie.
>
> Assim como a dúvida pode se instaurar procedentemente, em inúmeras situações – quando, então, haverá espaço para um juízo subjetivo pessoal, do administrador –, em inúmeras outras, pelo contrário, não caberá dúvida alguma sobre o descabimento ou então sobre o cabimento da qualificação.[47]

---

[44] DI PIETRO, M. S. Z. Obra citada, p. 131.

[45] DI PIETRO, M. S. Z. Obra citada, p. 131.

[46] Ressalte-se que o tema é tormentoso, existindo inúmeras posições divergentes. Porém, dada a amplitude da discussão, resolveu-se destacar apenas a posição preponderante.

[47] MELLO, Celso Antônio Bandeira de. *Curso de direito administrativo*. São Paulo: Malheiros, 2007, p. 422-423.

Com efeito, nem sempre se incluirá o conceito jurídico indeterminado na seara do *mérito*, como dantes se fazia, sendo necessária a interpretação da fórmula.[48]

Todavia, com o devido respeito que merecem os defensores da estreita relação entre conceitos jurídicos indeterminados e poder discricionário, não se vislumbra uma necessária vinculação.

Isso porque, conforme leciona Odete Medauar,

> Melhor parece considerar que o direito sempre utilizou tais fórmulas amplas, mesmo no direito privado, sem que fossem necessariamente associadas a poder discricionário. Havendo parâmetros de objetividade para enquadrar a situação fática na fórmula ampla, ensejando uma única solução, não há falar em discricionariedade. Se a fórmula ampla, aplicada a uma situação fática, admitir margem de escolha de soluções, todas igualmente válidas e fundamentadas na noção, o poder discricionário se exerce.[49]

No tocante à jurisprudência, ainda que de forma mais tímida que a doutrina, vem ela aceitando, em sua maioria, a ampliação dos limites normativos incidentes sobre o *mérito*. Como exemplos, vide dois recentes julgados do Superior Tribunal de Justiça, nos quais se faz referência expressa à aplicação dos princípios constitucionais e à atividade interpretativa:

> DIREITO ADMINISTRATIVO E PROCESSUAL CIVIL – DEMARCAÇÃO DE TERRAS INDÍGENAS – AUSÊNCIA DE VIOLAÇÃO DO ART. 535 DO CPC – ATO ADMINISTRATIVO DISCRICIONÁRIO – TEORIA DA ASSERÇÃO – NECESSIDADE DE ANÁLISE DO CASO CONCRETO PARA AFERIR O GRAU DE DISCRICIONARIEDADE CONFERIDO AO ADMINISTRADOR PÚBLICO – POSSIBILIDADE JURÍDICA DO PEDIDO.
>
> [...]
>
> 4. A discricionariedade administrativa é um dever posto ao administrador para que, na multiplicidade das situações fáticas, seja encontrada, dentre as diversas soluções possíveis, a que melhor atenda à finalidade legal.
>
> 5. O grau de liberdade inicialmente conferido em abstrato pela norma pode afunilar-se diante do caso concreto, ou até mesmo desaparecer, de modo que o ato administrativo, que inicialmente demandaria um juízo discricionário, pode se reverter em ato cuja atuação do administrador esteja vinculada.

---

[48] Segundo a Profa. Maria Sylvia, "o que limita a discricionariedade, no caso dos conceitos indeterminados, são determinados princípios, como os da moralidade administrativa (no qual se insere o da boa-fé), o da razoabilidade, o do interesse público e, em regra, os princípios gerais de direito" (DI PIETRO, M. S. Z. Obra citada, p. 136).

[49] MEDAUAR, Odete. *Direito administrativo moderno*, p. 118.

Neste caso, a interferência do Poder Judiciário não resultará em ofensa ao princípio da separação dos Poderes, mas restauração da ordem jurídica.

6. Para se chegar ao mérito do ato administrativo, não basta a análise in abstrato da norma jurídica, é preciso o confronto desta com as situações fáticas para se aferir se a prática do ato enseja dúvida sobre qual a melhor decisão possível. É na dúvida que compete ao administrador, e somente a ele, escolher a melhor forma de agir.

7. Em face da teoria da asserção no exame das condições da ação e da necessidade de dilação probatória para a análise dos fatos que circundam o caso concreto, a ação que visa a um controle de atividade discricionária da administração pública não contém pedido juridicamente impossível. (REsp 879188 / RS, 2ª T., Rel. Min. Humberto Martins, *DJe* 2/6/2009)

MANDADO DE SEGURANÇA – AGRAVO REGIMENTAL – ATOS ADMINISTRATIVOS DISCRICIONÁRIOS – ATUAÇÃO DO PODER JUDICIÁRIO – LIMITES.

1. Descabe ao Poder Judiciário realizar o controle de mérito de atos discricionários, tomados pelo Poder Executivo em sede de política econômica, que não contrariaram qualquer princípio administrativo (AgRg no MS 13918 / DF, 1ª Seção, Rel. Min. Eliana Calmon, *DJe* 20/4/2009).[50]

Há de se destacar também interessante trabalho de pesquisa levantado por Jessé Torres Pereira Júnior e citado por Maria Tereza Fonseca Dias, Eliziane Maria de Sousa Oliveira e Karina Broze Naimeg em artigo de sua autoria.[51]

Na pesquisa, dividiram-se as decisões do STF e do STJ, proferidas em sede de mandado de segurança em matéria administrativa, em três categorias: (1) daquelas baseadas na legalidade estrita, dando ampla margem à discricionariedade; (2) das que propunham a ampliação dos controles com base no direito dos princípios, mas mantendo a noção da existência de um núcleo da discricionariedade, o mérito cuja sindicabilidade é intangível pelo Judiciário; e (3) das decisões que consideraram a teoria da discricionariedade tendente a zero, segundo a qual pode existir potencialmente e inexistir diante de uma situação fática que permita a aplicação de apenas uma solução correta.[52] O trabalho foi exposto com a tabela das decisões analisadas e o gráfico comparativo:

---

[50] Acórdãos extraídos do site <www.Stj.Jus.Br>. Acesso em: 31 out. 2009.

[51] DIAS, Maria Tereza Fonseca; OLIVEIRA, Eliziane Maria de Sousa; NAIMEG, Karina Broze. *Controle jurisdicional da Administração Pública*: tendências jurisprudenciais em sede de mandado de segurança.

[52] DIAS, M. T. F.; OLIVEIRA, E. M. S.; NAIMEG, K. B. Obra citada, p. 4-5.

Órgão julgador	Número identificador	Acórdãos		
		Assunto	Relator	Data
STF	RMS 24.119/DF	Concurso público: decadência	Maurício Corrêa	27.9.2002
	MS 23.767/SC	Ato omissivo do Governador do Estado: repasse de duodécimos do Poder Judiciário	Gilmar Mendes	16.5.2003
	MS 24.458/DF	Decoro Parlamentar	Celso Mello	12.3.2003
	MS 24.458/DF	Decoro Parlamentar	Celso Mello	21.2.2003
	MS 23.891/DF	Escolha de assessores de Presidente de Tribunal	Ellen Gracie	16.3.2004
	MS 23.891/DF	Pagamento de diárias de viagem e passagens	Ellen Gracie	2004
	MS 24.506/DF	Procedimento de promoção de magistrados	Sepúlveda Pertence	26.3.2004
	RMS 23.383/DF	Abuso ou desvio de poder	Gilmar Mendes	6.2.2004
	MS 24.523/DF	Conversão de emprego em cargo público	Eros Grau	10.11.2004
STJ	AGRMS 9.642/DF	Fiscalização de recursos públicos federais repassados aos municípios	Luiz Fux	16.8.2004
	RMS 10.731/BA	Processo disciplinar contra magistrado	Felix Fischer	1.6.1999
	MS 9.116/DF	Processo administrativo disciplinar de servidor público	Laurita Vaz	10.11.2003
	MS 8.944/DF	Licitação	Franciulli Netto	4.8.2003
	RMS 15.519/PA	Cessão de funcionário público	José Arnaldo Fonseca	1.8.2004
	MS 9.420/DF	Ato omissivo de Ministro de Estado: anistia política	Laurita Vaz	25.8.2004
	ROMS 12.088/MG	Aposentadoria de servidor público	Hélio Quaglia Barbosa	6.9.2004
	ROMS 16.108/RJ	Decreto municipal: extrapolação de determinação de Lei Municipal	Franciulli Netto	9.8.2004
	ROMS 17.441/DF	Concurso de remoção: serviços notariais e de registro	José Arnaldo Fonseca	6.9.2004
	ROMS 16.596/GO	Reclassificação de servidores públicos estaduais	Jorge Scartezzini	26.4.2004
	MS 9.181/DF	Preterição para nomeação de servidora pública federal para cargo em comissão	Jorge Scartezzini	8.3.2004

Fonte: PEREIRA JUNIOR, 2005.

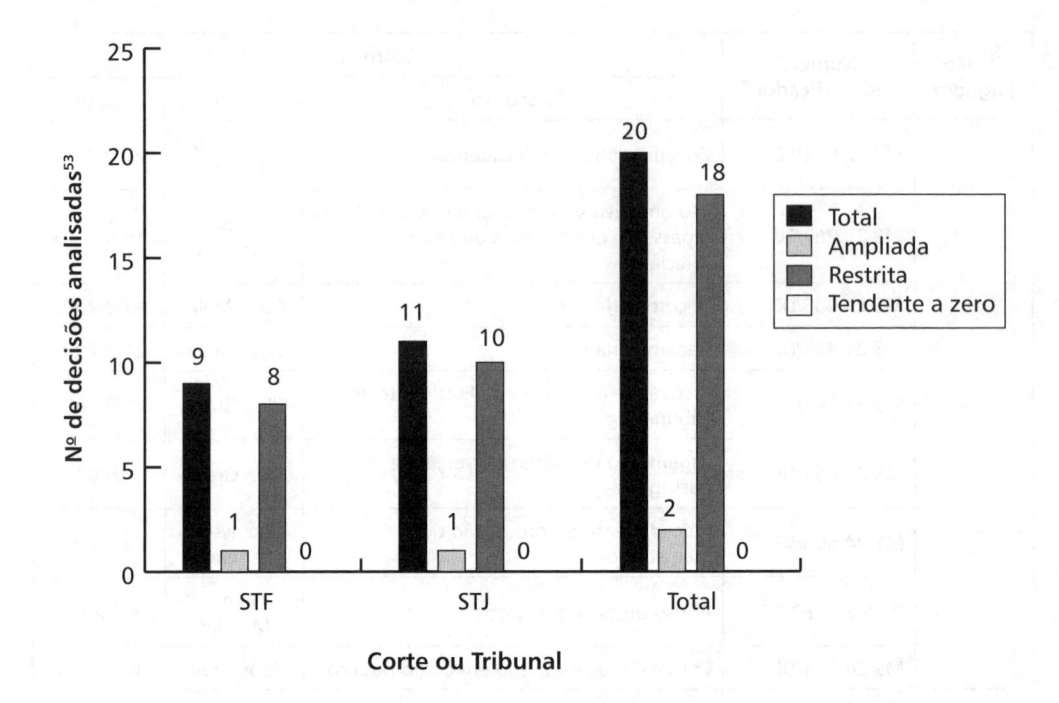

Gráfico: Nº de decisões analisadas[53] por Corte ou Tribunal

Corte	Total	Ampliada	Restrita	Tendente a zero
STF	9	1	8	0
STJ	11	1	10	0
Total	20	2	18	0

De pronto, verifica-se que a concepção de uma discricionariedade "tendente a zero" ainda não foi acolhida pela jurisprudência do STJ e STF, que vem, lentamente, tornando majoritária a tendência de se alargar o controle jurisdicional sobre conteúdo meritório dos atos administrativos com fundamento nos princípios.

Entretanto, doutrinariamente, há quem sustente o fim do *mérito* e a plena sindicabilidade jurisdicional dos atos administrativos discricionários, pelo alargamento máximo dos princípios constitucionais.

Dentre eles, traga-se à baila o entendimento do advogado Mauro Roberto Gomes de Mattos:

> Após toda a presente explanação constata-se que o Estado Democrático de Direito dotou o Poder Judiciário, na separação de função dos Poderes, de um dever indelegável de manter intacta a unidade da Constituição, podendo para tanto adentrar ao controle de mérito do ato administrativo discricionário para que ele não se desgarre dos princípios objetivos e das normas fixadas pela Constituição como um poder-dever do administrador público.
>
> [...]

---

[53] Das decisões analisadas, apenas as referentes ao RMS 15.519/PA, do STJ, e ao MS 24.523/DF, do STF foram pela ampla discricionariedade.

Assim, os conceitos de conveniência e oportunidade do ato administrativo discricionário já não mais são vistos como uma "incógnita" jurídica, pois vinculados aos dogmas constitucionais. Assim é que, quando da execução do ato discricionário, o administrador público deverá motivá-lo em conformidade com o que vem estabelecido no Comando Maior.

[...]

Este pleno e eficaz exercício constitucional que estabelece a respectiva Teoria Geral do Direito Constitucional Administrativo submete e aumenta a responsabilidade, via de consequência, alarga o dever do Poder Judiciário de fiscalizar se a Administração Pública, de todos os Poderes, está realizando atos em conformidade com os preceitos e princípios constitucionais.

Este poder-dever dos Tribunais não representa uma indevida intromissão no poder alheio, pois como visto anteriormente, já não prevalece mais o "mito" construído por Montesquieu, da ampla, geral e irrestrita divisão dos Poderes. Na atual dogmática constitucional, os poderes são instituídos para dividirem funções, que serão sempre disciplinadas e regradas pela Constituição.

Dessa forma, qualquer ato administrativo sofre a influência direta dos princípios objetivos e das normas constitucionais, sem que com isto haja uma indesejada alteração da independência de um Poder sobre o outro.

Cabe ao Poder Judiciário, como responsável pela salvaguarda da Constituição, fiscalizar o fiel cumprimento dos ditames constitucionais. Surge a inafastabilidade do controle jurisdicional, que, segundo Zaiden Geraige Neto, possui a obrigação de dizer se o ato discricionário foi exercido dentro da sistemática constitucional vigente.

Concluímos, por fim, pela plena penetrabilidade do ato administrativo discricionário, que não poderá ficar imune ao controle judicial, máxime quando envolver o critério de conveniência e de oportunidade, pois a verdadeira liberdade consiste em fazer tudo aquilo que a Constituição estabelece. Com este eficaz controle do mérito do ato administrativo, não se está cerceando a Administração Pública, apenas o Poder Judiciário mantém efetiva a unidade da Constituição, quando estabelece que se cumpram os princípios e as respectivas normas da Magna Carta.[54]

Diante da exposição acima, pode-se concluir que, a despeito de haver-se reduzido o espaço de liberdade para atuação da Administração, em face da necessária observância de princípios e da ampliação das atividades interpretativas, o *mérito* ainda remanesce, em menor escala, como limite ao controle jurisdicional, ou, em outras palavras, como barreira à não interferência de um Poder sobre o outro.

---

[54] MATTOS, M. R. G. Obra citada, p. 16-17.

Continua ele, de uma forma ou de outra, constituindo-se no cerne dos atos administrativos discricionários que revela uma escolha, feita pelo administrador, dentre duas ou mais hipóteses igualmente aceitáveis pela "lei". A diferença, agora, reside no fato de que "lei" não pode mais ser tomada em seu sentido estrito, como o documento normativo de caráter genérico e abstrato produzido pelo Poder Legislativo. Ela deve, outrossim, abranger todos os princípios e valores, explícitos e implícitos, constantes da Constituição Federal, destacadamente aqueles constantes de seu artigo 37, *caput*, e o da razoabilidade/proporcionalidade.

Essa consideração, destaque-se, é a única possível no atual cenário jurídico-constitucional, sob pena de se incorrer em violação à Carta Maior.

A fim de se encerram as considerações acerca das funções do *mérito* na atividade administrativa, trazem-se em destaque as ponderações de Eduardo García de Enterría e Tomás-Ramón Fernández. Os autores espanhóis, ainda que sejam ferrenhos adeptos da teoria dos conceitos indeterminados, em relação à qual se apresentou opinião contrária neste trabalho, expressam com precisão os limites do controle jurisdicional sobre a atuação da Administração:

> a) Controle dos *elementos regrados*, em especial mediante o controle do fim e do desvio de poder (a discricionariedade, justamente porque é uma potestade atribuída como tal pelo ordenamento, só pode produzir-se legitimamente quando respeita esses elementos regrados que condicionam tal atribuição), b) Controle dos *fatos determinantes* (a realidade é só uma e sempre só uma, de maneira que, ao admitir-se a possibilidade normal de provas, faz-se perfeitamente viável um controle pleno da "exatitude" dos fatos determinantes da decisão e, através dele, do correto uso dos poderes "discricionais" da Administração, que, qualquer que seja seu efetivo alcance, só pode operar quando se produzem as concretas circunstâncias de fato previstas na norma que atribui tais poderes) e c) Controle pelos *princípios gerais do Direito* (não só a lei, mas também os princípios gerais vinculam a Administração, convindo relembrar que os princípios gerais do Direito são uma condensação dos grandes valores jurídicos materiais que constituem o substrato do ordenamento e da experiência reiterada da vida jurídica).
>
> [...]
>
> O controle da discricionariedade através dos princípios gerais não consiste, portanto, em que o juiz substitua o critério da Administração pelo seu próprio e subjetivo critério. Se assim fosse, tudo se reduziria em substituir uma discricionariedade (a administrativa) por outra (a judicial) sem avançar um só passo no problema.[55]

---

[55] ENTERRÍA, Eduardo García de; FERNANDEZ, Tomás-Ramón. *Curso de direito administrativo*, p. 454-462, apud DELGADO, Carine. A sindicabilidade pelo poder judiciário do ato administrativo discricionário, p. 9.

4 Conclusões

Diante da exposição acima, as seguintes conclusões podem ser tiradas:

1. O conceito de *mérito* bem como seu papel no direito administrativo sofrem direta influência da situação histórica do Estado;

2. Atualmente, vigora o Estado Democrático de Direito, estruturado sobre a democracia e a supremacia da Constituição;

3. Mencionada força constitucional impõe à Administração Pública o dever de observar, em sua atividade, todos os princípios, valores e regras contidos na Carta Maior, já que esse é o fundamento de validade daquela;

4. O *mérito*, a despeito das profundas controvérsias quanto a seu preciso conceito e finalidade, pode ser tido como o cerne dos atos administrativos discricionários que revela uma escolha, feita pelo administrador, dentre duas ou mais hipóteses igualmente aceitáveis pela "lei";

5. O que diferencia, entretanto, o *mérito* em sua concepção original da atual, dado o hodierno cenário em que inserida a atividade administrativa, é o fato de que "lei" não pode mais ser tomada em seu sentido estrito, como o documento normativo de caráter genérico e abstrato produzido pelo Poder Legislativo. Ela deve, outrossim, abranger todos os princípios e valores, explícitos e implícitos, constantes da Constituição Federal, destacadamente aqueles constantes de seu artigo 37, *caput*, e o da razoabilidade/proporcionalidade;

6. O Judiciário, assim, pode e deve controlar a observância tanto dos aspectos meramente formais e legais do ato administrativo, quanto dos princípios e valores constitucionais, como seu fiel guardião;

7. A jurisprudência pátria, ainda que se influencie pela antiga estrutura do *mérito* como limite intransponível ao controle jurisdicional, vem, progressivamente, tornando-se majoritária no sentido de reconhecer que cabe ao Poder Judiciário verificar a observância dos aspectos de legalidade formais do ato administrativo e também do conjunto principiológico.

Referências bibliográficas

ALESSI, Renato. *Diritto amministrativo*: parte I – i soggetti attivie passivi e l'esplicazione della funzione amministrativa. Milano: Giuffrè, 1949.

BARROSO, Luís Roberto. A constitucionalização do direito e suas repercussões no âmbito administrativo. In: ARAGÃO, Alexandre Santos de; MARQUES NETO, Floriano de Azevedo (Coord.). *Direito administrativo e seus novos paradigmas*. Belo Horizonte: Fórum, 2008. p. 31-63.

CARVALHO FILHO, José dos Santos. *Manual de direito administrativo*. 17. ed. Rio de Janeiro: Lumen Juris, 2007.

DALLARI, Dalmo de Abreu. *Elementos de teoria geral do estado*. 19. ed. São Paulo: Saraiva, 1995.

DELGADO, Carine. A sindicabilidade pelo poder judiciário do ato administrativo discricionário. In: *Biblioteca Digital Fórum Administrativo – Direito Público*, Belo Horizonte: Fórum, ano 3, nº 34, dez. 2003.

DI PIETRO, Maria Sylvia Zanella. Inovações no direito administrativo. *Interesse Público*, Porto Alegre: Notadez, ano VI, nº 30, 2005.

_____. *Discricionariedade administrativa na Constituição de 1988*. 2. ed. São Paulo: Atlas, 2007.

DIAS, Maria Tereza Fonseca; OLIVEIRA, Eliziane Maria de Sousa; NAIMEG, Karina Broze. Controle jurisdicional da Administração Pública: tendências jurisprudenciais em sede de mandado de segurança. *Biblioteca Digital Fórum Administrativo – Direito Público*, Belo Horizonte: Fórum, ano 8, nº 91, set. 2008.

FAGUNDES, M. Seabra. *O controle dos atos administrativos pelo Poder Judiciário*. 4. ed. Rio de Janeiro: Forense, 1967.

FREITAS, Juarez. *O controle dos atos administrativos e os princípios fundamentais*. 3. ed. São Paulo: Malheiros, 2004.

GUERRA, Sérgio. Discricionariedade administrativa: limitações da vinculação legalitária e propostas pós-positivistas. In: *Direito administrativo e seus novos paradigmas*, Belo Horizonte: Fórum, 2008.

MATTOS, Mauro Roberto Gomes de. A constitucionalização do direito administrativo e o controle de mérito (oportunidade e conveniência) do ato administrativo discricionário pelo Poder Judiciário. *Biblioteca Digital Fórum Administrativo – Direito Público*, Belo Horizonte: Fórum, ano 5, nº 54, ago. 2005.

MEDAUAR, Odete. *Direito administrativo moderno*. 13. ed. São Paulo: Revista dos Tribunais, 2009.

MEIRELLES, Hely Lopes. *Direito administrativo brasileiro*. São Paulo: Malheiros, 2006.

MELLO, Celso Antônio Bandeira de. *Curso de direito administrativo*. São Paulo: Malheiros, 2007.

MORAES, Alexandre de. *Direito constitucional administrativo*. 3. ed. São Paulo: Atlas, 2006.

MOREIRA NETO, Diogo de Figueiredo. *Curso de direito administrativo*. 11. ed. Rio de Janeiro: Forense, 1999.

PIRES, Luis Manuel Fonseca. *Controle judicial da discricionariedade administrativa*. Rio de Janeiro: Elsevier, 2008.

SOUZA, António Francisco de. *"Conceitos indeterminados" no direito administrativo*. Coimbra: Livraria Almedina, 1994.

SUPERIOR TRIBUNAL DE JUSTIÇA. Disponível em: <http://www.stj.jus.br>.

SUPREMO TRIBUNAL FEDERAL. Disponível em: <http://www.stf.jus.br>.

12

O Controle das Políticas Públicas pelo Poder Judiciário

Tatiana Robles Seferjan[1]

1 Conceito de políticas públicas

As políticas públicas passaram a ter importância no cenário jurídico com a mudança de paradigmas do Estado. O Estado Liberal tinha como paradigma o Estado Legislativo. A legitimidade do Estado, que antes se fundava na expressão legislativa, passou a se fundar na realização de finalidades coletivas, que poderiam ser alcançadas de maneira programada. A organização das finalidades coletivas é função primordialmente conferida ao Poder Executivo, através das políticas públicas.[2]

A questão das políticas públicas surge com a ideia de dirigismo estatal, juntamente com o Estado do Bem-Estar Social. Neste momento original, as políticas públicas representavam uma forma de intervenção na atividade privada. Com o passar do tempo, as políticas públicas passaram a ser entendidas como diretrizes gerais para a atuação do Estado e dos indivíduos.[3]

Eis que as políticas públicas começam a ser definidas como:

---

[1] Procuradora do Município de São Paulo. Mestranda em Direito do Estado junto à Faculdade de Direito da USP.

[2] COMPARATO, Fabio Konder. Ensaio sobre o juízo de constitucionalidade de políticas públicas. *Revista de Informação Legislativa,* Brasília, ano 35, nº 136, p. 44, abr./jun. 1998.

[3] BUCCI, Maria Paula Dallari. *Direito administrativo e políticas públicas.* São Paulo: Saraiva, 2002, p. 245-247.

Programas de ação governamental visando a coordenar os meios à disposição do Estado e as atividades privadas, para a realização de objetivos socialmente relevantes e politicamente determinados. [...] Políticas públicas são "metas coletivas conscientes" e, como tais, um problema de direito público, em sentido lato.[4]

Juridicamente, as políticas públicas são vistas como instrumentos de ação do governo, sendo, portanto, a ação de governar o núcleo da ideia de política pública.[5]

De acordo com Fabio Konder Comparato, o conceito de políticas públicas não se confunde nem com o conceito de norma nem com o de ato, mas sim engloba ambos, por serem seus componentes. As políticas públicas seriam melhor definidas como uma atividade, unificada por sua finalidade, "um conjunto organizado de normas e atos tendentes à realização de um objetivo determinado".[6]

Como as políticas públicas não se confundem com as normas e os atos que as compõem, o juízo de validade e de constitucionalidade sobre estes não implica um controle sobre a política pública em si.

As finalidades que direcionam as políticas públicas são, atualmente, impostas pelas Constituições Modernas. Sendo impostas pelo texto constitucional, as finalidades, entendidas como objetivos a serem seguidos pelo corpo político, vinculam juridicamente todos os órgãos estatais.[7]

Nesta linha, as políticas públicas passaram a ser vistas como um processo, cujo fim tende a uma escolha racional e coletiva das prioridades, na definição de quais interesses públicos serão reconhecidos pelo direito.[8] O processo de definição das políticas públicas acaba sendo uma forma de a coletividade escolher quais são os interesses que lhe são mais importantes, de tal modo que eles possam ser incorporados ao direito e, por conseguinte, passar a ser exigíveis em juízo.

Segundo Maria Paula Dallari Bucci,[9] o processo de definição de políticas públicas envolve as seguintes etapas:

1. Formação: "apresentação dos pressupostos técnicos e materiais, pela Administração ou pelos interessados, para confronto com outros pressupostos".

---

[4] BUCCI, Maria Paula Dallari. Ob. cit., p. 241.

[5] BUCCI, Maria Paula Dallari. Ob. cit., p. 252.

[6] COMPARATO, Fabio Konder. Ensaio sobre o juízo de constitucionalidade de políticas públicas. *Revista de Informação Legislativa,* Brasília, ano 35, nº 136, p. 45, abr./jun. 1998.

[7] COMPARATO, Fabio Konder. Ob. cit., p. 45.

[8] BUCCI, Maria Paula Dallari. *Direito administrativo e políticas públicas.* São Paulo: Saraiva, 2002, p. 264.

[9] Ob. cit., p. 266-268.

2. Execução: "medidas administrativas, financeiras e legais de implementação do programa".

3. Avaliação: apreciação dos efeitos, sociais e jurídicos, novamente sob o prisma do contraditório, de cada uma das escolhas possíveis, em vista dos pressupostos apresentados.

Com essa nova interpretação, entende a autora que a ação administrativa, pautada pelas políticas públicas definidas, deixa de ter apenas a finalidade de adequar a atividade administrativa à ordem normativa preexistente. A atuação da Administração Pública passa a ser vista como resultado da justa composição de interesses da sociedade.

A despeito de parte da iniciativa para a formação das políticas públicas competir ao Governo, a máquina administrativa passa a desempenhar papel de relevante influência. A Administração deixa de ser vista como um órgão inerte e neutro, destinado apenas a cumprir as determinações legais, e começa a influenciar o modo de execução das políticas públicas.

Esta constatação da mudança do caráter do aparelho administrativo é de alta importância. Afinal, para que uma política pública tenha plena eficácia, é preciso que no momento de sua elaboração sejam considerados a estrutura dos órgãos administrativos e seu modo de funcionamento. Isso porque são eles que darão efetividade às políticas públicas.

Cabe concluir, portanto, no que tange à formação das políticas públicas, que a sua iniciativa pertence ao Legislativo, na exata medida em que a definição de diretrizes e objetivos gerais significa a realização de opções políticas, cuja competência é dos representantes do povo. A execução, *i. e.*, a realização concreta das políticas outrora definidas em campo legislativo, cabe ao Executivo. Sobra, assim, uma parte da atividade formadora das políticas ao Governo.[10]

1.1 *Classificação das políticas públicas*

Para uma correta compreensão das políticas públicas, é fundamental que seja lembrada a existência de tipos diferentes de políticas públicas. As classificações existentes são tantas que seria impossível reproduzir todas. Faremos, assim, referência apenas a algumas.

---

[10] BUCCI, Maria Paula Dallari. Ob. cit., p. 269-270.

José Reinaldo Lima Lopes[11] separa as políticas públicas em: sociais (de prestação de serviços essenciais, tais como, saúde e educação); sociais compensatórias (previdência); de fomento; reformas de base; de estabilização monetária.

Sergio Resende de Barros,[12] por sua vez, classifica as políticas públicas em: (a) institucionais: internas do Estado, em relação à ordenação e funcionamento de seus órgãos; (b) de Estado: persistentes, que passam necessariamente por mais de um mandato; (c) de governo: previstas para a execução em um só governo.

A classificação das políticas públicas, que, a princípio, pode parecer uma preocupação meramente acadêmica, na verdade, tem fundamental importância no tratamento das políticas no caso concreto. Afinal, a depender do tipo de política a ser veiculada, a efetivação tanto pelo Executivo quanto eventualmente pelo Judiciário deverá ter tratamento diferenciado.

2 Fundamentos do controle judicial

Feita uma breve introdução acerca do conceito de políticas públicas, passemos ao tema central deste estudo, a possibilidade de controle pelo Judiciário.

2.1 Força normativa da Constituição

Eros Grau entende que o fundamento do controle das políticas públicas pelo Judiciário está na Constituição, ao definir um Estado do Bem-Estar Social, vinculante ao Poder Executivo.[13]

A possibilidade de controle das políticas públicas pelo Judiciário tem origem no constitucionalismo, principalmente, numa nova visão da Constituição enquanto norma dotada de força vinculante. Nessa nova concepção de constitucionalismo, exsurgem as seguintes características: as normas constitucionais são entendidas como normas jurídicas; a Constituição é superior ao restante das leis; e todos os ramos do direito devem ser interpretados de acordo com o que a Constituição determina.

---

[11] LOPES, José Reinaldo Lima. Judiciário, democracia e políticas públicas. *Revista de Informação Legislativa*, ano 31, nº 122, p. 259, maio/jul. 1994.

[12] BARROS, Sergio Resende de. A proteção dos direitos pelas políticas públicas. *Revista Mestrado em Direito*, Osasco, ano 7, nº 2, p. 31, 2007.

[13] TOLDO, Nino Oliveira. *O orçamento como instrumento de efetivação das políticas públicas no Brasil*. Universidade de São Paulo, São Paulo, p. 102.

Os textos constitucionais passaram, então, a incorporar valores e opções políticas, o que passou a significar que a Constituição começou a englobar os conflitos que a consagração de tais valores geram.[14]

As Constituições passaram a prever não só direitos e liberdades individuais, mas também direitos sociais e de terceira geração, ampliando, assim, a gama de direitos a receberem a proteção constitucional. E estar um direito previsto na Constituição tem fundamental relevância na sua efetivação.

A consagração constitucional de um direito faz com que ele ganhe uma nova força no ordenamento jurídico. Estando previsto na Constituição e dotado de força normativa, permite-se que o Judiciário obrigue o Executivo a dar efetividade ao direito, mesmo que não exista uma política pública formada para o caso.

Nesse sentido, Sergio Resende de Barros entende que a proteção constitucional de um direito gera para o seu titular uma prerrogativa constitucional indisponível a que o Judiciário não se poderia furtar a cumprir.[15]

A mudança de caráter do Direito Constitucional é fundamental para a matéria de políticas públicas. Afinal, ao deixar de ser um direito institucional e passar a ser um direito relacional, sua principal preocupação começou a ser a proteção dos direitos fundamentais.[16]

Portanto, como o Estado e seu Direito se subordinam à *Constituição*, assim entendida como *estatuto do poder estatal dotado de máxima normatividade*, com efetividade de seus comandos, é estreme de dúvidas que nenhuma ação estatal terá validade jurídica, seja de que poder, órgão, ou agente dimane ou de que pretexto se valha, sem que esteja por ela balizada e vinculada à realização de seus princípios e preceitos.[17]

A ideia original de controle sobre atos da Administração era o controle objetivo, recaindo apenas sobre a legalidade. Com a mudança de paradigmas, o controle passou a ser subjetivo, no sentido de se ter um "direito processualmente garantido ao cidadão para 'pedir justiça ao juiz para proteção de um direito material concreto'".[18]

Com a proteção dada pela Constituição aos direitos fundamentais, inclusive os sociais, criou-se uma obrigação ao Estado e, portanto, a todos os seus Poderes

---

[14] TOLDO, Nino Oliveira. Ob. cit., p. 105.

[15] BARROS, Sergio Resende de. A proteção dos direitos pelas políticas públicas. *Revista Mestrado em Direito*, Osasco, ano 7, nº 2, p. 32, 2007.

[16] MOREIRA NETO, Diogo de Figueiredo. Apontamentos sobre o controle judicial de políticas públicas. FORTINI, Cristiana Fortini; ESTEVES, Júlio César dos Santos; DIAS, Maria Tereza Fonseca (Org.). *Políticas públicas*: possibilidades e limites. Belo Horizonte: Forum, 2008. p. 55-56.

[17] MOREIRA NETO, Diogo de Figueiredo. Ob. cit., p. 56.

[18] MOREIRA NETO, Diogo de Figueiredo. Ob. cit., p. 57.

de dar máxima efetividade aos direitos consagrados. Os direitos sociais e as políticas públicas que dele decorrem deixaram de ser vistos como meras promessas estatais e passaram a ser determinações vinculantes a todos os Poderes.

Começam-se a identificar as políticas públicas com o interesse público primário, não sendo, dessa maneira, definidas arbitrariamente, mas sim em consonância com a Constituição.[19]

Essa mudança de perspectiva quanto ao caráter vinculante das normas constitucionais é bem explicitada no RE 271.286,[20] em que se discutia a obrigação de o Estado fornecer medicamentos para o tratamento de AIDS, que segue assim ementado:

> Caráter programático da regra inscrita no art. 196 da Carta Política – que tem por destinatário todos os entes políticos que compõem, no plano institucional, a organização federativa do Estado brasileiro – não pode converter-se em promessa constitucional inconsequente, sob pena de o Poder Público, fraudando justas expectativas nele depositadas pela coletividade, substituir, de maneira ilegítima, o cumprimento de seu impostergável dever, por um gesto irresponsável de infidelidade governamental ao que determina a própria Lei Fundamental do Estado.

Tal julgado demonstra com clareza a mudança de concepção com as normas constitucionais, inclusive as ditas programáticas.[21] Havendo um direito previsto

---

[19] BARROS, Sergio Resende de. A proteção dos direitos pelas políticas públicas. *Revista Mestrado em Direito*, Osasco, ano 7, nº 2, p. 32, 2007.

[20] STF – 2ª Turma – RE 271.286-8 – AgR/RS – Rel. Min. Celso de Mello – Julgado em 12/09/2000 – *DJ* 24/11/2000.

[21] As normas programáticas são um fenômeno decorrente da Constituição Dirigente, como é o caso da Constituição de 1988, que tem por característica a definição de fins e programas futuros, orientando o Estado num sentido social-democrata. As normas constitucionais de princípio programático são "aquelas normas constitucionais através das quais o constituinte, em vez de regular, direta e imediatamente, determinados interesses, limitou-se a traçar-lhes os princípios para serem cumpridos pelos seus órgãos (legislativos, executivos, jurisdicionais e administrativos), como programas das respectivas atividades, visando à realização dos fins sociais do Estado" (SILVA, José Afonso da. *Aplicabilidade das normas constitucionais*. 7. ed. São Paulo: Malheiros, 2007, p. 137-138). As normas programáticas juntamente com as normas de princípio institutivo (que são aquelas que definem regras gerais de estruturação e atribuição de órgãos) são normas de eficácia limitada, já que dependem da atuação posterior do legislador (SILVA, José Afonso da. Ob. cit., p. 126). Tais normas diferem-se, quanto à sua eficácia, das normas de eficácia plena e contida. As normas de eficácia plena são aquelas que, a partir da entrada em vigor da Constituição, produzem ou estão aptas a produzir todos os seus efeitos (SILVA, José Afonso da. Ob. cit., p. 101). Por fim, as normas constitucionais de eficácia contida "são aquelas em que o legislador constituinte regulou suficientemente os interesses relativos à determinada matéria, mas deixou margem à atuação restritiva por parte da competência discricionária do Poder Público, nos termos que a lei estabelecer ou nos termos de conceitos gerais nelas enunciados" (SILVA, José Afonso da. Ob. cit., p. 116).

na Constituição, cabe tanto ao Executivo quanto ao Judiciário dar-lhe a máxima eficácia possível. Não pode um comando constitucional ser considerado inerte.

Ressaltemos que o Legislativo e o Judiciário têm ambos a missão de aplicar a Constituição, no entanto, fazem-no de maneira diferente. O Judiciário, ao aplicar as normas constitucionais, o fará apenas por decisões com efeitos entre as partes. O Legislativo, por sua vez, produzirá normas com efeitos gerais, mas cuja eficácia dependerá de atos de execução a serem praticados pela Administração Pública.[22]

Durante muito tempo, o Judiciário brasileiro se autolimitou, entendendo não poder adentrar no mérito do ato administrativo. A Lei de Ação Popular começou a mudar esta inatingibilidade do mérito administrativo, ao permitir que o Judiciário analisasse aspectos relacionados à conveniência e à oportunidade dos atos administrativos. Com o advento da Constituição Federal de 1988, foi autorizado o controle, em sede de Ação Popular, do ato por razões de moralidade.[23]

2.2 Separação de Poderes

Outra crítica feita à possibilidade de controle judicial sobre políticas públicas é que tal intervenção feriria o princípio da separação dos poderes, por representar uma ingerência indevida do Poder Judiciário em matérias que teriam sido exclusivamente conferidas ao Legislativo ou ao Executivo.

A definição de qual seria a competência do Judiciário para tratar de questões ligadas à atividade fundamental de outros Poderes faz lembrar a doutrina da questão política, desenvolvida pela Suprema Corte americana.

Tal doutrina foi elaborada a partir do caso Marbury × Madison, em que restou definida a competência do Tribunal para decidir apenas questões relativas aos direitos individuais, enquanto quaisquer questões de natureza política, ou que a Constituição ou a lei tenham atribuído ao Poder Executivo, jamais poderiam ser debatidas pela Corte.

Haveria, dessa forma, um limite para a atuação do Judiciário, que não poderia adentrar em competências que não lhe teriam sido outorgadas constitucionalmente. Esse entendimento, contudo, não impediu que, ao barrar legislações discriminatórias, as Cortes Federais desempenhassem tarefas "quase-administrativas", e. g., ao supervisionar processos de integração escolar e de redistribuição de distritos eleitorais.

---

[22] TOLDO, Nino Oliveira. *O orçamento como instrumento de efetivação das políticas públicas no Brasil*. 2006. Tese (Doutorado) – Universidade de São Paulo, São Paulo, p. 107.

[23] GRINOVER, Ada Pellegrini. O controle de políticas públicas pelo Judiciário. *Revista de Processo*, v. 33, nº 164, p. 10, out. 2008.

É importante ressaltar que, nos casos em que foi ultrapassada a doutrina da questão política, as Cortes americanas não se substituíram ao Executivo, mas criaram um processo de negociação alheio ao Parlamento ou ao Executivo, já que estes se provaram incapazes de proteger os direitos fundamentais. Não coube, assim, ao Judiciário formular novas políticas públicas, mas apenas supervisionar e promover novas formas de garantia dos direitos fundamentais.[24]

A teoria da separação dos poderes precisou ser interpretada no sentido de entender que o Estado é uno e uno é o seu poder. Os poderes são considerados independentes e harmônicos, cabendo ao Judiciário investigar o fundamento de todos os atos estatais a partir dos objetivos fundamentais da CF/88.

Num Estado Democrático de Direito, o Judiciário deve alinhar-se com os objetivos estatais, não devendo mais ser um Poder neutro. Assim, o controle sobre as políticas públicas não se dá apenas no que diz respeito a uma agressão frontal à Constituição, mas também no que tange aos fins do Estado.[25]

Dessa maneira, o primeiro dogma do Estado Liberal que precisou ser quebrado foi o da atividade legislativa como sendo preponderante às funções dos outros poderes.

A intervenção do Judiciário para controle de políticas públicas não significaria uma agressão ao princípio da separação dos poderes. É papel constitucional[26] do Judiciário, havendo conflito de interesses, decidir o caso concreto, fazendo valer a vontade da lei. "O fato de a decisão judicial ser contrária ao Executivo não significa ter havido uma indevida ingerência de um Poder sobre o outro. Ademais, é característica marcante do Estado de Direito a submissão do Estado à jurisdição constitucional."[27]

A separação dos poderes resta incólume, pois não deve haver uma substituição do Poder Legislativo pelo Judiciário, de modo a transformar a discricionariedade

---

[24] LOPES, José Reinaldo Lima. *Em torno da "reserva do possível"*. In: SARLET, Ingo Wolfgang; TIMM, Luciano Benetti (Org.). *Direitos fundamentais*: orçamento e "reserva do possível". Porto Alegre: Livraria do Advogado, 2008. p. 184

[25] GRINOVER, Ada Pellegrini. O controle de políticas públicas pelo Judiciário. *Revista de Processo*, v. 33, nº 164, p. 12-13, out. 2008.

[26] Tratando do papel do Judiciário, enquanto guardião do ordenamento jurídico e constitucional, deve ser lembrada a função da Jurisdição Constitucional. As Cortes Constitucionais são vistas como situadas fora dos três Poderes, por terem a competência de apreciar os atos de todos os outros Poderes, inclusive do Judiciário, à luz da Constituição. Assim, "a elas pertence de fato uma função autônoma de controle constitucional, que não se identifica com nenhuma das funções próprias de cada um dos três poderes tradicionais, mas que incide de várias formas sobre todos eles, para reconduzi-los, quando necessário, à rigorosa obediência às normas constitucionais" (COELHO, Inocêncio Mártires. A dimensão política da jurisdição constitucional. *Revista de Direito Administrativo*. Rio de Janeiro, nº 225. p. 39-44. jul./set. 2001).

[27] STF – 2ª Turma – RE 463.210-1/SP – Rel. Min. Carlos Velloso – Julgado em 6/12/2005 – *DJ* 3/2/2006.

legislativa em discricionariedade judicial. Não é papel do Judiciário criar "dinheiro, ele redistribui o dinheiro que possuía outras destinações estabelecidas pelo Legislativo e cumpridas pelo Executivo – é o Limite do Orçamento de que falam os economistas, ou a Reserva do Possível dos juristas".[28]

2.3 Ilegitimidade do Judiciário

A crítica que mais comumente é feita ao controle judicial de políticas públicas é a falta de legitimidade do Judiciário.

Considerando o fato de que os juízes não são eleitos, alega-se que não representariam a vontade popular. Assim, "a Constituição exige que as escolhas de aplicação dos recursos públicos sejam feitas pelos representantes do povo, eleitos democraticamente e não por juízes". Essa escolha, uma vez atribuída ao Judiciário, poderia destruir a sua principal característica, qual seja, a imparcialidade.[29]

Hoje, não se discute mais que o juiz não tenha legitimidade para ir além da lei. A legitimidade democrática do juiz deriva do caráter democrático da Constituição, e não da vontade da maioria. A atuação do juiz não é política, mas sim constitucional, sob o fundamento da intangibilidade dos direitos fundamentais. O Judiciário seria, assim, um poder contramajoritário.[30]

O Judiciário legitima a sua atuação na possibilidade de dar cumprimento ao texto constitucional. Nesse sentido, Kelsen[31] relembra que a "função política da Constituição é estabelecer limites jurídicos ao exercício do poder. Garantia da Constituição significa a segurança de que tais limites não serão ultrapassados".

Dessa maneira, enquanto a intervenção judicial limitar-se a reconduzir os Poderes Executivo e Legislativo aos limites postos pela ordem constitucional, sua atividade será válida. Afinal, a atuação de todos os Poderes, inclusive no que tange às políticas públicas, deve submeter-se à Constituição. Cabendo ao Judiciário, principalmente à Jurisdição Constitucional, garantir o cumprimento da Constituição, não faz sentido considerar sua atividade ilegítima.

Superado o argumento de ilegitimidade do Judiciário, é importante diferenciar a atuação do Judiciário na existência de políticas públicas ou na sua ausência.

---

[28] STF – 2ª Turma – RE 393-175 – AgR/RS – Rel. Min. Celso de Mello – Julgado em 12/12/2006 – *DJ* 2/2/2007.
[29] FREIRE JUNIOR, Américo Bedê. *O controle judicial de políticas públicas.* São Paulo: Revista dos Tribunais, 2005. p. 51-53.
[30] FREIRE JUNIOR, Américo Bedê. Ob. cit., p. 58
[31] KELSEN, Hans. *Jurisdição constitucional.* São Paulo: Martins Fontes, 2003. p. 240.

3 Limites do controle judicial

3.1 Existência de política pública

Existindo uma política pública desenvolvida pelo Executivo, o Judiciário pode vir a ser chamado para decidir, quando a política existente é insuficiente ou quando o critério por ela adotado exclui determinados grupos ou pessoas de seu âmbito de abrangência. Essa omissão parcial na política fere frontalmente o princípio da igualdade, já que não cabe ao Estado escolher os destinatários das políticas públicas, que, por essência, devem ter uma abrangência global.

Nesse sentido, há quem entenda que, não havendo vaga numa escola para determinada criança, deveria o Judiciário chegar ao ponto de obrigar o Estado a custear a educação em uma escola particular. [32]

Cabe alertar que tal entendimento é bastante controverso e nada pacífico na doutrina. A solução dada pelo autor para a insuficiência da política educacional do Estado acaba ela mesma ferindo o princípio da igualdade. Afinal, apenas uma parcela daquelas pessoas que não conseguem vaga no ensino público será beneficiada com o ensino particular custeado pelo Estado. Essa possibilidade levaria o Estado a descumprir os princípios da igualdade e da impessoalidade, aos quais ele está constitucionalmente obrigado a respeitar.

3.2 Ausência de política pública

HIpótese diferente ocorre quando o controle judicial da atividade estatal dá-se numa situação em que não há nenhuma política pública desenvolvida pelo Estado. Não havendo uma política pública, o foco não estará em corrigir a política, mas sim em dar efetividade às normas constitucionais que garantem o direito pleiteado.

A primeira solução para se extrair efetividade das normas constitucionais é o art. 5º, § 1º, da CF/88, que garante aplicabilidade imediata aos direitos fundamentais. Tal dispositivo constitucional deve ser utilizado junto com uma interpretação dos princípios constitucionais, de modo a conferir força vinculante à Constituição. "A força normativa da Constituição vem sendo minada a partir de posturas que utilizem como álibi [...] o argumento da não aplicabilidade imediata da Constituição, como se os direitos dependessem da lei."[33]

É importante lembrar, contudo, que a Constituição ao garantir aplicabilidade imediata aos direitos fundamentais não pretendeu conferir eficácia imediata.

---

[32] FREIRE JUNIOR, Américo Bedê. Ob. cit., p. 81-83.
[33] FREIRE JUNIOR, Américo Bedê. Ob. cit., p. 65-67.

Aplicabilidade direta dos direitos fundamentais não se confunde com sua execução imediata. Mesmo se reconhecendo caráter normativo a toda a Constituição, não se pode ter como consequência a de que seja sempre exequível por si mesma, uma vez o surgimento de problemas quanto a direitos cujo exercício está necessariamente condicionado à edição de legislação integrativa.[34]

Se a norma constitucional não depender de legislação posterior, ela pode ser garantida pelo Judiciário. Não tendo tal qualidade, ela necessitaria de complementação legislativa. De qualquer forma, a norma constitucional invalidaria ações da Administração que lhe fossem contrárias, o que poderia ser feito pelo Judiciário.[35]

Mesmo não tendo eficácia imediata, por depender de complementação legislativa, as normas constitucionais devem ao menos garantir que a Administração não aja em confronto com os dispositivos constitucionais.

A omissão do Executivo em realizar uma política pública pode ser encarada como uma política pública negativa, de modo a permitir o controle judicial sobre tal omissão. A diferença do controle está na força do direito a ser protegido. Caso o direito pleiteado não esteja previsto constitucionalmente, a omissão do Executivo deverá ser considerada como uma omissão simples. No entanto, sendo o direito constitucional, deve-se considerar a sua não efetivação como uma omissão qualificada.[36]

Como exemplo de omissão estatal pode ser citado o artigo 208, I, da CF/88, que obriga os Municípios a garantirem o ensino fundamental. Entende-se que se um Município não tem nenhuma escola e pretende construir um estádio, verifica-se que a prioridade constitucional para a educação está sendo descumprida. Neste caso, havendo uma clara prioridade constitucional, não poderia o Executivo subvertê-la e, caso tal ocorresse, estaria apto o Judiciário a intervir a fazer valer o comando constitucional.[37]

3.3 Discricionariedade administrativa

A atuação judicial encontra óbices quando existem diversas soluções que *a priori* são válidas. Neste caso, o juiz deve tomar cuidado para privilegiar a escolha

---

[34] NOBRE JUNIOR, Edilsom Pereira. O controle de políticas públicas: um desafio à jurisdição constitucional. *Boletim de Direito Administrativo*, p. 1253.
[35] NOBRE JUNIOR, Edilsom Pereira. Ob. cit., p. 1253-1254.
[36] FREIRE JUNIOR, Américo Bedê. Ob. cit., p. 68.
[37] FREIRE JUNIOR, Américo Bedê. Ob. cit., p. 68.

feita pelo Legislativo ou pelo Executivo. Havendo mais de uma solução possível para o caso concreto estar-se-á lidando com o caso de uma decisão discricionária.[38]

Nesse sentido, o STF, no AgRE 271.286,[39] decidiu que, havendo norma constitucional, o intérprete tem o dever e não meramente o poder de implementar a Constituição. Tratou este julgado de fornecimento gratuito de medicamentos para paciente com AIDS. O STF negou provimento ao agravo regimental para manter decisão do Tribunal de Justiça do Rio Grande do Sul, que reconheceu a obrigação do Estado em fornecer medicamentos de maneira gratuita.

Comentando tal situação, há quem entenda que seria uma atitude legítima do Judiciário determinar que o Estado dê o coquetel de AIDS para o cidadão, mas não o seria determinar qual o tipo de coquetel, já que esta decisão caberia ao Poder Público.[40]

Nesta linha insere-se a questão da discricionariedade administrativa enquanto limite ao controle judicial de políticas públicas. Afinal, se existem várias soluções possíveis, parece não caber ao Judiciário a escolha de qual seria a mais adequada para o caso concreto.

Ora, as escolhas outorgadas constitucionalmente aos órgãos judiciários não comportam tais aberturas, pois embora eles possam dizer em cada caso se quem decidiu usou ou não os melhores critérios, eles mesmos não são julgadores de conveniências ou de adequação de meios e fins. São apenas aplicadores de critérios normativos que dizem se uma determinada escolha é válida ou não.[41]

Quando se trata, contudo, de normas constitucionais, há quem entenda que "não existe discricionariedade na omissão do cumprimento da Constituição",[42] haveria, por oposição, verdadeira arbitrariedade que deveria forçosamente ser corrigida pelo Judiciário.

---

[38] Há hipóteses em que o regramento legal "não atinge todos os aspectos da atuação administrativa; a lei deixa certa margem de liberdade de decisão diante do caso concreto, de tal modo que a autoridade poderá optar por uma dentre várias soluções possíveis, *todas válidas perante o direito*. Nesses casos, o poder da Administração é *discricionário*, porque a adoção de uma ou outra solução é baseada em critérios de *mérito* – oportunidade, conveniência, justiça, igualdade, a serem perquiridos pela autoridade, porque não definidos pelo legislador. Foi este que, ao regrar a matéria, deixou intencionalmente a decisão para a Administração, segundo critérios que só podem ser levados em consideração, adequadamente, diante do caso concreto" (DI PIETRO, Maria Sylvia. *Discricionariedade administrativa na Constituição de 1988*. 2. ed. São Paulo: Atlas, 2001. p. 66-67).

[39] STF – 2ª Turma – RE 271.286-8 – AgR/RS – Rel. Min. Celso de Mello – Julgado em 12/9/2000 – *DJ* 24/11/2000

[40] FREIRE JUNIOR, Américo Bedê. Ob. cit., p. 69.

[41] LOPES, José Reinaldo Lima. Em torno da "reserva do possível". In: SARLET, Ingo Wolfgang; TIMM, Luciano Benetti (Org.). *Direitos fundamentais*: orçamento e "reserva do possível". Porto Alegre: Livraria do Advogado, 2008. p. 184.

[42] FREIRE JUNIOR, Américo Bedê. Ob. cit., p. 71.

O argumento da discricionariedade administrativa não pode ser desconsiderado quando se trata do controle judicial sobre políticas públicas.

No que diz respeito ao controle do ato administrativo, o campo discricionário recairia sobre o mérito, que engloba os elementos de conveniência e oportunidade do ato.

Sergio Resende de Barros[43] entende que os elementos de conveniência e oportunidade, a despeito de serem condições de legitimidade dos atos administrativos, não são elementos essenciais. Ademais, a concepção de que o Judiciário não poderia analisar aspectos de mérito do ato está superada. Sendo as políticas públicas baseadas na lei e na Constituição, elas são construídas com base em parâmetros de legalidade, dos quais pode o juiz se valer para realizar o controle do ato. Admitir, assim, o controle judicial sobre o mérito administrativo não significa negar a existência do controle gerencial da Administração, mas negar apenas a impossibilidade de controle.

A discricionariedade, contudo, não pode ser ignorada pelo Judiciário. A possibilidade de controle dos atos administrativos, inclusive, sobre alguns aspectos do mérito não permite que o juiz se substitua ao administrador. Conforme entendeu o TJ-SP,[44] em decisão citada por Maria Paula Dallari Bucci:[45]

> Não podem os juízes e tribunais assomar para si a deliberação de prática de atos de administração, que resultam sempre e necessariamente de exame de conveniência e oportunidade daqueles escolhidos pelo meio constitucional próprio para exercê-los. Dentro dos seus critérios, a Administração podia e devia dosar as prevalências, usando seus recursos financeiros para outros campos, que não o determinado pela decisão judicial.

Realizar o controle sobre o ato administrativo é uma atitude legítima do Poder Judiciário, já que até mesmo os aspectos ligados ao mérito são pautados por parâmetros legais. Não cabe, contudo, ao Judiciário tomar a decisão que foi constitucional ou legalmente delegada à Administração Pública.

Como exemplo de decisão que claramente ultrapassou os limites impostos pela Administração, podemos citar a Apelação Cível nº 175.123-1/8[46] que, em sede de Ação Civil Pública, "determinou que a SABESP realizasse o tratamento de efluentes da rede pública de esgoto, antes de seu despejo nos rios mencionados na

---

[43] BARROS, Sergio Resende de. A proteção dos direitos pelas políticas públicas in *Revista Mestrado em Direito*, Osasco, ano 7, nº 2, p. 34-37, 2007.

[44] TJ-SP – Apelação Cível nº 166.981-1/1.

[45] BUCCI, Maria Paula Dallari. *Direito administrativo e políticas públicas*. São Paulo: Saraiva, 2002. p. 273.

[46] TJ-SP – Apelação Cível n. 175.123-1/8 in BUCCI, Maria Paula Dallari. *Direito administrativo e políticas públicas*. São Paulo: Saraiva, 2002. p. 274.

ação". Aqui, parece haver grave usurpação da atividade discricionária, atribuída genericamente ao Poder Público.

A jurisprudência parece ter opinião cada vez mais pacífica de que frente a direitos constitucionalmente consagrados não há discricionariedade do administrador.

No julgamento de um Recurso Extraordinário,[47] que tratava do direito à educação infantil, o STF entendeu que a concretização de um direito fundamental não deveria passar pela atuação discricionária da Administração, nem deve se subordinar a avaliações de pragmatismo governamental.

O STJ, em julgamento de Recurso Especial[48] que tratava do direito à saúde de crianças, previsto tanto na CF/88 quanto no Estatuto da Criança e do Adolescente, entendeu que na existência de direitos consagrados, principalmente constitucionalmente, a atividade do administrador não é discricionária, mas sim vinculada, não se admitindo qualquer interpretação tendente a afastar a garantia.

Parece, aqui, haver um desmerecimento do poder discricionário da Administração, como se discricionariedade se confundisse com arbitrariedade. O poder discricionário não deve ser visto como um poder pernicioso aos direitos fundamentais e contrário ao Estado Democrático de Direito.

Todos os poderes da Administração são pautados por parâmetros legais, inclusive o poder discricionário, que, embora seja mais livre que o poder vinculado, não é totalmente despido de regramentos. Os aspectos atinentes à competência, forma e finalidade, mesmo nos atos discricionários, são vinculados, de tal modo que, agindo a Administração contra os limites legais, haverá arbitrariedade.[49]

A discricionariedade é um dos instrumentos imprescindíveis à atividade administrativa. É impossível haver políticas públicas, envolvendo direitos fundamentais, sem que haja escolhas. Afinal, o desenvolvimento das políticas públicas nada mais é do que uma das vertentes da atividade administrativa. E na possibilidade de escolha reside a discricionariedade.

O STJ, no mesmo julgado,[50] faz uma diferença entre direitos previstos em políticas públicas e direitos constitucionais. Os direitos expressos por políticas públicas não seriam propriamente direitos, mas sim promessas *de lege ferenda*, que seriam insindicáveis. Situação bastante diversa é a daqueles direitos consagrados pela Constituição e explicitados pela norma infraconstitucional, em que é obriga-

---

[47] STF – 2ª Turma – RE 410715 AgR/SP – Rel. Min. Celso de Mello – Julgado em 22/11/2005 – *DJ* 3/2/2006.

[48] STJ – 1ª Turma – REsp 577.836-SC – Rel. Min. Luiz Fux – Julgado em 21/20/2004 – *DJ* 28/1/2005.

[49] DI PIETRO, Maria Sylvia. *Discricionariedade administrativa na Constituição de 1988*. 2. ed. São Paulo: Atlas, 2001. p. 67.

[50] STJ – 1ª Turma – REsp 577.836-SC – Rel. Min. Luiz Fux – Julgado em 21/20/2004 – *DJ* 28/1/2005.

ção do Judiciário implementá-los, mesmo através de obrigações de fazer que tenham impacto orçamentário. Tal determinação, no entendimento dos Ministros, não implicaria violação à separação dos poderes:

> Ressoa evidente que toda imposição jurisdicional à Fazenda Pública implica em dispêndio e atuar, sem que isso infrinja a harmonia dos poderes, porquanto no regime democrático e no estado de direito o Estado soberano submete-se à própria justiça que instituiu. Afastada, assim, a ingerência entre os poderes, o judiciário, alegado o malferimento da lei, nada mais fez do que cumpri-la ao determinar a realização prática da promessa constitucional.

3.4 Reserva do possível

Da possibilidade de o Judiciário impor obrigações de fazer ao Estado que tenham impactos orçamentários, exsurge a discussão sobre a teoria da reserva do possível, enquanto limite para o controle judicial.

A origem da teoria da reserva do possível remonta à Alemanha, por volta dos anos 1970. Por essa teoria, passou-se a entender que "a efetividade dos direitos sociais a prestações materiais estaria sob a reserva das capacidades financeiras do Estado, uma vez que seriam direitos fundamentais dependentes de prestações financiadas pelos cofres públicos".[51]

No caso, que se entendeu paradigmático para o desenvolvimento da teoria da reserva do possível, a Corte alemã apreciou a demanda de estudantes alemães que não conseguiram vagas em Universidades, em razão de uma política de limitação de vagas então existente. A ação foi proposta com base no art. 12 da Lei Fundamental alemã, segundo o qual "todos os alemães têm direito a escolher livremente sua profissão, local de trabalho e seu centro de formação".

O Tribunal Constitucional da Alemanha entendeu que o aumento do número de vagas, pretendido pelos estudantes, estaria subordinado à chamada reserva do possível, que significaria aquilo que o indivíduo pode racionalmente esperar da sociedade.[52]

Vemos, portanto, que a origem da reserva do possível não se vincula somente à questão econômica, mas sim a um juízo do que seria razoável demandar da sociedade.

---

[51] SARLET, Ingo Wolfgang; FIGUEIREDO, Mariana Filchtiner. Reserva do possível, mínimo existencial e direito à saúde. In: SARLET, Ingo Wolfgang; TIMM, Luciano Benetti (Org.). *Direitos fundamentais, orçamento e reserva do possível*. Porto Alegre: Livraria do Advogado, 2008. p. 29.

[52] MÂNICA, Fernando Borges. Teoria da reserva do possível: direitos fundamentais a prestações e a intervenção do Poder Judiciário na implementação de políticas públicas. *Revista Brasileira de Direito Público*, Belo Horizonte. v. 5, nº 18, p. 169-86, p. 180, jul./set. 2007.

Nessa perspectiva, há quem entenda que a efetivação dos direitos sociais[53] depende não só de uma escolha acerca da afetação dos recursos, mas também de uma escolha acerca de sua aplicação. E a decisão sobre como os recursos serão aplicados varia conforme a conjuntura socioeconômica global. Dessa maneira, não seria possível que a Constituição concedesse todas as bases para a realização das escolhas, que, por sua vez, deveriam ficar a cargo dos órgãos políticos, principalmente o Legislativo.

É possível perceber, assim, que o argumento da reserva do possível não se restringe apenas a limites orçamentários, pois se os direitos sociais somente pudessem ser garantidos com os cofres públicos abastecidos, não haveria qualquer vinculação jurídica.[54]

O argumento da reserva do possível não significa apenas que os direitos sociais têm sua efetivação vinculada a reservas orçamentárias, mas também que a sua eficácia concreta depende da conjuntura social e econômica por que passa o Estado. A decisão acerca de tais direitos envolve, além da escolha da afetação dos recursos, a decisão acerca das prioridades da sociedade, que irão determinar como serão aplicados os recursos disponíveis.

A reserva do possível pode ser vista sob duas perspectivas: fática e jurídica. A concepção fática enxerga a reserva do possível no que tange à limitação dos recursos econômicos frente às necessidades infinitas da sociedade que devem ser por ela supridas. Essa perspectiva não entra na discussão daquilo que seria razoável se esperar do Estado e da sociedade, mas na limitação material existente para suprir as necessidades.[55]

A concepção jurídica, por sua vez, engloba a discussão acerca da "necessidade de prévia dotação orçamentária como limite ao cumprimento imediato de decisão

---

[53] A teoria da reserva do possível ganha importância a partir do momento em que se começa a cogitar no custo dos direitos. É frequente a ideia de que os direitos sociais, por gerarem custos, têm sua eficácia condicionada à existência de recursos financeiros. Contudo, não são apenas os direitos de terceira geração que envolvem gastos. Todos os direitos, inclusive, as liberdades individuais geram custos ao Estado, pois a mera existência de um aparato fiscalizador para garantir a incolumidade dos direitos onera os cofres públicos. Ademais, os direitos têm custos porque os remédios (protetores) têm custo (HOLMES, Stephen; SUNSTEIN, Cass R. *The cost of rights*: why liberty depends on taxes. New York: Norton, 1999. p. 43-44). Há, no entanto, uma importante diferença nos custos dos direitos de primeira geração e dos direitos sociais. No primeiro caso, os custos são indiretos, ou seja, existem para a manutenção de algo que existe independentemente do Estado. Já nos direitos sociais, a prestação estatal é o próprio objeto do direito (LOPES, José Reinaldo Lima. Em torno da "reserva do possível". In: SARLET, Ingo Wolfgang; TIMM, Luciano Benetti (Org.). *Direitos fundamentais*: orçamento e "reserva do possível". Porto Alegre: Livraria do Advogado, 2008. p. 177).

[54] SARLET, Ingo Wolfgang; FIGUEIREDO, Mariana Filchtiner. Reserva do possível, mínimo existencial e direito à saúde. In: SARLET, Ingo Wolfgang; TIMM, Luciano Benetti (Org.). *Direitos fundamentais*: orçamento e reserva do possível. Porto Alegre, Livraria do Advogado, 2008. p. 30-35.

[55] BARCELLOS, Ana Paula. *A eficácia dos princípios constitucionais*. p. 236 apud FREIRE JUNIOR, Américo Bedê. *O controle judicial de políticas públicas*. São Paulo: Revista dos Tribunais, 2005. p. 73.

judicial relativa a políticas públicas".[56] O juiz deve analisar se, de fato, há uma escassez de recursos públicos. Para que se admita a escassez de recursos para a efetivação de direitos fundamentais, é preciso que todas as outras áreas estejam sem recursos.

A prova de que não há, de fato, nenhum recurso disponível é de fundamental importância para a aceitação da teoria da reserva do possível no caso concreto. Afinal, mesmo que não haja recursos para o desenvolvimento da política pública integral, pode haver recursos para que ela se inicie. E o mero início do cumprimento das políticas públicas poderia, em tese, ser determinado pelo Judiciário.

José Reinaldo Lima Lopes[57] trata da reserva do possível sob a perspectiva da impossibilidade. A discussão de políticas públicas em juízo envolve, segundo o autor, uma impossibilidade jurídica, pois, havendo um orçamento aprovado, não pode o Poder Executivo, por força de decisão judicial, modificá-lo. A impossibilidade dá-se tanto por incompetência do Executivo em modificar o orçamento, quanto do Judiciário em ordenar tal alteração.

Além da impossibilidade jurídica, existe a impossibilidade econômica que está diretamente relacionada à escassez. A impossibilidade econômica seria utilizada no sentido ou da impossibilidade técnica ou da escassez, mas não como sinônimo de uma impossibilidade empírica.

> A reserva do possível de caráter econômico não se confunde com a impossibilidade empírica *tout court*, mas com a impossibilidade técnica ou com a escassez. Impossibilidade técnica existe, por exemplo, quando se requer a distribuição geral e gratuita de um medicamento ainda em fase experimental. O remédio existe, mas não é produzido em escala industrial (está em fase experimental). [...] Há escassez quando o nível de produção industrial, embora existente, não é suficiente para garantir a todos.[58]

Com base nesta definição é que o autor entende que a questão da impossibilidade econômica está intrinsecamente ligada à definição de prioridades.

Não havendo recursos orçamentários disponíveis, a solução a ser adotada pelo magistrado dependerá da urgência existente no caso concreto. Não havendo necessidade imediata dos recursos, o juiz poderá determinar a inclusão da verba específica no orçamento do ano seguinte.

---

[56] FREIRE JUNIOR, Américo Bedê. *O controle judicial de políticas públicas*. São Paulo: Revista dos Tribunais, 2005. p. 73-74

[57] LOPES, José Reinaldo Lima. Em torno da "reserva do possível". In: SARLET, Ingo Wolfgang; TIMM, Luciano Benetti (Org.). *Direitos fundamentais*: orçamento e "reserva do possível". Porto Alegre: Livraria do Advogado, 2008. p. 179-182.

[58] LOPES, José Reinaldo Lima. Ob. cit., p. 181.

Havendo, contudo, necessidade imediata de cumprimento, haverá uma colisão entre a decisão judicial e a norma orçamentária, devendo prevalecer a decisão judicial. Ademais, mesmo que não haja recursos disponíveis no orçamento para aquela despesa específica, há de se cogitar da possibilidade de abertura de créditos extraordinários ou suplementares.[59]

Tratando da possível colisão entre as normas orçamentárias e o direito a ser protegido, é importante citar a decisão do Min. Celso de Mello,[60] ao julgar a Petição 1246-1.

Entre proteger a inviolabilidade do direito à vida, que se qualifica como direito subjetivo inalienável assegurado pela própria Constituição da República (art. 5º, *caput*) ou fazer prevalecer, contra essa prerrogativa fundamental, um interesse financeiro e secundário do Estado, entendo – uma vez configurado este dilema – que as razões de índole ética-jurídica impõem ao julgador uma só e possível opção: o respeito indeclinável à vida.

A inexistência de recursos, ao impedir a concretização de um direito pleiteado em juízo, leva a um conflito entre a regra do orçamento público e a materialização de direitos fundamentais. Há quem entenda que deve prevalecer o direito fundamental à prestação de políticas públicas, seja para que haja a inclusão da despesa no Plano Plurianual, seja para determinar a realização de uma despesa sem previsão na lei orçamentária.[61]

Neste mesmo sentido, pronuncia-se Ada Pellegrini Grinover[62] ao entender que não basta alegar a falta de recursos, é preciso prová-la e tal prova cabe à Administração seja pela inversão do ônus da prova (por analogia), seja por estar a Administração mais próxima dos fatos. Restando comprovada a falta de recursos, o Judiciário pode determinar a inclusão da verba na proposta orçamentária. Assim, pode haver uma condenação em duas etapas: (1) inclusão no orçamento; (2) obrigação de aplicar a verba.

Cabe lembrar que é assente na doutrina que o argumento da reserva do possível não pode ser invocado quando estiver presente a ideia de mínimo existencial.

As objeções atreladas à reserva do possível não poderão prevalecer nesta hipótese, exigíveis, portanto, providências que assegurem, no caso concreto, a prevalência da vida e da dignidade da pessoa, inclusive o cogente direcionamento

---

[59] FREIRE JUNIOR, Américo Bedê. Ob. cit., p. 76.
[60] STF – Petição 1246-1 – Rel. Min. Celso de Mello – Julgado em 31/1/1997.
[61] FREIRE JUNIOR, Américo Bedê. Ob. cit., p. 76.
[62] GRINOVER, Ada Pellegrini. O controle de políticas públicas pelo Judiciário. In: *Revista de Processo*, v. 33, nº 164, p. 20, out. 2008.

ou redirecionamento de prioridades em matéria de alocação de recursos, pois é disso que no fundo se está a tratar.[63]

Há direitos, assim, que foram alçados pelo texto constitucional ao *status* de objetivo fundamental do Estado, de modo que sua efetivação deverá ocorrer através de políticas públicas. Tais direitos apresentam um núcleo central, responsável por assegurar o mínimo existencial necessário a garantir a dignidade humana.

"O mínimo existencial é considerado um direito às condições mínimas de existência humana digna que exige prestações positivas do Estado."[64] Quando ofendido esse núcleo essencial, estaria autorizada a intervenção do Judiciário. E o critério que deve ser empregado pelo Judiciário, a fim de garantir o mínimo existencial é o princípio da razoabilidade.

O argumento da reserva do possível tem, contudo, uma enorme desvantagem, que é a de privilegiar ações individuais em detrimento das ações coletivas.[65] Afinal, o impacto orçamentário será consideravelmente maior em ações coletivas, se comparado a pedidos individuais. Parece mais fácil, assim, ao magistrado sensibilizar-se com o argumento da reserva do possível em pedidos coletivos.

Tal afirmação leva a uma ponderação relativa ao princípio da igualdade. "O Estado – seja por qualquer de seus órgãos – está obrigado a tratar de maneira igual todos os cidadãos. Assim, não tem o dever de dar a um o que não pode dar a todos."[66] Eis a problemática da comparação entre as ações individuais e as coletivas. A partir do momento em que o Judiciário obriga o Estado a conceder um benefício a determinado indivíduo, está privilegiando apenas aqueles que têm acesso ao Judiciário, ferindo, assim, o princípio da igualdade. Diferente é a discussão que ocorre em sede de lei orçamentária ou programa, em que não haverá risco de tratamento desigual.

É possível entender a reserva do possível como um argumento legítimo quando o litígio for individual. Perde sentido, contudo, se o objeto do conflito for o orçamento ou o programa,[67] pois nestes casos a solução será a mesma para todos que se encontrem na mesma situação.

---

[63] SARLET, Ingo Wolfgang; FIGUEIREDO, Mariana Filchtiner. Reserva do possível, mínimo existencial e direito à saúde. In: SARLET, Ingo Wolfgang; TIMM, Luciano Benetti (Org.). *Direitos fundamentais*: orçamento e reserva do possível. Porto Alegre: Livraria do Advogado, 2008, p. 37.

[64] GRINOVER, Ada Pellegrini. Ob. cit., p. 15.

[65] BARROS, Sergio Resende de. A proteção dos direitos pelas políticas públicas. In: *Revista Mestrado em Direito*, Osasco, ano 7, nº 2, p. 40, 2007.

[66] LOPES, José Reinaldo Lima. Em torno da "reserva do possível". In: SARLET, Ingo Wolfgang; TIMM, Luciano Benetti (Org.). Ob. cit., p. 192.

[67] LOPES, José Reinaldo Lima. Ob. cit., p. 192-193

3.5 Possibilidade do pedido

A intervenção do Judiciário em matéria de políticas públicas envolve o tema da possibilidade do pedido. Neste sentido, distinguem-se dois tipos de decisões: as aditivas e as substitutivas. As aditivas caracterizam-se pela "possibilidade de o Tribunal adicionar elementos, originariamente, não explícitos na norma, com o fim de alcançar situações não previstas ou permitir a constitucionalidade de uma norma.", enquanto nas substitutivas, "o tribunal inicialmente decide que determinada parte da norma é inconstitucional, mas incontinente, substitui essa parte por algo decorrente do sistema, permitindo que haja a aplicação da lei em sua integralidade".[68]

Neste diapasão, José dos Santos Carvalho Filho[69] trata as sentenças judiciais sob duas modalidades, as determinativas positivas e as negativas. Pelas positivas, o Estado seria obrigado a cumprir determinações de execução de uma política pública. Já pelas negativas, o Estado seria obrigado a cessar alguma atividade relacionada a alguma política pública.

O autor entende que as pretensões positivas seriam juridicamente impossíveis, pois a ordem jurídica não confere ao Poder Judiciário a competência para estabelecer políticas públicas genéricas, de caráter eminentemente administrativo, situadas dentro da competência do Poder Executivo.

Nem todas as pretensões determinativas são juridicamente impossíveis. A possibilidade jurídica do pedido, contudo, é determinada pela possibilidade fática de as obrigações serem cumpridas pela Administração sem que haja ofensa aos instrumentos regulares da Administração Pública. Neste sentido, entende o autor que pretensões que visem a condenar o Poder Público a dar determinadas finalidades ao orçamento público também são juridicamente impossíveis, pois a tarefa de ordenar o orçamento compete exclusivamente ao Executivo.

O tema da possibilidade do pedido faz retomar a ideia de que o controle judicial é possível, desde que ela não assuma atividades que foram confiadas pela Constituição a outros Poderes. Nesse sentido, não cabe ao Judiciário ordenar ou reorganizar o orçamento, não podendo, em tese, o magistrado se substituir à autoridade competente na determinação de despesas.

Cabe ao Judiciário corrigir a atuação ilegal ou inconstitucional de outros Poderes, sem que com isso haja uma substituição da decisão administrativa ou legislativa por uma decisão judicial.

---

[68] FREIRE JUNIOR, Américo Bedê. Ob. cit., p. 87

[69] CARVALHO FILHO, José dos Santos. Políticas públicas e pretensões judiciais determinativas. In: FORTINI, Cristiana Fortini; ESTEVES, Júlio César dos Santos; DIAS, Maria Tereza Fonseca (Org.). *Políticas pública*: possibilidades e limites. Belo Horizonte: Forum, 2008. p. 118-122.

4 Ação de descumprimento de preceito fundamental nº 45

Feito um breve panorama acerca do entendimento doutrinário sobre o controle judicial das políticas públicas, vejamos como se posiciona a jurisprudência. O caso mais emblemático sobre o tema é a ADPF 45, julgada pelo STF, impetrada contra o veto do Presidente da República ao artigo da Lei de Diretrizes Orçamentárias, que conceituava a expressão *serviços públicos de saúde*. Após o veto, o Presidente da República remeteu o Projeto de Lei ao Congresso, convertido na Lei 10.707/03, que restaurou o texto anteriormente vetado e objeto da ADPF.

A ação foi, assim, julgada prejudicada, mas a despeito disso o Min. Celso de Mello proferiu voto, tratando do mérito da ação e sustentando a possibilidade de intervenção do Judiciário.

Em seu voto, o Min. Celso de Mello debateu os principais assuntos atinentes ao controle judicial das políticas públicas. O primeiro a ganhar relevância é o da reserva do possível. O Ministro reconhece que os direitos econômicos, sociais e culturais estão vinculados a uma disponibilidade orçamentária, de tal modo que, comprovada a incapacidade econômica do Estado, não seria razoável dele exigir a concretização de tais direitos. No entanto, não poderia o Estado, alegando a reserva do possível, criar obstáculos artificiais à concretização de tais direitos.

José Reinaldo Lima Lopes[70] entende que o debate, em sede de lei orçamentária, dá-se num momento adequado, já que é na elaboração do orçamento em que é definida a distribuição dos recursos e, portanto, a impossibilidade ou não de realização de gastos. Ademais, realizando-se o debate na lei orçamentária, minimizam-se os tratamentos desiguais, já que havendo recursos, o direito estará genericamente garantido.

Ultrapassando a teoria da reserva do possível, o Ministro impõe alguns limites para a intervenção do Judiciário. A justificar a intervenção judicial, é lembrado que a liberdade de conformação do Legislativo e a atuação do Executivo não são absolutas, podendo ser relativizadas a fim de garantir a concretização de direitos.

Permitir-se-ia, assim, a intervenção do Judiciário quando os Poderes Legislativo e Executivo agissem de maneira a ferir a razoabilidade e comprometessem a eficácia dos direitos sociais, agredindo o núcleo intangível dos direitos fundamentais, destinado a garantir as condições mínimas de sobrevivência da pessoa.

Do voto do Min. Celso de Mello, podemos concluir que estaria o Judiciário autorizado a intervir em políticas públicas, caso a atuação dos Poderes Executivo e Legislativo se desse de maneira inconstitucional, ferindo os direitos fundamentais. Relembra o Ministro uma questão importante, qual seja, a da relatividade da liberdade de conformação do Legislativo e de atuação do Executivo. Nunca é de-

---

[70] LOPES, José Reinaldo Lima. Ob. cit., p. 191.

mais rememorar que nenhum dos princípios constitucionais é absoluto, devendo ser relativos para que seja possível a convivência harmônica entre todas as normas constitucionais. Assim, é admissível pensar numa restrição ao Legislativo ou ao Executivo, a fim de que seja garantido um direito fundamental violado.

A adequação, contudo, de tal interferência somente pode ser aferida no caso concreto, ponderando-se os interesses em jogo.

5 Conclusão

A discussão acerca da possibilidade de intervenção do Judiciário em políticas públicas ganhou relevância com o novo modelo de Constituição, que passou a proteger e a garantir direitos sociais e econômicos. Com a constitucionalização dos direitos de terceira geração e com a mudança de paradigmas do constitucionalismo, começou-se a reconhecer a força normativa das normas constitucionais.

O reconhecimento da força vinculante das normas constitucionais levou a que o Judiciário passasse a garantir, no caso concreto, a eficácia de direitos fundamentais desrespeitados, principalmente, pelo Poder Executivo.

Os direitos sociais e em geral os direitos de terceira geração são direitos cuja prestação depende diretamente do Estado, que deverá dar-lhes cumprimento através do desenvolvimento de políticas públicas. A omissão do Estado em garantir tais direitos não é um fenômeno recente. Contudo, a partir do momento em que a Constituição alçou tais direitos ao *status* de direitos fundamentais, o Poder Judiciário apresentou-se como uma via alternativa para lhes conceder eficácia.

As normas constitucionais consagradoras dos direitos econômicos e sociais são consideradas, em sua maioria, pela doutrina, como normas constitucionais programáticas. Não sendo dotadas de eficácia direta, dependem da integração legislativa bem como da atuação do Executivo. Ante a inércia dos Poderes Legislativo e Executivo, tem o Judiciário adotado o papel de garantidor dos direitos fundamentais.

A primeira objeção que se fez à intervenção do Judiciário na matéria de políticas públicas seria sua falta de legitimidade para tomar decisões que teriam sido, originariamente, delegadas ao Poder Executivo ou ao Legislativo. Tal questionamento, contudo, não merece prosperar. Afinal, as normas garantidoras de direitos fundamentais são normas constitucionais às quais estão sujeitos todos os Poderes do Estado, inclusive o Judiciário. Dessa maneira, havendo litígio levado a conhecimento do Judiciário, não pode ele deixar de dar execução a normas constitucionais eventualmente descumpridas.

É inegável que as normas constitucionais não podem ser descartadas enquanto normas jurídicas dotadas de força normativa vinculante a todos os Poderes. Dessa maneira, parece razoável que, tomando conhecimento de violação a um direito constitucional, não possa o Judiciário ficar inerte.

Da força normativa da Constituição é que decorre a legitimidade do Judiciário para intervir em matérias afetas às políticas públicas. Atuando o Judiciário para fazer valer o texto constitucional, não há que se falar tampouco que sua intervenção violaria o princípio da separação dos poderes. Parece ser bastante tranquila a afirmação de que o Judiciário tem legitimidade para intervir em políticas públicas; o problema reside em determinar a quais limites deve o Judiciário se submeter.

Tanto o Poder Executivo quanto o Poder Legislativo devem obedecer aos comandos constitucionais. Havendo afronta à Constituição ou omissão de ambos os Poderes, é o Judiciário o Poder incumbido de garantir o cumprimento da Constituição.

Sob o pretexto de garantir a eficácia de direitos fundamentais, não pode o Judiciário substituir a atividade dos outros Poderes. Neste sentido, importante limite à intervenção do Judiciário é a discricionariedade administrativa. É mister que o Judiciário, ao decidir qualquer caso que envolva atividade discricionária da Administração, leve em consideração a escolha feita pelo administrador. Cabe ao Judiciário anular decisões revestidas de ilegalidade ou contrárias ao ordenamento jurídico constitucional. Não cabe a ele, contudo, tomar decisão de competência do Poder Executivo ou do Poder Legislativo.

Parece, assim, passível de crítica o entendimento jurisprudencial de que, havendo norma constitucional, não há lugar para a atividade discricionária. O poder discricionário está sujeito não só ao princípio da legalidade, mas sim a todos os princípios constitucionais.

Dessa maneira, uma decisão discricionária é plenamente compatível com o ordenamento jurídico. Havendo qualquer contrariedade ao ordenamento, estará o Judiciário autorizado a agir, mas sem que com isso tenha que ser retirada toda a margem de discricionariedade do Executivo.

Retirar a discricionariedade significaria retirar poder de decisão do Executivo. Poder-se-ia, dessa forma, substituir o administrador pelo magistrado, já que em matéria constitucional somente lhe restaria cumprir diretamente a lei e a Constituição.

A matéria de políticas públicas envolve escolhas a serem feitas de acordo com o interesse público. E a valoração das necessidades e dos interesses em jogo na sociedade foi atribuída constitucionalmente ao Executivo e ao Legislativo. Não pode, assim, o Judiciário, sob o argumento de proteger a Constituição, retirar o poder de decisão dos Poderes Legislativo e Executivo.

Por tais motivos, as condições impostas na ADPF 45 são de fundamental importância. O Judiciário somente poderia intervir quando constatada a omissão do Poder Legislativo ou do Poder Legislativo. A atuação de tais Poderes, para autorizar a intervenção judicial, deve ser de tal forma despida de razoabilidade que coloque em risco o núcleo essencial dos direitos fundamentais.

Tratando-se de intervenção do Judiciário, é impossível deixar de comentar a teoria da reserva do possível, um dos argumentos mais invocados pelo Poder Público. A despeito de ser pouco adotado pela jurisprudência, o argumento de ausência de recursos para a implementação de políticas públicas é um argumento válido, que não pode ser descartado.

Salutares as observações feitas pela doutrina de que a reserva do possível somente pode ser acatada quando os recursos foram alocados pelo Poder Público respeitando as prioridades constitucionais. Havendo má distribuição dos recursos, de modo a impedir a concretização de direitos fundamentais, a princípio, teria o Judiciário legitimidade para intervir. A inversão das prioridades constitucionais (saúde, educação) demonstra que houve uma atuação irregular do Executivo, passível de correção pelo Judiciário.

A intervenção do Judiciário, mesmo para corrigir atividades do Executivo e do Legislativo contrárias à lei e à Constituição, gera o risco de agredir frontalmente o princípio da igualdade. Tal risco é ainda mais presente quando a decisão se dá em ações individuais.

Dar a uma pessoa em específico aquilo que deveria ser concedido a todas as outras em situação igual ofende claramente a igualdade e a impessoalidade, princípios que o Estado está obrigado a respeitar. Não deveria o Judiciário obrigar o Estado a conceder um benefício a uma pessoa, se não há recursos suficientes para que ele seja concedido a todas.

A diferença entre ações coletivas e as individuais é patente, se considerarmos o montante dos recursos necessários para a solução de ambas. Parece muito mais fácil que o magistrado acolha o argumento da reserva do possível numa ação coletiva do que numa ação individual. E, ao não admitir o impedimento orçamentário, em sede individual, gera o risco de criar uma desigualdade.

A insuficiência de recursos não pode ser considerada como um argumento inútil pelo Judiciário. Caso uma decisão não possa de fato ser cumprida por não haver recursos disponíveis, estar-se-á diante de uma impossibilidade jurídica ou fática no pedido realizado.

Percebe-se, portanto, que o Judiciário tem legitimidade para intervir em matéria de políticas públicas, pois ele recebeu a competência de zelar pelo cumprimento da Constituição, corrigindo, inclusive, a atuação desregrada dos outros Poderes. Não pode, contudo, o Judiciário querer substituir o Poder Legislativo e o Executivo, na formulação e implementação de políticas públicas. É tarefa complicada o estabelecimento genérico de quais os limites a serem seguidos pelo Judiciário. Deve o magistrado, no caso concreto, respeitar a margem de discricionariedade dos outros Poderes, bem como as escolhas por ele realizadas.

O Judiciário tem um importante papel na correção das falhas cometidas pelos demais Poderes, cuja atuação é notadamente deficitária na área social. Não pode, entretanto, ter a pretensão de resolver todos os problemas referentes a direitos sociais e econômicos. A despeito de o Judiciário ser o Poder competente para fazer valer a Constituição e a lei, não pode tomar decisões afetas aos demais Poderes.

Referências bibliográficas

BARROS, Sergio Resende de. A proteção dos direitos pelas políticas públicas. *Revista Mestrado em Direito*, Osasco, ano 7, nº 2, 2007, p. 27-43.

BUCCI, Maria Paula Dallari. *Direito administrativo e políticas públicas*. São Paulo: Saraiva, 2002.

CARVALHO FILHO, José dos Santos. Políticas públicas e pretensões judiciais determinativas. In: FORTINI, Cristiana Fortini; ESTEVES, Júlio César dos Santos; DIAS, Maria Tereza Fonseca (Org.). *Políticas públicas*: possibilidades e limites. Belo Horizonte: Fórum, 2008.

COELHO, Inocêncio Mártires. A dimensão política da jurisdição constitucional. *Revista de Direito Administrativo*, Rio de Janeiro, nº 225, p. 39-44, jul./set. 2001.

COMPARATO, Fabio Konder. Ensaio sobre o juízo de constitucionalidade de políticas públicas. *Revista de Informação Legislativa*, Brasília, ano 35, nº 136, p. 39-48, abr./jun. 1998.

DI PIETRO, Maria Sylvia. *Discricionariedade administrativa na Constituição de 1988*. 2. ed. São Paulo: Atlas, 2001.

FREIRE JUNIOR, Américo Bedê. *O controle judicial de políticas públicas*. São Paulo: Revista dos Tribunais, 2005.

GRINOVER, Ada Pellegrini. O controle de políticas públicas pelo Judiciário. *Revista de Processo*, São Paulo, v. 33, nº 164, p. 9-28, out. 2008.

KELSEN, Hans. *Jurisdição constitucional*. São Paulo: Martins Fontes, 2003.

LOPES, José Reinaldo Lima. Em torno da "reserva do possível". In: SARLET, Ingo Wolfgang; TIMM, Luciano Benetti (Org.). *Direitos fundamentais, orçamento e reserva do possível*. Porto Alegre: Livraria do Advogado, 2008.

LOPES, José Reinaldo Lima. Judiciário, democracia e políticas públicas. *Revista de Informação Legislativa*, Brasília, ano 31, nº 122, p. 255-265, maio/jul. 1994.

MOREIRA NETO, Diogo de Figueiredo. Apontamentos sobre o controle judicial de políticas públicas. In: FORTINI, Cristiana Fortini; ESTEVES, Júlio César dos Santos; DIAS, Maria Tereza Fonseca (Org.). *Políticas públicas*: possibilidades e limites. Belo Horizonte: Fórum, 2008.

NOBRE JUNIOR, Edilsom Pereira. O controle de políticas públicas: um desafio à jurisdição constitucional. *Boletim de Direito Administrativo*, p. 1243-1263, nov. 2006.

SARLET, Ingo Wolfgang; FIGUEIREDO, Mariana Filchtiner. Reserva do possível, mínimo existencial e direito à saúde. In: SARLET, Ingo Wolfgang; TIMM, Luciano Benetti (Org.).

Direitos fundamentais, orçamento e reserva do possível. Porto Alegre: Livraria do Advogado, 2008.

SILVA, José Afonso da. *Aplicabilidade das normas constitucionais*. 7. ed. São Paulo: Malheiros, 2007.

TOLDO, Nino Oliveira. *O orçamento como instrumento de efetivação das políticas públicas no Brasil*. 2006. Tese (Doutorado) – Universidade de São Paulo, São Paulo.

# 13

O Controle Judicial de Políticas Públicas no Estado Democrático de Direito

Cristiana Fortini[1]

1 Paradigmas estatais e controle judicial

Coexistem dois grandes sistemas de controle jurisdicional da Administração Pública. No sistema denominado jurisdição única, os atos realizados no desempenho da atividade administrativa assim como aqueles praticados por particulares se submetem à apreciação do Poder Judiciário. Ao lado de tal sistema, adotado no Brasil, há locais em que o controle da administração pública é operado por Tribunais que se especializam em litígios que a envolvam. Esse sistema, denominado de contencioso-administrativo, caracteriza-se pela especialidade de sua pauta, dedicada com exclusividade a ações voltadas à aferição da conduta administrativa.

Para além da referida dualidade de sistemas de controle, há, ainda, alterações na forma e na extensão do controle da Administração Pública, que oscilam ao sabor do modelo de Estado adotado. Vale dizer, os limites e a profundidade do controle sobre as condutas administrativas não se mantêm intactos, mas, ao contrário, são afetados pelas alterações paradigmáticas do Estado.

1.1 O Estado Liberal

O Estado implementado pela Revolução Francesa, idealizado por filósofos e cientistas políticos, inaugura a ideia de submissão do poder estatal a um contro-

---

[1] Procuradora Geral Adjunta do Município de Belo Horizonte. Professora Adjunta da Faculdade de Direito da Universidade Federal de Minas Gerais.

le. As revolucionárias ideias (à época) de separação de poderes e soberania popular se materializavam na supremacia da lei. O princípio da legalidade emerge como forma de frear o manuseio de prerrogativas públicas como se se tratassem de poderes pessoais. À lei, e só a ela, se reconhece a autoridade. A liberdade, outro ideário da Revolução, não poderá ser atingida senão nos casos em que a lei textualmente assim consignar.

A intervenção mínima do Estado no sistema econômico, defendida por Adam Smith, por meio da qual a livre concorrência propiciaria o bem-estar geral, em uma sociedade de iguais (igualdade formal), é característica fundamental do modelo liberal.[2]

Ao Estado se atribui o papel de garantidor das relações exteriores, de pacificador dos conflitos internos, resguardando uma lista limitada de direitos e garantias fundamentais.

Os direitos fundamentais de primeira geração caracterizam-se como direitos de resistência ou de oposição perante o Estado, situação afeiçoada à perspectiva de distinção entre esfera pública e esfera privada, que marca o Estado Liberal.

O paradigma liberal fundava-se na ideia de proteção do administrado contra as interferências indevidas do Estado, compreendido como algo a ser evitado tanto quanto possível.[3]

A legalidade administrativa, na visão liberal, portanto, fora concebida a partir das preocupações da burguesia com as arbitrariedades do regime absolutista, que se encerrava. A lei, dotada de generalidade e abstração, produziria a segurança e a previsibilidade necessárias, inibindo o arbítrio e promovendo a paz.

A existência da regra legal, emanada de autoridade competente, a regular todas as situações, era a certeza de que não seria atribuído tratamento diferenciado.

Ao administrador público cabia a mera execução da vontade de lei.

A respeito da influência de Locke e Rousseau na formatação do conteúdo do princípio da legalidade que surgia, diz García de Enterría:

> Pocas veces se habrá dado en la historia un influjo más relevante de una doctrina, a que le da Rousseau, sobre el curso histórico. La Revolución Francesa pone en pie esa nueva idea de la ley como expresión de la voluntad

---

[2] Segundo Paulo Bonavides, o lema revolucionário francês do século XVIII traduz o conteúdo dos direitos fundamentais e explica sua evolução histórica, a partir de uma "gradativa institucionalização: liberdade, igualdade e fraternidade".

[3] Curioso encontrar julgados no Brasil afeiçoados à atmosfera liberal, ainda que proferidos em outro cenário. Veja-se, a título de exemplo, a seguinte passagem: "a Função dos Tribunais Judiciários é assegurar a aplicação da lei. Não lhes compete examinar sob o aspecto intrínseco, os atos legislativos ou administrativos para declará-los oportunos ou inoportunos, convenientes ou inconvenientes, justos ou injustos, conforme a princípios científicos ou deles divorciados." *RF*, 78/495

general produciéndose sobre materias generales y cuyo contenido produce precisamente liberdad.[4]

Nessa época, era acertado pensar num modelo de controle que enaltecesse a apego à legalidade, sobretudo porque todo o direito estava contido na lei. Os ideais de justiça não moviam o controle.

Quanto mais próxima à literalidade da lei fosse a conduta estatal, mais adequada ao paradigma liberal. Do controlador, não seria de exigir ou permitir a avaliação para além das regras alocadas no ordenamento jurídico.[5]

A decisão a ser adotada em um determinado caso, como fruto do enaltecimento da lei, seria transportada para todos os demais a envolver assunto de mesma natureza. Decisões individualizadas poderiam significar o arbitrário, o retrocesso, a insegurança.

A centralidade da lei, independentemente da eticidade de seu conteúdo, restringia qualquer sorte de interpretação judicial da lei.[6]

Enfim, o paradigma liberal ignorou que as diferenças fazem as diferenças, o que veio a afetar o perfil do controle judicial. E mais: a concepção de equilíbrio e harmonia entre os "poderes" estatais, originária do modelo de Estado Liberal, fora estruturada para neutralizar os excessos, a atuação equivocada de um dos "poderes". Para a hipótese de omissão, inexistia uma resposta, um mecanismo estruturado, capaz de solucionar o problema.

A existência de uma classe dominante produzia a falsa concepção de identidade e homogeneidade de interesses a refletir a crença de que a subsunção à lei, geral e abstrata, bastaria. Todavia, a liberdade formalmente garantida mostrou-se inábil a promover a felicidade desejada e, ao contrário, espelhou mecanismo de antagonismo entre as classes sociais, reforçando a desigualdade. O Estado liberal burguês entrou em colapso, com a constatação de que se fazia imperiosa a maior atuação estatal. Por meio dos direitos sociais, o Estado atuou como moderador das desigualdades sociais.

---

[4] GARCÍA DE ENTERRÍA, Eduardo. *Justicia y seguridad jurídica en um mundo de leyes desbocadas*. Madrid: Civitas, 2000, p. 31.

[5] No rigoroso formalismo, idealizado pelo sistema kelseniano, a legalidade provém da observância das leis, hierarquicamente escalonadas, editadas por autoridades competentes, sem qualquer espaço para a busca de legitimidade, senão a que se orienta pela averiguação da competência do agente público responsável pela confecção da regra.

[6] O conceito de legitimidade nos dias de hoje há de ser compreendido segundo as lições de Rogério Soares como a "conformidade de um ato às regras que o disciplinam sob a consideração do interesse público".

1.2 O Estado Social

A impossibilidade de o Estado manter-se restrito às tarefas antes vistas como fundamentais à manutenção e alargamento do sistema capitalista, diante do acirramento das crises econômicas e da insuficiência das "leis de mercado", provoca a necessidade de que se lhe atribua o mister de intervir na esfera econômica, amparando os cidadãos. Exige-se, ao contrário, a participação estatal, a fim de que o Estado não se traduza mais em mero garantidor da propriedade e da liberdade alheia, mas que, ao contrário, assuma postura de garantidor de uma plêiade de direitos voltados à redução da desigualdade material. As consequências do novo paradigma são inafastáveis. Tece-se uma identificação entre público e estatal, que inviabiliza ou ao menos não incentiva a participação ativa do cidadão na confecção das políticas públicas. Merece destaque, ainda, o fato de que os "novos direitos" reclamaram um alargamento das funções administrativa, legislativa e judicial.

Por outro lado, a crença de que as leis garantiriam estabilidade às relações sociais é colocada em discussão, diante da sua incapacidade de pacificar os conflitos.

O aumento da litigiosidade, fruto da afirmação de outros direitos e da noção de que o Estado deve prover outras necessidades, leva à discussão sobre o limite e as possibilidades de atuação do Poder Judiciário, sobretudo, a fim de se identificar se a tripartição funcional do Estado, afirmada em *O espírito das leis*, amolda-se à realidade que passa a ser vivenciada.

Se antes o bom administrador era aquele que respeitava e aplicava a lei em sua literalidade, jungindo-se a ela, independente das circunstâncias que pudessem existir, o novo paradigma passa a impor um modelo de atuação mais sofisticado.

Não se pode esquecer, ainda, que a valorização da Constituição, como diploma superior em que estão dispostos os valores de dada sociedade, em determinado momento, difundida especialmente após a II Guerra Mundial, implica a imprescindibilidade de leitura das demais regras à luz dos ditames constitucionais.

Com efeito, o Estado Liberal e a correspondente centralidade da lei subestimava a importância da Constituição, como instrumento dotado de forma normativa. A subsunção à lei traduzia a subsunção ao Direito.

A busca pela maior normatividade da Constituição, vista como diploma em que se depositam os valores da sociedade, e não como mero instrumento organizacional do aparelho estatal, ganha força após as guerras mundiais e passa a reclamar uma leitura do ordenamento jurídico hierarquizadora, principiológica e voltada para o alcance da eticidade, desprezada no período liberal.

O Direito e não a lei assume a cena. Os afazeres estatais passam a ser avaliados sob o prisma de sua adequação à Constituição e aos princípios e valores que ali se estabelecem. O descompasso entre a conduta estatal e aquilo que a Constituição fixa há de ser rechaçado.

O princípio da legalidade, quase sinônimo de legalismo, se desenvolve em busca de legitimidade, encarada sob seu prisma substantivo. Fala-se, então, em juridicidade, como enuncia Eduardo Soto Kloss

> cuando se habla de juridicidade se avoca Derecho, y en una neta y clara superación del término legalidad (ley/parlamento) utilizado antiguamente, puesto que se hace referencia al Derecho en toda su máxima amplitud de fuentes normativas no solo fuentes legislativas/leyes, sino sobre toda Constitución, que es el estatuto fundamental de sociedad política de una nación, y todas las normas dictadas en su conformidad, incluidas sentencias, actos y contratos administrativos, actos contralores etc.
>
> Ello es una consecuencia de una perspectiva más aguda y rigurosa del Estado del Derecho, que de meramente legal pasa a ser visto como un Estado constitucional de Derecho, en el cual respecto del término Derecho la primacía la tiene – obviamente – la Constitución, fruto del pueblo y su estatuto social básico, texto fundamental que no es visto ya a la manera de una deidad en una visión teísta (el Dios de las esferas, al modo dieciochesco iluminista), intocable e inaplicable por lo lejano, puramente declamatorio sin ninguna operatividad práctica, sino como fuente normativa vinculante para autoridades y ciudadanos, directamente aplicable y plenamente eficaz en sus disposiciones, puesto que su energía preceptiva es fuente de derechos y obligaciones de potestades y deberes y de sanciones y responsabilidades directas para el caso de su contravención.[7]

O referencial de controle dos atos administrativos se altera: se antes o Juiz bem exercia suas funções a partir da aplicação mecânica dos textos legais, se antes cabia-lhe verificar se a conduta estatal se amoldava matematicamente à lei, impõe-se-lhe, agora, uma atuação que ganha em extensão e profundidade: ao Juiz caberá fazer cumprir os propósitos do novo modelo de Estado, pelo que deve assumir a tarefa de garantir o avanço social, verificando, então, a partir do texto legal, mas sem se aprisionar a ele, se estão sendo alcançadas as melhorias sociais.

Nas palavras de Celso Antônio Bandeira de Mello, o abandono do critério literal de interpretação da lei resulta da homenagem a ser prestada ao seu conteúdo.[8]

O modelo de Estado Social, comprometido com a procura do bem-estar existencial, acarreta a juridicização da proteção à pessoa, e demanda a inserção e a interpenetração do Direito com outras áreas do saber, como economia, política, sociologia. A rotulação de novos direitos como fundamentais passa a demandar uma atuação prestacional e não contentora.

---

[7] KLOSS, Eduardo Soto. *Derecho administrativo*. Santiago: Jurídica del Chile, 1996, v. II, p. 22 -23.

[8] Segundo Celso Antônio Bandeira de Mello, "obedecer a lei não é homenagear-lhe a forma, mas reverenciar-lhe o conteúdo".

E mais: o controle sofre o impacto do reconhecimento da oscilação dos valores. Juízes acabam assumindo posição de garantidores de direitos sociais, quando não criadores dos mesmos direitos.

Nada obstante, o advento do Estado Social inibe a conquista plena da cidadania, ao gerar dependência dos particulares para com o Estado, visto como grande salvador.

O discurso da eficiência, o tratamento clientelista do cidadão, a atrair a compreensão de que o Estado deve assegurar as benesses à população, na extensão e forma idealizadas em gabinetes oficiais, também reflete estas mazelas.

Ainda que se possa falar em avanço, e até em uma busca de legitimidade no Estado de Bem-estar, compreendida esta como a necessidade de atuar de forma sintonizada com os valores e princípios constitucionais, persiste a ideia de ruptura entre público e privado, a afugentar uma maior interpenetração da sociedade e Estado.

A tomada de decisões e o resultado do seu implemento, antes vistos ou sob prisma da adequação formal à lei, ou a partir da busca por mera eficácia, desconsideram a preocupação com o viés democrático

1.3 O Estado Democrático de Direito

O juízo de adequabilidade normativa exige sempre uma reconstrução, de modo a permitir que a interpretação da prática jurídica trilhe caminhos amoldados ao momento de sua prática. As decisões do passado não podem ser repetidas, sem maiores mediações, no presente.

O ato administrativo há de se harmonizar com a democracia material, sem descurar do paradigma dos direitos fundamentais, imprimindo à atividade administrativa níveis de eticidade, que se revelam quando o resultado do agir é a satisfação do cidadão.

O administrador público terá que demonstrar que sua escolha corresponde à escolha ótima. E mais: no Estado Democrático de Direito, o conteúdo dos afazeres estatais deve ser orientado com o necessário apego à democratização substantiva, decorrente do deslocamento do eixo juspolítico do Estado para a Sociedade, a assumir condição de protagonista.

Nos dizeres de Diogo de Figueiredo Moreira Neto,

> A legitimidade corrente, a legitimidade no exercício do poder, passava a ser tão importante quanto a legitimidade originária, a que se exige para o acesso ao poder. Sob influxo dessas ideias, não mais bastaria que um Estado fosse "de direito", atento à afirmação e à defesa da legalidade, mas deveria ser

"democrático", no sentido de que é necessário preservar tanto a legalidade da ação do Poder Público quanto a sua legitimidade.[9]

O parâmetro da legitimidade requer que as condutas estatais, qualquer que seja a esfera produtora, contemplem os anseios da sociedade, adequando-se aos valores por esta reconhecidos. Não se cuida de desconsiderar o necessário apego às regras que fixam competência, formalidades, entre outras, mas de aprimorar o passo estatal, de forma a que o legislador, o administrador e o magistrado se posicionem para além da simples legalidade.

A sociedade, alçada à condição de protagonista pelo teor do art. 1º da Constituição da República de 1988, que qualifica o Estado de Democrático de Direito, há de ser enxergada como propulsora de valores, como coautora de normas e não como simples receptora destas.

Se o Estado democrático de Direito cria uma relação de pertencimento, de entrosamento entre as atmosferas pública e privada, ele objeta considerar a sociedade sob a ótica da subserviência e da simples destinatária dos comandos estatais.

Uma compreensão procedimental do Estado Democrático de Direito, capaz de assumir reflexivamente os supostos e insuficiências dos paradigmas liberal e de bem-estar do Direito e do Estado Democrático de Direito, implica assumir a complexidade da prática jurídica, tanto no que diz respeito a questões anteriormente pacificadas em decisões jurisdicionais, como também no que tange a novas questões, seja porque revisitadas, seja porque não problematizadas anteriormente.

O paradigma procedimental do Estado Democrático de Direito pode ser assumido como melhor compreensão da prática jurídica da Modernidade, porque é capaz de oferecer respostas na consecução desse ideal que os paradigmas liberais e de bem-estar foram incapazes ou levados a esbarrar em seus próprios limites e contradições.

2   O controle das políticas públicas

Nesse contexto, o tema relativo às políticas públicas se apresenta como relevante objeto de indagação, porque provoca o pensador a identificar qual o controle jurisdicional ajustado ao Estado Democrático de Direito.

A questão acentua-se consideravelmente diante da regra constitucional segundo a qual "as normas definidoras dos direitos e garantias fundamentais têm aplicação imediata" e que gera a inevitável discussão sobre o alcance da atuação judicial.

---

[9]   MOREIRA NETO, Diogo de Figueiredo. Transição constitucional: pela estabilidade democrática. *Revista Forense*, Rio de Janeiro, v. 84, nº 304, p. 64, out./dez. 1988.

Claro que não podemos ignorar o óbice que o dispositivo representa à edição de leis que contrariem a norma constitucional, reclamando, a contrário, textos legislativos que contribuam para concretizá-la.

Por outro lado, a existência da norma acima transcrita também vincula o administrador público e o magistrado, impondo-lhes o necessário apego à regra constitucional, de forma a que todos os atos estatais rendam o devido respeito a tal dispositivo constitucional.

Também importa relembrar que, embora o dispositivo contribua como peça argumentativa importante no reforço da garantia dos direitos fundamentais, a relevância dos direitos fundamentais decorre de algo subjacente ao Direito da Modernidade, a consecução do ideal de realização e garantia de iguais direitos fundamentais a todos os concidadãos.

Como apostila Jacques Chevalier:

> O direito moderno fundou-se sobre a figura do indivíduo, considerado como tendo primazia em relação à organização social e política e detentor de direitos subjetivos.
>
> [...]
>
> Essa "subjetivização do direito" (L. FERRY, A. RENAULT, 1985) ligada ao jusnaturalimo, encontra suas raízes teóricas na Escola do Direito Natural e do Direito Internacional Público, que dominou o pensamento jurídico europeu nos séculos XVII e XVIII (A. J. ARNADU, 1991): impôs-se progressivamente, então, a ideia de que o indivíduo preexiste ao Estado, que esse não é senão o fruto de um contrato social, concluído no interesse e para a utilidade de cada um; o indivíduo é detentor, enquanto Homem, de direitos que o Estado é obrigado a garantir.

Assim, ausente a regra constitucional sobre a qual se debate, o cenário não sofreria tamanha alteração.

Mas seria extremamente simplista, com base nos dados acima expostos, concluir que o magistrado, uma vez provocado, deve atuar como instância garantidora do cumprimento de tal comando.

Subsiste a discussão acerca das possibilidades e dos limites para que o Judiciário ordene a realização de alguma medida capaz de concretizar os direitos fundamentais, determinando, por exemplo, a construção de moradias populares, de estações de tratamento de esgoto ou o fornecimento de medicamentos.

Tal questionamento assume papel de destaque nos dias de hoje em que se percebe aumento das demandas de concretização de direitos fundamentais, incremento que pode ser reconhecido como um desdobramento do próprio Direito, no sentido de sua democratização e, portanto, maior acessibilidade ao aparato jurisdicional, conhecimento e problematização, portanto, dos direitos fundamentais. Ou seja, pode ser, e efetivamente o é, assumido como decorrência de um processo contínuo, e não sem rupturas, de fortalecimento de uma esfera pública democrática.

Nesse contexto, sabe-se que os estudos e a prática na órbita do Direito Administrativo, mesmo sem pacificarem a questão, ao menos a colocam em patamares distantes dos de outrora, quando se entendia que ao administrador e ao legislador reservava-se um espaço para a criação de políticas públicas a seu talante, o que inibia qualquer sorte de controle judicial.

Não se pode ignorar que o ideal de legitimidade discursiva do Direito, pois, ideal de validade ou racionalidade, *exige* a apresentação das razões *públicas* que conduziram à decisão pela prática.

Mas há de se admitir que o Poder Judiciário **crie políticas públicas diante da inércia alheia ou deve ele apenas exigir que a inação seja rompida? E mais: diante de política pública existente, pode o magistrado *examiná-la* e qual seria a aferição possível?**

Nem se pode ignorar que o Poder Judiciário tem o dever de zelar pelo cumprimento da ordem jurídica. Também é despiciendo afirmar que o Texto Constitucional impõe uma série de deveres estatais, voltados à materialização dos direitos fundamentais.

A formulação de uma pauta de ações capazes de promover uma mudança na vida dos indivíduos, munindo-os dos instrumentos necessários a sua dimensão cidadã, culmina por tornar irreversível a formulação de políticas públicas.

Todavia, mesmo que a Constituição fixe obrigações, por vezes com algum maior grau de direcionamento, ali não se encontra delineados, à exaustão, os percursos da ação a ser realizada. Ou seja, a Constituição, embora reconheça a necessidade e subscreva o dever de atendê-la, não vem enriquecida de todos os dados necessários à criação da política pública.

A formulação da política pública, a partir dos balizamentos constitucionais, será feita em outra esfera, onde se discutirá, entre outros fatores, qual a melhor fórmula, que mecanismo poderá representar menor custo, qual o momento adequado, o que deve ser realizado prioritariamente?

Esse espaço, mesmo que implicitamente, está reservado pela Constituição aos responsáveis pela construção das políticas públicas e tal dado há de ser pensado quando da investigação sobre o controle jurisdicional.

A questão das políticas públicas está intimamente relacionada às esferas de ação do administrador e do legislador. Cabe-lhes confeccionar, a partir de dados, estudos e, sim, uma orientação de governo, a política pública para dado setor.

Logo, simplesmente alijá-los das decisões, fazendo-os substituir pelo Juiz é algo que não encontra guarida na ordem jurídica. Portanto, se política pública há e está implementada, se não se pode falar em omissão, descompromisso ou inação por parte dos responsáveis pela sua formulação, a atuação jurisdicional não pode ocorrer como se dotado estivesse o magistrado de suplantar todas as variáveis antes consideradas por seus argumentos privados.

Decisões judiciais em que o magistrado ordena a realização de cirurgias em outros países ou acolhe pedido para fornecimento de medicamento diverso daquele constante da lista "oficial", comovido pela presença de um laudo médico que assim recomenda, igualmente não se adequa ao ideal democrático. Não se cogita aqui de objetar o controle judicial valendo do argumento frágil da ausência de expertise, porque o conhecimento técnico ultrapassa as muralhas do Legislativo e do Executivo, tanto que são inúmeras as batalhas judiciais em que a questão técnica assume a centralidade.

E mais: se o que se busca é a legitimidade das decisões estatais, pelo que paulatinamente o direito público substituiu o princípio da legalidade pelo princípio da legitimidade, da constitucionalidade ou da juridicidade, admitir a assunção do poder decisório pelos magistrados simboliza apenas alterar o protagonista. O magistrado, e não mais o administrador ou o legislador, contemplado como ser dotado de um saber divino, não compartilhado pelos súditos, e único capaz de indicar a fórmula mágica.

Em verdade, admitir tal possibilidade equivaleria a um retrocesso de extrema gravidade, diante do déficit democrático que atinge a investidura dos juízes em seus cargos e da definitividade de suas decisões. Todo esforço doutrinário que redundou na crescente possibilidade de controle dos atos administrativos, a reclamar motivação, razoabilidade, proporcionalidade, esvair-se-ia ao se autorizar o decisionismo do Judiciário.

A situação assumiria ares ainda mais graves exatamente porque as políticas públicas são manifestações de um ideário aclamado pela população por meio do voto. A formulação de políticas públicas envolve, pois, um juízo de prioridade, de ideologia, sem embargo das questões orçamentário-financeiras.

Portanto, nenhum sentido faz que o magistrado substitua a decisão administrativa legislativa, que desvelou em certa política pública, por outra por ele considerada mais correta, apenas porque o interessado, por vezes, "respaldado" em documento particular, assim pretende.

Não raro noticiam-se pedidos formulados para que tal medicamento e cirurgia sejam fornecidos, valendo-se o postulante de documento médico ou de resultados de pesquisas (quando eles existem), em que se afirma a maior potencialidade da solução que se postula. Inebriados pela documentação, defere o Juiz o que fora postulado, substituindo o entendimento daqueles que detêm legitimidade para confeccionar as políticas públicas, por um entendimento completamente dissociado das variáveis todas que informaram a atuação legislativa e administrativa.

A *expertise* que culminou na edição de dada política pública não pode ser enxovalhada porque determinado particular entende, ainda que com fulcro em laudo médico, que dado medicamento produzirá melhor resultado, quando há outro semelhante, seguramente mais barato e já testado, contemplado no panorama de determinada política pública.

Qual a razão para se reconhecer tamanha força a argumentos privados e nenhuma aos fundamentos públicos?

Claro que a provocação da jurisdição pode se relacionar com a ausência de ação estatal acerca de determinado setor. Em situações de inércia, divorciadas do comando constitucional que estaria a impor a adoção de políticas públicas, o Judiciário teria assegurado o dever-poder de, convocado, condenar o Estado a formulá-las, assegurando o mínimo existencial, se fosse o caso.

Situação semelhante ocorreria se, não obstante ter-se formalmente determinada política pública, identifica-se resistência em observá-la total ou parcialmente. Uma vez mais, o controle pelo Judiciário seria desejável.

Mas, quando se elegeu determinada política e há seu cumprimento, inviável, sobretudo à luz do Estado Democrático de Direito, a atuação substitutiva do magistrado.

3 Considerações

Evidente que a efetividade dos direitos fundamentais condiciona-se umbilicalmente à formulação e à implementação de políticas públicas, de forma a construir-se uma sociedade de cidadãos sob o prisma material e não apenas nominal.

Logo, o trilho da história caminha de forma irremediável no sentido da edificação de comportamentos estatais que, para além da regra constitucional e dos valores ali concentrados, traduzam na prática a melhoria, o aprimoramento, o acréscimo à condição humana.

As políticas públicas devem ser concebidas a partir da constatação da pluralidade do ambiente e das demandas sociais, o que só é possível por meio da permeabilidade do tecido estatal. Logo, não se está a defender qualquer política pública, mas aquela afeiçoada à atmosfera democrática e descentralizadora que brota da Constituição.

Ademais, a compreensão procedimental do Estado Democrático de Direito não se compatibiliza com condutas desprovidas de fundamentos jurídicos capazes de serem enfrentadas como frutos da busca por uma coerência normativa na busca e efetividade desses direitos fundamentais. Toda a ação estatal só pode prosperar à medida que lastreada em razões capazes de lhe conferir legitimidade. E a legitimidade do Direito moderno está intrinsicamente conectada à questão de podermos, simultaneamente nos vislumbrar como destinatários e coautores do Direito.

Assim, a questão da extensão do controle jurisdicional das políticas públicas, há de adentrar no campo da **forma por meio da qual o Juiz deve se comportar, visto que de nada adiantaria, com fulcro no ideal de evolução, admitir um maior controle jurisdicional, simplesmente transferindo do administrador e do legislador a missão de sobre elas se posicionar (criando-as) para o juiz, sem que se indagasse sobre a forma de realizar tal mister.**

A proposta, pois, para que se exerça o controle jurisdicional das políticas públicas é que o julgador não opte pelo simples caminho da concessão dos pleitos, sem considerar os efeitos de sua decisão no contexto social, sem "ouvir" as razões que justificam as escolhas do administrador e sem cogitar que a microjustiça, a despeito de satisfazer o interesse individual, pode representar prejuízo para a sociedade.

Parte III

Outros Temas Polêmicos do Direito Administrativo Atual

14

Atributos do Ato Administrativo

Eduardo Tognetti[1]

1 Introdução

Ao Direito Administrativo é atribuída uma dupla função: a de anteparo contra o arbítrio no exercício do poder estatal "e, contraditoriamente, um instrumento de exercício deste mesmo poder".[2] Assim, ao mesmo tempo em que o direito limita e amolda a forma de atuação da Administração Pública, confere-lhe também determinadas prerrogativas para a prática dos seus atos que os diferem dos atos próprios do direito privado, exercidos pelos particulares. São os denominados atributos dos atos administrativos.

Não há unanimidade na doutrina sobre a denominação e o número de espécies de atributo, mas, predominantemente, verifica-se o consenso em torno das ideias de presunção de legitimidade (que abrange a veracidade e a legalidade), imperatividade e autoexecutoriedade (que inclui os conceitos de exigibilidade e de executoriedade).[3] Estes conceitos serão detalhados mais adiante.

Os atributos se justificam sob o argumento de que "o Direito Público se apoiaria em princípios de normas de supraordenação, aplicáveis a partir de uma relação

---

[1] Especialista em Direito Administrativo pela PUC de São Paulo. Mestrando em Direito do Estado pela Faculdade de Direito da USP.
[2] MARQUES NETO, Floriano Peixoto de Azevedo. *Regulação estatal e interesses públicos*, p. 68.
[3] DI PIETRO, Maria Sylvia Zanella. *Direito administrativo*, p. 197.

de superioridade e generalidade (supraindividualidade)",[4] do Estado em relação aos particulares. Dentre estes princípios, cabe destacar o da supremacia do interesse público sobre o interesse privado, do qual todo o regime jurídico público seria derivado.

Para Celso Antônio Bandeira de Mello, o princípio da supremacia do interesse público "tem, de direito, apenas a extensão e compostura que a ordem jurídica lhe houver atribuído na Constituição e nas leis com ela consonantes", o que impossibilita invocá-lo abstratamente, inclusive para o fim de afastar a incidência do "Direito posto".[5] Com base em Renato Alessi,[6] o autor ainda destaca que não se trata de um passe livre para a arbitrariedade, mas, pelo contrário, uma imposição para que o Estado aja primariamente enquanto representante do corpo social e apenas secundariamente no interesse do "aparelho estatal enquanto entidade personalizada".[7]

Maria Sylvia Zanella Di Pietro destaca que a supremacia do interesse público não pode ser confundida com a supremacia do interesse do Estado ou da maioria, mas deve ser identificada com os interesses de uma sociedade fraterna e pluralista, como segue:

> O princípio do interesse público nasceu com o Estado Social de Direito. E não nasceu como um interesse público único. Ele nasceu para proteger os vários interesses das várias camadas sociais. Ele não afetou os direitos individuais. Pelo contrário, paralelamente a esse princípio nasceram os direitos sociais e econômicos.
>
> Por isso mesmo, o direito administrativo caracteriza-se pelo binômio autoridade/liberdade. A Administração Pública tem que ter prerrogativas que lhe garantam a autoridade necessária para a consecução do interesse público. Ao mesmo tempo, o cidadão tem que ter garantias de observância de seus direitos fundamentais contra os abusos do Poder.
>
> Esse binômio – autoridade e liberdade – está presente em todos os institutos do direito administrativo. Na evolução desse ramo do Direito pode o pêndulo do relógio pender mais para um lado que para o outro. O ideal é que haja um equilíbrio entre ambos.[8]

Os atributos dos atos administrativos, embora reconhecidos e justificados majoritariamente pela doutrina como compatíveis com os direitos individuais, foram

---

[4] MARQUES NETO, Floriano Peixoto de Azevedo. *Regulação estatal e interesses públicos*, p. 73.
[5] *Curso de direito administrativo*, p. 94.
[6] *Diritto Amministrativo*, p. 122-123.
[7] *Curso de direito administrativo*, p. 96.
[8] O princípio da supremacia do interesse público: sobrevivência diante dos ideais do neoliberalismo. In: *Revista Trimestral de Direito Público*, v. 48. São Paulo: Malheiros, 2004, p. 74.

exacerbados em regimes ditatoriais a fim de justificar as arbitrariedades impostas – especialmente nas décadas de 1960 e 1970.

A partir do final do século XX, verifica-se uma valoração dos direitos humanos, ou direitos fundamentais, como grande foco a ser atingido pelo direito. Na doutrina, destacam-se as obras de John Rawls,[9] que dá origem a esta nova perspectiva, e de Robert Alexy,[10] que apresenta "a mais completa estruturação do pensar sobre a Teoria dos Direitos Fundamentais".[11]

Em sentido contrário, há as transformações impostas pelo *constitucionalismo*. A afirmação da força normativa da Constituição, com sua utilização como fundamento e medida interpretativa de todo o ordenamento jurídico, impõe uma reavaliação dos mais variados institutos do Direito Administrativo, com vistas a garantir a eficácia dos direitos e garantias fundamentais. Nesse movimento pela efetividade constitucional, compreende-se a normatividade de seus princípios, a necessidade de interpretação do sistema jurídico-administrativo (legal ou infralegal) à luz da Constituição e, ainda, a fundamentação da atuação estatal diretamente no texto constitucional, ou seja: "vinculação dos processos e procedimentos públicos pelos direitos fundamentais".[12] Elementos que, sem sombra de dúvidas, fazem do constitucionalismo um instrumento transformador da disciplina jurídica do Poder Público.

Muitos autores atualmente criticam a própria existência de um único interesse público e propõem a renovação deste conceito ou até mesmo a substituição pela ideia de proporcionalidade.

Floriano Peixoto de Azevedo Marques afirma que o interesse público surge como um paradigma, decorrente de três premissas do Estado moderno (soberania mediante concentração do poder político, separação entre a esfera pública e privada e necessidade de legitimação de seus atos, a partir da ideia de vontade geral e bem comum), paradigma que se traduz no direito como correspondente à vontade geral na Teoria do Estado. Entretanto, estas premissas já não podem ser reconhecidas de forma clara atualmente em virtude da globalização, do pluralismo social e da superação da dicotomia público/privado.

O autor defende que deva ser reconhecido o seu caráter pluralístico e heterogêneo, sem cair no discurso da sua preterição apenas pelos interesses privados. Uma vez que é reconhecida a inexistência de uma homogeneidade social, é inviável a totalização de um interesse público genérico e amplo, mesmo que por meio de conceitos abertos, "inviabilizando a aplicação de princípios de pretensão

---

[9] *Uma teoria da justiça.*
[10] *Teoria dos direitos fundamentais.*
[11] TORRES, Ricardo Lobo. *O direito ao mínimo existencial*, p. 26.
[12] CANOTILHO, José Joaquim Gomes. *Direito constitucional e teoria da constituição*, p. 244.

uniformizadora".¹³ Então, propõe o enfoque do "interesse público como um elo de mediação de interesses privados dotados de legitimidade".¹⁴ O autor sustenta que os interesses particulares legítimos não podem ser considerados como automaticamente contrários ao interesse público e que hoje existe uma pluralidade de interesses públicos, de forma que se torna quase impossível diferenciá-los dos interesses particulares.

Floriano Peixoto de Azevedo Marques propõe um novo conceito de princípio da supremacia do interesse público, "de modo a adquirir a feição da prevalência dos interesses públicos", constituídos por três subprincípios: "(i) a interdição do atendimento de interesses particularísticos (*v. g.*, aqueles desprovidos de amplitude coletiva, transindividual); (ii) a obrigatoriedade de ponderação de todos os interesses públicos enredados no caso específico; e (iii) a imprescindibilidade de explicitação das razões de atendimento de um interesse público em detrimento dos demais".¹⁵

Humberto Bergmann Ávila, a partir da teoria de regras, princípios e valores formulada por Robert Alexy,¹⁶ critica a própria existência do princípio da supremacia do interesse público enquanto um princípio jurídico ou uma norma-princípio.

No modelo apresentado por Alexy, os princípios são normas concretizáveis em vários graus e que, diante de uma situação de conflito com outro princípio, poderão, ou não, ter prevalência, que será sempre condicional a determinado caso concreto, pois não existem princípios absolutos. Já a supremacia do interesse privado não permite uma concretização em princípio gradual, ou seja, em diversos níveis de concretização, mas apenas uma possibilidade de prevalência absoluta sobre outros princípios, que é estabelecida *a priori*.¹⁷ Portanto, a "supremacia" não seria propriamente um princípio.

Humberto Bergmann Ávila também critica a ausência de fundamento de validade no direito positivo, a indeterminabilidade do que seria interesse público e a inexistência de contradição entre interesses público e privado, pois o primeiro não exclui o segundo.

Gustavo Binenbojm afirma que "o reconhecimento da centralidade do sistema de direitos fundamentais instituído pela Constituição e a estrutura maleável dos princípios constitucionais inviabilizam a determinação *a priori* de uma regra

---

[13] Idem, p. 151.
[14] Idem, p. 149.
[15] Idem, p. 165.
[16] Sobre o tema, ver ALEXY, Robert. *Teoria dos direitos fundamentais*, p. 85-176.
[17] ÁVILA, Humberto Bergmann. Repensando o 'Princípio da supremacia do interesse público sobre o particular'. In: *Revista Trimestral de Direito Público*, v. 24. São Paulo: Malheiros, 1998, p. 165.

de supremacia absoluta do coletivo sobre o individual",[18] diante do que propõe a substituição da ideia de supremacia pelo conceito de proporcionalidade.

As críticas apresentadas em relação ao princípio da supremacia do interesse público têm consequências diretas em relação à justificativa jurídica dos atributos do ato administrativo.

A seguir, abordaremos cada um dos três atributos do ato administrativo – como elencado acima – e as respectivas críticas apresentadas pela recente doutrina, a fim de verificarmos se ainda é possível afirmar a sua existência.

Ao final, apresentaremos brevemente recentes julgados dos Tribunais Superiores, que têm encampado a doutrina tradicional sobre os atributos dos atos administrativos.

2 Conceito de presunção de legitimidade e de veracidade

Inicialmente, cabe esclarecer uma questão terminológica. Em geral, os autores tratam os termos "presunção de legalidade", "presunção de legitimidade" e "presunção de veracidade" como sinônimos, ou derivação uns dos outros.

A **presunção de legitimidade**, para Celso Antônio Bandeira de Mello, compreende o reconhecimento (i) da conformidade do ato administrativo ao direito (**legalidade**) e (ii) da veracidade de seus pressupostos fáticos:

> a) Presunção de legitimidade – é a qualidade, que reveste tais atos, de se presumirem verdadeiros e conformes ao Direito, até prova em contrário. Isto é: milita em favor deles uma presunção *juris tantum* de legitimidade; salvo expressa disposição legal, dita presunção só existe até serem questionados em juízo. Esta, sim, é uma característica comum aos atos administrativos em geral; as subsequentemente referidas não se aplicam aos atos ampliativos da esfera jurídica dos administrados.[19]

Já Maria Sylvia Zanella Di Pietro identifica a presunção de **legitimidade** com a presunção da **legalidade** dos atos, de modo a separá-la da presunção de **veracidade**, como segue:

> Embora se fale em *presunção de legitimidade* ou *de veracidade* como se fossem expressões com o mesmo significado, as duas podem ser desdobradas, por abrangerem situações diferentes. A **presunção de legitimidade** diz respeito à conformidade do ato com a lei; em decorrência desse atributo,

---

[18] *Uma teoria do direito administrativo*, p. 104.
[19] *Curso de direito administrativo*, p. 401.

presume-se, até prova em contrário, que os atos administrativos foram emitidos com observância da lei.

A **presunção de veracidade** diz respeito aos **fatos**; em decorrência desse atributo, presumem-se verdadeiros os fatos alegados pela Administração. Assim ocorre com relação às certidões, atestados, declarações, informações por ela fornecidos, todos dotados de fé pública.[20]

Para Diogo de Figueiredo Moreira Neto, a presunção de **validade** engloba não somente a de **veracidade** e de **legalidade**, mas também a de **legitimidade** e de **licitude**:

> Uma vez existente, salvo prova em contrário, o ato administrativo será válido, ou seja, ficará revestido de uma presunção de que todos os seus elementos, já presentes por definição, satisfazem integralmente os requisitos e condicionantes postos pela ordem jurídica para a sua prática.
>
> A validade é, pois, a característica substantiva de qualquer ato administrativo, dela decorrendo a presunção de validade, analiticamente expressada por uma quádrupla presunção: de veracidade, de legalidade, de legitimidade e de licitude, que subsistirá até prova em contrário, como decorrência da própria natureza estatal do ato administrativo.[21]

Verificamos, portanto, que, mesmo que haja certa divergência em relação à nomenclatura e ao conteúdo dos termos, há em comum a ideia de que os atos administrativos são presumidos como válidos, seja em razão dos pressupostos de fato ou de direito que apresentam como fundamento.

3 Fundamento da presunção de veracidade dos atos administrativos

Não há na legislação federal um dispositivo que declare a presunção de legitimidade e de veracidade dos atos administrativos, motivo pelo qual a doutrina fundamenta o atributo em princípios do ordenamento jurídico.

Hely Lopes Meirelles justifica a presunção de veracidade em virtude da vinculação da administração ao princípio da legalidade e da exigência de celeridade e segurança das atividades do Poder Público, "que não poderiam ficar na dependência da solução de impugnação dos administrados, [...] para só após dar-lhes execução".[22]

---

[20] *Direito administrativo*, p. 197-198. Grifos no original.
[21] *Curso de direito administrativo*, p. 138.
[22] *Direito administrativo brasileiro*, p. 141.

Celso Antônio Bandeira de Mello afirma que a Administração Pública, por desenvolver atividade voltada à realização de interesses da coletividade (que são seus interesses primários – únicos colimáveis –, em oposição aos secundários), encontra-se sob uma disciplina peculiar que impõe certos ônus, restrições, sujeições à sua atuação e lhe confere, de outro lado, prerrogativas de que não desfrutam usualmente os particulares. A utilização de suas prerrogativas só é legítima quando manobrada para a realização de interesses públicos e na medida em que estes sejam necessários para satisfazê-los.

Maria Sylvia Zanella Di Pietro, por sua vez, apresenta um rol de justificativas para a presunção:

1. o procedimento e as formalidades que precedem a sua edição, os quais constituem garantia de observância da lei;
2. o fato de ser uma das formas de expressão da soberania do Estado, de modo que a autoridade que pratica o ato o faz com o consentimento de todos;
3. a necessidade de assegurar celeridade no cumprimento dos atos administrativos, já que eles têm por fim atender ao interesse público, sempre predominante sobre o particular;
4. o controle a que se sujeita o ato, quer pela própria Administração, quer pelos demais Poderes do Estado, sempre com a finalidade de garantir a legalidade;
5. a sujeição da Administração ao princípio da legalidade, o que faz presumir que todos os seus atos tenham sido praticados de conformidade com a lei, já que cabe ao poder público a sua tutela.[23]

4 A presunção de veracidade prevalece até a "impugnação do ato" ou até "prova em contrário"?

A grande questão decorrente da aplicação do atributo da veracidade e da legitimidade do ato administrativo está em se definir sobre quem recai o ônus da prova, nos casos de impugnação de um ato administrativo.

A Lei nº 9.784/99, denominada "Lei de Processo Administrativo" (LPA), que regula o processo administrativo no âmbito da administração pública federal, atribui ao interessado o ônus da prova dos fatos que alega.[24] Em consequência, é atribuído

---

[23] *Direito administrativo*, p. 198.

[24] "Art. 36. Cabe ao interessado a prova dos fatos que tenha alegado, sem prejuízo do dever atribuído ao órgão competente para a instrução e do disposto no art. 37 desta Lei."

ao particular, como regra geral, o dever de produzir prova que demonstre que os fatos que deram ensejo ao ato administrativo não ocorreram. Mas a própria LPA tempera esse rigor ao determinar à Administração o dever de produzir provas no processo administrativo e de fornecer, de ofício, a obtenção de documentos que estejam em seu poder.[25]

Como bem alertam Irene Patrícia Nohara e Thiago Marrara, não se trata de inversão do ônus da prova, mas de mero dever de apresentação dos documentos da Administração, como se observa:

> No processo judicial, fala-se, por vezes, em inversão do ônus da prova. Quando isso ocorre, perde-se a identificação entre a parte que alega os fatos e aquela que os deve comprovar. Uma parte alega, mas sobre a contrária recai o ônus de provar tais alegações sob pena de vê-las aceitas pela autoridade julgadora. A hipótese tratada pelo art. 36 e também pelo art. 37 da LPA não se refere, porém, a uma verdadeira inversão do ônus da prova, sendo preferível nomear o instituto apresentado como "transferência do ônus da prova". Nesse caso, o ônus que recaia sobre o particular em relação aos fatos que este alegou se transforma não em um dever para o "interessado contrário", senão em um dever da Administração Pública federal. Assim, o art. 36 faz remissão direta ao art. 37 da LPA a fim de esclarecer que nem sempre o interessado deverá comprovar os fatos e dados que alegou no processo. Isso ocorre especificamente quando as provas documentais das alegações feitas pelos interessados se encontrem em mãos de órgãos públicos. Note-se bem: o art. 37 vale apenas para provas documentais. Apenas nesses casos, pode o interessado transferir à Administração o dever de solicitar e juntar ao processo documento acerca de fato ou dado que alegou no curso do processo.[26]

José dos Santos Carvalho Filho amplia o dever de prova pela Administração, ao destacar que o processo administrativo busca a verdade material, razão pela qual não podem ser presumidas, de forma peremptória, a veracidade e a legitimidade simplesmente por não ter o interessado conseguido apresentar provas em contrário, como pode ser observado:

> Entretanto, o ônus atribuído ao interessado de provar suas alegações não exime a Administração do dever de providenciar a comprovação de outros fatos que, de algum modo, contravenham aos que o interessado alegou, ou até mesmo que os confirmem. No processo administrativo é aplicável o

---

[25] "Art. 37. Quando o interessado declarar que fatos e dados estão registrados em documentos existentes na própria Administração responsável pelo processo ou em outro órgão administrativo, o órgão competente para a instrução proverá, de ofício, à obtenção dos documentos ou das respectivas cópias."

[26] *Processo administrativo*, lei nº 9.784/99 comentada, p. 254-255.

princípio da oficialidade, segundo o qual a Administração deve perseguir a vontade real, e não meramente a vontade formal.[27]

5 Ônus da prova no caso de sanção administrativa

O modelo de distribuição do ônus da prova previsto na LPA já era defendido por muitos autores antes mesmo da sua edição. José Cretella Júnior, por exemplo, lecionava que "cabe ao administrado, funcionário ou particular, lesado em seus *interesses*, recorrer à Administração, ou, atingido em seus direitos, apelar entre nós ao Poder Judiciário [...] deixado o ônus da prova a cargo da parte que se julga prejudicada".[28]

Entretanto, em muitos casos, o modelo da LPA impõe ao administrado a necessidade de produção de prova negativa, o que dificulta, se não impossibilita, a sua defesa. A situação toma maiores proporções no exercício da atividade sancionadora pela Administração.

Heraldo Garcia Vitta destaca a questão em torno da colisão entre a presunção de legitimidade dos atos administrativos e o princípio da inocência do particular. O autor propõe, em contrapartida, a aplicação da teoria dinâmica dos ônus probatórios, segundo a qual deve ser levado em conta no caso concreto quem se encontra em melhores condições de produzir a prova dos fatos.[29] Deste modo, os fatos concretos que ensejam a emanação do ato administrativo têm papel relevante na escolha de quem deverá produzir as provas, como explica:

> Parece-nos que esse entendimento permite concluirmos: 1) há necessidade de verificar-se, perante o *caso concreto*, qual das partes da relação jurídico-administrativa tem melhores condições de provar os fatos – aquela que tiver meios mais aptos deverá produzir a prova; 2) se o particular apresenta contraprovas idôneas, a improcedência da "acusação" é de rigor, em face da presumida inocência das pessoas em geral.[30]

Rafael Munhoz de Mello defende que é ônus da Administração Pública a produção de elementos de prova que desconstituam a presunção de inocência, de modo a demonstrar a prática do ilícito administrativo ao final do processo.

Segundo o autor, não há qualquer incompatibilidade entre a presunção de inocência e a legitimidade dos atos administrativos. Uma vez comprovada em

---

[27] *Processo administrativo federal*, p. 212-213.
[28] *Tratado de direito administrativo*, v. 2, p. 78-79. Destaque no original.
[29] *A sanção no direito administrativo*, p. 109.
[30] Idem, p. 110-111.

processo administrativo a prática do ilícito, o ato que impõe a sanção goza da presunção de legitimidade, como segue:

> O reconhecimento de que compete à Administração Pública o ônus da prova no processo administrativo sancionador não afasta a presunção de legitimidade dos atos administrativos. O ato que impõe a sanção administrativa, tal qual os demais atos administrativos, é dotado de presunção de legitimidade, de modo que cabe ao particular atingido o ônus de impugná-la, seja na própria esfera administrativa, seja perante o Poder Judiciário. Mas para que possa ser editado o ato administrativo sancionador é preciso antes provar, no curso do respectivo processo, que o particular é culpado. Sem tal prova não pode a Administração exercer sua competência punitiva. Existindo prova, fica afastada a presunção de inocência, podendo, então, ser editado o ato sancionador, que gozará da presunção de legitimidade, como qualquer outro ato administrativo.[31]

Demian Guedes defende que o princípio da publicidade exige a transparência da administração, não somente na exteriorização das razões dos seus atos (motivação), mas também na realização de provas de fatos que servem de pressupostos para os seus atos. Em consequência, o Estado Democrático de Direito não pode exigir do administrado que este produza provas em sentido contrário, a fim de impugnar um ato administrativo:

> Diante desse enquadramento constitucional, a mudança de paradigma se impõe. Não é mais possível falar-se na presunção de veracidade como critério para a distribuição do ônus da prova no processo administrativo. A relação entre cidadão e Administração não pode mais se fundamentar num ato de fé, calcado unicamente na condição de autoridade pública do agente. Ao contrário, ela deve primar pela razão, pela prevalência da verdade e da transparência no processo. Assim como o acertamento dos fatos inclui-se entre os escopos institucionais do processo judicial, a transparência e a prevalência da Justiça encontram-se entre os objetivos de toda a atuação do Poder Público – sendo a prova elemento essencial ao processo administrativo constitucionalmente adequado.[32]

Para Sérgio Ferraz e Adilson Abreu Dallari, a presunção prevalece até a impugnação pelo interessado, em razão dos princípios da legalidade e da isonomia:

> Em resumo: a presunção de legalidade vale até o momento em que o ato for impugnado. E não desobriga a Administração de provar suas alegações, até

---

[31] *Princípios constitucionais de direito administrativo sancionador, as sanções administrativas à luz da Constituição Federal de 1988*, p. 248.

[32] *Processo Administrativo e Democracia*, uma reavaliação da presunção de veracidade, p. 146.

mesmo em homenagem ao princípio da isonomia e ao postulado da verdade real. Havendo impugnação, em sede administrativa ou judicial, inverte-se o ônus da prova, porque, diferentemente dos particulares, que podem fazer tudo aquilo que a lei não proíbe, a Administração Pública somente pode fazer o que a lei autoriza ou determina. Sendo assim, sempre cabe à Administração o dever de demonstrar que atuou de maneira conforme à lei.[33]

6 Presunção de veracidade e de legitimidade no direito tributário

No direito tributário, também se discute bastante se há uma presunção de veracidade e de legitimidade do ato administrativo, em especial do ato de lançamento e do ato de imposição de penalidades. Na seara tributária também há posicionamentos que vão desde a negativa de uma presunção de legitimidade dos atos administrativos, a visão dos que entendem caber à administração a prova da ocorrência do fato gerador, como um dever de provar, mas também aqueles que apontam ser ônus do contribuinte comprovar fato que possa extinguir ou modificar o crédito tributário lançado contra si.

Fabiana Del Padre Tomé é contundente ao destacar que o ato administrativo de lançamento tributário precisa ter suporte em provas da ocorrência do fato gerador:

> Inconcebível, portanto, o posicionamento segundo o qual, diante da presunção de legitimidade dos atos administrativos, caberia ao contribuinte apresentar provas contrárias ao relatado nos atos de lançamento e de aplicação de penalidade, incumbindo-se a autoridade administrativa apenas de ilidir as provas que o contribuinte juntar aos autos do processo instaurado. É insustentável o lançamento ou o ato de aplicação de penalidade que não tenha suporte em provas suficientes da ocorrência do evento.[34]

Mesmo assim, a autora respeita e traz para sua obra a lição de Pontes de Miranda, segundo a qual "o ônus da prova incumbe ao sujeito que alega a existência ou a inexistência de um fato, do qual deva resultar uma mutação do estado jurídico atual das coisas".[35] Trazida para o direito tributário, esta afirmação poderia levar à conclusão de que o contribuinte, que pretende a modificação do estado jurídico da existência de tributo a pagar, deveria suportar o ônus de demonstrar fato negativo: a não ocorrência do fato gerador.

---

[33] *Processo administrativo*, p. 175.

[34] *A prova no direito tributário*, p. 232.

[35] *Anotações à obra de Francisco Augusto das Neves e Castro*, teoria das provas e suas aplicações aos atos civis, apud Fabiana Del Padre Tomé, *A prova no direito tributário*, p. 224.

A prática no direito tributário é retratada por Raquel Cavalcanti Ramos Machado:

> Não pode o Fisco, por exemplo, além de ter a prerrogativa processual de autoexecutoriedade de seus atos ainda invocar genericamente no processo judicial o termo "interesse público" para, por exemplo, associando-o à presunção de legitimidade dos atos administrativos, legitimar ato desprovido de qualquer fundamentação. E é isso que equivocadamente ocorre, na prática, quando se exige do cidadão que produza prova negativa a respeito de fato que deveria ser comprovado pela autoridade quando da constituição do ato administrativo correspondente.[36]

Novamente, acreditamos, os fatos concretos que ensejam a emanação do ato administrativo têm papel relevante na escolha de quem deverá produzir as provas. Um bom exemplo do contexto fático para o deslinde da questão.

Hugo de Brito Machado Segundo igualmente aponta que as condições de fato é que irão determinar a prevalência, ou da presunção da legitimidade ou a presunção de inocência:

> De acordo com o princípio da busca pela verdade real, também conhecido como princípio da busca pela verdade material, decorrente direto da regra da legalidade, a Administração não pode agir baseada apenas em presunções, sempre que lhe for possível descobrir a efetiva ocorrência dos fatos correspondentes.
>
> Diz-se decorrência direta da legalidade porque o efetivo conhecimento dos fatos é indispensável a que haja a correta observância das leis que lhe são aplicáveis. Presumindo a ocorrência de um fato que na verdade não ocorreu, a Administração termina por aplicar ao caso uma lei que, a rigor, sobre ele não incidiu, não lhe sendo aplicável. Pratica-se, em outras palavras, uma ilegalidade em face do desconhecimento da verdade.
>
> É natural que, em face de uma verdadeira impossibilidade de se conhecer a "verdade material", e em decorrendo essa impossibilidade de falta imputável ao contribuinte, a Administração não pode ter a sua atividade tolhida. Assim, por exemplo, caso o contribuinte simplesmente não possua escrituração contábil, nem disponha de qualquer elemento capaz de indicar seu lucro real, é óbvio que não poderá exigir que o seu imposto de renda seja necessariamente calculado sobre esse lucro real, nesse momento já de impossível aferição.[37]

---

[36] *Interesse público e direitos do contribuinte*, p. 99.

[37] *Processo tributário*, p. 47.

Portanto, a administração, diante da impossibilidade de produção de prova da ocorrência do fato gerador, quando a impossibilidade resultou da ação do próprio contribuinte, poderá ter o reconhecimento da legitimidade do ato de lançamento ainda que suportado por presunções, como ocorre no arbitramento do lucro para fins de imputação do tributo.

Em resumo, como aponta Alberto Xavier:

> O dever de investigação do Fisco só cessa na medida e a partir do limite em que o seu exercício se tornou impossível, em virtude do não exercício ou do exercício deficiente do dever de colaboração do particular em matéria de escrituração mercantil.[38]

7 Pode ser rejeitado o ato manifestamente ilegal?

Agustín Gordillo questiona a aplicação da presunção de legalidade para os atos manifestamente ilegais, diante dos quais qualquer um poderá rejeitar a sua aplicação:

> A ese argumento normativo civilista cabía agregar otro de índole lógica: si un acto tiene un vicio que no es manifiesto o aparente, es plausible que deba considerárselo, en principio y provisoriamente (hasta que una autoridad competente resuelva lo contrario), legítimo; si, en cambio, el vicio es claro y evidente, no podría presumirse que el acto es – a pesar de ese vicio manifiesto válido; ello equivaldría tanto como cerrar los ojos ante la realidad, como decir "el sol brilla, pero presumo que no brilla".
>
> En otras palabras, es insalvablemente contradictorio afirmar que un acto deba o pueda presumirse legítimo si la persona que se enfrenta con él advierte inmediatamente que no es legítimo. Podría imaginarse si esa contradicción lógica sólo podría ser superada por una norma legal expresa que así lo dijera, con lo cual tendríamos una presunción legal, impuesta por el legislador por razones de supuesta conveniencia cuya razonabilidad debería ponderarse. En tal sentido cabría imaginar una norma que invocando el bien común o el interés público dijera que 'Aunque encuentres un acto manifiestamente ilegítimo, debes comportarte como si fuera legítimo, pues la ley así lo impone'. Pero es claro que ello resulta irrazonable, por ende inconstitucional.[39]

---

[38] *Do lançamento*, teoria geral do ato, do procedimento e do processo tributário, p. 138-139.

[39] *Tratado de derecho administrativo*, t. 3. p. V-4.

A questão, entretanto, não é de todo nova no Direito Administrativo. Hely Lopes Meirelles, por exemplo, lecionava que não seria possível a supressão, mesmo do subalterno, de rejeitar ordens manifestamente ilegais, com base no seu "senso do legal e do ilegal, do lícito e do ilícito, do Bem e do Mal".[40]

8 Imperatividade dos atos administrativos

O atributo da imperatividade dos atos administrativos consiste na possibilidade que tem o Poder Público de, por meio de atos unilaterais, impor obrigações a terceiros.[41]

No mesmo sentido, leciona Oswaldo Aranha Bandeira de Mello:

> A *exigibilidade* ou a *imperatividade* do ato administrativo consiste na qualidade inerente ao ato administrativo de atuar de modo executivo, ou, melhor, de obrigar terceiro a se comportar de conformidade com o por ele disposto, a se sujeitar aos seus ditames. Na verdade, a idoneidade jurídica do ato administrativo de ser exigível deflui da presunção, que ele tem, de verdade, salvo prova em contrário, com referência a terceiros, órgãos da Administração ou particulares, sem necessidade do juízo probatório preventivo da sua validade. É o chamado *privilège du préalable*.[42]

Celso Antônio Bandeira de Mello, de modo semelhante, define a imperatividade do ato administrativo:

> é a qualidade pela qual os atos administrativos se impõem a terceiros, independentemente de sua concordância. Decorre do que Renato Alessi chama de "poder extroverso", que permite ao Poder Público editar provimentos que vão além da esfera jurídica do sujeito emitente, ou seja, que interferem na esfera jurídica de outras pessoas, constituindo-se unilateralmente em obrigações.[43]

José dos Santos Carvalho Filho utiliza também o termo "coercibilidade", como sinônimo de imperatividade, para designar o atributo pelo qual a Administração, mediante atos cogentes, obriga "a todos quantos se encontrem em seu círculo de incidência".[44]

---

[40] *Direito administrativo brasileiro*, p. 106.
[41] DI PIETRO, Maria Sylvia Zanella. *Direito administrativo*, p. 200.
[42] *Princípios gerais de direito administrativo*, p. 615. Grifos no original.
[43] *Curso de direito administrativo*, p. 401.
[44] *Manual de direito administrativo*, p. 133.

Segundo o autor, "o princípio da supremacia do interesse público [...] justifica a coercibilidade dos atos administrativos". Porém, tal característica não implica na sua aplicação a todos os atos praticados, pois há "certos atos em que está ausente o cunho coercitivo. É o caso dos atos de consentimento (permissões, autorizações), em que ao lado do interesse público de todo ato há também o interesse privado".[45]

9 Autoexecutoriedade

Como leciona Edmir Netto de Araújo:

> O ato administrativo, ao contrário dos atos jurídicos privados, é em princípio autoexecutável (autoexecutoriedade), de imediato, pela Administração, até mesmo coercitivamente, uma vez que a realização do interesse público, que sobrepuja os interesses privados, muitas vezes não pode e não deve sujeitar-se à participação dos destinatários ou de outros Poderes para concretizar-se, invertendo o ônus da prova e mesmo da provocação judiciária a quem alega a invalidade (ainda a presunção de legitimidade): a Administração executa imediatamente, independentemente de declaração de validade ou aquiescência, as atividades necessárias, e o particular que se sentir prejudicado é que deve acionar o Judiciário, se assim o desejar.[46]

De forma mais sintética, autoexecutoriedade é definida por Maria Sylvia Zanella Di Pietro como "atributo pelo qual o ato administrativo pode ser posto em execução pela própria Administração Pública, sem necessidade de intervenção do Poder Judiciário".[47]

A autora alerta que, no Direito Administrativo, a autoexecutoriedade não existe, também, em todos os atos administrativos; ela só é possível: (i) quando expressamente prevista em lei (apreensão de mercadoria, fechamento de casas noturnas, cassação de licença para dirigir) e (ii) quando necessárias medidas urgentes diante de risco de maior prejuízo para o interesse público (demolição de prédio que ameaça ruir, internamento de pessoa com doença contagiosa, dissolução de reunião).[48]

---

[45] Idem, ibidem.
[46] *Curso de direito administrativo*, p. 475-476.
[47] *Direito administrativo*, p. 201.
[48] Idem, p. 200-201.

10 Execução administrativa do crédito tributário

Questão de grande polêmica na atualidade decorre do Projeto de Lei do Senado, nº 646/99, que voltou a constar nas pautas do Poder Legislativo.

O projeto propõe a substituição do processo de execução fiscal, que hoje tramita no Poder Judiciário, pela execução administrativa com a possibilidade de penhora *on-line* pela própria Administração.

O fundamento jurídico alegado é justamente o atributo da autoexecutoriedade dos atos administrativos, que permite à Administração o exercício de atos executórios sem a necessidade de recurso ao Poder Judiciário.

Até o momento, os críticos do projeto direcionam os ataques às questões de ordem prática (como o desequilíbrio processual) e à falta de segurança que iria trazer aos contribuintes, de modo que a questão ainda tende a seguir um processo de aprofundamento.

11 Precedentes dos tribunais

Inicialmente cabe destacar julgamento do Habeas Corpus 93.050-6, de 10/6/2008, do Supremo Tribunal Federal (STF), para o caso em que houve apreensão de documentos fiscais em escritório de contabilidade. A Corte declarou como inconstitucional o exercício da autoexecutoriedade do ato administrativo procedido, pois no caso deveria prevalecer a garantia de inviolabilidade de domicílio, conforme trecho do voto do relator Ministro Celso de Mello, a seguir transcrito:

> Não são absolutos os poderes de que se acham investidos os órgãos e agentes da administração tributária, pois o Estado, em *tema* de tributação, *inclusive* em matéria de fiscalização tributária, *está sujeito à observância* de um complexo de direitos e prerrogativas que assistem, constitucionalmente, aos contribuintes e aos cidadãos em geral. *Na realidade*, os poderes do Estado encontram nos direitos e garantias individuais, *limites intransponíveis*, cujo desrespeito *pode caracterizar* ilícito constitucional.
>
> [...]
>
> *O atributo da autoexecutoriedade* dos atos administrativos, *que traduz* expressão concretizadora do "privilège du preáble", *não prevalece* sobre a garantia *constitucional* da inviolabilidade domiciliar, *ainda que se cuide* de atividade exercida pelo Poder Público *em sede* de fiscalização tributária.

Destacamos que não há negativa de validade dos atributos do ato administrativo, mas uma situação específica em que o caso concreto determinou o seu afastamento para que prevalecesse no caso a inviolabilidade do domicílio.

Há igualmente no Superior Tribunal de Justiça (STJ) a invocação dos atributos do ato administrativo, como pode ser observado no voto do relator do Agravo Regimental nº 957.491-RS, Ministro Herman Benjamin, da 2ª Turma, julgamento de 4/8/2009:

> AGRAVO INTERNO. CABIMENTO DO JULGAMENTO SINGULAR PELO RELATOR, UMA VEZ QUE DE ACORDO COM A POSIÇÃO DESTE TRIBUNAL DE JUSTIÇA.
>
> A existência de posição deste Tribunal de Justiça acerca da matéria autorizava o Relator a proceder ao julgamento singular, uma vez que o resultado da apelação foi o mesmo que seria proferido pela Câmara, na hipótese de o processo ser pautado para Sessão.
>
> ADMINISTRATIVO. TRÂNSITO. MULTA. Ausência de prova. Ônus da autora. art. 333, I, do CPC. Ausência de comprovação das irregularidades apontadas pela autora relativamente à falta de certificados de aferição do INMETRO, bem como da ausência de comprovação do excesso de velocidade, restou descumprido o art. 333, I, do CPC.
>
> OPORTUNIZAÇÃO DE DEFESA PRÉVIA E CONTRADITÓRIO. RESOLUÇÃO Nº 149/2003 DO CONTRAN.
>
> Comprovação de que foi oportunizada defesa prévia ao proprietário do veículo antes de aplicada da penalidade de multa, observado o teor da resolução nº 149/2003 do CONTRAN.
>
> [...]
>
> Ausência de nulidade das penalidades. Destarte, a autora não comprovou qualquer irregularidade na autuação perpetrada pela ré, ônus que lhe incumbia. Tal fundamento encontra respaldo nos julgados desta Corte que assentam entendimento no sentido de que o ato administrativo goza de presunção *juris tantum* de legitimidade, a qual somente poderá ser afastada por prova em contrário a cargo do administrado (Resp 527.634/PR, Rel. Ministra Eliana Calmon). O que, no caso concreto, não foi realizado.

Com o mesmo propósito, pode ser verificado o acolhimento dos atributos do ato administrativo pelo STJ, no Recurso em Mandado de Segurança n.º 19.918 – SP, julgado de 6/8/2009, proferido pela 6ª Turma, conforme ementa do voto do relator Ministro Og Fernandes:

> MANDADO DE SEGURANÇA IMPETRADO CONTRA ATO ADMINISTRATIVO CASSATÓRIO DE APOSENTADORIA. CERTIDÃO DE TEMPO DE SERVIÇO SOBRE A QUAL PENDE INCERTEZA NÃO RECEPCIONADA PELO TRIBUNAL DE CONTAS DO MUNICÍPIO. EXTINÇÃO DO MANDAMUS DECRETADO POR MAIORIA. VÍNCULO FUNCIONAL. IMPOSSIBILIDADE DE COMPROVAÇÃO ATRAVÉS DOS ARQUIVOS DA PREFEITURA. MOTIVO DE FORÇA

MAIOR. INCÊNDIO. EXISTÊNCIA DE CERTIDÃO DE TEMPO DE SERVIÇO EXPEDIDA PELA PREFEITURA ANTES DO SINISTRO. DOCUMENTO PÚBLICO. PRESUNÇÃO DE VERACIDADE.

1. Esta Corte Superior de Justiça possui entendimento firmado no sentido de que o documento público merece fé até prova em contrário. No caso, o recorrente apresentou certidão de tempo de serviço expedida pela Prefeitura do Município de Itobi/SP – a qual comprova o trecho temporal de 12 anos, 3 meses e 25 dias relativos ao serviço público prestado à referida Prefeitura entre 10/3/66 a 10/2/78 – que teve firma do então Prefeito e Chefe do Departamento Pessoal e foi reconhecida pelo tabelião local.

2. Ademais, é incontroverso que ocorreu um incêndio na Prefeitura Municipal de Itobi/SP em dezembro de 1992.

3. Desse modo, a certidão expedida pela Prefeitura de Itobi, antes do incêndio, deve ser considerada como documento hábil a comprovar o tempo de serviço prestado pelo recorrente no período de 10/3/66 a 10/2/78, seja por possuir fé pública – uma vez que não foi apurada qualquer falsidade na referida certidão –, seja porque, em virtude do motivo de força maior acima mencionado, não há como saber se os registros do recorrente foram realmente destruídos no referido sinistro.

Portanto, pela simples referência aos recentes julgados mencionados, concluímos que os Tribunais Superiores têm acolhido e aplicado aos casos que lhes são submetidos os atributos do ato administrativo, como apresentados pela doutrina.

12 Ainda é possível falar em atributos do ato administrativo?

A partir das considerações precedentes, verificamos que o entendimento que prevalece entre os autores é o de que os atos administrativos não apresentam atributos que sejam definitivos e que estejam presentes em todas as possibilidades jurídicas e fáticas existentes.

Pelo contrário, diante de princípios como o da presunção de inocência, da verdade material, entre outros, os atributos podem prevalecer, ou não, de acordo com as circunstâncias de fato. Nos termos de Robert Alexy, "representam razões que podem ser afastadas por razões antagônicas".[49]

Nesse sentido, o comportamento dos atributos do ato administrativo é muito próximo daquele próprio dos princípios, definido por Robert Alexy como mandamento de otimização, no sentido de "normas que ordenam que algo seja realizado na maior medida possível dentro das possibilidades jurídicas e fáticas existentes".

---

[49] *Teoria dos direitos fundamentais*, p. 104.

Repetimos, os atributos não mantêm com os direitos fundamentais do ser humano uma relação de precedência geral, em que um sempre será inválido. Pelo contrário, dependem de um juízo de ponderação de acordo com o caso concreto.

Portanto, independentemente das críticas direcionadas à ideia, ou princípio, da supremacia do interesse público sobre o privado, os atributos dos atos administrativos permanecem perfeitamente válidos e compatíveis com os direitos fundamentais em nosso ordenamento jurídico.

Referências bibliográficas

ALESSI, Renato. *Diritto amministrativo*. Milano: Giuffrè, 1949.

ALEXY, Robert. *Teoria dos direitos fundamentais*. Tradução de Virgílio Afonso da Silva. São Paulo: Malheiros, 2008.

ARAÚJO, Edmir Netto de. *Curso de direito administrativo*. 5. ed. São Paulo: Saraiva, 2010.

ÁVILA, Humberto Bergmann. Repensando o "Princípio da supremacia do interesse público sobre o particular". *Revista Trimestral de Direito Público*, v. 24, São Paulo: Malheiros, 1998, p. 157-180.

BANDEIRA DE MELLO, Celso Antônio. *Curso de direito administrativo*. 22. ed. São Paulo: Malheiros, 2007.

BANDEIRA DE MELLO, Oswaldo Aranha. *Princípios gerais de direito administrativo*. 3. ed. São Paulo: Malheiros, 2007.

BINENBOJM, Gustavo. *Uma teoria do direito administrativo*, direitos fundamentais, democracia e constitucionalização. Rio de Janeiro: Renovar, 2006.

CANOTILHO, José Joaquim Gomes. *Direito constitucional e teoria da constituição*. 3. ed. Coimbra: Almedina, 1999.

CARVALHO FILHO, José dos Santos. *Processo administrativo federal*: comentários à Lei nº 9.784 de 29/1/1999. Rio de Janeiro: Lumen Juris, 2009.

CRETELLA JÚNIOR, José. *Tratado de direito administrativo*. 2. ed. (v. 2. Teoria do ato administrativo). Rio de Janeiro: Forense, 2002.

DI PIETRO, Maria Sylvia Zanella. *Direito administrativo*. 23. ed. São Paulo: Atlas, 2010.

_____. O princípio da supremacia do interesse público: sobrevivência diante dos ideais do neoliberalismo. *Revista Trimestral de Direito Público*, v. 48. São Paulo: Malheiros, 2004, p. 63-76.

FERRAZ, Sérgio; DALLARI, Adilson Abreu. *Processo administrativo*. 2. ed. São Paulo: Malheiros, 2007.

GORDILLO, Agustín. *Tratado de derecho administrativo*. 6. ed. Belo Horizonte: Del Rey, 2003.

GUEDES, Demian. *Processo administrativo e semocracia*: uma reavaliação da presunção de veracidade. Belo Horizonte: Fórum, 2007.

MACHADO, Raquel Cavalcanti Ramos. *Interesse público e direitos do contribuinte*. São Paulo: Dialética, 2007.

MACHADO SEGUNDO, Hugo de Brito. *Processo tributário*. São Paulo: Atlas, 2004.

MARQUES NETO, Floriano Peixoto de Azevedo. *Regulação estatal e interesses públicos*. São Paulo: Malheiros, 2002.

MEIRELLES, Hely Lopes. *Direito administrativo brasileiro*. 20. ed. atual. por Eurico de Andrade Azevedo et al. São Paulo: Malheiros, 1995.

MELLO, Rafael Munhoz de. *Princípios constitucionais de direito administrativo sancionador*: as sanções administrativas à luz da Constituição Federal de 1988. São Paulo: Malheiros, 2007.

MOREIRA NETO, Diogo de Figueiredo. *Curso de direito administrativo*. Rio de Janeiro: Forense, 2001.

NOHARA, Irene Patrícia; MARRARA, Thiago. *Processo administrativo*: lei nº 9.784/99 comentada. São Paulo: Atlas, 2009.

RAWLS, John. *Uma teoria da justiça*. São Paulo: Martins Fontes, 1997.

TOMÉ, Fabiana Del Padre. *A prova no direito tributário*. São Paulo: Noeses, 2005.

TORRES, Ricardo Lobo. *O direito ao mínimo existencial*. Rio de Janeiro: Renovar, 2009.

VITTA, Heraldo Garcia. *A sanção no direito administrativo*. São Paulo: Malheiros, 2003.

XAVIER, Alberto. *Do lançamento*: teoria geral do ato, do procedimento e do processo tributário. 2. ed. Rio de Janeiro: Forense, 1997.

15

O Serviço Público no Direito Administrativo Contemporâneo

Eduardo Hayden Carvalhaes Neto[1]

1 Sobre o conceito de serviço público

Como já foi observado inúmeras vezes pela doutrina pátria, a Constituição Federal de 1988 não estabelece um conceito de serviço público. Todavia, fornece alguns parâmetros da área definida como própria dos serviços públicos.[2]

Dois critérios são frequentemente atribuíveis à expressão *serviço público*: (i) o sentido orgânico ou subjetivo, com significado de aparato administrativo do Estado (presente nos artigos 37, XIII, 39, § 7º, 40, III, 40, § 16, 136, § 1º, II, da Constituição Federal e nos artigos 2º, § 1º, e 8º, § 4º; 19 e 53 do ADCT) e (ii) o sentido objetivo, significando uma modalidade de atividade de natureza pública (passível de verificação nos arts. 21, X, XI, XII, XIV; 30, V; 37, § 6º; 54, I, *a*; 61, § 1º, II, *b*; 139, VI; 145, II; 175; 198; 202, § 5º; 223; 241; assim como no art. 66 do ADCT).

---

[1] Bacharel em direito pela Faculdade de Direito da PUC/SP. Mestre em Direito do Estado pela Faculdade de Direito da USP. Doutorando em Direito do Estado pela Faculdade de Direito da USP. Advogado em São Paulo.

[2] Na doutrina estrangeira, o Brasil figura junto à França, Espanha e Itália como países cujas Constituições aderiram à reserva da atividade denominada "serviço público" com as consequências de uma *publicatio* (observação esta feita, no caso do Brasil, por conta do teor do art. 175 da Constituição Federal de 1988, que estabelece a atribuição de titularidade de tal atividade ao Estado). Por outro lado, na Argentina, por exemplo, tal ideia não poderia ser sustentada, pois o art. 75 da Constituição traz apenas referência à competência do Estado para *"prover lo conducente al desarrollo humano"*.

No uso da forma objetiva, o texto constitucional restringe por vezes a noção de "serviço público" a atividades de prestação voltadas a atender necessidades individuais (serviços *uti singuli*, isto é, os que têm usuários determinados e utilização particular e mensurável para cada destinatário – caso do art. 145, II,[3] por exemplo), enquanto em outros casos aplica o conceito de "serviço público" para atividades de prestação que satisfazem necessidades genéricas e indivisíveis de uma coletividade de pessoas – como no art. 223[4] (serviços *uti universi*).

No âmbito da doutrina brasileira, no entanto, o conceito de "serviço público"[5] é configurado segundo diferentes critérios. Dentre os doutrinadores que utilizam a noção de serviço público quanto à sua abrangência, há os que a empregam em sentido amplo (José Cretella Júnior, Mário Masagão, Hely Lopes Meirelles, dentre outros),[6] enquanto outros preferem empregar um sentido mais restrito (como, por exemplo, Maria Sylvia Zanella Di Pietro, Celso Antônio Bandeira de Mello, Edmir Netto de Araújo).[7] Há, ainda, os que empregam a noção de serviço público sob outros aspectos, resultando em conceitos construídos sob diferentes enfoques, tais como objetivo, subjetivo, formal, próprio, impróprio, geral, específico, originário ou congênito e derivado ou adquirido, dentre outros.

---

[3] Caso da cobrança de taxas, somente possível mediante a identificação da utilização, efetiva ou potencial, de serviços públicos específicos e divisíveis.

[4] Radiodifusão sonora e de sons e imagens.

[5] A conceituação de serviço público é tão controversa que já houve quem até reconhecesse a existência de tantos conceitos de serviço público quantas pessoas se dedicaram a estudar o tema (conforme ALESSI, Renato. *Instituciones de derecho administrativo*. Tradução da 3. ed. italiana por Buenaventura Pellisé Prats. Barcelona: Bosch, 1970. t. 2, p. 364, nota 2).

[6] Para José Cretella Júnior, serviço público é "toda atividade que o Estado exerce, direta ou indiretamente, para a satisfação do interesse público, mediante procedimento de direito público" (*Curso de direito administrativo*. 16. ed. Rio de Janeiro: Forense, 1999. p. 409). Para Mário Masagão, serviço público é "toda atividade que o Estado exerce para cumprir seus fins" (*Curso de direito administrativo*. 3. ed. São Paulo: Max Limonad, p. 279-280). Hely Lopes Meirelles define o serviço público como "todo aquele prestado pela Administração ou por seus delegados, sob normas e controles estatais, para satisfazer necessidades essenciais ou secundárias da coletividade ou simples conveniências do Estado" (*Direito administrativo brasileiro*. 33. ed. São Paulo: Malheiros, 2007. p. 330).

[7] Maria Sylvia Zanella Di Pietro define serviço público como "toda atividade material que a lei atribui ao Estado para que a exerça diretamente ou por meio de seus delegados, com o objetivo de satisfazer concretamente às necessidades coletivas, sob regime jurídico total ou parcialmente público" (DI PIETRO, Maria Sylvia Zanella. *Direito administrativo*. 21. ed. São Paulo: Atlas, 2008. p. 94). Para Celso Antônio Bandeira de Mello, "serviço público é toda atividade de oferecimento de utilidade ou comodidade material destinada à satisfação da coletividade em geral, mas fruível singularmente pelos administrados, que o Estado assume como pertinente a seus deveres e presta por si mesmo ou por quem lhe faça as vezes, sob um regime de Direito Público – portanto, consagrador de prerrogativas de supremacia e de restrições especiais –, instituído em favor dos interesses definidos como públicos no sistema normativo" (MELLO, Celso Antônio Bandeira de. *Curso de direito administrativo*. 25. ed. São Paulo: Malheiros, 2008. p. 659).

Assim, fica evidente que a abordagem do "serviço público" pode variar radicalmente, como sabiamente registra Maria Sylvia Zanella Di Pietro:

> Pode-se graduar, de forma decrescente, os vários conceitos: os que incluem todas as atividades do Estado (legislação, jurisdição e execução); os que só consideram as atividades administrativas, excluindo jurisdição e legislação, sem distinguir o serviço público do poder de polícia, fomento e intervenção; os que preferem restringir mais, para distinguir o serviço público das outras três atividades da Administração Pública.[8]

Por sua vez, Paulo Modesto adverte que o conceito amplo de "serviço público", que reunia em si toda a atividade pública, entrou em decadência:

> Em geral, os autores contemporâneos não tratam da matéria em sentido amplo nem em sentido orgânico, mas em sentido restrito e objetivo, procurando especificar o regime jurídico específico da atividade de serviço público e isolá-la no interior da atividade administrativa do Estado.[9]

E, ressaltando a dificuldade em se formular o conceito de serviço público a partir de um único critério, afirma:

> O conceito de "serviço público" atualmente pressupõe a conjugação de diversos elementos de caracterização: exige a determinação de um específico regime jurídico e a demarcação de um campo material onde este regime encontre aplicação. Por isso, é um conceito objetivo, mas também formal e material.[10]

De outro lado, a concepção mais negativista sobre a situação atual e o futuro dos serviços públicos é defendida por Gaspar Ariño Ortiz, para quem a reforma tem como preço a morte dos serviços públicos. Em seus diferentes estudos sobre esta matéria, referido autor sustenta que seu ciclo já se encerrou, cumpriu sua missão e que seria inútil empenhar-se em preservá-lo.[11]

---

[8] DI PIETRO, Maria Sylvia Zanella. *Direito administrativo*. 21. ed. São Paulo: Atlas, 2008. p. 94.

[9] MODESTO, Paulo. Reforma do Estado, formas de prestação de serviços ao público e parcerias público-privadas: demarcando as fronteiras dos conceitos de "serviço público", "serviços de relevância pública"e " serviços de exploração econômica" para as parcerias público-privadas. In: SUNDFELD, Carlos Ari (Coord.). *Parcerias público-privadas*. São Paulo: Malheiros, 2005. p. 447.

[10] MODESTO, Paulo. Reforma do Estado, formas de prestação de serviços ao público e parcerias público-privadas: demarcando as fronteiras dos conceitos de "serviço público", "serviços de relevância pública"e " serviços de exploração econômica" para as parcerias público-privadas. In: SUNDFELD, Carlos Ari (Coord.). *Parcerias público-privadas*. São Paulo: Malheiros, 2005. p. 447.

[11] ARIÑO ORTIZ, Gaspar. *La regulación económica*. Buenos Aires: Ábaco, 1996, p. 57; Sobre el significado actual de la noción de servicio público y su régimen jurídico (hacia um nuevo modelo de regulación). In: *El nuevo servicio público*. p. 22-23; *Principios de derecho público económico (modelo*

Assinala o autor que a consequência de tudo isto é que o velho conceito de serviço público – monopólico, igualitário, de mínimos, uniforme – já não vem satisfazer as necessidades e preferências da população a que diz servir", e que se deve "abrir caminho a novas realidades, mais competitivas, diferenciadas, inovadoras que são as que a nova realidade social demanda; hoje há que desideologizar a política econômica, têm que melhorar os serviços e as prestações. E tudo isso sem perder o já conseguido, que é, basicamente, a existência de um serviço universal a todos os cidadãos em seus níveis básicos. Isto exige um novo conceito de serviço público e um novo modelo de regulação econômica.[12]

Para Maria Sylvia Zanella Di Pietro, no Brasil, não existe a mesma justificativa do direito comunitário para que se possa defender a adoção da

> conclusão de que o conceito de serviço público entrou em crise, tendendo a desaparecer, já que o país não está vinculado a qualquer tratado que estipule medidas semelhantes às impostas à União Europeia, mesmo porque a Constituição Federal continua a atribuir atividades ao poder público, com caráter de exclusividade, como ocorre, por exemplo, com o artigo 21; e continua a prever, como encargo do Estado, a prestação de serviço público, nos termos do artigo 175. Sem alterar a Constituição é muito difícil adotar a mesma orientação imposta pelo Tratado de Roma, tal como interpretado pela Comissão Europeia e pelo Tribunal de Justiça das Comunidades Europeias. O que tem ocorrido é uma parcial liberalização de serviços públicos no âmbito da legislação ordinária [...]. Mas esses avanços não permitem falar ainda em crise na noção de serviço público no direito brasileiro. A Constituição prevê determinadas atividades como exclusivas do Estado, permitindo que sejam desempenhadas diretamente ou mediante concessão, permissão ou autorização. E atribui ao Estado o dever de prestar determinados serviços sociais não exclusivos do Estado (especialmente nas áreas da saúde e educação). Nesses casos, a atividade é prestada sob regime jurídico total ou parcialmente público, a gestão fica a cargo da própria Administração Pública direta ou indireta ou de empresas privadas que atuam sob delegação do Estado. Continuam a aplicar-se os princípios da prestação de serviços públicos. A responsabilidade rege-se por norma pública (art. 37, § 6º, da Constituição). Por esse motivo, não há razão, por ora, para alterar o

---

de Estado, gestión pública, regulación económica) – com a colaboração de Juan Miguel de la Cuétara Martínez. Lúcia López de Castro García-Morato. Granada: Comares, 1999. p. 550.

[12] ARIÑO ORTIZ, Gaspar. Sobre el significado actual de la noción de servicio público y su régimen jurídico (hacia un nuevo modelo de regulación). In: *El nuevo servicio público*. Madrid: Marcial Pons, 1997, p. 23-24. Em semelhante sentido se posiciona J. M. de la Cuétara Martinez (CUÉTARA MARTÍNEZ, J. M. de la. Tres postulados para el nuevo servicio público. In: *El nuevo servicio público*. Madrid: Marcial Pons, 1997. p. 112).

conceito de serviço público [...], nem os elementos da definição (subjetivo, material e formal).[13]

Percebe-se, assim, que a polêmica em torno da validade e importância do serviço público no direito administrativo contemporâneo é grande. Em nosso entender, todavia, o valor do serviço público continua presente e, assim, sua relevância para a coesão social é, ainda hoje, inegável.

2 Sentidos constitucionais de "serviço público"

Além de optar pela não instituição de um conceito genérico do que seja serviço público, o constituinte empregou diferentes abordagens para a expressão, em contextos distintos, fazendo com que se conclua que a interpretação do que seja "serviço público" no texto constitucional deva levar em consideração o contexto em que se insere em cada menção que se verifique. Sem esta avaliação contextualizada, que certamente demanda esforço interpretativo daquele que se proponha a compreender o quanto estabelecido pelo constituinte, não se pode abordar com propriedade a utilização do conceito em cada situação específica.[14]

Assim, muito embora seja frequente o emprego do termo *serviço público* no texto constitucional,[15] nem sempre tal expressão se refere a uma única noção: por vezes é adotada para disciplinar atividades da titularidade do Estado que podem resultar em obtenção de receita (arts. 145, II, e 175, por exemplo), como sinônimo de Administração Pública (caso do art. 37), e assim por diante. Outras vezes, é possível verificar que o constituinte optou por utilizar termos similares, como, por exemplo, *serviços* (caso do art. 21) ou *serviços de relevância pública* (art. 129, II, e art. 197).

---

[13] DI PIETRO, Maria Sylvia Zanella. *Direito administrativo*. 21. ed. São Paulo: Atlas, 2008. p. 98-99.

[14] Nesse sentido, leciona Edmir Netto de Araújo: "A noção de serviço público é primordial no estudo do Direito Administrativo, mas é *relativa*: sua conceituação sempre dependerá de circunstâncias, especialmente de tempo, lugar, condições políticas, culturais, econômicas. Isto reforça a indicação do serviço público como regime jurídico, máxime se considerarmos a estrutura constitucional brasileira, que aponta várias atividades que poderiam ser compreendidas em um sentido *amplo* de serviço público como sendo funções essenciais públicas: Judiciária, Legislativa, mesmo a Executiva, militar etc., como categorias especiais" (ARAÚJO, Edmir Netto de. *Curso de direito administrativo*. 4. ed. São Paulo: Saraiva, 2009. p. 99).

[15] Pois, conforme anota Alexandre Santos de Aragão, "a República Federativa do Brasil é um Estado prestacional, com uma série de obrigações com a sua população" (ARAGÃO, Alexandre Santos de. *Direito dos serviços públicos*. Rio de Janeiro: Forense, 2007. p. 143).

Para facilitar o estudo das diferentes abordagens de "serviços públicos" pela Constituição Federal, Alexandre Santos de Aragão[16] propõe a sua divisão em quatro categorias, de acordo com as características comuns a cada utilização do termo. Seriam elas:

a) Concepção amplíssima de serviço público

Equivale à concepção da escola clássica de serviço público (tendo como expoente principal Léon Duguit), abrangendo sob a tutela da expressão *serviço público* toda e qualquer atividade exercida pelo Estado, sem distinção. Algumas vezes tal concepção pode ser identificada como um paralelo entre serviço público e a própria noção de Administração Pública (adoção do critério orgânico ou subjetivo).

b) Concepção ampla de serviço público

Atividades prestacionais em geral do Estado, independentemente da exclusividade de titularidade, possibilidade de identificação dos indivíduos que delas usufruem ou mesmo de cobrança individual.

Envolve os serviços públicos econômicos (remuneráveis por taxa ou tarifa), os serviços públicos sociais[17] (passíveis de prestação pela iniciativa privada sem delegação) e os serviços *uti universi* (não específicos e indivisíveis).

c) Concepção restrita de serviço público

Envolve apenas atividades prestacionais em que seja possível identificar liame imediato com os indivíduos identificáveis. Nela não se inserem os serviços *uti universi*, mas sim os serviços públicos econômicos e sociais.

d) Concepção restritíssima de serviço público

Abrange os serviços públicos que possam ser financiados por taxa (art. 145, II) ou tarifa (art. 175), sendo, portanto, limitada aos serviços específicos e divisíveis, em que é possível identificar os usuários efetivos dos serviços e em que proporção se dá tal uso, sendo o seu exercício de titularidade exclusiva da Administração Pública (mas ainda assim passíveis de delegação).

Excluem-se, portanto, os serviços públicos sociais também explorados pela iniciativa privada (como, por exemplo, saúde e educação) e os serviços *uti universi*.

Essa mesma lógica de utilização do termo *serviço público* pelo constituinte pode ser verificada, por exemplo, na utilização da expressão *atividade econômica*,

---

[16] ARAGÃO, Alexandre Santos de. *Direito dos serviços públicos*. Rio de Janeiro: Forense, 2007. p. 143 e seguintes.

[17] Chamados de "serviços públicos não privativos" por Eros Roberto Grau.

pois ora seria gênero (atividade econômica em sentido amplo)[18] – do qual são espécies a atividade econômica em sentido estrito e o serviço público –, ora seria espécie (atividade econômica em sentido estrito).[19]

Portanto, percebe-se que, à míngua de conceituação constitucional de serviço público, o constituinte fez uso da expressão dentro de diferentes contextos ao longo do texto da Carta Magna, gerando diferentes entendimentos quanto à sua amplitude. Muito embora a nomenclatura que se atribui a cada uma das atividades analisadas seja irrelevante, o regime jurídico a elas atribuível é de particular importância, pois acaba por definir como se dará a sua prestação pelo ente encarregado.

3 Mutabilidade espaço-temporal do serviço público

Por oportuno, cabe observar que a compreensão da abrangência pragmática do serviço público é algo que foge à natureza objetiva. É, a bem da verdade, uma ideia que varia muito de acordo com o contexto analisado, e que muitas vezes encontrará guarida muito mais em noções econômicas e antropológicas do que no Direito.

Aquilo que atualmente se considera ser básico/essencial, outrora, já foi considerado frivolidade ou excesso de zelo. Aquilo que nem se cogita como prestação intrinsecamente ligada à dignidade da pessoa humana, à inclusão social e ao exercício da cidadania, pode, num futuro não muito distante, se mostrar de máxima importância à sociedade.

Nesse sentido, é bastante esclarecedora a observação de Maria Sylvia Zanella Di Pietro, para quem:

1. A noção de serviço público não permaneceu estática no tempo; houve uma ampliação na sua abrangência, para incluir atividades de natureza comercial, industrial e social;

2. é o Estado, por meio da lei, que escolhe quais as atividades que, em determinado momento, são consideradas serviços públicos; no direito brasileiro, a própria Constituição faz essa indicação nos artigos 21, incisos X, XI, XII, XV e XXIII, e 25, § 2º, alterados, respectivamente, pelas Emendas Constitucionais 8 e 5, de 1995; isto exclui a possibilidade de distinguir, mediante critérios objetivos, o serviço público da atividade privada; esta permanecerá como tal enquanto o Estado não a assumir como própria;

---

[18] Caso do art. 174 da Constituição Federal de 1988.

[19] Referida genericamente como "atividade econômica" pelo *caput* do art. 173 e pelo § 1º do art. 173 da Constituição Federal de 1988.

3. daí outra conclusão: o serviço público varia não só no tempo, como também no espaço, pois depende da legislação de cada país a maior ou menor abrangência das atividades definidas como serviços públicos;

4. não se pode dizer, dentre os conceitos mais amplos ou mais restritos, que um seja mais correto que o outro; podem-se graduar, de forma decrescente, os vários conceitos: os que incluem todas as atividades do Estado (legislação, jurisdição e execução); os que só consideram as atividades administrativas, excluindo jurisdição e legislação, sem distinguir o serviço público do poder de polícia, fomento e intervenção; os que preferem restringir mais para distinguir o serviço público das outras três atividades da Administração Pública.[20]

Nesse contexto, uma lição válida ainda nos tempos atuais e de grande utilidade para a técnica de conceituação parece ser aquela estabelecida na máxima *definitio fit per genus proximum et differentiam specificam* (a definição deve ser elaborada através do gênero próximo e da diferença específica).[21]

Não sendo o Direito uma ciência exata, é correto afirmar que os conceitos estabelecidos dentro de um sistema jurídico variam de acordo com a época e com a localidade. Isso não quer dizer que não existam conceitos jurídicos fechados, e sim que conceitos determinados e aplicáveis em um determinado local num determinado espaço de tempo podem não mais ser os ideais (e, assim, não aplicáveis) em outro local/época, por uma série de razões, todas elas ligadas ao fato de as fontes do Direito emanarem ininterruptamente de novos fatos e situações.

Eros Roberto Grau, ao analisar tal fato, acaba por adotar raciocínio originalmente desenvolvido por Jean-Paul Sartre, por meio do qual se reconhece uma diferença entre "conceito" e "noção". Enquanto aquele seria atemporal e determinado, esta seria "ideia que se desenvolve a si mesma por contradições e superações sucessivas e que é, pois, homogênea ao desenvolvimento das coisas".[22]

Pois bem: a verificação da multiplicidade de significados para o termo *serviço público* em grande parte advém da presente constatação. Como se poderia cogitar da unicidade de significado de termo tão amplamente utilizado, se é virtualmente impossível que o constituinte consiga prever todas as situações e contextos em que poderia ser eventualmente interpretado?

---

[20] DI PIETRO, Maria Sylvia Zanella. *Direito administrativo*. 21. ed. São Paulo: Atlas, 2008. p. 98-99.

[21] Conforme CRETELLA JÚNIOR, José. *Curso de filosofia do direito*. Rio de Janeiro: Forense, p. 3; e CRETELLA JÚNIOR, José. *Tratado de direito administrativo*. Rio de Janeiro: Forense, 1966. v. 1, p. 143.

[22] GRAU, Eros Roberto. *A ordem econômica na Constituição de 1988*. 7. ed. São Paulo: Malheiros, 2002. p. 164.

4   Serviços públicos e "serviços de utilidade pública"

O primeiro registro da utilização da expressão *serviço público* é atribuído a Jean-Jacques Rousseau, em seu *Contrato social*. No entanto, na ocasião, tal autor utilizou a expressão como representativa das atividades estatais de maneira geral. Nesta abordagem, o serviço público poderia adquirir dupla conotação: tanto o atendimento aos anseios da coletividade quanto uma atividade do Estado.

No entanto, a concepção de serviço público, no sentido atualmente utilizado, remonta, de acordo com a corrente mais aceita, ao julgamento do *arrêt* (ou aresto) "Blanco" pelo Tribunal de Conflitos francês, em 8 de fevereiro de 1873.[23] Na ocasião, a garota Agnès Blanco foi atropelada em Bordeaux por um veículo da Companhia Nacional de Manufatura de Fumo, empresa então pertencente à Administração Pública. Tal acidente originou um processo judicial, no bojo do qual foi suscitado um conflito de competência entre o Poder Judiciário "ordinário" e a Justiça Administrativa (Conselho de Estado), dada a dualidade de jurisdição daquele país. Instado a se manifestar, o Tribunal de Conflitos decidiu que, por tratar-se de responsabilidade do Estado, decorrente de serviço por ele prestado, o caso deveria ser apreciado pelo órgão especializado nas questões de contencioso administrativo, à margem do Código Civil francês. Ressalte-se que, àquela época, não havia previsão legal sobre a responsabilidade do Estado, o que não impediu que ela fosse invocada.

Posteriormente, no início do século XX, tem origem a Escola do Serviço Público (Escola Realista ou de Bordeaux), capitaneada pelos trabalhos de Léon Duguit[24] – que coloca os serviços públicos como serviços indispensáveis à interdependência social – e Gaston Jèze[25] (que os entende como processo técnico para a satisfação

---

[23]   Os arestos "Baudry", "Carcassone", "Dekeister" e "Rotschild" antecederam o aresto "Blanco" e chegaram a abordar a matéria "serviço público". No entanto, este último é destacado pela maior parte da doutrina como o marco do surgimento da noção de serviço público porquanto julgado após o Conselho de Estado francês ter se tornado independente, esclarecendo que tal prestação administrativa deveria ser fixada dentro do Direito Público. Posteriormente ao *arrêt* "Blanco", tal noção parece ter se consolidado, conforme se verifica dos arestos "Terrier" (de 6 de fevereiro de 1903) e "Thérond" (de 4 de março de 1910). Cumpre ressaltar, todavia, que alguns autores consideram que a doutrina acabou por emprestar demasiada repercussão ao aresto "Blanco". De qualquer maneira, sua importância é fulcral ao estudo do serviço público.

[24]   Sobre o tema, sugere-se a consulta às seguintes obras clássicas de Direito Público: DUGUIT, Pierre Marie Nicola Leon. *Leçons de droit public general*. Paris: Boccard, 1926; DUGUIT, Pierre Marie Nicola Leon. *Transformaciones del derecho público*. 2. ed. Madrid: Francisco Beltran, 1926, trad. JAEN, Ramon e POSADA, Adolfo.

[25]   Conforme JÈZE, Gaston. La notion de travaux publics et de domaine public. *Revue de Droit Public et de la Science Politique en France et a l'Étranger*, nº 38, 1921 e JÈZE, Gaston. *Principios generales del derecho administrativo*. Tradução da 3. ed. francesa por Julio N. San Millán Almagro. Buenos Aires: Depalma, 1949.

de interesses gerais), desenvolvendo os estudos sobre essa seara do direito administrativo e se opondo à chamada Escola Negativista.

Tal concepção, com o tempo, foi transmitida aos países influenciados pelo direito francês e foi sofrendo adaptações e modificações. Independentemente da influência francesa, tem-se que a concepção de serviço público está ligada ao local, à época, à ideologia predominante, às condições políticas e econômicas e à tradição.

Sobre o assunto, constata Edmir Netto de Araújo:

> Por esse processo evolutivo das atividades desempenhadas pelo Estado para a coletividade, pode-se aquilatar que o conceito de serviço público de hoje não é o mesmo do século passado, e nem mesmo o de algumas décadas atrás, tendo uma evolução paralela à da ampliação do âmbito de atuação do Poder Público, conceituação essa pela qual vários autores, por critérios variados, procuram fundamentar a existência de certo tipo de serviço diferenciado em seus objetivos, natureza e operacionalidade, que é o serviço público.[26]

Continuando sua lição, referido autor afirma que os serviços públicos são dotados de uma essência inexata e relativa, que procura adaptar-se de maneira dinâmica aos tempos modernos e às metamorfoses do mundo administrativo em evolução.[27]

No entanto, cumpre enfatizar que, se criar um conceito[28] fechado de serviço público parece ser tarefa inglória,[29] adotamos uma noção do que seja tal atividade, através de suas principais características genéricas, como prestação material executada pelo Poder Público ou quem lhe faça as vezes (elemento subjetivo) destinada à realização de interesse público e oferecida ao público em geral (substrato material), realizada sob a égide de regime jurídico peculiar – total ou parcialmente público (elemento formal), fixado pela Administração Pública[30] (que, nesse sentido, também é responsável pela regulação da prestação).

---

[26] ARAÚJO, Edmir Netto de. *Curso de direito administrativo*. 4. ed. São Paulo: Saraiva, 2009. p. 96.

[27] ARAÚJO, Edmir Netto de. *Curso de direito administrativo*. 4. ed. São Paulo: Saraiva, 2009. p. 96-99.

[28] Um conceito arrojado de serviço público é proposto por ORTIZ, Gaspar Ariño. *Princípios de derecho público económico*: modelo de estado, gestión pública, regulación econômica. 3. ed. Granada: Comares: Fundación Estúdios de Regulación, 2004.

[29] Caio Tácito a coloca dentre as mais árduas missões do jurista no Direito Administrativo (TÁCITO, Caio. Conceito de serviço público. In: *Temas de direito público (estudos e pareceres)*. Rio de Janeiro: Renovar, 1997. p. 637.

[30] Conforme ARAÚJO, Edmir Netto de. *Curso de direito administrativo*. 4. ed. São Paulo: Saraiva, 2009. p. 100. Maria Sylvia Zanella Di Pietro adota noção semelhante: "toda atividade material que a lei atribui ao Estado para que a exerça diretamente ou por meio de seus delegados, com o objetivo de satisfazer concretamente às necessidades coletivas, sob regime jurídico total ou parcialmente público" (DI PIETRO, Maria Sylvia Zanella. *Direito administrativo*. 21. ed. São Paulo: Atlas, 2008. p. 99).

É especialmente interessante à ideia aqui abordada a importância social inerente aos serviços públicos, posto que esses se voltam ao cumprimento de interesse público. Alguns autores[31] ressaltam o caráter social da prestação representada pelo serviço público na própria definição dele, de modo a explicitar que dentro do serviço público há inegável aspecto social, representado pela prestação essencial ao sujeito, o que não deixa de ser atividade integradora do indivíduo à sociedade.

Justamente por todo serviço público ser prestado em regime jurídico diferenciado, a ele se aplicam princípios diversos daqueles característicos das relações privadas, atribuindo a eles deveres peculiares. Dentre tais princípios, destacam-se: (a) princípio da continuidade do serviço público (fundado no dever de prestação de serviço adequado – art. 175, IV, da Constituição Federal – assim entendido aquele serviço contínuo, regular, oferecido de maneira genérica, com tarifas módicas, dotado de segurança, atualidade, eficiência e cortesia); (b) princípio da igualdade dos usuários; (c) princípio da publicidade;[32] e (d) princípio da universalidade/generalidade, além dos princípios gerais do Direito Administrativo (supremacia do interesse público, legalidade estrita, moralidade etc.).

Da mesma maneira, a tais princípios correspondem direitos dos usuários de serviços públicos[33] a um tratamento isonômico e ao recebimento dos serviços (*direito público subjetivo*,[34] exigível perante a Administração).[35] Pode-se perce-

---

[31] Como, por exemplo, Marçal Justen Filho (JUSTEN FILHO, Marçal. *Curso de direito administrativo*. São Paulo: Saraiva, 2005. p. 480), que afirma serem os serviços públicos essenciais à satisfação dos direitos fundamentais, e DROMI, Roberto. *Derecho administrativo*. Buenos Aires – 10. ed. Madrid: Ciudad Argentina, 2004. p. 826. Romeu Felipe Bacellar Filho destaca que Maurice Hauriou já concebia o serviço público como meio de exercício dos direitos fundamentais, visando, principalmente, a efetivação da dignidade da pessoa humana (BACELLAR FILHO, Romeu Felipe. O Poder normativo dos entes reguladores e a participação dos cidadãos nesta atividade. Serviços públicos e direitos fundamentais: os desafios da regulação na experiência brasileira. *Revista Interesse Público*, Porto Alegre: Notadez, nº 16, out./de. 2002. p. 15). No mesmo sentido, FINGER, Ana Cláudia. Serviço público: um instrumento de concretização de direitos fundamentais. *Revista de Direito Administrativo & Constitucional (A & C)*, Belo Horizonte: Fórum, ano 3, nº 12, p. 165.

[32] Tal rol de princípios se encontra presente na doutrina dominante com pequenas variações.

[33] Ou consumidores de serviços públicos, como fazem questão de enfatizar os estudiosos consumeristas. Por não se tratar de discussão útil ao escopo do presente trabalho, não adentraremos na discussão sobre a diferenciação entre "usuário de serviço público" e "consumidor de serviço público".

[34] Roberto Dromi destaca que a jurisprudência argentina vem conferindo destaque à obrigatoriedade de prestação do serviço público a todos, observando que "el derecho subjetivo del usuario de 'usar' del servicio público, se funda en la obligación del Estado de tutelar el interés público y darle satisfacción. La obligatoriedad y generalidad propios de los servicios públicos, son fundamentos del derecho de ese sujeto (usuario) a utilizar tal servicio" (CNFedCivCom, Sala 3ª, 16.12.1994, Biestro de Bover, Amélia T. contra Telefónica de Argentina SA sem amparo, JÁ 1995-II-165, apud DROMI, Roberto. *Derecho administrativo*. 10. ed. Buenos Aires: Ciudad Argentina, 2004. p. 836).

[35] "O certo é que, ante o mau funcionamento dos serviços públicos essenciais para o bem-estar da população, o Poder Público deve implementar políticas públicas protetivas de determinadas categorias sociais marginalizadas e economicamente excluídas. Essas políticas demandam o gerenciamento

ber, dentro desse contexto, que tais direitos decorrem justamente dos princípios acima relacionados, havendo uma verdadeira correspondência entre eles. Assim: dos princípios da isonomia/igualdade dos usuários e da universalidade/generalidade, decorre o direito público subjetivo de todos os cidadãos terem à sua disposição oferta de serviços públicos,[36] da mesma maneira que cabe a todo prestador de serviço público (Administração Pública ou titular de outorga) ofertar serviços públicos a todos, sem fazer distinção.

Por sua vez, os serviços de interesse público, denominados por parte da doutrina como serviços públicos impróprios (nomenclatura introduzida por Arnaldo De Valles no direito italiano e divulgada por Rafael Bielsa[37]) ou serviços públicos funcionais, objetivos ou virtuais, seriam figura distinta da do serviço público "propriamente dito".

Para Arnaldo De Valles,

> serviços públicos em sentido próprio [são] os que são públicos também sob o aspecto subjetivo, porque este é o elemento que determina o caráter público dos vários institutos; serviços públicos em sentido impróprio [são], os que, pelo aspecto subjetivo, são atividades privadas e atingem o nome, não a qualidade de públicos pela tradição e pelo uso comum, em vista de sua função, mas que, como atividades particulares, estão subordinadas a especial regime publicístico, porque, pelo direito público, podem ser regidas muitas das relações entre seus sujeitos e as pessoas jurídicas públicas e os particulares, destinatários do serviço.

Dinorá A. Adelaide Musetti Grotti ressalta que

---

do estado, com vistas à criação de mecanismos de prestação efetiva e positiva de atividades que assegurem a existência de condições dignas de vida" (FINGER, Ana Cláudia. Serviço público: um instrumento de concretização de direitos fundamentais. *Revista de Direito Administrativo & Constitucional (A & C)*, Belo Horizonte: Fórum, ano 3, nº 12, p. 164/165).

[36] "*El Derecho privado es normalmente expresión de la justicia distributiva de dar a cada cual lo suyo, de modo que la norma objetiva se resuelve entera en una constelación de derechos subjetivos; por ello la aplicación forzosa del Derecho privado queda confiada a los propios sujetos, los cuales, instando de los Tribunales la protección de sus derechos subjetivos, aseguran por si solos todas las posibilidades de cumplimiento de la Ley.* **Pero el Derecho Administrativo está articulado de otro modo. Hay en él, por supuesto, manifestaciones de una justicia distributiva, y es aquí donde justamente se insertan los derechos subjetivos de contenido típico que hemos esquematizado, pero no es ésta su materia predominante. Normalmente el Derecho Administrativo alimenta sus normas de una valoración de los intereses colectivos, sin atender de una manera expresa a la articulación de los mismos con los intereses privados**" (GARCÍA DE ENTERRÍA, Eduardo; FERNÁNDEZ, Tomás-Ramón. *Curso de Derecho Administrativo*. Notas de Agustín Gordillo. Buenos Aires: La Ley, 2006. v. 2, p. 36, destacamos).

[37] Conforme CRETELLA JÚNIOR, José. *Administração indireta brasileira*. Rio de Janeiro: Forense, 1980. p. 50.

pode-se dizer que as notas definidoras sobre as quais se construiu o conceito de serviço público impróprio e virtual são: atividades fundamentalmente privadas, não assumidas nem executadas pelo Estado, seja direta ou indiretamente, mas apenas por ele autorizadas, regulamentadas e fiscalizadas; dirigidas ao público para satisfazerem necessidades ou exigências de interesse geral ou público.[38]

Nomenclaturas semelhantes foram utilizadas por diferentes doutrinadores, a saber: atividades individuais de interesse público (Sayagués Laso, Jorge H. Sarmiento García); serviços de interesse econômico geral (Carlos Ari Sundfeld); atividades privadas de interesse público (Manuel Maria Diez, Daniel Edgard Maljar); serviços de interesse público (Fernando Garrido Falla, Villar Palasí); empresas regulamentadas (Gaston Jèze, Villegas Basavilbaso); atividades regulamentadas, disciplinadas ou programadas (Gaspar Ariño Ortiz) e atividades privadas regulamentadas (Alexandre Santos Aragão).

A nomenclatura *serviço público impróprio* é duramente criticada por Maria Sylvia Zanella Di Pietro[39] por erroneamente incluir atividades privadas como espécie do gênero "serviço público", sendo que, na verdade, por serem consideradas pelo ordenamento jurídico como atividades privadas, somente guardariam em comum o traço do atendimento a interesse geral.

Com efeito, a classificação de atividades como, por exemplo, farmácias, táxis, ensino privado, a doutrina se divide entre aqueles que identificam tais práticas como atividade privada sujeita a simples técnica de polícia administrativa (porém com regulação mais intensa) e aqueles que as associam ao serviço público e interpretação extensiva da intervenção.

Odete Medauar afirma que, à (i) ausência de relação de dependência entre a atividade prestacional e a Administração Pública ou (ii) presença orgânica do Poder Público, não se poderia falar propriamente em serviço público, porquanto ausente o vínculo orgânico fixado pelo *caput* do art. 175 da Constituição Federal. Assim, para referida autora, aquelas atividades que se apresentem como de utilidade pública, mas sejam marcadas pela titularidade de particulares, devem ser classificadas como serviços de utilidade pública,[40] significando um meio-termo entre os serviços públicos e as atividades econômicas privadas, sobre as quais realiza um controle constante para garantir o interesse público.

Para nós, os serviços que muitos identificam como sendo de utilidade pública assim o são apenas por ser possível neles identificar relevância para a coesão

---

[38] GROTTI, Dinorá Adelaide Musetti. *O serviço público e a Constituição Brasileira de 1988*. São Paulo: Malheiros, 2003. p. 119.

[39] DI PIETRO, Maria Sylvia Zanella. *Direito administrativo*. 21. ed. São Paulo: Atlas, 2008. p. 104.

[40] MEDAUAR, Odete. *Direito administrativo moderno*. 2. ed. São Paulo: Revista dos Tribunais, 1998. p. 330-331.

social. Sua prestação, no entanto, segue o regime privado, marcado, todavia, por intensa regulação (enquanto exercício do poder de polícia) para a preservação da conduta adequada que resulte na garantia do interesse coletivo afetado.

É importante ressaltar, todavia, que tal entendimento não implica, de forma alguma, que reconheçamos o que muitos autores escolheram chamar de "crises" do serviço público, pois estas nada mais são do que as mutações contextualizadas do conceito.

Assim, muito embora seja de reconhecida utilidade didática o destaque conferido às mudanças mais significativas por que passou o serviço público, entendemos que a utilização do termo *crise* para denominar tais modificações muitas vezes traz consigo uma conotação de decadência, queda ou enfraquecimento, o que não acreditamos ser procedente.[41] Não se pode, portanto, confundir a mutabilidade – fato amplamente admitido pela doutrina – com a perda de relevância do conceito.

Na verdade, assim como os princípios da Administração Pública sofrem modificação na sua aplicação ao longo dos tempos, também o conceito e a abrangência do serviço público passam por alterações. Isso, no entanto, não significa que tenha entrado num período de crise propriamente dita.

Assim, a atenuação de certas características que outrora foram classificadas como essenciais não significa uma mudança radical de paradigmas, nem tampouco parece ser razão para questionar a base da noção de serviço público.

Afirmações quanto à superação do instituto do serviço público, assim como de sua incompatibilidade com o direito administrativo contemporâneo,[42] nos parecem, portanto, ser extremadas e exaradas sem a necessária atenção à mutabilidade de conceitos intrinsecamente ligados à realidade social e a escolhas políticas.

No âmbito do ordenamento jurídico pátrio, como se demonstrou, a utilização da expressão *serviço público* no texto constitucional ocorre em diferentes dispositivos, com diferentes conotações. Assim, não nos parece haver margem de dis-

---

[41] Nesse sentido, Alexandre Santos Aragão faz observação de grande importância para a real percepção da noção de crise que permitiria uma abordagem mais exata das mudanças pelas quais passou (e ainda passa) o serviço público: "A 'crise' aventada é potencializada pelo dinamismo social. As crises têm mais a ver com a mudança do que com a extinção pura e simples de modelos sociais. Dizer que a nossa sociedade está em permanente mudança significa, portanto, que também está em permanente crise. Hoje se fala em crise do Direito, da legalidade, da noção do serviço público e até mesmo de crise do Estado-nação" (nota de atualização nº 4 de Alexandre Santos Aragão in: PINTO, Bilac. *Regulamentação efetiva dos serviços de utilidade pública*. 2. ed. Rio de Janeiro: Forense, 2002. p. 3).

[42] ARAGÃO, Alexandre Santos de. O serviço público e suas crises. In: ARAGÃO, Alexandre Santos de; MARQUES NETO, Floriano de Azevedo (Coord.). *Direito administrativo e seus novos paradigmas*. Belo Horizonte: Fórum, 2008, p. 427; PARADA, Ramon. *Derecho administrativo*. 10. ed. Madri: Marcel Pons, 1998. p. 483 e seguintes; ARIÑO ORTIZ, Gaspar. Significado atual de la noción del servicio público. In: *El nueno servicio público*. Madri: Marcial Pons, 1997. p. 23.

cussão quanto à existência de serviço público no Direito Administrativo brasileiro contemporâneo.

Resta, no entanto, verificar a abrangência do serviço público. Sobre o assunto, é bastante útil a observação de Maria Sylvia Zanella Di Pietro, de que é "correta a afirmação de que todo serviço público visa atender a necessidades públicas, mas nem toda atividade de interesse público é serviço público".[43] Ora, a análise de uma Constituição marcada pelo espírito garantista, como é o caso da Constituição Federal brasileira de 1988, parece levar ao entendimento de que as prestações que se dão sob regime jurídico de direito público devem necessariamente se voltar ao atendimento de direitos e garantias fundamentais.

Contudo, quando o intérprete se depara com serviços que são objeto de intensa regulação, mas que não foram classificados pelo ordenamento jurídico como serviços públicos, alguns autores procuram iniciar discussão sobre qual o regime jurídico aplicável a tais atividades. Caso não fossem atividades de reconhecida importância para o interesse coletivo, certamente não seriam objeto de regulação tão intensa. Assim, o regime privado receberá grande influência do poder de polícia aplicado à sua regulamentação e supervisão. O direito público, no caso, não se aplicará ao regime jurídico da atividade, mas sim à sua regulamentação e supervisão, necessárias justamente para preservar o interesse coletivo, mas isto, certamente, não significa que o conceito de serviço público se encontre em crise.

Atividades privadas de relevância social sempre existiram e continuarão a se mostrar presentes. Não devem, no entanto, ser utilizadas de pretexto para anunciar o fim de uma noção por aqueles que enxergam na modificação conceitual decorrente de época e local uma decadência.

Não se pode jamais perder de vista a máxima de que todo serviço público guarda inegável relevância social por manter intrínseca relação com interesses de uma coletividade. No entanto, o inverso não se mostra verdadeiro: nem toda atividade que se relacione à manutenção de interesse social deverá ser considerada serviço público pelo ordenamento jurídico. Por isso, o regime jurídico de direito público continuará sendo reservado, em maior ou menor proporção (contudo, jamais se extinguindo), àquelas atividades reconhecidas como serviço público pelo ordenamento. Às demais, reserva-se a regulação pelo Estado, em maior ou menor intensidade, de acordo com a intimidade que guardem com interesses considerado relevantes à sociedade contemporânea.

---

[43] DI PIETRO, Maria Sylvia Zanella. *Direito administrativo*. 21. ed. São Paulo: Atlas, 2008. p. 100.

Referências bibliográficas

ALESSI, Renato. *Instituciones de derecho administrativo*. Tradução da 3. ed. italiana por Buenaventura Pellisé Prats. Barcelona: Bosch, 1970. t. 2.

ANHAIA MELLO, Luis Ignácio de. *O problema econômico dos serviços de utilidade pública*. São Paulo: Prefeitura Municipal de São Paulo, 1940.

ARAGÃO, Alexandre Santos de. O serviço público e suas crises. In: ARAGÃO, Alexandre Santos de; MARQUES NETO, Floriano de Azevedo (Coord.). *Direito administrativo e seus novos paradigmas*. Belo Horizonte: Fórum, 2008. p. 421-440.

_____. *Direito dos serviços* públicos. Rio de Janeiro: Forense, 2007.

ARAÚJO, Edmir Netto de. *Curso de direito administrativo*. 4. ed. São Paulo: Saraiva, 2009.

ARIÑO ORTIZ, Gaspar. *La regulación económica*. Buenos Aires: Ábaco, 1996.

_____. *Principios de derecho público económico (modelo de Estado, gestión pública, regulación económica)*. Colaboração de Juan Miguel de la Cuétara Martínez e Lúcia López de Castro García-Morato. Granada: Comares, 1999.

_____; DE LA CUETARA, Juan Miguel; LÓPEZ-MUÑIZ, J. L. Marinéz. Sobre el significado actual de la noción de servicio público y su régimen jurídico (hacia um nuevo modelo de regulación). In: *El nuevo servicio público*. Madrid: Marcial Pons, 1997.

BACELLAR FILHO, Romeu Felipe. O poder normativo dos entes reguladores e a participação dos cidadãos nesta atividade. Serviços públicos e direitos fundamentais: os desafios da regulação na experiência brasileira. *Revista Interesse Público*, Porto Alegre: Notadez, nº 16, out./dez. 2002.

BANDEIRA DE MELLO, Celso Antônio. *Curso de direito administrativo*. 25. ed. São Paulo: Malheiros, 2008.

_____. Serviço público e sua feição constitucional no Brasil. In: MODESTO, Paulo (Org.). *Direito do Estado*: novos rumos. (direito administrativo). São Paulo: Max Limonad, 2001. t. 2.

_____. *Prestação de serviços* públicos e *administração indireta*. 2. ed. São Paulo: Revista dos Tribunais, 1983.

BAZILLI, Roberto Riberio. Serviços públicos e atividades econômicas na Constituição de 1988. *Revista de Direito Administrativo (RDA)*, nº 197.

CRETELLA JÚNIOR, José. *Tratado de direito administrativo*. Rio de Janeiro: Forense, 1966. v. 1.

_____. *Administração indireta brasileira*. Rio de Janeiro: Forense, 1980.

_____. *Curso de direito administrativo*. 16. ed. Rio de Janeiro: Forense, 1999.

_____. *Curso de filosofia do direito*. Rio de Janeiro: Forense.

CUÉTARA MARTÍNEZ, Juan Miguel de la. Tres postulados para el nuevo servicio público. In: *El nuevo servicio público*. Madrid: Marcial Pons, 1997.

DI PIETRO, Maria Sylvia Zanella. *Direito administrativo*. 21. ed. São Paulo: Atlas, 2008.

_____. Regulação e legalidade. In: DI PIETRO, Maria Sylvia Zanella. (Org.). *Direito regulatório*. Belo Horizonte: Fórum, 2004.

DROMI, Roberto. *Derecho administrativo*. 10. ed. Buenos Aires: Ciudad Argentina, 2004.

FINGER, Ana Cláudia. Serviço público: um instrumento de concretização de direito fundamentais. *Revista de Direito Administrativo & Constitucional (A & C)*, Belo Horizonte: Fórum, ano 3, nº 12.

GARCÍA DE ENTERRÍA, Eduardo; FERNÁNDEZ, Tomás-Ramón. *Curso de derecho administrativo*. Notas de Agustín Gordillo. Buenos Aires: La Ley, 2006.

GRAU, Eros Roberto. *A ordem econômica na Constituição de 1988*. 7. ed. São Paulo: Malheiros, 2002.

_____. Constituição e serviço público. In: *Direito constitucional*: estudos em homenagem a Paulo Bonavides. São Paulo: Malheiros, 2001.

GROTTI, Dinorá Adelaide Musetti. *O serviço público e a Constituição brasileira de 1988*. São Paulo: Malheiros, 2003.

JÈZE, Gaston. La notion de travaux public et de domaine public. *Revue de Droit Public et de la Science Politique en France et a l'Étranger*, nº 38, 1921.

_____. *Principios generales del derecho administrativo*. Tradução da 3. ed. francesa por Julio N. San Millán Almagro. Buenos Aires: Depalma, 1949.

JUSTEN, Monica Spezia. *A noção de serviço público no direito europeu*. São Paulo: Dialética, 2003.

JUSTEN FILHO, Marçal. *Curso de direito administrativo*. 4. ed. São Paulo, 2009.

_____. Serviço público do direito brasileiro. In: CARDOSO, José Eduardo Martins et al. (Org.). *Curso de direito administrativo econômico*. São Paulo: Malheiros, 2006. v. 1, p. 375-407.

MASAGÃO, Mário. *Curso de direito administrativo*. 3. ed. São Paulo: Max Limonad.

MEDAUAR, Odete. *Direito administrativo moderno*. 2. ed. São Paulo: Revista dos Tribunais, 1998.

MEIRELLES, Hely Lopes. *Direito administrativo brasileiro*. 33. ed. São Paulo: Malheiros, 2007.

MODESTO, Paulo. Reforma do Estado, formas de prestação de serviços ao público e parcerias público-privadas: demarcando as fronteiras dos conceitos de "serviço público", "serviços de relevância pública"e "serviços de exploração econômica" para as parcerias público-privadas. In: SUNDFELD, Carlos Ari (Coord.). *Parcerias público-privadas*. São Paulo: Malheiros, 2005. p. 433-486.

NESTER, Alexandre Wagner. A inserção do regime concorrencial nos serviços públicos. In: ARAGÃO, Alexandre Santos de; MARQUES NETO, Floriano de Azevedo (Coord.). *Direito Administrativo e seus novos paradigmas*. Belo Horizonte: Fórum, 2008. p. 441-468.

PINTO, Bilac. *Regulamentação efetiva dos serviços de utilidade pública*. 2. ed. atualizada por Alexandre Santos de Aragão. Rio de Janeiro: Forense, 2002.

SHECAIRA, Cibele Cistina Baldassa Muniz. A competência das agências reguladoras nos EUA. In: DI PIETRO, Maria Sylvia Zanella (Org.). *Direito regulatório*. Belo Horizonte: Fórum, 2004.

SILVEIRA, Raquel Dias da. O repensar da noção de serviço público. In: *Direito público moderno*: homenagem ao Professor Paulo Neves de Carvalho. Belo Horizonte: Del Rey, 2003.

16

Cláusulas Exorbitantes: da Teoria à Prática

Márcia Walquiria Batista dos Santos[1]

1 Introdução

Não é de hoje que se discute a evolução dos institutos de direito administrativo, em especial, em razão das mudanças pelas quais vem passando a estrutura da própria Administração Pública, em decorrência da nova concepção de Estado.[2]

---

[1] Doutora em Direito do Estado pela Faculdade de Direito da USP. Procuradora da Universidade de São Paulo. Membro do Centro de Direito Administrativo, Ambiental e Urbanístico (CEDAU). Ex-Procuradora do Município de Florianópolis.

[2] A doutrina administrativista do nosso país tem se manifestado sobre o assunto há algum tempo. A respeito vale a pena citar Maria Paula Dallari Bucci: "Surge na pauta das discussões econômicas e jurídicas a redefinição do papel do Estado, que passaria, no entendimento da corrente dominante, a ter reduzida sua atuação direta, tanto no provimento de direitos sociais no patamar que caracterizou o Estado de bem-estar (saúde, educação, previdência, moradia etc.) como na intervenção econômica propriamente dita (indústria de base, infraestrutura de transportes, regulação econômica etc.). As novas funções estatais, para os governos de corte conservador ou neoliberal, seriam apenas de gestão e regulação [...]. Nesse processo de redefinição do papel do Estado, voluntário ou imposto pelas circunstâncias, fez-se necessário redefinir também o papel da Administração Pública, a máquina que o faz funcionar, o aparelho que realiza ou executa a atividade material no seu âmbito interno" (*Direito administrativo e políticas públicas*, São Paulo: Saraiva, 2002. p. 2).

Esclarecedoras, ainda, são as palavras de Odete Medauar: "Num breve fio evolutivo, pode-se lembrar que o Estado absolutista (em especial no século XVIII) envolvia toda a vida social, que estava sob seu controle, realizando profunda e opressiva intromissão na vida dos indivíduos. Como reação a esse quadro, a concepção predominante no século XIX, na fórmula do Estado liberal ou Estado abstencionista, pretendia o distanciamento do Estado em relação à vida social, econômica e religiosa dos indivíduos, como garantia de independência da sociedade às injunções do Estado. Daí o mínimo

A questão que merece ser analisada, e em razão da qual aceitamos o convite da professora Maria Sylvia Zanella Di Pietro para escrever o presente trabalho, diz respeito à natureza das chamadas *cláusulas exorbitantes*, necessárias e presentes em todos os contratos administrativos.[3]

Pretendemos enfrentar a questão que atualmente se coloca na doutrina, que consiste em saber se ainda subsiste o princípio da supremacia do interesse público sobre o privado, no contexto da evolução dos contratos administrativos e se os direitos fundamentais[4] assumem, por vezes, importância maior que esse princípio.

Iremos abordar o assunto de maneira objetiva, dentro de uma concepção prática; obviamente, fundamentando nosso raciocínio no campo teórico.

Antes de adentrar no tema central do presente estudo, necessário se faz tecer considerações, mesmo que superficialmente, a respeito das raízes dos contratos civis e administrativos, buscando a fundamentação nas matrizes constitucionais e históricas do modelo de Estado em que vivemos. É o que faremos a seguir.

---

de funções que lhe cabiam, a quase ausência de atuação do Estado no âmbito econômico e social, a quase inexistência de grupos intermediários entre o indivíduo e o Estado. As associações políticas, culturais e profissionais eram temidas pelo obstáculo que pudessem causar à liberdade do indivíduo. Como resultado desse processo que se acentua na segunda metade do século XX, o Estado mostra hoje configuração diversa da acima descrita. O Estado passou a ter atuação de profundas consequências nos setores econômicos e sociais da coletividade. A atuação no âmbito econômico deixou de ser algo externo e estranho e passou a integrar o rol de funções do Estado, mesmo mantendo-se o princípio da iniciativa privada. Ampliaram-se, também, as funções sociais e assistenciais. Com isso a máquina administrativa cresceu em quantidade e complexidade. Floresceram inúmeras entidades e associações privadas, que exercem contínua pressão sobre os poderes estatais na busca de realização de interesses que defendem. Tais transformações no modo de atuar do Estado e na estrutura da sociedade acarretaram a atenuação da distância entre Estado e sociedade, agora vinculados e condicionados por número crescente de inter-relações. Em decorrência, a Administração vê-se obrigada a olhar para fora de si mesma, relacionando-se de modo mais intenso com o entorno social" (*Direito administrativo moderno*, 13. ed. São Paulo: Revista dos Tribunais, 2009. p. 30).

[3]   A doutrina francesa foi a primeira a fazer menção às cláusulas exorbitantes. Nas palavras de Marcel Waline: "me parece que a cláusula exorbitante ao direito comum é aquela que não se encontra normalmente no contrato de direito privado [...], sendo que ela está presente nos contratos da administração pública, em razão de preocupações de interesse público que são estranhas às pessoas de direito privado [...]" (In *Précis de droit administratif*, Paris: Montchrestien, 1969. p. 394).

[4]   A respeito dos direitos fundamentais, manifesta-se Hélcio de Abreu Dallari Júnior: "Sinteticamente, podemos afirmar que os direitos fundamentais são todos aqueles intrínsecos aos seres humanos, exatamente por sua condição humana. Consoante tal afirmação, podemos expor uma concisa classificação destes direitos: *direitos civis* (de liberdade pessoal, de pensamento e de reunião), *direitos políticos* (de votar e de ser votado, de liberdade de associação a partidos políticos e de manifestação das nossas vontades, de nossos anseios) e de *direitos sociais* (relacionados ao trabalho, à assistência, aos estudos, à saúde, à previdência, e tantos outros relacionados à nossa ordem social). Formalmente, os direitos fundamentais são todos aqueles especificados na constituição, recebendo um grau mais elevado de garantia, considerados imutáveis ou alteráveis, por um procedimento mais dificultoso. No tocante ao critério material, direitos fundamentais existem conforme a ideologia do povo, a estruturação do Estado e os princípios constitucionais a ele consagrados" (Direitos fundamentais e suas garantias, In: TANAKA, Sonia Yuriko (Org.). *Direito constitucional*. São Paulo: Malheiros, 2009. p. 143-144).

2 Considerações sobre o Estado e seu modelo constitucional

Conforme afirmamos em oportunidade anterior, em contraposição aos vários modelos de Estado até então existentes,

> a Constituição Federal de 1988 adotou o Estado Social como modelo de Estado. Diferentemente do Estado Liberal (que vigorou por força do Liberalismo – no século XVIII) e que tinha como cânones a interferência mínima na propriedade e na liberdade dos indivíduos, o Estado Social buscou regular a atividade econômica e prestigiar o desenvolvimento e a realização da justiça social.
>
> O surgimento do Estado Social, além de garantir os direitos sociais, trouxe, também, a figura do Estado empreendedor, responsável pela alavancagem do setor econômico.
>
> Pois é este Estado que dará ensejo a uma Administração Pública multifacetária e complexa, sempre voltada para o fim de interesse público. Para alcançá-lo, a Administração precisa valer-se de serviços e bens fornecidos por terceiros, razão por que é obrigada a firmar contratos para realização de obras, prestação de serviços, fornecimento de bens, execução de serviços públicos, locação de imóveis etc.
>
> Não poderia a lei deixar ao exclusivo critério do administrador a escolha das pessoas a serem contratadas, porque, fácil é prever, essa liberdade daria margem a escolhas impróprias, ou mesmo a acertos escusos entre alguns administradores públicos inescrupulosos e particulares, em prejuízo da Administração pública como gestora de interesses coletivos. Por tal razão, a disciplina da licitação e dos contratos parte do princípio da legalidade, o qual, muito mais que um princípio aplicável ao direito administrativo, é um princípio constitucional.[5]

Carmem Lúcia Antunes Rocha, em excelente obra que trata dos princípios constitucionais do direito administrativo, enfrenta a questão da vinculação da função pública aos ditames legais, dentro do que chama princípio da juridicidade. São as suas palavras:

> O Estado de Direito fez do princípio da juridicidade a sua apresentação e o seu fundamento mais apurado e vigoroso, como se ostenta no seu nome mesmo. Mais ainda, o princípio da juridicidade da Administração Pública – rotulado de princípio da legalidade, em sua concepção inicial e na esteira do entendimento preliminarmente voltado ao princípio da separação de Poderes, pelo qual o Poder Executivo submetia-se à lei formalmente elabo-

---

[5] O processo e o procedimento das licitações: novas tendências. *Fórum de Contratação e Gestão Pública* – FCGP, Belo Horizonte, ano 5, nº 57, p. 7.713, set. 2006.

rada e que viria do Pode Legislativo – fez-se a manifestação mais perfeita do Estado de Direito [...]. Sendo a lei, entretanto, não a única, mas a principal fonte do Direito, absorveu o princípio da legalidade administrativa toda a grandeza do Direito em sua mais vasta expressão, não se limitando à lei formal, mas à inteireza do arcabouço jurídico vigente no Estado. Por isso não se bastou como Estado de Lei ou Estado de Legalidade. Fez-se Estado de Direito, num alcance muito maior do que num primeiro momento se vislumbrava no conteúdo do princípio da legalidade, donde a maior justeza de sua nomeação como "princípio da juridicidade".[6]

Desta feita, a fim de organizar normas, atuações e resultados, tornou-se necessário cercar as possibilidades, garantindo-se assim, a lisura e a boa-fé do administrador. Tornou-se indispensável a existência de uma sequência de atos, de autonomia relativa, cujo objetivo é produzir o ato final.

É por meio deste método que se tornou possível trazer o administrado para o processo decisório da Administração. O cidadão transformou-se em administrado, e nesta condição não é mais mero espectador dos atos praticados pela Administração. Ele é copartícipe, atuando de forma a colaborar com a concretização da função pública.[7]

A resolução de conflitos mediante uma sequência lógica e predeterminada de atos que permita a participação do interessado impede o surgimento de lides pessoais. Os valores que estão em jogo são superiores aos interesses privados.

A estrutura de embate trazida pelo processo é, sem dúvida, profícua e auxilia na pacificação, na busca efetiva de soluções. É o que ocorre com a licitação. A formalidade do procedimento permite a garantia de princípios e resguarda a posição que todo administrado possui frente à Administração.[8]

E, em decorrência do certame licitatório, surge a figura do contrato administrativo, como garantia da execução da função pública.[9]

---

[6] *Princípios constitucionais da administração pública*. Belo Horizonte: Del Rey, 1994, p. 74 e 79.

[7] Em nosso artigo O processo e o procedimento das licitações ..., ob. cit., p. 7713.

[8] Idem, p. 7713.

[9] Esclarece Carmem Lúcia Antunes da Rocha que "a função administrativa é um dos pontos fundamentais do Estado. Não obstante as funções político-governamentais (ditas executivas do Estado) e as funções legislativas e jurisdicionais, tivessem os seus princípios estabelecidos nos textos constitucionais modernos, desde os primeiros momentos do constitucionalismo, deixava-se a função administrativa aos cuidados do legislador infraconstitucional, que lhe estabelecia o regime jurídico e lhe estabelecia o regime jurídico e lhe minudenciava a dinâmica de uma maneira mais especializada" (*Princípios constitucionais...*, ob. cit., p. 60).
Sobre o tema, vale trazer, ainda, os ensinamentos de Juan Carlos Cassagne: "A função pública constitui a atividade genérica do Estado e implica no exercício de suas três funções essenciais (ad-

3 Origem dos contratos administrativos

Nos primórdios do estudo do Direito Administrativo, não existiam os contratos administrativos como figura jurídica peculiar, já que o aparato administrativo era autossuficiente para atender por si mesmo as necessidades primárias da sociedade. No início do século XX, houve resistências fortes a que a Administração fosse parte em um contrato. Essa resistência explicava-se pelas concepções que predominavam, no século XIX, a respeito da figura contratual, concepções essas elaboradas para o contrato entre particulares, regido pelo direito privado.[10]

Na esfera do direito privado, o contrato entre particulares é regulado basicamente pelo princípio da autonomia da vontade, o qual confere aos contratantes a prerrogativa de estabelecerem relações jurídicas na órbita contratual, desde que versem sobre objeto lícito e respeitem a ordem pública. Desta forma, respeitados os requisitos legais, o contrato torna-se perfeito e obrigatório para as partes que dele não podem se desligar, estabelecendo uma espécie de lei entre as partes e adquirindo força vinculante. É o chamado *pacta sunt servanda* (os contratos devem ser cumpridos).

A Administração Pública, para cumprir suas múltiplas atribuições visando à satisfação do interesse público, utiliza-se da figura dos contratos administrativos, que nada mais são que ajustes celebrados pela Administração, norteados pelo princípio do direito público da supremacia do interesse público sobre o privado. Neste sentido:

> Costuma-se dizer que, nos contratos de direito privado, a Administração se nivela ao particular, caracterizando-se a relação jurídica pelo traço da horizontalidade e que, nos contratos administrativos, a Administração age como poder público, com todo o seu poder de império sobre o particular, caracterizando-se a relação jurídica pelo traço de verticalidade.[11]

Para nós, contrato administrativo é uma espécie de ajuste que requer a aplicação de princípios e regras típicos do direito administrativo, que impõem restrições e prerrogativas decorrentes da natureza pública da atividade administrativa. Quando se trata de assegurar a continuidade do serviço público, não se invocam as normas que regem os contratos privados, tais como de direito civil ou de direito comercial. Pelo contrário, aplica-se um regime jurídico especial que é o regime jurídico de Direito Público, exorbitante e derrogatório do direito comum, às avenças em que está presente a supremacia do interesse público.

---

ministrativa, legislativa e judicial). Por sua vez, dentro da atividade administrativa, a função pública se concretiza através de variadas técnicas que vêm tipificá-la mediante a destinação de um regime jurídico peculiar" (*La intervencion administrativa*. Buenos Aires: Abeledo-Perrot, 1992. p. 28-29).

[10] Cf. Odete Medauar, *Direito administrativo....* ob. cit., p. 212.

[11] Maria Sylvia Zanella Di Pietro. *Direito administrativo*, 23. ed. São Paulo: Atlas, 2010. p. 251.

O que se pretende no momento, com a distinção entre os contratos celebrados nas esferas do direito privado e aqueles pactuados na esfera do direito público, é exatamente ressaltar algumas peculiaridades pertinentes à Administração quando contrata com o particular. Todos os contratos administrativos possuem dois tipos diferentes de cláusulas: as cláusulas regulamentares, concernentes à forma do contrato e estipuladas no artigo 55 da Lei nº 8.666/93, e as cláusulas financeiras que dizem respeito ao equilíbrio econômico-financeiro, ou seja, à relação entre o encargo assumido pelo contratado e o preço estipulado no contrato.

Exatamente pelo fato de existirem as cláusulas regulamentares é que os contratos administrativos têm característica de mutabilidade, ou seja, há a possibilidade de referidas cláusulas serem alteradas pelo Poder Público em observância ao interesse público, e, por terem esta qualidade, não pode o contratado opor-se a tais alterações.

Vale ressaltar que a mutabilidade aplicada às cláusulas regulamentares não se aplica às cláusulas financeiras, pois,

> enquanto as cláusulas regulamentares decorrem do poder regulamentar da Administração Pública (razão pela qual alguns doutrinadores negam a natureza contratual aos ajustes por ela celebrados), as cláusulas financeiras têm natureza tipicamente contratual, porque elas é que estabelecem o equilíbrio econômico-financeiro do contrato. Nenhuma empresa que exerça atividade econômica de fins lucrativos teria interesse em contratar com a Administração Pública se não fosse protegida por cláusulas tipicamente contratuais, imutáveis por decisão unilateral.[12]

4 As peculiaridades do contrato administrativo

Além das características genéricas apontadas pela teoria geral das obrigações, que são: a *consensualidade* (pois deriva de um acordo de vontades), a *formalidade* (deve ser escrito e ter também a presença de outros requisitos formais), a *onerosidade* (em contraposição à gratuidade, pois é remunerado), a *comutatividade* (que assegura vantagens recíprocas), o *intuitu personae* (situação que, via de regra, obriga o contratado a realizar o objeto do contrato pessoalmente, e não mediante interposta pessoa), a natureza de *contrato de adesão* (em que as cláusulas contratuais são estabelecidas pela Administração que deve obediência a uma série de determinações contidas em leis e regulamentos), são características específicas presentes nos contratos administrativos: (a) a participação do Poder Público ou da Administração Pública como parte contratante; (b) a finalidade de consecução

---

[12] DI PIETRO, Maria Sylvia Zanella (Org.). *Temas polêmicos sobre licitações e contratos*, 5. ed. São Paulo: Malheiros, 2005. p. 327.

do interesse público, que gera a mutabilidade do contrato; (c) a obediência ao procedimento de licitação, à exceção dos casos de contratação direta permitida nas hipóteses da lei, e a outras formalidades legais; e (d) a presença de cláusulas exorbitantes, que colocam a Administração em posição de supremacia.[13]

> O contrato administrativo, por parte da Administração, destina-se ao atendimento das necessidades públicas, mas por parte do contratado objetiva um lucro, através da remuneração consubstanciada nas cláusulas econômicas e financeiras. Esse lucro há que ser assegurado nos termos iniciais do ajuste, durante a execução do contrato, em sua plenitude, mesmo que a Administração se veja compelida a modificar o projeto, ou o modo e forma da prestação contratual, para melhor adequação às exigências do serviço público.[14]

O contrato administrativo mostra claramente um desnível entre as partes que contratam, desnível este resultante da posição de verticalidade da Administração em relação ao particular.

> *On admet en général qu'à la différance du contrat civil, le contrat administratif n'est pas rigoureusement immuable: l'adminstration peut, lorsque les besoins du service public l'exigent, imposer à son cocontractant certains changements dans les conditions d'exécution du contrat.*[15]

Nas palavras de Celso Antônio Bandeira de Mello:

> é um tipo de avença entre a Administração e terceiros na qual, por força de lei, de cláusulas pactuadas ou do tipo de objeto, a permanência do vínculo e as condições preestabelecidas sujeitam-se a cambiáveis imposições de interesse público, ressalvados os interesses patrimoniais do contratante privado.[16]

Mas o que é peculiar ao contrato administrativo e o distingue substancialmente dos contratos celebrados no direito privado é a participação da Administração Pública em um dos polos da relação jurídica, devido ao princípio da supremacia de poder, que lhe permite fixar as condições iniciais do ajuste.

Outra peculiaridade dos contratos públicos, que traduz o privilégio da Administração na relação contratual, é a exigência prévia de procedimento licitatório, o

---

[13] Cf. Irene Patrícia Nohara. *Direito administrativo*. 6. ed. São Paulo: Atlas, 2009. p. 94-95.

[14] Hely Lopes Meirelles. *Licitação e contrato administrativo*. 13. ed. São Paulo: Malheiros, 2002. p.193.

[15] Admite-se em geral que, à diferença do contrato civil, o contrato administrativo não é rigorosamente imutável: a administração pode, quando as necessidades do serviço publico o exigem, impor a seu cocontratante certas alterações nas condições de execução do contrato. André de Laubadère. *Manuel de droit administratif*, 11. ed. Paris: LGDJ, 1978. p. 215.

[16] *Curso de direito administrativo*. 27. ed. São Paulo: Malheiros, 2010. p. 620-621.

qual permite ao Poder Público escolher a proposta mais vantajosa para o contrato de seu interesse, visando proporcionar iguais condições de oportunidade a todos os interessados em contratar com a Administração, dentro dos padrões estabelecidos pela lei de licitações.

Por último, e não menos importante, da posição privilegiada da Administração surgem as cláusulas exorbitantes dos contratos administrativos:

> são, pois, as que excedem do Direito Comum para consignar uma vantagem ou uma restrição à Administração ou ao contratado. As cláusulas exorbitantes não seriam lícitas num contrato privado, porque desigualariam as partes na execução do avençado; mas são absolutamente válidas no contrato administrativo, uma vez que decorrem da lei ou dos princípios que regem a atividade administrativa e visam a estabelecer prerrogativas em favor de uma das partes, para o perfeito atendimento do interesse público, que se sobrepõe sempre aos interesses particulares.[17]

5 As cláusulas exorbitantes como forma de garantir o princípio da igualdade entre os administrados

Recentemente, alguns doutrinadores têm dado ênfase à natureza jurídica das cláusulas exorbitantes e à necessidade da flexibilização destas, haja vista não ser mais possível defender a supremacia do interesse público sobre o privado, na forma como tal princípio foi concebido na doutrina clássica.[18]

---

[17] Hely Lopes Meirelles, *Licitação*... ob. cit., p. 189.

[18] Em excelente obra, publicada em 2008, pela Editora Fórum, Diogo de Figueiredo Moreira Neto tece considerações a respeito da necessidade de flexibilizar (e atenuar) as prerrogativas da Administração Pública, nos contratos administrativos. Em que pese não concordarmos plenamente com as colocações do ilustre administrativista, suas posições merecem ser aqui referidas. Para ele: "o *Direito Administrativo pós-moderno* evoluiu para conformar-se ao *Estado Democrático de Direito*, ou seja, passou a atuar não mais apenas sob o *império da lei*, mas sob o *império do direito*. Com isso, a marca dominante dessa nova conformação do poder estatal deslocou-se para a supremacia dos direitos fundamentais, não só em razão do sólido argumento moral de sua *precedência axiológica* como, e cada vez mais, do argumento pragmático de sua *transcendência lógica* sobre a crescente *pluralidade de ordenamentos* que se multiplicam na sociedade global. [...] A conciliação necessária para superar as antigas desvantagens, que tanto encarecem a Administração e favorecem a corrupção em larga escala, de modo a fazê-la enveredar por seus novos promissores caminhos, está pois, na *flexibilização*, já que ante a imensa diversidade de contratos possíveis que são firmados nos inúmeros setores de atividade da Administração Pública, não é lógico que o administrador público permaneça jungido a *comandos excessivamente padronizados* que, sobre serem em grande parte anacrônicos e, desde logo, por serem muito gerais, não admitem a necessária *modulação* para atender às miríades de circunstâncias próprias de cada contratação. Embora, em princípio, seja até razoável o padronizarem-se algumas cautelas, não no será naquilo em que se negue à Administração a possibilidade de avaliar casuísticamente a conveniência e oportunidade de inserir ou não, casuísticamente em cada contrato,

É sabido que o direito administrativo brasileiro encontra suas raízes no direito francês, do qual importou os contornos básicos do contrato administrativo.[19]

Esta categoria de contrato caracteriza-se, primordialmente, pela possibilidade de a Administração Pública (que é um dos polos da relação jurídica contratual) atuar com supremacia e deter privilégios.

Tais prerrogativas decorrem da própria postura assumida pela Administração Pública, no sentido de defender o interesse público e de buscar na prática de todos os seus atos, o exercício da finalidade pública e, de forma indireta, garantir a igualdade e isonomia entre os particulares.[20] Na realidade, a Administração não tem escolha; sua atuação é guiada pela prática do interesse público, não se levando em conta a vontade do administrador e, na maioria das vezes, eventuais interesses privados.[21]

---

as modulações ditas exorbitantes. Esta preferência pela escolha da *técnica flexível de discricionariedade*, em lugar da *técnica rígida da vinculação*, não encontra qualquer impedimento na legislação brasileira" (grifos do autor) (O futuro das cláusulas exorbitantes nos contratos administrativos, In: *Direito administrativo e seus novos paradigmas*. Belo Horizonte: Fórum, 2008. p. 585-586).

[19] "Ponto essencial e marcante na evolução desta figura contratual no direito pátrio é aquele originado na teoria da cláusula exorbitante, do Direito francês, porque permite estabelecer a diferença entre os contratos administrativos e os contratos de direito privado. A comparação do instituto da cláusula exorbitante, na jurisprudência francesa, que formou rigorosa colocação jurídica, a partir do julgamento de centenas de questões, que envolvem contratos administrativos, permite que o jurista brasileiro, diante de hipóteses semelhantes, decididas pelos tribunais brasileiros, empreenda o regime jurídico do contrato administrativo, ressaltando neste, o papel fundamental da cláusula que J. Cretella Júnior (In: *Dos contratos administrativos*. Rio de janeiro: Forense, 1997. p. 49) denomina cláusula de privilégio" (são as palavras de Fernanda Kellner de Oliveira Palermo, Escorço histórico do contrato administrativo. Disponível em: <http://jus2.uol.com.br/doutrina/texto>. Acesso em: 15 abr. 2010).

[20] Com o brilhantismo de sempre J. J. Gomes Canotilho sintetiza: "mesmo nos espaços de exercício discricionário (*Ermessensrichtlinie*), o princípio da igualdade constitucional impõe que, se a administração tem repetidamente ligado certos efeitos jurídicos a certas situações de facto, o mesmo comportamento deverá adoptar em casos futuros semelhantes. O 'comportamento interno' transforma-se, por força do princípio da igualdade, numa relação externa, geradora de direitos subjectivos dos cidadãos. A 'praxe' administrativa ou 'uso administrativo' serão aqui elementos importantes para a demonstração de violação ou não do princípio da igualdade" (grifos do autor) (*Direito constitucional e teoria da constituição*. 3. ed. Coimbra: Almedina, 1999).

[21] Muito oportuno é o pensamento de Sonia Yuriko Tanaka: "sendo a Administração uma das partes contratantes, o objeto contratado sempre será a satisfação de algum interesse público. Em razão de suas prerrogativas, que são indeclináveis, ela sempre poderá alterar seus contratos, nos termos da lei, para a efetiva satisfação do interesse público, implicando a existência de uma relação de subordinação do particular contratado frente à Administração Pública. Pela mesma razão, tais contratos serão sempre regidos pelo direito público. [...] quando se trata de contrato administrativo, o objetivo final é algo além dos interesses particulares entre as partes, porquanto o objetivo de toda contratação da Administração Pública sempre deverá ser de forma mediata ou imediata, o interesse público. [...] A fim de se adaptar às exigências do interesse público, o ordenamento jurídico outorga prerrogativas à Administração Pública", estabelecendo a autora, uma ressalva com a qual concordamos: que a utilização das prerrogativas só será possível "se houver estrita conformidade"

E é importante pontuarmos os limites da atuação do Poder Público, desde já, para que se deixe claro que privilegiar interesse privado significa afastar eventuais outros interesses de terceiros. Obviamente que, se à Administração coubesse atender, no exercício da função pública, a direito de terceiro, de administrado ou até de uma coletividade, em detrimento do interesse público, estaria, desta forma, deixando de atender a interesses privados de outros administrados, em verdadeira afronta ao princípio da igualdade ou da isonomia.[22]

Não queremos com isso defender a atuação totalitária ou o uso indiscriminado de prerrogativas por parte da Administração Pública. Pelo contrário, pensamos que, atualmente, existem muitos mecanismos para exigir da Administração Pública uma atuação com imparcialidade e razoabilidade e tais mecanismos possuem assento na própria Constituição Federal, instrumento maior que reflete a vontade da sociedade para a qual o Poder Público executa suas atividades.

Na Constituição Federal estão previstos os princípios da motivação, do contraditório e da ampla defesa, como garantias ao próprio cidadão/administrado. Na verdade, tais princípios resguardam terceiros, no sentido de que a atuação do Poder Público respeitará direitos individuais conquistados, ressalvando-se o fato de que a finalidade e o interesse público deverão igualmente ser respeitados.

Mas não se pode negar que a Carta Magna e a legislação infraconstitucional estabelecem parâmetros de atuação para o Poder Público e para o administrado, não podendo aquele deixar de impor regras e condutas para terceiros com quem contrata. É a própria legislação que impõe condutas à Administração e ao administrado. Assim, não se trata de, discricionariamente, e em determinadas circunstâncias, abrir mão das cláusulas exorbitantes em favor de uma específica relação contratual, se em outras ocasiões a atuação se deu de maneira diferenciada.

---

com o interesse público (Contratos administrativos, In: CARDOSO, José Eduardo Martins; QUEIROZ, João Eduardo de Lopes; SANTOS, Márcia Walquiria Batista (Coord.). *Curso de direito administrativo econômico*. São Paulo: Malheiros, 2006. v. 2, p. 706-707).

[22] A respeito do princípio da igualdade manifestava-se o saudoso Diógenes Gasparini: "A Constituição Federal, no art. 5º, *caput*, estabelece que, sem distinção de qualquer natureza, todos são iguais perante a lei. É o princípio da igualdade ou isonomia. Todos devem ser tratados por ela igualmente tanto quando concede benefício, confere isenções ou outorga vantagens como quando prescreve sacrifícios, multas, sanções, agravos. Todos os iguais em face da lei também o são perante a Administração Pública. Todos, portanto, têm o direito de receber da Administração Pública o mesmo tratamento, se iguais. Se iguais, nada pode discriminá-los." E prossegue o renomado autor: "É oportuno afirmar que a licitação e o concurso público para ingresso no quadro de pessoal da Administração, tanto direta como indireta, de observância obrigatória por força do disposto no art. 37, II e XXI, respectivamente, são os mais importantes instrumentos de viabilização do princípio da igualdade ou isonomia" (*Direito administrativo*. 11. ed. São Paulo: Saraiva, 2006. p. 20-21).

O que se percebe, na prática, é que os agentes públicos, ao executarem atos que envolvem o uso de prerrogativas legalmente previstas,[23] agem de maneira uniforme em todos os contratos, de forma a evitar o favorecimento de determinados administrados em detrimento de outros. Aliás, pode-se afirmar que há um controle externo acirrado do cidadão,[24] de terceiros interessados, dos Tribunais de Contas etc. para que tais privilégios sejam colocados em prática, exigindo-se da Administração uma conduta padronizada. A título de exemplo, podemos citar a exigência constante do edital para que os licitantes apresentem documentos de habilitação e de proposta, exatamente nos termos da Lei federal 8.666/93. Supondo que a Administração deixe de exigir, no caso concreto, determinados documentos que havia solicitado em certame anterior, o próprio interessado/licitante, detentor de determinado documento e sabendo que o(s) seu (s) concorrente (s) não o possui (em), impugna o edital para que a Administração o solicite, alegando que a isonomia e o interesse público devem ser preservados.

---

[23] As cláusulas exorbitantes mais conhecidas encontram-se na legislação relativa à licitações e contratos (Lei federal 8.666/93), no seu artigo 58, *in litteris*:
"Art. 58. O regime jurídico dos contratos administrativos instituído por esta lei confere à Administração, em relação a eles, a prerrogativa de:
I – modificá-los, unilateralmente, para melhor adequação às finalidades de interesse público, respeitados os direitos do contratado;
II – rescindi-los, unilateralmente, nos casos especificados no inc. I do art. 79 desta lei;
III – fiscalizar-lhes a execução;
IV – aplicar sanções motivadas pela inexecução total ou parcial do ajuste;
V – nos casos de serviços essenciais, ocupar provisoriamente bens móveis, imóveis, pessoal e serviços vinculados ao objeto do contrato, na hipótese da necessidade de acautelar apuração administrativa de faltas contratuais pelo contratado, bem como na hipótese de rescisão do contrato administrativo."

[24] São claras as colocações de Maria Garcia a respeito da posição assumida pelo cidadão nos processos licitatórios: "Um novo princípio, de sede constitucional, atendido pela nova Lei de Licitações, é aquele referente à *cidadania* – cujo exercício, pelo seu titular, vem garantido em mais de uma oportunidade, nos preceitos da nova legislação licitatória. Logo, de início, o art. 4º atribui a 'qualquer cidadão acompanhar o seu desenvolvimento, desde que não interfira de modo a perturbar ou impedir a realização dos trabalhos', ressalva. O § 8º do art. 7º, por sua vez, estabelece que qualquer cidadão poderá requerer à Administração Pública os quantitativos das obras e preços unitários de determinada obra executada." "Qualquer cidadão é parte legítima para impugnar preço constante do quadro geral de preços", nas compras feitas pela Administração "em razão de incompatibilidade desse com o preço vigente no mercado (§ 6º do art. 15). O § 1º do art. 41 estabelece que "qualquer cidadão é parte legítima para impugnar edital de licitação por irregularidade na aplicação desta Lei [...]". O art. 113, § 1º, estabelece que "qualquer cidadão, contratado ou pessoa física ou jurídica poderá representar ao Tribunal de Contas ou aos órgãos integrantes do sistema de controle interno contra irregularidades na aplicação desta Lei [...]". E acrescenta: *"cidadania* é o ápice das possibilidades do agir individual, é o aspecto eminentemente *político* do direito à liberdade, exercido pelo indivíduo na sociedade, a liberdade política enfeixando todos os direitos atribuíveis pela Constituição e pelas leis e os direitos propriamente políticos, de que somente é titular o cidadão" (grifos no original) (*Estudos sobre a lei de licitações e contratos*, coord. Maria Garcia. Rio de Janeiro: Forense Universitária, 1995. p. 6-7).

Outro exemplo que podemos citar diz respeito ao controle que o cidadão ou terceiros exercem sobre a gestão dos contratos administrativos. Na hipótese de prestação de serviços contínuos (limpeza, vigilância etc.), se, de alguma forma, for de conhecimento de terceiros, ou mesmo do sindicato da categoria que a empresa contratada não está pagando o salário-mínimo da categoria ou outras parcelas trabalhistas aos funcionários terceirizados, não é raro utilizarem do direito de petição[25] (previsto na Constituição Federal, art. 5º, XXXIV, *a*) para representarem à autoridade máxima da Administração exigindo que o contrato seja rescindido, quer dizer, que a Administração faça uso das prerrogativas previstas no artigo 78 da Lei nº 8.666/93.

Mesmo que consideremos na teoria que direitos privados (de particulares contratados) devem ser prestigiados, em determinadas circunstâncias, e no caso a caso, são grandes as dificuldades, na prática, para que isso ocorra, razão pela qual a tendência do agente público é fazer uso das cláusulas exorbitantes de forma a garantir o interesse público e o respeito à isonomia.

Outro princípio que serve de sustentáculo para que a atuação da Administração Pública, no dia a dia, se dê de maneira padronizada é o da indisponibilidade do interesse público.

É sempre oportuno lembrar os ensinamentos de Celso Antônio Bandeira de Mello:

> A indisponibilidade dos interesses públicos significa que, sendo interesses qualificados como próprios da coletividade – internos ao setor público –, não se encontram à livre disposição de quem quer que seja, por inapropriáveis. O próprio órgão administrativo que os representa não tem disponibilidade sobre eles, no sentido de que lhe incumbe apenas curá-los – o que é também um dever – na estrita conformidade do que predispuser a *intentio legis*. [...] Em suma, o necessário – parece-nos – é encarecer que na administração os bens e os interesses *não se acham entregues à livre disposição da vontade do administrador*. Antes, para este, coloca-se a obrigação, o dever de curá-los nos termos da finalidade a que estão adstritos. É a ordem legal que dispõe sobre ela.[26]

Não cabe à Administração decidir, por critérios de oportunidade e conveniência, em que momentos usará de suas prerrogativas. Prestigiando o princípio

---

[25] Nesse ponto, podemos citar Marcello Caetano, o qual afirma que "o cidadão pode chamar a atenção dos poderes públicos para alguma ilegalidade mediante *representação*, ou solicitar que a ofensa aos seus direitos seja reparada formulando *petição*" (grifos no original) (*Princípios fundamentais do direito administrativo*. Coimbra: Almedina, 1996. p. 379.

[26] *Curso de direito administrativo*, ob. cit., p. 73-74.

da legalidade,[27] a Administração não poderá se furtar de agir conforme o previsto na legislação.

De outra parte, poderá a Administração, em situações de absoluta excepcionalidade e a fim de evitar danos maiores ao próprio interesse público, compor com o particular de forma a atingir benefícios maiores à comunidade. É o exemplo de grandes contratos que envolvem a concessão de serviços públicos. A fim de evitar a paralisação destes (o que traria mais problemas para a coletividade), poderá a Administração compor uma solução com o particular, atendendo a interesses deste e, ao mesmo tempo, repercutindo favoravelmente em toda a comunidade envolvida.

O que não conseguimos imaginar, na prática, e no dia a dia da celebração dos contratos, é o agente público ter de decidir quais cláusulas exorbitantes serão utilizadas e quais interesses privados merecem ser observados, afastando, desta forma, o interesse maior que embasa a atuação administrativa.

6 Princípio da proporcionalidade na solução de conflitos entre o interesse público e o interesse privado

Percebe-se, por tudo o que aqui dissemos, que não é raro a Administração ver-se diante de um conflito entre a observância de princípios que lhe são inalienáveis, como a supremacia e a indisponibilidade do interesse público, e, de outro lado, respeitar direitos dos particulares (direitos fundamentais, direito de petição etc.).

---

[27] No tocante ao princípio da legalidade, ninguém melhor para citarmos do que o grande constitucionalista José Afonso da Silva, para quem: "O *princípio da legalidade* é nota essencial do Estado de Direito. É também, por conseguinte, um princípio basilar do Estado Democrático de Direito, porquanto é da essência do seu conceito subordinar-se à Constituição e fundar-se na legalidade democrática. Sujeita-se ao império da lei, mas da lei que realize o princípio da igualdade e da justiça não pela sua generalidade, mas pela busca da igualização das condições dos socialmente desiguais." E, acrescenta o autor, em relação ao princípio da legalidade vinculado à atividade administrativa: "Este é agora um princípio estabelecido na Constituição, de modo expresso na *RT* 37, segundo o qual "a Administração Pública direta e indireta de qualquer dos Poderes da União, dos Estados, do Distrito Federal e dos Municípios obedecerá aos princípios da *legalidade*, impessoalidade, moralidade, publicidade e eficiência [...]". Na verdade, o regime de garantias constitucionais condiciona a atividade administrativa, prescrevendo uma série de normas que procuram dar efetiva consistência ao princípio da legalidade (grifos no original) (*Comentário contextual à Constituição*. 2. ed. São Paulo: Malheiros, 2006. p. 84-85).
Para Alexandre de Moares: "o tradicional princípio da legalidade, previsto no artigo 5º, II, da Constituição Federal, aplica-se normalmente na Administração Pública, porém de forma mais rigorosa e especial, pois o administrador público somente poderá fazer o que estiver expressamente autorizado em lei e nas demais espécies normativas, inexistindo incidência de sua vontade subjetiva, pois na Administração Pública só é permitido fazer o que a lei autoriza, diferentemente da esfera particular onde será permitida a realização de tudo o que a lei não proíba. Esse princípio coaduna-se com a própria função administrativa, de *executor* do direito, que atua sem finalidade própria, mas em respeito à formalidade imposta pela lei e com a necessidade de preservar-se a ordem jurídica" (grifo no original) (*Direito constitucional administrativo*. São Paulo: Atlas, 2002. p. 99).

Para nós, a solução está em equilibrar, no momento de agir e decidir, qual princípio lhe é mais caro e qual, dentro da estrutura constitucional e infraconstitucional, é viável assegurar.

Ressalte-se que, em caso de conflito de princípios constitucionais, onde se coloca o interesse público frente ao interesse privado, deverá ser aplicado o princípio da proporcionalidade.

Nas lições de Carmem Lúcia Antunes Rocha,

> o princípio da proporcionalidade tem fonte antiga, sendo encontrado como diretriz de interpretação de leis muito antes do advento do constitucionalismo moderno. Sendo a Constituição um sistema de normas conjugadas e afinadas, que se condicionam e se complementam para assegurar a unidade que o caracteriza, há que se observar a vinculação e as condicionantes existentes entre eles e em que medida eles se complementam para se conhecer a sua correta interpretação e consequente aplicação. Não pode existir conflito entre princípios constitucionais [...] porquanto isso implicaria em implosão do sistema jurídico normativo.[28]

Para resolver o grande dilema da interpretação constitucional, representado pelo conflito entre princípios constitucionais, aos quais se deve igual obediência, por ser a mesma posição que ocupam na hierarquia normativa, preconiza-se o recurso a um princípio dos princípios, o princípio da proporcionalidade, que determina a busca de uma solução de compromisso, na qual se respeita mais, em determinada situação, um dos princípios em conflito, procurando desrespeitar o mínimo aos outros, e jamais lhes faltando minimamente com o respeito, isto é, ferindo-lhe seu núcleo essencial.[29]

O equilíbrio de princípios[30] ou sopesamento de princípios, expressão utilizada por Robert Alexy,[31] como não poderia deixar de ser, vem sendo colocado em prática em nossos Tribunais.

O Superior Tribunal de Justiça já decidiu neste sentido:

---

[28] Princípios constitucionais..., ob. cit., p. 52-53.

[29] GUERRA FILHO, Willis Santiago. *Processo constitucional e direitos fundamentais*. São Paulo: Celso Bastos, 1999. p. 59.

[30] Buscar o equilíbrio entre princípios é medida necessária quando os princípios em causa colidem. Muito apropriadas são as colocações de Robert Alexy: "Se dois princípios colidem – o que ocorre, por exemplo, quando algo é proibido de acordo com um princípio e, de acordo com outro, permitido –, um dos princípios terá de ceder. Isso não significa, contudo, nem que o princípio cedente deva ser declarado inválido, nem que nele deverá ser introduzida uma cláusula de exceção. Na verdade, o que ocorre é que um dos princípios tem precedência em face de outro sob determinadas condições. Sob outras condições a questão da precedência pode ser resolvida de forma oposta" (*Teoria dos direitos fundamentais*. Tradução Virgílio Afonso da Silva. São Paulo: Malheiros, 2008. p. 93).

[31] *Teoria dos Direitos...*, ob. cit. p. 584.

Nota-se, na situação em questão, que o eventual prejuízo desequilibrador da equação econômico-financeira do contrato de permissão é mínimo. A Lei Estadual nº 12.568/96 exige, para a concessão da gratuidade da passagem no transporte interurbano, que o beneficiado seja, além de deficiente físico, pobre. É fato notório que as pessoas portadoras de deficiência física constituem uma pequena minoria da sociedade podendo-se presumir que o número de favorecidos pela norma estadual é muito baixo. A lei restringe ainda mais o seu âmbito de validade pessoal, ao exigir a pobreza do deficiente. O desequilíbrio econômico-financeiro do contrato será, portanto, diminuto.[32]

Pode-se observar na jurisprudência em tela o conflito entre o princípio do amparo aos deficientes (artigos 7º, XXXI, 23, II, 24, XIV, 37, VIII, 203, IV e V, 208, 227, §§ 1º e 2º, e 244) e o princípio constitucional do equilíbrio econômico-financeiro do contrato (art. 37, XXI, da CF/88).

Assim, diante da hierarquia de valores no caso concreto, prepondera, sem sombra de dúvidas, o princípio da proteção dos deficientes físicos. Nestes termos, completa o Ministro:

> Os desfavores sociais de que tais pessoas são vítimas demandam resposta jurídica prioritária. Não se pode continuar a deixar a problemática da integração social dos deficientes em segundo plano. Os interesses sociais mais relevantes devem prevalecer sobre os interesses econômicos menos significativos.[33]

Anotamos que a aplicação do princípio da proporcionalidade tem lugar no momento da interpretação dos princípios e valores envolvidos na situação posta, no caso concreto. Mas, como regra, para a atuação corriqueira da Administração Pública, vale a observância de regras e parâmetros fixados pela legislação pertinente ao contrato que se pretende ajustar.

Em outras palavras, o Poder Público, ao instaurar um procedimento licitatório, divulgará um edital contendo como anexo a minuta de contrato a ser celebrado futuramente com a empresa adjudicatária, valendo-se das cláusulas exorbitantes e necessárias que se encontram arroladas na Lei nº 8.666/93.

Na hipótese de se colocar, ao longo do certame, algum embate entre os direitos das partes envolvidas, recorrer-se-á ao princípio da proporcionalidade para se decidir, no caso concreto, e diante dos valores envolvidos, de que forma o interesse público e os interesses individuais poderão conviver.

---

[32] Ministro José Delgado, in *Recurso em Mandado de Segurança* nº 13084/CE (2001/0047579-5), p. 8.
[33] In *RMS*, nº 13084/CE, p. 8.

7 Conclusão

Procuramos demonstrar ao longo do presente estudo que as teorias hoje existentes no sentido de dar guarida a interesses individuais, sobrepondo-os ao interesse público, não se coadunam com realidade da Administração, a qual, nas suas atividades corriqueiras, se vê premida pela necessidade de defender o interesse público e, assim, estabelecer uma linha isonômica de tratamento entre todos os particulares que com ela convivem.

De outra parte, é praxe que o Poder Público, ao ver-se diante de uma situação de conflito com o particular, busque o consenso dentro do que é legalmente possível, de forma a não ferir interesses de terceiros, estranhos à relação, mas que controlam a atuação da Administração Pública.

O que nos parece é que, diante de um embate contratual, o particular envolvido, na maioria dos casos, defende única e exclusivamente seus direitos e interesses, deixando para a Administração a difícil tarefa de olhar para todos os valores e eventuais direitos de terceiros que deixaram de contratar com ela, naquele momento, exatamente porque as condições para a contratação eram aquelas ali postas.

De qualquer forma, é evidente que nos últimos tempos tem sido cada vez mais necessário atender e responder aos anseios dos administrados e contratados, não só porque os mesmos exigem, mas porque, no Estado Democrático de Direito, conciliar interesses de todas as partes envolvidas é exatamente a proposta para atender ao interesse público.

Referências bibliográficas

BUCCI, Maria Paula Dallari. *Direito administrativo e políticas públicas*. São Paulo: Saraiva, 2002.

CAETANO, Marcello. *Princípios fundamentais do direito administrativo*. Coimbra: Almedina, 1996.

CANOTILHO, J. J. Gomes. *Direito constitucional e teoria da constituição*. 3. ed. Coimbra: Almedina, 1999.

CASSAGNE, Juan Carlos. *La intervencion administrativa*. Buenos Aires: Abeledo-Perrot, 1992.

DALLARI JÚNIOR, Hélcio de Abreu. Direitos fundamentais e suas garantias. In: TANAKA, Sonia Yuriko (Coord.). *Direito constitucional*. São Paulo: Malheiros, 2009.

DI PIETRO, Maria Sylvia Zanella. *Direito administrativo*. 23. ed. São Paulo: Atlas, 2010.

_____ (Org.). *Temas polêmicos sobre licitações e contratos*. 5. ed. São Paulo: Malheiros, 2005.

GARCIA, Maria (Coord.). *Estudos sobre a Lei de Licitações e Contratos*. Rio de Janeiro: Forense Universitária, 1995.

GASPARINI, Diógenes. *Direito administrativo*. 11. ed. São Paulo: Saraiva, 2006.

LAUBADÈRE, André de. *Manuel de droit administratif*. 11. ed. Paris: LGDJ, 1978.

MEDAUAR, Odete. *Direito administrativo moderno*. 13. ed. São Paulo: Revista dos Tribunais, 2009.

MEIRELLES, Hely Lopes. *Licitação e contrato administrativo*. 13. ed. São Paulo: Malheiros, 2002.

_____. *Direito administrativo brasileiro*. 21. ed. São Paulo: Malheiros, 1996.

MELLO, Celso Antônio Bandeira de. *Curso de direito administrativo*. 27. ed. São Paulo: Malheiros, 2010.

MOREIRA NETO, Diogo de Figueiredo. O futuro das Cláusulas Exorbitantes nos contratos administrativos, In: ARAGÃO, Alexandre Santos; MARQUES NETO, Floriano de Azevedo (Coord.). *Direito administrativo e seus novos paradigmas*. Belo Horizonte: Fórum, 2008.

NOHARA, Irene Patrícia. *Direito administrativo*. 6. ed. São Paulo: Atlas, 2009.

PALERMO, Fernanda Kellner de Oliveira. *Escorço histórico do contrato administrativo*. Disponível em: <http://jus2.uol.com.br/doutrina/texto>. Acesso em: 15 abr. 2010.

ROCHA, Carmem Lúcia Antunes. *Princípios constitucionais de administração pública*. Belo Horizonte: Del Rey, 1994.

SANTOS, Márcia Walquiria Batista dos. O processo e procedimento das licitações: novas tendências. *Fórum de Contratação e Gestão Pública*, Belo Horizonte: Fórum, ano 5, nº 57, p. 7713-7717, set. 2006.

SILVA, José Afonso da. *Comentário contextual à Constituição*. 2. ed. São Paulo: Malheiros, 2006.

TANAKA, Sonia Yuriko. Contratos administrativos. In: CARDOSO, José Eduardo Martins; QUEIROZ, João Eduardo Lopes; SANTOS, Márcia Walquiria Batista (Coord.). *Curso de direito administrativo econômico*. São Paulo: Malheiros, 2006. v. 3, p. 705-710.

WALINE, Marcel. *Précis de droit administratif*. Paris: Montchrestien, 1969.

17

Ainda Existem os Chamados Contratos Administrativos?

Maria Sylvia Zanella Di Pietro[1]

1 A construção e a desconstrução de institutos do direito administrativo

Um dos institutos do direito administrativo que vem sendo alvo de críticas é o contrato administrativo, sob o argumento fundamental de que nele não existe igualdade entre as partes, pela presença de cláusulas exorbitantes que garantem à Administração Pública uma série de prerrogativas de que a outra parte não dispõe. Tais prerrogativas estão contidas nas chamadas *cláusulas exorbitantes*, contemplando, dentre outras, as de alteração e rescisão unilateral, de aplicação de sanções, de fiscalização, de utilização dos recursos da contratada para garantir a continuidade da execução do contrato.

A preocupação não é nova.

Desde as suas origens, o direito administrativo sofreu influência do direito privado. Muitos dos institutos do direito privado foram transpostos para o direito administrativo, até pela precedência histórica daquele ramo do direito. No livro *Do direito privado na administração pública*, analisamos o método da *transposição*, socorrendo-nos da lição de André Hauriou.[2] O autor indica três fases no processo de transposição: (a) transposição pura e simples para o direito administrativo de uma teoria ou de uma regra de direito privado; (b) o movimento de reação

---

[1] Mestre, doutora e livre-docente pela USP. Professora titular de direito administrativo da USP.
[2] Utilização, em direito administrativo, das regras e princípios do direito privado. *RDA* 1/465.

provocado por uma consciência mais nítida das necessidades administrativas; e (c) as adaptações da regra de direito privado, vistas como necessárias no regime jurídico a que se submete a Administração Pública.

A transposição ocorreu em decorrência da precedência histórica do direito civil, razão pela qual foi nesse ramo do direito que se desenvolveu, durante muitos séculos, a ciência jurídica. Desse modo, era a partir dele que se iam elaborando institutos pertinentes hoje a outros ramos.

Só que muitos doutrinadores, não conseguindo desligar-se do instituto tal como concebido pelo direito civil, negavam a existência de institutos análogos no direito administrativo, com características próprias, peculiares às necessidades da Administração Pública. Muitos negavam e ainda negam, por exemplo, a existência de contratos administrativos regidos pelo direito público, por considerá-los atos administrativos unilaterais ou contratos de direito privado.

Outros negam a possibilidade de serem instituídas fundações com personalidade de direito público, com peculiaridades diversas das previstas no Código Civil.

Há também aqueles que negam a existência de uma propriedade pública diferente da propriedade privada.

Outros transpõem para o direito administrativo o sistema civilista de atos nulos e anuláveis, que, sob muitos aspectos, se revela inadequado ao direito administrativo.

No entanto, aos poucos foi se formando a consciência de que o estudo dos vários ramos do direito deve ser feito a partir dos institutos definidos pela teoria geral do direito e que correspondem às chamadas *categorias jurídicas*, definidas por José Cretella Júnior[3] como "a formulação genérica, *in abstracto*, com índices essenciais, mas gerais, não comprometida ainda com nenhum dos ramos do direito".

Sebastián Retortillo,[4] sob influência dos doutrinadores alemães, fala em *superconceito*, explicando que a ele se chega através de diversas fases: inicialmente, consideram-se situações concretas, fatos e coisas, distintos e diferenciados, a partir dos quais se pode deduzir, por abstração, um conceito de caráter geral e compreensivo; o ponto de partida, a matéria-prima, é, portanto, uma série de situações concretas, fatos e coisas, que não só intervêm na integração do conceito, como também nele são compreendidos. Em uma segunda fase, lógica e cronologicamente posterior àquela descrita, consideram-se, não mais as situações primárias, mas sim os conceitos formados por abstração; a partir destes, chega-se a um conceito

---

[3] As categorias jurídicas e o direito público. *Revista da Faculdade de Direito da USP*, ano LXII, fasc. II, 1967.

[4] Il diritto civile nella genesi del diritto amministrativo e dei suoi istituti. *Rivista Trimestrale di Diritto Pubblico*, v. 9, p. 698-735, 1959.

superior que abrace e compreenda os conceitos parciais, referentes às diversas formas do mesmo instituto.

Da mesma forma que os conceitos parciais são compreensivos de fatos, situações e coisas que apresentam uma homogeneidade, por se referirem a uma realidade substancial, o superconceito também é compreensivo dos vários conceitos parciais, referentes às distintas formas de um mesmo instituto.

Dentro dessa metodologia, é impossível deixar de considerar que cada ramo do direito tem, como objeto de estudo, a sua própria realidade, o conjunto de situações, fatos e coisas que, apresentando homogeneidade, permitem a formulação de conceitos gerais, referentes às várias formas do mesmo instituto. Se o direito civil pode elaborar um conceito geral de contrato, que abrange as suas várias modalidades, o direito administrativo também pode formular um conceito geral de contrato administrativo, que compreenda todas as espécies. O mesmo se diga com relação às pessoas jurídicas, aos atos jurídicos, aos bens.

O conceito geral traçado dentro de cada ramo do direito tem conotações próprias que permitem distingui-lo do conceito geral dado por outro ramo do direito, pois cada qual se submete a regime jurídico próprio. No entanto, fazendo-se abstração das diferenças existentes e considerando-se os pontos comuns, pode-se enquadrar um e outro no superconceito ou categoria jurídica, não vinculada a nenhum ramo do direito.

Como demonstrado na referida obra,[5] o contrato administrativo, a fundação pública, o ato administrativo, o bem público, a responsabilidade civil do Estado, estão sujeitos a normas e princípios específicos do direito administrativo, que permitem distingui-los dos institutos equivalentes do direito civil. Mas as suas peculiaridades não afetam, na essência, a sua natureza nem impedem o seu enquadramento na noção categorial de contrato, fundação, ato jurídico, bem e responsabilidade.

Veja-se que o direito administrativo francês, de formação pretoriana, foi sendo elaborado a partir de decisões do Conselho de Estado (órgão de cúpula da jurisdição administrativa) que, analisando os casos concretos que lhe eram submetidos, foi derrogando, em relação a vários institutos do *jus civile*, as normas do direito privado, por entender que elas eram inadequadas quando aplicáveis à Administração Pública. Daí os conceitos de serviço público, contrato administrativo, decisão executória, responsabilidade civil baseada na culpa do serviço público e no risco, propriedade pública.

Hoje, muitos doutrinadores da área do direito administrativo brasileiro, sob influência do direito comunitário europeu (que, por sua vez, sofre influência do sistema da *common law*), caminham no sentido contrário àquele seguido na construção do direito administrativo. Eles partiram para a *desconstrução* do direito

---

[5] *Do direito privado na administração pública*, p. 87.

administrativo. E é curioso que esse caminho seja seguido por professores de direito administrativo, em geral mais de direito econômico do que administrativo.

Tal doutrina incide no mesmo erro que incidiam aqueles que, em meados do século passado, negavam que o contrato administrativo fosse verdadeiramente um contrato; que a propriedade pública fosse realmente propriedade; que os direitos reais fossem verdadeiramente direitos reais. Incidem no erro de somente considerar esses institutos à luz do direito civil, como se os conceitos nele formulados fossem compreensivos de toda a realidade que constitui objeto de estudo do direito. Eles colocam o conceito geral, a noção categorial, o superconceito, no direito civil e não na teoria geral do direito. É o que fazem aqueles que pretendem enquadrar, por exemplo, o contrato administrativo no conceito de contrato formulado pelo direito civil, com a consequência inevitável de lhe negarem a existência como tal e não o enquadrarem em categoria própria, específica do direito administrativo.

Ainda com base na lição de Retortillo, cabe lembrar que, dentro do próprio direito privado, muitas figuras conservam o seu nome desde o direito romano, porém foram sofrendo alterações no decurso do tempo, assumindo uma diferença substancial muito mais profunda do que aquela que se pode observar entre uma figura jurídica privada e a correspondente construção administrativa; e estas diferenças substanciais não impedem que se mantenha o conceito geral unitário, compreensivo de todas as variações assumidas pelos institutos.

O contrato, por exemplo, que nasceu como instituto que traz implícita a ideia de liberdade e de igualdade entre as partes, bem como de respeito à vontade e aos interesses individuais, evoluiu de tal forma que hoje se fala em sua função social e econômica exercida sob a égide de normas de ordem pública, inderrogáveis pela vontade das partes. Não obstante, continua a enquadrar-se no conceito geral de contrato como acordo de vontades gerador de efeitos jurídicos.

2   As controvérsias sobre a existência de contratos administrativos

A grande controvérsia sobre a possibilidade de existirem contratos administrativos sujeitos a regime jurídico de direito público gira em torno das chamadas cláusulas exorbitantes que asseguram prerrogativas à Administração Pública. Segundo alguns, essas prerrogativas implicam desrespeito ao *princípio da igualdade das partes no contrato*.

Sob esse argumento, alguns negam a existência de contrato administrativo diferente do contrato de direito privado ou lhe atribuem a natureza de ato unilateral, pelo fato de serem fixadas unilateralmente pela Administração todas as cláusulas regulamentares do ajuste, sem as precedentes tratativas com o contratado. Também resulta infringido o *princípio da autonomia da vontade*, visto quer do lado da Administração, quer do lado do particular que com ela contrata: a autoridade administrativa só faz aquilo que a lei manda e o particular submete-se a *cláusulas regulamentes* ou *de serviço*, fixadas unilateralmente pela Administração, em obediência àquilo que decorre da lei. Com relação ao equilíbrio econômico-financeiro do contrato, estabelecido pelas chamadas cláusulas econômicas, não há distinção entre os contratos firmados pela Administração e os celebrados por particulares entre si.

Essa posição foi adotada, no direito brasileiro, por Oswaldo Aranha Bandeira de Mello.[6] Para ele, as cláusulas regulamentares decorrem de ato unilateral da administração, vinculado à lei, sendo as cláusulas econômicas estabelecidas por contrato regido pelo direito comum.

Além disso, nos chamados contratos administrativos, também seria desrespeitado o *princípio da força obrigatória*, em decorrência da mutabilidade das cláusulas regulamentares. A autoridade administrativa, por estar vinculada ao princípio da indisponibilidade do interesse público, não poderia sujeitar-se a cláusulas inalteráveis, como ocorre no direito privado.

No caso dos contratos de concessão, Oswaldo Aranha Bandeira de Mello entendia que pode haver contrato apenas quanto à equação econômico-financeira, como ato jurídico complementar adjeto ao ato unilateral ou ato-união da concessão. O ato por excelência, que é a concessão de serviço público ou de bem público, é unilateral; o ato acessório, que diz respeito ao equilíbrio econômico, é contratual. Não se poderia definir a natureza de um instituto por um ato que é apenas acessório do ato principal. E mesmo esse contrato – relativo ao equilíbrio econômico – não é contrato administrativo, por ser inalterável pelas partes da mesma forma que qualquer contrato de direito privado.

Não foi essa a doutrina que prevaleceu no direito brasileiro. Hoje, o entendimento (que se pode dizer unânime) é no sentido de que existem os contratos administrativos sujeitos a regime jurídico de direito público. Até porque essa é a conclusão que decorre do direito positivo.

Adotou-se a teoria dos contratos administrativos tal como elaborada no direito francês, o que abrange a presença das cláusulas exorbitantes (que abrigam prerrogativas que colocam a Administração em posição de supremacia sobre o particular), bem como as teorias ligadas ao equilíbrio econômico-financeiro do contrato (teoria da imprevisão, teoria do fato do príncipe, teoria do fato da Administração), tudo isso imprimindo a característica da mutabilidade aos contratos celebrados pela Administração Pública.

Mas há o reconhecimento de que os contratos administrativos compreendem dois tipos de cláusulas: (a) as *cláusulas regulamentares*, que não têm natureza tipicamente contratual, porque decorrem do poder regulamentar, sendo fixadas e

---

[6] *Princípios gerais de direito administrativo*. Rio de Janeiro: Forense, 1979. v. I, p. 681-687.

alteradas unilateralmente pela Administração Pública, ressalvado ao particular o direito à recomposição do equilíbrio econômico-financeiro eventualmente rompido; (b) as *cláusulas financeiras*, que são tipicamente contratuais e, por dizerem respeito ao equilíbrio econômico-financeiro, não podem ser alteradas unilateralmente pela Administração.

3 Soluções diversas no direito estrangeiro

Mesmo no direito europeu continental, foram adotadas soluções diferentes da adotada no direito francês e seguidas por vários países, inclusive o Brasil.

É o caso da Alemanha, onde são muito poucas as hipóteses de contratos de direito público; os mesmos somente são admissíveis quando possa ser observada a igualdade entre as partes. Se a Administração tiver que exercer prerrogativas públicas sobre o particular, o contrato não é o meio adequado. Veja-se o que diz Ernst Forsthoff:[7]

> O contrato de direito público apresenta necessariamente com o contrato de direito privado um ponto comum, aquele da **igualdade entre as partes**. Isso decorre da natureza do contrato, que é contrária à imposição e que repousa precisamente sobre um acordo. Mas não se pode daí deduzir que as partes devam ser colocadas juridicamente no mesmo nível, porque, nesse caso, o Estado não teria condições de concluir tais contratos pela impossibilidade de poder encontrar um parceiro que seja seu igual no interior de seu território. Basta que as partes ajam em um plano de igualdade com vistas a organizar suas relações contratuais. Esta igualdade resulta do fato mesmo da conclusão do contrato e ela acarreta efeitos desde o momento da celebração. Isto constitui um limite à utilização do contrato. Porque a natureza de certas funções do Estado é contrária a esta igualdade entre o Estado e o particular. [...]
>
> Quando as autoridades receberam da lei prerrogativas de poder público para cumprir sua missão, hesita-se em lhes deixar a escolha entre o exercício de suas prerrogativas e o recurso à técnica contratual. A lei que concede esses poderes de comando não determina somente sua natureza e sua extensão de maneira imperativa, mas também obriga a não utilizar senão os meios que ela previu e nenhum outro. Isto limita consideravelmente o emprego do contrato de direito público.

---

[7] In: *Traité de droit administratif allemand*. Bruxelas: Établissements Émile Bruylant, 1966. p. 420.

Em resumo: o princípio da igualdade entre as partes impede que a Administração se utilize da figura do contrato quando deva exercer prerrogativas públicas sobre o particular.

Note-se que não se aceita a presença de prerrogativas públicas nos contratos, porque isto infringe o princípio da igualdade entre as partes, que deve existir em todos os tipos de acordos, *mas não se nega a existência de prerrogativas públicas*. Apenas estas devem ser exercidas por meio de decisões unilaterais e não por meio de contratos.

Enquanto, no sistema francês, as prerrogativas públicas são previstas no próprio corpo de contrato, por meio das chamadas cláusulas exorbitantes, que integram as *cláusulas regulamentares* (de natureza não tipicamente contratual), no direito alemão, as mesmas prerrogativas têm que ser exercidas por outra via que não o contrato.

Muito semelhante à posição adotada no direito alemão é a seguida no direito italiano. Renato Alessi[8] bem sintetiza o tema, ao afirmar:

> Em conclusão, portanto, se é certo que o conceito de contrato não parece inconciliável com o Direito público, porque parece admissível um conceito de contrato de Direito público, a admissibilidade de tal categoria parece que deve estar rigorosamente limitada às relações entre entes públicos, aparecendo como inconciliável com as relações entre ente público e particulares.

Ele não nega que a Administração possa celebrar contratos com o particular; só que, se o fizer, ela "se coloca em um plano de igualdade com o particular, fazendo uso de meios de caráter privado postos pelo ordenamento à disposição de qualquer sujeito jurídico como tal".

Também no sistema da *common law* rejeita-se a existência de contratos administrativos regidos pelo direito público. Todos os contratos celebrados pela Administração teriam que ser regidos pelo direito privado.

A primeira observação quanto a esse sistema é para lembrar que, nele, resistiu-se por longos anos ao reconhecimento do direito administrativo como ramo autônomo, por entender-se que o direito deve ser um só (*common law*) para o Estado e para o particular, da mesma forma que a jurisdição também só pode ser uma para todos. Sempre se reputou inadmissível o sistema de dualidade de jurisdição constituído no direito francês e em outros ordenamentos que seguiram o mesmo modelo.

No entanto, não se pode deixar de apontar os paradoxos e contradições do sistema da *common law*, a distância entre o que se prega em doutrina e o que efetivamente se aplica. Veja-se que, embora contrário à existência de uma jurisdição

---

[8] *Instituciones de derecho administrativo*. Barcelona: Bosch, 1970. t. 1, p. 266.

administrativa para julgar os litígios de que a Administração é parte, os países que integram esse sistema acabaram por criar agências com funções quase legislativas e quase judiciais. Em consequência, o direito administrativo é composto, em sua maior parte, por normas postas pelas agências e não pelo Poder Legislativo. Para dar legitimidade democrática a essas normas, que têm força de lei, criou-se um procedimento de elaboração em que a possibilidade de participação dos interessados tem que ser necessariamente assegurada, sob pena de ilegalidade. Além disso, a função judicial (ou quase judicial) atribuída às agências acabou por criar praticamente uma jurisdição administrativa sem as garantias de que usufruem os órgãos do contencioso administrativo francês.

Em relação aos contratos celebrados pela Administração Pública, verifica-se que, na Inglaterra, continua-se a afirmar que são regidos pelo direito privado. No entanto, as prerrogativas da Coroa estão presentes. Aplica-se o princípio de elaboração pretoriana segundo o qual a Coroa não pode obrigar-se em detrimento de sua liberdade de ação, ou, por outras palavras, o poder discricionário da autoridade pública não pode ser restringido por via contratual. Em decorrência disso nos contratos com seus funcionários, ainda que conste a cláusula que impeça a rescisão, é possível a destituição sumária, contra a qual não cabe qualquer recurso; também é possível a redução de salários, cabendo ao funcionário a possibilidade de desistir do contrato. No caso dos militares, ainda que a Administração atrase o respectivo pagamento, não lhes é dado abandonar o serviço. Além disso, são comuns, nos contratos de obras públicas, cláusulas muito semelhantes às dos contratos administrativos, regidos pelo direito público; tais são as cláusulas que estabelecem amplos poderes de controle sobre o contratado, as que asseguram à Coroa o poder sancionador, sem recurso prévio aos Tribunais, as que preveem o poder de modificação, suspensão ou rescisão do contrato, a qualquer momento, mediante compensação pecuniária ao particular, as que conferem à Coroa o poder de interpretação e privilégios de decisão unilateral.[9]

Gaspar Arño Ortiz, em prólogo escrito na obra de José Ignacio Monedero Gil,[10] onde faz um estudo do contrato no sistema da *common law,* mostra que tais cláusulas são estabelecidas, em caráter geral, para os contratos de obras públicas (*United Kingdom General Government Contracts for Building and Civil Engeneering Works, General Conditions*, 1971), revelando que, embora a doutrina inglesa continue a afirmar que os contratos celebrados pela Coroa se regem pelo direito privado, em uma colocação teórica "de religioso respeito à tradição jurídica recebida", a realidade das coisas é diferente; inexiste um texto de lei que estabeleça normas sobre tais contratos, que se regem pelas condições estabelecidas em seu próprio texto, aprovado pelo Governo. Os litígios se resolvem geralmente por árbitros, a tal ponto que foi criado um órgão – *Review Board of Government Contracts* – de

---

[9] In: DI PIETRO, Maria Sylvia Zanella. *Do direito privado na administração pública*, 1989, p. 59.

[10] *Doctrina del contrato del estado*. Madri: Instituto de Estudios Fiscales, 1977. p. 12-14.

caráter independente, que decide, *definitivamente*, sobre todos os conflitos que versem sobre rompimento do equilíbrio do contrato.

Nos Estados Unidos, a situação não é muito diferente da que ocorre na Inglaterra. Alega-se que os contratos celebrados entre Estado e particular são regidos pelo direito privado (porque o direito é um só para todos). No entanto, foram crescendo, já a partir de 1940, as leis e decisões judiciais que reconhecem poderes e privilégios para o Estado, quando contrata com outras entidades, públicas ou privadas. Antes disso, entendia-se que as regras ditadas pelo Estado, para celebração de contratos, não tinham caráter obrigatório, pois serviam apenas como instruções para os agentes administrativos; isto porque se igualavam o Governo e o particular, em direitos e obrigações, perante o contrato.

A primeira lei que se promulgou dando orientação diferente foi a *Armed Services Procurement Act* (lei de contratos para as Forças Armadas), que impõe limites à ação governamental, exigindo publicidade e concorrência, para eliminar abusos e assegurar ao Governo um preço justo e razoável, além de permitir aos diversos empresários igual oportunidade para competirem e participarem dos negócios com o Governo, tal como consta da justificativa da referida lei.[11]

A partir daí, outras leis e regulamentos foram publicados, com objetivos análogos. Também a Corte Suprema vem proferindo decisões, reconhecendo força de lei às normas administrativas referentes aos contratos, além de privilégios e poderes para a Administração, como o da decisão unilateral executória, com a consequente compensação pecuniária ao particular prejudicado. Também nos Estados Unidos existem os órgãos administrativos – *Board of Contracts Appeals* – com poder de decisão dos conflitos decorrentes de contratos com o Estado, em muitos casos sem possibilidade de recurso aos tribunais.

Em resumo, com relação aos contratos celebrados entre a Administração Pública e o particular, existem pelo menos três sistemas:

a) o sistema do modelo francês, que defende a possibilidade de celebração de contratos administrativos, regidos pelo direito público, nos quais são incluídas cláusulas exorbitantes que reconhecem prerrogativas públicas que colocam a Administração em posição de supremacia sobre o particular; nesse caso, aponta-se a existência de dois tipos de cláusulas: as regulamentares, de natureza não tipicamente contratual, que regulamentam o objeto do contrato e contemplam as cláusulas exorbitantes; e as financeiras, que têm natureza contratual e garantem o equilíbrio econômico-financeiro;

b) o sistema adotado no direito alemão e no italiano (dentre outros), que nega a possibilidade de serem celebrados contratos em que a Admi-

---

[11] Cf. Gaspar Ariño Ortiz, ob. cit., p. 20.

nistração tenha que exercer prerrogativas que infrinjam o princípio da igualdade entre as partes; se a Administração tiver que exercer prerrogativas sobre o particular, deverá fazê-lo por outro meio que não o contrato; nesse caso, a doutrina apega-se ao modelo de contrato elaborado no âmbito do direito privado;

c) o sistema da *common law*, em que, teoricamente, se afirma que os contratos todos são regidos pelo direito privado, mas em que, contraditoriamente, se reconhece o exercício de prerrogativas públicas na execução dos contratos de que o Estado é parte, sejam elas outorgadas por lei, sejam definidas por normas administrativas postas pelas agências, sejam impostas por força de interpretação judicial.

A conclusão é uma só: pode-se impugnar a presença de cláusulas exorbitantes nos contratos celebrados entre Estado e particular. Mas não se pode acabar com o exercício de prerrogativas públicas durante a execução do contrato.

4 O princípio da igualdade das partes no contrato

Em suas origens, o contrato, tal como idealizado no âmbito do direito privado, baseava-se em três princípios fundamentais: o da *autonomia da vontade* (pelo qual as partes têm liberdade de contratar e de fixar o conteúdo do contrato), o da força *obrigatória* (pelo qual *pacta sunt servanda*) e o da *relatividade dos contratos* (*lex inter partes*, ou seja, os seus efeitos fazem lei apenas entre as partes).

Todos esses princípios foram sendo derrogados com o tempo. O princípio da autonomia da vontade, baseado na premissa de que as partes estão em posição de igualdade no contrato, sofreu inúmeras alterações por normas de ordem pública cujo objetivo é o de tentar garantir a igualdade entre as partes no contrato, protegendo o mais fraco. O princípio da relatividade das convenções quebra-se com a aceitação das convenções coletivas de trabalho. O princípio da força obrigatória foi afetado pela aplicação da cláusula *rebus sic stantibus*, que permite sejam adaptados os efeitos do contrato a novas circunstâncias surgidas após a sua celebração.

Orlando Gomes, falando[12] sobre a crise na noção de contrato no âmbito do direito civil, diz que "a crise aprofundou-se no intervalo das duas Guerras Mundiais, quando ideias liberais foram contestadas e condenadas pelos adeptos de concepções totalitárias triunfantes em importantes nações da Europa". Acrescenta ele que "*o contrato – a mais importante categoria dos negócios jurídicos – sai dessa crise com a sua noção e o seu significado profundamente abalados*". Observa ainda:

---

[12] Uma introdução à temática dos contratos. *Cadernos Fundap-SP*, ano 5, nº 11, p. 4-10, 1985.

Para quem vê no conteúdo do contrato simples estipulações, o aspecto novo é que deixou de ser exclusivamente voluntário para se tornar híbrido, preenchido, como hoje é, nos mais importantes tipos, por determinação imperativa da lei, de cláusulas que incorporam disposições legais. Outra singularidade a assinalar é que em muitos contratos o conteúdo é unilateralmente determinado. Não se constitui em um acordo entre as partes, emergentes as cláusulas de negociações preliminares (tratativas), mas pela vontade exclusiva de uma delas, cumprindo à outra, se quer contratar, aceitá-las em bloco.

O autor cita frase de Wocker no sentido de que "ainda não surgiu quem viesse dar nova formulação à teoria geral dos contratos, abrangendo, do ponto de vista sistemático, todas as inovações e novidades que ingressaram no mundo jurídico".

Dentre essas inovações (agora não tão novas) que abalaram os princípios tradicionais dos contratos em geral, surgem os contratos de adesão e as chamadas condições gerais da contratação, ambos utilizados quando se trata de celebração de contratos em massa: nos primeiros, há uma uniformização das cláusulas que passarão a constituir o conteúdo do contrato, se aceitas em bloco; no segundo caso, o empresário estabelece as normas a que deverão ajustar-se todos os contratos que se venham a celebrar; essas condições gerais são estabelecidas unilateralmente por uma das partes e têm, segundo alguns, a natureza de autênticas normas jurídicas.[13]

Ora, essas inovações, que são apontadas no âmbito do direito privado, introduzem características na figura do contrato que permitem aproximá-lo dos contratos administrativos. O que se verifica é que houve grande aproximação entre o contrato administrativo e algumas hipóteses de contratos celebrados no âmbito do direito privado.

Por isso, a teoria que negava a existência de contratos administrativos e que volta a ganhar força, ainda sob o argumento de que deve haver igualdade das partes no contrato, apega-se ao modelo original de contrato, há muito tempo superado, inclusive no direito privado. Especialmente aqueles empolgados com os modelos da *common law* devem ter cautela, tendo em vista que neles também não existe a alegada igualdade entre as partes. Neles também estão presentes, de uma ou outra forma, as prerrogativas públicas da Administração Pública.

Outro aspecto relevante a realçar ainda quanto à igualdade das partes nos contratos diz respeito à impossibilidade de se igualar a Administração Pública (como parte nos contratos) ao particular. A Administração Pública age em nome de entes políticos e exerce poderes irrenunciáveis que a ele são inerentes.

---

[13] Sobre as novas figuras contratuais que quebram aos princípios tradicionais do contrato, v. VENOSA, Sílvio de Salvo. *Direito civil*: teoria geral das obrigações e teoria geral dos contratos. São Paulo: Atlas, 2002, t. 2, p. 375-389.

Por isso mesmo, ainda quando se utiliza de institutos do direito privado, a Administração nunca se iguala ao particular. Ficamos com a lição de Seabra Fagundes,[14] quando afirma que "nunca a atividade (do Estado) pode ser perfeitamente assemelhada à do indivíduo, quer na forma por que se exerce, quer na sua finalidade. Ainda quando ao revestir o caráter da chamada atividade de gestão".

Pensando especificamente no tema do contrato, verifica-se que realmente nunca a posição da Administração poderá ser inteiramente igual à do particular, mesmo nas relações de direito privado: a autonomia da vontade, de que é dotado o particular, substitui-se, para a Administração, pelo princípio da legalidade; a liberdade de forma, que prevalece nas relações jurídicas entre particulares, dificilmente existe nas relações jurídicas em que a Administração é parte; além disso, ela está vinculada a determinados fins, que a obrigam a adotar os meios que o legislador escolhe como os únicos viáveis para a sua consecução; a tudo isso acrescente-se o fato de que ela conserva, mesmo quando se utiliza do regime de direito privado, certos privilégios que lhe são concedidos por lei, em razão da pessoa, como o juízo privativo, o processo especial de execução, a impenhorabilidade de seus bens, os prazos mais dilatados em juízo.

Há que se lembrar, finalmente, que a alegada desigualdade entre as partes nos contratos administrativos é compensada pela aplicação da teoria do equilíbrio econômico-financeiro. Essa teoria, na realidade, "equilibra" a posição das partes nos contratos administrativos.

5 Conclusões

Pode-se acabar com a figura do contrato administrativo, como querem alguns. Mas não há como acabar com as prerrogativas que a Administração Pública exerce sobre os particulares, mesmo que utilizados os modelos do direito privado. A razão é muito simples: a posição do particular não pode ser igualada à da Administração Pública, porque esta personifica o poder do Estado.

Essas prerrogativas são exercidas em qualquer dos regimes adotados, seja no direito europeu continental, seja no sistema da *common law*. Se não contempladas em cláusulas contratuais, são exercidas na formação, execução e rescisão dos contratos, por meio de atos unilaterais.

A flexibilização das cláusulas exorbitantes (ao contrário da padronização adotada no direito positivo brasileiro), é defendida, com o costumeiro brilho, por

---

[14] *O controle dos atos administrativo pelo Poder Judiciário*. São Paulo: Saraiva, 1984. p. 155-156.

Diogo de Figueiredo Moreira Neto.[15] Juridicamente defensável, essa flexibilização pode ser adotada com a devida cautela, em contratos de maior vulto, como as concessões de serviços públicos, parcerias público-privadas e empreitadas de grandes obras; assim mesmo, com a previsão de critérios objetivos definidos em lei. Dificilmente se pode conceber a flexibilização reconhecida às autoridades administrativas de diferentes níveis e para a celebração de contratos de qualquer tipo, até pela dificuldade de controle.

Finalmente, é importante lembrar que as cláusulas exorbitantes, embora obrigatoriamente previstas, no direito positivo brasileiro, para todos os contratos administrativos, não necessariamente têm que ser postas em prática, já que as autoridades contratantes têm sempre uma certa margem de liberdade para decidir, por exemplo, sobre a alteração e a rescisão unilaterais por motivo de interesse público. Melhor é deixar a discricionariedade (recomendada por Diogo de Figueiredo Moreira Neto) na utilização da cláusula exorbitante prevista no contrato, do que na sua inclusão no contrato. Acho pouco provável que uma autoridade possa abrir mão, previamente, mediante negociação com o particular, dos poderes de alterar ou de rescindir o contrato unilateralmente, ou dos poderes de fiscalizar e punir. São poderes que, mesmo em caso de omissão no contrato, não podem deixar de ser exercidos se o interesse público o exigir. São poderes irrenunciáveis pela Administração Pública como parte no contrato. Por outras palavras, a flexibilização é possível na definição do objeto do contrato e na sua forma de execução, mas não no que diz respeito às cláusulas tipicamente exorbitantes.

Referências bibliográficas

ALESSI, Renato. *Instituciones de derecho administrativo*. Barcelona: Bosch, 1970. t. 1.

CRETELLA JÚNIOR, José. As categorias jurídicas e o direito público. *Revista da Faculdade de Direito da USP*, ano LXII, fasc. II, 1967.

DI PIETRO, Maria Sylvia Zanella. *Do direito privado na administração pública*. São Paulo: Atlas, 1989.

FORSTHOFF, Ernst. *Traité de droit administratif allemand*. Bruxelas: Établissements Émile Bruylant, 1966.

GOMES, Orlando. Uma introdução à temática dos contratos. *Cadernos Fundap-SP*, ano 5, nº 11, p. 4-10, 1985.

HAURIOU, André. Utilização, em direito administrativo, das regras e princípios do direito privado. *RDA* 1/465.

---

[15] O futuro das cláusulas exorbitantes nos contratos administrativos. In: ARAGÃO, Alexandre Santos de; MARQUES NETO, Floriano de Azevedo. *O direito administrativo e seus novos paradigmas*. São Paulo: Fórum, 2008. p. 571-592.

MELLO, Oswaldo Aranha Bandeira. *Os princípios gerais de direito administrativo*. Rio de Janeiro, 1979. v. I, p. 681-687.

MOREIRA NETO, Diogo de Figueiredo. O futuro das cláusulas exorbitantes nos contratos administrativos. In: ARAGÃO, Alexandre Santos de; MARQUES NETO, Floriano de Azevedo (Coord.). *Direito administrativo e seus novos paradigmas*. p. 571-592.

ORTIZ, Gaspar Ariño. In: GIL, José Ignacio Monedero. *Doctrina del contrato del estado*. Madri: Instituto de Estudios Fiscales, 1977.

RETORTILLO, Sebastián. Il diritto civile nella genesi del diritto amministrativo e dei suoi instituti. *Rivista Trimestrale di Diritto Pubblico*, v. 9, p. 698-735, 1959.

VENOSA, Sílvio de Salvo. *Direito civil*: teoria geral das obrigações e teoria geral dos contratos. São Paulo: Atlas, 2002. t. 2.

Formato	17 x 24 cm
Tipografia	Charter 11/13
Papel	Alta Alvura 63 g/m² (miolo)
	Supremo 250 g/m² (capa)
Número de páginas	424

Pré-impressão, impressão e acabamento

GRÁFICA SANTUÁRIO

grafica@editorasantuario.com.br
www.editorasantuario.com.br
Aparecida-SP